Michael Heinrich
Die Wissenschaft vom Wert

Michael Heinrich, Politologe und Mathematiker, bis 2016 Professor für Volkswirtschaftslehre an der Hochschule für Technik und Wirtschaft, Berlin, Gastprofessuren in Wien und Nanjing, war Mitarbeiter der MEGA und Redakteur der Zeitschrift PROKLA. Arbeitsschwerpunkte sind Marxsche Theorie und die Geschichte ökonomischer Theoriebildung. Gegenwärtig arbeitet er an einem mehrbändigen Werk zur Marxschen Biographie und Werkentwicklung.

Michael Heinrich

Die Wissenschaft vom Wert

Die Marxsche Kritik der politischen Ökonomie zwischen wissenschaftlicher Revolution und klassischer Tradition

WESTFÄLISCHES DAMPFBOOT

Bibliografische Information der Deutschen Nationalbibliothek
Die Deutsche Nationalbibliothek verzeichnet diese Publikation in der Deutschen Nationalbibliografie; detaillierte bibliografische Daten sind im Internet über http://dnb.d-nb.de abrufbar.

10. Auflage Münster 2025 (Nachdruck der 7., erweiterten Auflage von 2017)

Umschlag: Lütke Fahle Seifert AGD, Münster
Druck: Druckhaus Bechstein GmbH, Wetzlar
Gedruckt auf FSC-zertifiziertem Papier
ISBN 978-3-89691-454-5

FSC www.fsc.org
MIX
Papier | Fördert gute Waldnutzung
FSC® C003207

Inhaltsverzeichnis

Zweiter Teil
Die wissenschaftliche Revolution von Marx

Dritter Teil
Die Ambivalenz der Grundkategorien
der Kritik der politischen Ökonomie

Zur Zitierweise:

Werke von Marx und Engels werden grundsätzlich nach der Marx Engels Gesamtausgabe (MEGA), Berlin (DDR) 1975ff zitiert. Parallel wird die entsprechende Stelle, sofern vorhanden, in Marx Engels Werke (MEW), Berlin (DDR) 1956ff nachgewiesen, die aber nicht immer textidentisch mit der MEGA ist. (II.2/56) bedeutet dabei MEGA II. Abteilung, Band 2, Seite 56 und (23/117) bedeutet MEW Band 23, S.117. Die *Grundrisse der Kritik der politischen Ökonomie (Rohentwurf)* werden nach MEGA parallel aber nicht nach MEW 42, sondern nach der Ausgabe Berlin (DDR) 1953, abgekürzt Gr zitiert. Hervorhebungen von Marx und Engels werden übernommen, eigene Hervorhebungen werden stets als solche vermerkt.

Vorwort zur 2. Auflage

Der Text der Erstauflage des vorliegenden Buches entstand zwischen 1987 und 1990; er war in mehrfacher Hinsicht ein Kind seiner Zeit. Die Renaissance des Marxismus, die es in Westeuropa im Gefolge der Studentenbewegung der 60er Jahre gegeben hatte, war längst abgeebbt. Zu Beginn der 70er Jahre hatte der Marxismus (der jetzt dem dogmatischen „Marxismus-Leninismus" der „realsozialistischen" Länder gegenübergestellt wurde) in der Bundesrepublik nicht nur einen Teil der Studenten, sondern auch eine ganze Reihe der vor allem in sozialen und pädagogischen Berufen Beschäftigten sowie viele gewerkschaftlich engagierte Menschen beeinflußt. Zwar wurde in Diskussionen häufig mit marxistischen Kategorien operiert, doch trotz vieler Marx-Lektüregruppen und zum Teil auch elaborierten wissenschaftlichen Debatten, blieb die Rezeption des Marxschen Werks insgesamt recht beschränkt und einseitig. Vielfach wurden einfach einige Begriffe, die gerade passend schienen, zur Erklärung aktueller Entwicklungen oder zur „Entlarvung" des kapitalistischen Systems verwandt, ohne sich jedoch des Abstraktionsniveaus dieser Begriffe zu versichern oder sich mit dem argumentativen Kontext auseinanderzusetzen.
Diese selektive Marxismus-Rezeption ging innerhalb der Linken mit der Erwartung einer raschen Veränderung der gesellschaftlichen Verhältnisse einher. Die Studentenbewegung und die von ihr ausgelösten Debatten, so wurde angenommen, seien nur der allererste Anfang: wenn erst einmal die Arbeiterklasse über ihre „objektiven Interessen" aufgeklärt wäre und wenn sich mit der nächsten Wirtschaftskrise die Versprechen von Wohlstand und sozialer Sicherheit in Luft auflösen würden, dann würden sich die gesellschaftlichen Konflikte zuspitzen und radikale Veränderungen wären nicht mehr aufzuhalten – ein Glaube, den nicht nur viele Linke teilten, sondern auch eine Reihe der staatstragenden Politiker, wie die Praxis der Berufsverbote (eingeführt vom sozialdemokratischen Reformkanzler Willy Brandt) deutlich machte. Aus der Kombination dieser Umbruchserwartungen mit theoretischen Versatzstücken, aus ganz anderen sozialen und historischen Kontexten, folgten dann die unterschiedlichsten politischen Strategien: die Gründung bewaffneter Gruppen nach dem Vorbild der lateinamerikanischen Stadtguerilla, der Aufbau von Kaderparteien nach leninistischem Muster, die Bildung revolutionärer Zirkel, die sich innerhalb sozialer Bewegungen engagieren und diese radikalisieren wollten oder auch der Marsch durch die Institutionen, um das System von innen her zu verändern.

Als sich in der zweiten Hälfte der 70er Jahre abzeichnete, daß alle diese Strategien nicht die erhofften Mobilisierungserfolge bringen würden und daß auch die Weltwirtschaftskrise, die 1974/75 eingesetzt hatte, keine dramatischen politischen Veränderungen mit sich brachte, daß dafür aber andere politische

Bewegungen wie die Ökologiebewegung und die Frauenbewegung an Bedeutung gewannen, war zunächst das Wort von der „Krise des Marxismus“, das in Frankreich und Italien unter anderen Verhältnissen entstanden war, in aller Munde und bald darauf zeichnete sich (nicht nur in der Bundesrepublik, aber hier vielleicht besonders deutlich) eine weitgehende Abkehr vom Marxismus ab. Die Enttäuschung, die auf die eigenen überzogenen Erwartungen folgte, wurde jetzt mehr oder weniger umstandslos der Marxschen Theorie angelastet. Auf die breite, sich oft nur auf eine oberflächliche Rezeption stützende Akzeptanz des Marxismus in den 70er Jahren folgte in den 80ern eine ebenso breite Ablehnung, die häufig ähnlich oberflächlich verfuhr.[1] Oft wurde dabei die Differenz von „links“ und „rechts“ gleich mit aufgegeben und als anachronistisch eingestuft.[2]
Innerhalb der etablierten Wissenschaften, allen voran der Ökonomie, hatte der Marxismus sowieso keinen guten Stand, war es ihm doch anscheinend nicht möglich gewesen, gewisse formale Probleme wie etwa die Transformation von Werten in Preise in befriedigender Weise zu lösen.
Mein Text, der sich vor allem mit der Marxschen Ökonomiekritik auseinandersetzte, war einerseits gegen die diversen Verabschiedungen des Marxismus gerichtet. Andererseits hatte ich aber den Eindruck gewonnen, daß eine Reihe von Kritiken nicht völlig ungerechtfertigt waren oder auf bloßen Mißverständnissen beruhten. Überhaupt schien mir die häufige Rede von „Mißverständnissen“ oder „Fehlinterpretationen“, mit der den Kritikern von marxistischer Seite aus begegnet wurde, die Probleme unangemessen zu vereinfachen: auch eine „Fehlinterpretation“ muß eine Grundlage im interpretierten Text haben, ansonsten ist sie nur absurd und dann auch keine Interpretation mehr (was natürlich auch vorkommt). Eine differenziertere Auseinandersetzung mit den Marxschen Texten erschien angebracht: sie sollte zeigen, wo in der Marxschen Ökonomiekritik tatsächlich *Inkonsistenzen* vorlagen, die Anlaß für entsprechende Kritiken sein konnten, und in welcher Weise mit solchen Inkonsistenzen umzugehen sei.[3]
Diesem Anspruch einer differenzierteren Diskussion kam die seit 1975 erscheinende historisch-kritische Marx Engels Gesamtausgabe (MEGA) entgegen. Obgleich dieses Unternehmen unter einem parteipolitischen Vorzeichen

---

1) Damit soll keineswegs jede Marx-Kritik vom Tisch gewischt werden, hier geht es in erster Linie um den Umschwung des intellektuellen Klimas. Allerdings weisen auch die Kritiken am Marxismus eine erhebliche Spannbreite auf: zwischen dem Vorwurf des ehemaligen Linksradikalen André Glucksmann, Marx sei der geistige Ahnherr des Archipel Gulag und Jürgen Habermas' Kritik an den Defiziten des (vorgeblichen) Marxschen „Produktionsparadigmas“ liegen Welten.
2) So lautete ein früher Slogan der Grünen: „Wir sind weder rechts noch links, sondern vorne.“
3) Auch von anderen wurde in den 80er Jahren eine vertiefte Auseinandersetzung mit der Kritik der politischen Ökonomie angestrebt, so z.B. Brentel (1989) oder Rojas (1989). Allerdings gingen diese und viele andere Untersuchungen von einer im wesentlichen *konsistenten* Marxschen Theorie aus, die nur richtig dargestellt werden muß, um den diversen Kritiken begegnen zu können.

stattfand – Herausgeber waren die Institute für Marxismus-Leninismus in Ost-Berlin und Moskau – beschränkte sich dessen Einfluß im wesentlichen auf die Einleitungen zu den einzelnen Bänden (vgl. zur Entstehungsgeschichte dieser zweiten MEGA, Dlubek 1994). Bereits veröffentlichte aber auch viele bislang unveröffentlichte Texte und Exzerpte wurden nun entsprechend den wissenschaftlichen Standards neugermanistischer Editionen publiziert. Dabei wurde nicht mehr, wie noch in den Marx Engels Werken (MEW) allein die Wiedergabe der jeweiligen „Fassung letzter Hand" angestrebt, vielmehr sollte die gesamte Textentwicklung durchsichtig werden, was eine Reihe von Untersuchungen überhaupt erst möglich machte. Indem die MEGA die Texte von Marx und Engels nicht als fertige Werke, sondern in ihrem häufig unabgeschlossenen Entstehungsprozeß präsentiert, trägt bereits die sorgfältige Edition zur Unterminierung der verschiedenen Dogmatisierungen bei – sofern man das publizierte Material überhaupt zur Kenntnis nimmt. Letzteres geschah in den 80er Jahren im Osten wie im Westen jedoch nur in beschränktem Maße.

Seit dem Erscheinen der ersten Auflage dieses Buches hat sich an den Rahmenbedingungen der Diskussion nichts Grundsätzliches geändert. Nach dem Zusammenbruch des „Realsozialismus" spitzte sich die Kritik am Marxismus noch weiter zu, wobei es (von Ausnahmen abgesehen) für die breite Front der Kritiker, in die sich auch viele ehemalige Linke einreihten, keinen großen Unterschied macht, ob es sich um den „Marxismus-Leninismus" handelt oder um Ansätze eines gegenüber dem Realsozialismus kritisch eingestellten „westlichen Marxismus". Auf der anderen Seite finden sich die unterschiedlichsten Varianten einer Verteidigung marxistischer Positionen, die von bloß dogmatischen Versicherungen bis zu äußerst reflektierten Positionen reicht. Gemeinsam ist beiden Lagern, daß sie mit dem Nachweis von Inkonsistenzen der Theorie und mit Problemen, die bereits in den Grundbegriffen beginnen, das Ende des Marxismus gekommen sehen. Während nun das eine Lager meint, durch den Nachweis tatsächlicher oder vermeintlicher Inkonsistenzen die Marxsche Theorie bereits erledigt zu haben, versucht sich das andere Lager darin, zu widerlegen, daß es solche Probleme überhaupt gibt, etwa mit dem Argument, daß das, was dem Kritiker als Widerspruch erscheint, lediglich die widersprüchliche Struktur des Gegenstandes (bzw. seiner Behandlung in der bürgerlichen Ökonomie) referiere. Gegenüber beiden Positionen halte ich daran fest, daß das Aufzeigen von Inkonsistenzen nicht mit dem Ende der Kritik der politischen Ökonomie gleichzusetzen ist. Für die analytische Kraft wie auch für die politische Bedeutung des Marxismus spielt es dagegen eine entscheidende Rolle, wie man mit diesen Inkonsistenzen umgeht.

Parallel zu diesen Debatten wurde in der MEGA, die das Ende des Realsozialismus überlebte und inzwischen von der parteipolitisch unabhängigen Internationalen Marx Engels Stiftung in Amsterdam herausgegeben wird, immer wieder neues Material publiziert, so etwa das Marxsche Manuskript zum dritten Band des *Kapital*. Erstmals wurde jetzt die Vielzahl der von Engels vorgenommenen Textveränderungen deutlich, was eine erneute Debatte über das (theoretische) Verhältnis von Marx und Engels ausgelöst hat.

In dieser Neuauflage habe ich mich zum einen darum bemüht, die kritischen Einwände, die gegen meine Interpretation der Kritik der politischen Ökonomie erhoben wurden, so weit wie möglich zu berücksichtigen.[4] Da ich nach wie vor an meiner grundlegenden These – daß bereits die Grundbegriffe der Marxschen Ökonomiekritik eine Ambivalenz enthalten, insofern sie einerseits einen Bruch mit dem theoretischen Feld der klassischen politischen Ökonomie ausdrücken, ihm aber stellenweise immer noch verhaftet sind – festhalte (und sie durch das neu vorliegende Material bestätigt sehe), dienen die meisten der am ursprünglichen Text vorgenommenen Veränderungen der Verdeutlichung und Präzisierung meiner Argumentation. Dies gilt vor allem für die stark überarbeiteten Kapitel sechs und sieben (früher fünf und sechs). Allerdings erschienen mir auch an einer ganzen Reihe von weiteren Punkten Ergänzungen sinnvoll zu sein, so etwa bezüglich des in der Erstauflage etwas zu schnell übergangenen Problems des geschichtsphilosophischen Denkens bei Marx; ausgeweitet wurde auch der Abschnitt über dialektische Darstellung, der jetzt zusammen mit einer neu aufgenommenen Untersuchung der Aufbauplanänderungen der Kritik der politischen Ökonomie ein eigenes Kapitel bildet.

Zum anderen habe ich versucht, das in der MEGA neu erschienene Material, vor allem das Manuskript zum dritten Band des *Kapital* in meine Argumentation einzubeziehen. Dies führte zu einem umfangreichen Abschnitt über Zins und Kredit sowie einem völlig neuen Kapitel über die Dynamik der kapitalistischen Produktionsweise, in der ich mich vor allem mit der Marxschen Krisentheorie auseinandersetze. Dabei stellte sich nicht nur das Problem wie sich die Ambivalenzen in den Grundkategorien der Kritik der politischen Ökonomie hier auswirken, es stellte sich auch die Frage, ob die kapitalistische Produktionsweise im 19. Jahrhundert bereits soweit entwickelt war, daß die von Marx angestrebte Darstellung ihres „idealen Durchschnitts“ – zumindest was Kredit und Krise angeht – überhaupt schon möglich war.

Anregungen und wertvolle Kritik habe ich von mehr Menschen erfahren als ich hier nennen kann. Besonders danken möchte ich all denjenigen, mit denen ich die Thesen dieses Buches in Seminaren und bei verschiedenen Veranstaltungen diskutieren konnte. Von ihnen erhielt ich nicht nur viele wichtige Anregungen, ihr lebhaftes, nicht nur wissenschaftliches, sondern auch politisches Interesse an der Kritik der politischen Ökonomie war für mich die wichtigste Ermutigung zur Weiterarbeit.

4) Vor allem die Kritik von Backhaus/Reichelt (1995) hat einige Unklarheiten meiner Argumentation aufgedeckt, die ich hier zu beseitigen versuche; ihren zentralen Einwänden kann ich allerdings nicht folgen (vgl. dazu unten das sechste Kapitel).

Einleitung

1. Zum Stand der Diskussion um die Marxsche Wert- und Geldtheorie

Bereits kurz nachdem Engels 1895 den dritten Band des *Kapital* herausgegeben hatte, unterzog Eugen von Böhm-Bawerk, der „Marx der Bourgeoisie", die Marxsche Werttheorie einer umfassenden Kritik (Böhm-Bawerk 1896). In den folgenden Jahrzehnten haben sich nur die wenigsten „bürgerlichen" Ökonomen ähnlich detailliert auf den Marxschen Text bezogen. Falls man Marx überhaupt noch einer ernsthaften Kritik würdigte, wurden in vielen Fällen Böhm-Bawerks Argumente mehr oder weniger originell wiederholt. Ansonsten kritisierte man allenfalls mit empirischen Argumenten die Marxschen Voraussagen oder das, was man dafür hielt. Marxistische Ökonomie galt nicht als wissenschaftliches, sondern lediglich als „ideologisches" Unterfangen, auf ihre theoretischen Grundlagen brauchte man sich daher gar nicht erst einzulassen. Dieser Umgang mit der Marxschen Theorie läßt sich nicht auf die individuelle Borniertheit oder Interessiertheit bürgerlicher Ökonomen reduzieren. Vielmehr hatte in der akademischen Ökonomie gegen Ende des 19.Jahrhunderts ein entscheidender Paradigmenwechsel eingesetzt: Mit der Grenznutzentheorie und dem Einzug mathematischer Methoden verschoben sich nicht nur die Inhalte der ökonomischen Theorie, sondern auch die Standards der Wissenschaftlichkeit. Nicht nur die Marxsche Werttheorie, sondern auch die der klassischen Schule galt als weitgehend irrelevant für die Untersuchung der kapitalistischen Wirklichkeit. Genauso wenig wie es der moderne Physiker für wissenschaftlich notwendig hält, sich mit den naturwissenschaftlichen Überlegungen eines Aristoteles abzugeben, glaubte der moderne Ökonom, sich ernsthaft mit Marx oder Ricardo auseinandersetzen zu müssen.

Auch innerhalb der marxistischen Diskussion spielten vor dem ersten Weltkrieg grundlegende wert- und geldtheoretische Fragen nur eine untergeordnete Rolle.[1] Die ökonomische Debatte kreiste mehr um die Analyse neuer Entwicklungen wie etwa der Monopole, des Imperialismus, der ökonomischen Rolle des Staates und des Charakters der Wirtschaftskrisen als um grundlegende theoretische Fragen. Die Selbstgewißheit der anscheinend immer stärker werdenden sozialdemokratischen Bewegung erstreckte sich auch auf theoretische Fragen. Das *Kapital* galt als gesicherter Ausgangspunkt, die weißen Flecken der Marxschen Theorie wurden kaum als solche wahrgenommen geschweige denn bearbeitet.

Nach dem ersten Weltkrieg trat eine gewisse Veränderung ein. Die Spaltung

---

1) Zwar versuchte Hilferding in seinem *Finanzkapital* (Hilferding 1910) die Marxsche Geld- und Kredittheorie weiterzuentwickeln, mit Ausnahme einer Debatte in der *Neuen Zeit* wurden diese Grundlagenprobleme aber nicht weiter diskutiert.

der Arbeiterbewegung und die Niederlage der revolutionären Bestrebungen im Westen stellten alte Gewißheiten in Frage und schufen ein Bedürfnis nach Neuorientierung. Angeregt durch die Arbeiten von Lukács (1923) und Korsch (1923) begann eine eher philosophisch und methodologisch orientierte Marx-Diskussion, die mit der von Rjazanov begonnenen ersten Marx-Engels-Gesamtausgabe weitere Impulse erhielt. In gewissem Umfang setzte auch eine Debatte über die Werttheorie und die Struktur der ökonomischen Theorie von Marx ein. Für Deutschland ist hier vor allem Grossmann (1929b, 1932), für die Sowjetunion Rubin (1924) zu nennen. Diese werttheoretische Debatte begann ebenfalls in Japan (vgl. Itoh 1980). In allen drei Ländern wurde sie in den dreißiger Jahren durch Faschismus oder Stalinismus brutal beendet.

In den 60er und 70er Jahren wurde von verschiedenen Seiten die werttheoretische Grundlagendiskussion wieder aufgenommen. Zum einen wurde die Marxsche Werttheorie im Anschluß an das von Sraffa (1960) entwickelte „neoricardianische" Modell formalisiert (z.B. Okishio 1963) und so in eine auch für bürgerliche Ökonomen diskussionsfähige Form gebracht. Gönnerhaft gestand man Marx jetzt die Antizipation so manchen modernen Gedankens zu.[2] Allerdings wurde die formalisierte Marxsche Werttheorie auch einer eingehenden Kritik unterzogen (z.B. Samuelson 1967, 1971), deren Ergebnis vernichtend war: In einfachen Fällen sei sie redundant, in komplizierteren Fällen wie Kuppelproduktion inkonsistent. Um überhaupt noch etwas von der Marxschen Theorie zu retten, müsse man sich, so die Folgerung auch marxistisch orientierter Ökonomen, von der Werttheorie trennen und sie durch die neoricardianische Preistheorie ersetzen (Lippi 1976, Steedman 1977).

Andererseits setzte in den 60er Jahren im Zuge der Studentenbewegung in verschiedenen westeuropäischen Ländern auch eine breitere Rezeption des *Kapital* ein, die aber nicht so sehr durch die traditionellen ökonomischen Themen, sondern eher durch die geschichtsphilosophischen und methodologischen Fragestellungen des „westlichen Marxismus" (Anderson 1978) geprägt war. Althussers vor allem an epistemologischen Fragen orientiertes *Lire le Capital* (1965) beeinflußte die Diskussion weit über Frankreich hinaus. In der BRD spielte in der Diskussion des *Kapital* der Einfluß der Frankfurter Schule und einer an den Marxschen Frühschriften orientierten kritischen Gesellschaftstheorie eine wichtige Rolle. Hier wurde das *Kapital* meistens vor dem Hintergrund der *Grundrisse* rezipiert, in denen sich ein deutlicherer Bezug zu Hegel und zu methodologischen Fragen findet. Wygodskis (1967) Untersuchung der Entstehung des *Kapital* und vor allem die *Grundrisse*-Interpretation von Rosdolsky (1968) übten dabei einen nachhaltigen Einfluß aus. In der vor allem mit den Arbeiten von Backhaus (1969) und Reichelt (1970) neu einsetzenden

2) Vgl. z.B. Bronfenbrenner (1965) oder Sowell (1967). Wie man Marx entsprechend zurechtstutzt, führte bereits Schumpeter (1942, S.15ff) in geradezu klassischer Weise vor.

Kapital-Rezeption wurden insbesondere die qualitativen Aspekte und der gesellschaftstheoretische Gehalt der Marxschen Wert- und Kapitaltheorie herausgearbeitet. In den 70er Jahren wurde dieses Programm einerseits mit dem Anspruch einer „Rekonstruktion der Kritik der politischen Ökonomie" von einer Vielzahl von Autoren fortgeführt, andererseits gab es Versuche, die dabei gewonnenen Einsichten für eine Analyse der gegenwärtigen kapitalistischen Verhältnisse fruchtbar zu machen (Neusüß u.a. 1971, Altvater u.a. 1974, Altvater u.a. 1979).

Ausgehend von den gegen einen ökonomistischen Reduktionismus gerichteten Interpretationen des Marxschen Werkes wurde dann in den späten 70er Jahren dem neoricardianischen Angriff auf die Werttheorie durch eine Kritik an dessen eigener Grundlage geantwortet. Das Hauptargument lautete: In der formalisierten Version der Werttheorie sei deren gesellschaftstheoretische Dimension ausgeblendet, was insbesondere daran deutlich werde, daß Geld nicht thematisiert werden kann. Das Objekt der neoricardianischen Kritik sei daher ein Konstrukt, das mit der Marxschen Werttheorie keineswegs identisch sei (z.B. Elson 1979, Berger 1979, Ganßmann 1983a, Backhaus 1986).

Das Resultat dieser Debatten blieb aber einigermaßen unbefriedigend. Die Verteidigung der Marxschen Werttheorie als Gesellschaftstheorie wurde oft mit einem Verzicht auf ökonomische Kompetenz im engeren Sinne erkauft. Dies führte zu der paradoxen Situation, daß zwar gegen die neoricardianischen Kritiker auf den „monetären" Charakter der Marxschen Werttheorie, der eine Abstraktion vom Geld nicht erlauben würde, gepocht wurde, daß aber die eigentlich geld- und kredittheoretischen Grundlagenprobleme auch von marxistischer Seite aus meistens nicht thematisiert wurden. Daß in den 70er Jahren mit der Demonetisierung des Goldes das Geldsystem anscheinend auch ohne eine Geldware funktioniert, wurde in seinen theoretischen Konsequenzen für die Marxsche Geldtheorie, für die die Existenz einer Geldware doch zentral zu sein scheint, kaum untersucht.[3] Und an den theoretischen Grundlagen der von Marx nur rudimentär entwickelten Kredittheorie weiterzuarbeiten, kam sowieso nur den wenigsten Marxisten in den Sinn. Dies wäre aber die Voraussetzung für eine Untersuchung des Zusammenhangs von Kredit und Krise gewesen. Die Schwäche der Geld- und Kredittheorie ist nicht nur aus theoretischen Gründen fatal, sondern auch angesichts der gegenwärtigen kapitalistischen Entwicklung, der Herstellung eines monetären Weltmarktes, der Bedeutung der internationalen Verschuldung etc.

Allerdings waren die Neoricardianer nicht die einzigen, die die Werttheorie

---

3) Ansatzweise geschah dies im Rahmen der französischen Regulationsschule, etwa bei Aglietta (1976) und Lipietz (1982a). In der DDR begann Anfang der 80er Jahre in der Zeitschrift *Wirtschaftswissenschaft* eine Diskussion über die Rolle des Goldes als Geldware, die aber ohne Ergebnis beendet wurde. Auch in der Sowjetunion wurde diese Frage diskutiert (vgl. Tschepurenko 1988), die entsprechenden Beiträge wurden aber nicht übersetzt.

auf einer grundsätzlichen Ebene in Frage stellten. Auch marxistisch orientierte Autoren begannen in den 70er Jahren unabhängig von den durch die formalen Modelle aufgeworfenen Redundanz- und Konsistenzproblemen an der Schlüssigkeit der Marxschen Wertkonzeption zu zweifeln (vgl. z.B. Krause 1977, Cutler et al. 1977, Benetti/Cartelier 1980, Carling 1984).[4]
Die Marxsche Wert- und Geldtheorie (und damit auch das ganze Gebäude der Kritik der politischen Ökonomie) sieht sich heute einer doppelten Herausforderung gegenüber: einerseits werden ihre theoretischen Fundamente und ihre Konsistenz von den verschiedensten Seiten in Frage gestellt, andererseits scheint sie mit ihren theoretischen Konzepten den realen Geld- und Kreditphänomenen hoffnungslos hinterher zu hinken. Es ist daher auch nicht überraschend, daß man allerorten eine Abkehr von der Marxschen Ökonomie und insbesondere von der Werttheorie registrieren kann. Als Beispiel sei nur auf die Entwicklung der Mitte der 70er Jahre entstandenen Regulationsschule verwiesen. Heute haben sich fast alle prominenten Vertreter dieses Ansatzes, der ursprünglich als Erneuerung der Marxschen Ökonomie konzipiert war, von der Marxschen Werttheorie abgewendet (vgl. dazu Hübner 1989).
In der vorliegenden Arbeit werden die skizzierten Diskussionen um die Marxsche Wert- und Geldtheorie aufgenommen. Dabei geht es nicht nur um eine Auseinandersetzung mit den verschiedenen Kritikern, sondern vor allem um die Beseitigung bestimmter Defizite des kategorialen Apparats der Kritik der politischen Ökonomie. Die Klärung zentraler Probleme der Marxschen Wert- und Geldtheorie, wie etwa die Frage nach dem Charakter der Marxschen Wertkonzeption, der Bedeutung der Geldware für die Geldtheorie etc., scheint mir eine unabdingbare Voraussetzung für die weitere Diskussion der Marxschen Kredit- und Krisentheorie zu sein.
Bei dem folgenden Versuch einer Präzisierung zentraler Kategorien der ökonomischen Theorie von Marx ist keine Neuauflage der „Rekonstruktion der Kritik der politischen Ökonomie“ intendiert. Die Erschließung und Systematisierung der Marxschen Texte, die in den 70er Jahren unter diesem Titel stattfand, war zwar ein wichtiger Schritt zur Aneignung der Marxschen Theorie. Sie setzte aber voraus, daß es einen *einheitlichen und korrekten Diskurs* gibt, der aus den verschiedenen Marxschen Entwürfen lediglich herauszuschälen, eben zu „rekonstruieren“ und gegen Vulgarisierungen und falsche Interpretationen abzugrenzen sei. Die Kritikfähigkeit gegenüber dem Marxschen Text blieb dabei systematisch beschränkt. Die oben erwähnten Kritiker hingegen stigmatisierten jeweils einen bestimmten Teil des Marxschen Diskurses, den es gleichsam chirurgisch herauszuschneiden und eventuell durch eine Prothese zu ersetzen gälte, um den Rest des gesunden Körpers zu erhalten.

4) Vgl. zur Rezeptionsgeschichte der Kritik der politischen Ökonomie auch die kommentierte Literaturliste in Altvater/Hecker/Heinrich/Schaper-Rinkel (1999).

Demgegenüber hat sich mir in meiner Auseinandersetzung mit der Kritik der politischen Ökonomie die These aufgedrängt, daß sich auch in der entwickelten ökonomischen Theorie von Marx, d.h. dem *Kapital* und seinen unmittelbaren Vorarbeiten, *permanent zwei verschiedene Diskurse durchkreuzen.* Marx vollzieht auf der einen Seite einen Bruch mit der klassischen politischen Ökonomie, er kritisiert nicht einzelne Theorien, sondern eine ganze Wissenschaft. Marx ist nicht einfach der Schöpfer einen neuen Theorie, sondern der Protagonist einer *wissenschaftlichen Revolution*, die ein radikal neues theoretisches Feld eröffnet. Auf der anderen Seite findet sich der Diskurs der Klassik aber nach wie vor an zentralen Stellen seines Werkes. Zwar konstatierte bereits Althusser, „daß es Marx nicht mehr gelungen ist, den Begriff der Differenz zwischen sich und der klassischen Ökonomie zu denken" (Althusser 1965b, S.194). Auch Alfred Schmidt stellte fest: „So wichtig das Marxsche Selbstverständnis ist – oft genug bleibt es weit hinter dem zurück, was Marx in seinen materialen Analysen theoretisch bietet" (Schmidt 1967, S.32). In Frage gestellt wurde damit lediglich das *explizite* Methoden- und Gegenstandsverständnis von Marx nicht aber die *theoretische Kohärenz* seines Diskurses.

Dagegen liegt der vorliegenden Arbeit die weitergehende These zugrunde, *daß Marx zwar ein neues wissenschaftliches Terrain betritt, daß sich der Diskurs der Klassik aber auch noch innerhalb seines eigenen Diskurses wiederfindet.* Es ist also nicht nur die Marxsche *Selbstreflexion*, die mangelhaft ist; *seine eigene kategoriale Entwicklung bleibt an entscheidenden Stellen ambivalent.* Diese Ambivalenzen werden aber nicht bloß von anachronistischen Überbleibseln des klassischen Diskurses hervorgerufen, die ohne weiteres von einer „richtigen" theoretischen Konfiguration zu trennen wären. *Die Elemente des klassischen Diskurses sind vielmehr in das neue Terrain integriert, sie infizieren bereits die grundlegenden Kategorien und generieren spezifische Probleme.* Um überhaupt an die Überwindung der oben angesprochenen Schwierigkeiten der Marxschen Geld- und Kredittheorie herangehen zu können, ist es daher notwendig, vorher die Elemente dieser beiden Diskurse zu identifizieren, Ambivalenzen zentraler Kategorien zu beseitigen und bloße Scheinprobleme von wirklichen Problemen zu unterscheiden.

Auf den ersten Blick scheint diese Aufgabe ein aussichtsloses Unterfangen zu sein. Um die Verzerrungen innerhalb des neuen Diskurses zu erkennen, muß letzterer anscheinend als fertiger Maßstab bereitliegen. Daß dies der Fall ist, wurde aber gerade bestritten. Das ganze Problem scheint somit auf einen Zirkel hinauszulaufen: um den neuen Diskurs von Marx zu identifizieren, muß er bereits identifiziert sein. Das Problem stellt sich aber nur dann als Zirkel dar, wenn man das Marxsche Werk isoliert betrachtet. Untersucht man es hingegen vor dem Hintergrund des theoretischen Feldes der klassischen politischen Ökonomie, mit dem Marx bricht, sowie der Herausbildung dieses Bruches im

Marxschen Werk selbst, so läßt sich auch ein Maßstab für die Untersuchung des „reifen" ökonomischen Werkes gewinnen, der es erlaubt, das von Marx neu eröffnete theoretische Feld von den Resten des überwundenen Diskurses der Klassik zu unterscheiden.

Daraus ergibt sich der Aufbau der vorliegenden Arbeit. Im *ersten Teil* wird das theoretische Feld der politischen Ökonomie, mit dem Marx gebrochen hat, untersucht. Explizit bezog sich Marx zwar nur auf die klassische politische Ökonomie, es kann aber gezeigt werden, daß der Marginalismus und die allgemeine Gleichgewichtstheorie auf demselben theoretischen Feld wie die Klassik stehen, was den Marxschen Anspruch, eine Kritik der gesamten politischen Ökonomie zu liefern, nachhaltig unterstützt. Allerdings wird sich die Marxsche Historiographie, sowohl die Interpretation der Klassiker als auch die Unterscheidung zwischen wissenschaftlicher Ökonomie und Vulgärökonomie, in wesentlichen Punkten als unzureichend erweisen.

Im *zweiten Teil* wird es um den theoretischen Inhalt der wissenschaftlichen Revolution von Marx gehen, d.h. um die von Marx neu entwickelte Konzeption von Wirklichkeit und von Wissenschaft. Da sich diese Konzeption im Marxschen Werk schrittweise herausbildete, wird es notwendig sein zu klären, ab wann überhaupt von dieser neuen Konzeption gesprochen werden kann und einzelne Etappen ihrer Herausbildung zu verfolgen, ohne daß es dabei aber um eine Entwicklungsgeschichte der Marxschen Theorie geht.

Im *dritten Teil* werden dann die Grundkategorien der Kritik der politischen Ökonomie untersucht. Dabei wird sich zeigen, daß bereits die fundamentalen Konzepte der Werttheorie nicht frei von „naturalistischen" und „substanzialistischen" Bezügen sind, welche die Grundlage für quantitative Arbeitsmengenrechnungen bilden, die zu den bekannten Inkonsistenzen führen. Auch der theoretische Status, den Marx der Existenz einer Geldware zuweist, wird einer kritischen Revision unterzogen werden. Gegenüber naturalistischen Versionen einer Arbeitswerttheorie wird versucht, die monetären Aspekte der Marxschen Wert- und Kapitaltheorie herauszuarbeiten, denn nur auf dieser Grundlage scheint mir eine sinnvolle Weiterentwicklung der Kredit- und der Krisentheorie, deren ebenfalls ambivalente Ansätze diskutiert werden, überhaupt möglich zu sein. Im letzten Kapitel werden schließlich die Konsequenzen angedeutet, die die Marxschen Ambivalenzen für seine Sozialismuskonzeption haben.

Wie aus dieser Skizze ersichtlich wird, spielen in der vorliegenden Arbeit theoriegeschichtliche Fragen eine wesentliche Rolle. Es handelt sich deshalb aber nicht schon um eine theoriegeschichtliche Untersuchung. Auch wenn von Smith und Ricardo oder dem jungen Marx die Rede ist, geht es letzten Endes immer nur um die entwickelte ökonomische Theorie von Marx. Allerdings unterliegt der hier vertretenen Auffassung des Verhältnisses von Marx zur klassischen politischen Ökonomie eine keineswegs selbstverständliche Konzeption von Wissenschaftsgeschichte, die kurz umrissen werden muß.

2. Wissenschaft und Wissenschaftsgeschichte

Schumpeter (1954), der Klassiker der modernen Theoriegeschichtsschreibung, unterscheidet zwischen der „ökonomischen Analyse“ und den verschiedenen wirtschaftspolitischen Konzeptionen (von ihm als „Systeme der politischen Ökonomie“ bezeichnet). Letztere sieht er durch die Interessen verschiedener Klassen und Gruppen sowie durch die jeweiligen ökonomischen Bedingungen bestimmt. Man könne über sie mit mehr oder weniger Sympathie urteilen, wirklich vergleichbar seien sie jedoch nicht. Anders würde es sich mit der „ökonomischen Analyse“ verhalten. Zwar mag in die Formulierung einer ökonomischen Theorie ein bestimmtes Interesse oder eine gewisse Voreingenommenheit ihres Autors, sein mehr oder weniger bewußter Wunsch, die Dinge in einem bestimmten Licht zu sehen, eingegangen sein. Auch würde die Theoriebildung von einer bestimmten „Vision“ geleitet, einem vor-analytischen Akt, in dem diejenigen Aspekte der Realität ausgewählt werden, die untersucht und in Zusammenhang gebracht werden sollen. Diese verschiedenen Entstehungsgründe würden aber nichts über den Wahrheitsgehalt der Theorie selbst aussagen (Schumpeter 1954, S.68ff). In der von jeder ideologischen Zutat gereinigten ökonomischen Analyse erblickt Schumpeter den Kern der ökonomischen Wissenschaft, deren Geschichte und Fortschritt er darstellen will.

Eine solche Auffassung wird von den meisten Vertretern der etablierten, akademischen Ökonomie mehr oder weniger geteilt.[5] Eine interne Rationalität der Wissenschaft wird von externen Faktoren wie „ideologischer Befangenheit“ unterschieden. Diese externen Faktoren erscheinen als bloße Störungen, die die reine Wissenschaft verzerren. Dagegen führt die von allem Subjektiven befreite Rationalität der Wissenschaft, die genaue Betrachtung der empirischen Verhältnisse, zu Theorien, die die Struktur ihres Gegenstandes immer besser widerspiegeln. In dieser empiristischen Wissenschaftsauffassung ist für theoretische Brüche, für strukturell unterschiedliche Diskurse kein Platz.

Im 20.Jahrhundert erreichte die empiristische Wissenschaftsphilosophie im Positivismus des Wiener Kreises einen ersten Höhepunkt. Nur solche Aussagen sollten als wissenschaftlich gelten, die Beobachtungen wiedergeben oder induktiv aus Beobachtungen gewonnen werden können. Demgegenüber wandte bereits Popper (1934) ein, daß allgemeine Gesetzesaussagen durch endlich viele Beobachtungen niemals *bewiesen*, sondern höchstens *widerlegt* werden können. Diese keineswegs neue Kritik am Induktivismus[6] benutzte Popper

5) Vgl. etwa Stigler (1960) oder Blaug (1985, Introduction). Eine Ausnahme bildet Joan Robinson (1962), der es gerade darauf ankommt zu zeigen, daß ökonomische Theorien von politischen Interessen und „metaphysischen“ Annahmen ihrer Schöpfer abhängen.

6) Die Kritik an Empirismus und Induktionsprinzip findet sich auch in Engels *Dialektik der Natur* (vgl. z.B. I.26/46f; 20/496). Aufgrund der Ablösung der Newtonschen Mechanik (der wohl am besten „verifizierten“ Theorie aller Zeiten) durch Relativitäts- und Quantentheorie erhielt die Kritik am Induktivismus aber eine ganz neue Durchschlagskraft.

aber zur Formulierung eines neuen und in der Folge sehr breit akzeptierten Kriteriums für die Wissenschaftlichkeit einer Theorie. Wissenschaftlich sei eine Theorie nur dann, wenn sich aus ihr „falsifizierbare" Aussagen ableiten lassen.[7] Dann ist nicht die Suche nach Bestätigungen, sondern nach Falsifikationen die wichtigste Aufgabe des Wissenschaftlers. Damit änderte sich auch die Vorstellung vom wissenschaftlichen Fortschritt. Dieser bestand für den Induktivisten in der Entwicklung immer umfassenderer und durch Beobachtungen immer besser verifizierter Theorien. Im Rahmen von Poppers „Falsifikationismus" hingegen gestaltete sich der wissenschaftliche Fortschritt als eine Abfolge der Schöpfung von Theorien und „entscheidenden Experimenten", deren Ausgang die Theorie falsifizierte oder ihr eine Atempause bis zum nächsten entscheidenden Experiment ließ.
Die Poppersche Auffassung stößt allerdings auf eine entscheidende Schwierigkeit. Erweist sich eine aus einer Theorie gewonnene Voraussage als falsch, so kann diese Theorie durch die Hinzufügung geeigneter Sätze an die Beobachtungen angepaßt werden. Hier bleibt Popper nichts anderes übrig, als vom Wissenschaftler zu verlangen, daß er auf eine solche „konventionalistische Wendung" verzichtet (Popper 1934, S.50). Wie unrealistisch eine solche Forderung ist, zeigt sich bereits bei näherer Betrachtung der Naturwissenschaften. Die meisten Gesetze enthalten ceteris paribus Klauseln. Bei einer dem Gesetz widersprechenden Beobachtung wird daher in den allermeisten Fällen von der Existenz eines Störfaktors ausgegangen. Auch wenn dieser Störfaktor nicht sofort identifiziert werden kann, wird das Beobachtungsergebnis zunächst nur als Problem registriert, führt aber noch längst nicht zur Aufgabe einer ansonsten erfolgreichen Theorie.[8]
Radikal in Frage gestellt wurden die Popperschen Auffassungen durch die wissenschaftsgeschichtlichen Untersuchungen von Kuhn (1962). Mit umfangreichem Material versuchte er zu zeigen, daß Wissenschaft nicht durch einzelne Theorien, sondern durch „Paradigmen" organisiert ist, typischen Musterbeispielen, die die Verwendung der allgemeinen Gesetze illustrieren. „Normalwissenschaft" bestehe nun darin, mittels Methoden, die anhand der Paradigmen erlernt wurden, Probleme zu lösen.[9] Falsifiziert im Sinne von Popper werden allenfalls spezielle Theorien, die zur Lösung bestimmter Probleme

7) Definitionen der Wissenschaft dienten immer dazu, die „nicht-Wissenschaft" auszugrenzen. Bei Popper und vielen seiner Anhänger zielt diese Ausgrenzung vor allem auf den Marxismus. Allerdings kann sich Popper in seinen verschiedenen Schriften nicht so recht entscheiden, ob der Marxismus eine falsifizierte Theorie ist oder ob es sich um ein nicht falsifizierbares und daher unwissenschaftliches Gebilde handelt.
8) Ein weiteres Problem besteht darin, daß die „Basissätze", mit denen Popper eine Theorie falsifizieren will, selbst auf bestimmten, den Beobachtungen zugrundeliegenden Theorien beruhen, also ihrerseits auch falsifiziert werden können.
9) In Kuhn (1962) ist der Begriff „Paradigma" außerordentlich schillernd und vieldeutig (vgl. Mastermann 1970). Eine Präzisierung und Modifikation erfolgte in Kuhn (1974).

entwickelt worden sind, nicht aber das Paradigma, auf dessen Grundlage diese Theorien überhaupt erst gebildet wurden. Wenn theoretische Vorhersagen durch empirische Ergebnisse nicht bestätigt werden, so gilt dies zunächst als Mangel der Wissenschaftler und nicht als Widerlegung des Paradigmas. Kuhn demonstrierte an vielen historischen Beispielen, daß solche Widersprüche zwar als „Anomalien" registriert werden, aber nicht automatisch zur Aufgabe des Paradigmas führen. Dies geschieht erst in einer von den Wissenschaftlern als „Krise" empfundenen Situation, deren Auftreten sich jedoch nicht ausschließlich wissenschaftsintern erklären läßt. Indem die Mehrzahl der „scientific community" im Verlauf einer solchen Krise zu einem neuen Paradigma übergeht, findet eine „wissenschaftliche Revolution" statt. Das neue Paradigma führt dann zu einer neuen Organisation des wissenschaftlichen Forschungsprozesses, eine neue Phase der „Normalwissenschaft" beginnt. Kuhn insistierte aber nicht nur darauf, daß der historische Übergang zu einem neuen Paradigma nicht allein aus rationalen Gründen erfolgt (wie es der Poppersche Falsifikationismus nahelegt); er stellte auch heraus, daß eine rein rationale Entscheidung zwischen konkurrierenden Paradigmen gar nicht möglich ist, da sie inkommensurable Weisen der Weltsicht darstellen.[10]

Lakatos (1970) versuchte die Kritik am Popperschen Konzept zu berücksichtigen aber trotzdem an rationalen Kriterien für den Fortschritt der Wissenschaft festzuhalten. Für Lakatos ist die grundlegende Einheit in der Entwicklung der Wissenschaft nicht eine einzelne Theorie, sondern ein „Forschungsprogramm". Dieses besteht im wesentlichen aus einem „harten Kern", einem „schützenden Gürtel" von Hilfshypothesen und einer „positiven Heuristik". Der harte Kern des Forschungsprogramms wird konventionalistisch akzeptiert: Der schützende Gürtel von Hypothesen wird immer so angepaßt, daß dieser Kern nicht widerlegt werden kann. Die Heuristik definiert Probleme, die gelöst werden sollen, und bringt Hilfshypothesen hervor. Die gelösten Probleme machen den Erfolg des Programms aus, die ungelösten werden als Anomalien zur Seite geschoben. Einzelne Theorien können innerhalb des Forschungsprogramms falsifiziert werden, aber nicht das Programm als Ganzes. Zwar gab Lakatos zu, daß es keine endgültige Falsifizierung im Sinne Poppers geben kann, in der historischen Abfolge verschiedener Forschungsprogramme erblickte er aber auch keinen lediglich soziologisch zu erklärenden, letztlich

10) Der Kuhnsche Ansatz, der sich vor allem auf die Geschichte der Naturwissenschaften stützt, beeinflußte auch die ökonomische Diskussion. Während Gordon (1965) in der Geschichte der ökonomischer Theorien keine Revolution entdecken kann, da das grundlegende Paradigma der Nutzenmaximierung in einer Marktökonomie nie aufgegeben worden sei, sieht Coats (1969) zumindest in der Keynesschen Theorie eine wissenschaftliche Revolution, da sie mit der Vorstellung eines automatischen Marktgleichgewichts gebrochen habe und Bronfenbrenner (1971) unterscheidet drei wissenschaftliche Revolutionen: die „laissez-faire" Revolution im ausgehenden 18. Jahrhundert, die „Nutzen" Revolution im letzten Drittel des 19. Jahrhunderts und die von Keynes ausgehende „makroökonomische" Revolution.

irrationalen Vorgang. Lakatos unterschied zwischen „degenerierenden" und „progredierenden" Forschungsprogrammen. Während letztere neue Tatsachen vorhersagen (die dann auch bestätigt werden), liefern die ersten keine neuen Vorhersagen, sondern passen sich nur den neuen Beobachtungen durch ad-hoc Hypothesen an. Damit glaubte Lakatos, eine Möglichkeit für eine „rationale Rekonstruktion" der Ablösung von Forschungsprogrammen in der Geschichte der Wissenschaft gefunden zu haben.[11] Lakatos mußte aber auch zugeben, daß ein Programm nie endgültig geschlagen ist, daß es immer wieder sein Comeback erleben kann (Lakatos 1971). Vor allem sind verschiedene Forschungsprogramme aber nicht, wie von Lakatos umstandslos unterstellt wird, immer vergleichbar. Damit sind dann auch seine Maßstäbe nicht mehr ohne weiteres anwendbar (vgl. dazu Feyerabend 1983, Kap.16 und 17).

Sowohl für den Induktivismus des Wiener Kreises wie für den Popperschen Falsifikationismus ist, trotz aller Gegensätze, die starre Gegenüberstellung von forschendem, theoriebildendem Subjekt und zu erforschendem Objekt gleichermaßen charakteristisch.[12] Das Objekt der Wissenschaft ist aber nie *rein* als solches gegeben, sondern immer *subjektiv vermittelt.* D.h. nicht, daß es in einem idealistischen Sinn vom Subjekt geschaffen wäre, daß es etwa keine subjektunabhängige Außenwelt gäbe. Allerdings ist das, was aus der Fülle dieser Außenwelt zum Gegenstand der Wissenschaft wird, nicht nur in einem quantitativen, sondern auch in einem qualitativen Sinn, *wie* es zum Gegenstand wird, immer schon durch die Tätigkeit der Wissenschaftler *konstruiert.* Die Fragestellungen der Wissenschaftler, ihr mehr oder weniger klares Vorverständnis, das sich nicht auf ihre Befangenheit in bestimmten Interessen reduzieren läßt, *formieren* den Gegenstand ihrer Wissenschaft.[13] Dieser Sachverhalt schlägt sich in den Auffassungen von Lakatos und Kuhn nieder, wenn sie „Forschungsprogramme" und „Paradigmen" zum Ausgangspunkt ihrer Untersuchungen machen und betonen, daß diese empirisch nicht zu widerlegen sind.

Das der vorliegenden Arbeit zugrunde liegende Konzept von Wissenschaft und Wissenschaftsgeschichte kann nun folgendermaßen skizziert werden.

---

11) Diese Möglichkeit wurde auch von Ökonomiehistorikern, die sich ursprünglich eher am Popperschen Konzept orientierten, wie Blaug (1975) oder O'Brien (1983), aufgegriffen. Allerdings gibt es sehr große Meinungsunterschiede darüber, was als ökonomietheoretisches Forschungsprogramm aufzufassen ist. Stellt die klassische politische Ökonomie als Ganze ein solches Forschungsprogramm dar oder läßt sich beispielsweise ein Smithsches Programm von einem Ricardianischen unterscheiden?

12) Diese starre Gegenüberstellung findet sich ebenfalls in Lenins Abbildtheorie (Lenin 1909). Vgl. zur Kritik an Lenins erkenntnistheoretischer Konzeption Löcherbach (1978).

13) Von Michel Foucault (1969) wurden die verschiedenen „diskursiven Formationen" (des Gegenstands, der Art und Weise der Äußerungen, der Begriffe und der Wahl der Themen) ausführlich untersucht. Eine genauere Diskussion epistemologischer Probleme hätte an den von Foucault ausgelösten Debatten anzuknüpfen. Hier muß auf eine solche Diskussion verzichtet werden.

Wissenschaft besteht nicht nur aus Beobachtungen und Theorien, vielmehr ist eine *Problematik*, d.h. nicht nur eine einzelne Fragestellung, sondern die Struktur eines Diskurses, die bestimmte Arten von Fragen hervorbringt und andere ausschließt, konstitutiv für Theoriebildung und Beobachtung. Daß Theorien stets Antworten auf bestimmte Fragen waren, die sich wiederum einer bestimmten Problematik verdanken, geht allerdings in der lehrbuchmäßigen Kodifizierung und auch in vielen wissenschaftsgeschichtlichen Abhandlungen unter.

Verschiedene Problematiken lassen sich ihrerseits wieder auf ein zugrunde liegendes *theoretisches Feld* beziehen, das aus einer Reihe von Annahmen besteht, die meistens gar nicht expliziert, sondern als selbstverständlich angesehen werden. Diese Annahmen betreffen die Struktur des Gegenstands und die Möglichkeiten seines Begreifens. Das theoretische Feld konstituiert damit die Art und Weise, in welcher das Objekt einer Wissenschaft gegeben ist, es bestimmt überhaupt erst die jeweilige Vorstellung von Empirie.

Die einzelnen Elemente des theoretischen Feldes werden in der Regel erst dann sichtbar, wenn Problematiken entstanden sind, die sich einem neuen Feld verdanken. Dann stehen sich nicht nur unterschiedliche Theorien oder Fragestellungen gegenüber, die bewertet werden sollen, sondern die Maßstäbe (was ist ein Beweis, was ist Evidenz etc.) und die früheren Selbstverständlichkeiten stehen selbst zur Debatte. Da die Maßstäbe in Frage gestellt sind, können Theorien, die auf der Grundlage verschiedener theoretischer Felder hervorgebracht wurden, gar nicht verglichen werden. Nicht einmal ihr bloßer Vorhersageerfolg ist vergleichbar, da sich die Mengen der erklärten Phänomene in der Regel nicht wie Teilmengen zueinander verhalten, sich meistens auch der Begriff des Phänomens geändert hat. Allerdings kann im Rahmen eines theoretischen Feldes ein Bild einer Theorie oder einer Problematik, die sich einem anderen Feld verdankt, produziert werden, indem man die eigenen Maßstäbe und Erwartungen auf diese Theorie projiziert. Dieses Bild zeigt dann das Ungenügen der fremden Theorie auf, da sie den eigenen Maßstäben nicht genügt. Den Vertretern der fremden Theorie muß dieses Bild aber als ein bloßes Zerrbild erscheinen, da es die eigenen Ansprüche negiert. Zu „Falsifikationen" kann es nur innerhalb von theoretischen Feldern, ja nur innerhalb von bestimmten Problematiken kommen. Nicht nur weil die „harten Kerne" der Problematik durch „konventionalistische Wendungen" gerettet werden können, sondern weil verschiedene theoretische Felder auch verschiedene Konzepte von Falsifikation, Wahrheit und Bestätigung mit sich bringen.

Insofern der hier verwendete Begriff der Problematik zum Ausdruck bringt, daß nicht Theorien, sondern bestimmte Arten von Fragestellungen, welche die Wahrnehmung des Objekts der Wissenschaft bestimmen, fundamentalere Einheiten in der Entwicklung der Wissenschaften sind als einzelne Theorien, ähnelt dieser Begriff dem, was Kuhn als „Paradigma" oder was Lakatos als

„Methodologie von Forschungsprogrammen" bezeichnet hat. Im Unterschied zu Kuhn und Lakatos wird aber auf eine noch fundamentalere Ebene (das theoretische Feld) rekurriert. Die Veränderungen auf dieser Ebene lassen sich nur vor dem Hintergrund sozialgeschichtlicher Entwicklungen erklären. Während es gerade das Ziel von Lakatos ist, solche externen Erklärungen der Wissenschaftsgeschichte auszuschließen, verweist Kuhn zwar auf die Soziologie der scientific community, greift damit aber entschieden zu kurz. Das, was der Begriff des theoretischen Feldes zu umreißen versucht und was sozial bedingt ist, sind nicht einfach bestimmte Klassen- oder Gruppeninteressen, „ideologische Befangenheiten" von denen Schumpeter spricht, sondern fundamentale Wahrnehmungsstrukturen, eine bestimmte Organisation des Alltagsverstandes, der Selbstverständlichkeiten, die in die wissenschaftliche Arbeit eingehen. Es handelt sich um „objektive Gedankenformen" (Marx), die sich aus der Grundstruktur der jeweiligen Gesellschaft ergeben.

Die Objekte der Wissenschaft sind nicht einfach *gegeben*, sondern durch die Tätigkeit der Wissenschaftler *konstruiert*. Allerdings ist diese Konstruktion nur zum geringsten Teil eine Angelegenheit individueller Willkür. Die Subjektivität, durch die die Objekte der Wissenschaft vermittelt sind, ist selbst eine gesellschaftlich produzierte Subjektivität. Die einzelnen Wissenschaftler finden nicht nur eine bereits vorhandene wissenschaftliche Tradition, also bereits konstituierte Objekte vor, sondern auch eine bestimmte Form von Rationalität, Evidenzen, die sich einem bestimmten theoretischen Feld, den „objektiven Gedankenformen" ihrer Gesellschaft verdanken.

Eine rein „interne" Wissenschaftsgeschichte kann es zumindest auf der fundamentalen Ebene von theoretischen Feldern und Problematiken nicht geben. Nicht einmal die Abgrenzung von interner und externer Geschichte ist für jedes theoretische Feld gleich. Insofern ein theoretisches Feld die Vorstellungen von Evidenz, von Rationalität etc., die wissenschaftlicher Forschung zugrunde liegen, erst hervorbringt, kann der Motor eines epistemologischen Bruchs zwischen zwei Feldern nicht in einer übergreifenden Rationalität der Wissenschaft gesucht werden.

Auf der Grundlage solcher objektiver Gedankenformen, die ein bestimmtes theoretisches Feld konstituieren, ist allerdings eine Vielzahl von verschiedenen Theorien möglich. Es handelt sich nicht um eine unmittelbare Determination theoretischer Resultate durch die sozialen Bedingungen, unter denen sie produziert wurden, sondern um die allgemeinen Formen der Strukturierung der verschiedenen Diskurse. Jede Gesellschaftsformation beruht auf einem bestimmten Verhalten der Menschen zur Natur und zueinander; und aus diesem Verhalten entspringen naturwüchsig gewisse allgemeine Raster, die die Vorstellungen über Natur und Gesellschaft strukturieren. Diese Raster, die dem theoretischen Feld zugrunde liegen, bilden nicht einfach den zufälligen und durch „empirische Ergebnisse" korrigierbaren Ausgangspunkt der wissen-

schaftlichen Forschung, sie prägen der Wissenschaft vielmehr bestimmte Strukturen und auch bestimmte Grenzen auf.[14]
Vermittels der Unterscheidung zwischen Paradigma und theoretischem Feld kann jetzt auch der Begriff der „wissenschaftlichen Revolution", der im Anschluß an Kuhn (1962) zunehmend inflationär verwendet wurde, präziser gefaßt werden. Unter einer *wissenschaftlichen Revolution* wird nicht einfach der Übergang zu einem neuen Paradigma verstanden, sondern nur zu einem solchen Paradigma, das mit dem theoretischen Feld der bisherigen Paradigmen gebrochen hat. D.h. für eine wissenschaftliche Revolution genügt es nicht, neue Fragen zu stellen, vielmehr muß sich der Gegenstandsbegriff der Wissenschaft, ihr *Begriff von Wirklichkeit* und damit zusammenhängend auch der *Begriff der Wissenschaft* selbst geändert haben.
Die Marxsche Kritik der politischen Ökonomie stellt sich vor dem Hintergrund der skizzierten Auffassung von Wissenschaftsgeschichte nicht einfach als neue Theorie oder als neue Problematik in der Geschichte ökonomischen Denkens dar, sondern als *Kritik des theoretischen Feldes, das die verschiedenen Theorien der klassischen politischen Ökonomie hervorbrachte*. Da es in der vorliegenden Arbeit um Kohärenz und Erklärungskraft der entwickelten ökonomischen Theorie von Marx und nicht um eine wissenschaftsgeschichtliche Untersuchung geht, werden die sozialen Prozesse, die sich im theoretischen Feld der Klassik und seiner Kritik durch Marx niedergeschlagen haben, nur am Rande berührt. Dagegen wird der begriffliche Inhalt des Bruchs mit dem theoretischen Feld der politischen Ökonomie, die veränderte Auffassung von Wissenschaft und Wirklichkeit und die daraus resultierenden Konsequenzen für eine Analyse der ökonomischen Verhältnisse der bürgerlichen Gesellschaft von zentraler Bedeutung sein.
Allerdings ist auch bei dieser Untersuchung der Marxschen Theorie im Auge zu behalten, was oben allgemein über Wissenschaft ausgesagt wurde: es gibt keine gegebenen Objekte, die Objekte der Wissenschaft sind durch die Tätigkeit der Wissenschaftler konstruiert. Werden verschiedene Theorien auf eine gemeinsame Problematik oder ein gemeinsames theoretisches Feld zurückgeführt, wird ein Bruch konstatiert etc., so handelt es sich um *Interpretationen*. In der vorliegenden Untersuchung wird es im wesentlichen um die Interpretation von Texten gehen: um das theoretische Feld der politischen Ökonomie zu

14) Althusser (1965), der die Begriffe Problematik und theoretisches Feld weitgehend synonym verwendet, meint damit ebenfalls Instanzen, die einen Diskurs organisieren. Allerdings verknüpft er sein Konzept dort vorschnell mit einer Dichotomie von Wissenschaft und Ideologie oder Wissenschaft und nicht-Wissenschaft. Er identifiziert (im Anschluß an Bachelard) die „epistemologischen Brüche" beim Übergang von einem theoretischen Feld zu einem anderen als „Entdeckung" des Kontinents der jeweiligen Wissenschaft, als Bruch mit der Ideologie. Die Dichotomisierung von Wissenschaft und Ideologie wurde in seiner „Selbstkritik" (Althusser 1974) zwar wieder aufgegeben, allerdings gab er auch sein hohes epistemologisches Reflexionsniveau weitgehend zugunsten einer fragwürdigen Standpunktlogik auf.

identifizieren, um den von Marx vollzogenen Bruch zu bestimmen, um die Reste des Feldes der Klassik von seinem eigenen Diskurs zu unterscheiden. Die Interpretation eines Textes scheint auf den ersten Blick lediglich darin zu bestehen, das, was in diesem Text vielleicht unklar oder auch versteckt enthalten ist, zu enthüllen. Es kann aber nur etwas enthüllt werden, was bereits, wenn auch verhüllt, vorhanden ist. Die Interpretation scheint also kein eigentlich neues Objekt zu produzieren, sondern lediglich auf ein bereits vorhandenes hinzuweisen. Sie scheint sich also ganz ihrem Material, dem Text, zu verdanken. Dementsprechend werden dann Interpretationen, die von der eigenen abweichen, als bloßes Miß- oder Unverständnis abgetan. Dabei ist aber schon das Material, der Text, nicht einfach nur gegebenes Objekt, sondern ein sich historisch veränderndes Produkt: seine Überlieferung ist eingebunden in eine Rezeptionsgeschichte, die bereits eine Fülle von Konnotationen liefert, die nicht einfach vom Text entfernt werden können wie man Krümel vom Papier entfernt; diese Rezeptionsgeschichte hat vielmehr wesentlichen Anteil an der Konstitution des Textes als „Werk“. Ebensowenig ist der Interpret eine tabula rasa; auch abgesehen von aller bornierten Interessiertheit, die mit vorgefaßten Urteilen an die Arbeit geht, um zu einem bereits feststehenden Ergebnis zu gelangen, geschieht die Interpretation notwendigerweise im Hinblick auf bestimmte wissenschaftliche oder politische Probleme, vor dem Hintergrund bestimmter Auseinandersetzungen, in einer bestimmten Perspektive. Statt einer bloßen Enthüllung ist die Interpretation ein konstruktiver Akt; sie zeigt nicht bloß auf ein vorhandenes Objekt, sie produziert vielmehr innerhalb bestimmter Grenzen ein neues Objekt. Auch wenn daraus folgt, daß es keine „endgültige“ Interpretation geben kann, so stehen sich die einzelnen Interpretationen auch nicht als bloß subjektive Meinungen gegenüber. Es ist durchaus ein Vergleich zwischen ihnen und ein Streit über sie möglich. Nur wäre es eine Illusion zu glauben, dieser Streit könne durch einen einfachen Vergleich der Interpretation mit „dem Text“ entschieden werden. Als geistiges Produkt (im Unterschied zur Druckerschwärze der überlieferten Worte) existiert der Text nur *in* seinen Interpretationen.[15]

15) Als ich dies geschrieben habe, kannte ich Hans-Georg Gadamers philosophische Hermeneutik noch nicht. Das hier nur kurz angerissene Problem, daß es so etwas wie eine „authentische“ Interpretation gar nicht geben könne, wird vor allem im 2. Teil von Gadamers *Wahrheit und Methode* (1960) im Rahmen eines allgemeinen Konzepts von „Verstehen“ ausführlich erörtert.

Erster Teil

Anthropologie als Affirmation: Das theoretische Feld der politischen Ökonomie

Erstes Kapitel
Die klassische politische Ökonomie

Das spezifische Objekt der politischen Ökonomie entsteht erst mit und in der bürgerlichen Gesellschaft. Zwar werden auch schon in der griechischen Polis und im Mittelalter ökonomische Fragen diskutiert; Gegenstand der *politischen Ökonomie* ist aber nicht einfach eine Summe ökonomischer Probleme, die in verschiedenen Zusammenhängen auftauchen, sondern *Ökonomie*, Produktion und Distribution des Reichtums, als eine *selbständige* und *eigengesetzliche* Sphäre der Gesellschaft. Es ist allein diese Selbständigkeit und Eigengesetzlichkeit des Objekts, die es erlaubt, von einer eigenständigen Wissenschaft zu sprechen. Eine derartige Wahrnehmung von Ökonomie ist erst mit der Herausbildung der kapitalistischen Warenproduktion möglich. Indem diese alle naturwüchsigen Verbindungen von gesellschaftlichem Stand und produktiver Tätigkeit, alle traditionellen Formen gesellschaftlicher Organisation auflöst, entstehen Politik und Ökonomie überhaupt erst als voneinander getrennte Sphären. *Staat* und *Gesellschaft* stehen sich jetzt gegenüber, das staatliche Leben ist *politisch*, das gesellschaftliche Leben vor allem *ökonomisch*. Politische Ökonomie als empirische Wissenschaft von einer selbständigen ökonomischen Sphäre ist daher erst in der bürgerlichen Gesellschaft möglich. Nur eine retrospektive Geschichtsschreibung, die den gegenwärtigen kategorialen Apparat als Maßstab für die Ideen der Vergangenheit verwendet, kann die bei den Griechen und im Mittelalter behandelten ökonomischen Themen als „Vorläufer" der modernen Wissenschaft zusammenstellen. Dabei wird übersehen, daß die Organisation des Wissens in diesen Gesellschaften eine ganz andere Form besitzt, daß deren „ökonomische" Untersuchungen außerhalb eines jeweils spezifischen theoretischen Kontextes keine selbständige Bedeutung besitzen. Noch im Merkantilismus werden die gemachten Beobachtungen in lediglich instrumenteller Absicht für den Souverän zusammengestellt. Politische Ökonomie als Wissenschaft von einem selbständigen Objekt, als eine „reine" Wissenschaft, die den „Anwendungen" zugrunde liegt, bildet sich im Merkantilismus und in der Physiokratie ansatzweise heraus und erhält in der englischen Klassik ihre erste Formulierung. Eine solche politische Ökonomie besitzt außerhalb der bürgerlichen Gesellschaft keine Vorläufer.

Die politische Ökonomie ist aber nicht nur irgendeine sich gemeinsam mit der bürgerlichen Gesellschaft herausbildende neue Wissenschaft. Sie ist eine der zentralen Instanzen *gesellschaftlicher Selbstreflexion*: in der politischen Ökonomie erhält die bürgerliche Gesellschaft eine Anschauung von sich selbst. Mit der Durchsetzung kapitalistischer Warenproduktion und freier Konkurrenz werden die einzelnen Individuen tendenziell aus ihren traditionellen gesellschaftlichen Bezügen und persönlichen Abhängigkeiten herausgelöst und stehen sich als isolierte, ihren ökonomischen Vorteil verfolgende Warenbesitzer auf dem Markt gegenüber. Das auf den Warenbesitzer reduzierte Individuum erscheint jetzt als Inbegriff *des* Menschen. Indem allmählich alle naturwüchsigen gesellschaftlichen Strukturen aufgelöst und durch die sachliche Gewalt des Marktes ersetzt werden, ist Gesellschaft nicht mehr ein den Einzelnen vorausgesetztes und sie verbindendes Gemeinwesen; vielmehr scheint sie selbst erst durch diese von allen gesellschaftlichen Banden losgelösten Individuen konstituiert zu werden. Damit wird aber die Möglichkeit einer Vergesellschaftung dieser nur ihre ökonomischen Zwecke verfolgenden „vereinzelten Einzelnen" (Marx) zum Problem für ein Denken, das den gesellschaftlichen Zusammenhang reflektiert. Da Ökonomie der Kern bürgerlicher Gesellschaftlichkeit ist, kann die sozialphilosophische Frage nach dem, was die bürgerliche Gesellschaft nun eigentlich ist, letzten Endes auch nur von der politischen Ökonomie beantwortet werden.[1]

Den frühen bürgerlichen Sozialtheoretikern erscheint das aus allen gesellschaftlichen Bezügen herausgelöste Individuum als der ursprüngliche Naturzustand *des Menschen.*[2] In diesem ungesellschaftlichen, „natürlichen" Menschen finden sie die vermeintlich unerschütterliche Basis ihrer Theoriebildung. Ist Gesellschaftlichkeit aber nicht vorausgesetzt, sondern stellt sie sich erst nachträglich über den Markt her, wird es zum Problem, wie die Einzelnen frei und nur ihren Interessen gemäß handeln und trotzdem eine gemeinsame Sittlichkeit und Nützlichkeit verwirklichen können. Sozusagen im Handstreich wird dieses Problem von Mandeville gelöst, indem er individuellen Egoismus und gesellschaftlichen Nutzen identifiziert: private Laster bringen öffentliches Wohl hervor. In der auf Shaftesbury, Hutcheson und Hume zurückgehenden Tradition der Gefühlsethik sind dagegen die moralischen Gefühle der Billigung und Mißbilligung von Handlungen, die in dem utilitaristischen Handeln des Einzelnen bereits vorhanden sein sollen, die Vermittlungsinstanz zwischen individuellem Interesse und gemeinsamer Sittlichkeit. Sollen diese subjektiven Wertungen aber einen objektiven Maßstab darstellen, müssen die moralischen Gefühle bei allen Menschen (wie kulturell überformt auch immer) gleicher-

---

1) Aufgrund der zurückgebliebenen ökonomischen und politischen Verhältnisse erfolgt diese Selbstreflexion der bürgerlichen Gesellschaft in Deutschland in Gestalt der idealistischen Rechts- und Geschichtsphilosophie.

2) Sehr deutlich wird dies von Marx charakterisiert: „In dieser Gesellschaft der freien Concurrenz erscheint der einzelne losgelöst von den Naturbanden u.s.w., die ihn in früheren Geschichtsepochen zum Zubehör eines bestimmten, begrenzten menschlichen Conglomerats machen. Den Propheten des 18t Jhh., auf deren Schultern Smith und Ricardo noch ganz stehn, schwebt dieses Individuum des 18t Jhh. – das Product, einerseits der Auflösung der feudalen Gesellschaftsformen, andrerseits der seit dem 16t Jhh. neu entwickelten Productivkräfte – als Ideal vor, dessen Existenz eine vergangne sei. Nicht als ein historisches Resultat, sondern als Ausgangspunkt der Geschichte. Weil als das Naturgemässe Individuum, angemessen ihrer Vorstellung von der menschlichen Natur, nicht als ein geschichtlich entstehendes, sondern von der Natur geseztes." (II.1.1/21f; Gr 5f)

maßen vorhanden sein. Sie gehören dann zur überhistorischen Ausstattung des Menschen, zu seiner Triebnatur. Die Gesellschaftlichkeit der bürgerlichen Individuen wird so auf *Natur*, die Triebnatur *des* Menschen, zurückgeführt.
Ist es aber *Natur*, die die Vergesellschaftung herstellt, dann ist es konsequent, nach den *Naturgesetzen* des ökonomischen Handelns, über das sich die Vergesellschaftung vollzieht, zu suchen. Damit wird zwar einerseits die Bewegung des versachlichten gesellschaftlichen Zusammenhangs in Ansätzen erfaßt, zugleich aber der gegenständliche Schein dieser versachlichten gesellschaftlichen Verhältnisse im Denken als naturhaft reproduziert. Die atomisierten Warenbesitzer scheinen den ökonomischen Gesetzen genauso unterworfen zu sein, wie die physischen Atome den Gesetzen der Mechanik.
Die utilitaristische Ethik des Warenbesitzers und die darauf aufbauende politische Ökonomie dienen aber nicht ausschließlich der Selbstvergewisserung der entstehenden bürgerlichen Gesellschaft. Sie sind zugleich die ideologischen Waffen des sich von Feudaladel und Klerus emanzipierenden Bürgertums. Unterliegt die Ökonomie wissenschaftlich erkennbaren Gesetzen, so muß man sich diesen Gesetzen genauso beugen wie den Naturgesetzen. Absolutistische Eingriffe in die Freiheit des ökonomischen Handelns der Bürger können jetzt unter Berufung auf die „wissenschaftliche Vernunft" zurückgewiesen werden. Mit derselben wissenschaftlichen Vernunft wird später den Ansprüchen der Arbeiterklasse begegnet werden. Mittels der politischen Ökonomie bestätigt sich die bürgerliche Gesellschaft, sie sei die beste aller möglichen Welten, da einzig und allein sie der „Natur des Menschen" angemessen sei.
Wenn es in diesem und im folgenden Kapitel um die von Marx so genannte klassische politische Ökonomie[3] und die Neoklassik geht, so ist keine kurzgefaßte Geschichte ökonomischer Theorien intendiert. Vielmehr soll an zentralen Aspekten der Wert- und Kapitaltheorien von Klassik und Neoklassik das beiden gemeinsame theoretische Feld aufgezeigt werden. Damit wird nicht nur eine Folie gewonnen, vor deren Hintergrund der Bruch der Marxschen Theorie mit diesem Feld diskutiert werden kann. Anhand von Marx' Interpretation der Geschichte ökonomischer Theoriebildung, insbesondere seiner Rezeption von Smith und Ricardo sowie seiner Unterscheidung zwischen wissenschaftlicher Ökonomie und Vulgärökonomie, können auch schon Defizite seines theoretischen Selbstverständnisses aufgewiesen werden, die auf Ambivalenzen seines eigenen Diskurses hindeuten.[4]

---

3) Unter klassischer politischer Ökonomie verstand Marx die arbeitswerttheoretisch ausgerichtete Ökonomie von Petty bis Ricardo (vergl. II.2/130ff; 13/37ff oder II.6/111; 23/95). Demgegenüber werden in nicht-marxistischen Darstellungen meistens alle Ökonomen, ob arbeitswerttheoretisch orientiert oder nicht, in der Periode zwischen 1776, dem Erscheinungsjahr von Smiths *Wealth of Nations*, und der marginalistischen Wende von 1871 zur Klassik gerechnet (z.B. O'Brien 1975). Ich schließe mich im folgenden der Marxschen Verwendung des Terminus an, da er einen inhaltlichen und nicht bloß chronologischen Zusammenhang zum Ausdruck bringt.

4) Im Gegensatz zu vielen marxistisch orientierten Arbeiten, die die Theoriegeschichte von vorn-

1. Arbeit und Eigentum in der frühen bürgerlichen Sozialphilosophie

Die im 17.Jahrhundert rasch zunehmende Bedeutung manufakturmäßiger Produktion rückte die Entwicklungsmöglichkeiten der produktiven Kräfte der Arbeit ins allgemeine Bewußtsein. Damit verschob sich auch der Schwerpunkt des ökonomischen Denkens von der Zirkulations- zur Produktionssphäre. Es schlug die Geburtsstunde der klassischen, politischen Ökonomie, die den bis dahin vorherrschenden Merkantilismus schließlich ganz verdrängen sollte. Während der Merkantilismus Preise durch das Verhältnis von Angebot und Nachfrage erklärt hatte, richtete sich das theoretische Interesse jetzt auf das Schwankungszentrum der Marktpreise, das anscheinend vom *inneren* oder *wirklichen* Wert der Waren abhing. Indem die Determinanten dieses wirklichen Werts in der Produktion gesucht wurden, beginnt die theoriegeschichtliche Konstitution der Arbeitswertlehre.
Bereits die Fragestellung unterscheidet den Diskurs der klassischen politischen Ökonomie vom ökonomischen Diskurs des Mittelalters. Dort stand die moralphilosophische Frage nach dem *gerechten* Preis einer Sache im Vordergrund, jetzt wird quasi naturwissenschaftlich nach dem Gravitationszentrum der Preisbewegung gefragt. Allerdings war die politische Ökonomie nie eine bloß deskriptive Wissenschaft. Gerade indem sie den Wert einer Ware auf die Arbeit des Produzenten zurückführte, ließ sie sich normativ gegen den Feudaladel wenden, der als unproduktive und parasitäre Klasse erschien.
Dabei stand die frühe bürgerliche Sozialphilosophie allerdings vor einem grundsätzlichen Dilemma. Einerseits machte sie durch eigene Arbeit begründetes Eigentum als Naturrecht geltend und stellte damit die Legitimation von gesellschaftlichen Verhältnissen in Frage, die den grundbesitzenden, bloß von der Bodenrente lebenden Adel mit traditionellen Privilegien versah. Andererseits konnte sie aber auch die Eigentumslosigkeit der arbeitenden Armen nicht übersehen, sie mußte also auch deren Eigentumslosigkeit trotz eigener Arbeit rechtfertigen. Seine klassische Lösung fand dieses Dilemma in der Eigentumstheorie von John Locke, der damit zum philosophischen Sprachrohr des aufstrebenden Besitzbürgertums wurde.
Wie die meisten frühbürgerlichen Gesellschaftstheoretiker, nimmt auch Locke einen vorstaatlichen „Naturzustand" an, aus dem der Staat erst durch einen Sozialvertrag hervorgeht. In diesem Naturzustand sollen die Menschen völlig frei und nur durch das Gesetz der Natur gebunden gewesen sein. Als oberstes Gebot nennt Locke die Erhaltung der Schöpfung und damit auch die Erhaltung der Menschen. In seiner Eigentumstheorie versucht Locke das Privateigentum bereits für diesen Naturzustand zu begründen. Dabei geht er von dem

---

herein innerhalb des von Marx vorgegebenen Rasters interpretieren (z. B. Grossmann 1941, Reichelt 1970 und 1976, Rojas 1989, Brentel 1989), wird hier die Frage aufgeworfen, ob die Marxsche Interpretation von Smith und Ricardo diesen Autoren überhaupt gerecht wird.

Problem aus, wie Eigentum an einzelnen Gegenständen überhaupt möglich ist, wenn doch die Erde den Menschen von Gott gemeinsam gegeben wurde. Um ihr Leben zu erhalten, müssen sich die Menschen, so Locke, einzelne Gegenstände aneignen. Es muß also einen Weg der individuellen Aneignung geben. Diese Möglichkeit sieht Locke in der „Vermischung" mit Arbeit: die Arbeit ist das unbestreitbare Eigentum des Arbeitenden, vermischt er sie mit einem Gegenstand, so macht er diesen zu seinem Eigentum. Dieses individuelle Eigentum betrifft nun aber nicht nur die Früchte der Erde, die zum Leben notwendig sind, sondern auch die Erde selbst, die durch Arbeit kultiviert wird. Durch die Hinzufügung von Arbeit wird das den Menschen von Gott gemeinsam Gegebene zu individuellem Eigentum. Allerdings hat Locke damit keineswegs nur eine Gesellschaft der kleinen, selbst arbeitenden Eigentümer begründet. Denn wie seine Beispiele zeigen, schließt er in die *eigene* Arbeit von vornherein die Arbeit des Knechtes mit ein, so daß Lohnarbeit auch im Naturzustand existieren muß.[5] Daß Arbeit Eigentum des Menschen ist, begrenzt für Locke das Eigentum nicht auf das Produkt der eigenen Arbeit, sondern ermöglicht, die eigene Arbeit (und nicht nur ihr Produkt) zu verkaufen.

Lockes naturrechtliche Begründung des Privateigentums beruht auf der Notwendigkeit der Selbsterhaltung. Gemeineigentum kann er sich nur in der Gestalt von unbebautem Land vorstellen. Produktive Nutzung und private Aneignung fallen für ihn unmittelbar zusammen. Aus dem ursprünglichen Ziel der Aneignung, der Erhaltung des Lebens, folgen für Locke zwei naturrechtliche Schranken des Eigentumserwerbs: es darf nicht so viel angehäuft werden, daß es verdirbt und die übrigen Menschen müssen die selben Möglichkeiten der Aneignung haben, um ihr Leben zu erhalten (Locke 1690, S.218ff).

Bei dieser Begründung des Privateigentums, die dem Einzelnen lediglich einen kleinen Besitz erlauben würde, bleibt Locke jedoch nicht stehen. Mit der Erfindung des Geldes sei es möglich geworden, größere Besitztümer zu erwerben. Durch Tausch gegen Geld (Gold und Silber) können verderbliche Gegenstände in unverderbliche verwandelt werden. Damit ist die erste Erwerbsschranke aufgehoben. Die Möglichkeit seinen Besitz durch Hortung dauerhaft zu machen, wird zum Antrieb ihn zu vergrößern, was schließlich dazu führt, daß die zweite Erwerbsschranke *faktisch* durchbrochen wird. Daß dies auch *legitim* ist, begründet Locke folgendermaßen: Da relativ nutzlose Dinge wie Gold und Silber „ihren Wert nur von der Übereinkunft der Menschen erhalten haben", sei es „einleuchtend, daß die Menschen mit einem ungleichen und unproportionierten Bodenbesitz einverstanden gewesen sind" (ebd., S.230). Frei nach dem Motto: wer der Benutzung des Geldes zustimmt, darf sich über die Folgen nicht beklagen.

---

5) „Das Gras, das mein Pferd gefressen, der Torf, den mein Knecht gestochen… werden ohne die Anweisung und Zustimmung von irgend jemandem mein Eigentum." (Locke 1690, S.217)

Geld wird von Locke nicht als Abweichung, sondern als Bestandteil des Naturzustandes aufgefaßt: ohne ausdrücklichen Vertrag sind die Menschen damit einverstanden, dem Geld einen Wert beizulegen. Die mit der Benutzung des Geldes verbundene Aufhebung der naturrechtlichen Erwerbsschranken erfolgt damit noch innerhalb des Naturzustandes.[6] Die Ungleichheit des Besitzes ist bei Locke daher auch keine politische Erfindung, die mit seiner naturrechtlichen Basis in Widerspruch steht, wie Marx in den *Theorien über den Mehrwert* meinte (II.3.6/2118; 26.1/341), sondern selbst naturrechtlich abgesichert. Der mit der Existenz des Geldes gegebene Antrieb zu einer Vermehrung des Besitzes treibt allerdings über den Naturzustand hinaus, denn er bringt unsichere Verhältnisse hervor und macht den Staat als Garanten der Sicherheit notwendig. Als wichtigste Funktion des Staates begreift Locke daher auch die Erhaltung des Eigentums; der Staat Lockes ist ein Staat der Eigentümer.[7]

Mit seiner Eigentumstheorie hat Locke nicht nur das auf Arbeit gegründete Privateigentum in den Rang eines Naturrechts erhoben, er hat zugleich die Besitzlosigkeit der armen Klassen, trotz eigener Arbeit, legitimiert, denn sie haben ja dem Gebrauch des Geldes, von dem die Ungleichheit des Besitzes seinen Ausgang nahm, stillschweigend zugestimmt. Locke beschränkt sich aber nicht auf dieses eher formale Argument. Eine einfache Arbeitswertlehre dient ihm als Begründung für den durch die private Aneignung hervorgebrachten Wohlstand: der größte Teil des Wertes sei durch Arbeit hervorgebracht, wird also Boden angeeignet und bearbeitet, so wird der Reichtum der Menschheit vermehrt und nicht geschmälert, der bebaute Boden trägt mehr Früchte als der unbebaute. Als Resultat dieses Sachverhalts, so Locke, geht es einem Tagelöhner in England besser als einem König der Indianer (Locke 1690, S.225).[8]

Locke hat die private Akkumulation des Reichtums nicht nur naturrechtlich gerechtfertigt, er hat auch die Grundüberzeugung der liberalen ökonomischen Theorie ausgesprochen, daß die Entfaltung des Privateigentums zu allgemeinem Wohlstand führt. Am provokativsten wurde dieses Credo von Bernard Mandeville in seiner berühmten Bienenfabel formuliert: es seien gerade die Laster der Einzelnen, die den Wohlstand und die Macht des Gemeinwesens mehren würden. Dabei geht es Mandeville nicht um eine Apologie des La-

---

6) Auf diesen Umstand hat insbesondere MacPherson (1962) in seiner einflußreichen Locke-Interpretation aufmerksam gemacht. Vergl. zum Begriff des Naturrechts bei Locke auch Euchner (1969).

7) „Das große und hauptsächliche Ziel, weshalb Menschen sich zu einem Staatswesen zusammenschließen und sich unter eine Regierung stellen, ist also die Erhaltung ihres Eigentums." (Locke 1690, S.278)

8) Die Aneignung des Bodens war allerdings nicht nur ein geschichtlich weit zurückliegender Vorgang. Er spielte sich auch bei der Auflösung der feudalen Verhältnisse ab. Durch die „Einhegungen" wurde im 17. und 18. Jahrhundert Gemeindeland in Privatbesitz verwandelt, wodurch die Existenzgrundlage vieler Familien vernichtet wurde. Allerdings waren diese Einhegungen auch die Voraussetzung einer gesteigerten Produktivität der Arbeit und diese sollte, so die Folgerung von Locke und seinen Nachfolgern, schließlich auch den Armen zugute kommen (vergl. dazu auch Kittsteiner 1980, S.200ff).

sters, sondern um seine objektive Funktion in der kapitalistischen Gesellschaft, deren Mechanismus er unverblümt darstellen will. So spricht Mandeville auch deutlich aus, daß es die Arbeit der Armen ist, die den Reichtum schafft (Mandeville 1714, S.333), daß die Armen daher den wirklichen Reichtum eines Landes ausmachen (vergl. dazu Euchner 1968, S.26ff). Für Mandeville erwächst aus dieser Situation aber kein Legitimationsproblem wie noch für Locke, sondern eher eines der richtigen Verwaltung: eine arme, arbeitende Masse ist für den gesellschaftlichen Reichtum notwendig, höhere Löhne würden die allgemeine Prosperität untergraben und eine bessere Bildung würde die Armen nur unzufrieden mit ihrem Schicksal machen. Daher wendet er sich vehement gegen Armenschulen und staatliche Maßnahmen zur Verbesserung der Lage des Proletariats. In solcher Offenheit wurde das Interesse des Besitzbürgertums an der Armut der Armen später nur noch selten ausgesprochen.

2. Subjektive Arbeitswertlehre und Produktionskostentheorie bei A. Smith

Smiths *Wealth of Nations* markierte den ersten Höhepunkt der klassischen politischen Ökonomie. Auch wenn eine akribische philologische Forschung das Urteil Schumpeters, daß Smiths „*Wealth of Nations* keine wirklich neuen Ideen enthielt" (Schumpeter 1954, S.245), bestätigen sollte, so hat Smith doch als erster die politische Ökonomie in einem umfassenden systematischen Rahmen behandelt, hat sie als selbständige Wissenschaft erst wirklich begründet. Für die Untersuchung des theoretischen Feldes bürgerlicher Ökonomie ist Smith aber nicht nur als deren erster Systembildner interessant, sondern auch, weil bei ihm der später meist nur implizite Bezug von politischer Ökonomie und bürgerlicher Moralphilosophie noch explizit vorhanden ist.

Seine 1759 erschienene *Theory of Moral Sentiments* steht in der englisch-schottischen Tradition empiristischer Gefühlsethik. Daß dieses Werk die moralphilosophische Grundlage seiner ökonomischen Untersuchungen abgibt, ist allerdings nicht unbestritten. Während er in *Wealth of Nations* vom „Selbstinteresse" als der entscheidenden Antriebskraft menschlichen Verhaltens ausgeht,[9] konstatiert er in der *Theory of Moral Sentiments*, daß die Menschen außer dem Selbstinteresse auch noch Interesse am Glück ihrer Mitmenschen hätten.[10] „Sympathie", womit Smith die Fähigkeit bezeichnete, sich in die Situation eines anderen hineinzuversetzen und dessen Gefühle nachzuempfinden, machte er zur Grundlage moralischer Urteile: stimmen die vorgestellten

9) „It is not from the benevolence of the butcher, the brewer or the baker, that we expect our dinner, but from their regard to their own interest." (Smith 1776, S.26f)

10) Gleich im ersten Satz heißt es: „How selfish soever man may be supposed, there are evidently some principles in his nature, which interest him in the fortune of others, and render their happiness necessary to him, though he derives nothing from it except the pleasure of seeing it." (Smith 1759, S.9)

eigenen Gefühle (und die daraus resultierenden Handlungen) mit den tatsächlichen Gefühlen der anderen überein, so werden diese als schicklich akzeptiert. Allerdings besitzen die so getroffenen Urteile nur dann objektive moralische Gültigkeit, wenn sie von einem „impartial spectator" getroffen werden.[11] Ob die moralische Theorie von Smith seiner ökonomischen widerspricht oder sie ergänzt, wird seit über einem Jahrhundert leidenschaftlich als „Adam Smith Problem" diskutiert.[12]

Bei genauerer Betrachtung erweist sich die *Theory of Moral Sentiments* als weit weniger altruistisch, als es zunächst den Anschein haben mag. Das Sympathieprinzip, auf dem die moralischen Urteile beruhen, hat nichts mit wechselseitiger Aufopferung zu tun, sondern stellt auf den Nachvollzug der Motive des anderen ab. Insofern ist die Nützlichkeit von Handlungen einer der zentralen Gründe, die zu ihrer Billigung durch den „impartial spectator" führen (Smith 1759, S.179f). In Abgrenzung zu Hume hebt Smith allerdings hervor, daß nicht so sehr die Nützlichkeit der angestrebten Dinge zu billigen ist, als vielmehr die Entwicklung der dabei angewandten Kräfte und Mittel. Oft würden nämlich die tatsächlich erreichten Bequemlichkeiten nicht für den benötigten Aufwand entschädigen, was aber meistens nicht oder zu spät erkannt werde. Diese „Täuschung der Natur" erweise sich aber als außerordentlich vorteilhaft, insofern sie die Entfaltung der ökonomischen Potenzen der Menschen befördere.[13] Es sind letzten Endes die *nicht-intendierten* Folgen unserer Handlungen, die für Smith die Grundlage allgemeiner Wohlfahrt darstellen:

> „The rich... consume little more than the poor, and in spite of their natural selfishness and rapacity, though they mean only their own conveniency, though the sole end which they propose from the labours of all the thousands whom they employ, be the gratification of their own vain and insatiable desires, they divide with the poor the produce of all their improvements." (Smith 1759, S.184f)

Diese nicht-intendierten Handlungsfolgen befördern aber nicht nur die allgemeine Wohlfahrt. Die „Reichen" werden von einer „invisible hand" (von ihr ist hier erstmals die Rede) sogar zu einer annähernd gerechten Verteilung veranlaßt. Smith fährt an der angegebenen Stelle fort:

> „They are led by an invisible hand to make nearly the same distribution of the necessaries of life, which would have been made, had the earth been divided into equal portions among all its inhabitants, and thus without intending it, without knowing it, advance the interest of the society, and afford means to the mulitiplication of the species. When Providence divided the earth among a few lordly masters, it neither forgot nor abandoned those who seemed to have been left out in the partition. These last too enjoy their share of all that it produces." (ebd.)

Bereits in der Moraltheorie ist es die Teleologie der bürgerlichen Produktion (metaphorisch als „unsichtbare Hand" bezeichnet), die die am Eigennutz ori-

---

11) Vergl. zur Rolle des „impartial spectator" Raphael (1975). Zum Spannungsverhältnis von empiristisch-erklärenden und normativen Momenten dieser Auffassung siehe Campbell (1975).

12) Referiert wird die Debatte von Macfie und Raphael in der Einleitung zu Smith (1759).

13) „And it is well that nature imposes upon us in this manner. It is this deception which rouses and keeps in continual motion the industry of mankind." (Smith 1759, S.183)

entierten Interessen der atomisierten Produzenten mit dem allgemeinen Interesse der Gesellschaft vermittelt.[14] Während Smith dieses Ergebnis hier nur konstatiert, ist der Mechanismus dieser Vermittlung der Gegenstand seines ökonomischen Werkes.

In der 1776 erschienenen *Inquiry into the Nature and Causes of the Wealth of Nations* unternimmt Smith nicht nur die im Titel angekündigte Untersuchung des „Reichtums", sondern auch der Staatsfinanzen, der wirtschaftlichen Entwicklung Europas seit der Römerzeit, er liefert eine Kritik verschiedener wirtschaftspolitischer Konzeptionen und vieles andere, das man nicht unbedingt in einer ökonomischen Untersuchung erwartet (wie etwa die Darstellung der Modalitäten der Bischofswahl in der älteren Kirche).

Unter Reichtum versteht Smith die Menge der zur Verfügung stehenden Gebrauchs- und Luxusgüter. Er hängt von der Anzahl der Personen, die zu seiner Produktion beitragen, vor allem aber von der Produktivkraft der Arbeit ab. Der Gegenstand seiner Untersuchung (im ersten Buch, das den theoretischen Kern seines Werkes enthält) sind die

> „causes of this improvement, in the productive powers of labour, and the order, according to which its produce is naturally distributed among the different ranks and conditions of men in the society" (Smith 1776, S.10f).

Bereits die Fragestellung von Smith, die in der Produktion nicht soziale Beziehungen, sondern nur Produktivkräfte sieht und in der Distribution eine „natürliche Ordnung" sucht, reflektiert eine naturhafte Auffassung von Ökonomie.

Daß Arbeit überhaupt und nicht nur eine besondere Art von Arbeit die Quelle allen Reichtums sei, machte Smith zum bewußten Ausgangspunkt seiner Untersuchung des Gesamtsystems der bürgerlichen Ökonomie.[15] Die frühen Arbeitswertlehrer trennten noch nicht strikt zwischen Gebrauchswert und Tauschwert der Waren. So findet sich zwar bei Petty bereits Arbeit als Wertmaß[16], doch zugleich äußert er „that Labour is the Father and active principle of Wealth, as Lands are the Mother" (Petty 1662, S.68). Smith unterscheidet da-

---

14) Smith scheint hier die Position Mandevilles zu vertreten, den er in der *Theory of Moral Sentiments* allerdings heftig kritisierte. Wie Colletti zu Recht herausstellte, besteht der Unterschied zwischen Smith und Mandeville vor allem darin, daß für Mandeville jede egoistische Handlungsweise bereits ein „Laster" ist, während das am Eigennutz ausgerichtete Verhalten für Smith eher etwas Positives darstellt (Colletti 1969, S.166). Im Unterschied zu Smith steht Mandeville insofern noch mit einem Bein in der Gedankenwelt des christlichen Mittelalters, wo die „Habsucht" zu den sieben Todsünden zählte, und er lediglich (und noch etwas ob der Widersprüchlichkeit überrascht) deren positive Wirkungen herausstellt, während das liberale Bürgertum, das im eigennützigen Verhalten überhaupt das Höchstmaß an Rationalität verwirklicht sieht, dieses auch nicht mehr als individuelles Laster kritisieren mag.

15) Bereits im ersten Satz seiner *Inquiry* heißt es: „The annual labour of every nation is the fund which originally supplies it with all the necessaries and conveniences of life which it annually consumes, and which consist always, either in the immediate produce of that labour, or in what is purchased with that produce from other nations." (Smith 1776, S.10)

16) „If a man can bring to London an ounce of Silver out of the Earth of Peru, in the same time that he can produce a bushel of Corn, then one is the natural price of the other" (Petty 1662, S.50).

gegen klar zwischen Gebrauchswert („value in use") und Tauschwert („value in exchange") der Waren und erklärt:

„The things which have the greatest value in use have frequently little or no value in exchange; and, on the contrary, those which have the greatest value in exchange have frequently little or no value in use." (Smith 1776, S.44)

Indem Smith jede Werttheorie, die auf „Nutzen" beruht, von vornherein ausschließt, bricht er mit einer von Pufendorf bis zu seinem Lehrer Hutcheson reichenden werttheoretischen Tradition. Damit hat Smith, von einem neoklassischen Standpunkt aus gesehen, die politische Ökonomie in England auf einen bedauerlichen Irrweg geführt (vergl. z.B. Douglas 1928, Robertson und Taylor 1957).[17] Umgekehrt sieht Marx in Smith (und Ricardo) gerade wegen ihrer arbeitswerttheoretischen Ansätze die besten Köpfe der bürgerlichen Ökonomie. Es wird nun zu untersuchen sein, in welchem Sinne von einer Arbeitswerttheorie bei Smith und Ricardo gesprochen werden kann und ob ihr die Marxsche Interpretation gerecht wird.

Die „principles which regulate the exchangeable value of commodities" will Smith in drei Schritten untersuchen: zunächst soll das „wirkliche Maß" des Werts oder der „wirkliche Preis" der Waren dargestellt werden, dann die verschiedenen Bestandteile dieses Preises und schließlich die Umstände, die bedingen, daß diese Preisbestandteile manchmal über oder unter ihren „natürlichen Sätzen" stehen (Smith 1776, S.46).

Als *Maß* des Tauschwerts einer Ware bestimmt Smith Arbeit. Allerdings nicht die Arbeitsmenge, die in der Produktion dieser Ware verausgabt wurde, sondern *diejenige Menge fremder Arbeit, die man im Tausch erhält.*[18] Zur Begründung dieses Maßes führt Smith an, daß sich ein Mensch nach Einführung der Arbeitsteilung nur einen kleinen Teil dessen, was er zum Leben benötigt, durch eigene Arbeit verschaffen kann und er deshalb auf die Arbeit anderer angewiesen ist. Damit hat Smith ausgesprochen, daß Reichtum nur insoweit von eigener Arbeit abhängig ist, als diese fremder Arbeit gleichgesetzt werden kann, also insoweit die eigene Arbeit als *gesellschaftliche* Arbeit gilt. Diese spezifische Gesellschaftlichkeit der Waren produzierenden Arbeit wird von Smith aber nicht weiter untersucht. Smith faßt den Tausch nicht als die den gesamtgesellschaftlichen Zusammenhang konstituierende Form der Vermittlung auf, sondern lediglich als einen isolierten Akt zwischen zwei vereinzelten Warenproduzenten. Insofern ist es nur konsequent, wenn er zur weiteren Begründung seines Maßes auf das individuelle Kalkül der Warenbesitzer rekurriert.

---

17) Dagegen versuchte Hollander (1973 und 1975) nachzuweisen, daß Smith eine Erklärung der relativen Preise durch die relative Knappheit keineswegs ausgeschlossen habe. Allerdings kann er als Beleg nur einige Zitate vorweisen, in denen Smith Nutzen und Knappheit in bestimmten Situationen einen Einfluß auf die Preise zubilligt.

18) „The value of any commodity, therefore, to the person who possesses it, and who means not to use or consume it himself, but to exchange it for other commodities, is equal to the quantity of labour which it enables him to purchase or command. Labour, therefore, is the real measure of the exchangeable value of all commodities." (Smith 1776, S.47)

„The real price of every thing, what every thing really costs to the man who wants to acquire it, is the toil and trouble of acquiring it.(...) What is bought with money or with goods is purchased by labour, as much as what we acquire by the toil of our own body. That money or those goods indeed save us this toil." (Smith 1776, S.47)

Smith faßt Arbeit hier ganz ungesellschaftlich als Beziehung zwischen einem isolierten Produzenten und der Natur auf. Diese Auseinandersetzung mit der Natur bedeutet für den Menschen in erster Linie Mühe und Anstrengung.[19] Der Tausch erspart die Anstrengung ein Ding durch eigene Arbeit zu erwerben. Indem die ersparte Arbeit zum Maß des Tauschwerts gemacht wird, fundiert Smith dieses Maß in dem am eigenen Nutzen orientierten, rationalen Verhalten der einzelnen, gleichberechtigten Warenbesitzer. In *Zur Kritik der politischen Ökonomie* charakterisiert Marx genau dieses Vorgehen, wenn er schreibt, Smith

„versieht die objektive Gleichung, die der Gesellschaftsproceß gewaltsam zwischen den ungleichen Arbeiten vollzieht, für die subjektive Gleichberechtigung der individuellen Arbeiten." (II.2/136f; 13/45)

Im Rahmen dieser ungesellschaftlichen Auffassung vom Austausch ist auch kein richtiger Platz für das Geld. Smith betrachtet es lediglich als eine den Austausch erleichternde Einrichtung (Smith 1776, S.37ff). Von Arbeit als dem „wirklichen" Maß des Wertes oder dem „wirklichen Preis" unterscheidet er den in Geld ausgedrückten Preis als bloßen „Nominalpreis" (ebd. S.51). Ein immanenter Zusammenhang von Ware und Geld existiert für ihn nicht. Die Geldsphäre erscheint als bloßer Schleier vor der Realsphäre, ein Schleier, der zumindest in der Theorie jederzeit entfernt werden kann. Insofern wird bei Smith nicht eigentlich der *Waren*tausch, sondern lediglich der Barter, der *Produkten*tausch thematisiert.

Für Smith liegt die spezifische Gesellschaftlichkeit, die die Warenbesitzer im Austausch herstellen, letztlich in ihrem individuell mühevollen Verhältnis zur Natur begründet. *Damit faßt Smith den gesellschaftlichen Zusammenhang als unmittelbar konstituiert vom ungesellschaftlichen Verhalten der isolierten Individuen auf.* Die Phänomene der politischen Ökonomie gründen dann in der empirisch konstatierbaren *Anthropologie* des zu „dem" Menschen hypostasierten Warenbesitzers. Diese Anthropologie wird von Smith auch explizit reflektiert. So heißt es über den Ursprung der Arbeitsteilung:

„It is the necessary, though very slow and gradual, consequence of a certain propensity in human nature... the propensity to truck, barter, and exchange one thing for another... It is common to all men, and to be found in no other race of animals" (Smith 1776, S.25).

---

19) Dieser Gedankengang kommt noch deutlicher an einer späteren Stelle zum Ausdruck: „Equal quantities of labour, at all times and places, may be said to be of equal value to the labourer. In his ordinary state of health, strength and spirits; in the ordinary degree of his skill and dexterity, he must always lay down the same portion of his ease, his liberty, and his happiness." (Smith 1776, S.50)

Smith identifiziert also nicht nur jede gesellschaftliche Arbeitsteilung mit Warenproduktion, diese ergibt sich ihm als Folge der menschlichen Natur.[20] Er bleibt aber nicht dabei stehen, sondern erklärt den „Hang zum Tausch" auch noch funktional: bei fast allen Tiergattungen sei das erwachsene Individuum unabhängig und benötige keinen Beistand. Der Mensch aber sei auf die Hilfe seiner Mitmenschen angewiesen, könne allerdings kaum auf deren Wohlwollen rechnen. Er könne daher nur zum Ziele kommen „if he can interest their self-love in his favour, and shew them that it is for their own advantage to do for him what he requires of them" (Smith 1776, S.26). Letztlich wird der „Hang zum Tausch" durch die wechselseitige Gleichgültigkeit der Menschen begründet. Die *Fremdheit* der voneinander isolierten Warenbesitzer wird so zum ontologischen Datum, von dem aus sich die gesamte Ökonomie erschließt.

In Smith' Diskussion der Arbeitsteilung, des Wertmaßes Arbeit und des Geldes werden wesentliche Elemente des zugrundeliegenden theoretischen Feldes deutlich. Sowohl der *Anthropologismus*, der von einem bestimmten „Wesen" des Menschen ausgeht, das für Smith mit dem des Warenbesitzers zusammenfällt, als auch der *Individualismus*, der den gesellschaftlichen Zusammenhang von den vereinzelten, einander fremden Individuen her rekonstruiert, gehen als selbstverständliche Voraussetzungen in die Smithsche Argumentation ein.

Nachdem Smith das Maß des Wertes oder ihren „wirklichen Preis" bestimmt hat, geht er, wie angekündigt, daran, die Bestandteile dieses wirklichen Preises zu untersuchen. Smith unterscheidet zwischen dem „*real measure of value*" und dem „*regulator of value*".[21] Daß der Wert einer Ware durch die von ihr kommandierte fremde Arbeit *gemessen* wird, sagt noch nichts darüber aus, *wieviel* fremde Arbeit von einer Ware kommandiert wird. Es muß die *Regel*, die die Wertgröße einer Ware bestimmt, erst noch angegeben werden. Und hier stellt Smith einen Unterschied zwischen vorkapitalistischen und kapitalistischen Verhältnissen fest. Für die vorkapitalistischen Zeiten gilt:

> „In that early and rude state of society which precedes both the accumulation of stock and the appropriation of land, the proportion between the quantities of labour necessary for acquiring different objects seems to be the only circumstance which can afford any rule for exchanging them for one another.(...) In this state of things, the whole produce of labour belongs to the labourer; and the quantity of labour commonly employed in acquiring or producing any commodity, is the only circumstance which can regulate the quantity of labour which it ought commonly to purchase, command, or exchange for." (Smith 1776, S.65)

Die Regel, die hier die Arbeitsmenge bestimmt, die mit einer Ware gekauft werden kann, erhält Smith nicht durch empirische Beobachtung. Es handelt

---

20) Den Übergang vom barbarischen in den zivilisierten Zustand der Menschheit setzt Smith als Teilung der Arbeit. Die zivilisierte Geschichte beginnt mit der „accumulation of stocks" und endet mit dem System der „natural liberty". Die immanenten Probleme der Smithschen Konstruktion werden ausführlich von Levine (1977, S.32ff) untersucht.

21) Meek (1956, S.60-71) ist einer der wenigen Autoren, die diese Unterscheidung zur Kenntnis nehmen. Vielen Lesern von Smith (auch Marx wie sich noch zeigen wird) ist die ganze Tragweite dieser Unterscheidung nicht deutlich geworden.

sich vielmehr um ein empirisch-spekulatives Modell, das aufgrund eines Gedankenexperimentes gewonnen wurde: zwei Warenproduzenten, die lediglich ihrem eigenen Interesse folgen, werden einander in einer fiktiven Situation (Tausch auf einem Markt aber Produktion ohne Kapital) gegenübergestellt. Aus diesen Grundannahmen wird ihr Verhalten deduziert: weil jedem Warenproduzent die Herstellung seiner eigenen Ware Mühe bereitet, wird er sie nicht gegen Waren austauschen, deren Produktion ihm weniger Mühe verursachen würde. Demnach ist die *fremde Arbeit*, die ich für meine Ware erhalte, *Maß* ihres Wertes und die *eigene* Arbeit, die ich zur Produktion meiner Ware aufwenden muß, ist die *Regel*, die bestimmt *wieviel* fremde Arbeit ich erhalte (nämlich gerade genauso viel). Insofern Arbeit hier Maß des Werts und Regulator der Wertgröße ist, kann man von einer Arbeitswerttheorie sprechen. Entgegen der mit dem Marginalismus üblich gewordenen Unterscheidung in „objektive" Arbeitswertlehre und „subjektive" Nutzenlehre des Werts, haben wir es bei Smith aber mit einer *subjektiven Arbeitswerttheorie* zu tun: sowohl Maß als auch Regulator des Werts werden mit dem am Nutzen des Warenbesitzers orientierten, subjektiven Interesse begründet.

Mit der Bildung von Kapital ändern sich aber die Bedingungen, unter denen der Tausch stattfindet, womit auch eine andere Interessenkonstellation entsteht. Dadurch erfährt zwar nicht das *Maß* des Wertes, fremde Arbeit, eine Veränderung, denn dieses Maß beruht einzig darauf, daß Arbeit Mühe kostet und fremde Arbeit somit Mühe erspart. Es ändert sich jetzt aber die gerade abgeleitete *Regel* für die Bestimmung der Wertgröße:

> „As soon as stock has accumulated in the hands of particular persons, some of them will naturally employ it in setting to work industrious people, whom they will supply with materials and subsistence, in order to make a profit by the sale of their work, or by what their labour adds to the value of the materials... The value which the workmen add to the materials, therefore, resolves itself in this case into two parts, of which the one pays their wages, the other the profits of their employer upon the whole stock of materials and wages which he advanced. He could have no interest to employ them, unless he expected from the sale of their work something more than what was sufficient to replace his stock to him; and he could have no interest to employ a great stock rather than a small one, unless his profits were to bear some proportion to the extent of his stock." (ebd., S.65f)

Über die Möglichkeit der „accumulation of stock" und der Herkunft der „industrious people" macht sich Smith keine Gedanken, er unterstellt beides als Bedingungen kapitalistischer Produktion. Sind aber diese Bedingungen gegeben, so muß es auch Profit als Anreiz zur Investition geben und zwar einen Profit, der im Verhältnis zur Größe des Kapitals steht, als Anreiz zu immer größerer Investition. Smith faßt Profit sofort als Durchschnittsprofit auf und macht ihn damit explizit zu einer vom Arbeitslohn unterschiedenen, eigenständige Einkommenskategorie, was im 18. Jahrhundert noch keineswegs selbstverständlich war. Die Gestalt des Profits als Durchschnittsprofit erklärt er einfach mit dem „natürlichen Interesse" des Kapitalbesitzers, genauso wie er oben die alte Regel auf das Interesse der Warenbesitzer zurückgeführt hatte.

Daß der Durchschnittsprofit aber überhaupt existiert, nimmt Smith einfach als eine empirische Tatsache auf. Hier wird der *Empirismus* als ein weiteres Moment des theoretischen Feldes, von dem aus Smith argumentiert, deutlich. Ökonomische Tatsachen, wie die Existenz eines Durchschnittsprofits, erscheinen als einfache Gegebenheiten, die aus dem Realobjekt abgelesen werden können, ohne daß noch eine begriffliche Vermittlung notwendig wäre.
Mit der Existenz des Profits ändert sich nun zwar nicht das *Wertmaß* (kommandierte Arbeit) aber die *Regel*, die bestimmt, welche Menge Arbeit von einer Ware kommandiert wird:

„In this state of things, the whole produce of labour does not always belong to the labourer. He must in most cases share it with the owner of the stock which employs him. Neither is the quantity of labour commonly employed in acquiring or producing any commodity, the only circumstance which can regulate the quantity which it ought commonly to purchase, command, or exchange for. An additional quantity, it is evident, must be due for the profits of the stock which advanced the wages and furnished the materials of that labour." (ebd., S.67)

Da meistens auch noch Grundrente gezahlt werden muß, so Smith weiter, bildet auch sie einen Umstand, der bestimmt, wieviel Arbeit eine Ware kommandieren kann. Die Ausgaben für Rohmaterial werden von Smith rekursiv ebenfalls in Löhne, Profite und Renten aufgelöst, so daß er als Ergebnis erhält:

„Wages, profit and rent, are the three original sources of all revenue as well as of all exchangeable value" (ebd., S.69).

Reicht der Preis einer Ware gerade hin, um die „natürlichen" Raten der Löhne, Profite und Renten (so nennt Smith ihre in einem bestimmten Land zu einer bestimmten Zeit üblichen Sätze) zu zahlen, so wird diese Ware zu ihrem „natürlichen Preis" verkauft:

„The commodity is then sold precisely for what it is worth, or for what it really costs the person who brings it to market" (ebd., S.72).

Was den Regulator der Wertgröße angeht, wird Smith hier zum Begründer einer Produktionskostentheorie des Werts, die im 19. Jahrhundert von Jean-Baptiste Say und John Stuart Mill aufgenommen wird und sich schließlich auch bei Alfred Marshall wiederfindet. Die Werttheorie wird hier identisch mit der Verteilungstheorie. Die Wertgröße einer Ware konstituiert sich jetzt aus den „natürlichen" Erträgen der bei ihrer Produktion zum Einsatz kommenden Faktoren Arbeit, Kapital und Boden.
Smith ist nun, wie in der Einleitung zu *Wealth of Nations* angekündigt, bei der „natürlichen Verteilung" des Produkts unter die verschiedenen Klassen angelangt. Allerdings gelingt es Smith nicht, die „natürlichen Raten" dieser Erträge wirklich zu bestimmen. Für den Arbeitslohn gibt er die Subsistenz des Arbeiters als Untergrenze an, womit er sich allerdings in einen logischen Zirkel verstrickt: die Warenpreise hängen von der natürlichen Rate des Arbeitslohns ab und diese ist wiederum durch die Warenpreise bestimmt. Die Profitrate sei gleich dem Zinssatz zuzüglich einer Risikoprämie. Zum Zins kann

Smith aber nur die Aussage machen, daß er durch das Verhältnis von Angebot und Nachfrage nach Darlehen geregelt sei. Die Grundrente bestimmt Smith schließlich als Monopolpreis für die Benutzung des Landes, sie ist dann aber nicht Ursache, sondern Folge der Höhe der Warenpreise und insofern doch keine „Quelle" des Werts.

Vom „natürlichen Preis" unterscheidet Smith den aktuellen Marktpreis. In einem System „vollkommener Freiheit" wird die Konkurrenz Lohn, Profit und Rente auf ihre „natürlichen" Raten reduzieren, so daß die Marktpreise zu den natürlichen Preisen hin tendieren werden (Smith 1776, S.73ff). Die natürlichen Preise sind Preise eines langfristigen Gleichgewichts und das Wirken der Konkurrenz garantiert, daß dieses Gleichgewicht erreicht wird. Allerdings handelt es sich bei Smith nicht um ein statisches, sondern um ein *dynamisches* Gleichgewicht, das sich erst im Verlauf der Kapitalakkumulation einstellt.[22] Weder dieses Gleichgewicht noch der aus dem Wachstum der Ökonomie entspringende allgemeine Wohlstand wird von dem Einzelnen bewußt angestrebt und doch sind sie das Resultat seines Handelns:

„He generally, indeed, neither intends to promote the publick interest nor knows how much he is promoting it... he intends only his own gain, and he is in this, as in many other cases, led by an invisible hand to promote an end which was no part of his intention." (Smith 1776, S.456)

Während der Merkantilismus die Einheit der Ökonomie durch das Wirken des Souveräns und nur dadurch gewährleistet sah, formuliert Smith hier die entgegengesetzte Anschauung: aus der „natürlichen" Neigung der Einzelnen, ihre Interessen zu verfolgen, folgt kein Chaos, sondern eine „natürliche Ordnung". Diese Ordnung ist natürlich, insofern sie der menschlichen Natur entspricht, und daher auch jeder künstlichen Ordnung, sei sie nun am Willen des Souveräns oder an irgendwelchen Idealen ausgerichtet, überlegen. Somit ist gezeigt: die bürgerliche Gesellschaft ist die beste aller möglichen Welten.

3. Smith als Mehrwerttheoretiker (Zur Kritik an Marx' Klassik-Rezeption Teil I)

Ausführlich setzte sich Marx in den *Theorien über den Mehrwert* mit Smith auseinander. Marx wirft Smith dort vor, daß er

„die Bestimmung des Werths der *Waaren* durch die Quantität der zu ihrer Production erheischten Arbeit bald verwechselt mit, bald verdrängt durch das Quantum lebendiger Arbeit, womit Waare gekauft werden kann" (II.3.2/364; 26.1/41).

Daß Smith zwei verschiedene Wertbestimmungen nebeneinander verwendet, erklärt Marx damit, daß Smith zunächst von der Ware ausgeht und daß bei vorkapitalistischer Warenproduktion das ganze Produkt dem Produzenten gehört.

22) Dieser dynamische Aspekt wird übersehen, wenn Smith zum Stammvater einer (wesentlich statischen) Theorie der Ressourcenallokation gemacht wird, wie etwa bei Stigler (1976, S.1201).

Die fremde Arbeit, die ich mit meiner Ware kommandieren kann, ist dann immer die in der anderen Ware vergegenständlichte Arbeit. Die beiden Wertbestimmungen fallen daher zusammen. Bei Betrachtung kapitalistischer Verhältnisse, so Marx weiter, würde Smith aber bemerken, daß sich die lebendige Arbeit des Lohnarbeiters nicht mehr gegen dasselbe Quantum vergegenständlichter Ware austauscht und daher schließen, „daß die Arbeitszeit nicht mehr das immanente Maaß ist, das den Tauschwerth der Waaren regelt" (II.3.2/366; 26.1/44). Smith habe seine zunächst richtige Wertbestimmung durch Arbeitszeit aufgegeben und identifiziere Wert jetzt mit der dem Schein der Konkurrenz geschuldeten Vorstellung vom „natürlichen Preis" (II.3.2/862f, 879f; 26.2/215, 233f).

Marx wird mit seiner Kritik Smith allerdings nicht ganz gerecht, da er die Smithsche Unterscheidung zwischen *Maß* des Werts und *Regel*, die die *Wertgröße* bestimmt, ineins setzt: das Smithsche Wertmaß und die Regel, die den vorkapitalistischen Zustand beherrscht, wird von Marx als mehr oder weniger korrekte Arbeitswerttheorie aufgefaßt (Wert wird durch die in der Produktion verausgabte Arbeitszeit bestimmt), die Smith bei Betrachtung kapitalistischer Verhältnisse dann einfach über den Haufen wirft. Wie im vorangegangenen Abschnitt gezeigt, hält Smith aber (entgegen der Marxschen Unterstellung) am *Maß* des Wertes (kommandierte fremde Arbeit) durchgängig fest. Die bei der Produktion der Ware verausgabte Arbeitszeit ist kein zweites Maß, sondern die *Regel*, die im vorkapitalistischen Zustand bestimmt, *wieviel* Arbeit von einer Ware kommandiert wird. Daß diese Regel unter kapitalistischen Verhältnissen für die empirisch zu konstatierenden Tauschverhältnisse nicht gilt, wird auch von Marx nicht bestritten.[23] Das Problem bei Smith ist nicht, daß er so inkonsistent wäre, wie Marx ihm vorwirft, sondern daß er sich mit der bloß empirischen Konstatierung dieser beiden Regeln begnügt. Anders ausgedrückt: innerhalb seines theoretischen Feldes ist die Smithsche Argumentation konsistent, allerdings läßt sich dieses Feld der Kritik unterziehen.

Marx billigt Smith allerdings zu, daß seine Konfusion in der Werttheorie keine Auswirkungen auf „die Entwicklung *des Mehrwerths im Allgemeinen*" (II.3.2/368; 26.1/45) habe. Sein Urteil, Smith habe „den wahren Ursprung des Mehrwerths erkannt" (II.3.2/372; 26.1/51), stützt Marx vor allem auf den bereits oben zitierten Satz von Smith, „the value, which the workmen add to the materials, therefore, resolves itself in this case, into two parts, of which the one pays their wages, the other the profits" (Smith 1776, S.66), den er folgendermaßen kommentiert:

„Hier also erklärt Smith ausdrücklich: der Profit, der beim Verkauf des ouvrage fini gemacht wird, rührt nicht aus *dem Verkauf* selbst her... Der Werth, d.h. das Quantum Arbeit, das die Arbeiter

---

23) Daher das Problem der Transformation von Werten in Produktionspreise. Auf die nicht nur zufällige, sondern systematische Nicht-Übereinstimmung von Arbeitswerten und Preisen weist Marx bereits in einer Fußnote des ersten *Kapital*-Bandes hin (II.5/119; 23/180f).

dem Material zutheilen, zerfällt vielmehr in 2 Theile. Der eine zahlt ihre salaire...Der andre Theil bildet den Profit des Kapitalisten..." (II.3.2/372; 26.1/50).

Und da Smith auch die Rente auf einen Teil des Produktes der Arbeit des Arbeiters zurückführte (Smith 1776, S.67), kommt Marx zu dem Ergebnis:

„A.Smith faßt also den *Mehrwerth*, nähmlich die Surplusarbeit... als die *allgemeine Categorie* auf, wovon der eigentliche Profit und die Grundrente nur Abzweigungen. Dennoch hat er den Mehrwerth als solchen nicht als eigne Categorie geschieden von den besondren Formen, die er in Profit und Grundrente erhält." (II.3.2/375; 26.1/53)

Allerdings formulierte Smith selbst nicht nur keine explizite Mehrwerttheorie, für die kapitalistischen Verhältnisse ist ihm der Tauschwert nicht einmal durch die zur Produktion notwendige Arbeitszeit, sondern als Summe der selbständigen Größen Lohn, Profit und Rente gegeben. Marx ist daher zu dem Schluß gezwungen, daß

„nachdem A. Smith die Natur des Mehrwerths und des Werths entwickelt, er mit Unrecht, Capital und Grund und Boden als selbstständige Quellen des Tauschwerths darstellt." (II.3.2/384f; 26.1/65)

Als Erklärung für diesen merkwürdigen Umschlag in der Art der Erklärung, der bei Smith innerhalb weniger Seiten stattfindet, kann Marx nur anführen, daß Smith vom Schein der Konkurrenz getäuscht worden sei[24] und „seine tiefere Ansicht vergißt" (II.3.3/863; 26.2/215).

Es ist allerdings fraglich, ob Smith überhaupt die „tiefere" Auffassung vom Mehrwert hatte, die ihm von Marx unterstellt wird. Den Smithschen Satz „the value, which the workmen add to the materials, therefore, resolves..." gibt Marx in dem oben angeführten Zitat mit einem entscheidenden Einschub wieder: „Der Werth, *d.h. das Quantum Arbeit*, das die Arbeiter dem Material zutheilen, zerfällt..." (Herv. v. mir). Die *qualitative* Aussage von Smith, daß die Arbeiter dem Rohmaterial Wert hinzufügen, interpretiert Marx bereits als *quantitative* Bestimmung des zugefügten Werts: er hänge nur von dem zugefügten Quantum Arbeit ab. Dieselbe Verschiebung von qualitativen zu quantitativen Aussagen nimmt Marx auch an anderen Stellen vor, auf die er seine Interpretation stützt. Smith geht es aber erst noch um die Lösung der quantitativen Frage. Er will herauszufinden, *wieviel* Wert durch die Arbeit der Arbeiter hinzugefügt wird und kommt dann zu dem Ergebnis daß das Quantum zugesetzten Wertes eben nicht allein vom verausgabten Arbeitsquantum abhängen kann. Da Smith von vornherein vom Durchschnittsprofit ausgeht, ist für ihn klar, daß die Summe von Lohn und Profit, in die sich der an einem Arbeitstag zugesetzte Wert auflösen soll, von der Größe des angewandten Kapitals abhängt. Smith stellt sich nicht die Frage, wie dies möglich ist, sondern konstatiert, daß es unter kapitalistischen Verhältnissen so ist.

---

24) „Nachdem er den innren Zusamenhang ausgesprochen, beherrscht ihn plötzlich wieder die Anschauung der Erscheinung, *der Zusammenhang der Sache wie er in der Concurrenz erscheint*, und in der Concurrenz erscheint alles immer verkehrt, stets auf den Kopf gestellt." (II.3.3/862; 26.2/215, vergl. auch II.3.3/879f; 26.2/233f).

Das Urteil von Marx, Smith fasse den Mehrwert „als die allgemeine Categorie auf“ und habe ihn lediglich „nicht als eigne Categorie geschieden von den besondren Formen, die er in Profit und Grundrente erhält“ (II.3.2/375; 26.1/53), ist insofern eine „symptomatische Lektüre“[25] als Marx den Text von Smith auf einen anderen Diskurs bezieht. Während Marx durch eine solche symptomatische Lektüre normalerweise die Abwesenheit dieses Diskurses aufzeigt, ist Marx hier der Auffassung, daß dieser Diskurs „der Sache nach“[26] anwesend ist. Er unterlegt Smith die Bestimmung des Warenwerts durch die zur Produktion notwendige Arbeitszeit (also einer Voraussetzung die Smith für kapitalistische Verhältnisse gerade nicht macht) und kommt damit zu dem Ergebnis, daß der Profit des Unternehmers der Wertausdruck eines Teils der vom Arbeiter zugesetzten Arbeitszeit sein muß. Allerdings kann *dieser* Profit nicht mit dem Durchschnittsprofit identisch sein, für ihn muß eine neue, nicht-empirische Kategorie eingeführt werden, der *Mehrwert*. Statt das Fehlen dieser *Kategorie* bei Smith festzustellen, stellt Marx aber nur das Fehlen des *Wortes* fest, das er wiederum auf das Fehlen einer Unterscheidung zurückführt. Smith habe den Mehrwert nicht von seinen Erscheinungsformen (Profit, Rente etc.) getrennt. Das Wesentliche an der Kategorie des Mehrwerts ist aber gerade die Unterscheidung von seinen Erscheinungsformen. Der Mehrwert ist eine Kategorie, die kein unmittelbares empirisches Korrelat besitzt. Sie ist weder auf der quasi empirischen Ebene eines empirisch-spekulativen Modells (wie dem „frühen und rohen Zustand der Gesellschaft“, für den Smith einen Tausch entsprechend der zur Produktion notwendigen Arbeitszeit postuliert) noch auf der Ebene unmittelbarer Beobachtung anzusiedeln. Andere Ebenen kennt Smith aber gar nicht. Das Fehlen der Unterscheidung des Mehrwerts von seinen Erscheinungsformen ist daher kein bloßer Mangel, es ist das Fehlen der Kategorie selbst. *Smith kann die Kategorie Mehrwert gar nicht besitzen (auch nicht „der Sache nach“), da er überhaupt nicht über die theoretische Ebene verfügt, auf der sich diese Kategorie befindet.*

Die Unzulänglichkeit der Marxschen Smith-Rezeption wurde auch in der an Marx anschließenden Diskussion nicht wahrgenommen. So folgt Engels durchaus der Marxschen Selbsteinschätzung, wenn er im Vorwort zu dem von ihm herausgegebenen zweiten Band des *Kapital* das Verhältnis von Marx zur Klassik mit dem von Lavoisier zu Priestley und Scheele vergleicht. Priestley

---

25) Althusser nennt die Marxsche Lektüre der Klassiker „symptomatisch“ insofern „sie in einem einzigen Prozeß das Verborgene in dem gelesenen Text enthüllt und es auf einen anderen Text bezieht, der – in notwendiger Abwesenheit – in dem ersten Text präsent ist“ (Althusser 1965, S.32). Im Gegensatz zu den von Althusser ausführlich diskutierten Beispielen ist sich Marx in unserem Fall allerdings des symptomatischen Charakters seiner Lektüre nicht bewußt.

26) „Weil Adam zwar der Sache nach, aber nicht ausdrücklich in der Form einer bestimmten, von ihren besondren Formen unterschiednen Categorie, den Mehrwerth entwickelt, wirft er ihn hernach direkt mit der weiter entwickelten Form des Profits unmittelbar zusammen. Dieser Fehler bleibt bei Ricardo und allen seinen Nachfolgern.“ (II.3.2/381; 26.1/60)

und Scheele hatten den Sauerstoff experimentell dargestellt, waren sich aber nicht darüber im Klaren, daß sie ein bisher unbekanntes chemisches Element entdeckt hatten. Statt dessen interpretierten sie ihre Ergebnisse im Rahmen der überkommenen Phlogistontheorie. Erst Lavoisier erkannte, daß es sich beim Sauerstoff um ein neues Element handelte, welches die ganze Phlogistontheorie widerlegte. Daher sei Lavoisier, so Engels, der eigentliche Entdecker des Sauerstoffs. Ebenso sei die „*Existenz* des Produktwertteils, den wir jetzt Mehrwert nennen" lange vor Marx festgestellt worden. Während aber Ökonomen und Sozialisten in den vorgefundenen Theorien befangen blieben, habe erst Marx erkannt, daß es sich hier um eine Tatsache handelte, „die berufen war, die ganze Ökonomie umzuwälzen" (24/22f). Auch Althusser, der hervorhebt, daß die Differenz von Marx zur Klassik darin begründet sei, daß dieser ein neues theoretisches Objekt produziert habe, schloß sich im wesentlichen der Darstellung von Engels an (Althusser 1965b, S.195ff.). Mit der Auffassung, die Klassiker hätten den Mehrwert bereits gekannt und nur nichts Rechtes damit anzufangen gewußt, wird aber die Differenz zwischen der *empiristischen* Theoriekonzeption der klassischen politischen Ökonomie und dem *nicht-empirischen* Charakter der Mehrwerttheorie weitgehend eingeebnet. Daß Marx selbst das ganze Ausmaß seiner Differenz zu Smith nicht erkannte, deutet darauf hin, daß auch er sich über den theoretischen Status der Mehrwerttheorie nicht vollständig im Klaren war. In seiner Kapitaltheorie (vor allem im Zusammenhang mit der Wert-Preis-Transformation) sollte sich dieser Mangel noch auswirken.

4. Wert und Durchschnittsprofit bei David Ricardo

Mit dem Werk von Smith war der theoretische Gegenstand der politischen Ökonomie endgültig konstituiert. Den folgenden Autoren war damit das Terrain vorgegeben: sie mußten sich – positiv oder negativ – auf Smith beziehen, ohne aber dessen Ubiquität auch nur annähernd erreichen zu können. Was oft als persönlicher Genius von Smith erscheint, verdankt sich zu einem großen Teil seiner spezifischen Stellung in der Herausbildung der politischen Ökonomie.
Auch Ricardo, neben Smith sicher der bedeutendste Vertreter der Klassik, knüpft direkt an Probleme an, die er bei Smith vorfindet. Allerdings hebt sich Ricardo durch die Methode seiner Argumentation stark von Smith ab. Während Smith meistens von einer Fülle empirischer Tatsachen ausgeht und nur selten zu abstrakten Modellen greift, benutzt Ricardo mit besonderer Vorliebe vereinfachende Annahmen, um die Wirkungsweise einzelner Faktoren möglichst präzise zu bestimmen.[27]

27) Den Versuch, praktische Probleme durch Folgerungen aus hochabstrakten Modellen zu lösen, bezeichnete Schumpeter als „Ricardianisches Übel" (Schumpeter 1954, S.584). Allerdings wird er Ricardo mit einem solchen Urteil keineswegs gerecht. In einem Brief an Malthus vom 4.5.1820

Marx betrachtete Ricardo als den „Vollender der klassischen politischen Oekonomie", insofern er „die Bestimmung des Tauschwerths durch die Arbeitszeit am reinsten formulirt und entwickelt hat" (II.2/138; 13/46). Ricardos Werttheorie entstand in unmittelbarer Auseinandersetzung mit Smith. Es war eine der allgemein akzeptierten Konsequenzen aus Smiths Produktionskostentheorie des Werts, daß eine Erhöhung der Löhne (etwa aufgrund einer Erhöhung des Kornpreises) zu einer Verteuerung *aller* Waren führt. Ricardo wies diese Meinung eher beiläufig in seinem *Essay on Profits* zurück: seiner Auffassung nach hatte die Erhöhung der Löhne eine Verminderung der Profite zur Folge (Ricardo 1815, S.21). Für die Diskussion über die Auswirkungen der Korngesetze war dies aber ein entscheidender Punkt. Der Versuch einer besseren Begründung seiner These dürfte eine wichtige Rolle bei der Abfassung der erstmals 1817 erschienenen *Principles of political Economy and Taxation* gespielt haben. Im Vorwort bezeichnete Ricardo die Frage der Verteilung als das noch unzureichend gelöste Grundproblem der politischen Ökonomie, und genau in dieser Frage lag seine Differenz zu Smith. Die These, daß eine Lohnerhöhung zu einem Steigen der Werte *aller* Waren führt, provoziert die Frage, in welcher Einheit dieses allgemeine Steigen der Werte gemessen werden soll. Um seine Kritik an Smith zu fundieren, mußte sich Ricardo also, anders als im *Essay on Profits*, zunächst mit der Werttheorie auseinandersetzen.

Im ersten Kapitel seiner *Principles* scheint Ricardo zunächst eine klare Arbeitswerttheorie zu entwickeln. Er lobt Smith für dessen Erkenntnis, daß auf den frühen Stufen der gesellschaftlichen Entwicklung der Tauschwert der Waren von der verhältnismäßig auf sie verausgabten Arbeitsmenge bestimmt werde (Ricardo 1817, S.12), kritisiert ihn dann aber dafür, daß er ein weiteres Normalmaß des Werts („another standard measure of value") eingeführt habe:

> „not the quantity of labour bestowed on the production of any object, but the quantity which it can command in the market: as if these were two equivalent expressions" (Ricardo 1817, S.14).

Gegenüber Smith hält Ricardo bereits in der Überschrift zum ersten Abschnitt seines Wertkapitels kategorisch fest:

> „The value of a commodity, or the quantity of any other commodity for which it will exchange, depends on the relative quantity of labour which is necessary for its production, and not on the greater or less compensation which is paid for that labour." (ebd., S.11)

Diese Kritik an Smith ist allerdings nicht ganz gerechtfertigt. Bereits oben wurde diskutiert, daß Smith zwar keine zwei „Normalmaße" des Werts ver-

---

geht Ricardo genau auf diesen Punkt ein: „Our differences may in some respects, I think, be ascribed to your considering my book as more practical than I intended it to be. My object was to elucidate principles, and to do this I imagined strong cases that I might show the operation of those principles." (Ricardo, Works VIII, S.184) Hollander, der in seiner voluminösen Studie so ziemlich alle gängigen Auffassungen über Ricardo umzuwerfen versucht, bestreitet auch, daß es wesentliche methodologische Unterschiede zwischen Smith und Ricardo gäbe (Hollander 1979, S.652ff), was sich m.E. kaum halten läßt (vergl. zur Kritik an Hollander auch O'Brien 1981, S.357ff).

wendete, daß er aber vom *Maß* die *Regel* unterscheidet, die bestimmt, welche Arbeitsmenge von einer Ware kommandiert wird und daß er der Auffassung ist, diese Regel sei vor der „accumulation of stocks" eine andere als danach.

Im dritten Unterabschnitt untersucht Ricardo den Einfluß der Verwendung von Werkzeugen und sonstiger Hilfsmittel der Produktion auf die Wertverhältnisse und kommt zu dem Ergebnis, daß nicht nur die unmittelbar verausgabte Arbeit, sondern auch die für Werkzeuge und Hilfsmittel verwendete Arbeit Einfluß auf den Wert hat. Damit sind die Wertverhältnisse der Waren anscheinend eindeutig durch die in ihrer Produktion direkt und indirekt aufgewendeten Arbeitsmengen bestimmt und von den Löhnen unabhängig. Daher wird dieser dritte Unterabschnitt meistens als Vervollständigung von Ricardos Wertbestimmung durch Arbeitszeit aufgefaßt. Wie jedoch aus einem in der 3. Auflage gestrichenen einleitenden Absatz hervorgeht, richtete sich dieser Abschnitt ursprünglich gegen die Smithsche Auffassung, die Werte würden nach der „accumulation of stock" nicht mehr durch die zur Produktion aufgewendeten Arbeitsmengen reguliert werden (ebd., S.22). Dagegen wollte Ricardo mit diesem Abschnitt zeigen, daß nicht schon Kapitalbildung per se die Regulation der Werte durch die verhältnismäßigen Arbeitsmengen aufhebt. Er betrachtet an einem Zahlenbeispiel die Auswirkungen von Lohnveränderungen, macht aber die einschränkende Voraussetzung, daß die in den verschiedenen Produktionszweigen von einem Arbeiter verwendeten Produktionsmittel jeweils vom selben Wert und der selben Dauerhaftigkeit seien. Dann, so Ricardo, sei das Wertverhältnis der Waren völlig unabhängig davon, ob sich die Löhne ändern oder nicht. Die von Ricardo gemachte Einschränkung ist vom Standpunkt einer einfachen Arbeitswerttheorie aus zunächst nicht plausibel. Ihre Bedeutung erschließt sich erst aus der folgenden Argumentation.

In den nächsten beiden Unterabschnitten läßt Ricardo die eben gemachten Voraussetzungen (gleicher Wert und gleiche Dauerhaftigkeit der von einem Arbeiter angewandten Produktionsmittel) nacheinander fallen und räumt eine „Modifikation" in der Wertbestimmung ein.[28] Ricardo illustriert diese Modifikation an einer ganzen Reihe von zum Teil recht umständlichen Rechnungen. Vielleicht am einfachsten kann man sie anhand des folgenden Beispiels aus der ersten Auflage nachvollziehen. Sind in einem Produktionszweig (Jagd) 150 £ in Produktionsmitteln und 50 £ in Löhnen ausgelegt, in einem anderen Produktionszweig (Fischerei) dagegen 50 £ in Produktionsmitteln und 150 £ in Löhnen und beträgt die Profitrate 10%, so ist (bei gänzlichem Verbrauch der Produktionsmittel, dies ist der einzige Unterschied zu Ricardos Originalbeispiel) der Wert des Produkts in jedem Produktionszweig gleich 220 £. Er-

28) „The principle that the quantity of labour bestowed on the production of commodities regulates their relative value, considerably modified by the employments of machinery and other fixed and durable capital." (Ricardo 1817, S.30)

folgt nun eine Lohnerhöhung von 6% und bringt diese Lohnerhöhung eine Verminderung der Profitrate auf z. B. 4% mit sich, so ist das Produkt der Jagd nun weniger wert (211,12 £) als das Produkt der Fischerei (217,36 £), d.h. der relative Wert des Jagdprodukts zum Fischereiprodukt ist gefallen, obgleich sich an den zur Produktion aufgewendeten relativen Arbeitsmengen nichts geändert hat (ebd., S.57). Eine ähnliche Rechnung läßt sich auch bei ungleicher Dauerhaftigkeit der Produktionsmittel und ungleichen Umschlagszeiten des Kapitals aufstellen.

Unter bestimmten Umständen können Veränderungen des Lohnsatzes also doch zu Veränderungen der relativen Werte führen,[29] so daß Ricardo jetzt zwei „Ursachen" für die Veränderungen der relativen Werte kennt:

„This difference in the degree of durability of fixed capital, and this variety in the proportions in which the two sorts of capital may be combined, introduce *another cause*, besides the greater or less quantity of labour necessary to produce commodities, for the variations in their relative value – this cause is the rise or fall in the value of labour." (ebd., S.30, Herv. von mir)

Ricardos Argumentation beruht allerdings auf der Voraussetzung einer für alle Kapitale gleichen Profitrate. Lohnveränderungen müssen nur deshalb zu einer Veränderung der relativen Werte führen, damit nach wie vor alle Kapitale eine gleich große (wenn auch gegenüber früher verminderte oder vergrößerte) Profitrate abwerfen. In der Existenz einer allgemeinen Profitrate liegt der eigentliche Grund dafür, daß bloße Veränderungen des Lohnsatzes (unter den oben angegebenen Voraussetzungen) zu Veränderungen der relativen Werte führen. Darüber scheint sich auch Ricardo im klaren gewesen zu sein. So heißt es an einer Stelle: „...but those profits would be unequal, if the prices of the goods did not vary with a rise or fall in the rate of profits" (Ricardo 1817, S.43).[30]

Die *Existenz* einer Durchschnittsprofitrate ist für Ricardo anscheinend kein erklärungsbedürftiges Faktum. Er nimmt sie, wie vor ihm bereits Smith, als empirisches Phänomen hin. Die aufgrund des Durchschnittsprofits bedingte Modifikation der Warenpreise ist ihm eine „gerechte Entschädigung" desjenigen, der das Kapital vorschießt. So heißt es nach einem Beispiel, in dem er Kapitale mit verschiedenen Umschlagszeiten untersuchte:

„The difference in value arises in both cases from the profits being accumulated as capital, and is only a just compensation for the time that the profits were withheld." (Ricardo 1817, S.37)[31]

---

29) Damit kehrt Ricardo aber keineswegs zur Smithschen Wertbestimmung zurück, denn der Lohn ist bei Ricardo kein selbständiger Wertbestandteil, dessen Erhöhung automatisch eine Erhöhung des Warenwerts hervorrufen würde. Dies gezeigt zu haben, hebt er ausdrücklich als seine Leistung hervor (Ricardo 1817, S.46).

30) Vergl. auch an anderer Stelle: „... as we have shown, every alteration in the permanent rate of profits would have some effect on the relative value of all these goods, independently of any alteration in the quantity of labour employed on their production." (ebd., S.45)

31) Auch in seinem letzten Manuskript, *Absolute Value and Exchangeable Value*, spricht Ricardo vom Profit des Kapitalisten als „renumeration for the accumulated labour which it was necessary

Die Durchschnittsprofitrate scheint für Ricardo Ausdruck allgemeiner Gerechtigkeit zu sein. Damit ist ihre Herstellung stets geboten, ihre Existenz „natürlich“. Man kann hier erkennen, daß auch Ricardo ökonomische Phänomene, ähnlich wie Smith, vom Standpunkt des einzelnen Warenbesitzers bzw. Kapitalisten betrachtet. Dies wird auch daran deutlich, daß vom Geld als einer überindividuellen Strukturbildung in seiner Werttheorie nicht die Rede ist. In einem späteren Kapitel reduziert er den Warentausch sogar explizit auf den Barter mit Geld als bloß formeller Vermittlung.[32] Damit adaptiert er den Blickwinkel des einzelnen Warenbesitzers, für den die Warenzirkulation in ihrem Resultat als bloßer Barter erscheint. Indem Ricardo den Standpunkt des Warenbesitzers als „natürlich“ auffaßt und zum Ausgangspunkt seiner Untersuchungen macht, unterliegt seiner Theoriebildung der selbe *Anthropologismus* und *Individualismus* der schon bei Smith festgestellt werden konnte.

5. Ricardo als inkonsequenter Arbeitswerttheoretiker (Zur Kritik an Marx' Klassik-Rezeption Teil II)

Bereits oben wurde darauf hingewiesen, daß Marx das große wissenschaftliche Verdienst Ricardos darin sieht, daß dieser die Bestimmung des Werts durch Arbeitszeit rein herausgearbeitet und zum Ausgangspunkt der Untersuchung des bürgerlichen Systems gemacht habe.[33] Zwar merkt Marx zur Ricardoschen Wertbestimmung durch Arbeit kritisch an:

„Der Charakter dieser 'labour' wird nicht weiter untersucht. (...) Er begreift daher nicht den Zusammenhang *dieser Arbeit* mit dem *Geld* oder, daß sie sich als *Geld* darstellen muß. (...) Daher seine falsche Geldtheorie. Es handelt sich bei ihm von vorn herein nur um die *Werthgrösse*.“ (II.3.3/815f; 26.2/161)

for him to advance, in order that the commodity might be produced“ (Ricardo 1823, S.380).

32) „Productions are always bought by productions, or by services; money is only the medium by which the exchange is effected.“ (Ricardo 1817, S.291f) – Als Konsequenz dieser Auffassung ergibt sich, daß Geld ökonomisch völlig bedeutungslos ist. Eine Konsequenz, die von John Stuart Mill dann auch explizit gezogen wurde: „There cannot, in short, be intrinsically a more insignificant thing in the economy of society, than money, except in the character of a contrivance for sparing time and labour. It is a machine for doing quickly and commodiously, what would be done, though less quickly and commodiously, without it“ (Mill 1848, S.506).

33) Geradezu emphatisch wird Ricardo in den *Theorien über den Mehrwert* gefeiert. Smith habe sich in einem „fortwährenden Widerspruch“ bewegt, indem er einerseits „den innren Zusammenhang der ökonomischen Categorien – oder den verborgnen Bau des bürgerlichen ökonomischen Systems“ andrerseits „den Zusammenhang, wie er scheinbar in den Erscheinungen der Concurrenz gegeben ist“ verfolgt habe. Beide Auffassungen, Marx bezeichnet sie als „esoterische“ und „exoterische“, laufen bei Smith durcheinander und sorgen bei seinen Nachfolgern für reichlich Konfusion. „Ricardo aber tritt endlich dazwischen und ruft der Wissenschaft: Halt! zu. Die Grundlage, der Ausgangspunkt der Physiologie des bürgerlichen Systems – des Begreifens seines innren organischen Zusammenhangs und Lebensprocesses – ist die Bestimmung des *Werths durch die Arbeitszeit*. Davon geht Ricardo aus und zwingt nun die Wissenschaft ihren bisherigen Schlendrian zu verlassen“ (II.3.3/816f; 26.2/162f).

Marx scheint aber zu glauben, daß sich Ricardos mangelhafte Auffassung des Zusammenhangs von Wert und Geld lediglich auf dessen *Geldtheorie*, nicht aber auf seine *Werttheorie* auswirkt. D.h. Marx gesteht einem nicht-monetären Arbeitsmengenkonzept des Werts eine zumindest partielle Berechtigung zu. Dieser Punkt wird in seiner eigenen Wert- und Kapitaltheorie noch für einige Verwirrung sorgen (vergl. unten das sechste und siebte Kapitel).

Die Mängel von Ricardos Werttheorie sieht Marx viel eher in dessen spezifischer Untersuchungsweise angelegt. Sie wird von Marx folgendermaßen charakterisiert: Ricardo gehe von der Wertbestimmung durch Arbeitszeit aus und untersuche dann, ob die übrigen ökonomischen Verhältnissen dieser Bestimmung entsprechen oder widersprechen. Er unterstelle also bereits bei der Analyse des Werts der Waren sämtliche kapitalistischen Verhältnisse statt sie nacheinander zu entwickeln und ihren inneren Zusammenhang mit der Wertbestimmung zu untersuchen. So gelange Ricardo auch zu seiner „Modifikation" der Wertbestimmung: er setze die Existenz einer für alle Kapitale gleichen Durchschnittsprofitrate einfach als gegeben voraus, statt zu untersuchen

„in wie weit ihre *Existenz* überhaupt der Bestimmung der Werthe durch die Arbeitszeit entspricht und er hätte gefunden, daß, statt ihr zu entsprechen, sie ihr prima facie *widerspricht*, ihre Existenz also erst durch eine Masse Mittelglieder zu entwickeln ist" (II.3.3/826; 26.2/171).

Daher sieht Marx bei Ricardo nicht zu große Abstraktion, sondern „Mangel an Abstractionskraft, Unfähigkeit, bei den Werthen der Waaren die Profite zu vergessen, ein aus der Concurrenz ihm gegenübertretendes fact" (II.3.3/840; 26.2/188). Marx faßt Ricardo als einen nur zu Beginn seiner Darstellung konsequenten Arbeitswerttheoretiker auf, der sich dann in der Durchführung beirren läßt und Werte mit Produktionspreisen verwechselt (II.3.3/839ff; 26.2/187ff). Innerhalb dieses Interpretationsrasters billigt er Ricardo auch eine *Mehrwerttheorie* zu. Allerdings habe Ricardo, ähnlich wie Smith, den Mehrwert nicht von seinen Erscheinungsformen unterschieden (II.3.3/1001; 26.2/375).

Tatsächlich finden sich aber bei Ricardo einige Formulierungen, die den Anschein erwecken, als habe er den Mehrwert zumindest quantitativ untersucht. So hält Ricardo bereits früh fest „that profits would be high or low, exactly in proportion as wages were low or high" (Ricardo 1817, S.27). Und anscheinend noch eindeutiger heißt es an anderer Stelle:

„There can be no rise in the value of labour without a fall of profits. If the corn is to be divided between the farmer and the labourer, the larger the proportion that is given to the latter, the less will remain for the former." (Ricardo 1817, S.35)

An diesen Stellen scheint Ricardo unter Profit das zu verstehen, was nach Abzug des Lohnes von dem Wert, den der Arbeiter dem Produkt durch seine Arbeit zusetzt, übrig bleibt. Hätte Ricardo dies tatsächlich so gemeint, dann hätte er dort in der Tat unter der Bezeichnung Profit den Mehrwert, zumindest seiner quantitativen Bestimmung nach, behandelt. Von Marx werden diese Stellen auch genau so aufgefaßt (II.3.3/1001f; 26.2/375f). Ricardo hätte dann aber *übersehen*, daß der so aufgefaßte Profit nicht von der Größe des Kapitals abhängen kann, es also keine für alle Kapitale gleiche Profitrate gibt.

Es deutet allerdings einiges darauf hin, daß bei Ricardo kein solches Übersehen vorliegt. Das Beispiel, mit dem er die zuletzt zitierte Stelle illustriert, besteht darin, daß aufgrund einer Lohnerhöhung die *Durchschnittsprofitrate* von 10% auf 9% fällt. Genauso sind auch die Beispielrechnungen, mit denen er den Einfluß von Lohnveränderungen auf die relativen Werte nachweist, konstruiert: Lohnerhöhungen haben Verminderungen der für alle Kapitale *gleichen Profitrate* zur Folge. An keiner Stelle in seinem Wertkapitel konstruiert Ricardo ein Beispiel, bei dem der Betrag, um den die Lohnsumme bei einem einzelnen Kapitalisten steigt, gleich dem Betrag ist, um den dessen Profitmasse fällt.[34] Stets wirkt die Veränderung des Lohns zunächst auf die Durchschnittsprofitrate und erst über deren Veränderung auf den Profit des einzelnen Kapitalisten. Wenn Ricardo davon spricht, daß die Profite steigen oder sinken je nachdem ob die Löhne sinken oder steigen, so hat er dabei nicht den *einzelnen* Kapitalisten und die Mehrarbeit der *einzelnen* Arbeiter vor Augen, sondern das Verteilungsverhältnis der *Klassen*. Bei Ricardo handelt es sich entgegen der Marxschen Auffassung nicht um den Mehrwert, auch nicht in einem bloß quantitativen Sinn, sondern immer um den Durchschnittsprofit. Ricardo bleibt ebenso wie Smith in der *Empirie* der kapitalistischen Verhältnisse befangen. Der Durchschnittsprofit erscheint ihm als das unmittelbar Gegebene, von dem die wissenschaftliche Forschung auszugehen hat. Allerdings betrachtet Ricardo diesen Durchschnittsprofit nicht als eigenständigen, wertbildenden Faktor im Sinne der Produktionskostentheorie, sondern als die (*gesamtgesellschaftlich* bestimmte) *Residualgröße* der Löhne.[35]

Es stellt sich hier die Frage, ob die von Marx gegebene Charakterisierung Ricardos als eines in der Durchführung inkonsequenten Arbeitswerttheoretikers, die seiner Auffassung, Ricardo habe über eine Mehrwerttheorie verfügt, zugrunde liegt, nicht bereits die Werttheorie Ricardos verfehlt. Während marxistische Autoren die Marxsche Ricardo-Interpretation fast uneingeschränkt akzeptieren, blieb es nicht-marxistischen Autoren überlassen, den Charakter der Arbeitswerttheorie Ricardos genauer zu untersuchen.[36] So war lange Zeit die auf Hollander (1904) und Cannan (1929) zurückgehende Ansicht verbreitet,

---

34) Solche Beispiele finden sich zwar im Profitkapitel, aber unter der Voraussetzung, daß ohne konstantes Kapital produziert wird. In diesem trivialen Fall sind Mehrwertrate und Profitrate gleich.

35) Diese gesamtgesellschaftliche Betrachtung wird an einer Stelle besonders deutlich, wo Ricardo davon spricht, daß Lohnerhöhungen, die auf einem verminderten Geldwert beruhen, die Profite nicht vermindern, da „no greater proportion of the annual labour of the country is devoted to the support of the labourer“ (Ricardo 1817, S.49).

36) Bereits Diehl (1905, S.31ff) und Marshall (1920, S.813ff) stellten in Frage, ob Ricardo tatsächlich eine Arbeitswerttheorie vertreten hat, wobei Marshall ihn auch gleich noch mit Jevons versöhnen wollte. Ein neuer Versuch, Ricardo mit einer Nachfragetheorie zu versehen und ihn so zum Vorläufer von Walras und Marshall zu machen, stammt von Hollander (1979, Kap. 6).

Ricardo sei von seiner Bestimmung der relativen Werte durch Arbeit im Laufe der drei Auflagen der *Principles* immer weiter zurückgewichen. In einer detaillierten Textinterpretation konnte Sraffa in der Einleitung zu seiner Ausgabe der *Principles* dagegen zeigen, daß die Änderungen in der 2. und 3. Auflage eine solche Auffassung nicht rechtfertigen. Einzig in dem bekannten und oft zitierten Brief Ricardos an McCulloch vom 13. Juni 1820 sieht Sraffa ein vorübergehendes Schwanken. Dort schreibt Ricardo:

„I sometimes think that if I were to write the chapter on value again which is in my book, I should acknowledge that the relative value of commodities was regulated by two causes instead of by one, namely, by the relative quantity of labour necessary to produce the commodities in question, and by the rate of profit for the time that the capital remained dormant, and until the commodities were brought to market. Perhaps I should find the difficulties nearly as great in this view of the subject as in that which I have adopted." (Ricardo 1817, S.XXXVIIf)

Sraffa bemerkt dazu, daß Ricardo das Wertkapitel in den folgenden sechs Monaten überarbeitete, ohne die neue Sichtweise anzunehmen, und daß er in den folgenden Monaten in verschiedenen Briefen sein Festhalten an der Wertbestimmung durch Arbeitszeit bekräftigte und diesbezüglich an McCulloch schrieb, „we are in the right course" (Ricardo 1817, S.XL).

Nun hat Sraffa zweifellos darin recht, daß sich die Substanz der Argumentation Ricardos zwischen der 1. und der 3. Auflage der *Principles* nicht geändert hat. Darauf bezieht sich der oben zitierte Brief an McCulloch aber auch gar nicht. Mit dem „view of the subject" scheint mir vielmehr die *Darstellungsweise* angesprochen zu sein. Es geht Ricardo darum, ob er die bisherige Art seiner Darstellung, nämlich den relativen Wert der Waren *zunächst* ausschließlich durch Arbeitszeit zu bestimmen *und dann* diese Bestimmung durch eine weitere zu *modifizieren*, beibehalten, oder ob er von vornherein erklären soll, es gibt zwei Ursachen, die die relativen Werte bestimmen. Zwar ist er auch in der 3. Auflage seiner ursprünglichen Darstellungsweise treu geblieben, doch hat er diesem anderen „view of the subject" zumindest ein stilistisches Zugeständnis gemacht. An zwei Stellen spricht Ricardo erstmals von *Ursachen* („causes") der Variationen der relativen Werte, einen Begriff, den er vorher noch nicht benutzt hatte, und an beiden Stellen stellt er die zwei „causes" einander gegenüber, wodurch er die zweite Ursache aufwertet, die damit nicht mehr bloße „Modifikation" wie noch in der Überschrift des Unterabschnitts ist. An der einen der beiden Stellen führt Ricardo Lohnveränderungen (unter der Voraussetzung ungleicher Kapitalzusammensetzung) als „another cause" für die Variationen der relativen Werte ein (Ricardo 1817, S.30), an der anderen Stelle vergleicht er die *quantitative* Bedeutung der beiden Ursachen, ein Vergleich, der in der 3. Auflage zum ersten Mal gemacht wird (ebd., S.36). Und da Ricardo bei diesem Vergleich festzustellen glaubt, daß eine Veränderung der zur Produktion der Waren notwendigen Arbeitsmengen, bei weitem bedeutender auf die relativen Werte wirke als eine Ver-

änderung des Lohnes, ist er der Überzeugung, er sei mit der Wertbestimmung durch die relativen Arbeitsmengen „in the right course".[37]
Wenn auch Ricardo seine Werttheorie in den drei Auflagen der *Principles* nicht substantiell geändert hat, bleibt aber doch die Frage, *in welcher Hinsicht* er Wert durch Arbeit bestimmte. Nachdem Ricardo im ersten Abschnitt seines Wertkapitels Werte durch Arbeitszeiten bestimmte, betrachtete er im vierten Abschnitt Produktionspreise (in der Marxschen Terminologie). Im ersten Satz des Kapitels *On natural and market price* identifiziert er dann explizit „value" mit dem „natural price" (Ricardo 1817, S.88), d.h. dem Preis, der für alle Kapitalisten die Durchschnittsprofitrate liefert.[38] Marx wirft Ricardo daher vor, Wert und Produktionspreis zu verwechseln. Dieser Vorwurf trifft aber nur zu, wenn Ricardo in seinem ersten Kapitel Wert so verstanden hätte, als sei er *einzig und allein* durch die zur Produktion notwendige Arbeitsmenge bestimmt. Wie bereits oben gezeigt wurde, hat Ricardo dies aber nicht getan. Er geht stets von der Existenz einer Durchschnittsprofitrate aus, d.h. *er hat von Anfang an Produktionspreise vor Augen,* auch wenn er von „Werten" spricht. Das heißt aber, *daß Ricardo zu Beginn seines Wertkapitels keine Arbeitswerttheorie entwickelt, die er dann später wieder aufgibt.* Vielmehr untersucht er, ohne dies allerdings ausreichend deutlich zu machen, die Austauschverhältnisse *unter der Voraussetzung gleicher Zusammensetzung und gleicher Umschlagszeiten der angewandten Kapitale.* Nur unter diesen Bedingungen sind die Austauschverhältnisse den relativen Arbeitsmengen, die zur Produktion notwendig sind, proportional. Sind diese Bedingungen aber nicht gegeben, so sind auch die Austauschverhältnisse nicht mehr allein von den relativen Arbeitsmengen abhängig. Marx Vorwurf, Ricardo würde Werte und Produktionspreise durcheinander werfen, ist daher nicht gerechtfertigt. Ricardo ist nicht der inkonsequente Arbeitswerttheoretiker, für den Marx ihn hält.
Allerdings ist die Marxsche Ricardokritik auch nicht einfach „a mere verbal muddle on Marx's part" (Steedman 1982, S.120) oder ein „Methodenfehler..., die Konfrontation zweier Theorien (der eigenen und der Ricardoschen) als immanente Kritik auszugeben" (Feess-Dörr 1989, S.50). In seinem Versuch, Ricardo zu einem reinen Produktionspreistheoretiker zu machen, übersieht Steedman dessen Ambivalenzen. Zunächst legt es die Ricardosche Darstellung, bei der zunächst ohne jede Einschränkung von Arbeitswerten die Rede ist, selbst nahe, Ricardo als Vertreter einer Arbeitswerttheorie zu interpretieren. Das Problem beschränkt sich aber nicht auf die Form der Darstellung. Ricardo glaubte, daß die Wertbestimmung durch die relativen Arbeitsmengen, d.h. der Fall, in dem Arbeitswerte mit Produktionspreisen zusammenfallen, in

37) Insofern ist Stiglers Auffassung, Ricardo habe eine „empirische" aber keine „analytische" Arbeitswerttheorie vertreten, nicht ganz unberechtigt (Stigler 1958).

38) „Let us suppose that all commodities are at their natural price, and consequently that the profits of capital in all employments are exactly at the same rate..." (Ricardo 1817, S.90).

gewisser Weise zentral für das Begreifen der Produktionspreise ist. Ihm war nicht klar, was erst die Entwicklung der linearen Produktionstheorie von Dmitriev über Bortkiewicz bis zu Sraffa gezeigt hat, daß es sich dabei nur um einen Sonderfall handelt, der bei der Berechnung eines allgemeinen Produktionspreissystems nicht berücksichtigt werden muß. Insofern ist Ricardo ein inkonsequenter Produktionspreistheoretiker; der „verbal muddle", von dem Steedman spricht, befindet sich zunächst einmal auf Seiten Ricardos.

Es gibt aber noch ein weiteres Problem bei Ricardo, das die Marxsche Interpretation begünstigt. Ricardo spricht an mehreren Stellen von Arbeit als „foundation" des Werts (Ricardo 1817, S.13, 20, 88) und bezeichnet sie einmal sogar als „original source" des Tauschwerts (ebd., S.13), er entwickelt aber keinen Begriff von Arbeit als wertbildender Substanz. Ricardo interessieren nicht die Wertgrößen einzelner Waren, sondern die Wertverhältnisse und deren Veränderungen. Er betont, daß er nur an den „variations in the relative value of commodities, and not in their absolute value" (ebd., S.21) interessiert sei, und diese „relative values" bestimmt er nicht durch „labour" an sich, sondern durch die „comparative quantity of labour expended" (ebd., S.12). Sind aber die relativen Werte durch die relativen Arbeitsmengen bestimmt, so liegt die Folgerung nahe, daß die absoluten Werte durch die absoluten Arbeitsmengen bestimmt sind. Genau diesen Schluß unterstellt Marx als die immanente Logik von Ricardos Argumentation. Ricardo betonte aber nicht nur, daß er einen solchen Schluß *nicht* gezogen hat[39], in seinem letzten Brief an McCulloch lehnt er die Auffassung, eine Ware besitze Wert in dem Maße, in dem Arbeit zu ihrer Produktion aufgewendet worden ist, sogar explizit ab.[40] Dann ist allerdings überhaupt nicht klar, in welchem Sinn von Arbeit als „foundation" oder „original source" von Wert gesprochen werden kann. Ricardo kann zwar Aussagen über die Wert*verhältnisse* und ihre Änderung machen, was die *Wertgegenständlichkeit* der Waren aber eigentlich ausmacht, darüber kann er nichts aussagen.

Im Lauf der Zeit muß dies auch Ricardo als Problem empfunden zu haben. Das Fehlen eines Wertbegriffs, eines *immanenten* Wertmaßes, d.h. einer

39) Diesen Unterschied hebt Ricardo in einer aufgrund von Auseinandersetzungen mit Malthus in die 3.Auflage eingefügten Bemerkung hervor: „It is necessary for me also to remark, that I have not said, because one commodity has so much labour bestowed upon it as will cost 1000 £ and another so much as will cost 2000 £ that therefore one would be of the value of 1000 £ and the other of the value of 2000 £ but I have said that their value will be to each other as two to one, and that in those proportions they will be exchanged... I affirm only, that their relative values will be governed by the relative quantities of labour bestowed on their production." (Ricardo 1817, S.46f)

40) In diesem am 21.8.1823 (drei Wochen vor seinem Tod) geschriebenen Brief distanziert sich Ricardo ausdrücklich von einer solchen Auffassung. Anläßlich einer Diskussion über das Maß des Werts bemerkt er: „This I think is Torrens mode of estimating value, for it is in fact saying that commodities are valuable according to the value of the capital employed on their production, and the time for which it is so employed. This is a different thing from saying that commodities are valuable according to the quantity of labour worked up in them. *I do not however agree with either proposition*" (Ricardo, Works IX, S.359, Herv. v. mir)

Wertsubstanz, scheint mir der eigentliche Grund für seine immer stärkere Beschäftigung mit einem „unveränderlichen Wertmaßstab" zu sein. Diesem in den ersten beiden Auflagen der *Principles* nur beiläufig abgehandelten Problem wird in der 3. Auflage bereits ein neu ins Wertkapitel aufgenommener Unterabschnitt gewidmet, und das erst von Sraffa aufgefundene Manuskript *Absolute Value and Exchangeable Value*, das in den letzen Wochen vor Ricardos Tod entstand, beschäftigt sich ausschließlich mit diesem Problem. In der 3.Auflage der *Principles* war Ricardo zu der Erkenntnis gelangt:

„if it were possible that in the production of our money for instance, the same quantity of labour should at all times be required, still it would not be a perfect standard or invariable measure of value, because, as I have already endeavoured to explain, it would be subject to relative variations from a rise or fall of wages, on account of the different proportions of fixed capital which might be necessary to produce it, and to produce those other commodities whose alteration of value we wished to ascertain." (Ricardo 1817, S.44)

Über diesen Stand kommt Ricardo auch in seinem letzten Manuskript nicht hinaus. Allerdings erscheint dort das Fehlen eines unveränderlichen Wertmaßstabes als ein viel drängenderes Problem: es geht Ricardo dabei nicht mehr nur wie in den *Principles* um die Frage, welche Ware denn ihren absoluten Wert geändert habe, wenn sich das Wertverhältnis zweier Waren geändert hat, er äußert sich jetzt viel grundsätzlicher:

„There is this difference however between a measure of length and measure of value, with respect to the measure of length we have a criterion by which we can always be sure of regulating it to the same uniform length or of making a due allowance for any deviation. (In the measure of value we have no such criterion.)" (Ricardo 1823, S.380)

Indem Ricardo bemerkt, daß ihm überhaupt ein *Kriterium* für das Wertmaß fehlt (obwohl er die Ursachen für die Veränderung der Wertverhältnisse kennt) deutet sich ihm an, daß er nicht weiß, was überhaupt Wert ist. Er beschäftigt sich jetzt explizit mit dem Fall, daß die relativen Werte von Waren, die mit derselben Arbeitsmenge produziert wurden, auch ohne Veränderungen der Löhne voneinander abweichen können, während in den *Principles* seine Aufmerksamkeit auf die Abweichungen der relativen Werte, die durch Lohnänderungen herbeigeführt wurden, konzentriert war. Ricardos Interesse an einem unveränderlichen Wertmaßstab war daher nicht nur, wie Sraffa meint (Ricardo 1817, S.XLVIII), Ausdruck des Problems, daß sich die absolute Größe des Nationalprodukts, dessen Verteilung zwischen den Klassen Ricardo untersuchen wollte, durch eine bloße Veränderung dieser Verteilung verschob. Sie verdankte sich einem viel grundlegenderen Problem, nämlich der Frage nach der Wertsubstanz.[41] Darüber scheint sich auch Marx im Klaren gewesen zu

41) Daher ist Ricardos Suche nach dem invarianten Wertmaß auch nicht befremdend oder zu relativieren, wie Schefold im Vorwort zu der von ihm herausgegebenen Übersetzung eines Teils von Ricardos Manuskript meint (Schefold 1986, S.7). Im übrigen ist diese Präsentation von Ricardos Text problematisch. Während das Original aus einem längeren Entwurf und dem Beginn einer späteren Überarbeitung besteht, beginnt die Übersetzung mit der überarbeiteten Fassung, an die

sein[42], ohne daraus jedoch Konsequenzen für seine Beurteilung der Ricardoschen Werttheorie zu ziehen.

Meek sieht in diesem letzten Manuskript von Ricardo, ähnlich wie Sraffa (Ricardo 1817, S. XLVI), eine „increasing tendency to identify the absolute value of a commodity with the quantity of labour embodied in it" (Meek 1956, S.112). Die Textstelle, die eine solche Interpretation anscheinend am stärksten stützt, lautet:

„I may be asked what I mean by the word value, and by what criterion I would judge whether a commodity had or had not changed its value. I answer, I know no other criterion of a thing being dear or cheap but by the sacrifices of labour made to obtain it. Every thing is originally purchased by labour – nothing that has value can be produced without it,... That the greater or less quantity of labour worked up in commodities can be the only cause of their alteration in value is completely made out as soon as we are agreed that all commodities are the produce of labour and would have no value but for the labour expended upon them." (Ricardo 1823, S.397)

Diese scheinbar eindeutige und vielen früheren Äußerungen Ricardos widersprechende Stelle befindet sich auf einem einzelnen Blatt, das nach dem Rohentwurf des Manuskripts angefertigt wurde und den ersten Versuch einer Überarbeitung darstellt. Unmittelbar nach der zitierten Stelle folgt auf diesem Einzelblatt lediglich noch ein Satz (den weder Sraffa noch Meek zitieren):

„Though this is true it is still exceedingly difficult to discover or even imagine any commodity which shall be perfect general measure of value, as we shall see by the observations which follow." (ebd.)

Da man sich das vollkommene Maß aber nicht einmal „vorstellen" kann, enthält es doch noch mehr Schwierigkeiten, als die vorherigen Äußerungen vermuten lassen. Allerdings folgen nicht die angekündigten „observations", sondern ein neuer Ansatz zur Überarbeitung des Entwurfs, in dem sich dann aber keine vergleichbaren Passagen mehr finden. Statt dessen wird dort wie schon in der 3.Auflage der *Principles* festgehalten, daß selbst eine Ware, deren Produktion stets dieselbe Arbeitsmenge erfordern würde, kein vollkommenes Wertmaß wäre, da nicht alle Waren unter denselben Bedingungen produziert werden. Obwohl Ricardo in seinem letzten Manuskript mit dem Problem einer Bestimmung der Wertsubstanz gerungen hat, wird er doch nicht zu dem reinen Arbeitswerttheoretiker, den Sraffa und Meek in ihm sehen.

Daß Marx glaubte, Ricardo habe schon in den *Principles* den Wert rein durch Arbeitszeit bestimmt und sei lediglich in der weiteren Durchführung nicht konsequent genug gewesen, ist nicht allein auf die bereits oben erwähnten

---

ein Auszug des Entwurfs angefügt ist. Damit werden zwar Wiederholungen vermieden und für den Leser entsteht der Eindruck größerer Kohärenz, die Zuspitzung der gedanklichen Entwicklung, die sich im Originalmanuskript findet, geht bei dieser Textzusammenstellung jedoch verloren.

42) Anläßlich seiner Auseinandersetzung mit Bailey schreibt Marx: „Das Problem [der Suche, M.H.] nach einem 'unveränderlichen Maaßstab des Werths' war in der That also nur ein falscher Ausdruck für das Aufsuchen des Begriffs, der Natur *des Werths* selbst, dessen Bestimmung selbst nicht wieder ein Werth sein könnte, also auch nicht den Veränderungen als Werth unterworfen. Dies war die *Arbeitszeit* – die *gesellschaftliche Arbeit*, wie sie sich in der Waarenproduction spezifisch darstellt." (II.3.4/1321; 26.3/132)

Ambivalenzen Ricardos zurückzuführen. Marx gesteht Ricardo zu, er „*abstrahirt* mit Bewußtsein von der Form der Concurrenz – von dem Schein der Concurrenz, um die *Gesetze als solche* aufzufassen". Demnach hat Ricardo die Ebene der empirischen Erscheinungen verlassen. Zugleich kritisiert Marx aber, daß Ricardo „die Erscheinungsform nun *unmittelbar, direkt* als Bewähr oder Darstellung der allgemeinen Gesetze auffaßt; keineswegs sie *entwickelt*", seine Abstraktion daher „formale Abstraction" sei (II.3.3/759; 26.2/100). Daß Ricardo die Erscheinungsformen als unmittelbare Bewährung der aufgefundenen Gesetze begreift, heißt aber nichts anderes, als daß sich bei Ricardo Gesetze und Erscheinungsformen auf *derselben* theoretischen Ebene befinden. Was Ricardo durch seine Abstraktion erreicht, sind lediglich idealisierte Modelle der empirischen Wirklichkeit. Sein Empirismus verhindert aber die Konstruktion einer nicht-empirischen Theorieebene, die ihm von Marx vorschnell zugebilligt wird. Daß Marx dies nicht erkennt, macht wie schon bei seiner Smith-Rezeption deutlich, daß er den nicht-empirischen Status seiner eigenen Theorie nicht vollständig erfaßt hat.

6. Werttheorie als Kapitalismuskritik: Die „ricardianischen Sozialisten"

Mit der Entwicklung des Kapitalismus entwickelte sich auch die Arbeiterbewegung. Zu Beginn des 19. Jahrhunderts war die Arbeiterbewegung in England noch eng mit bürgerlichen Reformbewegungen verbunden, in den 20er und 30er Jahren wurde der Gegensatz zwischen beiden aber immer stärker. Diese Entwicklung schlug sich auch in den Auseinandersetzungen um die politische Ökonomie nieder. Zwischen 1820 und 1840 zogen verschiedene Autoren aus der klassischen Arbeitswerttheorie den Schluß, daß der gesamte Reichtum ausschließlich durch Arbeit produziert sei und die Arbeiter daher ein Anrecht auf das gesamte Arbeitsprodukt hätten. Seit Lowenthals Studie (Lowenthal 1911) hat es sich eingebürgert, diese Autoren als „ricardianische Sozialisten" zu bezeichnen. War die politische Ökonomie in der Vergangenheit vor allem als Waffe gegen Grundbesitzer und feudale Herrschaftsstrukturen verwendet worden, so wurde sie jetzt als Legitimationswissenschaft des Kapitals gegenüber der Arbeiterklasse kritisiert. Allerdings blieb diese Kritik, und das ist der für unseren Zusammenhang wichtige Punkt, selbst noch in den Voraussetzungen der politischen Ökonomie befangen.

Bereits 1821 erschien eine anonyme Schrift[43], in der der Versuch unternommen wurde, den Profit der Kapitalisten auf die Mehrarbeit der Arbeiter zu reduzieren. Ihr Autor beginnt mit dem, wie er selbst vermerkt, allgemein anerkannten Satz, daß Arbeit die Quelle allen Reichtums und allen Einkommens

43) Ihr Autor war wahrscheinlich Charles Wentworth Dilke (vergl. IV.9/616).

sei (Anonym 1821, S.2). Dann definiert er den Begriff Mehrarbeit („surplus labour") als die Arbeit eines Menschen, die über das hinausgeht, was zur Erhaltung von ihm selbst und seiner Familie notwendig ist (ebd. S.3). Und mit diesem Begriff erklärt er das Einkommen des Kapitalbesitzers:

„the possessor of capital, who no longer uniting his labour to the labour of the society, maintains himself on the interest, or the surplus labour of others, that is paid him for the use of his capital, whether in the nature of rent, or interest of money, &c, &c." (Anonym 1821, S.8) [44]

Daß der Autor Profit explizit in Mehrarbeit auflöst, billigt ihm Marx als einen wesentlichen Fortschritt gegenüber Ricardo und Smith zu.[45] In der Tat wird hier sogar Profit mit Zins und Rente als bloß verschiedene Namen für die Mehrarbeit zusammengefaßt, so daß es scheint, als fehle wirklich nur das Wort Mehrwert. Allerdings verdankt sich die Auflösung des Profits in Mehrarbeit hier gar keiner Werttheorie[46], also gar keiner Theorie, die die bürgerliche Ökonomie zum Gegenstand hat, sondern der simplen, in jeder Gesellschaft gültigen Tatsache, daß diejenigen, die nicht von eigener Arbeit leben, durch die Arbeit anderer erhalten werden, daß das gesellschaftliche Mehrprodukt, das sich eine Klasse aneignet, durch die Mehrarbeit einer anderen Klasse produziert wird. Der Autor hat zwar klar den *stofflichen Inhalt* der Ausbeutung, nicht aber die spezifische *Form ihrer Vermittlung* in der bürgerlichen Gesellschaft erkannt.

Der bedeutendste Vertreter der sogenannten „ricardianischen Sozialisten" war Thomas Hodsgkin.[47] Von ihm wird üblicherweise behauptet, er habe Ricardos Arbeitswerttheorie übernommen und zu einer Ausbeutungstheorie weiterentwickelt (z.B. Blaug 1958, S.143). Tatsächlich beruft sich Hodsgkin auch auf Ricardos Theorie, die, ohne es klar auszusprechen, bestätigen würde, daß die Ansprüche des Kapitals die Ursache für die Armut der Arbeiterklasse seien (Hodsgkin 1825, S.80). Allerdings war Hodsgkin Ricardo gegenüber zunächst sehr kritisch eingestellt und hielt dessen Theorie für eine Rechtfertigung der kapitalistischen Verhältnisse.[48] Hodgskins eigener theoretischer Ansatz läßt sich eher als eine Radikalisierung der Smithschen als der Ricardoschen Wert-

44) Und an einer späteren Stelle heißt es: „...the capitalists will exact from the labourers the produce of every hour's labour beyond what it is possible for the labourer to subsist on" (ebd., S.23f).

45) „Dieß kaum bekannte Pamphlet...enthält einen wesentlichen Fortschritt über Ricardo hinaus. Es bezeichnet direkt den surplusvalue oder 'Profit', wie Ric. es nennt... als '*surplus labour*', die Arbeit, die der Arbeiter gratis verrichtet... Ganz so wichtig es war, die *value* in labour aufzulösen, so die *surplusvalue*, die sich in einem *surplusproduce* darstellt, als *surpluslabour*. Dies ist in der That bei A.Smith schon gesagt und bildet ein Hauptmoment der R'schen Entwicklung. Aber es ist nirgends bei ihm in dieser *absoluten Form* herausgesagt und fixirt." (II.3.4/1370; 26.3/234f)

46) Der Autor scheint kritiklos die Smithsche Produktionskostentheorie zu akzeptieren: Über eine mögliche Senkung des Kornpreises schreibt er, diese würde aufgrund der sinkenden Löhne auch alle Waren verbilligen, da der Preis der Arbeit Teil des Warenpreises sei (Anonym 1821, S.38).

47) Vgl. Burkart (1980) zum Zusammenhang von antikapitalistischer Theorie und Arbeiterbewegung am Beispiel von Thomas Hodgskin.

48) Vergl. den bei Hunt (1977, S.335) zitierten Brief von Hodgskin an Francis Place.

theorie auffassen. Grundlegend ist seine Unterscheidung zwischen dem „natürlichen" und dem „sozialen" Preis:

„Natural or necessary price means... the whole quantity of labour nature requires from man, that he may produce any commodity... Labour was the original, is now and ever will the only purchase money in dealing with Nature. There is another description of price, to which I shall give the name social, it is natural price enhanced by social regulations. Whatever quantity of labour may be requisite to produce any commodity, the labourer must always, in the present state of society, give a great deal more labour to acquire and possess it than is requisite to buy it from nature. Natural price thus increased to the labourer, is Social Price." (Hodgskin 1827, S.219f)

Nicht nur die emphatischen Formulierungen, mit denen Hodgskin den natürlichen Preis als Preis darstellt, den „die Natur" verlangt, stammen fast wörtlich aus der Smithschen Begründung für Arbeit als Maß des Werts (Smith 1776, S.47f). Auch die Auffassung des „sozialen Preises" als Erhöhung des natürlichen Preises schließt sich an die Wertbestimmung an, die Smith für kapitalistische Verhältnisse gegeben hat: da der Warenwert nicht mehr durch die zur Produktion notwendige Arbeitszeit geregelt wird, sondern auch einen Anteil für Profit und Rente enthält, kann gefolgert werden, daß der Arbeiter für die Ware mehr an Arbeitszeit zahlen muß als zu ihrer Produktion erforderlich ist.

Da die Arbeiter die Differenz zwischen dem „natürlichen" und dem „sozialen" Preis zahlen, und diese Differenz Profit und Rente ausmacht, könnte man bei Hodsgkin eher als bei Smith und Ricardo davon sprechen, daß er den Mehrwert „der Sache nach" erfaßt habe. Allerdings hat er dies nur deshalb, weil er sich ähnlich wie der erwähnte anonyme Autor auf Details wie die Bestimmung der Wertgrößen der Waren und des Durchschnittsprofits nicht einläßt.[49]

Marx erkennt an, daß es sich bei den Linksricardianern um einen „Gegensatz gegen die Oekonomen" handelt, allerdings um einen „Gegensatz, der selbst von den Voraussetzungen der Oekonomen ausgeht" (II.3.4/1370; 26.3/234). *Das theoretische Feld der bürgerlichen Ökonomie wird von ihnen nicht verlassen.* Hodsgkin bestimmt den Gegenstand der politischen Ökonomie im Rahmen desselben Anthropologismus, der auch schon für Smith und Ricardo charakteristisch war. In seiner *Popular Political Economy* schreibt er, Smith habe gezeigt, daß Arbeitsteilung die Folge des menschlichen Instinkts sei und fährt fort:

„It is with these natural interests, passions, instincts, and affections, and with their consequences... that political economy principally deals. To them this book is almost exclusively confined; and on them, and on their permanency... is founded the natural science of national wealth." (Hodgskin 1827, S.25)

Aus der politischen Ökonomie wird bei Hodgskin sogar eine Naturwissenschaft. Genau wie für Smith und Ricardo erscheint auch für Hodgskin Warenproduktion als natürliche, *dem* Menschen angemessene Produktionsweise. Der

49) Der Versuch von Hunt (1977, 1980), Hodsgkin eine Theorie des Kapitals zuzuschreiben, die weitgehend mit der von Marx identisch ist, kann jedoch genauso wenig überzeugen wie derjenige von King (1983), die Theorien der Linksricardianer als eine Vorwegnahme der materialistischen Geschichtsauffassung zu interpretieren.

Äquivalententausch ist ihm Ausdruck natürlicher Gerechtigkeit und da beim Austausch zwischen Kapital und Arbeit anscheinend keine Äquivalente getauscht werden, dem Arbeiter nicht mehr alles gehört, was er produziert hat, ist dieser Tausch ungerecht.[50] Die Idealisierung, die die bürgerliche Gesellschaft von sich selbst produziert, wird mit den wirklichen Verhältnissen konfrontiert und zum Maßstab der Kritik gemacht. Die Kritik, die die ricardianischen Sozialisten üben, bleibt in den Voraussetzungen des Kritisierten befangen.
Weder ist der Marxsche Kritikmodus mit dieser moralischen Kritik identisch (vergl. das neunte Kapitel), noch hat Marx, wie zuweilen behauptet wird, seine Wert- und Mehrwerttheorie von den ricardianischen Sozialisten übernommen.[51] Trotzdem waren sie nicht unwichtig für ihn. Marx beschäftigte sich erstmals 1844 mit Smith und Ricardo. In den *Ökonomisch-philosophischen Manuskripten* kritisierte er deren „Zynismus" (I.2/258; EB 1/531), angesichts der elenden Lage der Arbeiter von Arbeit als der Quelle allen Reichtums zu sprechen und schloß sich Says Argumenten gegen die Ricardosche Arbeitswertlehre an (IV.2/395). Erst 1847 bezieht er sich in seiner Auseinandersetzung mit Proudhon im *Elend der Philosophie* positiv auf die Arbeitswertlehre. Zu einer vertieften Auseinandersetzung mit Ricardo, die zwischen 1844 und 1847 stattgefunden haben muß, könnte Marx durch die kapitalismuskritische Verwendung der Arbeitswertlehre bei den ricardianischen Sozialisten angeregt worden sein. Einige ihrer Schriften dürfte er bei seinem Studienaufenthalt in Manchester 1845 kennengelernt haben, zumindest ein Exzerpt aus William Thompson ist in den Manchester-Heften überliefert (IV.4/237ff).

50) So heißt es bei Hodsgkin: „But as all the advantages derived from division of labour naturally centre in, and naturally belong to the labourers, if they are deprived of them, and in the progress of society those only are enriched by their improved skill who never labour, – this must arive from unjust appropriation" (Hodgskin 1827, S.108f).

51) Während Samuelson in Marx nur „a minor post-Ricardian" sieht, heißt es bei Schumpeter immerhin, Marx sei „der größte unter den Ricardianischen Sozialisten" (Schumpeter 1954, S.591).

Zweites Kapitel
Marginalismus und Neoklassik

Zu Beginn der 70er Jahre des vorigen Jahrhunderts entwickelten William Stanley Jevons, Carl Menger und Léon Walras nahezu gleichzeitig aber völlig unabhängig voneinander Werttheorien, die nicht auf der zur Herstellung eines Produkts notwendigen Arbeit, sondern auf dem Nutzen des Produkts für den Konsumenten beruhten („subjektive Werttheorie"). Im Unterschied zu den älteren bereits von Smith abgelehnten Nutzentheorien des Werts wurde der Wert aber nicht aus dem Gesamtnutzen eines Produkts abgeleitet, sondern aus seinem „Grenznutzen", d.h. dem Nutzenzuwachs, der von der letzten zusätzlichen Einheit eines Produkts ausgeht (daher wird diese Richtung auch als „Marginalismus" bezeichnet). In den folgenden Jahrzehnten wurde einerseits diese subjektive Werttheorie in verschiedenen Varianten ausgebaut. Andererseits wurde die aus der subjektiven Werttheorie hervorgegangene Preistheorie, die schließlich auf eine eigene werttheoretische Grundlegung verzichtete, zur „Theorie des allgemeinen Gleichgewichts" weiterentwickelt. Diese Gleichgewichtstheorie verdrängte die klassische Arbeitswertlehre und wurde zu Beginn des 20. Jahrhunderts zur herrschenden Lehrmeinung bürgerlicher Ökonomie. Die in den 70er Jahren des 19. Jahrhunderts mit der „marginalistischen Revolution" eingeleitete Entwicklung hatte auf der ganzen Linie den Sieg davon getragen, an die Stelle der „Klassik" war die „Neoklassik" getreten.[1]

1. Die marginalistische Revolution

Wissenschaftshistoriker sind meistens von der fast gleichzeitigen[2] „Entdekkung" der subjektiven Werttheorie verblüfft und suchen nach Erklärungen für dieses Phänomen. Allerdings waren Jevons, Menger und Walras nicht die ersten, die versuchten, den Wert auf den Grenznutzen zu gründen. Bei verschiedenen Autoren des 19. Jahrhunderts finden sich ähnliche wenn auch weniger weit entwickelte Ideen; Gossen (1854) nahm die spätere Theorie sogar sehr weitgehend vorweg. Doch fanden diese frühen Vorläufer des Marginalismus zu ihrer Zeit keine Beachtung und waren zu Beginn der 70er Jahre bereits vergessen.

---

1) Erst der Keynesianismus stellte die Dominanz der Neoklassik zeitweise in Frage; doch hat auch Keynes nicht mit allen Fundamenten der Neoklassik gebrochen, so daß ein Teil seiner Theorie in die „neoklassische Synthese" integriert werden konnte. Allerdings hat Keynes erheblich mehr zu bieten, als das, was heute den „Mainstream"-Keynesianismus ausmacht. Einige Hinweise dazu finden sich unten im sechsten und siebten Kapitel.

2) 1871 erschienen die *Theory of Political Economy* von Jevons und die *Grundsätze der Volkswirtschaftslehre* von Menger. 1874 folgten die *Eléments d'Economie politique pure* von Walras.

Im Hinblick auf diese Vorläufer und einzelne Überlegungen zu Nutzen und Nachfrage bei den Klassikern wird zuweilen bestritten, daß es überhaupt eine „marginalistische Revolution" gegeben habe (z.B. Bowley 1973). In solchen Ansätzen wird die Geschichte bereits im Licht eines neuen Paradigmas interpretiert, das sich aber nicht als einzelnes ökonomisches Paradigma, sondern als ökonomische Wissenschaft schlechthin präsentiert. Um diesem Anspruch gerecht zu werden, ist es notwendig, die wissenschaftlichen Autoritäten der Vergangenheit entweder als unwissenschaftlich abzuqualifizieren oder sie als Vorläufer zu vereinnahmen.[3]

Die beiden grundsätzlichen Möglichkeiten der Werttheorie, den Wert einer Ware entweder auf die zu ihrer Produktion notwendige Arbeit oder den von ihr ausgehenden Nutzen zurückzuführen, waren schon lange bekannt. Mit der immer breiteren Anwendung der Differentialrechnung und ihrem Eingang in die höhere Bildung im 19. Jahrhundert lag auch die Idee des Grenznutzens nicht mehr so fern.[4] Erklärungsbedürftig ist daher nicht, wieso verschiedene Autoren die Grenznutzenlehre entwickelten, sondern warum sich diese Theorie ausgerechnet in den 70er und 80er Jahren des vergangenen Jahrhunderts durchsetzte, warum nicht früher oder später.

Zumindest in England scheint ein Musterbeispiel für eine „wissenschaftliche Revolution" im Sinne von Kuhn vorzuliegen. Der vorherrschende Ricardianismus zeigte alle Anzeichen einer wissenschaftlichen Krise. Deutliches Symptom war der Streit um die Lohnfondstheorie Ende der 60er Jahre, die schließlich sogar von John Stuart Mill, der als Verkörperung ricardianischer Orthodoxie galt, widerrufen wurde.[5] Innerhalb weniger Jahre verlor diese Orthodoxie ihre allgemein anerkannte Plausibilität und Überzeugungskraft (vergl. Hutchison 1978, S.58ff).

Die Ursachen dieser Krise reichten jedoch weiter zurück. Schon bald nach Ricardos Tod setzte eine immer stärker werdende Kritik an dessen Wert- und Profittheorie ein. Bailey warf Ricardo begriffliche Konfusion, eine „perversion of terms" vor (Bailey 1825, S.50) und konnte sich dabei auf viele undeutliche Stellen bei Ricardo stützen. Bailey selbst wollte Wert nur relational, als Beziehung zwischen Waren auffassen (ebd. S.5) und begründete diese Relation mit der subjektiven Wertschätzung der Austauschenden (ebd. S.180ff).

3) Dabei wurde nicht einmal Marx ausgenommen. Hollander (1981) reihte Marx in die Vorläufer der Gleichgewichtstheorie ein, indem er ihn auf Ricardo reduzierte. Letzteren hatte er schon früher (Hollander 1979) zum Vorläufer der Gleichgewichtstheorie gemacht.

4) Mirowski (1984, S.372) behauptet sogar, „the hard core of neoclassical economic theory is the adoption of mid-nineteenth century physics as a rigid paradigm". Allerdings ist er dann dazu gezwungen, Menger und die österreichische Schule aus der Neoklassik auszuschließen (ebd. S.370f), was wenig überzeugend ist.

5) Die Lohnfondstheorie besagte, daß für Löhne nur ein begrenzter Fonds des gesellschaftlichen Reichtums zur Verfügung steht, so daß Lohnerhöhungen zu einer Verminderung der Anzahl der Beschäftigten führen müssen.

Longfield und Senior kritisierten nicht nur die Ricardosche Arbeitswerttheorie, sondern entwickelten auch eigene Profittheorien. Longfield (1834) kann als Vorläufer der Grenzproduktivitätstheorie angesehen werden: er begründete den Profit mit der zusätzlichen Produktivität, die die Arbeit durch den Einsatz der Kapitalgüter erhält. Senior (1836) betrachtete den Profit als Entschädigung des Kapitalisten für seine „Abstinenz" vom unmittelbaren Genuß seines Kapitals.

Die Kritik an der Theorie Ricardos erfolgte aber nicht nur, wie Schumpeter (1954, S. 590) meinte, aufgrund ihrer inhärenten Probleme, sondern auch wegen ihrer kapitalismuskritischen Anwendung. Die Auffassungen der „ricardianischen Sozialisten" schienen sich als logische Konsequenz aus der Theorie Ricardos zu ergeben, so daß viele Ökonomen, denen an der Verteidigung der kapitalistischen Verhältnisse gelegen war, die Arbeitswertlehre ablehnten und sich verstärkt um eine Rechtfertigung des Profits als eigener Einkommensquelle bemühten.[6]

Daß der Ricardianismus trotzdem noch bis in die zweite Hälfte des 19. Jahrhunderts hinein in England die herrschende ökonomische Lehre blieb, lag vor allem daran, daß Ricardo in McCulloch, James Mill und dessen Sohn John Stuart Mill eifrige und beredte Verteidiger fand. Allerdings gelang bereits McCulloch und James Mill die Verteidigung der Arbeitswertlehre oft nur durch rein sprachliche Ausflüchte, etwa wenn McCulloch (1825, S. 75) von der Arbeitsleistung von Dingen sprach oder Mill (1824, S. 97) beispielsweise Zeit, in der Wein lagert, als Arbeitszeit betrachtete. Mit dieser Art von Verteidigung setzte die theoretische Verflachung der Lehre Ricardos ein.[7] Die 1848 erstmals erschienenen und dann häufig aufgelegten *Principles of Political Economy* von John Stuart Mill dominierten schließlich auf Jahre hinaus fast unangefochten den ökonomischen Diskurs in England. Das Millsche Werk trat zwar mit dem Anspruch ricardianischer Orthodoxie auf und wurde auch so rezipiert, es stellte aber viel eher eine oberflächliche Synthese der Ideen von Smith, Ricardo und den Kritikern Ricardos dar. Mill gab sich einerseits als Vertreter der ricardianischen Arbeitswerttheorie (Mill 1848, S.476f), folgte aber auch der Kritik von Bailey, Wert sei nur eine relative Größe (ebd. S.458f). Er entwickelte eine eher an Smith als an Ricardo anschließende Produktionskostentheorie (ebd. S.471ff) und übernahm die Seniorsche Abstinenztheorie des Profits (ebd. S.400). In dieser eklektischen Fassung wurde die klassische politische Ökonomie in England zur herrschenden Lehrmeinung und zum Bildungsgut der besitzenden Schichten.

Nach Ricardo hatte sich die klassische politische Ökonomie aus einem fort-

6) Vergl. die Darstellungen bei Blaug (1958, S.149f), Meek (1967a, S.97ff) und Dobb (1977, S.124f). Dobb zitiert auch eine Reihe von Autoren, die ihre apologetische Absicht offen aussprechen.

7) Eine ausführliche Analyse dieses Prozesses findet sich bei Marxhausen (1984).

schreitenden in ein degenerierendes oder zumindest stagnierendes Forschungsprogramm verwandelt. Hinter seiner imposanten Fassade steckte keine innovative Kraft mehr. Dies hatte Marx, noch bevor die Krise der Klassik in den 70er Jahren allgemein sichtbar wurde, bereits klar erkannt, als er 1862 in den *Theorien über den Mehrwert* von der „Auflösung der Ricardoschen Schule" sprach (II.3.4/1260ff; 26.3/64ff).

Die Krise der Klassik und der Erfolg der marginalistischen Revolution sind aber nicht allein aus einer innerwissenschaftlichen Dynamik heraus zu erklären. Der Marginalismus gab nicht einfach andere Antworten auf die alten Fragen, er formulierte andere Fragen und faßte das ökonomische Geschehen in einer von der Klassik verschiedenen Art und Weise auf. Daß diese neuen Fragen von einer immer größeren Anzahl von Ökonomen und Wirtschaftspolitikern als die relevanteren betrachtet wurden, ist nur im Kontext der sozialen und politischen Entwicklung zu verstehen.

Die Klassik war in einer Epoche entstanden, in der sich der industrielle Kapitalismus gerade erst herausbildete und sich die Bourgeoisie noch gegen den grundbesitzenden Feudaladel und den von ihm kontrollierten Staat behaupten mußte. Dagegen hatte es der Marginalismus bereits mit einem etablierten Kapitalismus zu tun, in den auch die ehemals feudalen Grundbesitzer eingebunden waren. Die zentrale gesellschaftliche Konfliktlinie verlief nicht mehr zwischen den von der Bodenrente lebenden Grundeigentümern und der industriellen Bourgeoisie, sondern zwischen der Bourgeoisie und dem schnell anwachsenden Proletariat. So war die Lohnfondstheorie nicht nur aufgrund von theoretischen Erwägungen, sondern auch angesichts der praktischen Erfolge der Gewerkschaftsbewegung zusammengebrochen.

Das wachsende und sich allmählich auch politisch artikulierende Proletariat verstärkte auf Seiten der Bourgeoisie nicht nur das Bedürfnis nach einer ideologischen Rechtfertigung der kapitalistischen Verhältnisse, auch die bürgerlichen Reformvorschläge benötigten eine wissenschaftliche Absicherung. Letzterem kam bereits John Stuart Mill entgegen, indem er zwischen Produktionsverhältnissen, die als Ausdruck technischer Notwendigkeiten unveränderlich seien und Distributionsverhältnissen, die gesellschaftlich produziert und somit auch reformierbar wären, unterschied. Dieser allgemeine Ansatz reichte aber bald nicht mehr aus. Für die Debatten in den 80er und 90er Jahren war es notwendig zu wissen, wie sich weitere Arbeitszeitverkürzungen, öffentlicher Wohnungsbau, Sozialunterstützung, ein progressives Steuersystem etc. auf die Ökonomie auswirken würden. Antworten auf solche Fragen konnten eher von den auf das Preissystem orientierten marginalistischen Theorien als von der Klassik erwartet werden (Clarke 1982, S.147ff).

Zugleich vermied der Marginalismus mit seiner entschiedenen Ablehnung der Arbeitswertlehre jede Andeutung einer Ausbeutungstheorie und bot sich zur Apologetik der kapitalistischen Verhältnisse geradezu an. Insbesondere für die

Entwicklung der österreichischen Schule spielte dieser antisozialistische Impetus eine wichtige Rolle.[8]

Ausgangspunkt der marginalistischen Theorien ist das *bedürftige Individuum*, der Mensch, der seine Bedürfnisse befriedigen muß.[9] Die Produkte, die der Einzelne konsumiert, gewähren ihm eine bestimmte Bedürfnisbefriedigung und besitzen daher *Nutzen* für ihn. Auf der Tatsache, daß die Bedürfnisbefriedigung im allgemeinen nicht in dem selben Ausmaß wächst wie die Anzahl der konsumierten Produkte, beruht der für die ganze Theorie grundlegende Begriff des „Grenznutzens".[10] Dies ist der zusätzliche Nutzen, den eine zusätzliche Einheit eines Produkts einem Konsumenten verschafft. Dieser zusätzliche Nutzen mag zwar je nach den individuellen Vorlieben verschieden eingeschätzt werden, er nimmt aber im allgemeinen mit der Zahl der bereits vorhandenen Produkteinheiten ab. Während der Begriff „Nützlichkeit" in der Klassik und bei Marx auf objektive Eigenschaften eines Gegenstands abzielte, die ihn unabhängig von seiner Menge für Menschen nützlich machen, verbindet der Begriff des „Grenznutzens" Nutzen und Seltenheit. Nur knappe Güter weisen einen positiven Grenznutzen auf. Bereits an dieser Stelle, also noch *vor* der Betrachtung des Austausches läßt sich vom „Güterwert" als dem Ergebnis einer subjektiven Bewertung sprechen. So versteht Menger unter *Wert* „die Bedeutung, welche konkrete Güter oder Güterquantitäten für uns dadurch erlangen, daß wir in der Befriedigung unserer Bedürfnisse von der Verfügung über dieselben abhängig zu sein, uns bewußt sind" (Menger 1871, S.103).[11] Insofern der Wert aus der Beziehung des Individuums zum Objekt seiner Befriedigung entspringt, ist er nicht nur unabhängig vom Austausch, sondern überhaupt von jeder Gesellschaft. In seiner *Philosophie des Geldes* bezeichnet

---

8) Das soll nicht heißen, daß der Marginalismus von vornherein mit einer apologetischen Absicht entwickelt wurde, eine Auffassung die Schumpeter (1954, S.1083) „den Marxisten" unterstellte. Für die *Durchsetzung* und allgemeine Anerkennung des Marginalismus in den 80er und 90er Jahren des vorigen Jahrhunderts war aber mit entscheidend, daß er eine Alternative zu der politisch suspekten Arbeitswerttheorie darstellte.

9) Menger hält dies explizit am Anfang seines Werkes fest: „Der Ausgangspunkt aller wirtschaftstheoretischen Untersuchungen ist die bedürftige Menschennatur... Die Bedürfnisse sind der letzte Grund, die Bedeutung, welche ihre Befriedigung für uns hat, das letzte Maß, die Sicherstellung ihrer Befriedigung das letzte Ziel aller menschlichen Wirtschaft." (Menger 1871, S.1)

10) Den hier und im folgenden benutzten Terminus „Grenznutzen" führte zwar erst F.v.Wieser (1884) ein, er deckt sich aber mit Jevons' „final degree of utility", Mengers „Wert der am wenigsten wichtigen Teilquantität" und Walras' „rareté". Da es mir nur um die Grundzüge des marginalistischen Theoriegebäudes geht, verzichte ich auf eine differenzierte Darstellung der Theorien ihrer drei Begründer (vergl. dazu z.B. Lehmann 1977, Blaug 1985).

11) Folglich gilt auch für das Maß des Werts: „Der Wert ist demnach nicht nur seinem Wesen, sondern auch seinem *Maße* nach subjektiver Natur. Die Güter haben 'Wert' stets *für* bestimmte wirtschaftende Subjekte, aber auch nur für solche einen *bestimmten* Wert" (Menger 1871, S.142). Im marginalistischen Sinn ist Menger hier konsequenter als Jevons, der in seiner berühmten Kette („Cost of production determines supply; Supply determines final degree of utility; Final degree of utility determines value" Jevons 1871, S.187) die Produktionskosten noch erwähnt, auch wenn er sich nicht weiter mit ihnen beschäftigt.

ihn Simmel daher ganz konsequent als „Urphänomen", von dem man genauso wenig wie vom Sein zu sagen weiß, was es ist (Simmel 1900, S.27).
Den bedürftigen Individuen, die als Ausgangspunkt der Theoriebildung dienen, wird als oberstes Handlungsziel die *Maximierung ihres Nutzens* unterstellt. Unter den weiteren Voraussetzungen, daß sie dieses Ziel bei *vollständiger Konkurrenz* mit rationalen Mitteln verfolgen und die Folgen ihrer Handlungen korrekt einschätzen können, wird ihr wirtschaftliches Verhalten, aus dem sich das ökonomische Geschehen einer Gesellschaft konstituieren soll, logisch deduziert. So wird angenommen, daß bei einem Tausch die beteiligten Individuen den Nutzenverlust des abgegebenen Gutes gegen den Nutzengewinn des erhaltenen Gutes aufrechnen und nur solche Tauschpaare akzeptieren, bei denen sie gewinnen oder zumindest nichts verlieren. Dies ist nur dann der Fall, wenn der Grenznutzen der abgegebenen Gütermenge kleiner oder gleich dem Grenznutzen der erhaltenen Gütermenge ist. Der Tausch findet somit gerade bei dem Tauschpaar statt, bei dem für beide Tauschenden die Grenznutzen der ausgetauschten Gütermengen gleich sind.[12] Der Preisbildungsprozeß auf einem Markt mit vielen Teilnehmern ergibt sich dann aus der Aggregation der auf den individuellen Nutzenschätzungen beruhenden Nachfrage- und Angebotsfunktionen.
Dieses *Prinzip des gleichen Grenznutzens* läßt sich auch auf einen Markt übertragen, auf dem nicht nur zwei, sondern beliebig viele Waren getauscht werden. Das einzelne Individuum, das eine bestimmte Menge eigener Ware, die es austauschen will, zur Verfügung hat (bzw. ein bestimmtes monetäres Einkommen, das es verausgaben will), wird seinen Nutzen dann maximieren, wenn die verschiedenen eingetauschten Warenmengen alle denselben Grenznutzen aufweisen.
Diese einfachen Tauschhandlungen sind im Marginalismus das Muster für ökonomische Rationalität schlechthin. Alle übrigen Bereiche werden nach dem Beispiel des einfachen Tausches analysiert. So stellt Jevons, um den Preis der Arbeit zu bestimmen, das durch die Arbeit beim Arbeiter verursachte „Arbeitsleid" dem Nutzen in Gestalt des Lohnes gegenüber und folgert, daß der Arbeiter dann aufhören wird zu arbeiten, wenn das Grenzleid der Arbeit den Grenznutzen des Lohnes übersteigt.[13]

---

12) Es wird nicht behauptet, daß wenn zwei Personen A und B die Güter X und Y austauschen die Grenznutzenschätzungen von A und B übereinstimmen, sondern lediglich, daß beide Personen dem Gut X einen genauso hohen Grenznutzen beilegen wie dem Gut Y. Dieser für beide Güter gleiche Grenznutzen mag aber z.B. von A als hoch und von B als niedrig eingeschätzt werden.

13) Jevons bemerkt lapidar: „It would be inconsistent with human nature for a man to work when the pain of work exceeds the desire of possession" (Jevons 1871, S.192). Dies mag vielleicht für einen selbständigen Handwerker zutreffen, der sich überlegen kann, ob er noch einen weiteren Auftrag annehmen will oder nicht; ein Lohnarbeiter kann im allgemeinen eine Beschäftigung nur akzeptieren oder ausschlagen, aber nicht über Arbeitsmenge und Lohn verhandeln. Die in den späteren Modellbildungen stattfindende Abstraktion gerade von den wesentlichen Eigenschaften des untersuchten Gegenstandes deutet sich hier bereits an.

In ähnlicher Weise kann auch der Kapitalbesitzer behandelt werden: der Zins, den er erhält, muß das Leid kompensieren, das er auf sich nimmt, indem er sein Kapital nicht verzehrt, sondern „wartet“.

Mit dem bedürftigen Individuum und seinem Interesse am *Gebrauchswert* der Güter wählen die marginalistischen Theorien einen scheinbar für jede Ökonomie gültigen Ausgangspunkt. Tatsächlich thematisieren sie aber lediglich eine fiktive, auf einfachem Naturaltausch beruhende Wirtschaft. Die am Wert und am Profit ausgerichtete Rationalität des Kapitalismus wird mit den auf den Gebrauchswert gerichteten Motiven des Naturaltausches identifiziert. Indem diese Identifikation impliziert, daß der letzte Zweck der kapitalistischen Ökonomie die Befriedigung von Bedürfnissen ist, enthält der Marginalismus, unabhängig von jeder bewußten Absicht seiner Protagonisten, ein apologetisches Moment.

Aber auch abgesehen von diesen Einwänden muß der Versuch, die Austauschrelationen durch die Grenznutzen kausal zu *erklären*, als gescheitert betrachtet werden. Weder lassen sich die Grenznutzenschätzungen beobachten, noch kann davon ausgegangen werden, daß sie überhaupt stattfinden. Sollen allerdings die Nutzenschätzungen an den vorhandenen Tauschverhältnissen abgelesen werden, wird das Argument zirkulär.[14] Die Rückführung des Tauschwerts auf den Nutzen ist eine bloße Behauptung, die sich nicht belegen läßt. Im Grunde sagt die Grenznutzenlehre nichts weiter, als daß sich jemand von einem Tausch, den er eingeht, in irgendeiner Hinsicht mehr verspricht als von einem Tausch, den er unterläßt.[15]

2. Die Theorie des allgemeinen Gleichgewichts

Walras (1874) versuchte als erster, die Preisbildung nicht nur auf einem einzelnen Markt, sondern die Interdependenz der Preisbildung auf den verschiedenen Märkten theoretisch zu erfassen. Sein Konzept wurde schließlich zur *Theorie des allgemeinen Gleichgewichts* weiterentwickelt.[16]

14) So etwa bei Jevons: „Beef and mutton, for instance, differ so slightly, that people eat them almost indifferently. But the wholesale price of mutton, on an average, exceeds that of beef in the ratio of 9 to 8, and we must therefore conclude that people generally esteem mutton more than beef in this proportion, otherwise they would buy the dearer meat.“ (Jevons 1871, S.166). Joan Robinson stellte bereits heraus, daß „Nutzen“ ein „Begriff von unüberwindlicher Zirkularität“ sei: „*Nutzen* ist diejenige Eigenschaft der Güter, die den Individuen ihren Erwerb wünschenswert erscheinen läßt, und die Tatsache, daß die Individuen Güter zu kaufen wünschen, zeigt wiederum, daß sie *Nutzen* haben“ (Robinson 1962, S.60).

15) Dieselben Argumente treffen auch auf möglichst allgemein gehaltene Ansätze zu, wie etwa den von Haslinger/Schneider (1983), die lediglich „individuelle Handlungsrationalität“ zur Grundlage der Theoriebildung machen wollen.

16) Eine umfassende Darstellung und Kritik der Theorie des allgemeinen Gleichgewichts ist hier nicht beabsichtigt. Es geht mir lediglich um die wesentlichen Merkmale dieser Theorie. Für eine ausführlichere Kritik vergl. z.B. Stanger (1989, Kap. 6) oder Heine/Herr (1999, Kap. 3).

Im Gegensatz zu den für die Konsumtion bestimmten Waren besitzen die „Produktionsfaktoren“ (Arbeit, Land und Kapitalgüter) keinen unmittelbaren Nutzen. Die Betrachtung der Produktion führt daher zur Unterscheidung in Haushalte, die Güter nachfragen und Produktionsfaktoren anbieten, und Unternehmen, die Güter anbieten und Produktionsfaktoren nachfragen. Dabei wird der *Unternehmer* strikt vom *Kapitalbesitzer* getrennt. Der Kapitalbesitzer stellt dem Unternehmer den Produktionsfaktor Kapital zur Verfügung und erhält als Entschädigung den Kapitalzins. Der Unternehmer versucht, mit Hilfe der Produktionsfaktoren Güter zu produzieren, deren Preis über ihren Kosten liegt und die ihm daher einen „Gewinn“ abwerfen.

Die *Gleichgewichtspreise*, d.h. diejenigen Preise[17], bei denen sich Angebot und Nachfrage gerade decken, werden in der Theorie des allgemeinen Gleichgewichts für Güter und für Produktionsfaktoren in der prinzipiell gleichen Weise bestimmt. Es wird unterstellt, daß zu jedem Preis eine bestimmte Menge angeboten und eine bestimmte Menge nachgefragt wird. Man erhält also eine Angebots- und eine Nachfragefunktion. Steigt bei der Angebotsfunktion mit dem Preis (der Einheit) die angebotene Menge, während bei der Nachfragefunktion die nachgefragte Menge bei steigendem Preis sinkt, so schneiden sich die beiden Funktionsgraphen und liefern am Schnittpunkt den Gleichgewichtspreis: die zu diesem Preis angebotene Warenmenge ist der zu diesem Preis nachgefragten Menge gleich, Nachfrage und Angebot „decken“ sich.

In die Angebots- und die Nachfragefunktion für eine einzelne Ware oder einen einzelnen Produktionsfaktor gehen auch die Preise anderer Waren und Produktionsfaktoren ein. Die Preise auf einem einzelnen Markt können daher nicht unabhängig von den Preisen auf allen anderen Märkten bestimmt werden. Gibt es n Waren und Produktionsfaktoren, so werden 2n Unbekannte (n Preise und n Mengen) durch 2n Gleichungen (n Angebots- und n Nachfragefunktionen) simultan determiniert.

Für diese Gleichgewichtspreise spielt Geld keine systematische Rolle. Es handelt sich im Grunde um ein System relativer Preise, das durch Geld lediglich in ein System von absoluten Preisen überführt wurde. Was in einem solchen theoretischen Rahmen das „Wesen des Geldes“ ausmacht, wurde in aller Deutlichkeit von Schumpeter ausgesprochen. Um von relativen zu absoluten Preisen übergehen zu können, müsse einer „wirtschaftlichen Größe“ (z.B. einer einzelnen Ware oder einem bestimmten Warenkorb) eine willkürliche Zahl, Schumpeter nennt sie „kritische Ziffer“, zugeordnet werden. Im Grunde wird durch diese Zuordnung bereits das jeweilige Geldsystem definiert. Die dabei benutzten Methoden „machen das Wesen des sozialen Instituts aus, das wir Geld nennen“ (Schumpeter 1970, S.221). Die Festsetzung der „kritischen

17) Um von Preisen zu sprechen wird entweder auf eine Ware als Numéraire zurückgegriffen, oder es wird von einem quantitätstheoretisch bestimmten Papiergeld ausgegangen.

Ziffer" und ihre Veränderung kann zwar zu Anpassungen der wirtschaftlichen Größen führen, doch sind solche Anpassungen „sinnwidrig" (ebd. S.224), da sie lediglich in der Methode der „sozialen Buchhaltung" (als eine solche begreift Schumpeter die Geldpreise) nicht aber in „Veränderungen des Warenkörpers" begründet sind. Da Geld solche „sinnwidrigen" Anpassungen induziert, ist es ein – wenn auch aufgrund der mit ihm verbundenen Rechenvereinfachungen unverzichtbarer – *Störfaktor* in einer ansonsten perfekten Ökonomie.

Wie bereits in der Klassik wird auch in der Neoklassik eine Dichotomie von „realer" und „monetärer" Sphäre unterstellt, wobei die Realsphäre von der monetären Sphäre nur verschleiert wird. Auch das komplizierteste Gleichgewichtsmodell erweist sich dann im Grunde nur als ein *Bartersystem*.

Da die Bestimmung der Gleichgewichtspreise aufgrund der vorgegebenen Gleichungen eine rein mathematische Übung ist, hängt der ökonomische Gehalt der Theorie von den vorausgesetzten Angebots- und Nachfragefunktionen ab. Um der formalen Theorie einen ökonomischen Sinn zu verleihen, müssen die unterstellten Verläufe der Angebots- und Nachfragefunktionen ökonomisch plausibel gemacht werden. Dies geschieht, indem den Haushalten und Unternehmen nutzenmaximierendes Verhalten (bei vollständiger Konkurrenz) unterstellt und eine für den jeweiligen Akteur spezifische Nebenbedingung angegeben wird. Für die Haushalte ist diese Nebenbedingung der abnehmende Grenznutzen, er sorgt für die fallende Nachfragefunktion auf den Gütermärkten und die steigende Angebotsfunktion auf den Faktormärkten. Für die Unternehmen besteht diese Nebenbedingung in der (technologischen) Unterstellung steigender Grenzkosten der Produktion, die eine steigende Angebotsfunktion auf den Gütermärkten und eine fallende Nachfragefunktion auf den Faktormärkten bedingt.

Auf den Faktormärkten werden die Produktionsfaktoren so lange nachgefragt, wie der Verkaufserlös der produzierten Güter über der Entlohnung der Faktoren liegt und die Unternehmer einen Gewinn machen. Bei Gleichgewichtspreisen decken sich daher nicht nur Angebot und Nachfrage, auch die Verkaufserlöse der Güter sind den Entlohnungen der Produktionsfaktoren, den „Produktionskosten" genau gleich. Es existiert dann zwar ein Kapitalzins aber kein „Unternehmergewinn".

Indem die Faktorpreise in der selben Art und Weise wie die Warenpreise bestimmt werden, sind die einzelnen Faktoreinkommen völlig unabhängig voneinander, so daß kein Faktoreinkommen als das Residuum eines anderen betrachtet werden kann. In der *Grenzproduktivitätstheorie* werden diese Faktoreinkommen durch die Beiträge der Faktoren zum Produkt bestimmt. Es wird davon ausgegangen, daß der Faktoreinsatz frei variierbar ist, so daß das „Grenzprodukt" eines Faktors (d.h. die zusätzliche Produktmenge, die durch den zusätzlichen Einsatz einer Einheit des Faktors erzielt wird) stets bestimmt werden kann. Um ihren Gewinn zu maximieren, müssen die Unternehmen die Faktoren so lange nachfragen, wie der Erlös des Grenzproduktes über dem Faktorpreis liegt. Im Gleichgewicht ist dann der Erlös des Grenzproduktes gleich der Faktorentlohnung: Die Besitzer der Faktoren erhalten gerade das, was ihre Faktoren zum Wert des Produkts beisteuern, und sie bieten ihre Faktoren gerade in der Menge an, bei der sie die Faktorentlohnung für ihr „Opfer" (das Arbeitsleid des Arbeiters und das Warten des Kapitalbesitzers) entschädigt, „Ausbeutung" findet nicht statt.[18]

Viele Gleichgewichtstheoretiker sind der Auffassung, daß die mathematisch bestimmten Gleichgewichtspreise auch wirklich hergestellt werden, falls auf allen Märkten vollkommene Konkurrenz herrschen würde. Bereits von Walras wurde dieses Gleichgewicht als ein gesellschaftliches Optimum, als Zustand der größtmöglichen Bedürfnisbefriedigung aufgefaßt:

„La production sur un marché régi par la libre concurrence est une opération par laquelle les services peuvent se combiner en les produits de la nature et de la quantité propres à donner la plus grande satisfaction possible des besoins dans les limites de cette double condition que chaque service comme chaque produit n'ait qu'un seul prix sur le marché, celui auquel l'offre et la demande sont égales, et que le prix de vente des produits soit égal à leur prix de revient en services." (Walras 1874, S.231)

Die „größtmögliche Bedürfnisbefriedigung", von der Walras spricht, wird auch heute noch von der Neoklassik als besondere Leistung marktwirtschaftlicher Systeme betrachtet. Nur der Markt, so die gängige These, gewährleiste eine optimale Allokation der vorhandenen Ressourcen. Jede auf andere Art zustande gekommene Allokation könne allenfalls genauso gut, aber nicht besser sein. Da der Grad der Bedürfnisbefriedigung der einzelnen Wirtschaftssubjekte, ihr individueller Nutzen aber nicht vergleichbar, daher auch nicht summierbar ist, kann für das System als Ganzes nicht sinnvoll von einem Zustand „maximalen Nutzens" gesprochen werden. Erreicht werden kann immer nur ein sogenanntes „Pareto-Optimum": ein Zustand, in dem der Nutzen eines Einzelnen nur auf Kosten des Nutzens anderer vermehrt werden kann. Ein nicht pareto-optimaler Zustand ist zwar eindeutig schlechter als ein paretooptimaler, zwei verschiedene pareto-optimale Zustände sind aber nicht miteinander vergleichbar. Welches Pareto-Optimum im Gleichgewicht erreicht wird, hängt davon ab, welche *Verteilung* vorausgesetzt wurde, da die Grenznutzenschätzungen, Präferenzen etc., auf denen die Angebots- und Nachfragefunktionen beruhen, immer nur in Bezug auf eine gegebene Verteilung getroffen werden können. Worin der Inhalt eines solchen „Optimums" dann letzten Endes besteht, wurde bereits von Jevons klar ausgesprochen:

---

18) Es ist unschwer zu erkennen, daß es sich hier um eine Neuauflage der schon von Marx kritisierten „Trinitarischen Formel" handelt. Daß die zentrale Voraussetzung der Grenzproduktivitätstheorie, die Möglichkeit der Variation eines Faktors bei Konstanz der übrigen, völlig unrealistisch ist, hat die Betriebswirtschaftslehre zwar längst erkannt (Gutenberg 1951). Dem apologetischen Gebrauch der Grenzproduktivitätstheorie hat diese Kritik ihrer Grundlagen aber nicht viel anhaben können.

„But so far as is consistent with the inequality of wealth in every community, all commodities are distributed by exchange so as to produce the maximum of benefit... *No one is ever required to give what he more desires for what he less desires, so that perfect freedom of exchange must be to the advantage of all.*" (Jevons 1871, S.171, Herv. von mir)

Die „plus grande satisfaction possible des besoins" und das „maximum of benefit" reduziert sich also auf das alte liberale Credo, daß am Markt ja niemand zu etwas gezwungen wird, das Marktergebnis also von allen gewollt sein muß.

Die frühen marginalistischen Theorien versuchten die Preise, durch eine subjektive Werttheorie zu *erklären*. Auch Walras glaubte noch, eine kausale Erklärung der Preise geliefert zu haben, kam in Wirklichkeit über eine funktionale Zuordnung aber nicht hinaus. Die Theorie des allgemeinen Gleichgewichts läßt eine kausale Determination nicht mehr zu. Weder kann wie bei Smith davon gesprochen werden, daß die Faktorpreise die Warenpreise bestimmen, noch davon, daß die Faktorpreise von den Warenpreisen bestimmt werden. Daher wundert es auch nicht, daß die Werttheorie, gleichgültig ob „objektiv" oder „subjektiv", bald als bloß unnötiger Umweg aufgefaßt und ökonomische Theorie auf die Beschäftigung mit dem Preissystem reduziert wurde (z.B. bei Cassel 1918).

Das Gleichgewichtspreissystem läßt sich allein durch die Angebots- und Nachfragefunktionen bestimmen. Sollte der Verlauf dieser Funktionen in den frühen Ansätzen noch aus dem individuellen Nutzenmaximierungsverhalten bestimmt werden, so wurde in der weiteren Entwicklung der Theorie auch dieser Versuch aufgegeben. Da sich Nutzen und Grenznutzen nicht sinnvoll quantifizieren lassen, war unklar, was überhaupt maximiert werden sollte. An die Stelle des „Nutzens" trat die „persönliche Präferenz" und schließlich eine nicht hintergehbare „Wahl". Auf die Annahme, daß ein Individuum durch seine Handlungen seinen Nutzen maximieren wolle, wurde verzichtet. Statt dessen sollte es nun aufgrund nicht näher zu bestimmender Präferenzen eine bestimmte Wahl treffen. Der Grenznutzen wurde durch „Indifferenzkurven" (Pareto 1906) und „marginale Substitutionsraten" (Hicks/Allen 1934)[19] ersetzt. Letztlich wurde Ökonomie zu einem bloßen Spezialfall „rationaler Wahlhandlungen". Sollte anfangs das individuelle Verhalten noch erklärt werden, so blieb in Samuelsons „Revealed Preference" Theorie am Ende nur noch die Voraussetzung übrig, individuelles Verhalten möge „konsistent" sein[20] (Samuelson 1938).

Da die Angebots- und Nachfragekurven mit den „Präferenzen" gegeben sind, kann über die Gleichgewichtspreise inhaltlich nicht viel mehr ausgesagt wer-

19) Auf einer Indifferenzkurve liegen diejenigen Mengenkombinationen zweier Waren, denen gegenüber sich ein Konsument „indifferent" verhält, da sie seine Bedürfnisse gleichermaßen befriedigen. Die „marginale Substitutionsrate" zweier Güter entspricht dem Verhältnis ihrer Grenznutzen.

20) Womit vor allem die „Transitivität" der Präferenz gemeint ist: finde ich a besser als b und b besser als c, dann sollte ich a auch besser als c finden.

den, als daß es sich um die Preise handelt, die die Nachfrager bereit zu zahlen und die Anbieter bereit zu akzeptieren sind und daß beide Seiten wohl ihre Gründe dafür haben. Aber auch die Angebots- und Nachfragekurven selbst sind nicht zu beobachten. Letztlich werden diese Kurven mit bestimmten mathematischen Eigenschaften *vorausgesetzt*, um die Existenz eines Gleichgewichts zu garantieren. Darin zeigt sich eine generelle Tendenz neoklassischer Theoriebildung: Probleme werden nur noch so gestellt, daß sie auch exakt lösbar sind. Damit folgte die Neoklassik dem methodischen Entwurf, der ihr von dem frühen Schumpeter vorgegeben wurde:

„Nicht darauf kommt es uns an, wie sich diese Dinge wirklich verhalten, sondern wie wir sie schematisieren oder stylisieren müssen, um unsere Zwecke möglichst zu fördern" (Schumpeter 1908, S.93f).[21]

Zum wichtigsten Problem der Theorie ist nun ihre eigene Konsistenz geworden.[22] Die eigentliche Theoriediskussion verschob sich immer mehr auf formale Fragen des mathematischen Modells. Bis in die 20er Jahre begnügte man sich damit, daß die Zahl der Bestimmungsgleichungen genauso groß wie die Zahl der Unbekannten war. Allerdings reicht dies für eine sinnvolle ökonomische Lösung nicht immer aus, da z.B. auch negative Preise möglich sind. Im Laufe der Zeit wurden verfeinerte Modelle entwickelt und die mathematischen Bedingungen geklärt, die ein Gleichgewichtssystem erfüllen muß (Debreu 1959, Arrow/Hahn 1971). Allerdings zeigte die ökonomische Interpretation der mathematisch notwendigen Bedingungen, daß die gängigen Versionen der allgemeinen Gleichgewichtstheorie auf ziemlich unrealistischen Voraussetzungen beruhen.

Einige dieser Voraussetzungen, wie beispielsweise die Annahme, daß es keine unteilbaren Güter oder daß es ein vollständiges Marktsystem gibt (d.h. daß nicht nur für sämtliche Güter Märkte, sondern auch beliebig weit in die Zukunft reichende Terminmärkte existieren), drücken lediglich eine zu starke Idealisierung aus, die für die Anwendbarkeit des mathematischen Formalismus aber entscheidend ist. Andere Voraussetzungen beinhalten aber gerade die Abstraktion von wesentlichen Merkmalen einer kapitalistischen Ökono-

---

21) Backhaus (1986, S.37ff) machte darauf aufmerksam, daß sich beim späten Schumpeter ein Abrücken von seinem früheren methodologischen Optimismus andeutet und er Zweifel an den Fundamenten der eigenen Wissenschaft anmeldet, die von der etablierten Schulökonomie aber mit Schweigen übergangen werden.

22) Jonas charakterisiert diese Entwicklung zutreffend: Die Bedürfnistheorien der Grenznutzenschule boten „keine exakte Grundlage für das theoretische Räsonnement. Es wurde hier auf eine Hinterwelt verwiesen, die reale Bedeutung haben sollte, ohne daß diese zur Darstellung gebracht werden konnte". Daraus habe sich für die Theorie die Notwendigkeit ergeben, „an die Stelle eines zweifelhaften realistischen Fundaments eine rein logische Grundlage zu setzen… Seit dem Beginn des 20. Jahrhunderts werden alle bedeutenden Werke der Werttheorie in einem Selbstverständnis unternommen, in dem die Theorie nur noch auf sich selbst, nicht mehr auf eine andere Realität zurückweist" (Jonas 1964, S.144f).

mie. So macht es die Annahme nicht-steigender Skalenerträge[23] für die allgemeine Gleichgewichtstheorie zum Problem, ökonomischen Wandel und technischen Fortschritt überhaupt in ihren Modellbau zu integrieren (vergl. zu diesem Problem Young 1928, Kaldor 1973, Stanger 1989, S.214ff).[24] Abstrahiert wird aber auch von dem, was den Unterschied zwischen einer Marktwirtschaft und einem bloßen Naturaltausch konstituiert, nämlich von Geld und zwar von Geld als einem Zweck individueller Handlungen: Da Geld in der neoklassischen Gleichgewichtstheorie nur als Numéraire Platz hat, läßt sich kein Argument für das *Halten* von Geld finden.

Die zahlreichen Modelle der allgemeinen Gleichgewichtstheorie weisen aber noch einen ganz anderen, nicht weniger wichtigen Mangel auf. Innerhalb dieser Modelle können zwar (rein formal) die *Existenz* von Gleichgewichtszuständen bewiesen werden, es ist aber nicht möglich eine Aussage darüber zu machen, durch welche Mechanismen das berechnete Gleichgewicht überhaupt *erreicht* werden soll. Daß sich dahinter ein wirkliches Problem verbirgt, wird beim Auktionatormodell von Walras besonders deutlich: der Auktionator ruft Preise aus und die Unternehmen und Haushalte nennen ihm ihre Angebots- und Nachfragepläne in Abhängigkeit von diesen Preisen. Der Auktionator korrigiert die Preise so lange, bis alle Transaktionswünsche miteinander im Einklang stehen. Dann gibt er den Markt frei und erst jetzt, also *nachdem* die Gleichgewichtspreise bekannt sind, werden die verschiedenen Transaktionen durchgeführt. Auf einem wirklichen Markt findet der Tausch aber statt, ohne daß die Gleichgewichtspreise bekannt sind. Das Auktionatormodell wird daher auch als Metapher für „sehr schnelle“ Preisanpassungen verstanden (z.B. Haslinger/Schneider, S.22). Zwar werden die Preise auf dem Markt beständig geändert, daß aber ein iterativer Prozeß in Richtung auf die Gleichgewichtslösung stattfindet, ist damit keineswegs gewährleistet. Zumindest von den kritischen Vertretern der Neoklassik wird heute auch zugegeben, daß die reale Entwicklung wohl nicht auf Gleichgewichtszustände zuläuft (vergl. z.B. Hahn 1984, S.48). Davon waren aber nicht nur die Begründer der Gleichgewichtstheorie überzeugt, auch die wirtschaftspolitischen Empfehlungen neoklassischer Ökonomen beruhen auf dieser Annahme, wobei häufig „komparative Statik“ (d.h. der bloße Vergleich von Gleichgewichtszuständen bei unterschiedlichen Werten einer zentralen Größe wie etwa dem Lohnsatz) mit „Dynamik (d.h. der Bewegung von einem Zustand zum anderen) gleichgesetzt

23) Steigende Skalenerträge begünstigen Großunternehmen und führen zur Oligopolisierung, so daß sie mit vollständiger Konkurrenz nicht vereinbar sind: bei vollständiger Konkurrenz wird vorausgesetzt, daß jedes Unternehmen so klein ist, daß es alleine den Marktprozeß nicht beeinflussen kann (vergl. dazu Sraffa 1926).

24) Zwar formulierten Arrow/Hahn (1971) ein Modell mit steigenden Skalenerträgen und unvollkommener Konkurrenz, doch beruht dieses Modell auf der Voraussetzung, daß die steigenden Skalenerträge nicht „zu groß“ sind (Hahn 1984, S.51).

wird, obgleich überhaupt nicht gezeigt wurde, daß tatsächlich eine Bewegung vom einen zum anderen Zustand führt.

Daß die neoklassische Gleichgewichtstheorie in den meisten ihrer Modellwelten keinen realistischen, zum Gleichgewicht führenden *Prozeß* angeben kann, zeigt, daß sie nicht in der Lage ist zu formulieren, was den *gesellschaftlichen Zusammenhang* der individuellen Markthandlungen überhaupt herstellen soll. Das Problembewußtsein, das sich bei den Klassikern hinter ihrer Metapher von der „invisible hand" verbarg, wurde von der Neoklassik erfolgreich verdrängt. Ähnlich wie die degenerierende ptolemäische Astronomie des späten Mittelalters immer neue Epizykel konstruierte, ihre ursprüngliche Frage nach den einfachen Bewegungen der Himmelskörper aber aus den Augen verloren hatte, ist es heute um die neoklassische Gleichgewichtstheorie bestellt: Hinter immer neuen Modellvarianten ist die gesellschaftstheoretische Problemstellung, die der politischen Ökonomie ursprünglich zugrunde lag, längst verschwunden.

3. Klassik und Neoklassik

Die neoklassischen Theorien stellen keine Fortbildung des von der Klassik überlieferten Theoriegebäudes dar. Die Neoklassik beruht auf einer neuen *Problematik*: ein neuer Kern von Aussagen wird als unmittelbar evident begriffen und bildet die Grundlage eines neuen „Forschungsprogramms", es werden jetzt andere Fragen gestellt und ein neuer Begriff von Ökonomie entwickelt.[25]

Daß nicht mehr Arbeit, sondern Nutzen die Grundlage ökonomischer Begriffsbildung abgibt, ist sicher die offensichtlichste Differenz zwischen der Klassik und dem Marginalismus. Nicht mehr der Produzent, sondern der Konsument steht im Mittelpunkt der ökonomischen Betrachtung.[26] Während in der Klassik die subjektiven Bedürfnisse lediglich die stoffliche Struktur der Produktion determinierten, sollen sie jetzt den Wert der Produkte bestimmen. Sie werden zum unmittelbar evidenten Fundament ökonomischer Wissenschaft. Üblicherweise wird daher der „objektiven" Werttheorie der Klassik die „subjektive" der Grenznutzenlehre gegenübergestellt.

Mit diesem unterschiedlichen werttheoretischen Erklärungsansatz verschiebt sich in mehrfacher Hinsicht die Perspektive, in der Ökonomie zum Gegen-

25) Mehr als Menger oder Walras war sich Jevons dieser „umwälzenden" Bedeutung des Marginalismus bewußt. So schreibt er 1879 im Vorwort zur 2.Auflage seiner *Theory*: „The conclusion to which I am ever more clearly coming is that the only hope of attaining a true system of economics is to fling aside, once and for ever, the mazy and preposterous assumptions of the Ricardian school. Our English economists have been living in a fool's paradise." (Jevons 1871, S.67)

26) Trotzdem ist es zu kurz gegriffen, wenn Bucharin die Grenznutzenlehre auf die „Ideologie des Rentners" reduziert, d.h. der Bourgeoisie, die die Leitung der Produktion angestellten Managern überlassen hat und selbst nur als Konsument auftritt (Bucharin 1926).

stand theoretischer Anstrengungen wird. Indem der Marginalismus von der Beziehung des Individuums zum Gegenstand seines Bedürfnisses ausgeht und nicht mehr von der Arbeit, die notwendig ist, um diesen Gegenstand zu erlangen, ist die eigentlich ökonomische Sphäre die Zirkulation und nicht die Produktion. Durch das Verhältnis von Angebot und Nachfrage werden auf dem Markt sowohl die Preise der Waren wie die der Produktionsfaktoren bestimmt. Gegenüber den allein relevanten Marktprozessen erscheint die Verteilung der Produktionsfaktoren auf verschiedene Personen als außerökonomische Zufälligkeit. Damit sind Klassenverhältnisse ökonomisch nicht mehr zu erfassen.

Es sind jetzt auch nicht mehr die gesamtwirtschaftlichen Probleme, sondern die einzelwirtschaftlichen, die den Ökonomen in erster Linie interessieren. Der Versuch das Verhalten des einzelnen Verbrauchers oder des einzelnen Unternehmens auf der Grundlage des Nutzen- bzw. Präferenzenkalküls zu erklären, treibt die theoretische Entwicklung voran. Mit dieser Wendung von der Makro- zur Mikroökonomie geht auch eine Verschiebung von dynamischen zu statischen Problemen einher. Im Blickpunkt stehen nicht mehr langfristige Entwicklungstendenzen der Ökonomie, sondern die Preisbildung. Anstatt der Bedingungen des Wachstums werden die Existenzbedingungen eines statischen Gleichgewichts untersucht. Aus der Untersuchung der Produktion und Distribution des Reichtums wurde die wesentlich engere Frage nach der optimalen Allokation gegebener Ressourcen.[27] Diese engere Fragestellung wurde aber gleichzeitig als Ausdruck einer allgemein menschlichen Handlungsdimension aufgefaßt: „ökonomisch" sollte jedes Verhalten sein, das mit möglichst geringem Aufwand ein bestimmtes Ziel erreichen will. Der Nutzen maximierende Konsument, der Profit maximierende Unternehmer und der Autofahrer, der die kürzeste Strecke zwischen zwei Orten sucht, sie alle verhalten sich „ökonomisch", indem sie versuchen, ihre knappen Mittel zur Erreichung bestimmter Ziele optimal einzusetzen. Sehr deutlich formulierte Robbins diesen neuen Begriff von Ökonomie:

> „The conception we have adopted may be described as analytical. It does not attempt to pick out certain kinds of behaviour, but focuses attention on a particular aspect of behaviour, the form imposed by the influence of scarcity. It follows from this, therefore, that in so far as it presents this aspect, any kind of human behaviour falls within the scope of economic generalisations" (Robbins 1932, S.16f).[28]

---

27) Dieser Wechsel der Problemstellung wird bereits von Jevons sehr deutlich formuliert: „The problem of economics may, as it seems to me, be stated thus: Given, a certain population, with various needs and powers of production, in possession of certain lands and other sources of material: required, the mode of employing their labour which will maximize the utility of the produce." (Jevons 1871, S.254)

28) In der ihr eigenen Bissigkeit bemerkte Joan Robinson über diese Definition der Ökonomie als Umgang mit knappen Mitteln: „...der Zeitpunkt der Veröffentlichung war unglücklich. Das Buch erschien zu einer Zeit, als in Großbritannien drei Millionen Arbeiter arbeitslos waren, und das sta-

Damit verschiebt sich in gravierender Weise der *Begriff von Ökonomie*: Ökonomie löst sich als gesellschaftliche Sphäre auf und wird zu einem „Aspekt" menschlichen Verhaltens, der auf allen möglichen Gebieten menschlicher Tätigkeit entdeckt werden kann.

Mit der Neoklassik liegt zwar eine neue *Problematik* ökonomischer Theoriebildung vor, doch verbleibt sie innerhalb desselben *theoretischen Feldes*, aus dem bereits die Problematik der Klassik erwachsen war. Der Marginalismus setzt wie die Klassik ein bestimmtes *Wesen des Menschen* voraus: den Menschen einerseits als bedürftiges Individuum andrerseits als rational handelndes, seinen Nutzen maximierendes oder zumindest seine Mittel optimierendes Wesen. Von der Klassik unterscheidet sich der Marginalismus nicht durch diesen Wesensbegriff, sondern durch das, was aus ihm gemacht wird: während er in der Klassik für die Begründung der Arbeitswerttheorie diente, indem das Nutzenkalkül auf die verausgabte Arbeit bezogen wurde, wird dieses Kalkül jetzt unmittelbar auf die Produkte bezogen und führt zur Grenznutzentheorie des Werts. Die späteren neoklassischen Theorien versuchen zwar, den expliziten Bezug auf irgendwelche Wesensannahmen zu vermeiden, aber auch ihr Ausgangspunkt bleibt das rationale, seinen Nutzen maximierende Individuum.

Wie in der Klassik ist der Mensch völlig *ungesellschaftlich*. Atomisiert steht das einzelne Individuum der Natur gegenüber. Ausgehend von diesem isolierten Individuum soll durch dessen maximierendes Verhalten der ökonomische Zusammenhang konstituiert werden. So wird der Tausch sowohl in der Klassik wie auch in der Neoklassik nicht als Form der Vermittlung des gesellschaftlichen Zusammenhangs, sondern lediglich als Akt zwischen zwei individuellen Warenbesitzern aufgefaßt, so daß die Begründung der Austauschproportionen beide Male im Rekurs auf individuelle Kalküle erfolgen kann.

Auch der *Ahistorismus* ist im Marginalismus (und erst recht in den Modellwelten der allgemeinen Gleichgewichtstheorie) eher noch stärker ausgeprägt als in der Klassik. Ließ Smith immerhin noch einen Jäger und einen Fischer Hirsch und Biber tauschen, so ist es nun der isolierte Robinson selbst, an dem die Grundgesetze der Ökonomie entwickelt werden.[29] Galt für die Klassik der Kapitalismus nicht als historische, sondern als die dem Menschen angemessene Produktionsweise, so wird er im Rahmen der Neoklassik zum bloßen Ausdruck menschlicher Produktion überhaupt, zur effizientesten Lösung des die Menschen seit jeher begleitenden Allokationsproblems.

---

tistische Bruttosozialprodukt der USA kurz vorher auf die Hälfte seines früheren Niveaus gefallen war" (Robinson 1973, S.38). – Auch wenn genügend Ressourcen vorhanden sind, werden sie von den Kapitalisten behandelt, als ob sie knapp wären: Um den Profit zu maximieren, wird versucht, die Kosten zu minimieren. Der von Robbins hervorgehobene „Aspekt" menschlichen Verhaltens ist nichts weiter als das zu einer menschlichen Daseinsbedingung überhöhte Verhalten der Kapitalisten, die ihr Kapital verwerten wollen.

29) Und so wird der Tausch zu einem zwar interessanten, letzten Endes aber unbedeutenden, da bloß technisch-zufälligem Phänomen (Robbins 1932, S.20).

Schließlich ist es auch derselbe *Empirismus*, der sowohl Marginalismus und Neoklassik als auch der Klassik zugrundeliegt: Das menschliche Wesen ist unmittelbar erkennbar (oder wird in den moderneren Theorien als „Verhaltensannahme" einfach vorausgesetzt), der gesellschaftliche Zusammenhang ist unmittelbar durchschaubar. Alle ökonomischen Phänomene befinden sich auf einer einheitlichen, der Anschauung zugänglichen Ebene und lassen sich, insofern es sich um quantitative handelt, problemlos mit den Mitteln der Mathematik verbinden.[30]

4. Wissenschaftliche Ökonomie und Vulgärökonomie (Zur Kritik an Marx' Klassik-Rezeption Teil III)

Von marxistischen Ökonomen werden Marginalismus und allgemeine Gleichgewichtstheorie normalerweise als moderne Varianten der von Marx so genannten „Vulgärökonomie" und damit als im Kern unwissenschaftliches Unternehmen betrachtet. In den *Theorien über den Mehrwert* grenzte Marx erstmals systematisch die Vulgärökonomie von der „wissenschaftlichen", nämlich der klassischen politischen Ökonomie ab:[31]

„Die Vulgärökonomen – sehr zu unterscheiden von den ökonomischen Forschern, die wir kritisirt – übersetzen in der That die Vorstellungen, Motive etc der in der capitalistischen Production befangnen Träger derselben, in denen sie sich nur in ihrem oberflächlichen Schein reflectirt. Sie übersetzen sie in eine doctrinäre Sprache, aber vom Standpunkt des herrschenden Theils aus, der Capitalisten, daher nicht naiv und objektiv, sondern apologetisch. Das bornirte und pedantische Aussprechen der Vulgärvorstellungen, die sich nothwendig in den Trägern dieser Productionsweise erzeugen, ist sehr verschieden von dem Drang der politischen Oekonomen, wie Physiokraten, A.Smith, Ric., den innren Zusammenhang zu begreifen." (II.3.4/1453; 26.3/445)

Aus dieser und ähnlichen Stellen kann der Eindruck entstehen, als begründe Marx den Unterschied zwischen Vulgärökonomie und wissenschaftlicher politischer Ökonomie nur mit der bewußten *Absicht* der einzelnen Autoren. Während die einen nur an Apologie interessiert seien, hätten die anderen den „Drang" den inneren Zusammenhang zu begreifen. In diesem Sinn stellt Marx auch Malthus und Ricardo einander gegenüber.[32] Zur Unterscheidung zwi-

30) Jevons spricht daher von der politischen Ökonomie als „mechanics of utility and self-interest" (Jevons 1871, S.90) und Walras will sie als „mathematisch-physische Wissenschaft" (Walras 1881, S.3) darstellen.

31) Die Herausbildung dieser Begriffe in Marx' ökonomischen Schriften von 1844 bis 1863 wurde von Marxhausen/Schattenberg (1978) dargestellt.

32) Ricardo sei, so Marx, für seine Zeit im Recht, wenn er die „capitalistische Productionsweise als die vortheilhafteste für die Production, als die vortheilhafteste zur Erzeugung des Reichthums" betrachte. „Wenn die Auffassung Ric.'s im Ganzen im Interesse der *industriellen Bourgeoisie* ist, so nur, *weil* und *so weit* deren Interesse coincidirt mit dem der Production, oder der productiven Entwicklung der menschlichen Arbeit. Wo sie in Gegensatz dazu tritt, ist er ebenso *rücksichtslos* gegen die Bourgeoisie als er es sonst gegen das Proletariat und die Aristocratie ist" (II.3.3/768; 26.2/110f). Malthus dagegen sei durch eine „*Grundgemeinheit* der Gesinnung characterisirt", die sich in der „*rücksichtsvollen*, nicht *rücksichtslosen* Consequenz, die er aus wissenschaftlichen Vor-

schen Vulgärökonomie und wissenschaftlicher Ökonomie entlang den Absichten der Autoren paßt auch, daß Marx im Nachwort zur 2. Auflage des *Kapital* die Möglichkeit wissenschaftlicher bürgerlicher Ökonomie vom Stand der Klassenkämpfe abhängig macht: die politische Ökonomie könne „nur Wissenschaft bleiben, solange der Klassenkampf latent bleibt" (II.6/701; 23/20). Als ab 1830 der Klassenkampf immer drohender wurde, „läutete die Todtenglocke der wissenschaftlichen bürgerlichen Oekonomie", und „an die Stelle unbefangner wissenschaftlicher Untersuchung" trat „die schlechte Absicht der Apologetik" (II.6/702f; 23/21).

Eine Unterscheidung zwischen „wissenschaftlicher" Ökonomie und „Vulgärökonomie", die bloß mit den Absichten des jeweiligen Autors begründet wird, ist höchst problematisch. Daß sogar entschiedene Apologeten des kapitalistischen Systems wirkliche Zusammenhänge erfaßt haben, räumte auch Marx ein, und umgekehrt stellte er auch bei den bedeutendsten Vertretern der „wissenschaftlichen" Ökonomie „vulgäre" Elemente fest.[33]

Allerdings findet sich bei Marx auch eine andere Bestimmung des Unterschieds zwischen wissenschaftlicher Ökonomie und Vulgärökonomie. Im *Kapital* bemerkt er:

> „Um es ein für allemal zu bemerken, verstehe ich unter klassischer politischer Oekonomie alle Oekonomie seit W. Petty, die den innern Zusammenhang der bürgerlichen Produktionsverhältnisse erforscht, im Gegensatz zur Vulgärökonomie, die sich nur innerhalb des scheinbaren Zusammenhangs herumtreibt, für eine plausible Verständlichmachung der so zu sagen gröbsten Phänomene und den bürgerlichen Hausbedarf das von der wissenschaftlichen Oekonomie längst gelieferte Material stets von neuem wiederkaut, im Uebrigen sich aber darauf beschränkt, die banalen und selbstgefälligen Vorstellungen der bürgerlichen Produktionsagenten von ihrer eignen besten Welt zu systematisiren, pedantisiren und als ewige Wahrheiten zu proklamiren." (II.6/111; 23/95 Fn)

Marx unterscheidet hier nicht in erster Linie die Absicht der Autoren, sondern den *Typus ihrer Forschung*. Während die Vulgärökonomie im „scheinbaren Zusammenhang", in den Erscheinungen der Konkurrenz, wie sie sich im Bewußtsein der Produktionsagenten reflektiert, steckenbleibe[34], gelinge es der wissenschaftlichen Ökonomie zumindest teilweise diese Erscheinungen zu durchdringen und den „innern Zusammenhang" darzustellen. Der so gefaßten Abgrenzung zwischen wissenschaftlicher und vulgärer Ökonomie liegt dann keine bloß subjektive Absicht zugrunde, sondern die bestimmte *Theoriestruktur*, die notwendig ist, um die bürgerliche Gesellschaft zu erfas-

---

dersätzen zieht", zeige (II.3.3/767f; 26.2/110).

33) Ähnlich problematisch ist auch der von Marx hergestellte Zusammenhang einer Verschärfung des Klassenkampfes ab 1830 und der Unmöglichkeit wissenschaftlicher Ökonomie. Marx selbst billigte in den *Theorien über den Mehrwert* z.B. Ramsay, Jones und Cherbuliez, Autoren, die nach 1830 veröffentlichten, wissenschaftliche Leistungen zu (zur Problematik der Konstruktion im Nachwort vergl. auch King 1979).

34) „Der Vulgärökonom thut in der That nichts als die queer notions der in der Concurrenz befangnen Capitalisten, in eine scheinbar mehr theoretische Sprache übersetzen und sucht die Richtigkeit dieser Vorstellungen zu construiren." (II.3.3/904f; 26.2/265)

sen. Dann kann es aber auch beim selben Autor, unabhängig von seinen Motiven, gleichzeitig wissenschaftliche und vulgäre Elemente geben. So unterscheidet Marx bei Adam Smith eine „esoterische" (wissenschaftliche, auf den verborgenen Zusammenhang gerichtete) und eine „exoterische" (vulgäre, der Erscheinung verhaftete) Seite (II.3.3/816f; 26.2/162f). Andererseits entdeckt er selbst bei Malthus, dem er die übelsten Motive und die bewußte Anpassung seiner Theorie an äußere Interessen unterstellt, noch wissenschaftliche Elemente.

Als Leistung der „wissenschaftlichen" bürgerlichen Ökonomie hält Marx fest, daß sie ausgehend von der Arbeitswertlehre versucht habe, die scheinbar ganz verschiedenen und einander fremden Formen des Einkommens (Profit, Zins und Rente) zu erfassen und auf ihren Ursprung, die unbezahlte Arbeit des Arbeiters, zurückzuführen.[35] Die Vulgärökonomie dagegen lasse diese verschiedenen Formen des Einkommens nebeneinander bestehen. Sie vertrete verschiedene Varianten einer Produktionsfaktorentheorie und sitze damit dem Schein der trinitarischen Formel auf.[36]

Diese zweite, nicht auf subjektive Absichten rekurrierende Unterscheidung zwischen „wissenschaftlicher" Ökonomie und „Vulgärökonomie", ist in Marx' eigener Auffassung der Theoriebildung über die bürgerliche Gesellschaft fundiert. Indem Marx den oberflächlichen, sich im Bewußtsein reflektierenden bloß „scheinbaren" Zusammenhang vom wirklichen „inneren" Zusammenhang unterscheidet, insistiert er auf der Notwendigkeit einer *nicht-empirschen Theorieebene*, deren Darstellung er als die eigentlich wissenschaftliche Leistung begreift.[37] Falls es den klassischen Ökonomen wirklich gelungen wäre, den „inneren" Zusammenhang der bürgerlichen Gesellschaft darzustellen, so müßten sie die bloß empirische Ebene zumindest teilweise durchbrochen haben. Wie bereits im ersten Kapitel dargestellt wurde, geht Marx auch tatsäch-

---

35) „Die klassische Oekonomie sucht die verschiednen fixen und einander fremden Formen des Reichthums durch Analyse auf ihre innre Einheit zurückzuführen und ihnen die Gestalt, worin sie gleichgültig neben einander stehn, abzuschälen, will den innren Zusammenhang im Unterschied von der Mannigfaltigkeit der Erscheinungsformen begreifen. Sie reducirt daher Rente auf Surplusprofit, womit sie aufhört als besondre, *selbstständige* Form und von ihrem scheinbaren Quell, dem Boden getrennt wird. Sie streift dem Zins ditto seine selbstständige Form ab und zeigt ihn als Theil des Profits nach. So hat sie alle Formen der Revenue, und alle selbstständigen Gestalten, Titel unter denen am Werth einer Waare vom Nichtarbeiter participiert wird, auf die eine Form des Profits reducirt. Dieser aber löst sich in Mehrwerth auf, da der Werth der ganzen Waare in Arbeit sich auflöst" (II.3.4/1498f; 26.3/490f).

36) Die Vulgärökonomie fühlt sich „grade in der *Fremdheit*, worin sich die verschiednen Antheile am Werth gegenübertreten, erst vollständig zu Hause, ganz so wie ein Scholastiker in Gott Vater, Gott Sohn und Gott Heiligen Geist, so der Vulgärökonom in der Erde-Rente, dem Capital-Zins, der Arbeit-Arbeitslohn. Es ist dieß ja die Form, worin diese Verhältnisse in der Erscheinung unmittelbar zusammen zuhängen scheinen, also auch in den Vorstellungen und dem Bewußtsein der in der capitalistischen Production befangnen Agenten derselben leben" (II.3.4/1501; 26.3/493).

37) So heißt es in einer viel zitierten Stelle: „Alle Wissenschaft wäre überflüssig, wenn die Erscheinungsform und das Wesen der Dinge unmittelbar zusammenfielen" (II.4.2/721; 25/825)

lich davon aus, daß dies der Fall ist, wenn er Smith und Ricardo eine Mehrwerttheorie „der Sache nach" zubilligt.

Während Marx den Vulgärökonomen ihren Empirismus, ihre Verhaftung im bloß „scheinbaren" Zusammenhang vorwirft, sieht er bei den Klassikern nur Verwechslungen und vorschnelle Reduzierungen.[38] Was er den Klassikern vorwirft, ist die mangelnde *Vermittlung* empirischer Phänomene mit dem zugrundeliegenden Gesetz (z.B. II.3.2/381; 26.1/60f). Eine solche Kritik *unterstellt* aber schon, daß es bei der Klassik einen nicht-empirischen Theoriegehalt gibt. Entscheidender als ihr Empirismus ist für Marx daher auch der Ahistorismus der Klassik.[39]

Smith und Ricardo unterscheiden selbst nicht zwischen verschiedenen Theorieebenen, es ist Marx, der ihr Werk in verschiedene Bestandteile zergliedert. Bereits im letzten Kapitel wurde die Marxsche Auffassung, Smith und Ricardo hätten die Ebene kapitalistischer Empirie durchbrochen, als unangemessen kritisiert. Dann taugt aber auch das Vordringen zum nicht-empirischen „inneren Zusammenhang" nicht als Kriterium zur Abgrenzung von „wissenschaftlicher" und „vulgärer" Ökonomie.

Das bedeutet nicht, daß es zwischen den beiden von Marx unterschiedenen Gruppen keine Differenzen gäbe: sie unterscheiden sich durch ihre *Problematik.* Während die Klassiker von der Beziehung des Einzelnen zur Arbeit ausgehen und eine Arbeitswertlehre entwickeln, vertreten die Vulgärökonomen eine rudimentäre Produktionsfaktorentheorie und nehmen damit die Problematik des Marginalismus, die in der durch die Bedürfnisse vermittelten Beziehung des Einzelnen zum Produkt gründet, vorweg. Eine Dichotomie von *Wissenschaft* und *Nicht-Wissenschaft* kann durch diese unterschiedliche Problematik allerdings nicht gerechtfertigt werden. Sowohl die „wissenschaftli-

---

38) Zur Reduktion der verschiedenen Formen des Reichtums auf unbezahlte Arbeit, merkt Marx an: „Die klassische Oekonomie widerspricht sich gelegentlich in dieser Analyse; sie versucht oft unmittelbar, ohne die Mittelglieder, die Reduction zu unternehmen und die Identität der Quelle der verschiednen Formen nachzuweisen. Dieß geht aus ihrer Analytischen Methode, womit die Kritik und das Begreifen anfangen muß, nothwendig hervor. Sie hat nicht das Interesse, die verschiednen Formen genetisch zu entwickeln, sondern sie durch Analyse auf ihre Einheit zurückzuführen, weil sie von ihnen als gegebnen Voraussetzungen ausgeht." (II.3.4/1499; 26.3/491) Am weitesten in seiner Kritik geht Marx im dritten Band des *Kapital.* Nachdem er auch dort der Klassik das Verdienst zugesprochen hat, die Welt des Scheins aufgelöst zu haben, heißt es: „Dennoch bleiben selbst die besten Wortführer derselben, wie es vom bürgerlichen Standpunkt nicht anders möglich ist, mehr oder weniger in der von ihnen kritisch aufgelösten Welt des Scheins befangen und fallen daher alle mehr oder weniger in Inconsequenzen, in Halbheiten und ungelöste Widersprüche." (II.4.2/852; 25/838)

39) „Die klassische Oekonomie fehlt endlich, ist mangelhaft, indem sie die *Grundform des Capitals*, die auf Aneignung fremder Arbeit gerichtete Production nicht als *geschichtliche* Form, sondern *Naturform* der gesellschaftlichen Production auffaßt" (II.3.4/1499; 26.3/491). Im Nachwort zur 2.Auflage des *Kapital* macht er diesen Ahistorismus sogar zum definierenden Merkmal bürgerlicher Ökonomie: „So weit sie [die politische Ökonomie, M.H.] bürgerlich ist, d.h. die kapitalistische Ordnung statt als geschichtlich vorübergehende Entwicklungsstufe, umgekehrt als absolute und letzte Gestalt der Produktion auffaßt..." (II.6/701; 23/19f).

che" als auch die „vulgäre" Ökonomie bleiben, wenn auch in unterschiedlichem Maße, im bloß scheinbaren Zusammenhang der bürgerlichen Gesellschaft befangen. Dies ist auch Marx an den Stellen klar, an denen er von den grundsätzlichen Erkenntnisschranken der bürgerlichen Ökonomie spricht (vergl. z.B. II.6/701f; 23/19f, II.5/439; 23/564) oder wenn er wie im Abschnitt über den Warenfetisch bemerkt, daß den Produzenten das Verhältnis ihrer Privatarbeit zur gesellschaftlichen Gesamtarbeit in einer „verrückten Form" erscheint und hinzufügt: „Derartige Formen bilden eben die *Kategorien* der bürgerlichen Oekonomie" (II.5/47; 23/90).

Daß sowohl die „wissenschaftliche" als auch die „vulgäre" politische Ökonomie im bloß scheinbaren Zusammenhang der bürgerlichen Gesellschaft befangen ist, drückt sich begrifflich darin aus, daß sich ihre Kategorien demselben *theoretischen Feld* verdanken. Es sind vier Momente, die dieses Feld charakterisieren und in unterschiedlicher inhaltlicher Ausprägung in den verschiedenen Theorien der politischen Ökonomie präsent sind.

Anthropologismus: Es wird ein bestimmtes „Wesen des Menschen" unterstellt, eine bestimmte natürliche Ausstattung des Menschen mit Trieben, Bedürfnissen und vor allem einer bestimmten Rationalität. Gesellschaft erhält damit eine unwandelbare Naturgrundlage. Die genaue Bestimmung dieses Wesens wechselt zwar bei den einzelnen Autoren, hinter diesem Wesen verbirgt sich aber immer der Warenbesitzer, sei es als Produzent wie in der Klassik oder als Konsument wie im Marginalismus.

Individualismus: Gesellschaft wird aufgefaßt als unmittelbar konstituiert aus einzelnen, atomisierten Individuen, die das „menschliche Wesen" in sich tragen. Jedes Problem des gesellschaftlichen Zusammenhangs muß sich daher durch einen Rekurs auf diese Individuen lösen lassen.

Ahistorismus: Er folgt aus Anthropologismus und Individualismus. Ist die Gesellschaft unmittelbar aus Individuen konstituiert und sind diese Individuen durch ihr anthropologisches Wesen bestimmt, so kann eine bestimmte Form der Vergesellschaftung lediglich diesem Wesen entsprechen oder nicht entsprechen, es kann dann nur „natürliche" und „unnatürliche" Gesellschaftsformen geben. Die „natürliche" Gesellschaftsform ist die dem Menschen angemessene, seinem Wesen entsprechende. Und da dieses Wesen gerade den Warenbesitzer zum Inhalt hat, ist die natürliche Gesellschaftsform diejenige, die auf der Warenproduktion beruht.

Empirismus: Die Wirklichkeit zeigt sich so, wie sie ist. Sowohl das menschliche Wesen als auch die durch dieses Wesen konstituierte Form der Vergesellschaftung liegen offen zu Tage. Die Anschauung des solchermaßen transparenten Realobjekts liefert alle Erkenntnis.

Geschichtsschreibung ist stets auch Ausdruck davon, wie die eigene Stellung in der Geschichte reflektiert wird. Dies gilt auch für die Wissenschaftsge-

schichtsschreibung, insbesondere dann, wenn sie während eines wissenschaftlichen Umbruchs formuliert wird: Aus der Perspektive dieses Umbruchs wird die Geschichte neu geschrieben. Eine solche Neuinterpretation der Geschichte sieht sich aber stets der Gefahr ausgesetzt, Geschichte retrospektiv als bloße *Vor*geschichte des Umbruchs zu interpretieren. Werden die *Theorien über den Mehrwert*, wie üblich, als eine Geschichte der ökonomischen Theorien aufgefaßt, so sind auch sie ein Beispiel dieser retrospektiven Geschichtsschreibung. Mit der Unterscheidung zwischen wissenschaftlicher und vulgärer Ökonomie stellt sich Marx selbst – wenn auch kritisch – in eine bestimmte Tradition und grenzt sich gegen eine andere Tradition ab. Marx hat zwar seine eigene Theorie zu einem großen Teil in Auseinandersetzung mit Smith und Ricardo entwickelt, dieser *entstehungsgeschichtliche* Zusammenhang der Theorien muß aber von ihrem *begrifflichen* Zusammenhang streng unterschieden werden, und letzterer ist weit weniger eng, als Marx an einigen Stellen vermutet.
Allerdings kann mit Recht bezweifelt werden, ob das übliche Verständnis der *Theorien über den Mehrwert* als „vierter Band des *Kapitals*" (so der Untertitel der MEW-Ausgabe) dem Text angemessen ist. Auf die drei „theoretischen" Bände des *Kapital* wollte Marx zwar einen vierten folgen lassen, der die Geschichte der ökonomischen Theorie darstellt (vergl. Marx' Brief an Kugelmann vom 13.10.1866, 31/534). Die *Theorien* entstanden aber auf der Grundlage des früheren Konzepts von *Zur Kritik der politischen Ökonomie*, wo auf die Darstellung der einzelnen Kategorien ein historischer Abriß über die Behandlung der jeweiligen Kategorie folgen sollte (daher auch die Bezeichnung Theorien über den *Mehrwert*, theoriegeschichtliche Exkurse zu Wert- und zu Geldtheorien finden sich bereits in *Zur Kritik* von 1859). Die *Theorien über den Mehrwert* verdanken sich aber nicht nur einem anderen Konzept von Ökonomiegeschichtsschreibung als der geplante vierte Band des *Kapital*. Vor allem schlägt der vorliegende Text sehr schnell von einer Darstellung früherer Theorien in das Protokoll eines Forschungsprozesses um.[40] Smith, Ricardo und die übrigen Ökonomen stellen das Material dar, an dem sich Marx abarbeitet, um seine eigene Wert- und Mehrwerttheorie weiterzuentwickeln. Insofern sind nicht die „Mehrwerttheorien" von Smith und Ricardo, sondern die Marxsche Mehrwerttheorie der eigentliche Gegenstand der *Theorien über den Mehrwert*. Im Verlauf dieses Prozesses werden Smith und Ricardo vor dem Hintergrund der sich entwickelnden Marxschen Mehrwerttheorie wahrgenommen: Marx produziert innerhalb seiner eigenen Problematik ein Bild der klassischen politischen Ökonomie. Wird dieses Bild dann als

40) In ihrem Kommentar zu den *Theorien über den Mehrwert* hat die Projektgruppe Entwicklung des Marxschen Systems (1975) nachdrücklich auf diesen Punkt hingewiesen, und die Interpretation der *Theorien* als vierten Band des *Kapital* abgelehnt. Allerdings stellt auch die Projektgruppe die Marxsche Interpretation der Wert- und vor allem Mehrwerttheorie von Smith und Ricardo, die ich oben als unangemessen kritisierte, nicht in Frage.

eine Geschichte der ökonomischen Theorie aufgefaßt, so muß diese Geschichte notwendigerweise als eine retrospektive Konstruktion von Vorläufern erscheinen. Interessant wird dieses Bild aber vor allem deshalb, weil in ihm bestimmte Mängel von Marx' eigener Konzeption besonders deutlich werden. Marx gelingt zwar der Bruch mit dem theoretischen Feld der politischen Ökonomie, und sein Insistieren darauf, nicht politische Ökonomie, sondern *Kritik* der politischen Ökonomie zu betreiben, zeigt, daß es ihm auch genau auf diesen Bruch ankam. Allerdings entwickelte er keinen ausreichenden *Begriff* dieses Feldes. Das bedeutet umgekehrt, daß er sich auch über den Status seiner eigenen Theorie nicht vollständig im Klaren gewesen sein konnte, was, wie schon im letzten Kapitel gezeigt wurde, insbesondere den nicht-empirischen Gehalt seiner Wert- und Mehrwerttheorie betrifft. Diese Unklarheit über den Status der eigenen Theorie macht es dann auch möglich, daß bestimmte Elemente des klassischen Diskurses in den Diskurs von Marx eindringen können.

Zweiter Teil

Die wissenschaftliche Revolution von Marx

Drittes Kapitel

Anthropologie als Kritik: Die theoretische Konzeption des jungen Marx

Die Marxsche Kritik der politischen Ökonomie will nicht nur einzelne Theorien der politischen Ökonomie kritisieren. Ihr geht es um eine Kritik der *politischen Ökonomie* als *Wissenschaft*. Marx selbst spricht vom Versuch „zur Revolutionierung einer Wissenschaft" (30/640). Um diesem Anspruch gerecht zu werden, muß das *theoretische Feld*, in dem die politische Ökonomie gründet, kritisiert werden. Die Kritik der politischen Ökonomie muß einen Bruch mit diesem Feld vollziehen; ein Bruch, der nur als Konstruktion einer neuen Auffassung von *Wirklichkeit* und von *Wissenschaft* erfolgen kann.

Die Untersuchung dieses Bruchs führt zunächst zu der Frage, *welche* Marxschen Werke mit dem theoretischen Feld der politischen Ökonomie gebrochen haben. Denn nicht erst im *Kapital*, bereits in den *Ökonomisch-philosophischen Manuskripten* von 1844 beabsichtigte Marx eine Kritik *der* Nationalökonomie zu liefern. Mit der Frage nach dem theoretischen Inhalt des Bruchs ist daher auch die Frage nach Kontinuität und Diskontinuität in der theoretischen Entwicklung von Marx selbst aufgeworfen.

Von der Sozialdemokratie des Kaiserreichs wie auch von den neu entstandenen kommunistischen Parteien der III. Internationalen wurde das Marxsche Werk im Sinne eines mehr oder weniger linearen, kumulativen Fortschreitens interpretiert. Die Entwicklung der Marxschen Theorie wurde als *Herausbildung* der endgültigen Lehre aufgefaßt: der Beseitigung ursprünglicher Irrtümer, der zunehmenden Beschäftigung mit ökonomischen Fragen, die schließlich im *Kapital* ihren Höhepunkt und Abschluß findet. Oft genug wurde dabei das ökonomische Werk ökonomistisch verkürzt rezipiert wie etwa von Kautsky (1887), der nach dem Tod von Engels nicht nur in der deutschen Sozialdemokratie als quasi offizieller Verwalter der marxistischen Orthodoxie galt. Probleme wurden lediglich in den von Marx noch nicht analysierten Bereichen, nicht aber in der Marxschen Theorie selbst gesehen.

Dieses harmonische Bild wurde mit der Publikation der Frühschriften von Marx, insbesondere der zu seinen Lebzeiten nie veröffentlichten *Ökonomisch-philosophischen Manuskripte* von 1844 in Frage gestellt. Der Marx, der die entfremdete Arbeit untersuchte, war nicht der ökonomistisch verstandene Marx des *Kapital*. In den Vorworten der ersten MEGA[1], die viele der Früh-

1) 1927 wurde im Moskauer Marx-Engels Institut unter der Leitung von David Rjazanov und mit Beteiligung eines internationalen Kreises von Wissenschaftlern der erste Versuch einer historisch kritischen Marx Engels Gesamtausgabe gestartet, wobei der damals im Archiv der SPD aufbewahrte handschriftliche Nachlaß von Marx und Engels benutzt werden konnte. Die zwölf bis 1935

schriften zum ersten Mal veröffentlichte, wurden sie als zwar geniale aber noch unreife Frühwerke eher abgewertet. Vor allem von bürgerlicher und von sozialdemokratischer Seite wurde dagegen der junge, „humanistische" Marx als der eigentliche Marx ins Feld geführt und zum Teil gegen den alten, „ökonomistischen" Marx ausgespielt (so etwa in den durchaus unterschiedlichen Ansätze von de Man 1932, Landshut 1932, Thier 1957, Fromm 1961 oder Fetscher 1967). Linke Kritiker der Orthodoxie versuchten dagegen, die Einheit des Werkes zu bewahren, es aber nicht von den späten, sondern von den frühen Schriften her zu interpretieren (z.B. Marcuse 1932, Lefèbvre 1940, 1958, Lukács 1955, Kosik 1960, Garaudy 1964).

Radikaler wurde die Frage nach der Beziehung des frühen zum späten Marx von Althusser (1965a, 1965b) gestellt. Ging es lange Zeit nur um eine von verschiedenen Autoren nach subjektiven Vorlieben vorgenommene Gewichtung dessen, was der „eigentliche Marx" sei, stellte Althusser die Frage nach den Charakteristiken einer spezifisch marxistischen *Wissenschaft* (wobei er die traditionellen Antworten „materialistisch", „dialektisch" etc. eher als Problembezeichnungen denn als Lösungen wertete). Marx, so Althusser, habe einen neuen „Kontinent" der Wissenschaft entdeckt, die Wissenschaft von der Geschichte, und dabei radikal mit der bisherigen wissenschaftlichen Problematik der politischen Ökonomie und idealistischen Philosophie gebrochen. Dieser „wissenschaftstheoretische Einschnitt" existiere aber auch zwischen den Schriften des frühen und des späten Marx, da der frühe Marx in der Struktur seines Diskurses noch der alten Problematik verhaftet gewesen sei.

Diese recht unterschiedlichen Interpretationen spiegeln aber nicht nur verschiedene inhaltliche Ansätze der Interpreten wider, sie reflektieren auch grundsätzliche Probleme der Interpretation, die nicht nur beim Marxschen Werk auftreten. Wird nicht nur ein einzelner Text, sondern eine Reihe von Texten eines Autors interpretiert, dann tritt das konstruktive Moment der Interpretation, von dem in der Einleitung die Rede war, noch viel deutlicher hervor, auch wenn in den meisten Fällen die Interpreten weder sich selbst noch ihren Lesern Rechenschaft darüber ablegen. So werden bei „additiven" Interpretationen die verschiedenen Texte eines Autors als Teilwerke aufgefaßt, die lediglich unterschiedliche Inhalte behandeln, sich aber ohne weiteres zu einem „Gesamtwerk" kanonisieren lassen. Dieses Vorgehen stellt einen einheitlichen theoretischen Raum her, der zwar an verschiedenen Plätzen aber in strukturell gleicher Weise von den Einzelwerken ausgefüllt wird. Die möglicherweise unterschiedlichen Problematiken der einzelnen Texte gehen in sol-

erschienenen Bände umfassen Werke und Briefe bis 1848, sowie den *Anti-Dühring* und die *Dialektik der Natur* von Engels. Der Faschismus machte eine Weiterarbeit in Deutschland unmöglich und in der Sowjetunion fielen Rjazanov und viele seiner Mitarbeiter den „Säuberungen" Stalins zum Opfer. Vergl. zu Rjazanov und der ersten MEGA den Sonderband 1 der *Beiträge zur Marx-Engels Forschung* (1997).

chen Kompilationen (die sich auch oft als „Einführung“ in das Gesamtwerk eines Autors anbieten) natürlich verloren.
„Teleologische“ Interpretationen fassen die verschiedenen Werke dagegen als Stationen auf dem Weg zu einem Ziel hin auf. Zwar wird den einzelnen Texten dabei ein unterschiedlicher theoretischer Status zugebilligt, es wird aber ein auf alle Texte anwendbarer Maßstab konstruiert, denn nur dieser erlaubt, das „noch-nicht-richtig-Entwickelte“ vom „bereits-schon-richtig-Entwickelten“ zu unterscheiden. Abgesehen von der Tendenz eine quasi determinierte Entwicklung auf den intellektuellen Werdegang des Autors zu projizieren, wird dabei aber immer nur das „reife“ Werk (das Telos, auf das hin die Entwicklung zuläuft) interpretiert. Denn nur innerhalb seiner Problematik werden die übrigen Texte rezipiert. Insofern mag deren Interpretation zwar zu Ergänzungen des reifen Werks führen und vorschnelle Additionen verhindern; die Frage, ob den früheren Texten eine eigene Problematik zukommt, wird dabei aber systematisch ausgeblendet.
Auch Interpretationen, die die verschiedenen Texte eines Autors als selbständige Produkte ernst nehmen und dabei eventuell „Brüche“ feststellen, sind nicht frei von konstruktiven Elementen. Bereits die Identifikation einer Veränderung der Theorie als Ausdruck eines Bruchs stellt einen konstruktiven Akt dar. Denn nicht jeder Wechsel, der bei einem Autor stattfindet, kann als Bruch mit seiner bisherigen Problematik aufgefaßt werden. Das Kriterium, ob eine Veränderung ein Bruch ist oder nicht, kann aber dem Text selbst nicht äußerlich sein; dann würde man ihn nur als Bestandteil eines übergreifenden, bereits interpretierten Textes auffassen. Dieses Kriterium ist vielmehr selbst Bestandteil der Interpretation des Bruchs und muß innerhalb dieser Interpretation begründet werden.
Im Folgenden ist nicht beabsichtigt, Marx frühe intellektuelle Entwicklung in ihren Details nachzuzeichnen.[2] Vielmehr soll versucht werden, die *theoretische Problematik* herauszuarbeiten, die den Diskurs dieser verschiedenen Werke strukturiert. Im nächsten Kapitel versuche ich dann zu zeigen, daß Marx mit genau dieser Problematik nach 1844 gebrochen hat.

1. Marx als Junghegelianer

Marx' erhalten gebliebene Abituraufsätze aus dem Jahr 1835 (I.1/449ff; 40/591ff) zeigen ihn geprägt von der aufklärerisch-humanistischen und gemäßigt liberalen Umgebung, in der er aufgewachsen war. Nach dem Abitur studierte er zunächst in Bonn dann in Berlin Jura. In Berlin beschäftigte ihn vor allem die Hegelsche Philosophie und im „Doktor-Club“ lernte er die führen-

2) Einige zwar ausführliche, aber bereits ältere solcher Darstellungen liegen vor, so das mehrbändige Werk von Cornu (1954ff), Lukács (1955), Kägi (1965), Lapin (1968).

den Vertreter der sich allmählich herausbildenden „junghegelianischen" Bewegung kennen. Wie er im November 1837 an seinen Vater schrieb, behagte ihm zwar die „groteske Felsenmelodie" (III.1/16; 40/8) der Hegelschen Philosophie zunächst nicht, doch bei den Diskussionen im Doktor-Club „kettete ich mich selbst an die jetzige Weltphilosophie, der ich zu entrinnen gedacht" (III.1/17; 40/10). Die junghegelianische Philosophie wurde zum Ausgangspunkt von Marx intellektueller Entwicklung.[3]

In den dreißiger Jahren war der Hegelianismus zur preußischen Staatsphilosophie geworden, deren intellektuelle Träger die sogenannten „Althegelianer" waren. Eine der Säulen dieser Staatsphilosophie war Hegels Versöhnung von Philosophie und Religion. Für Hegel hatten beide denselben Inhalt und nur eine unterschiedliche Form; Gott und die an und für sich seiende Vernunft waren ihm identisch (vergl. Hegel 1833, S.83). Die Junghegelianer lehnten diese Versöhnung von Philosophie und Religion dagegen als eine „Akkomodation" ab. Durch ihre Religionskritik kamen sie in erste Konflikte mit dem preußischen „christlichen" Staat. Vor allem verstanden sie Hegels Identifizierung von Vernunft und Wirklichkeit als Apologie des Bestehenden.[4] Für die Junghegelianer fielen Vernunft und tatsächliche Existenz gerade auseinander. Nach der mit dem Hegelschen System zum Abschluß gekommenen Geschichte der Philosophie sahen sie ihre historische Aufgabe überhaupt erst in der „Verwirklichung der Philosophie", einer Veränderung der Wirklichkeit vermittels der Philosophie. Statt zur Affirmation des Bestehenden wurde die Hegelsche Philosophie jetzt zu dessen Kritik benutzt. Diese Kritik beschränkte sich nicht auf die Religion, sondern wurde immer radikaler und dehnte sich schließlich auch auf Staat und Politik aus. Für einige Jahre war sie die philosophische Form der Kritik des aufstrebenden liberalen Bürgertums an den reaktionären preußischen Verhältnissen.

In Berlin wurde Marx ein enger Freund von Bruno Bauer, dem Kopf der junghegelianischen Bewegung. Bauer vertrat eine Philosophie des „Selbstbewußtseins". Die ganze Geschichte sei nichts als die fortschreitende Entwicklung des Selbstbewußtseins, das bei Bauer in der Schwebe zwischen einem individuellen und einem überindividuellen Prinzip blieb. Das Selbstbewußtsein realisiere sich in einer historisch bestimmten Substanz, die ihm aber für seine weitere Entwicklung zur Fessel werde und durch eine höhere Form ersetzt werden müsse. Bauer entwickelte insbesondere eine Kritik der Religion: die Evangelien seien keine göttlichen Offenbarungen, sondern das Werk ihrer

3) Vergl. zu den Junghegelianern McLellan (1974) und vor allem Pepperle/Pepperle (1985).

4) So etwa Hegels berühmtem Aphorismus aus der Vorrede zur *Rechtsphilosophie*: „Was vernünftig ist, das ist wirklich; und was wirklich ist, das ist vernünftig." (Hegel 1821, S.24). Zwar war für Hegel nicht alles Existierende „wirklich", sondern nur solches, das auch „seinem Begriff entsprach", allerdings erkannte Hegel auch noch in den obskursten Institutionen des preußischen Staates ein Stück des Begriffs wieder.

Verfasser, die aber ihrerseits nur eine bestimmte historische Stufe des Selbstbewußtseins ausdrücken würden, die heute überholt sei. Die Herrschaft der Religion sei Ausdruck eines entfremdeten Zustandes. Die Destruktion des religiösen Bewußtseins sei die Voraussetzung dafür, die Welt „vernünftig" zu machen. Letzten Endes erwartete Bauer von einer Veränderung des religiösen Bewußtseins die Veränderung der politischen Verhältnisse.[5]
Die 1840/41 entstandene, nur teilweise erhaltene Dissertation von Marx *Differenz der demokritischen und epikureischen Naturphilosophie* steht stark unter dem Einfluß der Philosophie des Selbstbewußtseins von Bauer.[6] Bereits die Wahl des Gegenstands scheint durch den Versuch der Junghegelianer bestimmt gewesen zu sein, die nacharistotelischen Philosophien zur Begründung ihrer eigenen Philosophie zu benutzen (I.1/92; 40/309). Bauer hatte auch die Unterscheidung zwischen einem „esoterischen" (eigentlichen) und einem „exoterischen" Hegel, der Kompromisse mit der Religion eingegangen war, geprägt und versucht, die eigentliche Hegelsche Philosophie gegen ihre exoterischen Seiten zu wenden. Diese Methode der Hegelkritik wird in der Marxschen Dissertation gegen eine bloß moralische Kritik an Hegel, die ihm seine Anpassung vorwirft, abgegrenzt und geradezu als Programm einer Rekonstruktion der Hegelschen Philosophie formuliert (I.1/67; 40/327).[7]
Das Mittel zum Fortschritt in der Entwicklung des Selbstbewußtseins war für Bauer die *Kritik.* Sie ist das Negative, das die überholte Substanz des Selbstbewußtseins auflöst und zur Fortentwicklung führt. Diesen Kritikbegriff, der impliziert, daß die Theorie die „stärkste Praxis" sei (Bauer in einem Brief an Marx, III.1/355) wird auch von Marx geteilt, wie aus einer Anmerkung (zu einem verloren gegangenen Teil) seiner Dissertation hervorgeht:

„Es ist ein psychologisches Gesetz, daß der in sich frei gewordene theoretische Geist zur praktischen Energie wird, als *Wille* aus dem Schattenreich des Amenthes heraustretend, sich gegen die weltliche, ohne ihn vorhandene Wirklichkeit kehrt. (...) Allein die *Praxis* der Philosophie ist selbst *theoretisch*. Es ist die *Kritik*, die die einzelne Existenz am Wesen, die besondere Wirklichkeit an der Idee mißt." (I.1/67f; 40/327f)

Hier ist zugleich das theoretische Koordinatensystem des damaligen Denkens von Marx umrissen: *der Widerspruch zwischen Wesen und Existenz, Idee und Wirklichkeit.*[8] Allerdings darf die Idee, an der die besondere Wirklichkeit ge-

---

5) Vergl. zu Bauer: McLellan (1974, S.61ff), Kratz (1979, S.51ff), Pepperle/Pepperle (1985, S.35ff) und Goldschmidt (1987).

6) Emphatisch heißt es in der Vorrede: „Die Philosophie verheimlicht es nicht. Das Bekenntniß des Prometheus: 'Mit einem Wort, ganz hass' ich all' und jeden Gott' ist ihr eigenes Bekenntniß, ihr eigener Spruch gegen alle himmlischen und irdischen Götter, die das menschliche Selbstbewußtsein nicht als die oberste Gottheit anerkennen. Es soll Keiner neben ihm sein." (I.1/14; 40/262)

7) Marx verwendet das Begriffspaar esoterisch/exoterisch hier in ganz anderer Weise als bei der im ersten Kapitel diskutierten Behandlung des Werkes von Adam Smith in den *Theorien über den Mehrwert* (vergl. dazu auch Heinrich 1997).

8) Marx ist sich durchaus bewußt, daß diese junghegelianische „Verwirklichung der Philosophie" eine Reihe von Widersprüchlichkeiten einschließt (ebd.). Vor allem hält er fest, daß sie

messen wird, nicht als bloß moralisches Sollen mißverstanden werden. Die *Idee* bezeichnet kein moralisches Postulat, sondern vielmehr ein durch die Vernunft erkanntes *Wesen*. Die inhaltliche Bestimmung dieses ideellen Wesens, wie auch der kritisierten Wirklichkeit, sowie der Modus der Kritik werden sich in den nächsten Jahren mehrmals erheblich ändern, die Struktur des Diskurses aber zunächst nicht. Insofern kann von einer *einheitlichen theoretischen Problematik* des jungen Marx gesprochen werden, die hinter den verschiedenen inhaltlichen Positionen steht, die in der Literatur als „objektiv-idealistisch", „anthropologisch-materialistisch" etc. etikettiert werden.[9]

Die inhaltliche Füllung seiner Wesensbegriffe entnimmt Marx zunächst der Hegelschen Tradition. Als er 1842 in der *Rheinischen Zeitung* seine publizistische Tätigkeit beginnt, ist er den Junghegelianern zuzurechnen. Als Organ der liberalen rheinländischen Bourgeoisie stand die *Rheinische Zeitung* dem halbfeudalen preußischen Staat von Beginn an kritisch gegenüber. In seinen Beiträgen setzte sich Marx vor allem mit der reaktionären preußischen Obrigkeit auseinander. Das Kritikmodell seiner Dissertation, die „besondere Wirklichkeit" an der „Idee" zu messen, versucht er in seiner journalistischen Tätigkeit durchzuführen. In einem seiner ersten Artikel setzt er der „Weltanschauung des Scheins" die „Weltanschauung des Wesens" gegenüber und erklärt programmatisch: „Wir müssen also das Maaß des Wesens der innern Idee an die Existenz der Dinge legen" (I.1/142; 1/50).

Marx teilte die an Hegel anknüpfende Vorstellung eines über den Klassen stehenden, nur dem Allgemeininteresse verpflichteten Vernunftstaats, in dem sich das Wesen des Menschen, die Freiheit, verwirklichen soll. Die „neueste Philosophie" (die junghegelianische), so Marx,

> „betrachtet den Staat als den großen Organismus, in welchem die rechtliche, sittliche und politische Freiheit ihre Verwirklichung zu erhalten hat und der einzelne Staatsbürger in den Staatsgesetzen nur den Naturgesetzen seiner eignen Vernunft, der menschlichen Vernunft gehorcht." (I.1/189; 1/104)

Als „Verwirklichung der vernünftigen Freiheit" ist der Staat daher auch nicht aus der Religion, sondern „aus der Vernunft der menschlichen Verhältnisse zu entwickeln, ein Werk, was die Philosophie vollbringt" (I.1/188; 1/103). Der freien Presse kommt in dieser Konzeption des Staates eine ganz besondere Bedeutung zu, als Mittler zwischen Regierung und Volk, Verwaltung und Verwalteten (vergl. I.1/153; 1/60f und I.1/313; 1/189). Marx will mit seiner

---

mit dem „Philosophisch-Werden der Welt" korrespondieren muß, doch wird dies von Marx hier noch nicht weiter ausgearbeitet (vergl. dazu Braun 1992, S.49ff).

9) Kratz (1979) sieht bereits in dem Programm der „Verwirklichung der Philosophie" die Problematik, die es erlaubt, die im einzelnen höchst unterschiedlichen Theorien von Bauer, Feuerbach, Stirner und dem jungen Marx als Bestandteile eines einheitlichen „junghegelianischen" Diskurses zu begreifen. Dieses Programm selbst konstituiert aber keine Problematik. Es kann vielmehr erst auf der Grundlage einer bestimmten Problematik, des Widerspruchs von Wesen und Wirklichkeit, artikuliert werden, wobei seine Artikulation davon abhängt, wie „Wesen" und „Wirklichkeit" aufgefaßt werden.

Kritik nicht einfach nur die liberale Öffentlichkeit erreichen. Über das Medium dieser Kritik, die Presse, will er auch den wirklich vorhandenen Staat über sein wahres Wesen aufklären. In dieser Phase eines idealistischen Liberalismus lehnte Marx den Kommunismus noch explizit ab (I.1/240; 1/108).

Anläßlich der Debatte der Landstände über das Holzdiebstahlsgesetz mußte sich Marx erstmals mit ökonomischen Fragen auseinandersetzen. Den Versuch der Grundeigentümer, das gewohnheitsrechtliche Sammeln von Holz durch die arme Bevölkerung gesetzlich verbieten zu lassen, begreift er als Versuch des Privatinteresses, vertreten durch die Landstände, den Staat zu instrumentalisieren, was dieser entschieden zurückweisen müsse (I.1/215f; 1/126). Bei den Auseinandersetzungen um die Verarmung der Moselbauern wird Marx wiederum mit ökonomischen Problemen konfrontiert und macht dabei die Feststellung:

> „Bei der Untersuchung *staatlicher* Zustände ist man all zu leicht versucht, *die sachliche Natur der Verhältnisse* zu übersehen und alles aus dem *Willen* der handelnden Personen zu erklären. Es gibt aber *Verhältnisse*, welche sowohl die Handlungen der Privatleute als der einzelnen Behörden bestimmen und so unabhängig von ihnen sind als die Methode des Athemholens." (I.1/301; 1/177)

Diese Erkenntnis der *Objektivität* gesellschaftlicher Verhältnisse hat Marx wahrscheinlich eine erste Motivation für die Beschäftigung mit der Ökonomie geliefert.[10]

Durch sein Engagement für die Belange der armen Bevölkerung werden Marx' Auffassungen über den Staat in radikaldemokratische Bahnen gelenkt, was sich auch in seinen letzten Artikeln in der *Rheinischen Zeitung* niederschlägt. Allerdings beruht seine entschieden demokratische Haltung[11] nach wie vor auf einem idealistischen Fundament. So fordert er anläßlich der Debatte über die ständischen Ausschüsse zwar, daß es sich um eine „Selbstvertretung" des Volkes (I.1/285; 40/419) handeln müsse, bezieht diese Selbstvertretung aber gleich wieder auf ein sittliches Staatsideal. Marx nahm zwar soziale Interessengegensätze immer stärker wahr, doch war er gleichzeitig noch in der idealistischen Vorstellung von „geistigen Mächten" befangen, die sich in einer „wirklichen" Volksvertretung verkörpern müßten und eines sittlichen Allgemeininteresses, das sich im „wahren Staat" verwirklichen sollte.[12] Aller-

---

10) Auch der alte Engels erwähnte, daß er von Marx immer gehört habe, „grade durch seine Beschäftigung mit dem Holzdiebstahlsgesetz und mit der Lage der Moselbauern sei er von der bloßen Politik auf ökonomische Verhältnisse verwiesen worden und so zum Sozialismus gekommen" (Brief an Richard Fischer vom 15.4.1895, 39/466).

11) Meistens wird Marx ein „revolutionär-demokratischer" Standpunkt zugesprochen z.B. von den Herausgebern der MEGA (I.1/65*) oder von Taubert (1978). Dies scheint mir nicht nur deshalb überzogen, weil nirgendwo von Revolution die Rede ist (was der Zensur geschuldet sein könnte), sondern weil Marx den Staat über sein Wesen aufklären, also gerade nicht revolutionieren will.

12) „In einem wahren Staate gibt es kein Grundeigenthum, keine Industrie, keinen materiellen Stoff, die als solche rohe Elemente mit dem Staat ein Abkommen treffen könnten, es gibt nur *geistige Mächte* und nur in ihrer staatlichen Auferstehung, in ihrer politischen Wiedergeburt sind die natürlichen Mächte stimmfähig im Staate." (I.1/285; 40/419)

dings wird die Unzulänglichkeit dieser Vorstellungen sehr schnell deutlich. Die aus der Hegelschen Tradition stammende inhaltliche Ausfüllung der Wesensbegriffe, die für Marx zu Beginn seiner publizistischen Tätigkeit den Maßstab für die Kritik der wirklichen Verhältnisse abgeben sollte, überstand ihre Konfrontation mit der Wirklichkeit in dem Moment nicht mehr unbeschadet, in dem sie nicht nur mit politischen Institutionen, Gesetzen etc., sondern mit den ökonomischen Verhältnissen selbst konfrontiert wurde. Das theoretische Gerüst wurde aber auch durch die politischen Erfahrungen von Marx in Frage gestellt: der Staat blieb gegenüber dem Bemühen, ihn über sein wahres Wesen aufzuklären, taub. Sowohl die Probleme, die sich aus dem Versuch ergaben, mit den idealistischen, junghegelianischen Kategorien, die soziale Wirklichkeit zu erfassen, als auch das Scheitern der auf ihnen beruhenden politischen Strategie führten in der Entwicklung von Marx zu einer ersten *theoretischen Krise.* Marx sah sich genötigt, die bisher von ihm selbst vorausgesetzten theoretischen Grundlagen einer Kritik zu unterziehen.

2. Kritik der Hegelschen Philosophie

Im Frühjahr 1843 wurde das weitere Erscheinen der *Rheinischen Zeitung* verboten. Ein wesentlicher Grund für dieses Verbot waren die von Marx geschriebenen Artikel. Bereits während seiner Arbeit für die *Rheinische Zeitung* hatte sich Marx zunehmend von der immer abstrakter werdenden Kritik der Junghegelianer entfernt, aber erst jetzt beginnt er unter dem Einfluß von Feuerbach wirklich über die junghegelianischen Positionen hinauszugehen.

Im Februar 1843 erschienen Feuerbachs *Vorläufige Thesen zur Reform der Philosophie.* Feuerbachs Philosophie bot Marx einen Ausweg aus seiner eigenen theoretischen Krise an: mit seiner Kritik an der Hegelschen Spekulation stellte Feuerbach nicht nur eine Methode für die Kritik an den bisherigen philosophischen Grundlagen zur Verfügung, vor allem wurde durch sein Konzept der *Entfremdung* die „unvernünftige" Wirklichkeit nicht bloß, wie bisher, mit der Vernunft kontrastiert, diese Unvernunft ließ sich jetzt (eben als Entfremdung) verstehen.[13]

Feuerbach hatte Hegel in den *Vorläufigen Thesen* vorgeworfen, Subjekt und Prädikat zu vertauschen. Der „absolute Geist", der sich nach Hegel in der Philosophie offenbare, sei nichts anderes als der abstrakt aufgefaßte, endliche Geist des Menschen: ein menschliches Prädikat, das von Hegel zum Subjekt verselbständigt worden sei (vergl. Feuerbach 1843a, S.85). Die Umkehrung von Subjekt und Prädikat liefert Feuerbach daher das Programm zur Reform der Philosophie.[14]

13) Vergl. zu dieser Funktion Feuerbachs für Marx auch Althusser (1964, S.173f).

14) „Die Methode der reformatorischen Kritik der spekulativen Philosophie überhaupt unterschei-

Im Sommer 1843 verfaßte Marx das Manuskript *Zur Kritik der Hegelschen Rechtsphilosophie*, in dem sich erstmals deutlich der Einfluß Feuerbachs niederschlägt.[15] Marx versuchte die Hegelsche Rechtsphilosophie, an deren Grenzen er während seiner Tätigkeit bei der *Rheinischen Zeitung* gestoßen war, einer grundsätzlichen Kritik zu unterziehen. Dabei ist seine Kritik methodisch ganz dem Feuerbachschen Programm der Umkehrung von Subjekt und Prädikat verpflichtet:

„Die Subjektivität ist eine Bestimmung des Subjekts, die Persönlichkeit eine Bestimmung der Person. Statt sie nun als Prädicate ihrer Subjekte zu fassen, verselbstständigt Hegel die Prädicate und läßt sie hinterher auf eine mystische Weise in ihre Subjekte sich verwandeln. (...) Hegel verselbständigt die Prädicate, die Objekte, aber er verselbstständigt sie getrennt von ihrer wirklichen Selbstständigkeit, ihrem Subjekt. Nachher erscheint dann das wirkliche Subjekt als Resultat, während vom wirklichen Subjekt auszugehn und seine Objektivation zu betrachten ist." (I.2/24; 1/224)

Marx kritisiert hier nicht einfach nur die idealistische Verselbständigung von Ideen bei Hegel. Es handelt sich hier um eine *empiristisch-nominalistische* Kritik am Gebrauch von Abstraktionen, die sich aus der Feuerbachschen Vorstellung speist, die Anschauung sei die primäre Erkenntnisquelle.[16] Hegel und Feuerbach gingen beide von der Entgegensetzung von sinnlicher Erfahrung und Denken aus: die sinnliche Wirklichkeit enthält nur Einzelnes, das, sofern es ausgesprochen wird, des Allgemeinen bedarf, das nur im Denken existiert. Während Hegel daraus den Schluß zog, nur dem ideell Allgemeinen wahre Wirklichkeit zuzugestehen,[17] folgert Feuerbach, daß die Abstraktionen, insofern sie das Sinnliche verfehlen, selbst bereits Ausdruck der Entfremdung sind

det sich nicht von der bereits in der Religionsphilosophie angewandten. Wir dürfen nur immer das Prädikat zum Subjekt und so als Subjekt zum Objekt und Prinzip machen also die spekulative Philosophie nur umkehren, so haben wir die unverhüllte, die pure, blanke Wahrheit." (Feuerbach 1843a, S.83)

15) Diese Datierung des Feuerbachschen Einflusses steht im Widerspruch zu der Darstellung, die Engels über 40 Jahre später in seiner Schrift *Ludwig Feuerbach und der Ausgang der klassischen deutschen Philosophie* (1888) gibt. Bereits McLellan (1974, S.109f) und Kratz (1979, S.171, 319f) haben darauf hingewiesen, daß die Aussage des alten Engels, daß schon das 1841 erschienene *Wesen des Christentums* „den Materialismus ohne Umschweife wieder auf den Thron erhob" und allgemein als große Befreiung gewirkt habe (21/272), nicht zutreffend sei. Engels selbst bezeichnete 1842 die Feuerbachsche Religionskritik als „Ergänzung" der Hegelschen Religionslehre (I.3/312; 41/219). Kratz machte auch deutlich, daß Feuerbach erst nach der Erstauflage des *Wesen des Christentums* zum sensualistischen Materialismus überging, was sich in erheblichen Veränderungen der folgenden Auflagen niedergeschlagen hat. Marx stimmte zwar mit den Grundzügen der Feuerbachschen Religionskritik überein, von einem speziellen Einfluß Feuerbachs ist in seinen Artikeln aus dem Jahre 1842 aber nichts zu spüren. Der früher Marx zugeschriebene, anonyme Artikel *Luther als Schiedsrichter zwischen Strauß und Feuerbach* von 1842 (1/26f), in welchem Feuerbach emphatisch gefeiert wurde, stammt höchstwahrscheinlich von Feuerbach selbst (vergl. I.1/966f).

16) „Der wahre Weg wird auf den Kopf gestellt. Das Einfachste ist das Verwickeltste und das Verwickeltste das Einfachste. Was Ausgang sein sollte, wird zum mystischen Resultat, und was rationales Resultat sein sollte, wird zum mystischen Ausgangspunkt." (I.2/43; 1/242) Diese Hegelkritik stammt fast wörtlich von Feuerbach („Der bisherige Gang der spekulativen Philosophie vom Abstrakten zum Konkreten, vom Idealen zum Realen ist ein verkehrter. Auf diesem Wege kommt man nie zur wahren, objektiven Realität, sondern immer nur zur Realisation seiner eigenen Abstraktionen", Feuerbach 1843a, S.88).

17) Vergl. z.B. die Kritik der sinnlichen Gewißheit in der *Phänomenologie* (Hegel 1807, S.82ff).

(Feuerbach 1843b, S.85). Diese nominalistische Kritik an der Verwendung der Abstraktionen bei Hegel wird von Marx ein gutes Jahr später, in der *Heiligen Familie* aufgenommen und zugespitzt (2/59-63). Damit ist aber noch längst nicht das letzte Wort von Marx' Hegelkritik gesprochen. Wie der Methodenabschnitt der *Einleitung* von 1857 zeigt, blieb Marx nicht bei den hier eingenommenen empiristisch-nominalistischen Positionen stehen, was dann auch eine andere Hegelkritik impliziert, die er aber nur andeutungsweise ausführte (vergl. dazu das nächste Kapitel).

Trotz aller Kritik an den Hegelschen Abstraktionen bescheiden sich aber auch Feuerbach und Marx im Jahr 1843 nicht mit dem sinnlichen Einzelnen, sondern zielen auf die Erkenntnis des „menschlichen Wesens". Das *spekulative Denken* Hegels ersetzen sie durch einen *Empirismus*, der nicht minder *spekulativ* ist. Dabei grenzte Feuerbach seine Reform der Philosophie scharf von der Bauerschen Philosophie des „Selbstbewußtseins" ab. An die Stelle des abstrakten Selbstbewußtseins tritt bei Feuerbach der „Mensch" (Feuerbach 1843a, S.97). Wenn Marx nun die Feuerbachsche Methode der Kritik, die Vertauschung von Subjekt und Prädikat auf die Rechtsphilosophie anwendet, so ist auch dort das „wirkliche Subjekt", von dem auszugehen ist, der Mensch. *Der Mensch* ist jetzt für Marx das Wesen, an dem die Wirklichkeit gemessen wird. Die Entfremdung des Menschen von seinem Gattungsleben sieht Marx vor allem in der Abtrennung und Verselbständigung der politischen Sphäre von dem wirklichen gesellschaftlichen Leben. Die Folge der Trennung des Staates von der bürgerlichen Gesellschaft ist „eine Trennung des *politischen Bürgers*, des Staatsbürgers von der bürgerlichen Gesellschaft, von seiner eignen wirklichen, empirischen Wirklichkeit" (I.2/87; 1/281). Daher ist der „wirkliche Mensch" lediglich „der Privatmensch der jetzigen Staatsverfassung" (I.2/90; 1/285). Der Staat ist für Marx jetzt auch nicht mehr einfach die Verwirklichung der menschlichen Freiheit, sondern „die höchste sociale Wirklichkeit des Menschen" (I.2/40; 1/240), die „Verobjektivirung" des menschlichen Wesens (I.2/43; 1/241). Daraus folgert Marx, daß die Demokratie die einzige Staatsform sei, die dieser Bestimmung des Staates entspricht.[18] Bisher ist die wirkliche Existenz des Staates, aber nur die entfremdete, „religiöse" Gestalt seines wirklichen Wesens.[19] Da die Entfremdung also wesentlich eine *politische* ist, ist sie auch politisch zu beseitigen, durch die „wahre Demokratie".

---

18) „Die Demokratie ist das aufgelöste *Räthsel* aller Verfassungen. Hier ist die Verfassung nicht nur *an sich*, dem Wesen nach, sondern der *Existenz*, der Wirklichkeit nach in ihren wirklichen Grund, den *wirklichen Menschen*, das *wirkliche Volk*, stets zurückgeführt und als sein *eignes* Werk gesezt. Die Verfassung erscheint als das, was sie ist, freies Produkt des Menschen" (I.2/31; 1/231).

19) „Die *politische Verfassung* war bisher die *religiöse Sphäre*, die *Religion* des Volkslebens, der Himmel seiner Allgemeinheit gegenüber dem *irdischen Dasein* seiner Wirklichkeit. Die politische Sphäre war die einzige Staatssphäre im Staat, die einzige Sphäre, worin der Inhalt wie die Form Gattungsinhalt, das wahrhaft Allgemeine war, aber zugleich so, daß weil diese Sphäre den andern gegenüberstand, auch ihr Inhalt zu einem formellen und besondern wurde. (I.2/33; 1/233)

In Zusammenhang mit der Bestimmung der gesetzgebenden Gewalt bei Hegel stößt Marx auf die Rolle des Privateigentums. Ist wie bei Hegel das Privateigentum (in Gestalt des unveräußerlichen Grundeigentums) der Garant für die Unabhängigkeit von Sonderinteressen und daher im gesetzgebenden Organ besonders zu berücksichtigen, so drängt sich die Schlußfolgerung auf, daß die Verfassung „Verfassung des Privateigenthums" (I.2/118; 1/314) ist. Marx bezeichnet das Privateigentum daher am Ende seines Manuskripts als „die allgemeine Categorie, das allgemeine Staatsband" (ebd.). So erhält Marx als Ergebnis seiner Untersuchung der politischen Sphäre die Richtung, in der sich seine künftigen Forschungen bewegen müssen.

Mit der von Feuerbach übernommenen Methode der Hegelkritik ging es Marx in der *Kritik der Hegelschen Rechtsphilosophie* nicht mehr nur wie den Junghegelianern um eine Kritik an Hegel auf der Grundlage von dessen eigener Philosophie, nicht mehr um die Geltendmachung einer esoterischen gegen eine exoterische Seite, sondern um die „Negation der Hegelschen Philosophie" (Feuerbach 1843a, S.85). Insofern kann man zwar wie die Herausgeber der MEGA davon sprechen, „daß Marx auf philosophisch-materialistische Positionen übergegangen war" (I.2/12*), entscheidend ist aber, daß der Marxsche Diskurs immer noch der Problematik des Widerstreits von Wesen und Existenz, Idee und Wirklichkeit verhaftet ist. Die Hegelkritik von Feuerbach und Marx, die Subjekt und Prädikat vertauscht, steht immer noch auf dem Boden der Wesensphilosophie.[20] Das Wesen ist jetzt das *Gattungswesen des Menschen* und die ihm gegenüberstehende Wirklichkeit wird als dessen *entfremdete* oder *wahre Objektivierung* aufgefaßt.[21] Die Kritik an Hegel bezieht sich nicht auf den wesensphilosophischen Ansatz als solchen, sondern auf die Art und Weise der Durchführung seiner Wesensphilosophie.

Aber nicht nur der begriffliche Inhalt des Wesens und der ihm gegenüberstehenden Wirklichkeit, sondern auch der Modus der Kritik hat eine Änderung erfahren. Es geht nicht mehr nur darum, Widersprüche zwischen Wesen und Wirklichkeit bloß zu konstatieren und dem wirklichen Staat in pädagogischer Absicht vorzuhalten. Programmatisch formuliert Marx:

> „So weist die wahrhaft philosophische Kritik der jetzigen Staatsverfassung nicht nur Widersprüche als bestehend auf, sie *erklärt* sie, sie begreift ihre Genesis, ihre Nothwendigkeit." (I.2/101; 1/296)

---

20) Arndt (1985) sieht im „Bruch mit der Spekulation", der in der *Kritik der Hegelschen Rechtsphilosophie* erfolgt sei, den entscheidenden Einschnitt in der Entwicklung des jungen Marx. Allerdings läßt auch er den historischen Materialismus erst mit der *Deutschen Ideologie* beginnen. Den Mangel der *Ökonomisch-philosophischen Manuskripte* sieht er vor allem in den selbst noch spekulativen Voraussetzungen der Kritik an der Spekulation. Das bedeutet aber, daß der von Arndt konstatierte „Bruch mit der Spekulation" nur auf einer oberflächlichen Ebene stattgefunden hat.

21) Diese Wesensobjektivierung stellt Marx Hegel explizit gegenüber: „Hegel geht vom Staat aus und macht den Menschen zum versubjektivirten Staat; die Demokratie geht vom Menschen aus und macht den Staat zum verobjektivirten Menschen" (I.2/31; 1/231). In der Darstellung dieser Wesensobjektivierung sieht Luporini das Kernstück des von Marx nie ausgeführten Plans einer eigenen Rechtsphilosophie (Luporini 1974, S.45).

Dieser neue Modus der Kritik wird im Briefwechsel mit Ruge weiter entfaltet.[22] Gegen „doktrinäre" Lehren (der Junghegelianer) und „dogmatischen Kommunismus" verlangt Marx, „daß wir nicht dogmatisch die Welt anticipiren, sondern erst aus der Kritik der alten Welt die neue finden wollen" (I.2/486; 1/344). Dieses Verfahren wird durch einen Idealismus der Vernunft begründet:

„Die Vernunft hat immer existirt, nur nicht immer in der vernünftigen Form. Der Kritiker kann also an jede Form des theoretischen und praktischen Bewußtseins anknüpfen und aus den *eigenen* Formen der existirenden Wirklichkeit die wahre Wirklichkeit als ihr Sollen und ihren Endzweck entwickeln." (I.2/487; 1/345)

Die von Marx intendierte Kritik ist nicht mehr wie noch in der *Rheinischen Zeitung* an den seinem Wesen nach vernünftigen Staat oder eine liberale Öffentlichkeit gerichtet. Sie zielt vielmehr auf eine „Reform des Bewußtseins" ab:

„Wir treten dann nicht der Welt doctrinär mit einem neuen Princip entgegen (...) Wir zeigen ihr nur, warum sie eigentlich kämpft, und das Bewußtsein ist eine Sache, die sie sich aneignen *muß*, wenn sie auch nicht will. Die Reform des Bewußtseins besteht *nur* darin, daß man die Welt ihr Bewußtsein inne werden läßt, daß man sie aus dem Traum über sich selbst aufweckt, daß man ihre eignen Actionen ihr *erklärt*. (I.2/488; 1/345f)

Bei der „Reform des Bewußtseins" geht es also darum, das Bewußtsein über seinen eigentlichen Inhalt aufzuklären. Weil die unvernünftige Wirklichkeit doch an sich vernünftig, der entmenschte, unfreie Mensch doch an sich frei ist, genügt es, dem Menschen das Bewußtsein seines eigenen Wesens zurückzugeben, sein Bewußtsein zu reformieren, um ihn zu dem zu machen, was er eigentlich ist. In der Vorrede zur *Deutschen Ideologie* werden Marx und Engels beißenden Spott über solche Vorstellungen ausgießen, und bereits in den beiden anderen in den *Deutsch-Französischen Jahrbüchern* 1844 erschienenen Artikeln von Marx (*Zur Judenfrage* und *Zur Kritik der Hegelschen Rechtsphilosophie Einleitung*) ist von der „Reform des Bewußtseins" und dem sie begründenden Vernunftidealismus nicht mehr die Rede.

3. Kritik der Politik: Menschliche Emanzipation und Revolution

In *Zur Judenfrage* setzte sich Marx kritisch mit zwei 1843 erschienenen Schriften Bruno Bauers auseinander.[23] Bauer hatte auf die Forderung der Juden nach politischer Emanzipation geantwortet, im „christlichen" Staat sei

22) Marx bereitete mit Ruge die *Deutsch-Französischen Jahrbücher* vor. Dort wurde auch dieser Briefwechsel 1844 veröffentlicht. Allerdings ist er nur mit einer gewissen Vorsicht zu benutzen. Wahrscheinlich stellte Ruge die drei veröffentlichten Marxschen Briefe aufgrund von weitaus mehr (nicht erhaltenen) Originalbriefen zusammen und nahm dabei auch Textveränderungen vor (vergl. dazu I.2/939f). Engels schrieb später an Liebknecht, der diesen Briefwechsel neu publizieren wollte, „daß Marx mir mehr als einmal sagte, Ruge habe ihn zurechtredigiert und allerlei Blödsinn hineingesetzt" (37/527). Marx selbst bezog sich in seinen späteren Publikationen zwar auf seine beiden Aufsätze in den *Deutsch-Französischen Jahrbüchern* aber nie auf diesen Briefwechsel.

23) *Die Judenfrage*, Braunschweig 1843 und *Die Fähigkeit der heutigen Juden und Christen, frei zu werden*, in: Georg Herwegh (Hg.), Einundzwanzig Bogen aus der Schweiz, Zürich 1843.

noch niemand emanzipiert, die politische Emanzipation setze die Emanzipation von der Religion voraus. Marx warf nun Bauer vor, er verwechsle die bloß politische Emanzipation mit der „menschlichen" Emanzipation.
Diese Unterscheidung beruhte wesentlich auf der Feuerbachschen Konzeption des menschlichen „Gattungswesens", die Marx nun extensiv benutzt. Im *Wesen des Christentums* hatte Feuerbach erklärt, daß sich der Mensch in der Religion von seinem Gattungswesen entfremdet habe, daß er sich zu seinem eigenen Wesen als einem fremden (göttlichen) Wesen verhalte. Diese Kritikfigur, daß das eigene Gattungswesen als fremdes Wesen verselbständigt sei, hatte Marx in der *Kritik der Hegelschen Rechtsphilosophie* von der Religion auf den Staat als Verselbständigung der politischen Sphäre übertragen. Die Auflösung dieser Entfremdung sah er dort aber noch in der Demokratie. Jetzt begreift er die Verselbständigung des „Gattungslebens" dagegen als Charakteristikum auch des „vollendeten politischen Staates". Auch in ihm führt der Mensch ein „doppeltes Leben",

„das Leben im *politischen Gemeinwesen*, worin er sich als *Gemeinwesen* gilt, und das Leben in der *bürgerlichen Gesellschaft*, worin er als *Privatmensch* thätig ist, die andern Menschen als Mittel betrachtet…" (I.2/149; 1/354) [24]

Die Aufhebung der Verselbständigung, die wirkliche Emanzipation, kann daher nicht ein politischer Akt, etwa die Verwirklichung der Demokratie sein.[25] Es handelt sich für Marx jetzt also nicht mehr nur um die Kritik bestimmter politischer Verfassungen, sondern um die *Kritik der Politik* als solcher. Die menschliche Emanzipation ist daher nicht politisch möglich, sondern nur dadurch, daß das verselbständigte Gattungswesen in die wirklichen Menschen zurückgeholt wird:

„*Alle* Emancipation ist *Zurückführung* der menschlichen Welt, der Verhältnisse, auf den *Menschen selbst*. Die politische Emancipation ist die Reduktion des Menschen, einerseits auf das Mitglied der bürgerlichen Gesellschaft, auf das *egoistische unabhängige* Individuum, andrerseits auf den *Staatsbürger*, auf die moralische Person. Erst wenn der wirkliche individuelle Mensch den ab-

---

24) Daraus folgt auch eine Kritik der Menschenrechte, die Marx folgendermaßen zusammenfaßt: „Keines der sogenannten Menschenrechte geht also über den egoistischen Menschen hinaus, über den Menschen, wie er Mitglied der bürgerlichen Gesellschaft, nämlich auf sich, auf sein Privatinteresse und seine Privatwillkür zurückgezogenes und vom Gemeinwesen abgesondertes Individuum ist. Weit entfernt, daß der Mensch in ihnen als Gattungswesen aufgefaßt wurde, erscheint vielmehr das Gattungsleben selbst, die Gesellschaft, als ein den Individuen äußerlicher Rahmen, als Beschränkung ihrer ursprünglichen Selbständigkeit." (I.2/158f;1/366) „Der Mensch, wie er Mitglied der bürgerlichen Gesellschaft ist, der *unpolitische* Mensch, erscheint aber nothwendig als der *natürliche* Mensch. Die *droits de l'homme* erscheinen als *droits naturels*" (I.2/162; 1/369). Bereits hier wird deutlich, daß Marx zwar den affirmativen Charakter der von den Naturrechtsphilosophen vertretenen Anthropologie, die das egoistische Individuum zum Wesen des Menschen schlechthin erklärt, kritisiert. Er kritisiert allerdings nicht die Anthropologie als solche, sondern stellt der affirmativen Anthropologie eine kritische gegenüber, die auf dem Feuerbachschen Konzept des menschlichen Gattungswesens beruht.

25) Für die „politische Demokratie" gilt zwar der Mensch „als *souveränes*, als höchstes Wesen…, aber der Mensch in seiner unkultivirten, unsocialen Erscheinung,… mit einem Wort, der Mensch, der noch kein *wirkliches* Gattungswesen ist" (I.2/154; 1/360).

strakten Staatsbürger in sich zurücknimmt und als individueller Mensch in seinem empirischen Leben, in seiner individuellen Arbeit, in seinen individuellen Verhältnissen, *Gattungswesen* geworden ist, erst wenn der Mensch seine 'forces propres' als *gesellschaftliche* Kräfte erkannt und organisirt hat und daher die gesellschaftliche Kraft nicht mehr in der Gestalt der *politischen* Kraft von sich trennt, erst dann ist die menschliche Emancipation vollbracht." (I.2/162f; 1/370)

Auf die Frage, wie der Mensch zum Gattungswesen werden, wer die menschliche Emanzipation vollbringen soll, gibt Marx allerdings keine Antwort.
Im zweiten Teil seines Artikels behandelt Marx zum ersten Mal die ökonomischen Ursachen der Entfremdung. Marx kritisiert jetzt nicht mehr nur, daß das Gattungsleben in der politischen Sphäre verselbständigt ist, sondern vor allem daß die bürgerliche Gesellschaft „alle Gattungsbande des Menschen zerreißen" und „die Menschenwelt in eine Welt atomistischer, feindlich sich gegenüberstehender Individuen auflösen" konnte (I.2/168; 1/376). Damit hat Marx ausgesprochen, daß sich Entfremdung nicht erst in dem Verhältnis von bürgerlicher Gesellschaft und Staat, sondern bereits *innerhalb* der bürgerlichen Gesellschaft konstituiert. Die Entfremdung macht er jetzt vor allem am Geld fest, das er noch ganz in Analogie zur Religion auffaßt.[26]
Vom vernünftigen Wesen des Staats ist nun nicht mehr die Rede. Marx hat erkannt, daß „die bürgerliche Gesellschaft den politischen Staat vollständig aus sich herausgeboren" (I.2/166; 1/374) hat, daß die politische Emanzipation daher nur ein beschränktes Ziel ist. Er will nun weder den Staat noch die vernünftige Öffentlichkeit aufklären oder das Bewußtsein reformieren. Es geht ihm nicht mehr um den Konflikt von Vernunft und Unvernunft, sondern um die *Entfremdung* der Menschen von ihrem *Gattungswesen*. Diese aus der Feuerbachschen Religionskritik übernommene Konzeption hatte Marx zunächst nur auf das Verhältnis von bürgerlicher Gesellschaft und Staat übertragen, jetzt wendet er sie auch auf die bürgerliche Gesellschaft selbst an: Marx sucht die Ursachen der Entfremdung und die Möglichkeit ihrer Aufhebung in der *Ökonomie*. Damit hat er den Bereich der junghegelianischen Vorstellungen und der bürgerlich-demokratischen Forderungen endgültig verlassen.
Diese 1843/44 erfolgende Marxsche Wendung zur Ökonomie war wohl nicht zuletzt durch Moses Heß beeinflußt, dem Gründer (und Mitarbeiter) der *Rheinischen Zeitung*. Marx selbst hebt in dem Fragment einer *Vorrede*, die in den *Ökonomisch-philosophischen Manuskripten* (1844) enthalten ist (II.2/317, 40/468), Heß' Beiträge in den von Georg Herwegh herausgegebenen *Einundzwanzig Bogen aus der Schweiz* (1843) hervor. Daß im zweiten Teil der *Ju-*

26) „Wie der Mensch, solange er religiös befangen ist, sein Wesen nur zu vergegenständlichen weiß, indem er es zu einem *fremden* phantastischen Wesen macht, so kann er sich unter der Herrschaft des egoistischen Bedürfnisses nur praktisch bethätigen, nur praktisch Gegenstände erzeugen, indem er seine Produkte, wie seine Thätigkeit, unter die Herrschaft eines fremden Wesens stellt und ihnen die Bedeutung eines fremden Wesens – des Geldes – verleiht." (I.2/168; 1/376f)
„Das Geld ist das dem Menschen entfremdete Wesen seiner Arbeit und seines Daseins, und dies fremde Wesen beherrscht ihn, und er betet es an." (I.2/166; 1/375)

denfrage das Geld eine so herausragende Rolle spielt (worauf im ersten Teil nichts hinweist), könnte sogar direkt auf Heß' Schrift *Über das Geldwesen* zurückgehen. Zwar wurde sie erst 1845 veröffentlicht, da sie aber zuerst in den *Deutsch-Französischen Jahrbüchern* erscheinen sollte, war sie Marx eventuell bekannt.[27]

Doch ist bei aller inhaltlichen Weiterentwicklung der Marxschen Argumentation nicht zu verkennen, daß die *Struktur* seiner theoretischen Problematik auch in der *Judenfrage* nach wie vor dieselbe geblieben ist: es ist der *Widerstreit von Wesen und Wirklichkeit.*

An dieser Stelle scheint mir eine Bemerkung zu dem immer wieder gegen Marx erhobenen Vorwurf des Antisemitismus angebracht zu sein, der vor allem an der *Judenfrage* festgemacht wird. So etwa bei Silberner (1962), bei Künzli (1966, S.195ff), der Marx gleich noch einen „jüdischen Selbsthaß" unterstellt oder bei Hirsch (1968, S.229), der Marx vorwirft, in der *Judenfrage* die „Ausmerzung der Handel treibenden Juden" vorgeschlagen zu haben. Selbst Braun (1992, S.66), der sich differenziert mit Marx beschäftigt, schreibt: „Marxens Diffamierung der Juden ist peinlich". Als Beleg für solche Vorwürfe werden Sätze herangezogen, die „den Juden" anscheinend als egoistischen, eigennützigen Geldmenschen charakterisieren. Nicht zur Kenntnis genommen wird dabei, daß die damals (wie auch heute) verbreiteten antisemitischen Stereotypen von der „jüdischen Krämerseele" in der Marxschen Argumentation auf die bürgerliche Gesellschaft zurückprojiziert werden: der (meist christliche) Bourgeois hat genau die Eigenschaften des egoistischen Geldmenschen, die den Juden zugeschrieben werden. Daher kann Marx schreiben:

> „Aus ihren eignen Eingeweiden erzeugt die bürgerliche Gesellschaft fortwährend den Juden. Welches war an und für sich die Grundlage der jüdischen Religion? Das praktische Bedürfniß, der Egoismus. (...) Das *praktische Bedürfniß, der Egoismus* ist das Prinzip der *bürgerlichen* Gesellschaft... (I.2/166; 1/374)

Und wenn es am Ende des Textes heißt:

> „Sobald es der Gesellschaft gelingt, das *empirische* Wesen des Judenthums, den Schacher und seine Voraussetzungen aufzuheben, ist der Jude unmöglich geworden... (I.2/169; 2/377),

dann geht es nicht um die „Ausmerzung der Handel treibenden Juden", sondern um die Ausmerzung des Handels, womit „der Jude", d.h. das *Stereotyp* des jüdischen Schacherers, genauso „unmöglich" wird wie der christliche Kaufmann (vergl. zur Kritik des Antisemitismusvorwurfs an Marx auch Haug

27) Diese Vermutung wurde bereits von Zeleny (1962, S.257f) geäußert. – Sehr detailliert untersuchte Rosen (1983), welche Gedanken und Formulierungen, die ursprünglich von Heß stammen, bei Marx auftauchen. Seine daraus abgeleitete Auffassung vom geradezu überwältigenden Einfluß von Heß auf den jungen Marx erscheint aber etwas überzogen, da zwar eine Reihe einzelner Ideen durchaus ähnlich sind, Rosen aber zu wenig die unterschiedliche Gesamtstruktur der Argumentation beachtet, in welcher diese Ideen jeweils stehen.

1993 und Claussen 1994, S.85-100). – An der Petition der jüdischen Gemeinden zur rechtlichen Gleichstellung hatte sich Marx im übrigen ohne zu Zögern beteiligt (vergl. seinen Brief an Ruge vom 13.3.1843, III/1, 45f; 1/418).[28]

Der zweite Artikel, den Marx in den *Deutsch-Französischen Jahrbüchern* veröffentlichte, *Zur Kritik der Hegelschen Rechtsphilosophie Einleitung*, beginnt mit der Feststellung, daß für Deutschland die Kritik der Religion beendet sei: die Religion ist als Schöpfung des Menschen erkannt. Dann hält er jedoch fest:

„Aber *der Mensch*, das ist kein abstraktes, außer der Welt hockendes Wesen. Der Mensch, das ist *die Welt des Menschen*, Staat, Societät. Dieser Staat, diese Societät produziren die Religion, ein *verkehrtes Weltbewußtsein*, weil sie eine *verkehrte Welt* sind. Die Religion… ist die *phantastische Verwirklichung* des menschlichen Wesens, weil das *menschliche Wesen* keine wahre Wirklichkeit besitzt." (I.2/170; 1/378)

Indem Marx den Menschen als *gesellschaftliches* Wesen bestimmt, geht er inhaltlich bereits ein Stück über Feuerbach hinaus, auch wenn diese Gesellschaftlichkeit selbst noch weitgehend abstrakt bleibt. Wichtig ist jedoch der von Marx hier vollzogene methodische Schritt (der im Manuskript *Kritik der Hegelschen Rechtsphilosophie* schon angekündigt war): Religion wird nicht einfach als verkehrtes Bewußtsein denunziert, sie wird vielmehr als verkehrtes Bewußtsein aufgefaßt, das aus einer verkehrten Welt entspringt. Marx stellt damit die Frage nach den gesellschaftlichen Ursachen der religiösen Selbstentfremdung des Menschen. Damit verändert sich der Stellenwert der Religionskritik, sie ist nur das Vorspiel zur eigentlichen Kritik: Von der Kritik der Religion muß zur Kritik an den Zuständen, die die Religion hervorbringen, weitergegangen werden (I.2/171; 1/379). Daß Marx diese Kritik der wirklichen Zustände ausgerechnet mit einer Kritik der Rechtsphilosophie beginnt, begründet er damit, daß die deutsche Wirklichkeit noch gar nicht auf dem Stand der Geschichte angekommen sei, wie er in anderen Nationen erreicht wurde. Einzig die deutsche Rechts- und Staatsphilosophie stehe „mit der offiziellen modernen Gegenwart al pari" (I.2/175; 1/383).

Allerdings verbleibe diese Kritik der Rechtsphilosophie nicht bei sich selbst, sie führe vielmehr zu „*Aufgaben*, für deren Lösung es nur ein Mittel gibt: die *Praxis*" (I.2/177; 1/385): theoretische Kritik schlägt um in revolutionäre Praxis.[29] Wird aber die „Kritik der Waffen" gefordert, so stellt sich die Frage, wer

28) Zwar ist die *Judenfrage* alles andere als antisemitisch, doch findet sich der *latente*, die Alltagssprache durchdringende Antisemitismus auch bei Marx (wie bei den meisten seiner Zeitgenossen): so spricht er beispielsweise in Briefen an Engels, die mit abschätzigen Bemerkungen über Dritte sowieso nicht geizen, ganz selbstverständlich vom „Jüdel" oder vom „Itzig", wenn es um – nicht gut gelittene – jüdische Bekannte geht.

29) „Die Waffe der Kritik kann allerdings die Kritik der Waffen nicht ersetzen, die materielle Gewalt muß gestürzt werden durch materielle Gewalt, allein auch die Theorie wird zur materiellen Gewalt, sobald sie die Massen ergreift. (…) Die Kritik der Religion endet mit der Lehre, daß der *Mensch das höchste Wesen für den Menschen* sei, also mit dem *categorischen Imperativ, alle Verhältnisse umzuwerfen*, in denen der Mensch ein erniedrigtes, ein geknechtetes, ein verlassenes, ein verächtliches Wesen ist" (I.2/177; 1/385).

der soziale Träger dieser revolutionären Praxis sein soll. Marx argumentiert zunächst, daß die politische, nur „teilweise“ Revolution, darauf beruht, daß sich eine Klasse der bürgerlichen Gesellschaft emanzipiert, indem sie in der Lage ist, ihr Klasseninteresse als das Allgemeininteresse auszugeben. Dazu sei in Deutschland aber keine Klasse der bürgerlichen Gesellschaft in der Lage. Wenn in Deutschland zwar nicht die bloß politische, teilweise Revolution möglich sei, so wäre aber die „radicale Revolution“, die „allgemein menschliche Emancipation“ möglich (I.2/179; 1/388). Der Grund dafür liege in

> „der Bildung einer Klasse mit *radikalen Ketten*, einer Klasse der bürgerlichen Gesellschaft, welche keine Klasse der bürgerlichen Gesellschaft ist, eines Standes, welcher die Auflösung aller Stände ist, einer Sphäre, welche einen universellen Charakter durch ihre universellen Leiden besitzt ... welche mit einem Wort der *völlige Verlust* des Menschen ist, also nur durch die *völlige Wiedergewinnung des Menschen* sich selbst gewinnen kann. Diese Auflösung der Gesellschaft als ein besondrer Stand ist das *Proletariat*.“ (I.2/181f; 1/390)

Marx spricht jetzt nicht mehr wie in der *Rheinischen Zeitung* und in *Zur Kritik der Hegelschen Rechtsphilosophie* von einer diffusen „armen“ Klasse, sondern vom „Proletariat“ (er benutzt diesen Begriff hier zum ersten Mal) als einer historischen Macht. Er beschränkt sich auch nicht mehr wie in der *Judenfrage* auf die Forderung der menschlichen statt der bloß politischen Emanzipation. Marx spricht jetzt aus, daß die menschliche Emanzipation nur durch eine radikale *Revolution* möglich ist. Im Proletariat sieht er den historischen Träger dieser Revolution, womit er endgültig bei kommunistischen Positionen angelangt ist. Da es sich bei dieser radikalen Revolution um eine Revolutionierung der ökonomischen Verhältnisse handeln muß, ist der in der Folge einsetzende Übergang zu ökonomischen Untersuchungen nur konsequent.

Marx bezieht sich jetzt zwar nicht mehr auf die vernünftige Menschheit, sondern auf eine Klasse, die aufgrund ihrer sozialen Stellung zur Revolution prädestiniert sei. Daß es aber gerade die soziale Stellung des Proletariats ist, die ihm eine revolutionäre Potenz verleiht, kann Marx nur spekulativ mit Hilfe der Feuerbachschen Anthropologie begründen. Letztlich ist es der Widerspruch zwischen der Wirklichkeit und dem Wesen des Menschen, der das Proletariat zur Revolution führen soll. Während das Proletariat als „leidende“ Klasse diesen Widerspruch nur *fühlt*, kann die Philosophie diesen Widerspruch aber auch als Widerspruch *erkennen*. Die bewußte Verbindung von Philosophie und Proletariat muß daher die Revolution hervorbringen.[30]

Daß Marx im Proletariat jetzt erstmals das historische Subjekt der Emanzipa-

30) Konsequent folgert Marx daher: „Wie die Philosophie im Proletariat ihre *materiellen*, so findet das Proletariat in der Philosophie seine *geistigen* Waffen und sobald der Blitz des Gedankens gründlich in diesen naiven Volksboden eingeschlagen ist, wird sich die Emancipation der *Deutschen* zu *Menschen* vollziehn. (...) Die *Emancipation des Deutschen* ist die *Emancipation des Menschen*. Der *Kopf* dieser Emancipation ist die *Philosophie*, ihr *Herz* das *Proletariat*. Die Philosophie kann sich nicht verwirklichen ohne die Aufhebung des Proletariats, das Proletariat kann sich nicht aufheben ohne die Verwirklichung der Philosophie.“ (I.2/182f; 1/391)

tion sieht, wird meistens auf seinen Kontakt zu deutschen und französischen Arbeitervereinen in Paris zurückgeführt.[31] Kratz wies allerdings darauf hin, daß Marx die Erfahrung des Proletariats als Träger gesellschaftlicher Veränderungen nicht ohne weiteres verarbeiten konnte. Diese Erfahrung mußte Marx in ein theoretisches Dilemma stürzen, machte er doch bisher (wie noch zuletzt im Briefwechsel mit Ruge) eine „Reform des Bewußtseins", also die durch die philosophische Kritik angeleitete theoretische Einsicht, zur Voraussetzung praktisch-revolutionären Handelns. Das Proletariat handelte aber offensichtlich nicht erst aufgrund philosophischer Reflexion. In dieser Situation bot der Feuerbachsche Sensualismus, der den Menschen nicht nur als denkendes, theoretisches, sondern vor allem als sinnliches, empfindendes Wesen auffaßt, wieder einen Ausweg an. Die Entfremdung kann jetzt als eine begriffen werden, die den ganzen Menschen betrifft, nicht nur den Bereich des Denkens, sondern auch die materielle Existenz. Damit sind die nicht-theoretischen Proletarier in der Lage, die Entfremdung zu empfinden und aufgrund ihrer Empfindung gegen die entfremdeten Zustände zu revoltieren. Daß Marx, wie schon oben bemerkt, das Proletariat vor allem als „leidende" Klasse charakterisiert, ist eine unmittelbare Konsequenz dieser Auffassung (Kratz 1979, S.173ff).

Feuerbachs Anthropologie ermöglicht es Marx, die Erfahrung einer revolutionären Arbeiterbewegung theoretisch zu verarbeiten und zum Kommunismus überzugehen, ohne seine bisherige Problematik aufzugeben. Auch wenn sich seit der Dissertation die einzelnen inhaltlichen Momente seiner theoretischen Konzeption geändert haben, ist deren grundlegende Struktur doch gleich geblieben: *die Wirklichkeit wird an einem ihr entgegengehaltenen Wesen gemessen und kritisiert.* Erfolgte die Kritik zunächst nur in aufklärerischer Absicht, so wird das Auseinanderfallen von Wesen und Wirklichkeit jetzt als notwendige Entfremdung gefaßt, die nur durch eine Revolution aufzuheben ist. Die von Marx angedeutete Gesellschaftlichkeit des menschlichen Wesens weist zwar über die inhaltliche Füllung, die Feuerbach dem menschlichen Gattungswesen gegeben hat, hinaus. Wie sehr Marx aber dem zugrundeliegenden Konzept eines *Gattungswesens* verpflichtet ist, zeigt sich gerade darin, daß das Gattungswesen bei Marx nicht nur als Maßstab der Kritik, sondern auch zur Bestimmung des revolutionären Subjekts dient: diejenige Klasse, die dem menschlichen Wesen am meisten entfremdet ist, muß zum Träger der radikalsten Revolution werden.[32] Damit ist das Terrain, auf dem Marx' erste

---

31) Goldschmidt/Lambrecht (1983, S.78f) verweisen auch auf die Marxschen Studien zur französischen Revolution, die ihn zur Erkenntnis führten, daß eine Revolution nur stattfinden kann, wenn eine revolutionäre Klasse existiert. In Marx' Bestimmung der Rolle des Proletariats sehen sie daher in erster Linie einen historischen Analogieschluß.

32) Insofern ist Mader zwar zuzustimmen, wenn er schreibt: „Klasse, Klassenkampf und Proletariat sind die Begriffe, die das anthropologische Argumentationsgerüst aufzubrechen beginnen."

Auseinandersetzung mit der ökonomischen Theorie beginnt, abgesteckt: es ist die *diskursive Struktur* der Feuerbachschen Anthropologie.

4. Kritik der Nationalökonomie als Wissenschaft innerhalb der Entfremdung

1844 begann Marx in Paris mit dem systematischen Studium der politischen Ökonomie. In seinen *Pariser Heften* exzerpierte er Say und Smith und begann dann mit der Niederschrift von Heft I der *Ökonomisch-philosophischen Manuskripte*, seinem ersten Versuch einer Kritik der Nationalökonomie.[33] Bereits im ersten ökonomischen Exzerpt deutet sich die Stoßrichtung der Marxschen Ökonomiekritik an:

„*Privateigenthum* ist ein factum, dessen Begründung die Nationalökonomie nichts angeht, welches aber ihre Grundlage bildet. Es giebt keine *Reichthümer* ohne Privateigenthum und die Nationalökonomie ist ihrem Wesen nach die *Bereicherungswissenschaft*. Es giebt also keine politische Oekonomie ohne das Privateigenthum. Die ganze Nationalökonomie beruht also auf einem factum ohne Nothwendigkeit." (IV.2/316f)

Marx stellt hier die von der Nationalökonomie als selbstverständlich akzeptierte Grundlage, die Existenz des Privateigentums, als selbst erklärungsbedürftiges Faktum heraus. Ähnlich hatten auch schon Proudhon sowie Engels in *Umrisse zu einer Kritik der Nationalökonomie* argumentiert.

Als Marx Heft I der *Ökonomisch-philosophischen Manuskripte* beginnt, ist Smith für ihn der Repräsentant der politischen Ökonomie schlechthin. Smith hatte den Warenpreis als Summe aus Arbeitslohn, Kapitalprofit und Grundrente bestimmt. Daran knüpft Marx an, indem er diese drei Verhältnisse parallel untersucht.[34] Gegen Smith, der die Trennung von Kapital, Grundeigen-

---

Doch seine folgende Aussage: „Nicht mehr ausschließlich der Widerspruch und die Entfremdung zwischen individueller Existenz und Gattungsexistenz dirigieren die geschichts- und gesellschaftstheoretische Erklärung" (Mader 1986, S.145) verkennt, daß die neuen Begriffe noch ganz auf anthropologischer Grundlage aufgefaßt werden. Sie stellen zwar einen Sprengsatz für diese Grundlage dar, die Sprengung ist aber noch längst nicht erfolgt.

33) Die Exzerpte aus Ricardo und Mill sind nicht, wie lange angenommen wurde vor, sondern höchstwahrscheinlich erst nach Heft III, also nach Beendigung der Arbeit an den *Ökonomisch-philosophischen Manuskripten* entstanden (vergl. zur Datierung I.2/696f im Gegensatz zur älteren Auffassung in IV.2/717). Diese Reihenfolge zeigt zum einen, daß Heft I der *Manuskripte*, dessen Schlußteil die berühmten Passagen über die entfremdete Arbeit enthält, im wesentlichen eine Auseinandersetzung mit Smith ist und zum anderen, daß sich hier gerade keine Präzisierungen der Entfremdungspassagen des Mill-Exzerpts finden können.

34) Marx teilte die Manuskriptseiten des ersten Heftes in drei Spalten, denen er die Überschriften „Arbeitslohn", „Capitalgewinn" und „Grundrente" gab und die er wahrscheinlich nahezu gleichzeitig beschrieb. Margaret Fay (1986) hat als erste auf die Bedeutung der Auseinandersetzung mit Smith für das Verständnis der *Manuskripte* hingewiesen und sich intensiv mit den inhaltlichen Implikationen ihrer äußeren Struktur auseinandergesetzt. Sie konnte zeigen, daß das mangelhafte Verständnis der Herausgeber der ersten MEGA, die die *Manuskripte* 1932 zum ersten Mal veröffentlichten, zu einer sinnentstellenden Umordnung des Textes geführt hat, die auch in allen späteren Editionen beibehalten wurde. Erstmals in der neuen MEGA wurde die dreispaltige Struktur wie auch die übrige Anordnung des Textes berücksichtigt, allerdings wurde die alte, den Text künstlich systematisierende Präsentation als „Zweite Wiedergabe" ebenfalls mitgeliefert.

tum und Arbeit einfach unterstellt, hält Marx fest, daß diese Trennung allein für den Arbeiter schädlich ist. Die Existenz der Arbeiter sei auf die Existenz einer Ware, mit der sie alle Unsicherheiten des Verkaufs teilen, reduziert worden. Kapital begreift Marx als „kaufende Gewalt" (I.2/190; 40/484), Regierungsgewalt über die Arbeiter und Grundeigentum als Macht der Grundeigentümer über die Pächter. Wo die Nationalökonomie nur physische Produktionsbedingungen sieht, versucht Marx soziale Verhältnisse zu erfassen.
Marx bemüht sich die Nationalökonomie zunächst *immanent* zu kritisieren. Nicht anhand eines äußeren Maßstabs, sondern vom „Standpunkt des Nationalökonomen" aus, versucht er Widersprüche aufzuzeigen:

„Stellen wir uns nun ganz auf den Standpunkt des Nationalökonomen, und vergleichen wir nach ihm die theoretischen und praktischen Ansprüche der Arbeiter. Er sagt uns, daß ursprünglich und dem Begriff nach das *ganze Produkt* dem Arbeiter gehört. Aber er sagt uns zugleich, daß in der Wirklichkeit dem Arbeiter der kleinste und allerunumgänglichste Theil des Produkts zukömmt." (I.2/203f; 40/475)

Mit den „theoretischen Ansprüchen" meint Marx die Smithsche Arbeitswertlehre, daß alles mit Arbeit gekauft wird, daß Kapital nur aufgehäufte Arbeit ist, daß ursprünglich dem Arbeiter das ganze Produkt seiner Arbeit gehörte. Praktisch erhält der Arbeiter aber nur den kleinsten Teil seines Produktes. Marx schließt:

„Daß die Arbeit aber selbst nicht nur unter den jetzigen Bedingungen, sondern insofern überhaupt ihr Zweck die bloße Vergrößerung des Reichthums ist, ich sage, daß die Arbeit selbst schädlich, unheilvoll ist, das folgt, *ohne daß der Nationalökonom es weiß, aus seinen eigenen Entwicklungen.*" (I.2/207; 40/476, Herv. von mir)

Wie aus dem letzten Zitat besonders deutlich wird, will Marx aufzeigen, daß „die" Nationalökonomie einen immanenten Widerspruch enthält: zwischen der Bedeutung, die sie der Arbeit zumißt, und der wirklichen Stellung, die der Arbeiter in der Gesellschaft einnimmt und die auch von der Nationalökonomie akzeptiert wird. Marx konfrontiert die politischen Ökonomie hier mit dem grundlegenden Dilemma der frühbürgerlichen Sozialphilosophie (vgl. das erste Kapitel), einerseits Eigentum durch eigene Arbeit zu begründen und andererseits die Eigentumslosigkeit der Arbeiterklasse rechtfertigen zu müssen.[35]

35) Die Sozialistischen Studiengruppen (Sost) heben in ihrem Kommentar zu den *Ökonomisch-philosophischen Manuskripten* hervor, daß Marx hier das einfache Aneignungsgesetz, wie es aus der einfachen Warenzirkulation resultiert, mit dem kapitalistischen Aneignungsgesetz konfrontiert und daraus auf einen Widerspruch schließt, während sich jedoch das kapitalistische Aneignungsgesetz als notwendiger Umschlag des einfachen Aneignungsgesetzes (wie später im *Kapital* entwickelt) ergibt (Sost 1980, S.48,79). Dies ist zwar richtig, doch zielt die Marxsche Kritik auf mehr als nur die Konfrontation zweier Aneignungsgesetze. Er stellt die gesamte elende Lebenssituation des Arbeiters seiner gerade von der Nationalökonomie hervorgehobenen Rolle als Schöpfer allen Reichtums gegenüber. Es ist ein wesentlicher Mangel des Sost-Kommentars, daß er die *Manuskripte* fast ausschließlich vor der Folie des *Kapital* erfaßt, also stets nur „bereits entwickelte" oder „noch nicht korrekt entwickelte" Gedanken entdeckt. Bei dieser Zerlegung in bereits richtige oder noch falsche Auffassungen geht die den *Manuskripten* eigene diskursive Logik, die von der des *Kapital* verschieden ist, weitgehend verloren.

Die Kritik an der Nationalökonomie wird dann im berühmten Abschnitt über „entfremdete Arbeit" auf einer neuen Stufe weiter entfaltet.[36] Seine grundsätzliche Kritik an der Nationalökonomie faßt Marx dort so zusammen:

„Die Nationalökonomie geht vom Factum des Privateigenthums aus. Sie erklärt uns dasselbe nicht. Sie faßt den *materiellen* Prozeß des Privateigenthums, den es in Wirklichkeit durchmacht, in allgemeine abstrakte Formeln, die ihr dann als *Gesetze* gelten. Sie *begreift* diese Gesetze nicht, d.h. sie zeigt nicht nach, wie sie aus dem Wesen des Privateigenthums hervorgehn." (I.2/234; 40/510)

Marx wirft der Nationalökonomie hier nicht nur (wie schon im Say-Exzerpt) vor, mit einer selbst noch erklärungsbedürftigen Voraussetzung, dem Privateigentum, zu beginnen. Er unterscheidet hier zwischen dem, was die Nationalökonomie „faßt" und als Gesetz ausspricht und dem, was sie „begreift". Marx zielt nicht auf eine *unmittelbare* Kritik dieser Gesetze, er wirft der Nationalökonomie nicht vor, daß das eine oder andere Gesetz falsch sei, daß sie die tatsächliche Bewegung des Privateigentums nicht erfassen würde. Marx versucht vielmehr eine *Metakritik* an den begrifflichen Grundlagen der Nationalökonomie zu leisten, er kritisiert den Gesetzesbegriff der Nationalökonomie, die Art und Weise ihrer Erklärungen.

„Die Nationalökonomie giebt uns keinen Aufschluß über den Grund der Theilung von Arbeit und Capital, von Capital und Erde. Wenn sie z.B. das Verhältniß des Arbeitslohns zum Profit des Capitals bestimmt, so gilt ihr als lezter Grund das Interesse des Capitalisten; d.h. sie unterstellt, was sie entwickeln soll. (...) Die einzigen Räder, die der Nationalökonom in Bewegung sezt, sind die *Habsucht* und der *Krieg unter den Habsüchtigen, die Concurrenz*." (I.2/234f; 40/510f)

Die Nationalökonomie argumentiert also letzten Endes mit dem Interesse und der Habsucht, d.h. mit den zu *anthropologischen Konstanten erhobenen Eigenschaften des Warenbesitzers*. Diese von der Nationalökonomie vorausgesetzten Eigenschaften sind für Marx aber keine Erklärungsgründe, sondern selbst erklärungsbedürftig. Er formuliert daher als eigene Aufgabe:

„Wir haben also jezt den wesentlichen Zusammenhang zwischen dem Privateigenthum, der Habsucht, der Trennung von Arbeit, Capital und Grundeigenthum, von Austausch und Concurrenz, von Werth und Entwerthung des Menschen, von Monopol und Concurrenz etc., von dieser ganzen Entfremdung mit dem *Geld*system zu begreifen." (I.2/235; 40/511)

Es geht Marx also jetzt nicht mehr um die bisher geübte immanente Kritik, aber auch nicht bloß um eine Kritik an einzelnen Aussagen der Nationalöko-

---

36) Dieser Titel stammt nicht von Marx, sondern von den Herausgebern der ersten MEGA. In den unzähligen Interpretationen, die dieser Abschnitt erfahren hat, wird sein Zusammenhang mit dem vorhergehenden Text (der Untersuchung von Kapitalgewinn, Arbeitslohn und Grundrente) meistens nicht berücksichtigt. Erst Margaret Fay (1986, S.180ff) machte diesen Zusammenhang zum Ausgangspunkt ihrer Interpretation. Sie konnte überzeugend darlegen, daß der Abschnitt über entfremdete Arbeit den *Abschluß* der von Marx im ersten Heft an Smith geübten Kritik bildet. Nicht überzeugen kann allerdings ihr Versuch, die verschiedenen Phasen dieser Kritik als Anwendung einer dreistufig aufgefaßten Hegelschen Methode auf Smith zu interpretieren (Fay 1986, S.83ff). Damit wird sie weder Hegel gerecht, noch erfaßt sie den Stand der Marxschen Hegelkritik bei der Abfassung der *Manuskripte*. Bezeichnenderweise zitiert Fay (1986, S.84f) als Beleg für die Bedeutung einer Hegelschen Methode für die Marxsche Ökonomiekritik die bekannte Stelle aus dem Nachwort zur 2. Auflage des ersten Bandes des *Kapital* (die selbst schon unklar genug ist), ohne zu berücksichtigen, daß sich die Marxsche Hegelkritik inzwischen erheblich geändert hat.

nomie. Seine Metakritik der Nationalökonomie zielt auf eine *Rekonstruktion ihres Gegenstandes*. Die Notwendigkeit dieser Rekonstruktion glaubte er, durch seine immanente Kritik demonstriert zu haben.
Bereits in der Wahl seines Ausgangspunktes grenzt sich Marx von der Nationalökonomie ab:

„Versetzen wir uns nicht wie der Nationalökonom, wenn er erklären will, in einen erdichteten Urzustand. Ein solcher Urzustand erklärt nichts. (...) Wir gehn von einem Nationalökonomischen, *gegenwärtigen* Factum aus. Der Arbeiter wird um so ärmer, je mehr Reichthum er producirt, je mehr seine Production an Macht und Umfang zunimmt. Der Arbeiter wird eine um so wohlfeilere Waare, je mehr Waaren er schafft. Mit der *Verwerthung* der Sachenwelt, nimmt die *Entwerthung* der Menschenwelt in direktem Verhältniß zu." (I.2/235; 40/511)

Marx legt seiner Argumentation ein „gegenwärtiges Factum" zugrunde, das auch der Nationalökonomie bekannt ist. Er beansprucht nicht, ein neues Faktum entdeckt zu haben, sondern das längst bekannte im Gegensatz zur Nationalökonomie zu *begreifen*.
Dieses gegenwärtige Faktum ist nicht einfach nur die Pauperisierung der Arbeiter, sondern ihre gesamte Stellung innerhalb des sich entwickelnden Kapitalismus. Aus ihm entwickelt Marx die vier bekannten Aspekte der Entfremdung, zunächst die *Entfremdung vom Gegenstand der Arbeit*, dieser „tritt ihr als ein *fremdes Wesen*, als eine von dem Producenten *unabhängige Macht* gegenüber" (I.2/236; 40/511).
Die Marxsche Analyse der entfremdeten Arbeit folgt derselben Argumentationsfigur wie Feuerbachs Analyse des Christentums. Feuerbach faßte im *Wesen des Christentums* Gott als das zu einem fremden Wesen verselbständigte Wesen des Menschen auf, das den Menschen beherrscht.[37] Daß der Mensch von seinem eigenen Produkt beherrscht wird, ist der gemeinsame Grundgedanke der Feuerbachschen und der Marxschen Analyse der Entfremdung. Mehrfach zieht Marx daher auch Parallelen zur religiösen Entfremdung.
Aus der Entfremdung vom Gegenstand der Arbeit schließt Marx unmittelbar auf die *Entfremdung in der Tätigkeit* selbst, da das Produkt ja nur das „Resumé der Thätigkeit" (I.2/238; 40/514) sei. Die Entfremdung des Arbeiters von seiner Tätigkeit zeigt sich darin,

„daß die Arbeit dem Arbeiter *äusserlich* ist, d.h. nicht zu seinem Wesen gehört... Seine Arbeit ist daher nicht freiwillig, sondern gezwungen, *Zwangsarbeit*. Sie ist daher nicht die Befriedigung eines Bedürfnisses, sondern sie ist nur ein *Mittel*, um Bedürfnisse ausser ihr zu befriedigen." (I.2/238; 40/514)

Mit der Entfremdung von seiner eigenen Tätigkeit, so Marx weiter, ist der Arbeiter zugleich von sich selbst entfremdet, „die *Selbstentfremdung* wie oben die Entfremdung der *Sache*" (I.2/239; 40/515).
Aus den beiden ersten Aspekten der Entfremdung schließt Marx nun auf einen dritten, die *Entfremdung vom Gattungswesen*. Den Feuerbachschen Begriff

37) „Der Mensch – dies ist das Geheimnis der Religion – vergegenständlicht sein Wesen und macht dann wieder sich zum Gegenstand dieses vergegenständlichten, in ein Subjekt, eine Person verwandelten Wesens" (Feuerbach 1841, S.76).

des menschlichen Gattungswesens hatte Marx bereits früher benutzt. Jetzt gibt er zum ersten Mal eine eigene Bestimmung des Gattungswesens. Marx bleibt nicht bei der Feuerbachschen Konzeption stehen, sondern erweitert sie: der Mensch ist nicht nur Gattungswesen, insofern er die Gattung zu seinem Gegenstand macht, sondern insofern er seine Welt erzeugt.[38] Zwar bestimmte auch schon Feuerbach den Menschen als gegenständliches und im Unterschied zum Tier universelles Wesen, die wirkliche materielle Produktion wurde von ihm jedoch nicht berücksichtigt. Bei Marx wird demgegenüber *Arbeit* zum Zentralbegriff; sie ist die Verwirklichung der dem Menschen innewohnenden Gattungskräfte, die Wirklichkeit des menschlichen Gattungswesens.[39] Indem Marx die Arbeit, die produktive Tätigkeit, als die Wirklichkeit des menschlichen Gattungslebens auffaßt, muß sich der Mensch durch die entfremdete Arbeit von seinem Gattungsleben entfremden. Sie „macht ihm das *Gattungsleben* zum Mittel des individuellen Lebens" (I.2/240; 40/516). Daß das menschliche Gattungswesen im Geld selbst noch einen entfremdeten Ausdruck und das Geld gerade dadurch eine „*göttliche* Kraft" (I.2/320; 40/565) erhält, wird von Marx im allerletzten Teil der *Ökonomisch-philosophischen Manuskripte* und im *Mill-Exzerpt* behandelt, wobei er seine Überlegungen aus dem zweiten Teil der *Judenfrage* wieder aufnimmt.

Zwar geht Marx mit seinem Begriff vom Gattungswesen (und dem korrelierenden Entfremdungsbegriff) über den Feuerbachschen Inhalt dieses Begriffes hinaus. Aber genau wie Feuerbach sieht er die Möglichkeit der Entfremdung vom Gattungswesen in dessen Charakter als „freie bewußte Tätigkeit" (ebd.) begründet. Die Fähigkeit des Menschen, die ihn vom Tier unterscheidet, nämlich sein Gattungswesen zu seinem Gegenstand machen zu können, erklärt für Feuerbach wie für Marx die Möglichkeit der Entfremdung (vergl. Feuerbach 1841, S.37f).

Aus der bisherigen Analyse der entfremdeten Arbeit folgert Marx als vierten Aspekt die „Entfremdung des Menschen von dem Menschen" (I.2/242; 40/517f). Damit hat Marx den gesellschaftlichen Zustand, der von Smith und

---

38) „Das praktische Erzeugen einer *gegenständlichen Welt*, die *Bearbeitung* der unorganischen Natur ist die Bewährung des Menschen als eines bewußten Gattungswesens, d.h. eines Wesens, das sich zu der Gattung als seinem eigenen Wesen oder zu sich als Gattungswesen verhält. (...) Diese Production ist sein Werkthätiges Gattungsleben. Durch sie erscheint die Natur als *sein* Werk und seine Wirklichkeit. Der Gegenstand der Arbeit ist daher die *Vergegenständlichung des Gattungslebens des Menschen*" (I.2/241; 40/516f).

39) Die Sozialistischen Studiengruppen (Sost) sehen in dieser Marxschen Bestimmung des menschlichen Gattungswesens eine unzulässige Verallgemeinerung kapitalistischer Verhältnisse: „Die Universalität der Produktion ist hingegen erst spätes historisches Resultat, das erst durch die Unterordnung der Produktion unter den Verwertungszwang des Kapitals hervorgebracht wird" (Sost 1980, S.68f). Dabei wird aber übersehen, daß Marx von einem viel weiter gefaßten Arbeitsbegriff ausgeht, etwa wenn er hervorhebt, daß es dem Menschen im Unterschied zum Tier möglich ist, nach den „Gesetzen der Schönheit" (I.2/241; 40/517) zu produzieren, und daß dieser Arbeitsbegriff nicht erst im Rahmen der kapitalistischen Produktionsweise aktuell wird.

„der Nationalökonomie" als unhinterfragter Ausgangspunkt vorausgesetzt wird, als *Resultat* bestimmt: die Atomisierung und das Gegeneinander der einzelnen Individuen, die die Grundlage der Konkurrenz und der Habsucht sind.
Daß die Nationalökonomie ihren eigenen Zentralbegriff, das Privateigentum, nicht erklären kann, hatte ihr Marx schon früh vorgeworfen. Eine solche Erklärung versucht er nun ausgehend vom Begriff der entfremdeten Arbeit selbst zu geben.

„Wenn das Product der Arbeit nicht dem Arbeiter gehört, eine fremde Macht ihm gegenüber ist, so ist dieß nur dadurch möglich, daß es einem *andern Menschen ausser dem Arbeiter* gehört. (...) Das *Privateigenthum* ergiebt sich also durch Analyse aus dem Begriff der *entäusserten* Arbeit, d.i. des *entäusserten Menschen*, der entfremdeten Arbeit, des entfremdeten Lebens, des *entfremdeten* Menschen. Wir haben allerdings den Begriff der *entäusserten Arbeit*, (des *entäusserten Lebens*) aus der Nationalökonomie als Resultat aus der *Bewegung des Privateigenthums* gewonnen. Aber es zeigt sich bei Analyse dieses Begriffes, daß, wenn das Privateigenthum als Grund, als Ursache der entäusserten Arbeit erscheint, es vielmehr eine Consequenz der selben ist... „ (I.2/243f; 40/519f).[40]

Marx' Analyse begann mit einem „nationalökonomischen Factum". Mit der entfremdeten Arbeit beansprucht er, „den Begriff dieses factums ausgesprochen" (I.2/242; 40/518) zu haben. Indem Marx die kapitalistische Produktion als System entfremdeter Arbeit, die das Privateigentum, die Habsucht, die Konkurrenz etc. zur Folge hat, entwickelte, hat er den Gegenstand der Nationalökonomie in einer bestimmten Weise rekonstruiert: Der ökonomische Zusammenhang, den die Nationalökonomen nur unbegriffen reproduzieren, wurde von Marx auf eine anthropologische Grundlage zurückgeführt.[41]
Den nationalökonomischen Begriffen unterlegte Marx anthropologische: aus dem Arbeiter wurde der Mensch, aus der Produktion die Gattungstätigkeit, aus dem Produkt die Vergegenständlichung des Gattungswesens. Marx übersetzte die (bekannten) *nationalökonomischen Sachverhalt*e, daß dem Lohnarbeiter sein Produkt nicht gehört und daß seine Arbeit erzwungen ist, um sein Leben zu erhalten, in eine *anthropologische Konstruktion*, daß sich der Mensch von seinem eigenen Wesen entfremdet habe. Damit wird auch der oben angesprochene Unterschied, den Marx zwischen „fassen" und „begreifen" macht, klar: Die Nationalökonomie „faßt" zwar den *nationalökonomischen* Zusammenhang, sie ist aber nicht in der Lage ihn *anthropologisch* als *Ausdruck der*

---

40) Diese Erkenntnis ist aber nicht zu jeder Zeit möglich, sondern an bestimmte soziale Bedingungen geknüpft: „Erst auf dem letzten Culminationspunkt der Entwicklung des Privateigenthums tritt dieses sein Geheimniß wieder hervor, nämlich, einerseits, daß es das *Produkt* der entäußerten Arbeit und zweitens, daß es das *Mittel* ist, durch welches sich die Arbeit entäussert, die *Realisation dieser Entäusserung*." (I.2/244; 40/520)

41) Damit ist auch die Möglichkeit der systematischen Darstellung der ökonomischen Kategorien gegeben: „Wie wir aus dem Begriff der *entfremdeten, entäusserten Arbeit* den Begriff des *Privateigenthums* durch *Analyse* gefunden haben, so können mit Hülfe dieser beiden factoren alle nationalökonomischen *Categorien* entwickelt werden" (I.2/245; 40/521). Ein erster Versuch dieser systematischen Entwicklung könnte sich in dem zum größten Teil nicht überlieferten Heft II der *Manuskripte* befunden haben.

Entfremdung zwischen dem Menschen und seinem Wesen zu „begreifen".[42] Das bedeutet aber auch, daß die Nationalökonomie nicht einfach „falsch" ist. Vielmehr hat „die Nationalökonomie nur die Gesetze der entfremdeten Arbeit ausgesprochen" (I.2/244; 40/520). Die Nationalökonomie bleibt der Entfremdung verhaftet; sie geht kritiklos von den entfremdeten Verhältnissen aus und betrachtet sie als natürliche. Die Nationalökonomie ist Wissenschaft nur *innerhalb* der Entfremdung. In Heft III, nachdem sich Marx auch etwas stärker über die Unterschiede in den Lehren der einzelnen Nationalökonomen klar geworden ist, begreift er die Entwicklung der Nationalökonomie unter dem Aspekt der Entwicklung einer Wissenschaft von der Entfremdung, die immer „zynischer" wird.[43] Dieser Zynismus der Nationalökonomie ist nicht Resultat der individuellen Borniertheit oder Interessiertheit der einzelnen Ökonomen, sondern objektiver Ausdruck der Verhältnisse selbst, die innerhalb der Entfremdung von der Nationalökonomie auf ihren Begriff gebracht werden. Die entfremdeten Verhältnisse werden von der Nationalökonomie als die natürlichen, menschlichen genommen. Zusammenfassend heißt es in dem nach den *Manuskripten* entstandenen Mill-Exzerpt:

„Die Nationalökonomie nun faßt das *Gemeinwesen* des *Menschen*, oder ihr sich bethätigendes *Menschenwesen*, ihre wechselseitige Ergänzung zum Gattungsleben, zum wahrhaft menschlichen Leben unter der Form des *Austausches* und des *Handels* auf. (...) Man sieht, wie die Nationalökonomie die *entfremdete* Form des geselligen Verkehrs als die *wesentliche* und *ursprüngliche* und der Menschlichen Bestimmung entsprechende *fixirt*. Die Nationalökonomie – wie die wirkliche Bewegung – geht aus von dem *Verhältniß des Menschen zum Menschen* als dem des *Privateigenthümers zum Privateigenthümer*." (IV.2/453; 40/451f)

Marx hat den affirmativen Charakter der Anthropologie der klassischen politischen Ökonomie klar erkannt: der entfremdete Mensch wird von der Nationalökonomie als der wahre Mensch aufgefaßt. Die kapitalistische Warenproduktion ist daher auch die dem Menschen entsprechende Welt.

An den einzelnen Analysen und Begriffsbildungen der Nationalökonomie hat Marx noch nicht viel auszusetzen, dies geschieht erst später. Was Marx kritisiert ist die anthropologische Hypostasierung des Warenproduzenten zum Menschen schlechthin. Allerdings kritisiert Marx nicht die anthropologische Begründung der Ökonomie überhaupt, sondern nur die spezielle Anthropolo-

42) Vergl. dazu auch Rancière (1965, S.16ff). Rancière spricht in diesem Zusammenhang von einem auf Zweideutigkeiten beruhenden Wortspiel (einer „Amphibologie").

43) „Wenn also jene Nationalökonomie unter dem Schein der Anerkennung des Menschen, seiner Selbstständigkeit, Selbstthätigkeit, etc beginnt... so muß sie bei weitrer Entwicklung diese *Scheinheiligkeit* abwerfen, in ihrem *ganzen Cynismus* hervortreten und sie thut dieß, indem sie – unbekümmert um alle scheinbaren Widersprüche, worin diese Lehre sie verwickelt – viel *einseitiger*, darum *schärfer* und *consequenter* die *Arbeit* als das einzige *Wesen des Reichthums* entwickelt, die Consequenzen dieser Lehre... als *Menschenfeindliche* nachweist... Nicht nur wächst der *Cynismus* der Nationalökonomie von Smith über Say bis zu Ricardo, Mill etc..., sondern auch positiv gehn sie immer und mit Bewußtsein weiter in der Entfremdung gegen den Menschen als ihr Vorgänger, aber *nur*, weil ihre Wissenschaft sich consequenter und wahrer entwickelt." (I.2/258; 40/531)

gie der Nationalökonomie, der er eine andere Anthropologie gegenüberstellt. In seiner Ökonomiekritik hat sich Marx also nicht von dem *Anthropologismus* gelöst, der das theoretische Feld der politischen Ökonomie charakterisierte. Sowohl die Nationalökonomie, als auch die von Marx geübte Kritik finden ihr letztes Fundament in einer Anthropologie, in einem bestimmten „Wesen" des Menschen. Während die Nationalökonomie ihren Wesensbegriff *affirmativ* verwendet, benutzt Marx seinen Wesensbegriff jedoch *kritisch* gegenüber den wirklichen Verhältnissen.

5. Menschliches Wesen (Kritik der Hegelschen Philosophie, Fortsetzung)

Der Marxsche Begriff vom Wesen des Menschen, der in den *Ökonomisch-philosophischen Manuskripten* entfaltet wird, bildete 1844 die Grundlage für die Kritik der Nationalökonomie. Die Frage, ob dieser Wesensbegriff auch noch für die Kritik der politischen Ökonomie in den *Grundrissen* und im *Kapital* konstitutiv ist, steht im Mittelpunkt des Streits über Kontinuität und Diskontinuität der theoretischen Entwicklung von Marx (vergl. dazu das nächste Kapitel). Dieser Begriff vom menschlichen Wesen soll nun eingehender untersucht werden.

Bereits oben wurde kurz angedeutet, daß der Marxsche Begriff des menschlichen Gattungswesen über den Feuerbachschen hinausgeht, insofern Marx die Gegenständlichkeit des Gattungswesens als *gegenständliche Produktion* begreift. Für Feuerbach waren dagegen Vernunft, Wille und Herz die wichtigsten menschlichen Wesensbestimmungen (Feuerbach 1841, S.39). Daher sah er in der Religion die entscheidende Gestalt der menschlichen Entfremdung, in der das verborgene menschliche Wesen sichtbar wird.[44] Für Marx wird das menschliche Wesen nun in einem ganz anderen Bereich sichtbar:

> „Man sieht, wie die Geschichte der *Industrie* und das gewordne *gegenständliche* Dasein der Industrie das *aufgeschlagne* Buch der *menschlichen Wesenskräfte*, die sinnlich vorliegende menschliche *Psychologie* ist, die bisher nicht in ihrem Zusammenhang mit dem *Wesen* des Menschen, sondern immer nur in einer äussern Nützlichkeitsbeziehung gefaßt wurde, weil man – innerhalb der Entfremdung sich bewegend – nur das allgemeine Dasein des Menschen, die Religion, oder die Geschichte in ihrem abstrakt-allgemeinen Wesen, als Politik, Kunst, Litteratur etc als Wirklichkeit der menschlichen Wesenskräfte und als *menschliche Gattungsakte* zu fassen wußte. In der *gewöhnlichen, materiellen Industrie*... haben wir unter der Form *sinnlicher, fremder, nützlicher Gegenstände*, unter der Form der Entfremdung, die vergegenständlichten *Wesenskräfte* des Menschen vor uns." (I.2/271; 40/542f)

In die Gegenständlichkeit des menschlichen Gattungswesens ist auch *Geschichtlichkeit* eingeschlossen, insofern die Industrie „das wirkliche *ge-*

---

44) „Das Bewußtsein Gottes ist das Selbstbewußtsein des Menschen, die Erkenntnis Gottes die Selbsterkenntnis des Menschen. (...) Gott ist das offenbare Innere, das ausgesprochene Selbst des Menschen; die Religion die feierliche Enthüllung der verborgenen Schätze des Menschen" (Feuerbach 1841, S.53).

schichtliche Verhältniß der Natur und daher der Naturwissenschaft zum Menschen" ist (I.2/272; 40/543, Herv. von mir). Marx folgert daher, daß

„die *ganze sogenannte Weltgeschichte* nichts anders ist als die Erzeugung des Menschen durch die menschliche Arbeit, als das Werden der Natur für den Menschen" (I.2/274; 40/546).

In der geschichtlichen Entwicklung entfalten sich somit die Wesenskräfte des Menschen. Dabei ist jedoch zu beachten, daß nicht davon die Rede ist, daß sich das menschliche Wesen selbst ändern würde, es sind vielmehr die ihm innewohnenden Potenzen, die nach und nach realisiert werden.

Marx nimmt hier wesentliche Motive des Hegelschen Arbeitsbegriffes auf, wie sie im Abschnitt über Herrschaft und Knechtschaft in der *Phänomenologie des Geistes* entwickelt wurden. Dort argumentierte Hegel, daß der Knecht, der für den Herrn arbeiten muß, durch diese Arbeit gerade seine Naturüberlegenheit und seine Geistigkeit beweist. In der Anschauung des Produkts der Arbeit, seinem Werk, könne sich der Knecht daher selbst erkennen.[45] Aus dieser Selbsterkenntnis im eigenen Werk wird bei Marx die Verwirklichung des menschlichen Gattungswesen.

Während Gegenständlichkeit als Entfaltung der produktiven Kräfte und Geschichtlichkeit über die Feuerbachschen Wesensbestimmungen weit hinausreichen, wird dessen Einfluß bei der Betonung der *Sinnlichkeit* des menschlichen Wesens wieder sehr deutlich.[46] Marx hebt hervor, daß die positive Aufhebung des Privateigentums „die *sinnliche* Aneignung des menschlichen Lebens" (I.2/268; 40/539) sei:

„Das Privateigenthum hat uns so dumm und einseitig gemacht, daß ein Gegenstand erst der *unsrige* ist, wenn wir ihn haben... An die Stelle *aller* physischen und geistigen Sinne ist daher die einfache Entfremdung *aller* dieser Sinne, der Sinn des *Habens* getreten. (...) Die Aufhebung des Privateigenthums ist daher die vollständige *Emancipation* aller menschlichen Sinne und Eigenschaften" (I.2/268f; 40/540).[47]

---

45) „Die Arbeit hingegen ist *gehemmte* Begierde, *aufgehaltenes* Verschwinden, oder sie *bildet*. Die negative Beziehung auf den Gegenstand wird zur Form desselben und zu einem *Bleibenden*, weil eben dem Arbeitenden der Gegenstand Selbständigkeit hat. Diese *negative* Mitte oder das formierende *Tun* ist zugleich die Einzelheit oder das reine Fürsichsein des Bewußtseins, welches nun in der Arbeit außer es in das Element des Bleibens tritt; das arbeitende Bewußtsein kommt also hierdurch zur Anschauung des selbständigen Seins *als seiner selbst*." (Hegel 1807, S.153f)

46) Schuffenhauer (1972, S.114ff) und vor allem Alfred Schmidt (1973) wiesen darauf hin, daß auch Feuerbach die Geschichtlichkeit des menschlichen Wesens hervorgehoben habe. Sie können allerdings nur auf einzelne Bemerkungen, vor allem in posthum veröffentlichten Schriften verweisen, die jedoch keine Gesamtkonzeption erkennen lassen.

47) Daraus folgt für Marx das Programm einer Reformulierung der gesamten Wissenschaften: „Die *Sinnlichkeit* (siehe Feuerbach) muß die Basis aller Wissenschaft sein. (...) Die Naturwissenschaft wird später eben so wohl die Wissenschaft von dem Menschen, wie die Wissenschaft von dem Menschen die Naturwissenschaft unter sich subsumiren: es wird *eine* Wissenschaft sein. Der *Mensch* ist der unmittelbare Gegenstand der Naturwissenschaft; denn die unmittelbare *sinnliche Natur* für den Menschen ist unmittelbar die menschliche Sinnlichkeit... Die *gesellschaftliche* Wirklichkeit der Natur und die *menschliche* Naturwissenschaft oder die *natürliche Wissenschaft vom Menschen* sind identische Ausdrücke" (I.2/272f; 40/543f). Ein solches Programm war auch schon bei Feuerbach (1843b, S.155) kurz angedeutet.

Allerdings geht Marx auch hier über Feuerbach hinaus, wenn er die *Geschichtlichkeit* des Menschen, gerade auch im Bereich der Sinne betont und festhält, die Bildung der fünf Sinne sei „eine Arbeit der ganzen bisherigen Weltgeschichte" (I.2/270; 40/541f).

Die über Feuerbach hinausreichenden Bestimmungen des menschlichen Gattungswesens führen auch zu einer von Feuerbach abweichenden Einschätzung Hegels. Im dritten Heft der *Manuskripte* setzte sich Marx an drei längeren Stellen mit der Hegelschen Philosophie auseinander.[48] Den Junghegelianern und insbesondere Bruno Bauer wirft Marx dort vor, trotz all ihrer Kritik noch innerhalb der Hegelschen Logik befangen zu sein. Nur Feuerbach habe ein „kritisches Verhältnis" zur Hegelschen Dialektik (I.2/276; 40/569). Allerdings merkt Marx zur Feuerbachschen Ablehnung der Hegelschen „Negation der Negation" kritisch an, daß sie dabei „*nur* als Widerspruch der Philosophie mit sich selbst" aufgefaßt werde (I.2/277; 40/570). Demgegenüber hält Marx fest, mit der Negation der Negation habe Hegel

> „nur den *abstrakten, logischen, spekulativen* Ausdruck für die Bewegung der Geschichte gefunden, die noch nicht *wirkliche* Geschichte des Menschen als eines vorausgesezten Subjekts, sondern erst *Erzeugungsakt, Entstehungsgeschichte* des Menschen ist" (ebd.).

Marx billigt Hegel zu, daß er – im Gegensatz zu Feuerbach – das geschichtliche Werden des Menschen erfaßt habe, wenn auch nur in spekulativer und abstrakter Weise.[49] Es sind gerade die beiden Momente, in denen sich die Marxsche Wesenskonzeption von derjenigen Feuerbachs unterscheidet, die Geschichtlichkeit und die Gegenständlichkeit als Produktion, als Selbsterzeugung des Menschen, die Marx auch bei Hegel wiederfindet. Marx kommt daher zu dem Schluß:

> „Hegel steht auf dem Standpunkt der modernen Nationalökonomen. Er faßt die *Arbeit* als das *Wesen*, als das sich bewährende Wesen des Menschen" (I.2/292f; 40/574).

Marx kritisiert allerdings, daß Hegel Geschichtlichkeit und Arbeit nur in spekulativer Weise auffaßt, daß die Arbeit, die Hegel allein kennt, die „abstrakt

---

48) Wie aus der am Ende von Heft III befindlichen Vorrede hervorgeht, plante Marx ein Schlußkapitel zur Kritik der Hegelschen Dialektik (I.2/317; 40/468). Bis auf den Text in der neuen MEGA wurden in allen bisherigen Editionen diese drei Einschübe zu einem solchen Schlußkapitel vereinigt. Der innere Zusammenhang mit dem jeweiligen Kontext geht dabei aber verloren. Da es mir nicht auf einen systematischen Kommentar des gesamten Marxschen Textes, sondern nur auf den Zusammenhang zwischen der Marxschen Wesensphilosophie und der Beurteilung Hegels ankommt, werden die drei Einschübe zu Hegel hier ebenfalls zusammen behandelt.

49) So sieht Marx die Bedeutung der *Phänomenologie des Geistes* gerade darin, „daß Hegel die Selbsterzeugung des Menschen als einen Proceß faßt, die Vergegenständlichung als Entgegenständlichung, als Entäusserung, und als Aufhebung dieser Entäusserung; daß er also das Wesen der *Arbeit* faßt und den gegenständlichen Menschen, wahren, weil wirklichen Menschen, als Resultat seiner *eignen Arbeit* begreift. Das *wirkliche, thätige* Verhalten des Menschen zu sich als Gattungswesen, d.h. als menschlichen Wesens, ist nur möglich dadurch, daß er wirklich alle seine *Gattungskräfte* – was wieder nur durch das Gesammtwirken des Menschen möglich ist, nur als Resultat der Geschichte – heraus schafft, sich zu ihnen als Gegenständen verhält, was zunächst wieder nur in der Form der Entfremdung möglich ist." (I.2/292; 40/574)

geistige“ (ebd.) sei. Dies hat auch Konsequenzen für seinen Entfremdungsbegriff: Da Hegel die Entfremdung bereits in der Vergegenständlichung erblickt, kann er die wirkliche Entfremdung nicht aufheben, sondern nur ins Bewußtsein zurücknehmen, indem er ihre vergegenständlichte Form beseitigt. Im Gegensatz zu Feuerbach sieht Marx aber als positives Moment bei Hegel,

„die innerhalb der Entfremdung ausgedrückte Einsicht von der *Aneignung* des gegenständlichen Wesens durch die Aufhebung seiner Entfremdung, die entfremdete Einsicht in die *wirkliche Vergegenständlichung* des Menschen“ (I.2/301; 40/583).

Sowohl Nationalökonomie wie die Hegelsche Philosophie sind für Marx Wissenschaften *innerhalb der Entfremdung*. So sei der „philosophische Geist“ nichts „als der innerhalb seiner Selbstentfremdung denkend, d.h. abstrakt sich erfassende entfremdete Geist der Welt“, womit sich dann die eindringlichste Analogie zur Nationalökonomie ergibt: „Die *Logik* – das *Geld* des Geistes…“ (I.2/ 278; 40/571). Geld in der Ökonomie und logische Abstraktion in der (Hegelschen) Philosophie: beide sind gegenüber der Konkretion menschlichen Lebens nicht nur gleichgültig, sondern erheben sich über sie; in beiden Bereichen findet sich dieselbe Verkehrung von Subjekt und Prädikat.

Diesen Wissenschaften, die innerhalb der Entfremdung verbleiben, setzt Marx den „wahren Materialismus“ und die „reelle Wissenschaft“ entgegen, deren Gründer Feuerbach sei (I.2/276; 40/570). Diese reelle Wissenschaft zeichne sich gerade dadurch aus, daß sie das menschliche Wesen nicht in seiner entfremdeten, sondern in seiner wirklichen Gestalt erfasse. Allerdings verlangt diese wirkliche Gestalt erst noch ihre praktische Verwirklichung – im Kommunismus.

6. Kommunismus: Ursprünglichkeit und Utopie

Indem Marx die Gegenständlichkeit des menschlichen Gattungswesens als gegenständliche Produktion auffaßt und diese als geschichtlichen Prozeß begreift, ist die ahistorische Anthropologie Feuerbachs bereits unterminiert.[50] Dies gilt aber nur für die *inhaltliche* Bestimmung des Gattungswesens. Die *Struktur* des Marxschen Diskurses ist nach wie vor die einer anthropologischen Wesensphilosophie. Dies wird besonders deutlich an der *Gesellschaftlichkeit* des Gattungswesens. Bei Feuerbach taucht diese Gesellschaftlichkeit nur als „Einheit des Menschen mit dem Menschen“ auf.[51] Indem Marx un-

50) Kratz hat zwar recht, wenn er betont, daß diese „Geschichtlichkeit“ kein „Hinausgehen über Feuerbach in Richtung auf die Position des historischen Materialismus von 1845/46“ ist, sondern sich eher dem junghegelianischen Prozeßdenken verdankt (Kratz 1979, S.338). Aber in jedem Fall kollidiert diese Geschichtlichkeit mit der ahistorischen Anthropologie Feuerbachs.

51) „Der einzelne Mensch für sich hat das Wesen des Menschen weder in sich als moralischem, noch in sich als denkendem Wesen. Das Wesen des Menschen ist nur in der Gemeinschaft, in der Einheit des Menschen mit dem Menschen enthalten… Das höchste und letzte Prinzip der Philoso-

mittelbar an dieser Auffassung anknüpft,[52] verbleibt er auf Feuerbachschem Terrain: die gesellschaftliche Wirklichkeit wird als *Objektivierung* des menschlichen Wesens aufgefaßt, Gesellschaftlichkeit wird durch das dem einzelnen Individuen innewohnende Gattungswesen hergestellt. Ausdrücklich hält Marx fest:

„Es ist vor allem zu vermeiden die 'Gesellschaft' wieder als Abstraktion dem Individuum gegenüber zu fixiren. Das Individuum *ist* das *gesellschaftliche Wesen*." (I.2/267; 40/538)[53]

Damit geht Marx hier vom selben *Individualismus* aus wie die politische Ökonomie: Gesellschaft wird unmittelbar durch die Wesenseigenschaften der Individuen konstituiert und ist daher auch nur von diesen Wesenseigenschaften her zu begreifen.[54] Während die politische Ökonomie die vorhandene Gesellschaft aber schon als die menschliche Gesellschaft nimmt, stellt Marx aufgrund der Entfremdung der Menschen von ihrem Gattungswesen fest, daß die vorhandene Gesellschaft lediglich die Objektivierung dieser Entfremdung ist, daß die Menschen von der wahren Gesellschaftlichkeit getrennt sind.[55]
Diese wahre Gesellschaftlichkeit kann erst durch den Kommunismus hergestellt werden. Für dessen höchste Phase gilt:

„Der *Communismus* als *positive* Aufhebung des *Privateigenthums* als *menschlicher Selbstentfremdung* und darum als wirkliche *Aneignung* des *menschlichen* Wesens durch und für den Menschen;

---

phie ist daher die Einheit des Menschen mit dem Menschen." (Feuerbach 1843b, S.156f)

52) In einem Brief vom 11.8.1844 (also gegen Ende seiner Arbeit an den *Manuskripten*) schrieb Marx an Feuerbach: „Sie haben – ich weiß nicht, ob absichtlich – in diesen Schriften [*Philosophie der Zukunft* und *Wesen des Glaubens*, M.H.] dem Socialismus eine philosophische Grundlage gegeben, und die Communisten haben diese Arbeiten auch sogleich in dieser Weise verstanden. Die Einheit d. Menschen mit d. Menschen, die auf dem realen Unterschied der Menschen begründet ist, der Begriff der Menschengattung aus dem Himmel der Abstraktion auf die wirkliche Erde herabgezogen, was ist er anders als der Begriff der *Gesellschaft*?" (III.1/63; 27/425) Eine Antwort von Feuerbach ist nicht überliefert.

53) Vergl. auch im Mill-Exzerpt: „Indem das *menschliche* Wesen das *wahre Gemeinwesen* der Menschen, so *schaffen*, produciren die Menschen durch Bethätigung ihres *Wesens* das menschliche *Gemeinwesen*" (IV.2/452; 40/451).

54) Zwar ist Mader (1986, S.187) zuzustimmen, wenn er feststellt, daß „Marx einerseits das Individuum voraussetzt, indem er ihm das Gattungswesen als 'stumme Allgemeinheit' unterlegt und andererseits die Sozialität für die Konstitution des Individuums als Voraussetzung auffaßt. Einmal also begreift Marx das Individuum als ein mit Wesenskräften ausgerüstetes und zur Gesellschaftlichkeit fähiges Individuum, während er es gleichzeitig als ein sich in Verhältnissen verhaltendes Individuum darstellt, das durch die Verhältnisse konstituiert ist und deshalb zur Konstitution von Verhältnissen fähig ist." Während aber die erste von Mader aufgeführte Seite für den Diskurs der *Manuskripte* konstitutiv ist, tritt die zweite nur andeutungsweise und vereinzelt auf, etwa in der Bemerkung „*wie* die Gesellschaft selbst den *Menschen* als *Menschen* producirt, so ist sie durch ihn *producirt*" (I.2/264; 40/537).

55) In den *Randglossen zu 'Der König von Preußen und die Sozialreform'* heißt es über diese Gesellschaftlichkeit des menschlichen Wesens, das „wahre Gemeinwesen": „Das *Gemeinwesen* aber, von welchem der Arbeiter *isolirt* ist, ist ein Gemeinwesen von ganz andrer Realität und ganz andrem Umfang als das *politische* Gemeinwesen. Dies Gemeinwesen, von welchem ihn *seine eigene Arbeit* trennt, ist das *Leben* selbst, das physische und geistige Leben, die menschliche Sittlichkeit, die menschliche Thätigkeit, der menschliche Genuß, das *menschliche* Wesen. Das *menschliche Wesen* ist das *wahre Gemeinwesen* der Menschen." (I.2/462; 1/408)

darum als vollständige, bewußt und innerhalb des ganzen Reichthums der bisherigen Entwicklung gewordene Rückkehr des Menschen für sich als eines *gesellschaftlichen*, d.h. menschlichen Menschen. Dieser Communismus ist als vollendeter Naturalismus = Humanismus, als vollendeter Humanismus = Naturalismus, er ist die *wahrhafte* Auflösung des Widerstreits des Menschen mit der Natur und mit dem Menschen, die wahre Auflösung zwischen Existenz und Wesen, zwischen Vergegenständlichung und Selbstbestätigung, zwischen Freiheit und Nothwendigkeit, zwischen Individuum und Gattung. Er ist das aufgelöste Rätsel der Geschichte und weiß sich als diese Lösung." (I.2/263; 40/536)

Hier finden sich die wichtigsten strukturellen Momente der Marxschen Wesens- und Entfremdungskonzeption versammelt. Die Wirklichkeit wird mit einem idealen menschlichen Wesen konfrontiert, wobei eine Nichtübereinstimmung, ein Widerstreit von Existenz und Wesen, eine Entfremdung vom wirklichen Wesen festgestellt wird. Dieser Widerstreit soll im Kommunismus aufgelöst sein.[56]

Wenn Marx vom Kommunismus als der „Rückkehr"[57] des Menschen zu seinem menschlichen Wesen spricht, so ist damit ein *ursprünglicher* Zustand impliziert, in welchem der Mensch sein menschliches Wesen noch besaß. Diese Implikation folgt notwendig aus der Konzeption der Entfremdung, die ja nichts anderes bedeuten kann als Trennung, *Verlust* einer ursprünglichen Einheit, eben des Menschen mit seinem eigentlichen, wahren Wesen.[58] Einen Zustand als Verlust zu analysieren, unterstellt aber immer schon einen anderen Zustand vor diesem Verlust. Allerdings geht Marx nicht so weit, eine bestimmte historische Phase als nicht-entfremdete zu verklären, womit allerdings die Frage nach dem Status dieses ursprünglichen Zustandes aufgeworfen wird.[59]

Noch stärker als in den *Manuskripten* findet sich im *Mill-Exzerpt* eine Gegenüberstellung der bürgerlichen, entfremdeten Gesellschaft mit der menschlichen, wirklichen Gesellschaftlichkeit. Der wechselseitigen Instrumentalisierung der Bedürfnisse im Warentausch setzt Marx emphatisch die „menschliche" Produktion entgegen:

---

56) Daß Kommunismus und Atheismus nur die notwendigen *Vermittlungen* dieses Zustandes sind, wird an anderer Stelle festgehalten: „Der Atheismus ist der durch Aufhebung der Religion, der Communismus der durch Aufhebung des Privateigenthums mit sich vermittelte Humanismus. Erst durch die Aufhebung dieser Vermittelung – die aber eine nothwendige Voraussetzung ist – wird der positiv von sich selbst beginnende, der *positive* Humanismus" (I.2/301; 40/583, vergl. auch I.2/274f; 40/546).

57) Vergl. neben der gerade zitierten Stelle auch die folgende: „Die positive Aufhebung des *Privateigenthums*, als die Aneignung des *menschlichen* Lebens, ist daher die positive Aufhebung aller Entfremdung, also die Rückkehr des Menschen aus Religion, Familie, Staat etc. in sein *menschliches*, d.h. *gesellschaftliches* Dasein." (I.2/264; 40/537)

58) Die Rede von einem ursprünglichen, nicht-entfremdeten Zustand „unterläuft" Marx also nicht wie Sost (1980, S.66) meinen; Entfremdung kann gar nicht anders thematisiert werden.

59) Ein weiteres Problem, das die Entfremdungskonzeption aufwirft, ist die Erklärung, wie es überhaupt zur Entfremdung gekommen ist. Bei Marx heißt es nur sehr spekulativ: „Eben darin, daß *Theilung der Arbeit* und *Austausch* Gestaltungen des Privateigenthums sind, eben darin liegt der doppelte Beweis, sowohl daß das *menschliche* Leben zu seiner Verwirklichung des *Privateigenthums* bedurfte, wie andrerseits, daß es jezt der Aufhebung des Privateigenthums bedarf." (I.2/313; 40/561f)

„Gesezt wir hätten als Menschen producirt: Jeder von uns hätte in seiner Production sich selbst und den andern *doppelt bejaht*. Ich hätte 1) in meiner *Production* meine *Individualität*, ihre *Eigenthümlichkeit* vergegenständlicht... 2) In deinem Genuß oder Deinem Gebrauch meines Produkts hätte ich *unmittelbar* den Genuß... ein menschliches Bedürfniß befriedigt, also das menschliche Wesen vergegenständlicht... zu haben, 3) für dich der *Mittler* zwischen dir und der Gattung gewesen zu sein, also von dir selbst als eine Ergänzung deines eignen Wesens... empfunden zu werden... 4) in meiner individuellen Lebensäusserung unmittelbar Deine Lebensäusserung geschaffen zu haben, also in meiner individuellen Thätigkeit unmittelbar mein wahres Wesen, mein *menschliches*, mein *Gemeinwesen bestätigt* und *verwirklicht* zu haben. (...) Meine Arbeit wäre *freie Lebensäusserung*, daher *Genuß des Lebens*." (IV.2/465f; 40/462f) [60]

Demgegenüber gilt für den gegenwärtigen Zustand:

„unsere Productionen sind keine Production des Menschen für den Menschen als Menschen, d.h. keine *gesellschaftliche* Production.... Denn nicht das *menschliche Wesen* ist das Band unserer Productionen füreinander." (IV.4/462f; 40/459)

Marx steht hier an der Grenze zum utopischen Sozialismus. Aus seiner Anthropologie destilliert er einen dem menschlichen Wesen entsprechenden Gesellschaftszustand heraus und stellt ihn der Wirklichkeit als Ideal gegenüber. Dazu paßt, daß er an anderer Stelle davon spricht, daß *„solange der Mensch sich nicht als Mensch erkennt* und daher die Welt menschlich organisirt hat, erscheint dieß Gemeinwesen unter der Form der Entfremdung" (IV.2/452; 40/451, Herv. von mir). Hier sieht es so aus, als ob der Übergang vom entfremdeten zum nicht-entfremdeten Zustand lediglich eine Frage der Erkenntnis sei.
Zwar enthält sich Marx der Systembastelei der utopischen Sozialisten, doch speist sich seine Kritik an den kapitalistischen Verhältnissen hier ganz deutlich aus der Konfrontation mit einem „dem Menschen" angemessenen gesellschaftlichen Zustand. Die letzten Endes moralische Kritikfigur, die die schlechte Wirklichkeit am wahren menschlichen Wesen mißt, wird durch die teleologischen Momente der Marxschen Geschichtskonzeption, die die Verwirklichung des menschlichen Wesens als Ziel der Geschichte ausgibt, verdeckt.
Ein solches „Abgleiten in Formen utopischer Gesellschaftskritik" (Sost 1980, S.29) ist aber nicht ohne weiteres zu beheben. Dies wird aber von Sost unterstellt, wenn sie im „wenig später geschriebenen" dritten Heft der *Manuskripte* die „unmißverständliche Korrektur bisheriger Unzulänglichkeiten" (Sost 1980, S.30) zu finden glauben. Als Beleg zitieren sie den Satz:

„Daß in der Bewegung des *Privateigenthums*, eben der Oekonomie, die ganze revolutionaire Bewegung sowohl ihre empirische, als theoretische Basis findet, davon ist die Nothwendigkeit leicht einzusehn." (I.2/263; 40/536)

60) Bereits in den *Manuskripten* tendierte Marx dazu, industrielle Arbeit mit entfremdeter Arbeit gleichzusetzen (vergl. Menzel 1977 zu den unterschiedliche Verwendungsweisen von „Industrie"). Indem er hier auf die unmittelbare Beziehung des Produzenten sowohl zu seinem Produkt als auch zu dem anderen, der es konsumiert, abstellt, drängt sich (die von Marx allerdings nicht ausgesprochene) Vorstellung handwerklicher Produktion auf. Auf jeden Fall wird der Arbeitsprozeß noch als bloß individueller Prozeß zwischen Mensch und Natur und nicht als durch Teilung der Arbeit und (nur kollektiv mögliche) Anwendung von Technik und Naturkräften vergesellschafteter Prozeß aufgefaßt.

Entgegen der für diese Argumentation notwendigen Annahme von Sost, sind aber die Mill-Exzerpte erst *nach* Heft III entstanden. Daran wird deutlich, daß die „Korrektur bisheriger Unzulänglichkeiten" eben nicht durch bloße Glaubensbekenntnisse erfolgen kann (und nichts anderes stellt die zitierte Aussage zu diesem Zeitpunkt der Marxschen Entwicklung dar), auch wenn darin spätere Resultate vorweggenommen werden. Die aufgezeigten Unzulänglichkeiten sind vielmehr Folge der Entfremdungskonzeption selbst und daher nur durch eine grundlegend neue Konzeption zu überwinden.

7. Auflösungsmomente der Marxschen Konzeption

Mit den *Ökonomisch-philosophischen Manuskripten* hatte sich Marx endgültig einem neuen *Gegenstandsbereich* zugewendet, der Ökonomie. Allerdings geschah dies mit dem theoretischen Instrumentarium der Feuerbachschen Anthropologie. Marx hatte eine Kritik der Nationalökonomie konzipiert, die nicht bloß auf die Kritik einzelner Theorien abzielte, sondern auf eine Kritik der Nationalökonomie *als Wissenschaft*. Diese Kritik erfolgte analog der Feuerbachschen Religionskritik: so wie dieser die Religion als eine Gestalt menschlicher Selbstentfremdung aufgefaßt hatte, begreift jetzt Marx die Nationalökonomie als Entfremdung des Menschen von seinem Wesen.

Die Marxsche Ökonomiekritik ist noch in dem selben theoretischen Feld wie die kritisierte politische Ökonomie befangen. Der *Anthropologismus* der Marxschen Konzeption wurde schon ausführlich dargestellt. Wie für die politische Ökonomie ist auch für die Marxsche Kritik ein bestimmtes „Wesen" des Menschen konstitutiv. Während die politische Ökonomie den empirischen Warenbesitzer schon als „den" Menschen nimmt, ist dieser für Marx der von seinem Wesen entfremdete Mensch. Weiter kann man auch bei Marx von einem *Individualismus* sprechen, insofern Gesellschaft als Objektivierung eines den Individuen immanenten Wesens aufgefaßt wird. Und indem das „Wesen des Menschen" unmittelbar erkannt werden kann, ist auch die Marxsche Wissenschaftskonzeption *empiristisch*.[61] Lediglich der *Ahistorismus* der politischen Ökonomie ist bei Marx nicht anzutreffen. Allerdings bleibt die Geschichtlichkeit bei Marx noch weitgehend abstrakt, da sie in das Schema ursprüngliche Einheit des Menschen mit seinem Gattungswesen – Entfremdung

61) Genaugenommen handelt es sich hier um einen „spekulativen Empirismus" (im Unterschied zum materialistisch-naturwissenschaftlichen Empirismus), für den dasselbe gilt, was Marx in der *Deutschen Ideologie* über Feuerbach bemerkt: „In der *Anschauung* der sinnlichen Welt, stößt er notwendig auf Dinge, die seinem Bewußtsein und seinem Gefühl widersprechen, die die von ihm vorausgesetzte Harmonie aller Teile der sinnlichen Welt und namentlich des Menschen mit der Natur stören. Um diese zu beseitigen, muß er dann zu einer doppelten Anschauung seine Zuflucht nehmen, zwischen einer profanen, die nur das 'auf platter Hand Liegende', und einer höheren, philosophischen, die das 'wahre Wesen' der Dinge erschaut" (Neuveröffentlichung 1209; 3/42f).

– Aufhebung der Entfremdung eingebettet ist und innerhalb des wesensphilosophischen Ansatzes auch darin eingebettet sein muß.
Zum Kritiker der Nationalökonomie wird Marx nicht dadurch, daß er mit ihrem theoretischen Feld bricht, sondern lediglich durch die Art der *Verwendung* seiner Anthropologie. Während sich die politische Ökonomie mit ihrer Anthropologie *affirmativ* zur gesellschaftlichen Wirklichkeit verhält, benutzt Marx seine Anthropologie als Maßstab der *Kritik* an den wirklichen Verhältnissen und an Nationalökonomie, die diese Verhältnisse bloß widerspiegelt.
Bedingt durch den Wechsel des Gegenstandsbereiches stand bei Marx nicht wie bei Feuerbach das Bewußtsein und die Religion, sondern die Arbeit im Zentrum. Auch war Marx mit der inhaltlichen Füllung des Begriffs vom menschlichen Gattungswesens schon über die *inhaltlichen* Bestimmungen der Feuerbachschen Anthropologie hinausgegangen. Die *Struktur* des Marxschen Diskurses wurde jedoch nach wie vor durch diese Anthropologie geprägt.
Marx selbst war sich seiner theoretischen Abhängigkeit von Feuerbach durchaus bewußt. In einer (von ihm selbst so bezeichneten) „Vorrede", die sich am Ende von Heft III befindet,[62] kündigte er nicht nur weitere Schriften zur Kritik des Rechts, der Moral, der Politik etc. an, er unterstrich auch die Bedeutung Feuerbachs. Nach der Erwähnung der benutzten nationalökonomischen und sozialistischen Literatur schreibt er:

„Ausserdem verdankt die Kritik der Nationalökonomie wie die positive Kritik überhaupt, ihre wahre Begründung den Entdeckungen *Feuerbachs*. Von Feuerbach datirt erst die *positive* humanistische und naturalistische Kritik." (I.2/317; 40/468) [63]

In den folgenden Monaten verfaßte Marx allerdings nicht die angekündigten Kritiken. Ende August wurde er in Paris von Engels besucht, wo beide eine weitgehende Übereinstimmung ihrer Ansichten feststellten. Sie beschlossen gemeinsam eine Kritik an Bruno Bauer zu verfassen; so entstand *Die heilige Familie oder Kritik der kritischen Kritik gegen Bruno Bauer und Konsorten*. Bauer hatte inzwischen seine „Philosophie des Selbstbewußtseins" zu einer abstrakten „reinen Kritik" weiterentwickelt. Für Bauer standen sich nicht mehr Volk und Regierung gegenüber, sondern der „Geist" (in Gestalt der Bauerschen Kritik) und die geistlose „Masse", die er für das Scheitern seiner früheren politischen Ideen verantwortlich machte. Gerade in der „Masse" (dem Proletariat) sahen aber Marx und Engels den künftigen Träger der Revolution. Es lag daher nahe, daß sie Bauer und seine intellektuell immer noch einflußreichen Anhänger einer Kritik unterziehen wollten.

---

62) In den meisten Ausgaben der *Manuskripte* wird diese „Vorrede" dem Text vorangestellt, so daß der Eindruck entsteht, es sei eine Vorrede zu den *Ökonomisch-philosophischen Manuskripten*. Offensichtlich bezieht sich diese Vorrede aber auf ein erst noch (auf der Grundlage der vorhandenen Manuskripte) zu schreibendes Werk.
63) Vergl. auch den bereits zitierten Brief von Marx an Feuerbach vom 11.8.1844, wo Marx betont, Feuerbach habe dem Sozialismus eine philosophische Grundlage gegeben (III.1/63; 27/425).

Bei dieser ersten Abrechnung mit den Junghegelianern faßt Marx einen Teil seiner bisherigen Ergebnisse zusammen, so die Kritik an den verselbständigten Abstraktionen Hegels (2/59-63), die sich auch bei dem Kreis um Bauer wiederfinden. Er kritisiert auch die Proudhonsche Kritik der Nationalökonomie als eine Kritik, die den Standpunkt der Nationalökonomie noch nicht verlassen habe (2/32-44), eine Einschätzung, die das Resultat seiner ökonomischen Studien in den *Ökonomisch-philosophischen Manuskripten* ist.
Ein neues Element tritt in der Analyse des Zusammenhangs von Ideen und materiellen Interessen auf. Gegen die Verselbständigung „der Geschichte" und der „Ideen", die die Geschichte vorwärtstreiben, bemerkt Marx:

„Die '*Idee*' blamierte sich immer, soweit sie von dem '*Interesse*' unterschieden war. Anderseits ist es leicht zu begreifen, daß jedes massenhafte geschichtlich sich durchsetzende '*Interesse*', wenn es zuerst die Weltbühne betritt, in der '*Idee*' oder '*Vorstellung*' weit über seine wirklichen Schranken hinausgeht und sich mit dem *menschlichen* Interesse schlechthin verwechselt." (2/85)

Anhand der Entwicklung des französischen Materialismus wird diese Verknüpfung von Idee und Interesse zu einem Zusammenhang von theoretischer und praktischer Bewegung verallgemeinert:

„So kann man den Sturz der Metaphysik des 17. Jahrhunderts nur insofern aus der materialistischen Theorie des 18. Jahrhunderts erklären, als man diese theoretische Bewegung selbst aus der praktischen Gestaltung des damaligen französischen Lebens erklärt." (2/134)

Wird nun aber der Zusammenhang zwischen der Produktion von Ideen und dem praktischen gesellschaftlichen Leben erkannt, so können Ideen nicht mehr als vernünftige Wesenserkenntnis der Wirklichkeit gegenübergestellt werden. *Die Problematik des Widerstreits von wahrem Wesen und wirklicher Existenz, die bisher das Strukturgerüst des Marxschen Diskurses bildete, ist mit dieser neuen Vorstellung nicht kompatibel.* Neben der Geschichtlichkeit des Gattungswesens ist damit ein zweiter Sprengsatz an die anthropologische Wesensphilosophie gelegt. Allerdings sind sich Marx und Engels darüber noch längst nicht im Klaren. An vielen Stellen wird Feuerbach in der *Heiligen Familie* noch begeistert gefeiert.[64] Die bewußte Kritik Feuerbachs wird aber in den folgenden Monaten das Medium sein, in dem sich eine neue, nicht-anthropologische und nicht-wesensphilosophische Konzeption herausbildet.

64) So spricht Engels von den „genialen Entwickelungen" Feuerbachs" (2/98) und Marx charakterisiert Feuerbachs Bedeutung unter anderem folgendermaßen: „Wie aber *Feuerbach* auf *theoretischem* Gebiete, stellte der französische und englische *Sozialismus* und *Kommunismus* auf *praktischem* Gebiete den mit dem *Humanismus* zusammenfallenden *Materialismus* dar" (2/132). Im Jahre 1867 schreibt Marx nach der erneuten Lektüre der *Heiligen Familie* in einem Brief an Engels, „daß wir uns der Arbeit nicht zu schämen haben, obgleich der Feuerbachkultus jetzt sehr humoristisch auf einen wirkt" (31/290).

Viertes Kapitel

Der Bruch mit dem theoretischen Feld der politischen Ökonomie

In den *Ökonomisch-philosophischen Manuskripten* hatte Marx eine Kritik der Nationalökonomie entwickelt, die wesentlich auf der Feuerbachschen Anthropologie beruhte. Auf dieser Grundlage hatte er gemeinsam mit Engels in der *Heiligen Familie* die Junghegelianer um Bruno Bauer einer vernichtenden Kritik unterzogen und weitere Schriften geplant. Marx beabsichtigte zunächst eine zweibändige *Kritik der Politik und Nationalökonomie* zu schreiben, über die er am 1.2.1845 einen Vertrag mit dem Verleger Leske abschloß. Die ökonomischen Studien, die Marx 1844 in Paris und nach seiner Ausweisung 1845 in Brüssel und Manchester betrieb, waren Vorarbeiten für dieses Unternehmen. Allerdings hat Marx das geplante Werk nicht geschrieben; statt dessen verfaßte 1845/46 gemeinsam mit Engels die *Deutsche Ideologie*, eine erneute Kritik der Junghegelianer. Dieses zweite Gemeinschaftswerk mit Engels wurde allerdings nicht gedruckt. Gegenüber Leske begründete Marx die Verzögerung des zugesagten nationalökonomischen Werkes folgendermaßen:

„Es schien mir nämlich sehr wichtig, eine polemische Schrift gegen die deutsche Philosophie und gegen den seitherigen *deutschen Socialismus* meiner *positiven* Entwicklung *vorherzuschicken*. Es ist dieß nothwendig, um das Publicum auf den Standpunkt meiner Oekonomie, welche schnurstracks der bisherigen deutschen Wissenschaft sich gegenüberstellt, vorzubereiten." (III.2/23; 27/448f)

Dies ist das Eingeständnis, daß das bereits mit der *Heiligen Familie* verfolgte Ziel, durch eine Kritik junghegelianischer Positionen die Darstellung der eigenen Position vorzubereiten, nicht erreicht wurde. Und in der Tat wird in der *Deutschen Ideologie* erstmals (und ganz im Gegensatz zur *Heiligen Familie*) auch Feuerbach einer ausführlichen Kritik unterzogen. Das bedeutet aber, daß implizit auch die Marxsche Konzeption von 1844, die wesentlich auf der Feuerbachschen Anthropologie beruhte, kritisiert wird. 1859 schreibt Marx dann auch im Vorwort von *Zur Kritik der politischen Ökonomie*, in der *Deutschen Ideologie* sei es ihm und Engels darum gegangen, „mit unserm ehemaligen philosophischen Gewissen abzurechnen" (II.2/101f; 13/10).

Wichtige Themen der *Deutschen Ideologie* finden sich bereits in den im Frühjahr 1845 entstandenen *Thesen über Feuerbach* von Marx. Engels bezeichnete sie 1888 rückblickend als „das erste Dokument, worin der geniale Keim der neuen Weltanschauung niedergelegt ist" (21/264). Somit scheinen sowohl Marx als auch Engels im Jahr 1845 eine entscheidende Schnittstelle zu sehen: die Kritik bisher vertretener Auffassungen und den Beginn der Ausarbeitung eines neuen theoretischen Ansatzes.[1]

---

1) Marx äußerte sich lediglich in dem bereits erwähnten Vorwort etwas ausführlicher zu seiner ei-

In der Literatur, die sich mit der Herausbildung der Marxschen Theorie beschäftigt, ist die Bedeutung und das Ausmaß dieser Schnittstelle umstritten. Hier soll nun gezeigt werden, daß es sich bei dieser Selbstkritik nicht um eine Fortschreibung und Präzisierung der früheren Konzeption, sondern um den *Beginn eines radikalen Bruchs* handelte, der erst zu den Vorstellungen von *gesellschaftlicher Wirklichkeit* und von *Wissenschaft* führte, die der ab 1857 entstehenden Kritik der politischen Ökonomie zugrunde liegen.

1. Die Abkehr von der Feuerbachschen Anthropologie

Im Verlauf von nur etwa einem halben Jahr[2] wandelten sich Marx und Engels von begeisterten Feuerbachanhängern zu entschiedenen Kritikern Feuerbachs. Dieser Wandel wurde zwar schon oft konstatiert, Versuche ihn zu erklären, blieben aber selten und unbefriedigend.
So hat Althusser hervorgehoben, daß die theoretischen Entwicklung von Marx durch die „Entdeckung" einer „radikal neuen Realität", der Arbeiterklasse und des Klassenkampfes, bestimmt worden sei (Althusser 1961, S.27ff). Allerdings ist diese eindimensionale Erklärung nicht hinreichend, war doch 1844 die Philosophie Feuerbachs gerade das entscheidende Instrument beim Versuch, diese neue Realität zu begreifen.
In der Einführung zu dem 1998 erschienenen MEGA-Band IV.3, in dem erstmals das Notizbuch mit den *Feuerbachthesen* veröffentlicht ist, wird das Bedürfnis auf Abgrenzung gegenüber Feuerbach auf politische Differenzen zurückgeführt: auf Engels' Einladung, an einer noch zu gründenden kommunistischen Zeitschrift mitzuarbeiten, antwortete Feuerbach im Februar 1845 ausweichend und in Äußerungen gegenüber Dritten zeigte sich Feuerbach dem Sozialismus gegenüber reservierter, als dies von Marx und Engels erwartet worden war (IV.3/475ff). Solche Differenzen können zwar erklären, daß Hoffnungen verschwunden sind, die auf die *Person* Feuerbach gesetzt wurden, sie erklären aber nicht wie die *inhaltliche* Kritik an Feuerbach zustande kam.
Mit Hilfe der Feuerbachschen Anthropologie versuchte Marx 1843/44 die Erfahrung einer revolutionären Arbeiterbewegung theoretisch zu verarbeiten. Auf *interne* Probleme der dabei entstandenen Konzeption wurde schon im letzten Kapitel hingewiesen. Ein entscheidender Anstoß zur Kritik kam jedoch von *außen*: es war die Feuerbachkritik von Stirner. Max Stirner (eigentlich Kaspar Schmidt), ein Junghegelianer aus dem Kreis der Berliner „Freien",

genen Entwicklung. Von Engels gibt es dazu mehrere Äußerungen, die ähnlich der oben zitierten dem Jahr 1845 eine entscheidende Position zuweisen (vergl. etwa 21/212 und 21/357f).
2) Dies ist der Zeitraum zwischen dem Abschluß der *Heiligen Familie* im November 1844 und der ersten Formulierung der Feuerbachkritik im Frühjahr 1845 in den *Thesen über Feuerbach*.

veröffentlichte im Oktober 1844 sein Buch *Der Einzige und sein Eigentum.* Darin kritisierte er die Junghegelianer, denen er vorwarf, nicht weit genug gegangen zu sein und immer noch dem „theologischen Denken“, d.h. der Herrschaft von Abstraktionen über die Menschen, verhaftet zu bleiben. Auch Bauers alles auflösende „Kritik“ sei letztlich nur eine den Menschen beherrschende Abstraktion.[3] Das junghegelianische Programm einer „Verwirklichung der Philosophie“ wird bei Stirner durch den Rekurs auf das bestimmungslose Individuum und die Preisgabe des begrifflichen Denkens aufgelöst.[4]

Schon Feuerbach hatte die Hegelschen Abstraktionen kritisiert und wollte zum Wesen des „wirklichen Menschen“ vordringen. Stirner kritisierte allerdings auch Feuerbachs „Wesen des Menschen“ als „theologisch“, als eine Abstraktion vom wirklichen individuellen Menschen, von „Uns“:

„Können Wir Uns das gefallen lassen, daß 'Unser Wesen' zu *Uns* in einen Gegensatz gebracht, daß Wir in ein wesentliches und ein unwesentliches Ich zerspalten werden?“ (Stirner 1845, S.34)

Dementsprechend ist für Stirner die Feuerbachsche Religionskritik, daß Gott nur die Projektion des menschlichen Wesens sei, das den Menschen wieder zurückgegeben werden müsse, selbst noch religiös befangen.[5] An die Stelle des menschlichen „Gattungswesens“ oder „des“ Menschen setzt Stirner den „Einzigen“, das bestimmungslose Ich und seine Beziehung zur Welt.[6]

Das Buch Stirners tauchte schnell im Briefwechsel zwischen Marx und Engels auf. Nachdem Engels im September 1844 aus Paris abgereist war, begann ein intensiver brieflicher Austausch zwischen ihm und Marx. Allerdings sind aus den Jahren 1844 bis 1847 nur die Briefe von Engels erhalten geblieben. Bereits in einem Brief vom 19. November 1844 finden sich bei Engels anläßlich von Stirners gerade erschienenem Buch erstmals kritische Anmerkungen zu Feuerbach. Er bemerkt, der Egoismus von Stirners „Einzigem“ sei zwar nur „das zum Bewußtsein gebrachte Wesen der jetzigen Gesellschaft und des jetzigen Menschen“, allerdings billigt er ihm zu:

„St. hat Recht, wenn er 'den Menschen' Feuerbachs wenigstens des Wesens des Christenthums verwirft; der F'sche 'Mensch' ist von Gott abgeleitet, F. ist von Gott auf den 'Menschen' gekommen und so ist 'der Mensch' allerdings noch mit einem theologischen Heiligenschein der Abstraktion

---

3) Stirner stellt ihr die „Gedankenlosigkeit“ gegenüber: „Die Kritik ist der Kampf des Besessenen gegen die Bessesenheit als solche… Er (der Kritiker, M.H.) weiß, daß man nicht bloß gegen Gott, sondern ebenso gegen andere Ideen, wie Recht, Staat, Gesetz usw. sich religiös verhält, d.h. er erkennt die Besessenheit allerorten. So will er durch das Denken die Gedanken auflösen, Ich aber sage, nur die Gedankenlosigkeit rettet mich wirklich vor den Gedanken. Nicht das Denken, sondern meine Gedankenlosigkeit oder Ich, der Undenkbare, Unbegreifliche befreie mich aus der Bessesenheit.“ (Stirner 1845, S.164)

4) Vergl. dazu auch Meyer (1970, S.425) und Arndt (1985, S.53).

5) „Den Gott aus seinem Himmel zu vertreiben und der *'Transzendenz'* zu berauben, das kann noch keinen Anspruch auf vollkommene Besiegung begründen, wenn er dabei nur in die Menschenbrust gejagt, und mit unvertilgbarer *Immanenz* beschenkt wird.“ (Stirner, S.51f)

6) Daß sich in diesem scheinbar bestimmungslosen Einzigen die Vorurteile der deutschen Kleinbürger wiederfinden, zeigen Marx und Engels im Kapitel *Sankt Max* der *Deutschen Ideologie*.

bekränzt. Der wahre Weg, zum Menschen zu kommen, ist der Umgekehrte. Wir müssen vom Ich, vom empirischen, leibhaftigen Individuum ausgehen um nicht wie Stirn. drin stecken zu bleiben, sondern uns von da aus zu 'dem Menschen' zu erheben. 'Der Mensch' ist immer eine Spukgestalt, solange er nicht an dem empirischen Menschen seine Basis hat." (III.1/252; 27/11) [7]

Wird aber der Stirnerschen Kritik insoweit gefolgt, daß das Feuerbachsche „Wesen des Menschen" eine „Spukgestalt" ist, daß überhaupt die Möglichkeit einer philosophischen Konzeption, die auf Wesensbegriffen beruht, in Frage gestellt wird, so muß dies Marx und Engels in eine *theoretische Krise* stürzen, da auch ihre bisherige theoretische Konzeption solche Wesensbegriffe zur Grundlage hatte. Insbesondere kann Marx dann seine geplante Kritik der Nationalökonomie nicht auf der Grundlage der *Ökonomisch-philosophischen Manuskripte* realisieren, denn deren Kritikverfahren beruhte ja gerade auf der Konfrontation der nationalökonomischen Verhältnisse mit dem menschlichen Gattungswesen.

Die veränderte Einschätzung Feuerbachs wirkte sich bei Engels bereits in der 1844/45 entstandenen *Lage der arbeitenden Klasse in England* aus. Dort wird Feuerbach nur noch an einer einzigen Stelle erwähnt,[8] was zumindest für die eher theoretischen Teile des Buches recht erstaunlich ist, denn in der *Heiligen Familie* wurde Feuerbach auch von Engels noch enthusiastisch gefeiert. Zwar schwingt auch in der *Lage der arbeitenden Klasse* noch das Pathos vom „Menschen" mit,[9] doch zeichnet sich eine Veränderung des theoretischen Bezugssystems ab. Den Konstitutionsprozeß des Proletariats in England faßte Engels nicht als Ausdruck eines Entfremdungsprozesses vom menschlichen „Wesen", sondern als Resultat der industriellen Revolution. Bis in technische Einzelheiten hinein verfolgte Engels die industriellen Veränderungen und ihre Auswirkungen auf die Lebens- und Arbeitsbedingungen der Arbeiterklasse.

Nicht mehr ein menschliches „Wesen" und die Entfremdung davon, sondern die historisch spezifische Produktionsweise wird zum zentralen Konzept für das Begreifen der Gesellschaft und ihrer Dynamik. Das Verhältnis von

---

7) Auch von Moses Heß, mit dem Marx und Engels zu dieser Zeit in engem Kontakt standen, wird durch Stirner veranlaßt die Feuerbachkritik vorangetrieben. In *Die letzten Philosophen*, einer Anfang 1845 erschienen Kritik der Junghegelianer, nimmt er bereits ein Motiv der 6. These über Feuerbach vorweg, wenn er den Widerspruch bei Feuerbach folgendermaßen beschreibt: „Einmal versteht er unter dem 'wirklichen Menschen' den vereinzelten Menschen der bürgerlichen Gesellschaft... ein anderes Mal anticipiert er dagegen den Gesellschaftsmenschen, den 'Gattungsmenschen', das 'Wesen des Menschen' und nimmt an, daß dieses Wesen im einzelnen Menschen, der es eben erkennt, steckte..." (Heß 1845, S.384).

8) Im Vorwort heißt es: „Der deutsche Sozialismus und Kommunismus ist mehr als jeder andre von theoretischen Voraussetzungen ausgegangen... Von den öffentlichen Vertretern solcher Reformen ist wenigstens fast kein einziger anders als durch die Feuerbachsche Auflösung der Hegelschen Spekulation zum Kommunismus gekommen." (2/233) Auch hier wird die Distanz zu Feuerbach deutlich: Engels erwähnt die Rolle Feuerbachs lediglich als ein historisches Faktum, läßt aber offen, welche Bedeutung er Feuerbach nun beimißt.

9) So heißt es in der Widmung an die englische Arbeiterklasse: „Ich fand, daß ihr *Menschen* seid, Angehörige der großen und internationalen Familie der *Menschheit*, die erkannt haben, daß ihre Interessen und die der ganzen menschlichen Rasse die gleichen sind..." (2/230f).

Mensch und Natur bleibt nicht mehr ahistorisch abstrakt wie bei Feuerbach, Engels begreift es vielmehr als durch eine historisch spezifische Form der Produktion bestimmt. Damit geht er auch schon weit über die von Marx in den *Manuskripten* entwickelte Auffassung von der Industrie als der im historischen Prozeß stattfindenden „Enthüllung der menschlichen *Wesenskräfte*" (I.2/272; 40/543) hinaus.

Wenn Engels die Arbeits- und Lebensbedingungen des englischen Proletariats darstellt, beläßt er es nicht bei einer bloßen Beschreibung. Die Existenz des Proletariats wird als Bestandteil des Klassenverhältnisses der bürgerlichen Gesellschaft aufgefaßt, mit dem Klassenkampf als notwendigem Resultat.[10] Im Stand der Klassenverhältnisse sieht Engels auch die Ursachen für unterschiedliche Bewußtseinsformen innerhalb des Proletariats (2/455). Und schließlich hebt er hervor, keinem Kommunisten falle es ein zu glauben, „daß der einzelne Bourgeois in den bestehenden Verhältnissen anders handeln könne, als er handelt." (2/505)

Daß die gesellschaftlichen Verhältnisse, die die Individuen in ihrem Verkehr bewußtlos produzieren, ihrem Verhalten und ihrem Denken damit zugleich *vorausgesetzt* sind und es *strukturieren*, ist die Konsequenz von Engels' Argumentation. Werden den Individuen ihre Plätze durch diese Verhältnisse aber erst angewiesen, wird Individualität und die Vorstellung davon erst innerhalb bestimmter gesellschaftlicher Verhältnisse konstituiert, dann kann wissenschaftliches Begreifen nicht mehr auf ein „menschliches Wesen" rekurrieren. Indem sich Engels mit der „empirischen Basis" beschäftigt, die er bei Feuerbach vermißte, gewinnt er zugleich die Elemente einer gänzlich neuen theoretischen Problematik.

Auch bei Marx zeigte sich die Abkehr von der Feuerbachschen Anthropologie. Wahrscheinlich im Frühjahr 1845 verfaßte er eine Kritik an Friedrich List,[11] dem er vorwarf, er verfälsche die englischen und französischen Öko-

10) „Die Arbeiter müssen sich also bestreben, aus dieser vertierenden Lage herauszukommen, sich eine bessere menschlichere Stellung zu verschaffen, und dies können sie nicht tun, ohne gegen das Interesse der Bourgeoisie als solcher, das eben in der Ausbeutung der Arbeiter besteht, anzukämpfen" (2/430).

11) Ein längeres Fragment dieses unvollendeten Manuskripts wurde erst vom Urenkel von Marx aufgefunden und ist nicht in MEW enthalten. Es wurde 1972 in der Zeitschrift *Beiträge zur Geschichte der Arbeiterbewegung* veröffentlicht. Die Seitenangaben im Text beziehen sich auf diese Publikation. Die Datierung beruht auf Briefen von Engels (III.1/272; 27/26) und Leske (III.1/465). Im Gegensatz dazu haben Sost (1981, S.137ff) aus inhaltlichen Gründen geschlossen, daß dieses Fragment nicht vor, sondern erst nach Beendigung der *Deutschen Ideologie* geschrieben worden sei, da es ihr gegenüber qualitative theoretische Fortschritte enthalte. Den wichtigsten Fortschritt sehen sie in einer präziseren Fassung des genuin bürgerlichen Charakters der Produktion. Diese Einschätzung machen sie daran fest, daß Marx gegenüber List die Unterscheidung zwischen „Tauschwerten" und „materiellen Gütern" hervorhebt und Privateigentum als „vergegenständlichte Arbeit" bezeichnet (Sost 1981, S.147-150). Auf die Differenz von Gebrauchswert und Tauschwert war Marx zwar bisher noch in keinem Manuskript eingegangen. Was er im List-Fragment schreibt, geht aber nicht über das hinaus, was er bei Smith und Ricar-

nomen und ganz generell vertrete er den Standpunkt der Bourgeoisie nicht offen, wie die Klassiker der Nationalökonomie, sondern verdeckt unter idealistischen Phrasen. So argumentiere List, es gehe ihm nicht um den Tauschwert, sondern um die Entwicklung der produktiven Kräfte. Gegenüber dieser Abstraktion von allen gesellschaftlichen Bestimmungen der Produktion hebt Marx hervor, daß die Tätigkeit des Arbeiters

„nicht eine freie Äußerung seines menschlichen Lebens, daß sie vielmehr ein Verschachern seiner Kräfte, eine Veräußerung (Verschacherung) einseitiger Fähigkeiten desselben an das Kapital, mit einem Wort, daß sie 'Arbeit' ist. (…) Es ist eines der größten Mißverständnisse, von freier, menschlicher, gesellschaftlicher Arbeit, von Arbeit ohne Privateigentum zu sprechen. Die '*Arbeit*' ist ihrem Wesen nach die unfreie, unmenschliche, ungesellschaftliche, vom Privateigentum bedingte und das Privateigentum schaffende Tätigkeit." (436) [12]

Marx identifiziert hier Arbeit mit Lohnarbeit und stellt sie der freien Tätigkeit gegenüber. Indem er den für die *Ökonomisch-philosophischen Manuskripte* zentralen Begriff der „entfremdeten Arbeit" vermeidet, drückt sich bereits der Abstand zu seiner früheren Konzeption aus. Die freie Tätigkeit wird nicht als Äußerung eines Gattungswesens, und „Arbeit" nicht als Entfremdung von dieser Äußerung aufgefaßt. Für die von Marx vorgenommene Gegenüberstellung genügt der Zwangscharakter der Lohnarbeit, der Rekurs auf ein menschliches „Gattungswesen" wird überflüssig.

Zwar spricht Marx mit großer Emphase vom „Menschlichen", etwa wenn er das Proletariat als „Träger einer menschlichen Entwicklung" bezeichnet oder die „schmutzige Hülle" der Industrie von ihrem „menschlichen Kern" unterscheidet (438). Es geht ihm aber jetzt nicht mehr um ein ursprüngliches menschliches Wesen und dessen Verlust in der Entfremdung, sondern um die Möglichkeiten, die die Industrie bietet, wenn sie nicht mehr im Interesse des „Schachers", sondern der Menschen betrieben wird (437f). Auch wenn Marx bemüht ist, nicht mehr im Rahmen eines Diskurses von „menschlichem Wesen" und „Entfremdung" zu argumentieren, bleibt er mit seiner Emphase des „Menschlichen" aber doch noch auf der Schwelle zu wesensphilosophischen Konstruktionen stehen.

---

do vorfand. Er selbst scheint diese Unterscheidung auch nicht als großen Fortschritt in seinen Forschungen aufzufassen, vielmehr betonte er mehrmals, daß List hinter Smith zurückfällt. Die Interpretation der Sost scheint mir eine Folge ihrer teleologischen, auf das *Kapital* gerichteten Sichtweise zu sein: was sich vor der Folie des *Kapital* als „Vorstufe" auffassen läßt, wird automatisch zum Fortschritt, unabhängig davon, welche Funktion dieser „Vorstufe" in dem entsprechenden Text zukommt. Eine neuere Untersuchung der Entstehungszeit des Manuskriptes bestätigte im übrigen die alten Ergebnisse (Icker 1989).

12) Gegen damals populäre „sozialistische" Theorien heißt es weiter: „Die Aufhebung des Privateigentums wird also erst zu einer Wirklichkeit, wenn sie als Aufhebung der '*Arbeit*' gefaßt wird, eine Aufhebung, die natürlich erst durch die Arbeit selbst möglich geworden ist… Eine 'Organisation der Arbeit' ist daher ein Widerspruch. *Die* beste Organisation, welche die Arbeit erhalten kann, ist die jetzige Organisation, die freie Konkurrenz" (436). Daß er die Konkurrenz als die der (Lohn)arbeit adäquate Organisation auffaßt und nicht mehr bloß als Auflösung der zünftigen Organisation der Arbeit wie in den Brüsseler Exzerptheften (IV.3/145), ist tatsächlich ein Fortschritt.

Nachdem Stirner wahrscheinlich die inhaltliche Abkehr von Feuerbach auslöste (wobei die ahistorische Anthropologie Feuerbachs bereits in den *Ökonomisch-philosophischen Manuskripten* unterminiert war), macht sowohl Engels in seiner *Lage der arbeitenden Klasse in England* als auch Marx in seiner Auseinandersetzung mit List die Erfahrung, daß die gesellschaftlichen Verhältnisse auch ohne Vermittlung durch eine „Philosophie des Menschen" und die „Entfremdung des Menschen von seinem Gattungswesen" zum Gegenstand der Untersuchung gemacht werden können. Eine *explizite* Kritik der Wesensphilosophie findet sich dann erstmals in den *Thesen über Feuerbach* (IV.3/19-21; 3/5-7). Diese wahrscheinlich im Frühjahr 1845 entstandenen Thesen, die ohne weitere Ausarbeitung in einem Notizbuch niedergeschrieben wurden, sind das erste schriftliche Dokument der Marxschen Feuerbachkritik. Die knappen Thesen bilden ein komplexes Netzwerk von Beziehungen und Verweisen, die bereits eine Unzahl von Interpretationen erfahren haben. An diesen Thesen wird besonders deutlich, daß „der Text" als Maßstab für die „richtige" Interpretation, nicht existiert: die Lektüre der Thesen ist ein Prozeß der Entschlüsselung, der immer schon von theoretischen Voraussetzungen abhängig ist. Es soll hier auch gar nicht der Versuch einer umfassenden Interpretation der *Feuerbachthesen* unternommen werden. Es geht lediglich um eine kurze Charakterisierung im Hinblick auf die Ablösung von Feuerbach.

Die Thesen 1, 2, 3 und 5 lassen sich als Skizze eines neuen Materialismusverständnisses auffassen, das nicht nur den „mechanischen" Materialismus des 18. Jahrhunderts, sondern auch den „anschauenden" Materialismus Feuerbachs hinter sich läßt. Der Zentralbegriff dieses neuen Materialismus ist die menschliche *Praxis*. Dies bedeutet nicht nur anzuerkennen, daß die Wirklichkeit (einschließlich der Natur, wie später in der *Deutschen Ideologie* hervorgehoben wird) immer durch menschliche Tätigkeit vermittelt ist, daß es also ein reines Objekt, das bloß „anzuschauen" wäre, um es zu erkennen, gar nicht gibt. Vor allem ist damit ein Perspektivenwechsel impliziert: nicht die *Natur* (und sei es die menschliche wie bei Feuerbach), sondern die *gesellschaftliche Praxis* der Menschen selbst ist der zentrale Gegenstand des neuen Materialismus.[13] Was in der bisherigen philosophischen Abstraktion getrennt war, Subjekt und Objekt, Denken und Wirklichkeit, eine Trennung, die die junghegelianische Problematik überhaupt erst ermöglichte, wird jetzt als durch menschliche Praxis immer schon Vermitteltes aufgefaßt. Allerdings ist „menschliche Praxis" noch sehr vage gefaßt, Differenzierungen und Gewichtungen zwischen verschiedenen Formen menschlicher Tätigkeit werden noch nicht vorgenommen. Insofern intendiert dieser Begriff zwar einen neuen Materialismus, dieser Materialismus liegt aber noch längst nicht vor.

13) Wichtige Aspekte dieses neuen Materialismus stellte schon Horkheimer (1933) heraus. Ausführlich setzte sich A.Schmidt (1962) mit den entsprechenden Texten von Marx auseinander.

In den Thesen 4, 6, 7 und 8 wird die Feuerbachsche Wesensphilosophie einer Kritik unterzogen: was Feuerbach (und mit ihm Marx in den *Ökonomisch-philosophischen Manuskripten*) als „Gattungswesen des Menschen" bestimmte, von dem aus Gesellschaft sich konstituieren soll, ist selbst gesellschaftliches Produkt, „ensemble der gesellschaftlichen Verhältnisse". Darauf wird anhand der *Deutschen Ideologie* zurückzukommen sein. Daß die „Mysterien" der Theorie ihre Lösung im Begreifen der „gesellschaftlichen Praxis" finden werden, wie es in These 8 heißt, bleibt ohne einen präziseren Begriff der „Praxis" lediglich Forschungsprogramm und ist noch längst keine fertige Erkenntnis.

In den Thesen 9 und 10 wird dann versucht, die Argumentationsstränge der beiden ersten Gruppen zusammenzufassen: der anschauende Materialismus kommt lediglich zur Anschauung des isolierten Individuums und der bürgerlichen Gesellschaft, während der Standpunkt des neuen Materialismus die „menschliche Gesellschaft" sei. Hier schwingt nicht nur die Emphase des „Menschlichen" mit, worin die gerade überwundene Wesensphilosophie noch nachklingt. Marx steht hier wieder auf der Schwelle zur utopischen Gesellschaftskritik, sofern sich der neue Materialismus einem außerhalb der bürgerlichen Gesellschaft liegenden Ideal, der „menschlichen Gesellschaft", verdankt. Die berühmte 11. These deutet dann bereits die Kritik der *Deutschen Ideologie* an den „Philosophen" an und weist über die bloß kontemplative Wissenschaft hinaus.

2. Die Kritik der Wesensphilosophie

Um in englischen Bibliotheken Material für seine geplante Kritik der Nationalökonomie zu sammeln, unternahm Marx im Sommer 1845 gemeinsam mit Engels eine Reise nach London und Manchester (vergl. dazu Rumjanzewa 1987, Wassina 1987). Den Plan für eine erneute Kritik der Junghegelianer faßten Marx und Engels frühestens nach dieser Reise. Vielleicht bildete auch das Erscheinen des 3. Bandes von *Wigands Vierteljahrsschrift* im Oktober/November 1845 den unmittelbaren Anlaß dafür. Dort attackierte Bauer sowohl Feuerbach als auch Marx und Engels, die er aufgrund der *Heiligen Familie* als Anhänger Feuerbachs betrachtete. Im selben Band antwortete auch Stirner auf die von Feuerbach und Heß geübte Kritik an seinem Buch. Es ist plausibel, daß Marx und Engels ihrer Identifizierung mit Feuerbach entgegentreten wollten. Dazu wäre allerdings kein derart umfangreiches Werk wie die *Deutsche Ideologie* notwendig gewesen. Marx und Engels scheint aber klar geworden zu sein, daß Stirner mit seiner Feuerbachkritik wesentliche Punkte getroffen hatte.[14] Ein Kommunismus auf der Grundlage der Feuerbachschen

---

14) Daß die Herausforderung vor allem von Stirner ausging, geht auch aus *Umrisse eines bewegten Lebens* von Jenny Marx hervor, wo es über die *Deutsche Ideologie* heißt, „das Erscheinen des *Einzigen und sein Eigenthum* gab hierzu den äußeren Anlaß" (Jenny Marx o.J., S.186).

Philosophie, wie ihn auch Marx noch ein Jahr vorher konzipiert hatte, war somit nicht mehr möglich. Eine vulgäre Gestalt dieses Kommunismus, der „wahre Sozialismus", breitete sich in Deutschland aber immer mehr aus. Die theoretische Kritik an diesen Vorstellungen war daher auch politisch aktuell.
Stirners Kritik traf zwar entscheidende Punkte bei Feuerbach, an seine eigene Konzeption konnte allerdings nicht angeknüpft werden, sie mußte vielmehr selbst kritisiert werden. Dies spiegelt sich auch im Manuskript der *Deutschen Ideologie* wider: Die Auseinandersetzung mit Bruno Bauer, der noch in der *Heiligen Familie* der Hauptgegner war, füllt nur wenige Seiten. Mit Stirner dagegen beschäftigt sich über die Hälfte des Textes. Wie groß die durch Stirner gebildete Herausforderung gewesen sein muß, wird auch daraus ersichtlich, daß Marx und Engels seiner Argumentation bis in kleinste Details folgen, um sie zu widerlegen.[15] Der materialistische Gegenentwurf entsteht dann aber in kritischer Auseinandersetzung mit Feuerbach.
Das unvollendet gebliebene Kapitel über Feuerbach wird häufig als eine Art Leitfaden der materialistischen Geschichtsauffassung betrachtet und isoliert vom Rest der *Deutschen Ideologie* rezipiert.[16] Im Vorwort zur *Neuveröffentlichung* (1966) des Feuerbachkapitels[17] schreiben die Herausgeber, daß sich an-

15) Die Bedeutung Stirners wird von den meisten Autoren, die sich mit Marx' Entwicklung beschäftigen, übersehen. Die umfangreichste Arbeit zum Verhältnis von Marx und Stirner wurde von Wolfgang Eßbach vorgelegt. Er versucht, die Auffassungen von Stirner und von Marx/Engels in der *Deutschen Ideologie* in eine „dialogische Beziehung" zu setzen (Eßbach 1982, S.7). Eßbach charakterisiert Stirners Ansatz als „Materialismus des Selbst". In dessen Zentrum „steht ein nach Kohärenz strebendes Selbst, das blockiert wird, der Struktur seines Selbst Ausdruck zu verleihen.(…) Das blockierte Selbst gerät in Kollisionen, weil es nicht ablassen kann, Zentrum einer autonomen Initiative zu sein. (…) Das blockierte Selbst ist umstellt von hindernden Kräften, die seine Selbstverwirklichung ersticken, die es zurichten, dressieren oder ihm eine einzig mögliche Weise der Entwicklung aufdrängen wollen. Gegenüber Prozessen repressiver Vergesellschaftung macht das materielle Selbst einen Block wirklichen Lebens geltend, der au fond nicht substituierbar ist." (ebd., S.226) Die Position von Marx und Engels charakterisiert Eßbach dagegen als „Materialismus der Verhältnisse". Diese Unterscheidung der beiden Ansätze ist zwar über weite Strekken plausibel; auch hat Eßbach das Verdienst, die Aufmerksamkeit auf den meistens nicht zur Kenntnis genommenen „polemischen" Teil der *Deutschen Ideologie* gelenkt zu haben. Sein Versuch, das Marx/Engelssche „Kleinbürgerverdikt" gegenüber Stirner zurückzuweisen und beide Ansätze als gleichrangige Konkurrenzunternehmen darzustellen, ist jedoch nicht sehr überzeugend.
16) Eine wichtige Ausnahme bildet der von Sost (1981) vorgelegte Kommentar. Dort wird nicht nur die *Deutsche Ideologie* als Ganze berücksichtigt, die einzelnen Teile werden auch in der mutmaßlichen Reihenfolge ihrer Entstehung interpretiert, so daß die Entwicklung der Auffassungen von Marx und Engels während ihrer Arbeit deutlich werden.
17) Der Text in MEW 3 folgt der Ausgabe in der alten MEGA (I. Abteilung, Bd.5) aus dem Jahre 1932. Dort wurde der Text des ersten Kapitels nicht in der Reihenfolge des Manuskripts wiedergegeben. Statt dessen wurden die Randbemerkungen dazu benutzt, den Text umzuordnen, um ihn in einer Form zu präsentieren, die der von Marx für die Veröffentlichung angestrebten Form entsprechen sollte. Allerdings wurden dabei auch eine ganze Reihe von Umordnungen vorgenommen, die nicht auf Hinweise von Marx und Engels zurückgehen (vergl. Neuveröffentlichung, S.1197). Die *Neuveröffentlichung* bietet den Text nicht nur in der ursprünglichen Reihenfolge dar, sie enthält auch drei weitere, inzwischen aufgefundene Manuskriptseiten. Die folgenden Seitenzahlen ohne weitere Angaben beziehen sich auf die *Neuveröffentlichung*.

hand des Manuskripts zeigen lasse, daß Marx und Engels die Kritik an Bauer, Feuerbach und Stirner einerseits und die „positive Entwicklung ihrer eigenen Ansichten“ andererseits ursprünglich „noch nicht in verschiedene Komplexe geteilt“ (1195) hatten. Es konnte gezeigt werden, daß der Text des ersten Kapitels aus fünf zu verschiedenen Zeiten geschriebenen Teilen besteht. Drei Teile entstanden in unmittelbarem Zusammenhang mit den Kapiteln II und III, der Bauer- und der Stirnerkritik. Die übrigen Teile wurden als letztes geschrieben. Daraus wird deutlich, daß das erste Kapitel der *Deutschen Ideologie* nicht die *Grundlage*, sondern das *Resultat* des übrigen Textes ist.[18]
Berücksichtigt man die korrekte Anordnung und die unterschiedliche Entstehungszeit der einzelnen Teile des Feuerbachkapitels, so werden auch bestimmte Widersprüchlichkeiten des Textes verständlich. Sie lassen sich dann als Revision eigener Auffassungen verstehen. Durch die Umordnung des Textes in der ersten MEGA und der MEW-Ausgabe wurde eine solche Interpretation weitgehend versperrt, was dazu führte, daß in vielen populären Darstellungen der materialistischen Geschichtsauffassung diese Widersprüchlichkeiten bewußtlos reproduziert wurden.
Hier geht es allerdings weder um eine systematische Interpretation der *Deutschen Ideologie* noch um eine umfassende Rekonstruktion der materialistischen Geschichtsauffassung. Vielmehr soll gezeigt werden, wie mit der in der *Deutschen Ideologie* geübten Kritik an den Junghegelianern auch die Marxsche Konzeption von 1844 der Kritik unterzogen und zugleich ein neues wissenschaftliches Terrain eröffnet wird.
Marx und Engels werfen den Junghegelianern vor, daß sie die wirklichen Beziehungen, in denen die Menschen leben, in bloße Bewußtseinsverhältnisse auflösen, daß sie wie alle „Philosophen... die Gedanken, Ideen, den verselbständigten Gedankenausdruck der bestehenden Welt für die Grundlage dieser bestehenden Welt“ (3/83) nehmen.[19]
Dadurch erscheint die wirkliche Geschichte als eine Geschichte von Ideen. Andererseits entsteht die Vorstellung, die wirkliche Welt dadurch verändern zu können, daß die Menschen ihr Bewußtsein über diese Welt verändern. Voller Spott schreiben Marx und Engels in der Vorrede zur *Deutschen Ideologie*:

18) Wie von Golowina gezeigt werden konnte, beabsichtigten Marx und Engels zunächst nicht, die *Deutsche Ideologie* als Buch herauszubringen. Vielmehr planten sie seit Ende 1845 die Herausgabe einer Vierteljahreszeitschrift, an der sich auch Moses Heß beteiligen wollte. Erst nachdem dieser Plan im Sommer 1846 endgültig gescheitert war, versuchten sie, die *Deutsche Ideologie* separat zu veröffentlichen (Golowina 1980). Da die vorliegenden Manuskripte nicht identisch mit dem geplanten Buch sind, werden sie in der MEGA auch nicht als Buch, sondern als getrennte Manuskripte publiziert. Über den letzten Stand der Forschung unterrichten Taubert (1998) und Taubert, Pelger, Grandjonc (1998).

19) Althusser (1961, S.42f) stellte heraus, daß die theoretische Problematik der Junghegelianer, der Widerspruch zwischen der Vernunft und der unvernünftigen Wirklichkeit, sie gerade dazu zwingt, die wirklichen geschichtlichen Fragen in philosophische zu übersetzen. Kratz (1979, S.220ff) untersuchte diese Übersetzung im Detail.

„Die Menschen haben sich bisher stets falsche Vorstellungen über sich selbst gemacht, von dem, was sie sind oder sein sollen. (…) Die Ausgeburten ihres Kopfes sind ihnen über den Kopf gewachsen. (…) Rebellieren wir gegen diese Herrschaft der Gedanken. Lehren wir sie, diese Einbildungen mit Gedanken vertauschen, die dem Wesen des Menschen entsprechen, sagt der Eine (Feuerbach, M.H.), sich kritisch zu ihnen verhalten, sagt der Andere (Bauer, M.H.), sie sich aus dem Kopf schlagen, sagt der Dritte (Stirner, M.H.), und – die bestehende Wirklichkeit wird zusammenbrechen. Diese unschuldigen und kindlichen Phantasien bilden den Kern der neuern junghegelschen Philosophie…“ (3/13)

Marx und Engels setzen dagegen, daß nicht bloß das Bewußtsein, sondern die wirklichen Verhältnisse, deren Ausdruck es ist, verändert werden müssen. Sie nehmen den in der *Heiligen Familie* bereits angedeuteten Zusammenhang zwischen theoretischen Entwicklungen und praktisch-gesellschaftlicher Bewegung auf und formulieren programmatisch, daß die verschiedenen Bewußtseinsformen durch die wirklichen historischen Verhältnisse der Menschen bedingt und aus ihnen zu erklären sind (1206; 3/26).

Marx und Engels üben in der *Deutschen Ideologie* eine Metakritik an den Junghegelianern, indem sie die Voraussetzung des junghegelianischen Diskurses, die Trennung der Philosophie von der Wirklichkeit, einer Kritik unterziehen. Im Laufe dieser Kritik gelangen sie zu einer bereits im Praxisbegriff der *Feuerbachthesen* angedeuteten Neubestimmung des Verhältnisses von Denken und Wirklichkeit: beide werden nicht mehr abstrakt gegenübergestellt, sondern das Denken wird als Teil der Wirklichkeit aufgefaßt, das aus den jeweiligen gesellschaftlichen Verhältnissen der Menschen erklärt werden muß.[20] Dies einzulösen gelingt Marx und Engels im Laufe ihrer Untersuchung aber erst schrittweise.

In ihrer langen Auseinandersetzung mit Stirner präzisieren Marx und Engels, daß es sich bei den „wirklichen Verhältnissen“ der Menschen um ihre Produktionsverhältnisse handelt. Allerdings können sie das Bedingungsverhältnis zwischen den Produktionsverhältnissen und dem Denken nur abstrakt benennen. Damit dies allein für die moderne bürgerliche Gesellschaft möglich wäre, müßten die Formbestimmungen der bürgerlichen Ökonomie analysiert sein. Bisher haben Marx und Engels aber noch nicht einmal den Unterschied zwischen dem persönlichen Charakter der gesellschaftlichen Verhältnissen in vorbürgerlichen und dem sachlichen Charakter in bürgerlichen Produktionsverhältnissen klar fixiert.

---

20) Ist die theoretische Produktion von den gesellschaftlichen Verhältnissen abhängig, so sind auch die Entwicklungsmöglichkeiten der theoretischen Produktion durch diese Verhältnisse begrenzt. Während Marx noch 1844 in den *Deutsch-Französischen Jahrbüchern* den Stand der deutschen Theorie feierte, wird die Zurückgebliebenheit Deutschlands jetzt für den Zustand der deutschen Theorie, die noch weiter verselbständigt ist als die anderer Länder, verantwortlich gemacht: „Natürlich ersetzen in einem Lande wie Deutschland, wo nur eine lumpige geschichtliche Entwicklung vor sich geht, diese verklärten und tatlosen Lumpereien den Mangel der geschichtlichen, setzen sich fest und müssen bekämpft werden.“ (1208; nicht in MEW)

Stirners Ausgangspunkt ist das von Ideologien beherrschte Individuum. Erst von da kommt er über politische und Rechtsverhältnisse schließlich zur Ökonomie. Diesem Weg folgen auch Marx und Engels in ihrer Stirnerkritik. Inwieweit sie dabei selbst noch bestimmten Verkehrungen aufsitzen und welche Fortschritte sie in ihrer Auseinandersetzung mit Stirner machen, wird ausführlich von Sost (1981, S.54-102) dargestellt.

In unserem Zusammenhang sind vor allem die allgemeineren Resultate dieser Kritik, wie sie in erster Linie im Feuerbachkapitel zum Ausdruck kommen, von Interesse. Zwar beansprucht die *Deutsche Ideologie* nur Kritik der „neuesten deutschen Philosophie in ihren Repräsentanten Feuerbach, B.Bauer und Stirner" zu sein, doch es wird weit mehr als nur die Auffassungen dieser drei Autoren kritisiert. Trotz ihrer inhaltlichen Unterschiede besitzen diese drei eine gemeinsame theoretische Grundlage:

„Die deutsche Kritik hat bis auf ihre neuesten Efforts, den Boden der Philosophie nicht verlassen. Weit davon entfernt, ihre allgemein-philosophischen Voraussetzungen zu untersuchen, sind ihre sämtlichen Fragen sogar auf dem Boden eines bestimmten philosophischen Systems, des Hegelschen, gewachsen. Nicht nur in ihrem Antworten, *schon in den Fragen selbst lag eine Mystifikation.*" (1200; 3/18f, Herv. von mir)

Die Theorien der Junghegelianer wie auch die Feuerbachs, werden hier derselben *theoretischen Problematik* zugerechnet, die auch schon für die Hegelsche Philosophie konstitutiv war. Wenn dies der Fall ist, dann muß aber auch die Hegelkritik der Junghegelianer noch unzureichend sein. Was Marx über die „wahren Sozialisten" schreibt, daß man von ihnen die Hegelkritik nicht verlangen könne, da auch „der von ihnen sich vindizierte Philosoph Feuerbach damit nicht zustande gekommen war" (3/519), trifft auch auf die Marxsche Hegelkritik von 1843/44 zu, die sich ebenfalls vor allem Feuerbach verdankte.

Allerdings billigen Marx und Engels Feuerbach nach wie vor eine besondere Stellung zu. Sie halten Feuerbach zugute, daß er den Menschen als „sinnlichen Gegenstand" begreift, kritisieren aber, daß er den Menschen nicht auch als tätiges Wesen auffaßt, so daß er gar nicht zu den wirklichen, im gesellschaftlichen Zusammenhang stehenden Menschen komme, sondern bei dem Abstraktum Mensch stehenbleibe. Daher könne er auch keine wirkliche Kritik der Lebensverhältnisse geben (1210; 3/44f). Darüber hinaus sei im Rahmen seines materialistischen Sensualismus kein Platz für die Geschichte (1210; 3/45).

Marx und Engels sind jetzt nicht nur der Auffassung, daß die Feuerbachsche Philosophie völlig ungeeignet ist, um eine theoretische Basis für den Kommunismus abzugeben, was Marx noch in seinem Brief an Feuerbach vom August 1844 und in der *Heiligen Familie* unterstellte. Nun heben Marx und Engels sogar hervor, Feuerbach täusche sich, wenn er sich selbst für einen Kommunisten hält (1223; 3/41) und fahren fort:

„Feuerbachs ganze Deduktion in Beziehung auf das Verhältnis der Menschen zueinander geht nur dahin, zu beweisen, daß die Menschen einander nötig haben und *immer gehabt haben.* Er will das Bewußtsein über diese Tatsache etabliern, er will also, wie die übrigen Theoretiker, nur ein richtiges Bewußtsein über ein *bestehendes* Faktum hervorbringen, während es dem wirklichen Kommunisten darauf ankommt, dies Bestehende umzustürzen. Wir erkennen es übrigens vollständig an, daß Feuerbach, indem er das Bewußtsein gerade *dieser* Tatsache zu erzeugen strebt, so weit geht, wie ein Theoretiker überhaupt gehen kann, ohne aufzuhören, Theoretiker und Philosoph zu sein." (1223f; 3/41) [21]

Feuerbachs Philosophie scheint für Marx und Engels deshalb diskreditiert zu sein, weil sie den Menschen nicht als tätiges Wesen auffaßt, daher abstrakt bleibt und die Geschichte notwendig ausschließt. Diese Auffassung vertreten z.B. Sost in ihrem Kommentar zur *Deutschen Ideologie* (Sost 1981, S.106ff). Was damit als grundlegender Mangel Feuerbachs gebrandmarkt wird, kann für Marx aber keine völlig neue Erkenntnis sein. In den *Ökonomisch-philosophischen Manuskripten* hatte er Feuerbach gerade in dieser Hinsicht zu ergänzen versucht, indem er Geschichte auf anthropologischer Grundlage auffaßte, als Verwirklichung der menschlichen Wesenskräfte. Die jetzt herausgestellten Mängel allein können die Ablehnung Feuerbachs nicht ausreichend begründen. Diese Ablehnung ist nur dann stichhaltig, wenn sich der von Feuerbach vorgegebene *theoretische Rahmen* überhaupt nicht ergänzen läßt. Wenn dies aber zutrifft, dann muß auch Marx' eigene Konzeption in den *Ökonomisch-philosophischen Manuskripten* als gescheitert betrachtet werden.

Und in der Tat greifen Marx und Engels nicht allein die fehlende Geschichtlichkeit an, sondern viel fundamentaler die wesensphilosophische Konzeption als solche. Die kompakteste Formulierung dieser Kritik findet sich bereits in der 6. These über Feuerbach:

„Feuerbach löst das religiöse Wesen in das *menschliche* Wesen auf. Aber das menschliche Wesen ist kein dem einzelnen Individuum inwohnendes Abstraktum. In seiner Wirklichkeit ist es das ensemble der gesellschaftlichen Verhältnisse. Feuerbach, der auf die Kritik dieses wirklichen Wesens nicht eingeht, ist daher gezwungen:

1) von dem geschichtlichen Verlauf zu abstrahiren u. das religiöse Gemüth für sich zu fixiren, u. ein abstrakt – *isolirt* – menschliches Individuum vorauszusetzen.

2) Das Wesen kann daher nur als 'Gattung', als innere, stumme, die vielen Individuen *natürlich* verbindende Allgemeinheit gefaßt werden." (IV.3/21; 3/6)

Marx kritisiert hier die Vorstellung eines menschliches Wesens im Sinne eines dem Individuum „inwohnenden Abstraktums", einer „Gattung", eine Vorstellung, die er in den *Ökonomisch-philosophischen Manuskripten* noch teilte.[22] Jetzt hält Marx dagegen fest, daß das, was unter diesem Wesen zusammengefaßt wird, immer nur „das ensemble der gesellschaftlichen Verhältnisse" ist, und daß das abstrakte Individuum, das dieses Gattungswesen in sich tragen soll, selbst ein gesellschaftliches Produkt ist.[23]

21) Abschätziger äußerte sich Engels in einem Exzerpt: „Soweit kommt die Philosophie, daß sie die triviale Tatsache über die Unentbehrlichkeit des Verkehrs zwischen den Menschen, ohne deren Erkenntnis die zweite Menschengeneration, die überhaupt existierte, nie erzeugt worden wäre, die überhaupt schon im Geschlechtsunterschied liegt, als das größte Resultat am Ende ihrer ganzen Karriere hinstellt. Und noch dazu in der mysteriösen Form der 'Einheit von Ich und Du'" (3/541f).

22) Dort hieß es explizit: „Das Individuum *ist* das *gesellschaftliche Wesen*" (I.2/267; 40/538).

23) In der 7.These hält Marx fest, daß Feuerbach nicht sieht, „daß das abstrakte Individuum, das er analysirt, einer bestimmten Gesellschaftsform angehört" (IV.3/21; 3/7).

Von einigen Autoren wurde diese Kritik an der Konzeption des menschlichen Wesens lediglich als Historisierung einer zuvor ahistorischen Kategorie aufgefaßt. Statt einem invarianten menschlichen Wesen gehe Marx jetzt von einem historisch veränderlichen Wesen aus.[24] Abgesehen davon, daß unklar bleibt, was man sich unter einem historisierten Wesen vorstellen soll („Wesen" diente als Fundament der Erklärung, als historisiertes Wesen bedarf es selber der Erklärung, wozu soll es nun noch dienen?) scheint zumindest die Marxsche Intension eindeutig zu sein, die Rede von einem menschlichen Wesen generell zu diskreditieren. In der *Deutschen Ideologie* heißt es dazu:

„Diese Summe von Produktionskräften, Kapitalien und sozialen Verkehrsformen, die jedes Individuum und jede Generation als etwas Gegebenes vorfindet, ist der reale Grund dessen, was sich die Philosophen als 'Substanz' und 'Wesen des Menschen' vorgestellt, was sie apotheosiert und bekämpft haben" (1221; 3/38).

Das „Wesen des Menschen" ist eine bloße „Vorstellung" der Philosophen, kein Konzept, an das anzuknüpfen ist. Was in der Vorstellung eines „Gattungswesens" oder eines „Wesens des Menschen" zusammengefaßt wird, ist nichts weiter als die Hypostasierung von Vorstellungen über den Menschen, die in einer bestimmten Gesellschaft mit einer bestimmten Produktions- und Verkehrsform entstanden sind.[25] Wenn Marx das „ensemble der gesellschaftlichen Verhältnisse" oder die „Summe von Produktionskräften, Kapitalien und sozialen Verkehrsformen" als realen Grund der Vorstellungen vom menschlichen Wesen bezeichnet, so ist dies die Dechiffrierung derjenigen Realität, die in der ideologischen Begriffsbildung „menschliches Wesen" verhüllt ist, aber keineswegs eine positive Aussage über dieses Wesen.

Erst recht kann das menschliche Wesen jetzt nicht mehr dazu dienen, die Ge-

---

24) Dies wird von Lucien Sève unterstellt, wenn er zwar zugibt, daß Marx mit dem *philosophischen* Humanismus, und dessen *abstrakten* Begriff des Menschen gebrochen habe, daß dafür aber „ein wissenschaftliches, konkrethistorisches, neues Verständnis des menschlichen Wesens substituiert wird – das Ensemble der gesellschaftlichen Verhältnisse" (Sève 1977, S.82, Fn.). – Auch Eberhard Braun sieht in einer solchen Historisierung des menschlichen Wesens den entscheidenden theoretischen Fortschritt: „Die 'Elf Thesen über Feuerbach' und die 'Deutschen Ideologie' dokumentieren Marxens Bruch mit der anthropologischen Begründung. Er fundiert nun das Prinzip nicht mehr in einer ahistorischen Wesensbestimmung des Menschen. Das Wesen des Menschen gilt ihm nun selber als ein historisch werdendes, das in seinem gesellschaftlichen Ursprung zu konstruieren ist." (Braun 1992, S.109)

25) „Die Ideen und Gedanken der Menschen waren natürlich Ideen und Gedanken über sich und ihre Verhältnisse, ihr Bewußtsein von *sich*, von *den* Menschen, denn es war ein Bewußtsein nicht nur der einzelnen Person, sondern der einzelnen Person im Zusammenhange mit der ganzen Gesellschaft und von der ganzen Gesellschaft, in der sie lebten. Die von ihnen unabhängigen Bedingungen, innerhalb deren sie ihr Leben produzierten, die damit zusammenhängenden notwendigen Verkehrsformen, die damit gegebenen persönlichen und sozialen Verhältnisse, mußten, soweit sie in Gedanken ausgedrückt wurden, die Form von idealen Bedingungen und notwendigen Verhältnissen annehmen, d.h. als aus dem Begriff *des* Menschen dem menschlichen Wesen, der Natur des Menschen, *dem* Menschen, hervorgehende Bestimmungen ihren Ausdruck im Bewußtsein erhalten. Was die Menschen waren, was ihre Verhältnisse waren, erschien im Bewußtsein als Vorstellung von *dem* Menschen, von seinen Daseinsweisen oder von seinen näheren Bestimmungen." (3/167)

schichte als Verwirklichung menschlicher Wesenskräfte zu erklären. Eine derartige Auffassung wird jetzt explizit als „philosophisch" (im Kontext der *Deutschen Ideologie* geradezu ein Schimpfwort) kritisiert:

„Wenn man diese Entwicklung der Individuen in den gemeinsamen Existenzbedingungen der geschichtlich aufeinanderfolgenden Stände und Klassen und den ihnen damit aufgedrängten allgemeinen Vorstellungen *philosophisch* betrachtet, so kann man sich allerdings leicht einbilden, in diesen Individuen habe sich die Gattung oder der Mensch, oder sie haben den Menschen entwikkelt" (1239; 3/75)

Genau eine solche Position hatte Marx jedoch selbst in den *Ökonomisch-philosophischen Manuskripten* vertreten, wo es z.B. hieß, daß „die ganze Weltgeschichte nichts anders ist als die Erzeugung des Menschen durch die Arbeit" (I.2/274; 40/546).[26]

Da mit dem menschlichen Wesen als einer Idealvorstellung die schlechte Wirklichkeit nicht übereinstimmt, muß es durch die Vorstellung einer Entfremdung ergänzt werden. Geschichte läßt sich dann teleologisch als Prozeß der „Entfremdung" und ihrer Aufhebung verstehen, was auch in der Marxschen Konzeption von 1844 angelegt war. Jetzt heißt es dagegen:

„Die Individuen, die nicht mehr unter die Teilung der Arbeit subsumiert werden, haben die Philosophen sich als Ideal unter dem Namen 'der Mensch' vorgestellt, und den ganzen, von uns entwikkelten Prozeß als den Entwicklungsprozeß 'des Menschen' gefaßt, so daß den bisherigen Individuen auf jeder geschichtlichen Stufe 'der Mensch' untergeschoben und als die treibende Kraft der Geschichte dargestellt wurde. Der ganze Prozeß wurde so als Selbstentfremdungsprozeß 'des Menschen' gefaßt, und dies kommt wesentlich daher, daß das Durchschnittsindividuum der späteren Stufe immer der früheren und das spätere Bewußtsein den früheren Individuen untergeschoben wurde." (1247; 3/69)

Die Kritik an der Wesensphilosophie wird nicht nur gegenüber Feuerbach, sondern auch gegenüber den Vertretern des „wahren Sozialismus" geübt.

---

26) Genau diesen hier von Marx kritisierten Wesensbegriff und die auf ihm beruhende Auffassung der Geschichte unterstellt Habermas als durchgängiges „kategoriales Selbstverständnis" von Marx. In *Erkenntnis und Interesse* konstatiert Habermas an Marx, „ein eigentümliches Mißverhältnis zwischen der Forschungspraxis und dem eingeschränkten philosophischen Selbstverständnis dieser Forschung" (Habermas 1968, S.59). Während Marx in seine materialen Analysen immer Arbeit *und* Interaktion einschließen würde, gehe sein kategoriales Selbstverständnis von der Selbsterzeugung der Gattung *allein* durch Arbeit aus (vergl. auch ebd., S.71). Aufgrund dieser Reduktion „verdunkle" Marx dann auch die „Idee einer Wissenschaft vom Menschen" durch ihre „Identifikation mit Naturwissenschaft" (ebd., S.85), was schließlich auf einen „materialistischen Szientismus" (ebd., S.86) hinauslaufe, der dem Positivismus den Weg bereite. – Habermas entnimmt sowohl das kategoriale Selbstverständnis von Marx als auch die Gleichsetzung der Wissenschaft vom Menschen mit Naturwissenschaft den *Ökonomisch-philosophischen Manuskripten* von 1844 (vergl. ebd., S.41 und S.63), um sie dann mit wesentlich später entstandenen materialen Analysen zu konfrontieren, ohne auch nur zu erwägen, ob es bei Marx zu irgendeiner Art von theoretischer Entwicklung gekommen sein könnte. Die der Habermasschen Interpretation entgegenstehenden Aussagen in der *Deutschen Ideologie* werden einfach ignoriert. Nicht nur hier, sondern auch in den später entstandenen Arbeiten bediente sich Habermas zur Fundierung seiner Kritik des zu Beginn dieses Kapitels angesprochenen „additiven" Interpretationsverfahrens, bei dem vorausgesetzt wird, daß sich der gesamte Marxsche Diskurs innerhalb desselben theoretischen Raumes befindet, so daß alle Aussagen beliebig kombiniert werden können – ein Verfahren, das sich gleichermaßen zur Apologie wie zur Kritik aber nicht unbedingt zum Verständnis eines Autors eignet.

Auch hier trifft ein Teil der Kritik auf die Marxschen Vorstellungen von 1844 zu. So kritisiert er deren Vorstellung von einem „wahren Eigentum“:

„Diese Theorie vom wahren Eigentum faßt das bisherige *wirkliche* Privateigentum nur als Schein, dagegen die aus diesem wirklichen Eigentum abstrahierte Vorstellung als *Wahrheit* und *Wirklichkeit* dieses Scheins, ist also durch und durch ideologisch.“ (3/457)

In den *Ökonomisch-philosophischen Manuskripten* hatte sich Marx noch die Aufgabe gestellt:

„Das allgemeine *Wesen* des *Privateigenthums*, wie es sich als Resultat der entfremdeten Arbeit ergeben hat, in seinem Verhältniß zum *wahrhaft menschlichen* und *socialen Eigenthum* zu bestimmen“ (I.2/245; 40/521)

Auch auf den Arbeitsbegriff der *Manuskripte*, wo Arbeit als Vergegenständlichung des menschlichen Wesens aufgefaßt wird, trifft zu:

„Die Arbeit wird aus der bloßen, abstrakten Vorstellung *des* Menschen und der Natur konstruiert und daher auch auf eine Weise bestimmt, die auf alle Entwicklungsstufen der Arbeit gleich gut paßt und nicht paßt.“ (3/470)

Und im *Kommunistischen Manifest* wird den „wahren Sozialisten“ unter anderem vorgeworfen:

„Sie schrieben ihren philosophischen Unsinn hinter das französische Original. Z.B. hinter die französische Kritik der Geldverhältnisse schrieben sie 'Entäußerung des menschlichen Wesens'“ (4/486).

Genau denselben „philosophischen Unsinn“ findet man auch bei der im *Mill-Exzerpt* entwickelten Auffassung vom Geld.

Daß die Kritik an der Wesensphilosophie auch Abrechnung mit dem eigenen „philosophischen Gewissen“ ist (wie Marx im Vorwort von 1859 hervorhob), wird in der *Deutschen Ideologie* allerdings nur halbherzig zugegeben, wenn es heißt, daß in den *Deutsch-Französischen Jahrbüchern* noch in „philosophischer Phraseologie“ argumentiert wurde und „die hier traditionell unterlaufenden philosophischen Ausdrücke wie 'menschliches Wesen', 'Gattung' pp. den deutschen Theoretikern die erwünschte Veranlassung“ gaben, „die wirkliche Entwicklung zu mißverstehen“ (3/217f). Zwar nähert sich Marx in den *Deutsch-Französischen Jahrbüchern* einem neuen *Gegenstandsbereich*, der Ökonomie, und insofern den „wirklichen materiellen Voraussetzungen“, doch handelt es sich bei den Ausdrücken menschliches Wesen, Gattung etc. keineswegs nur um „philosophische Phraseologie“, sondern um die zentralen *theoretischen Konzepte*, mit denen dieser neue Gegenstandsbereich erfaßt werden sollte.

Zu einem wirklichen „Bruch mit der Philosophie“ kommt es erst mit den *Feuerbachthesen* und der *Deutschen Ideologie*. Diesen Bruch sehen Sost in ihren Kommentaren bereits in den *Ökonomisch-philosophischen Manuskripten* von 1844.[27] Das „Programm zur Revolutionierung der Wissenschaft von

27) Deren „zentrale These“ (Sost 1981, S.7) finden sie in dem Satz: „Daß in der Bewegung des *Privateigenthums*, eben der Oekonomie, die ganze revolutionaire Bewegung sowohl ihre empiri-

der Geschichte" sei dort bereits formuliert (Sost 1981, S.159). Die Entfremdungskonzeption wird lediglich als „eine Schicht utopischer Gesellschaftskritik", die „mittransportiert" werde, aufgefaßt (Sost 1981, S.7). Die *Feuerbachthesen* und die *Deutsche Ideologie* stellen für Sost keine radikalen Brüche, sondern lediglich „Zwischenschritte" in der Erarbeitung positiven Wissens über die Gesellschaft dar. Es ist zwar richtig, wenn Sost betonen, daß die *Feuerbachthesen* und die *Deutsche Ideologie* keine Einführung in den historischen Materialismus abgeben, sondern selbst ein Stück Forschungsprozeß sind (Sost 1981, S.162), doch entscheidend ist, daß sie den *ersten* Schritt eines *neuen* Forschungsprozesses darstellen. Während sich die Konzeption von 1844 im strukturellen Rahmen der Feuerbachschen Philosophie bewegt, ist in der *Deutschen Ideologie* die Kritik dieser Philosophie die Voraussetzung der weiteren Entwicklung. Diese Neubewertung Feuerbachs wurde auch von Sost nicht übersehen. Zur Erklärung verwenden sie allerdings eine recht obskure Konstruktion. „Angesichts veränderter sozialer und politischer Verhältnisse sehen sich Marx und Engels veranlaßt, ihre Auffassung von der geschichtlichen Bewegung und der 'Befreiung des Menschen' zu präzisieren" (Sost 1981, S.105). Diese „Präzisierung" soll Marx und Engels anscheinend zu dem Resultat geführt haben: „Aber auch die Feuerbachsche Philosophie kann unter den veränderten Verhältnissen des Jahres 1845/46 keine adäquate Antwort geben, denn die 'Befreiung des Menschen' ist überhaupt keine Frage der Philosophie, sondern eine geschichtliche Tat" (ebd.). Wahrscheinlich würden aber auch Sost zustimmen, daß die Befreiung des Menschen bereits unter den alten Verhältnissen von 1844 eine „geschichtliche Tat" und keine „Frage der Philosophie" gewesen war, die Feuerbachsche Philosophie daher auch 1844 keine Antwort geben konnte. Was erklärt werden muß ist, warum sich Marx 1844 von der Feuerbachschen Philosophie noch eine Antwort erhoffte, diese Hoffnung 1845 aber aufgegeben hatte. Daß letzteres lediglich die Folge von „Präzisierungen" seines theoretischen Konzeptes (aufgrund „veränderter Verhältnisse", die von Sost aber auch nicht genauer angegeben werden) gewesen sein soll, ist nicht sehr überzeugend, wenn man bedenkt, daß die Marxsche Konzeption von 1844 unmittelbar auf der Feuerbachschen Philosophie beruhte. In der veränderten Einstellung zu Feuerbach drückt sich vielmehr ein entscheidender *theoretischer Bruch* aus.

Zu ihrer Interpretation werden Sost wahrscheinlich dadurch verleitet, daß sich Marx 1844 erstmals einem neuen *Gegenstandsbereich* zuwendet, der politischen Ökonomie. Sie übersehen aber, daß dies noch in einem „philosophi-

---

sche, als theoretische Basis findet, davon ist die Nothwendigkeit leicht einzusehn." (I.2/263; 40/536) Bereits im letzten Kapitel wurde darauf hingewiesen, daß die Auffassung von Sost (1980, S.30), mit dieser programmatischen Formulierung habe Marx endgültig allen Utopismus, wie er sich etwa noch im Mill-Exzerpt findet, hinter sich gelassen, bereits dadurch widerlegt wird, daß das Mill-Exzerpt erst nach den *Ökonomisch-philosophischen Manuskripten* entstanden ist.

schen“ Kontext geschieht, daß sich Marx der Ökonomie im Rahmen einer Philosophie des Menschen zuwendet, und nicht bloß eine philosophische Schicht „mittransportiert“. Und genau dieser Rahmen wird in den *Feuerbachthesen* und der *Deutschen Ideologie* gesprengt.

Marx und Engels kritisieren in der *Deutschen Ideologie* nicht nur die jeweiligen Theorien der Junghegelianer, sondern auch die diesen Theorien zugrundeliegende Wesensphilosophie. Der Versuch, die gesellschaftliche Wirklichkeit mit Hilfe bestimmter Vorstellungen vom „Wesen des Menschen“ zu erfassen, wird abgelehnt, da diese Wesensbegriffe immer nur die Hypostasierung bestimmter gesellschaftlicher Vorstellungen sind.[28] Während Marx und Engels in der Kritik der Junghegelianer in der *Heiligen Familie* nur die Konsequenzen einer Position kritisierten, deren allgemeine Grundlagen sie noch weitgehend teilten, gelingt es ihnen jetzt, mit der Kritik an der Wesensphilosophie diese Grundlage zu verlassen. Mit der Fundamentalkritik an der Wesensphilosophie haben Marx und Engels auch implizit den *Anthropologismus* des *theoretischen Feldes* kritisiert, auf dem nicht nur die Hegelsche und junghegelianische Philosophie, sondern auch die politische Ökonomie beruht.

Für die Gesellschaftsanalyse bedeutet die Kritik der Wesensphilosophie, daß Gesellschaft nicht mehr so aufgefaßt werden kann, als sei sie durch ein „menschliches Wesen“ konstituiert. Die Wesensbestimmungen sind selbst Produkte bestimmter gesellschaftlicher Verhältnisse, sie können diese Verhältnisse daher nicht als „Objektivierung“ des Wesens erklären. In einer, von Marx und Engels in Abgrenzung zum Idealismus Hegels und der Junghegelianer als „materialistisch“ apostrophierten Geschichts- und Gesellschaftsauffassung treten an die Stelle des „menschlichen Wesens“ als grundlegendes begriffliches Konzept die „gesellschaftlichen Verhältnisse“. Zwar sind diese Verhältnisse nicht naturgegeben, sondern werden durch das Handeln der Menschen reproduziert, sie können aber nicht aus dem individuellen Handeln erklärt werden, denn den einzelnen Individuen treten diese Verhältnisse bereits fertig gegenüber und geben ihnen ihre Handlungsmöglichkeiten erst vor. Der Bruch mit dem *Anthropologismus* zieht den Bruch mit einem zweiten Element des theoretischen Feldes der politischen Ökonomie nach sich, dem *Individualismus*.

28) Nun mag man zwar einwenden, daß hinreichend allgemeine Wesensbestimmungen diesem Verdikt nicht unterliegen würden. Aber selbst wenn dies zutrifft, leisten diese allgemeinen Bestimmungen gerade wegen ihrer ahistorischen Allgemeinheit nichts für das Verständnis einer bestimmten Gesellschaft. Hält man beispielsweise „Gesellschaftlichkeit“ als eine solche Bestimmung fest, so muß man sie so allgemein auffassen, daß in ihr nur noch die Tatsache enthalten ist, daß die Menschen in Gesellschaft leben. Dies trifft aber auch auf die Schimpansen zu.

3. Erste Ansätze der materialistischen Geschichtsauffassung

Im Feuerbachkapitel der *Deutschen Ideologie* kann beobachtet werden, wie die materialistische Geschichtsauffassung allmählich präzisiert wird. Der Beginn der Argumentation ist noch problematisch, sofern Marx und Engels glauben, die Voraussetzungen aller Geschichte einfach *konstatieren* zu können.[29] Dies zeigt, daß sie nach wie vor einer *empiristischen* Wissenschaftsauffassung verhaftet sind. Indem Marx und Engels außer der Erzeugung der Mittel zur Befriedigung von Bedürfnissen und der Entstehung neuer Bedürfnisse dann als drittes Verhältnis die Familie einführen, sitzen sie noch einem in der bürgerlichen Gesellschaft hervorgebrachten Schein auf: die Familie als „Verhältnis zwischen Mann und Weib, Eltern und Kindern" (1211; 3/29) ist nichts Ursprüngliches, sondern ein historisch spätes Produkt. Aus diesen Voraussetzungen ziehen sie die Schlußfolgerung:

„Es zeigt sich also schon von vornherein ein materialistischer Zusammenhang der Menschen untereinander, der durch die Bedürfnisse und die Weise der Produktion bedingt und so alt ist wie die Menschen selbst – ein Zusammenhang, der stets neue Formen annimmt und also eine 'Geschichte' darbietet, auch ohne daß ein politischer oder religiöser Nonsens existiert, der die Menschen noch extra zusammenhalte." (1212; 3/30)

Der gesellschaftliche Zusammenhang der Individuen muß nicht erst aus einem menschlichen Wesen entwickelt werden, er ist immer schon vorhanden. Geschichte ist dann auch nicht mehr die „Selbsterzeugung des menschlichen Wesens" oder der „Gattung", sondern die Abfolge der Formen des gesellschaftlichen Zusammenhangs, der durch die materielle Produktion konstituiert wird.[30] Die Dynamik der Geschichte ergibt sich dann daraus, daß die Produktivkräfte, die sich unter bestimmten gesellschaftlichen Bedingungen entwickeln, auf einer bestimmten Entwicklungsstufe mit diesen Bedingungen inkompatibel werden.[31]

29) Die Vermutung von Sost (1981, S.104) erscheint plausibel, daß der in zwei Varianten vorliegende Einleitungstext (1199-1207) zuletzt geschrieben wurde und eine abschließende Korrektur darstellt. Die Niederschrift des Feuerbachkapitels hätte dann mit dem Haupttext S.1207ff begonnen (in MEW 3 handelt es sich um den Text, der auf S.27 allerdings in anderer Anordnung folgt).

30) „Diese Geschichtsauffassung beruht also darauf, den wirklichen Produktionsprozeß, und zwar von der materiellen Produktion des unmittelbaren Lebens ausgehend, zu entwickeln und die mit dieser Produktionsweise zusammenhängende und von ihr erzeugte Verkehrsform, also die bürgerliche Gesellschaft in ihren verschiedenen Stufen, als Grundlage der ganzen Geschichte aufzufassen und sie sowohl in ihrer Aktion als Staat darzustellen, wie die sämtlichen verschiedenen theoretischen Erzeugnisse und Formen des Bewußtseins, Religion, Philosophie, Moral etc. etc. aus ihr zu erklären und ihren Entstehungsprozeß aus ihnen zu verfolgen..." (1220; 3/37).

31) „Diese verschiedenen Bedingungen, die zuerst als Bedingungen der Selbstbetätigung später als Fesseln derselben erschienen, bilden in der ganzen geschichtlichen Entwicklung eine zusammenhängende Reihe von Verkehrsformen, deren Zusammenhang darin besteht, daß an die Stelle der früheren, zur Fessel gewordenen Verkehrsform eine neue, den entwickelteren Produktivkräften und damit der fortgeschrittenen Art der Selbstbetätigung der Individuen gesetzt wird, die à son tour wieder zur Fessel und dann durch eine andre ersetzt wird. Da diese Bedingungen auf jeder Stufe der gleichzeitigen Entwicklung der Produktivkräfte entsprechen, so ist ihre Geschichte zu-

Diese grundlegenden Einsichten können aber nicht über die vielen Schwachpunkte hinwegtäuschen. Insbesondere die „Teilung der Arbeit" wird als eine von den verschiedenen historischen Formen der Gesellschaft unabhängige Universalkategorie verwendet, um so ziemlich alles zu erklären: die Existenz des Privateigentums (1214; 3/32), das Auseinanderfallen von besonderen und allgemeinen Interessen, wobei letztere dann im Staat eine selbständige Gestalt erhalten (1214; 3/32f), die Verselbständigung des gesellschaftlichen Zusammenhangs gegenüber den Individuen (1251; 3/540). Mit der Trennung von materieller und geistiger Arbeit wird schließlich die ideologische Verselbständigung des Bewußtseins und seiner verschiedenen theoretischen Formen erklärt.[32]

Auch der Zusammenhang zwischen Ideologie und Herrschaft, der in dem vielzitierten Satz zum Ausdruck kommt, daß die herrschenden Gedanken die Gedanken der Herrschenden seien, da diese auch über die Mittel zur geistigen Produktion verfügten,[33] ist höchst problematisch. Die Herrschaftsverhältnisse in der bürgerlichen Gesellschaft sind nicht persönlich, sondern sachlich vermittelt. Der Versachlichung der gesellschaftlichen Verhältnisse und ihrer Widerspiegelung in einem verkehrten Alltagsbewußtsein sind Lohnarbeiter und Kapitalisten gleichermaßen unterworfen. Dieser Zusammenhang wird von Marx und Engels hier allerdings noch nicht gesehen. Statt dessen wird Ideologie auf die mehr oder weniger bewußte Anwendung der Mittel zur geistigen Produktion durch die herrschende Klasse reduziert.

Die neue Geschichtsauffassung erfordert auch eine Veränderung in der Bestimmung des Kommunismus. In der *Deutschen Ideologie* grenzen Marx und Engels ihre Auffassung vom Kommunismus von jedem Utopismus, der ein vorgestelltes Ideal verwirklichen möchte, kategorisch ab:

> „Der Kommunismus ist für uns nicht ein *Zustand*, der hergestellt werden soll, ein *Ideal*, wonach die Wirklichkeit sich zu richten haben wird. Wir nennen Kommunismus die *wirkliche* Bewegung, welche den jetzigen Zustand aufhebt." (1216; 3/35) [34]

---

gleich die Geschichte der sich entwickelnden und von jeder neuen Generation übernommenen Produktivkräfte und damit die Geschichte der Entwicklung der Kräfte der Individuen selbst." (1243; 3/72)

32) „Die Teilung der Arbeit wird erst wirklich Teilung von dem Augenblicke an, wo eine Teilung der materiellen und geistigen Arbeit eintritt. Von diesem Augenblicke an *kann* sich das Bewußtsein wirklich einbilden, etwas andres als das Bewußtsein der bestehenden Praxis zu sein, wirklich etwas vorzustellen, ohne etwas Wirkliches vorzustellen – von diesem Augenblicke an ist das Bewußtsein imstande, sich von der Welt zu emanzipieren und zur Bildung der 'reinen' Theorie, Theologie, Philosophie, Moral etc. überzugehen." (1213; 3/31)

33) „Die Gedanken der herrschenden Klasse sind in jeder Epoche die herrschenden Gedanken, d.h. die Klasse, welche die herrschende *materielle* Macht der Gesellschaft ist, ist zugleich ihre herrschende *geistige* Macht. Die Klasse, die die Mittel zur materiellen Produktion zu ihrer Verfügung hat, disponiert damit zugleich über die Mittel zur geistigen Produktion..." (1224f; 3/46).

34) Und gegen die „wahren Sozialisten" gerichtet heißt es: „Die Kommunisten predigen überhaupt keine *Moral*..." (3/229).

Da Gesellschaftlichkeit jetzt nicht mehr als Äußerung eines „menschlichen Wesens" aufgefaßt wird, kann auch der Kommunismus nicht mehr, wie in den *Ökonomisch-philosophischen Manuskripten*, als die „wirkliche Aneignung des menschlichen Wesens durch und für den Menschen" (I.2/263; 40/536) bestimmt werden. Kommunismus kann jetzt überhaupt nicht mehr ausgehend vom *Individuum*, das ja selbst erst ein gesellschaftliches Produkt ist, sondern nur noch von den *gesellschaftlichen Verhältnissen* her begriffen werden.[35]
Die Verselbständigung des gesellschaftlichen Zusammenhangs gegenüber den Individuen, die die ganze bisherige Geschichte charakterisierte, soll durch den Kommunismus verschwinden. Da die Ursache dieser Verselbständigung in der Teilung der Arbeit gesehen wird, erscheint Kommunismus zugleich als deren Aufhebung und, da Arbeit mit Lohnarbeit identifiziert wird, auch als Abschaffung der Arbeit überhaupt (vergl. z.B. 1215; 3/33 oder 1219; 3/69f). Soll dies nicht wieder bloß ein Ideal sein, so muß gezeigt werden, daß der Kommunismus durch die geschichtliche Entwicklung in gewisser Weise „notwendig" geworden ist. Die Aufdeckung der historischen Voraussetzungen des Kommunismus, d.h. der „wirklichen Bewegung", die zur Revolution und schließlich zum Kommunismus führt, wird in der Folge zu einem wesentlichen Motiv der Marxschen Ökonomiekritik.[36]

4. Kontinuität der Entfremdungsproblematik?

Die Verselbständigung des gesellschaftlichen Zusammenhangs, die im Kommunismus aufgehoben werden soll, bezeichnen Marx und Engels an einer Stelle der *Deutschen Ideologie* auch als „'Entfremdung', um den Philosophen verständlich zu bleiben" (1216; 3/34). In dem selben Sinne wird „entfremdet" auch im *Kapital* verwendet. Daraus wurde häufig geschlossen, daß auch im *Kapital* eine „Entfremdungstheorie" zu finden sei. So haben etwa Mészáros (1970) oder Ollman (1971) sehr entschieden vertreten, daß „Entfremdung" das zentrale theoretische Konzept des gesamten Marxschen Werkes sei, von dem aus sich alle Teile erschließen ließen. Die vor allem in der *Deutschen Ideologie*, aber auch im *Kommunistischen Manifest* von Marx geübte Kritik an Theorien der Junghegelianer und der „wahren Sozialisten", die sich auf Entfremdung und das Wesen des Menschen beziehen, begreift Mészáros als eine Kritik an der idealistischen Verwendung dieser Konzepte und nicht an diesen

35) „Der Kommunismus unterscheidet sich von allen bisherigen Bewegungen dadurch, daß er die Grundlage aller bisherigen Produktions- und Verkehrsverhältnisse umwälzt und alle naturwüchsigen Voraussetzungen zum erstenmal mit Bewußtsein als Geschöpfe der bisherigen Menschen behandelt, ihrer Naturwüchsigkeit entkleidet und der Macht der vereinigten Individuen unterwirft." (1242; 3/70)

36) Inwiefern Marx dies in konsistenter Weise gelungen ist, wird ganz unterschiedlich beurteilt. Vergl. Sieferle (1979) und Mohl (1981), für eine zusammenfassende Diskussion siehe G.Wolf (1985).

Konzepten selbst (Mészáros 1970, S.217ff). Und mehrere Seiten an Zitaten sollen belegen, daß Marx auch in der *Deutschen Ideologie*, den *Grundrissen*, den *Theorien über den Mehrwert* und dem *Kapital* an der Theorie der Entfremdung festhält (Mészáros 1970, S.222-226). Mészáros führt dort wahllos Textstellen an, in denen in irgendeinem Zusammenhang von „fremd" die Rede ist, z.B. auch daß sich der Kapitalist „fremde" Arbeit aneignet. Meistens geht es jedoch um die Verselbständigung des gesellschaftlichen Zusammenhangs gegenüber den einzelnen Individuen. Wird dies aber als Kontinuität der Entfremdungsproblematik behauptet, so wird übersehen, daß die Konstatierung dieser Verselbständigung in der *Deutschen Ideologie*, in den *Grundrissen* oder im *Kapital* gerade *nicht* auf ein menschliches Wesen rekurriert, von dem die Menschen entfremdet sind.

In den *Ökonomisch-philosophischen Manuskripten* ging Marx von dem „nationalökonomischen Faktum" aus, daß der Arbeiter nicht über sein Produkt und nicht über seine Arbeit, die die Produkte hervorbringt, verfügen kann. Das Produkt ist „fremdes" Produkt, es gehört einem anderen und die Arbeit ist Zwangsarbeit, der Arbeiter ist gezwungen, sie zu verrichten, um sein Leben zu erhalten. Der Nationalökonomie warf Marx nicht vor, daß sie diese Fakten nicht sehen würde, sondern daß sie diese Fakten nicht „begreifen" würde. Das Entscheidende an den *Ökonomisch-philosophischen Manuskripten* ist die theoretische Verarbeitung dieser Fakten. Diese besteht in ihrer Übersetzung in eine bestimmte Anthropologie: aus der Produktion wird die Produktion des Gattungswesens, aus dem Produkt die Vergegenständlichung des Gattungswesens. Daß der Arbeiter nicht über sein Produkt verfügt, daß seine eigene Arbeit Zwangsarbeit ist, heißt dann, daß er von seinem eigenen menschlichen Wesen entfremdet ist. Im *Kapital* tauchen die ursprünglichen „nationalökonomischen Fakten" zwangsläufig wieder auf, da sie bestimmte Eigenschaften des Kapitalismus wiedergeben. Sie werden aber in einen gänzlich anderen theoretischen Zusammenhang gestellt. Vom „menschlichen Wesen" und der „Entfremdung" von diesem Wesen ist nicht mehr die Rede. Die hier behauptete Diskontinuität in der theoretischen Entwicklung von Marx bezieht sich daher nicht auf einen Wechsel des *Gegenstandsbereiches*, sondern auf die *theoretische Problematik*, innerhalb welcher dieser Gegenstandsbereich untersucht wird.

Werden dagegen zwei verschiedene Entfremdungstheorien unterschieden, wie z.B. bei Mandel eine „anthropologische" des Frühwerks und eine „historische" in den späteren Schriften (einen ähnlichen Unterschied macht auch Sève 1978), so bleibt immer noch der Unterschied, daß die frühe Entfremdungskonzeption die theoretische Grundlage der Kritik an der politischen Ökonomie bildete, daß dagegen das, was im *Kapital* unter Entfremdung zusammengefaßt werden kann, keine kohärente Theorie, sondern eine Sammlung verschiedenartiger Phänomene ist, die zu einer inflationären Verwendung des Entfremdungsbegriffs geradezu einlädt. So spricht auch Mandel von ökonomischer, politischer und technischer Entfremdung sowie der „entfremdenden Verstümmelung des Menschen“ (Mandel 1968, S.179ff). Ohne Kenntnis der *Ökonomisch-philosophischen Manuskripte* wäre wohl kaum jemand auf die Idee gekommen, im *Kapital* eine Theorie der Entfremdung zu suchen.

Zutreffender als die eben genannten Autoren reflektiert Eberhard Braun die mit der *Deutschen Ideologie* einhergehende Verschiebung von Marx' theoretischer Problematik. Während der anthropologische Ansatz der *Ökonomisch-philosophischen Manuskripte* die spekulative Philosophie als verkehrten Ausdruck einer verkehrten Welt charakterisiert habe, dabei aber immer noch im Medium „philosophischer“ (was hier für Braun soviel wie autonom-theoretischer Begründung heißt) verblieben sei, erfolge mit der *Deutschen Ideologie* eine konsequente „Historisierung“ des Begründungsverfahrens: Philosophie wird als selbständige Instanz aufgehoben und auf ihren gesellschaftlichen Ursprung zurückgeführt, wenngleich noch unzureichend, da hierbei der „Teilung der Arbeit“ mehr an Begründungslast aufgebürdet werde, als diese zu tragen vermag. Problematisch ist aber, daß Braun (wie schon oben erwähnt) in die Historisierung auch die Wesensphilosophie einschließt: „... das bisherige Fundament der Philosophie, der statische Begriff des Wesens fällt. Wesen ist nun selber ein historisches Produkt gesellschaftlicher Praxis“ (Braun 1992, S.128f). Damit wird aber eine entscheidende Dimension des Bruches, die Überwindung der Wesensphilosophie, verwischt.

Insofern scheint mir Althusser, trotz manch überspitzter Formulierung, den „Bruch“ zwischen der Problematik der *Ökonomisch-philosophischen Manuskripte* und der *Deutschen Ideologie* noch am besten zu erfassen, wenn er im Zentrum dieses Bruches die „Philosophie des Menschen“ sieht, die Marx als ideologisch erkennen würde.[37] Althusser macht einen „wissenschaftstheoretischen Einschnitt“ aus, der gleichzeitig in der *Wissenschaft* und in der *Philosophie* stattfindet: „Indem Marx die Geschichtstheorie gründete (historischer Materialismus), hat er in einer einzigen Bewegung mit seinem früheren ideologischen Bewußtsein gebrochen und eine neue Philosophie gegründet (dialektischer Materialismus)“ (Althusser 1965, S.33). Aufgabe der marxistischen Philosophie sei es nun vor allem, den von Marx vollzogenen Bruch zu reflektieren und dadurch eine „Demarkationslinie“ zwischen Marxismus und bürgerlicher Ideologie zu ziehen. Dieses Programm wurde von Althusser aber nur teilweise realisiert. In seinen „selbstkritischen“ Essays der 70er Jahre fällt er

37) „Von 1845 an bricht Marx radikal mit jeder Theorie, die die Geschichte und die Politik auf ein Wesen vom Menschen begründet. Dieser einzigartige Bruch enthält drei theoretisch voneinander nicht zu trennende Aspekte: 1. Bildung einer auf völlig neuen Begriffen begründeten Geschichtstheorie... 2. Radikale Kritik der *theoretischen* Ansprüche jedes philosophischen Humanismus. 3. Definition des Humanismus als Ideologie. Auch in dieser neuen Auffassung hängt alles streng zusammen, aber es ist eine neue Strenge: das kritisierte Wesen des Menschen (2) wird definiert als Ideologie (3), eine Kategorie, die zur neuen Theorie der Gesellschaft und der Geschichte (1) gehört.“ (Althusser 1963, S.176)

in eine elaborierte Standpunktlogik zurück. Althusser macht dort einen „Ortswechsel hin zu absolut neuen, proletarischen, theoretischen Klassenpositionen" zur Bedingung des wissenschaftstheoretischen Einschnitts (Althusser 1970, S.84). Diese „theoretischen Klassenpositionen" stellen die richtige Philosophie dar, die jetzt nicht mehr *Resultat*, sondern *Vorbedingung* des Bruchs ist.[38] Daß diese Klassenpositionen nicht mit der proletarischen Wahrnehmung, die selbst den Mystifizierungen des Kapitalismus unterliegt, identisch sein kann, wird auch von Althusser gesehen, indem er ihnen das Attribut „theoretisch" zuerkennt. Das bedeutet aber andererseits, daß diese Positionen auch nicht einfach wie Plätze auf einem Aussichtsturm „eingenommen" werden können, wie Althusser anscheinend unterstellt. Sie müssen vielmehr selbst Resultat einer theoretischen Anstrengung sein. Mit einem einfachen „Standpunkt" ist also noch nichts gewonnen.[39]

5. Der neue Begriff von gesellschaftlicher Wirklichkeit

In der wahrscheinlich zuletzt geschriebenen Einleitung zum Feuerbachkapitel der *Deutschen Ideologie* (1199-1207) nehmen Marx und Engels wesentliche Korrekturen der vorangegangenen Darstellung vor. Zwar insistieren sie noch immer darauf, daß sie mit den „wirklichen Voraussetzungen" aller Geschichte beginnen, Voraussetzungen, die „auf rein empirischem Wege konstatierbar" (1202; 3/20) seien. Doch sind diese Voraussetzungen jetzt abstrakt genug gefaßt, um nicht falsch zu werden. Es handelt sich um die Konstatierung des Naturzustandes (einschließlich der körperlichen Organisation der Menschen) sowie, als Grundlage aller Geschichte, der Notwendigkeit für die Menschen, ihre Lebensmittel zu produzieren (1202f; 3/20f).

In dieser Einleitung verallgemeinern Marx und Engels auch ihre Erkenntnis, daß die philosophischen Vorstellungen vom „Wesen des Menschen" etc. Pro-

---

38) Um die Mechanismen der Ausbeutung und der Klassenherrschaft zu analysieren, müsse man sich „auf den Standpunkt stellen, von dem aus diese Mechanismen sichtbar werden können, d.h. auf den Standpunkt der Klasse, die die Ausbeutung und die Herrschaft erleidet: auf den Standpunkt des Proletariats. Es genügt nicht, sich eine politische proletarische Position anzueignen. Diese politische Position muß zu einer theoretischen (philosophischen) Position ausgearbeitet werden, damit das, was vom proletarischen Standpunkt aus sichtbar ist, in seinen Ursachen und seinen Mechanismen konzipiert und gedacht wird" (Althusser 1970, S.87).

39) Wenn auch diese Standpunktlogik einen Rückschritt darstellt, so bedeutet dies nicht, daß die „Selbstkritik" Althussers überhaupt keine Erkenntnisse zu Tage gefördert hätte. Relevant erscheint mir vor allem die Kritik der „theoretizistischen" Tendenz seiner frühen Schriften, insoweit damit die Konzeption des „Einschnitts" als Bruch zwischen „der" Ideologie und „der" Wissenschaft (als gäbe es beides nur im Singular) und die Auffassung der Philosophie als „Theorie der theoretischen Praxis" (was nichts anderes als das von positivistischen Ansätzen her bekannte Projekt einer Wissenschaft von „der" Wissenschaft ist) kritisiert wird (Althusser 1974). Allerdings muß dies nicht zur Konsequenz haben, Philosophie auf einen bloßen „Kampfplatz" zu reduzieren und Epistemologie per se als rationalistische Spekulation abzutun.

dukte bestimmter materieller Lebensverhältnisse sind. Dies ist nur ein Spezialfall des allgemeinen Satzes, daß das Bewußtsein vom materiellen Lebensprozeß abhängt.[40] Ist aber das Bewußtsein abhängig von der materiellen Basis der Gesellschaft, so besitzen auch seine entwickelten Formen (Wissenschaft, Philosophie, Religion etc.) keine selbständige Geschichte.[41] Die gesamte bisherige Philosophie wird von Marx und Engels als verselbständigtes Denken, das sich über seine eigene Abhängigkeit von den materiellen Bedingungen nicht im Klaren ist, aufgefaßt. Dieser verselbständigten „Spekulation" der traditionellen Philosophie setzen sie die „positive Wissenschaft" entgegen:

„Da, wo die Spekulation aufhört, beim wirklichen Leben, beginnt also die wirkliche, positive Wissenschaft, die Darstellung der praktischen Betätigung, des praktischen Entwicklungssprozesses der Menschen. Die Phrasen vom Bewußtsein hören auf, wirkliches Wissen muß an ihre Stelle treten. Die selbständige Philosophie verliert mit der Darstellung der Wirklichkeit ihr Existenzmedium." (1207; 3/27)

Verselbständigte, spekulative Philosophie und empirische Wissenschaft scheinen sich geradezu komplementär zueinander zu verhalten, so daß zwischen beiden kein Raum bleibt.[42] Dann stellt sich allerdings die Frage, welcher *theoretische Status* der materialistischen Geschichtsauffassung zukommt. Denn Philosophie *soll* sie nicht sein, und positive Wissenschaft *kann* sie nicht sein, da es sich bei dieser Geschichts*auffassung* gerade nicht um die Untersuchung historisch spezifischer Gesellschaften handelt. An der zitierten Stelle charakterisieren Marx und Engels diesen Status folgendermaßen:

„An ihre (der Philosophie, M.H,) Stelle kann höchstens eine Zusammenfassung der allgemeinsten Resultate treten, die sich aus der Betrachtung der historischen Entwicklung der Menschen abstrahieren lassen. Diese Abstraktionen haben für sich, getrennt von der wirklichen Geschichte, durchaus keinen Wert. Sie können nur dazu dienen, die Ordnung des geschichtlichen Materials zu er-

---

40) Jetzt heißt es ganz allgemein: „Die Produktion der Ideen, Vorstellungen, des Bewußtseins ist zunächst unmittelbar verflochten in die materielle Tätigkeit und den materiellen Verkehr der Menschen... Die Menschen sind die Produzenten ihrer Vorstellungen, Ideen pp., aber die wirklichen, wirkenden Menschen, wie sie bedingt sind durch eine bestimmte Entwicklung ihrer Produktivkräfte und des denselben entsprechenden Verkehrs bis zu seinen weitesten Formationen hinauf. Das Bewußtsein kann nie etwas andres sein als das bewußte Sein, und das Sein der Menschen ist ihr wirklicher Lebensprozeß." (1206; 3/26) Damit wird auch die Auffassung, das herrschende Bewußtsein sei das von den Herrschenden aufgrund ihrer Disposition über die geistigen Produktionsmittel durchgesetzte Bewußtsein, revidiert.

41) „Die Moral, Religion, Metaphysik und sonstige Ideologie und die ihnen entsprechenden Bewußtseinsformen behalten hiermit nicht länger den Schein der Selbständigkeit. Sie haben keine Geschichte, sie haben keine Entwicklung, sondern die ihre materielle Produktion und ihren materiellen Verkehr entwickelnden Menschen ändern mit dieser ihrer Wirklichkeit auch ihr Denken und die Produkte ihres Denkens." (1206; 3/26f)

42) Was auch schon zu Beginn des Feuerbachkapitels hervorgehoben wurde: „Übrigens löst sich in dieser Auffassung der Dinge, wie sie wirklich sind und geschehen sind, wie sich weiter unten noch deutlicher zeigen wird, jedes tiefsinnige philosophische Problem ganz einfach in ein empirisches Faktum auf." (1209; 3/43) Die Konsequenz kann dann nur sein: „Man muß 'die Philosophie beiseite liegenlassen' ... man muß aus ihr herausspringen und sich als ein gewöhnlicher Mensch an das Studium der Wirklichkeit geben... Philosophie und Studium der wirklichen Welt verhalten sich zueinander wie Onanie und Geschlechtsliebe." (3/218)

leichtern. (...) Wir nehmen hier einige dieser Abstraktionen heraus, die wir gegenüber der Ideologie gebrauchen, und werden sie an historischen Beispielen erläutern." (1207; 3/27)

Diese „Abstraktionen", von denen Marx und Engels hier sprechen, die „Zusammenfassung der allgemeinsten Resultate" scheinen relativ unwichtig zu sein. In diesem Sinn wurde auch von Sost geschlossen, daß es sich bei ihnen lediglich um eine „Grenzziehung" gegenüber allgemeinen Aussagen zur Weltgeschichte handelt (Sost 1981, S.130), und daß die „Richtigkeit der abstrakten Aussagen, nicht verwechselt werden darf mit der Grundlegung oder dem Ausgangspunkt positiven Wissens" (Sost 1981, S.132). Bei diesen Abstraktionen, die „die Ordnung des geschichtlichen Materials erleichtern" sollen, wie es bei Marx und Engels bagatellisierend heißt, handelt es sich aber nicht um einfache Etikettierungen, auch nicht um bloße „Zusammenfassungen" dessen, was die positiven Wissenschaften bereits an Ergebnissen erbracht haben. Auch die „empirisch konstatierbaren Voraussetzungen", die von Marx und Engels immer wieder hervorgehoben werden, sind hochgradig theoretisch aufgeladen: Marx und Engels stecken hier erstmals das *theoretische Feld einer neuen Wissenschaft* ab, ein Prozeß der nicht einfach das Resultat empirischer Forschung ist, sondern überhaupt erst den Begriff einer bestimmten Empirie herstellt.

Im letzten Kapitel wurde gezeigt, daß sich zwischen 1840 und 1844 die Marxschen Konzeptionen im Rahmen einer Entgegensetzung von Wesen und Existenz bewegten, daß die Wirklichkeit an einem Wesen gemessen und kritisiert wurde. Innerhalb dieses Schemas veränderten sich aber sowohl die Vorstellungen über das Wesen als auch über die kritisierte Wirklichkeit. Indem dieses Schema aufgegeben und die Wesensphilosophie durch die materialistische Geschichtsauffassung überwunden wird, konstituieren Marx und Engels nicht einfach nur eine neue wissenschaftliche *Problematik*, sie konstituieren ein neues theoretisches Feld, einen neuen *Begriff von gesellschaftlicher Wirklichkeit*, auf dessen Grundlage dann ein Programm empirischer Forschung artikuliert werden kann.

Diese doppelte Konstitution wird allerdings nicht in einem einzigen Akt vollzogen. Es handelt sich um einen Prozeß, der mit den *Thesen über Feuerbach* und der *Deutschen Ideologie* bloß beginnt. Auch spielt er sich auf mehreren Ebenen ungleichzeitig ab. So wird in der *Deutschen Ideologie* zwar mit dem Anthropologismus und dem Individualismus aber noch längst nicht mit dem Empirismus gebrochen. Explizit erfolgt dieser Bruch erst in der *Einleitung* von 1857.[43] Die Entwicklung dieses mehrdimensionalen Bruches kann hier nicht im Einzelnen nachvollzogen werden. Statt dessen soll in diesem und den folgenden Abschnitten versucht werden, den neuen Wirklichkeitsbegriff und die

---

43) Diese *Einleitung*, die meistens als erstes Dokument des „reifen" Marx und häufig auch als Einleitung in das *Kapital* betrachtet wird, erscheint somit eher als Schlußpunkt einer Übergangsphase.

mit ihm korrespondierende neue Konzeption von Wissenschaft zu skizzieren. Die gesellschaftliche Wirklichkeit steht jetzt nicht mehr, wie bei den Junghegelianern und auch noch beim Marx von 1844, dichotomisch einem irgendwie gearteten Wesen oder dem Denken gegenüber. Sie wird statt dessen als ein Ganzes verschiedener *Momente* oder *Ebenen* aufgefaßt, wobei das Bewußtsein oder das Denken als Ausdruck dieser Momente selbst Bestandteil der gesellschaftlichen Wirklichkeit ist. Im Vorwort von *Zur Kritik der politischen Ökonomie* gibt Marx drei solcher Ebenen an: eine ökonomische, eine politisch-juristische und eine geistige (die „gesellschaftlichen Bewußtseinsformen"). Ökonomische und politische Ebene sind *Verhältnisse* der Menschen zueinander. Diese Verhältnisse sind zwar Resultat des Handelns der Individuen, die Handlungen finden aber unter bestimmten vorgefundenen Umständen statt. Die gesellschaftlichen Verhältnisse sind nicht freiwillig oder auch nur bewußt eingegangene Verhältnisse, sie strukturieren vielmehr die Handlungsmöglichkeiten. Insofern kann man sagen, daß nicht die Menschen, sondern ihre Verhältnisse die Gesellschaft konstituieren. Pointiert formuliert Marx diesen Sachverhalt in den *Grundrissen*:

„Die Gesellschaft besteht nicht aus Individuen, sondern drückt die Summe der Beziehungen, Verhältnisse aus, worin diese Individuen zu einander stehn." (II.1.1/188; Gr 176)

Die einzelnen Ebenen der gesellschaftlichen Wirklichkeit sind keine voneinander separierten Sphären, die zusammenhanglos nebeneinander stehen. Es handelt sich vielmehr um ein strukturiertes Ganzes. Im Gegensatz zum Hegelschen Totalitätsbegriff, der zwar auch verschiedene Momente der Wirklichkeit kennt, in denen sich aber jeweils dasselbe geistige Prinzip ausdrückt (nämlich das der jeweiligen Epoche), handelt es sich bei Marx um ein bestimmtes Abhängigkeitsverhältnis zwischen den verschiedenen Ebenen.[44]

Die Verhältnisse, die die Menschen in der gesellschaftlichen Produktion eingehen und die mit den vorhandenen Produktivkräften kompatibel sein müssen, bezeichnet Marx als *Produktionsverhältnisse*.[45] Ihre Gesamtheit bildet die ökonomische Struktur der Gesellschaft. Ein Komplex von Produktivkräften und entsprechenden Produktionsverhältnissen konstituiert eine bestimmte *Produktionsweise*. Die verschiedenen historisch aufgetretenen *Gesellschaftsformationen* lassen sich nach den jeweils dominierenden Produktionsweisen unterscheiden. Mit dieser Produktionsweise müssen die politischen und juristischen Verhältnisse kompatibel sein, damit die Reproduktion der Gesellschaft möglich ist. Und schließlich stammt das Anschauungsmaterial des geistigen Lebens aus den Formen des materiellen Lebensprozesses. Insofern exi-

44) Vergl. zum Unterschied zu Hegels Totalitätsbegriff Kratz (1979, S.245ff).

45) „In der gesellschaftlichen Produktion ihres Lebens gehen die Menschen bestimmte, nothwendige, von ihrem Willen unabhängige Verhältnisse ein, Produktionsverhältnisse, die einer bestimmten Entwicklungsstufe ihrer materiellen Produktivkräfte entsprechen." (II.2/100; 13/8)

stiert ein strukturelles Abhängigkeitsverhältnis zwischen den verschiedenen gesellschaftlichen Ebenen. Aussagen wie, „die Produktionsweise des materiellen Lebens *bedingt* den socialen, politischen und geistigen Lebensproceß überhaupt" (II.2/100; 13/8f, Herv. von mir), wurden aber oft als mechanische und lineare Kausalbeziehung zwischen der ökonomischen „Basis" und dem politisch-ideologischen „Überbau" aufgefaßt.[46] Während Marx-Kritiker in dieser Auffassung einen kruden Ökonomismus sahen, mühten sich nicht wenige Marxisten damit ab, „Überbauphänomene" unmittelbar auf die sie angeblich bedingenden Entwicklungen der Basis zu reduzieren (die Reformation auf die Umwälzungen im Wollmarkt). Gegen einen solchen vulgären Ökonomismus wandte sich nicht nur der alte Engels in verschiedenen Briefen. In der *Einleitung* von 1857 skizziert Marx in dem kurzen Exkurs zur griechischen Kunst (II.1.1/44f; Gr 30f) ein Beispiel der ungleichzeitigen Entwicklung der verschiedenen gesellschaftlichen Ebenen, das mit dem Ökonomismus, der ihm oft unterstellt wird, kaum vereinbar ist.[47] Wenn Marx davon spricht, daß die Produktionsweise des materiellen Lebens den politischen und geistigen Lebensprozeß „bedingt", so ist damit eine *strukturelle* Abhängigkeit der verschiedenen *Ebenen* und keine Determination eines *Ereignisses* durch eine anderes gemeint. Die Schöpfung eines philosophischen Systems oder eines bestimmten künstlerischen Stils kann nicht aus einer bestimmten Entwicklung der Ökonomie deduziert werden. Der philosophische oder künstlerische Raum, in dem sich diese Ideen dann befinden, schwebt aber nicht schwerelos in einem geistigen Äther. Marx betont, daß die spezifische Art und Weise, in welcher der geistige Lebensprozeß vom materiellen bedingt wird, für die einzelnen Gesellschaftsformationen empirisch aufgezeigt werden muß.[48]

6. Geschichtliche Dynamik oder Geschichtsphilosophie

Die verschiedenen Ebenen, aus denen sich die gesellschaftliche Wirklichkeit konstituiert, sind nicht statisch. Dem gesellschaftlichen Ganzen kommt eine

46) Solche simplifizierenden Interpretationen werden nicht nur durch die extreme Kürze der Ausführungen im *Vorwort*, sondern auch durch eine Reihe begrifflicher Unschärfen begünstigt. So wird das Verhältnis von Basis und Überbau bzw. Sein und Bewußtsein in unmittelbar aufeinander folgenden Sätzen durch die Verben „entsprechen", „bedingen" und „bestimmen" charakterisiert, die einen weiten Interpretationsspielraum lassen (II.2/100; 13/8f).

47) Allerdings soll nicht geleugnet werden, daß es Unterschiede in der Akzentuierung der einzelnen Texte gibt. Vergl. etwa Schafmeister (1990) zu Differenzen zwischen der *Einleitung* von 1857 und dem *Vorwort* von 1859. Hier kommt es allerdings nur auf die allgemeinen Charakteristika des Marxschen Wirklichkeitsbegriffes an.

48) „Die Tatsache ist also die: bestimmte Individuen, die auf bestimmte Weise produktiv tätig sind, gehen diese bestimmten gesellschaftlichen und politischen Verhältnisse ein. Die empirische Beobachtung muß in jedem einzelnen Fall den Zusammenhang der gesellschaftlichen und politischen Gliederung mit der Produktion empirisch und ohne alle Mystifikation und Spekulation aufweisen." (I205; 3/25)

bestimmte Dynamik zu, die Marx auf einem hochabstrakten Niveau der Betrachtung als Widerspruch zwischen der Entwicklung der Produktivkräfte und derjenigen der Produktionsverhältnisse charakterisiert.[49] Auch diese Aussage wurde oft im Sinne eines platten Geschichtsdeterminismus verstanden und kritisiert (z.B. Popper 1945, 1957). Gestützt wurden solche Interpretationen auch durch Äußerungen von Marx, in denen er von der gesellschaftlichen Entwicklung als einem „naturgeschichtlichen Prozeß" (II.5/14; 23/16) spricht.[50] Generell ist in der Literatur zu Marx umstritten, ob es sich bei der materialistischen Geschichtsauffassung um eine „Geschichtsphilosophie" handelt und ob insbesondere das *Kapital* auf geschichtsphilosophischen Prämissen beruht. Von geschichtsphilosophischem Denken kann man sprechen, wenn implizit oder explizit versucht wird, nicht nur besondere historische Entwicklungen, sondern Geschichte als eine *Totalität*, in die immer schon Vergangenheit *und* Zukunft eingeschlossen ist, zu erfassen. Häufig werden dabei die folgenden Konstruktionen verwandt:

- Es wird davon ausgegangen, daß es gewisse in der Geschichte wirkende Kräfte gibt, die in allen (oder fast allen) Epochen wirksam sind und die ein mehr oder minder vollständiges Erklärungsgerüst für den geschichtlichen Ablauf abgeben. Damit wird eine auch in der Zukunft nicht mehr überbietbare Gesamterkenntnis der Totalität „Geschichte" unterstellt. Sind die wirkenden Kräfte identifiziert, ist nicht nur der Ablauf der Vergangenheit erklärt, auch die Zukunft (zumindest in ihrem wesentlichen Lauf) ist verstanden. Besonders deutlich wird dies in Konstruktionen, die einen „Kulminationspunkt" annehmen, mit dem die bisherige Geschichte in gewisser Weise endet: ein grundlegend „anderer" Zustand soll nun folgen müssen (eventuell steht auch eine Alternative von zweien dieser „ganz anderen" Zustände zur Debatte, wie z.B. in der Formel „Sozialismus oder Barbarei" nahegelegt wird).
- Es wird angenommen, daß sich die Totalität „Geschichte" (und nicht bloß

49) So etwa im bereits zitierten Vorwort von *Zur Kritik der politischen Ökonomie*: „Auf einer gewissen Stufe ihrer Entwicklung gerathen die materiellen Produktivkräfte der Gesellschaft in Widerspruch mit den vorhandenen Produktionsverhältnissen, oder was nur ein juristischer Ausdruck dafür ist, mit den Eigenthumsverhältnissen, innerhalb deren sie sich bisher bewegt hatten. Aus Entwicklungsformen der Produktivkräfte schlagen diese Verhältnisse in Fesseln derselben um. Es tritt dann eine Epoche socialer Revolution ein. Mit der Veränderung der ökonomischen Grundlage wälzt sich der ganze ungeheure Ueberbau langsamer oder rascher um." (II.2/100f; 13/9)

50) Tatsächlich finden sich bei Marx auch nach dem Bruch von 1845 noch unterschiedliche Äußerungen zum Geschichtsbegriff, sowie überzogene Folgerungen aus seinen eigenen Analysen (wie etwa im Abschnitt *Geschichtliche Tendenz der kapitalistischen Akkumulation* im 24. Kapitel des ersten Bandes des *Kapital*). Fleischer (1969) unterscheidet bei Marx sogar drei verschiedene Geschichtsbegriffe. Geschichte als Werden des Menschen (beim jungen Marx im Sinne einer idealen Wesensbestimmung, beim späten Engels als „Menschwerdung des Affen"), Geschichte als Praxis der Menschen und Geschichte als naturhistorisch ablaufender Prozeß. Sein Versuch zu zeigen, daß sich diese verschiedenen Geschichtsbegriffe ergänzen (wobei allerdings Geschichte als Praxis im Zentrum steht), führt jedoch dazu, daß sich die einzelnen Konzepte weitgehend aneinander abschleifen.

eine einzelne Ereigniskette) als „Entwicklung" auffassen läßt, die in den verschiedenen geschichtsphilosophischen Entwürfen ganz unterschiedliche Gestalt annehmen kann: Fortschritt zu oder Abstieg von einem goldenen Zeitalter, ewiger Zirkel, der immer wieder dieselben Phasen durchläuft oder die bekannte Trias von ursprünglicher Einheit – Verlust dieser Einheit – Rückkehr und Wiederherstellung der Einheit (auf höherer Ebene). Der Inhalt der jeweiligen Entwicklung konstituiert dann den spezifischen „Sinn" der Geschichte.

- Um zu erklären, wieso diese auch in Zukunft nicht mehr überbietbare Einsicht in den Verlauf der Geschichte überhaupt möglich ist, wird meistens unterstellt, daß die geschichtlichen Entwicklung gerade jetzt einen einzigartigen, sozusagen „privilegierten" Ort hervorgebracht hat: es wird behauptet, die geschichtliche Wirklichkeit habe sich soweit entwickelt, daß sie jetzt (endlich) durchschaubar geworden sei. Dieser privilegierte Ort legitimiert den eigenen Anspruch auf Erkenntnis und erklärt zugleich, warum diese Erkenntnis früheren Generationen nicht zugänglich war und warum künftige Generationen auch nichts anderes werden erkennen können.

Problematisch erscheinen die gerade skizzierte Konstruktionen sowohl unter dem Aspekt der Gegenstandskonstitution – *die* Geschichte ist eine ähnliche Hypostasierung wie *der* Mensch oder *die* Natur – als auch unter dem epistemologischen Aspekt, daß die Möglichkeit einer nicht mehr überbietbaren, also „absoluten" historischen Erkenntnis vorausgesetzt wird.

Daß in den *Ökonomisch-philosophischen Manuskripten* ein geschichtsphilosophischer Ansatz im skizzierten Sinn vorliegt, scheint mir offensichtlich zu sein.[51] In der *Deutschen Ideologie* bemühen sich Marx und Engels mit der Wesensphilosophie auch und gerade eine solche Geschichtsphilosophie zu überwinden.[52] Trotz allem Bestreben nur von „empirisch konstatierbaren" Voraussetzungen auszugehen und jede Spekulation hinter sich zu lassen, stehen jedoch manche der verallgemeinernden Formulierungen – die „Abstraktionen", die nach Marx und Engels an die Stelle der „selbständigen Philosophie" (1207; 3/27) treten sollen – auf der Schwelle zur Ontologisierung einer bestimmten Entwicklungsdynamik, was dann in einem großen Teil der Rezeptionsgeschichte geschichtsphilosophisch interpretiert wurde. Dazu gehört insbesondere die „Dialektik von Produktivkräften und Produktionsverhältnissen", die statt als Verweis auf stets erst zu untersuchende Kompatibilitätsbedingungen häufig als letzter „Motor" eines unausweichlichen Ablaufs der Geschichte aufgefaßt wurde.

Geschichtsphilosophisch läßt sich auch das *Vorwort* von 1859 lesen, wenn man solche apodiktischen Aussagen wie „Eine Gesellschaftsform geht nie

51) So heißt es etwa über den Kommunismus: „Er ist das aufgelöste Räthsel der Geschichte und weiß sich als diese Lösung" (I.2/263; 40/536), vergl. dazu das vorige Kapitel.

52) Diesen Aspekt hat schon früh Jindrich Zeleny (1962, S.213ff) hervorgehoben.

unter, bevor alle Produktivkräfte entwickelt sind, für die sie weit genug ist..." und „Daher stellt sich die Menschheit immer nur Aufgaben, die sie lösen kann..." (I.2/101; 13/9) wörtlich nimmt. Gegen einen einfachen Entwicklungsdeterminismus spricht zwar, daß Marx verschiedene Produktionsweisen bloß *auflistet* und keineswegs vorgibt, es handle es sich um eine vollständige oder gar zwangsläufige Reihung.[53] In Gestalt der kapitalistischen Produktionsweise soll diese Geschichte aber auf jeden Fall abschließen, womit die nicht mehr zu überbietende Gesamterkenntnis von Vergangenheit und Zukunft erreicht ist.[54]

Auch nach 1857 finden sich bei Marx eine Reihe ambivalenter Formulierungen und insbesondere in den „deklamatorischen" Teilen seiner Schriften, d.h. den Abschnitten, wo er nicht analysiert, sondern – wie in Vorworten oder dem Abschnitt über *Die geschichtliche Tendenz der kapitalistischen Akkumulation* am Ende des ersten Bandes des *Kapital* – allgemeine Folgerungen aus seinen Analysen zieht, wird die Grenze zur geschichtsphilosophischen Spekulation zuweilen überschritten. Doch sind geschichtsphilosophische Thesen nach 1845 nicht mehr konstitutiv für seine zentralen Aussagen (vergl. dazu Heinrich 1996). In der Regel beachtet Marx die Differenz zwischen dem *Begriff geschichtlicher Wirklichkeit* und der *wirklichen Geschichte,* die in geschichtsdeterministischen Konstruktionen üblicherweise verwechselt werden. Marx zeigt dynamische Wirkungszusammenhänge zwischen den verschiedenen gesellschaftlichen Ebenen auf und entwickelt damit überhaupt erst einen Begriff geschichtlicher Entwicklung. Daraus läßt sich allerdings kein konkreter geschichtlicher Verlauf deduzieren. Eine solche Vorstellung wäre schlechter Hegelianismus. Dieser Geschichtsbegriff stellt vielmehr ein Instrumentarium zur Analyse konkreter Prozesse bereit. Allerdings ist so manche marxistische Analyse in einem Duktus verfaßt, der den Eindruck nahelegt, als sei der geschichtliche Ablauf zwangsläufig so und nicht anders erfolgt.

Explizit wandte sich Marx in den späten 70er gegen eine geschichtsphilosophische Interpretation des *Kapital* im Sinne einer übergeschichtlichen Entwicklungstheorie, die für alle Völker Gültigkeit beanspruchen könne.[55] Dar-

---

53) Milios (1997) zeigt auf, daß insbesondere das Konzept einer selbständigen „asiatischen Produktionsweise" mit einer deterministischen Reihung nicht vereinbar ist.

54) „Die bürgerlichen Produktionsverhältnisse sind die letzte antagonistische Form des gesellschaftlichen Produktionsprocesses... Mit dieser Gesellschaftsformation schließt daher die Vorgeschichte der menschlichen Gesellschaft ab." (I.2/101; 13/9)

55) Im Entwurf eines Briefes an die Redaktion des „Otetschestwennyje Sapiski" aus dem Jahre 1877 schreibt er über einen Kritiker: „Il lui faut absolument métamorphoser mon esquisse historique de la genèse du capitalisme dans l'Europe occidentale en une théorie historico-philosophique de la marche générale fatalement imposée a tous les peuples..." (I.25/116; 19/111). Entschieden distanziert sich Marx von „le passe-partout d'une théorie historico-philosophique générale dont la suprême vertu consiste à être suprahistorique" (I.25/117; 19/112). – Vor dem Hintergrund dieser eindeutigen Ablehnung der Geschichtsphilosophie aus dem Jahre 1877 interpretiert Thomas

um geht es auch in den Entwürfen für einen Antwortbrief an die russische Sozialistin Vera Sassulitsch (vergl. I.25/219ff; 19/384ff). Diese hatte sich mit der Frage an Marx gewandt, ob er eine historische Notwendigkeit sehe, daß alle Länder vor einem Übergang zum Sozialismus Phasen kapitalistischer Produktion durchlaufen müßten und wie er die zukünftigen Aussichten der russischen (auf Gemeineigentum beruhenden) Dorfgemeinde beurteile. Auch hier stellte Marx heraus, daß sich seine historische Skizze der ursprünglichen Akkumulation auf die Geschichte Westeuropas bezieht,[56] und keineswegs eine für alle Länder (auch in Zukunft) gleichermaßen gültige Entwicklung formuliert habe. Insbesondere sei es möglich, daß die russische Dorfgemeinde, die Errungenschaften der kapitalistischen Produktion nutzen könne, ohne ihre Wechselfälle durchmachen zu müssen.[57]

Sowohl hier wie auch schon im Briefentwurf an die Redaktion des „Otetschestwennyje Sapiski" verweist Marx auf das jeweilige „historische Milieu", das auch bei scheinbar ähnlichen strukturellen Voraussetzungen für die weitere historische Entwicklung ausschlaggebend sei (vergl. dazu auch Riedel 1998, S.34ff). Damit läßt Marx Raum für historische Kontingenz. Auch die sogenannten „Bewegungsgesetze" sind bloße Strukturgesetze, aus denen keine Ereignisfolgen abgeleitet werden können. Insofern besteht auch kein Widerspruch zwischen der Annahme solcher Bewegungsgesetze und dem Aufruf zur revolutionären Tat. Die wirkliche Geschichte muß immer von Menschen *gemacht* werden und ist in ihrem Ausgang offen.

Daher kann auch nicht von einem *Ziel* der Geschichte gesprochen werden, Vorstellungen einer „Selbsterzeugung der Gattung" werden von Marx und Engels in der *Deutschen Ideologie* explizit abgelehnt (1219; 3/37). Die Geschichte hat auch kein „Subjekt", weder „die Menschen" noch „die Klassen" (wie man vielleicht bei der Lektüre des *Kommunistischen Manifests* meinen könnte, das die Geschichte als Geschichte von Klassenkämpfen beschreibt). Es handelt sich um einen „Prozeß ohne Subjekt" (Althusser 1973).

Auf das Problem der Geschichtsphilosophie wird allerdings noch einmal zurückzukommen sein, wenn es im neunten Kapitel um die Frage geht, ob und inwiefern Marx einen „notwendigen" Übergang zum Sozialismus unterstellt.

Schweier (1996) auch wesentlich frühere Texte von Marx bis zurück zum Briefwechsel mit Ruge von 1843. Allerdings wäre bei diesen Texten erst zu prüfen gewesen, ob sie dem 1877 formulierten Selbstverständnis überhaupt entsprechen.

56) Sowohl im Briefentwurf an den „Otetschestwennyje Sapiski" wie auch in den Briefentwürfen an Vera Sassulitsch zitiert Marx die explizite Einschränkung auf Westeuropa (I.25/115f; 19/108; I.25/219; 19/384), allerdings findet sich diese Stelle nur in der französischen, aber nicht in den deutschen Ausgaben.

57) Wie Marx und Engels im Vorwort zur 2. russischen Ausgabe des *Kommunistischen Manifests* im Jahre 1881 schreiben, sei dies aber nur dann der Fall, wenn eine Revolution in Rußland zum Signal einer proletarischen Revolution im Westen werde, so daß sich beide ergänzen könnten (I.25/296; 19/296).

7. Die neue Konzeption von Wissenschaft (Kritik der frühen Hegelkritik)

Daß Marx und Engels einen neuen Begriff von gesellschaftlicher Wirklichkeit produzieren, wird von beiden in der *Deutschen Ideologie* nicht ausreichend reflektiert. Sie glauben dort, die Wirklichkeit einfach „konstatieren" zu können. In diesem *empiristischen* Selbstverständnis drückt sich lediglich aus, daß sie ihren neuen Wirklichkeitsbegriff für unmittelbar evident halten. Mit diesem Empirismus eignet sich Marx die klassische politische Ökonomie erneut an und akzeptiert jetzt auch die Arbeitswertlehre.[58] Entsprechend der allgemeinen Aussage, daß das Bewußtsein nur das bewußte Sein sei, heißt es 1847 im *Elend der Philosophie*:

„Die ökonomischen Kategorien sind nur die theoretischen Ausdrücke, die Abstraktionen der gesellschaftlichen Produktionsverhältnisse." (4/130)

Marx nimmt die bürgerliche Ökonomie noch immer so, wie sie sich ihm darbietet. Kritisiert wird nicht die theoretische Fassung der ökonomischen Kategorien, sondern ihre Hypostasierung zu überhistorischen Abstraktionen. Marx betont, diese Kategorien sind „ebensowenig ewig, wie die Verhältnisse, die sie ausdrücken" (ebd.).[59] Allerdings ist er der Auffassung, daß die gegenwärtigen Verhältnisse, von den fortgeschrittensten ökonomischen Theorien, wie etwa der von Ricardo, mehr oder weniger adäquat wiedergegeben werden. Auf dieser Basis argumentiert Marx auch in *Lohnarbeit und Kapital* sowie im *Kommunistischen Manifest*. Was Marx in dieser Phase von Ricardo unterscheidet, sind noch nicht bestimmte politökonomische Auffassungen, sondern die Auffassung des Kapitalismus als einer transitorischen Produktionsweise, wobei die Begründung für diesen transitorischen Charakter (Wirtschaftskrisen und die aus der Verelendung des Proletariats folgende Empörung) noch längst nicht wissenschaftlich fundiert ist.

Methodisch ähnelt die Kritik, die Marx im *Elend der Philosophie* an der politischen Ökonomie übt, der nominalistischen Kritik an Hegels Abstraktionen in der *Heiligen Familie*: in beiden Fällen wird die Empirie gegen die Hypostasierung von Abstraktionen geltend gemacht. Der Empirismus, der dieser Kritik zugrunde liegt, ist aber mit der neuen Wirklichkeitsauffassung nicht mehr zu vereinbaren. Wie schon im vorletzten Abschnitt bemerkt wurde, sind es nicht die Individuen, sondern ihre *Verhältnisse*, die die Gesellschaft konstituieren. Diese Verhältnisse sind aber nicht einfach „empirisch konstatierbar". Die ge-

---

58) Dabei ist jedoch zu berücksichtigen, daß sich der Marxsche Arbeitsbegriff aufgrund des Bruches mit der Wesensphilosophie verändert hat, die abgelehnte und die akzeptierte Arbeitswertlehre stehen in einem unterschiedlichen Kontext. – Detailliert untersuchte Tuchscheerer (1968) die einzelnen Phasen der frühen ökonomischen Theoriebildung von Marx.

59) Vergl. auch den Brief von Marx an Annenkow vom 28.12.1846, in dem es über Proudhon heißt: „Ainsi il tombe dans l'erreur des économistes bourgeois, qui voient dans ces catégories économiques des lois éternelles et non des lois historiques, qui ne sont des lois que pour un certain développement historique, pour un développement déterminé des forces productives." (III.2/75; 27/457)

sellschaftliche Wirklichkeit kann nicht durch den Rekurs auf die Individuen und ihre empirisch feststellbaren Interessen (oder ihr „Gattungswesen") verstanden werden, denn es ist erst die gesellschaftliche Struktur, die diejenigen Plätze definiert, die die Individuen überhaupt einnehmen können und von denen aus sich Interessen und Handlungsrationalitäten definieren. Das Handeln der Personen kann nicht, wie in der klassischen und der neoklassischen Ökonomie, als Erklärungsgrund dienen, es muß vielmehr selbst erklärt werden. Die Personen fungieren als „Träger" bestimmter Produktionsverhältnisse, weshalb Marx im Vorwort zum ersten Band des *Kapital* auch hervorhebt, „es handelt sich hier um *die Personen* nur, soweit sie *die Personifikation ökonomischer Kategorien sind*" (II.5/14; 23/16).

Gegen eine solche – oft abwertend als „strukturalistisch" bezeichnete – Auffassung wird gerne ins Feld geführt, daß die Gesellschaft doch aus Menschen bestehe und es auch die Menschen sind, die Geschichte machen.[60] So wirft z.B. Alfred Schmidt „den Strukturalisten" vor zu übersehen, daß „die Objektivität des Sozialen" durch die Handlungen der Menschen vermittelt ist (Schmidt 1969, S.207). Daß alle gesellschaftlichen Verhältnisse durch menschliche Handlungen vermittelt sind, ist banal. Die Frage ist, ob sich der gesellschaftliche Zusammenhang ausgehend von diesen Handlungen begreifen läßt. Mit der Verneinung dieser Frage hat man „die Subjektlosigkeit des Ganzen" noch lange nicht zur „Norm" erhoben, wie Schmidt (1971, S.133) unterstellt, sondern eine Aussage über die Untersuchungsweise der kapitalistischen Verhältnisse gemacht. Eine Aussage, die Marx auch noch in einer seiner letzten Arbeiten, den 1879/80 entstandenen *Randglossen zu Adolph Wagner* bekräftigt. Dort macht Marx Wagner (unter anderem) zum Vorwurf, daß er seine (Marxens) „*analytische* Methode, die nicht von *dem* Menschen, sondern der ökonomisch gegebnen Gesellschaftsperiode ausgeht" (19/371), völlig verkannt habe.[61]

Indem Marx nicht von den Individuen, sondern von den gesellschaftlichen Verhältnissen ausgeht, setzt er nicht beim *Einzelnen*, sondern beim *Allgemeinen* an, das er aber unmittelbar in der sinnlich empirischen Wirklichkeit selbst verortet. Damit überwindet er eine Hegel und Feuerbach gemeinsame Entgegensetzung von sinnlicher Wirklichkeit und Denken: die sinnliche Wirklichkeit bestehe letztlich nur aus dem unsagbaren Einzelnen, werde versucht das Sinnliche auszusprechen, so handle es sich bereits nicht mehr um Einzelnes, sondern um Allgemeines, das nur im Denken existiere. Während Hegel mit

60) „Die Menschen machen ihre eigene Geschichte", heißt es im *18. Brumaire*, allerdings mit dem Zusatz: „aber sie machen sie nicht aus freien Stücken unter selbstgewählten, sondern unter unmittelbar vorhandenen, gegebenen und überlieferten Umständen" (I.11/96f; 8/115).

61) In der Auseinandersetzung mit Wagner formuliert Marx nochmals deutlich seine Kritik an einer anthropologischen Begründung der Ökonomie (vergl. zu diesem Aspekt der *Randglossen* auch Hussain 1979).

dieser Entgegensetzung seine idealistische Philosophie fundierte, versuchte Feuerbach umgekehrt die Sinnlichkeit gegen das Denken geltend zu machen, das er wie Hegel als das Medium des Allgemeinen auffaßt und das für ihn daher stets etwas Abstraktes, von der Wirklichkeit Getrenntes ist. Diese Feuerbachsche Position bildete auch die Grundlage für die nominalistische Kritik an der Hegelschen Verwendung von Abstraktionen; eine Kritik, die sich jetzt nicht mehr halten läßt. Marx geht nun von einer in sich strukturierten Wirklichkeit aus, einem komplexen Verhältnis von Verhältnissen, das sich gerade nicht durch Rekurs auf die Rationalität der Individuen verstehen läßt. Bei diesen Verhältnissen handelt es sich nicht um nominalistische Abstraktionen, bloße Gattungsbegriffe, sondern um *reale Allgemeinheiten.*[62] Dieses Real-Allgemeine ist nicht unmittelbar wahrnehmbar, sondern läßt sich nur *begrifflich* erfassen. Die Begriffe drücken im Unterschied zu Hegel aber nicht die Vergegenständlichung des Geistes, sondern die Struktur der Verhältnisse wirklicher Menschen aus.

Die Kritik des Individualismus des theoretischen Feldes der politischen Ökonomie führt somit zwangsläufig zur Kritik am Empirismus dieses Feldes, allerdings benötigt Marx einige Zeit, bis ihm dies klar wird. Daß die Darstellung gesellschaftlicher Wirklichkeit, die durch die *Verhältnisse* der Individuen – „realen Allgemeinheiten" – konstituiert wird, nicht einfach als *empirische* Konstatierung erfolgen kann, sondern ein begriffliches Produkt ist, wird von Marx explizit erst in der *Einleitung* von 1857[63] hervorgehoben. Dort heißt es, daß

> „die konkrete Totalität als Gedankentotalität, als ein Gedankenconcretum, in fact ein Product des Denkens, des Begreifens ist; keineswegs aber des ausser oder über der Anschauung und Vorstellung denkenden und sich selbst gebärenden Begriffs, sondern der Verarbeitung von Anschauung und Vorstellung in Begriffe. Das Ganze wie es im Kopf als Gedankenganzes erscheint ist ein Product des denkenden Kopfes, der sich die Welt in der ihm einzig möglichen Weise aneignet, einer Weise die verschieden ist von der künstlerisch-, religiös-, praktisch-geistigen Aneignung dieser Welt" (II.1.1/37; Gr 22).[64]

Der Prozeß der Konstruktion, dieser Produktion des „Gedankenganzen", wird von Marx in der *Einleitung* nur kurz skizziert. Das Konkrete, die Gesellschaft einer bestimmten Epoche, ist der Ausgangspunkt „der Anschauung und der Vorstellung". Mit diesem Konkreten hat der wissenschaftliche Forschungsprozeß zu beginnen, wie Marx am Beispiel der Bevölkerung illustriert:

---

62) Vergl. dazu auch Kratz (1979, S.358 Fn 79) und Mader (1986, S.211, 229ff). – Will man sich auf philosophiegeschichtliche Analogien einlassen, so könnte man sagen, daß Marx in der Frage der Realität der Universalien gegenüber der eher „platonischen" Position Hegels eine „aristotelische" eingenommen hat.

63) Inzwischen ist zum Methodenabschnitt der *Einleitung*, aus dem die folgenden Zitate stammen, ein umfangreicher Kommentar erschienen (Janoska u.a. 1994), auf dessen Diskussion hier allerdings verzichtet werden muß.

64) Dieses begrifflich-konstruktive Moment wird auch von Della Volpe (1973) übersehen, wenn er die Marxsche Methode in der (empiristisch-nominalistischen) Hegelkritik von 1843 fundiert.

„Die Bevölkerung ist eine Abstraktion, wenn ich z.B. die Klassen aus denen sie besteht weglasse. Diese Klassen sind wieder ein leeres Wort, wenn ich die Elemente nicht kenne, auf denen sie beruhn. (...) Finge ich mit der Bevölkerung an, so wäre das eine chaotische Vorstellung des Ganzen und durch nähere Bestimmung würde ich analytisch immer mehr auf einfachere Begriffe kommen; von dem vorgestellten Concreten auf immer dünnere Abstracta, bis ich bei den einfachsten Bestimmungen angelangt wäre." (II.1.1/36; Gr. 21)

Diesen analytischen Weg habe die „Oekonomie in ihrer Entstehung geschichtlich genommen" (ebd.). Welche Fehler ihr bereits bei dieser Analyse unterlaufen sind, wird Marx erst im Laufe seiner weiteren Arbeit erkennen. Mit dieser Analyse und empiristischen Begriffsbildung ist die Wissenschaft aber noch längst nicht an ihr Ziel gekommen, denn nun ist

„die Reise wieder rückwärts anzutreten, bis ich endlich wieder bei der Bevölkerung anlangte, dießmal aber nicht als bei einer chaotischen Vorstellung eines Ganzen, sondern als einer reichen Totalität von vielen Bestimmungen und Beziehungen." (II.1.1/36; Gr. 22)

Und dies – „vom Abstrakten zum Concreten aufzusteigen" – sei „offenbar die wissenschaftlich richtige Methode" (ebd.). Diese „Reise rückwärts" ist nun aber nicht einfach die Rücknahme der im Prozeß der Analyse erfolgten Abstraktionen. Wie das Aufsteigen vom Abstrakten zum Konkreten auszusehen hat, welche Mittelglieder notwendig sind, ist vielmehr Gegenstand eines erneuten Forschungsprozesses.[65] Der „Prozeß der Zusammenfassung", von dem Marx spricht, ist ein konstruktiver Akt. Es handelt sich dabei um die Reproduktion des Konkreten im Denken, d.h. um die Produktion eines „Gedankenkonkretums".

Der Empirismus reduziert die Produktion von Erkenntnis auf den ersten Akt (die Gewinnung abstrakter Begriffe aus dem empirisch Konkreten), der Rationalismus auf den zweiten (die Reproduktion des Konkreten durch abstrakte Begriffe). Während der Empirismus zur Voraussetzung hat, daß die Wirklichkeit unmittelbar transparent ist und damit die Wahrheit der wissenschaftlichen Begriffe garantiert, verlegt der Rationalismus die Produktion von Erkenntnis gänzlich ins Subjekt. Eine wirkliche *Vermittlung* zwischen erkennendem Subjekt und erkanntem Objekt existiert weder beim Empirismus noch beim Rationalismus. Diese Vermittlung thematisiert zu haben, ist gerade die Leistung des Deutschen Idealismus von Kant bis Hegel. Allerdings wurde dort die Vermittlung allein auf der Ebene des Gedankens angesiedelt. Die in den *Feuerbachthesen* und in der *Deutschen Ideologie* enthaltene Einsicht des jungen Marx besteht nun gerade darin, daß die Vermittlungsinstanz zwischen Subjekt und Objekt nicht einfach das Denken, sondern die das Denken umfassende gesellschaftliche Praxis ist. Die Konsequenzen dieser Einsicht wurden dort aber durch ein empiristisches Selbstverständnis verdunkelt, das erst in der *Einleitung* von 1857 überwunden wird.

---

65) Wobei sich schließlich ergab, daß die Darstellung nicht mit der abstraktesten Kategorie *Wert* anfangen konnte (was Marx am Ende der *Grundrisse* noch glaubte), sondern daß die *Ware* – „das einfachste ökonomische Konkretum" (19/369), den Ausgangspunkt bilden mußte.

Die in der *Einleitung* angestellten Überlegungen zur Methode stellen daher auch eine implizite *Kritik an der Hegelkritik* des jungen Marx dar.[66] Dort wurde Hegel von einem nominalistischen Standpunkt aus für seine Verselbständigung der Abstraktionen kritisiert. Jetzt ist Marx dagegen klar, daß wissenschaftliche Erkenntnis einer *nicht-empirischen Theorieebene* bedarf, daß sie mit Begriffen operieren muß, die kein unmittelbares empirisches Korrelat haben, daß sie von einem Abstrakten ausgehen muß und reale Abstraktionen zu ihrem Gegenstand hat (vergl. auch Althusser 1963, S.129ff). Hegel kann also nicht mehr dafür kritisiert werden, daß er mit Abstraktionen beginnt, sondern dafür, wie er sie verwendet. Diese Hegelkritik wird von Marx aber nur kurz skizziert. So heißt es in der *Einleitung*, da das Gedankenkonkretum ausgehend von den abstrakten Bestimmungen produziert wird, geriet Hegel

„auf die Illusion, das Reale als Resultat des sich in sich zusammenfassenden, in sich vertiefenden, und aus sich selbst sich bewegenden Denkens zu fassen, während die Methode vom Abstrakten zum Concreten aufzusteigen, nur die Art für das Denken ist sich das Concrete anzueignen, es als ein geistig Concretes zu reproduciren. Keineswegs aber der Entstehungsprocess des Concreten selbst." (II.1.1/36; Gr 22)

Damit ist nicht gemeint, daß Hegel den Denkprozeß einfach mit dem Realprozeß verwechseln würde, sondern daß dessen Versuch *voraussetzungslosen* Denkens, das Konkrete als Resultat des „sich selbst gebärenden Begriffs" aufzufassen, die wirklichen Voraussetzungen verkennt.[67] Dies schließt nicht aus, daß Hegel bestimmte *Problemstellungen* kategorialer Analyse formuliert, an die Marx – nach der jetzt erfolgten Korrektur seiner frühen Hegelkritik – anknüpfen kann. Auf einer metatheoretischen Ebene schlägt sich dies in den seit 1857 häufigeren Bemerkungen über die Leistungen der Hegelschen Dialektik nieder, bis hin zum „Kokettieren" mit der Hegelschen Ausdrucksweise, von der im Nachwort zur 2. Auflage des ersten *Kapital*-Bandes die Rede ist. Das Verhältnis von Marx und Hegel wird uns daher auch noch im nächsten Kapitel beschäftigen.

66) Daher kann auch die bloß angedeutete Hegelkritik des späten Marx nicht durch einen Rekurs auf die explizite Hegelkritik des jungen Marx erläutert werden, wie es z.B. Fulda (1975) vorschlägt.

67) In diesem Sinne fährt Marx fort: „Z.B. die einfachste ökonomische Categorie, sage z.B. Tauschwerth, unterstellt Bevölkerung, Bevölkerung producirend in bestimmten Verhältnissen... Er kann nie existieren ausser als abstrakte, einseitige Beziehung eines schon gegebenen concreten, lebendigen Ganzen. Als Categorie führt dagegen der Tauschwerth ein antediluvianisches Dasein." (II.1.1/36; Gr 22)

Dritter Teil

Die Ambivalenz der Grundkategorien der Kritik der politischen Ökonomie

Fünftes Kapitel
Die Architektonik der Kritik der politischen Ökonomie

Im Jahre 1849 wurde Marx zunächst aus Preußen und dann aus Paris ausgewiesen, so daß er sich entschloß, mit seiner Familie nach London überzusiedeln, wo er bis zum Ende seines Lebens bleiben sollte. Wie aus der autobiographischen Skizze im Vorwort von *Zur Kritik der politischen Ökonomie* (1859) hervorgeht, markierte das Jahr 1850 auch einen Einschnitt in Marx' wissenschaftlicher Arbeit. Aufgrund des ungeheuren Materials, das ihm im Britischen Museum zur Verfügung stand, beschloß er mit seinen ökonomischen Studien „ganz von vorn wieder anzufangen". Diese Studien resultierten zunächst in einer Reihe von Exzerptheften, die seine Auseinandersetzung mit praktisch allen wichtigen aber auch vielen weniger bekannten Ökonomen widerspiegeln.[1] Den mehrfach aufgeschobenen Plan, eine „eigene" Ökonomie zu schreiben, konnte Marx erst ab 1857 in Angriff nehmen. Innerhalb von nur wenigen Monaten entstanden die erstmals 1939-41 in Moskau unter dem Titel *Grundrisse der Kritik der politischen Ökonomie (Rohentwurf)* (MEGA II.1.1-1.2) veröffentlichten Hefte. Dieses Manuskript war nicht unmittelbar für den Druck vorgesehen, aber auf seiner Grundlage beabsichtigte Marx, die bürgerliche Ökonomie in einem auf sechs Bücher (Kapital, Grundeigentum, Lohnarbeit, Staat, auswärtiger Handel, Weltmarkt) angelegten Werk zu behandeln. Den Auftakt dazu bildete die 1859 erschienene Schrift *Zur Kritik der politischen Ökonomie. Erstes Heft* (MEGA II.2), die allerdings nur zwei Kapitel über Ware und Geld enthielt. Das erhalten gebliebene Fragment eines Entwurfs dieser Schrift enthält auch den Anfang eines dritten Kapitels über das Kapital. Es wurde unter dem Titel *Urtext zur Kritik der politischen Ökonomie* (MEGA II.2) erstmals 1941 zusammen mit den *Grundrissen* veröffentlicht. Ursprünglich als Fortsetzung des ersten Heftes gedacht, entstand von 1861 bis 1863 das mit ca. 2400 Druckseiten umfangreichste Marxsche Manuskript. Auch dieses Manuskript wurde von Marx selbst nicht publiziert. Kautsky veröffentlichte daraus lediglich die *Theorien über den Mehrwert* (die etwa die Hälfte des Textes ausmachen), der gesamte Text erschien von 1976 bis 1982 in der MEGA (II.3.1-3.6) unter dem Titel *Zur Kritik der politischen Ökonomie (Manuskript 1861-1863).*[2]

Während der Arbeit an diesem Manuskript entschloß sich Marx, die Fortsetzung des 1859 erschienenen „ersten Heftes" als ein selbständiges Werk unter dem Titel *Das Kapital* herauszubringen, das drei Bücher umfassen sollte

1) Diese zwischen 1850 und 1853 entstandenen *Londoner Hefte* wurden auszugsweise zusammen mit den *Grundrissen* veröffentlicht. Ihre vollständige Veröffentlichung in der MEGA (IV.7-11) ist noch nicht abgeschlossen. Vergl. zu diesen Heften insbesondere Schrader (1980, Teil 1), Jahn (1987) sowie die in den *Arbeitsblättern zur Marx-Engels-Forschung* erschienenen Beiträge.

2) Vergl. zu den erstmals veröffentlichten Manuskriptteilen den Sammelband Jahn/Müller (1983) sowie den Kommentar von Otto/Bischoff (1984).

(Produktionsprozeß des Kapitals, Zirkulationsprozeß des Kapitals, Gestaltungen des Gesamtprozesses). Zwischen 1863 und 1865 entstanden Manuskripte zu allen drei Büchern.[3] Vom Manuskript des ersten Buches blieb lediglich das in der Druckfassung ausgelassene, zuerst 1933 publizierte Schlußkapitel *Resultate des unmittelbaren Produktionsprozesses* (MEGA II.4.1) erhalten. Die 1864/65 entstandenen Manuskripte des zweiten und des dritten Buches wurden erstmals 1988 und 1994 in der MEGA (II.4.1 und II.4.2) veröffentlicht.[4] 1867 erschien dann schließlich der erste Band des *Kapital* (MEGA II.5). 1872 folgte eine zweite Auflage (MEGA II.6), die sich von der ersten vor allem im Abschnitt über die Wertformanalyse erheblich unterschied. Ein Manuskript, in dem Marx diese Überarbeitungen ausführte sowie konzeptionelle Überlegungen anstellte, die er nicht in den publizierten Text aufnahm, wurde erstmals 1988 in der MEGA (II.6) unter dem redaktionellen Titel *Ergänzungen und Veränderungen zum ersten Band des 'Kapitals'* veröffentlicht. 1872-76 erschien zunächst in mehreren Lieferungen, dann als Buch eine französische Übersetzung (MEGA II.7), die vor allem im Abschnitt über die Akkumulation des Kapitals auch noch Veränderungen gegenüber der zweiten Auflage enthielt. Die dritte (1883, MEGA II.8) und vierte Auflage (1890, MEGA II.10) des ersten Bandes wurden nach Marx' Tod von Engels besorgt. Dabei berücksichtigte Engels einen Teil der von Marx für die französische Ausgabe vorgenommenen Veränderungen, einen anderen Teil jedoch nicht, so daß hier bereits ein nicht mehr von Marx selbst redigierter Text vorliegt.

Der zweite und dritte Band des *Kapital* wurden erst nach Marx' Tod von Engels herausgegeben. Dabei stützte sich Engels für den dritten Band (wie er in MEW 25 publiziert ist) vor allem auf das 1864/65 entstandene Manuskript (MEGA II.4.2), sowie einige kleinere Texte, die später entstanden sind und bisher noch nicht veröffentlicht wurden. Für den zweiten Band (MEW 24) benutzte Engels, wie aus seinem Vorwort hervorgeht, nicht das 1864 entstandene Manuskript (MEGA II.4.1), sondern sieben bislang noch unveröffentlichte Manuskripte aus den 60er und 70er Jahren.

Bereits diese kurze Skizze der Editionsgeschichte[5] des *Kapital* macht zwei Sachverhalte deutlich:

(1) Alle drei Bände des *Kapital*, wie sie seit über 100 Jahren weltweit verbreitet und in MEW veröffentlicht sind, liegen nicht in Marxschen, sondern in Engelsschen Redaktionen vor.

---

3) Marx plante auch noch ein viertes theoriegeschichtliches Buch, das er allerdings nie in Angriff nahm. Daß die *Theorien über den Mehrwert*, die in der MEW-Ausgabe mit dem Untertitel „Der vierte Band des 'Kapitals'" veröffentlicht wurden, gerade keinen Entwurf zu diesem Buch darstellen, wurde bereits oben am Ende des zweiten Kapitels diskutiert.

4) Einen Überblick über Marx' Arbeit am *Kapital* in der Zeit von 1863-67 bieten die Arbeiten von Miskewitsch u.a. (1982), Antonowa u.a. (1984) und Miskewitsch/Wygodski (1985).

5) Ausführlicher wird die Editionsgeschichte der Marxschen Texte von Rolf Hecker in: Altvater, Hecker, Heinrich, Schaper-Rinkel (1999) dargestellt.

(2) Die Reihenfolge, in der die verwendeten Manuskripte entstanden sind, deckt sich nicht mit der Reihenfolge der Bände. Am ältesten ist das Hauptmanuskript von Band 3 (1864/65), dann folgen die verschiedenen Fassungen von Band 1 (1866-1875) und schließlich die Manuskripte für Band 2 (Ende 60er bis Ende 70er Jahre).

Aus dem zweiten Punkt folgt, daß das Manuskript von Buch drei nicht als Schlußstein der Kritik der politischen Ökonomie betrachtet werden kann, da hier die Weiterentwicklung der Analyse in den ersten beiden Büchern noch gar nicht berücksichtigt werden konnte. Und wie sehr die Marxsche Analyse noch im Fluß war, wird durch die häufigen Überarbeitungen deutlich. Relevant wird dieser Punkt vor allem hinsichtlich der Kredittheorie und des Gesetzes vom tendenziellen Fall der Profitrate; hier ist der dritte Band nicht das letzte Wort (vergl. unten das siebte und achte Kapitel).

Problematisch ist auch der erste Punkt. Bringt die Engelssche Redaktion des Textes für den ersten Band noch relativ geringe Probleme mit sich, so zeigte der Vergleich des in der MEGA erstmals veröffentlichten Originalmanuskriptes zum dritten Band mit der von Engels besorgten Edition eine Fülle von nicht gekennzeichneten Textveränderungen. Engels kommt zwar das Verdienst zu, aus dem Marxschen Manuskript einen lesbaren Text gemacht zu haben, doch erreichte er dies nicht allein durch stilistische Korrekturen, sondern auch durch eine nicht unbeträchtliche Zahl inhaltlich bedeutsamer Eingriffe.[6] Jede eingehendere Auseinandersetzung mit dem dritten Band wird sich

---

6) Während Engels im Vorwort des von ihm herausgegebenen Bandes versichert, er habe die eigentliche Redaktion „auf das Notwendigste beschränkt, habe den Charakter des ersten Entwurfs, überall wo es die Deutlichkeit zuließ, möglichst beibehalten" (25/11), kommt seine Intention in einem Brief an Danielson vom 4.7.1889 deutlicher zum Ausdruck: „Aber da dieser abschließende Band eine so großartige und völlig unangreifbare Arbeit ist, halte ich es für meine Pflicht, ihn in einer Form herauszubringen, in der die Gesamtlinie der Beweisführung klar und plastisch herauskommt. Bei dem Zustand dieses Ms. – einer ersten, oft unterbrochenen und unvollständigen Skizze – ist das nicht so ganz leicht." (37/244). Engels wollte ein weitgehend *vollständiges* Werk herausbringen, das der Arbeiterbewegung als geistige Waffe dienen sollte, was aufgrund der politischen Situation der Zeit und der Bedeutung von Engels als führendem Kopf der II. Internationale durchaus verständlich ist. Allerdings bedeutet dies, daß man es bei Engels' *Kapital*-Edition mit einer vorinterpretierten Studienausgabe zu tun hat, in der Punkte, die im Marxschen Manuskript für Engels dunkel oder ambivalent geblieben sind, in einer solchen Weise präsentiert werden, von der Engels annahm, daß sie zur „Gesamtlinie der Beweisführung" passen würde – ohne daß dem Leser klar wird, inwieweit die Präsentation des Textes auf inhaltlich relevanten Editionsentscheidungen beruht, die von Engels getroffen wurden. Im siebten und achten Kapitel werde ich noch auf einige dieser Eingriffe zu sprechen kommen. Ausführlich werden die von Engels vorgenommenen Veränderungen bei Vollgraf/Jungnickel (1995), Vollgraf (1997) und Heinrich (1996/97) diskutiert. – Die Kritik an Engels' Edition des dritten *Kapital*-Bandes führte zu einigen eher emotional als sachlich begründeten Apologien. Ganz abgesehen davon, daß man dem stets streitlustigen Engels einen Bärendienst erweisen würde, wollte man ihn auf ein unangreifbares Podest stellen, verfügte er über ein außerordentliches Maß an Selbstkritik. In einem Brief an Johann Philipp Becker schrieb er nach Marx' Tod: „Ich habe mein Leben lang das getan, wozu ich gemacht war, nämlich zweite Violine spielen... Wenn ich nun aber in Sachen der Theorie Marx' Stelle vertreten und erste Violine spielen soll, so kann das nicht ohne Böcke abgehn, und niemand spürt das mehr als ich"

deshalb in Zukunft auf das Marxsche Originalmanuskript (MEGA II.4.2) – und nicht mehr auf die Engelssche Edition (MEW 25) – beziehen müssen.[7]

Die ab 1857 entstandenen ökonomischen Schriften haben alle den mit der *Einleitung* endgültig vollzogenen Bruch mit dem theoretischen Feld der politischen Ökonomie zur Voraussetzung, der im letzten Kapitel diskutiert wurde. Insofern lassen sie sich als einheitliches Projekt einer „Kritik der politischen Ökonomie" gegenüber der anthropologisch fundierten „Kritik der Nationalökonomie" der frühen 40er Jahre abgrenzen. Allerdings sollte die Übersicht über die seit 1857 entstandenen Texte deutlich gemacht haben, vor welchen Schwierigkeiten jede Interpretation des Projekts „Kritik der politischen Ökonomie" steht. Von den aufgezählten Schriften hat Marx selbst nur zwei publiziert (*Zur Kritik der politischen Ökonomie. Erstes Heft* und den ersten Band des *Kapital* in erster und zweiter Auflage). Die überwiegende Zahl der erhalten gebliebenen Texte besteht aus Manuskripten und Exzerpten in unterschiedlichen Ausarbeitungsstufen, von denen eine ganze Reihe noch gar nicht veröffentlicht sind. Und schließlich sind die einzelnen Manuskripte in einem Zeitraum von über 20 Jahren entstanden. Sie beinhalten eine Fülle von Veränderungen und Entwicklungen, die es nicht ohne weiteres erlauben, die verschiedenen Texte einfach zu einem Gesamtwerk aufzuaddieren, dessen einzelne Teile sich wechselseitig ergänzen. Zwischen 1859 und 1867 hat sich nicht nur die Auffassung einzelner Kategorien verändert (wobei auch nicht von vornherein klar ist, ob jede Veränderung tatsächlich eine Verbesserung darstellt), es gab auch Veränderungen der gesamten Architektonik der Kritik der politischen Ökonomie. Veränderungen der Darstellungsstruktur lassen sich aber nicht einfach auf didaktische Überlegungen reduzieren. Wie anhand einer Diskussion der „dialektischen Darstellungsweise" (Abschnitte 1 und 2) verdeutlicht werden soll, ist der Aufbau der Darstellung für Marx keineswegs beliebig, sondern transportiert selbst noch spezifische Informationen. Wenn unterschiedliche Texte zur Interpretation herangezogen werden, sind nicht nur Veränderungen in der Auffassung einzelner Kategorien sondern auch der gesamten Darstellungsstruktur (Abschnitte 3-5) und damit des theoretischen Ortes, an dem eine Kategorie behandelt wird, genau zu prüfen.

(Brief vom 15.10.1884, 36/218).

7) Inzwischen ist von Bischoff/Otto (1993) ein Kommentar zum dritten Band erschienen, der sich auf das Marxsche Manuskript stützt. Allerdings hat diese Arbeit eher den Charakter einer auf bestimmte Themen abhebenden Einführung als eines textkritischen Kommentars. Behrens (1995) setzt sich mit den beiden ersten Kapiteln des Manuskriptes (die den beiden ersten Abschnitten der Edition von Engels entsprechen) auseinander.

1. Interpretationen der Marxschen Dialektik (Marx und Hegel)

Die in der *Einleitung* von 1857 nur skizzierte *Form der Darstellung* bezeichnete Marx später als „dialektisch“ (z.B. II.2/91; Gr 945 oder 31/132). „Dialektisch“ wird in der Literatur, sei sie nun kritisch oder affirmativ gegenüber Marx, vielfach als Charakteristik für dessen gesamten Ansatz verwendet und viele sich auf Marx beziehende Autoren benutzen den Begriff „Dialektik“ in geradezu inflationärer Weise, ohne deutlich zu machen, was sie darunter verstehen. Meistens scheint die Etikettierung „dialektisch“ darauf abzuzielen, daß es sich bei den angesprochenen Sachverhalten um „widersprüchliche“ Entwicklungen und um komplizierte Wechselwirkungen verschiedener Momente handelt. Es wird dann nicht nur eine bestimmte wissenschaftliche Darstellungsform als dialektisch bezeichnet, sondern der Verlauf realer Prozesse wird als „dialektisch“ charakterisiert. Ein solches Verständnis von Dialektik kann sich noch am ehesten auf Engels berufen, obwohl sich auch bei Marx einige, allerdings eher beiläufige Bemerkungen in dieser Richtung finden. Engels versuchte dagegen in seinem *Anti-Dühring* und in der *Dialektik der Natur* eine *systematische* Konzeption materialistischer (Real-)Dialektik zu entwickeln. Unter Dialektik versteht Engels

„die Wissenschaft von den allgemeinen Bewegungs- und Entwicklungsgesetzen der Natur, der Menschengesellschaft und des Denkens.“ (I.27/336; 20/132)

Engels unterscheidet „der Hauptsache nach“ drei „Gesetze der Dialektik“:

„das Gesetz des Umschlagens von Quantität in Qualität und umgekehrt;
das Gesetz von der Durchdringung der Gegensätze,
das Gesetz von der Negation der Negation.“ (I.26/175; 20/348)

In dieser Konzeption wird Dialektik zur Ontologie, d.h. zu einer allgemeinen Seinslehre[8], die sich der Gefahr aussetzt, entweder aus einem bestimmten historischen Stand der Natur- und Gesellschaftswissenschaften abstrahierte Ergebnisse zu „allgemeinen Bewegungsgesetzen“ zu hypostasieren oder sich in solchen Allgemeinheiten zu verlieren, die zwar zu jedem Inhalt passen, aber gerade deswegen auch keine Aussagekraft haben.

Hier geht es aber nicht in einem breiten Sinne um „Dialektik“, auch nicht darum, ob sich eine solche Ontologie eventuell rechtfertigen läßt oder ob sie in Widerspruch zu Marxschen Konzeptionen steht,[9] sondern lediglich um das,

8) Auch das Denken ist nur deshalb dialektisch, weil es Reflex der im Objektiven wurzelnden Realdialektik ist: „Die Dialektik, die sogenannte *objektive*, herrscht in der ganzen Natur und die s.g. subjective Dialektik, das dialektische Denken, ist nur Reflex der in der Natur sich überall geltend machenden Bewegung in Gegensätzen“ (I.26/48; 20/481).

9) Vergl. zur Kritik an Engels und zur Frage der Differenzen zu Marx u.a. Schmidt (1962, S.41ff) und Dudek (1976); eine differenzierte Auseinandersetzung vor dem Hintergrund der Entwicklung von Philosophie und Naturwissenschaften im 19. Jahrhundert lieferte Liedman (1986), vergl. auch Liedman (1996). Auf Unterschiede in den Hegelrezeptionen von Marx und Engels, die für eine Reihe von Differenzen verantwortlich sind, machte Riedel (1994) aufmerksam.

was sich über „dialektische *Darstellung*" als *Methode wissenschaftlicher Begründung* aussagen läßt – und auch dies keineswegs erschöpfend, sondern nur insoweit, als es für die folgende Argumentation relevant ist.
Gegenüber Engels betonte Marx, daß eine bestimmte Abfolge in der Darstellung einzuhalten sei, sonst würde „die ganze dialektische Entwicklungsmethode verderben" (Brief vom 27.6.1867, 31/313). Was aber nun diese dialektische Entwicklungsmethode ausmacht, welchen Charakter dialektische Begründungen haben, darüber hat sich Marx nie ausführlich geäußert. Dafür ist die Zahl der Interpreten dieser Methode inzwischen Legion.
Selbst von seiten der analytischen Wissenschaftstheorie wird Dialektik inzwischen nicht mehr nur als unwissenschaftliche Ideologie abqualifiziert (wie etwa bei Popper 1940 oder Becker 1972a und b). So bemühte sich Helberger zu zeigen, daß wesentliche Teile des Marxschen Werkes „empirisch-analytisch" seien (Helberger 1974, S.20) und Simon-Schäfer (1974, 1977) vertrat die Auffassung, die Marxsche Dialektik führe richtig verstanden letzten Endes zum Popperschen Falsifikationismus. Am detailliertesten ist der Interpretationsversuch von Steinvorth (1977). Er sieht in der dialektischen Darstellung im *Kapital* eine Analyse der Verträglichkeit sich scheinbar widersprechender Eigenschaften eines Untersuchungsgegenstandes und kommt zu dem Ergebnis, daß diese Darstellung mit den Kriterien der analytischen Wissenschaftstheorie in Einklang stehe. Bei allen diesen Interpretationsversuchen ist aber immer schon unterstellt, daß die Marxsche Dialektik keinen *spezifischen* Begründungszusammenhang wissenschaftlicher Aussagen liefert. Gerade diese Frage soll hier diskutiert werden.
Eine für lange Zeit dominierende marxistische Interpretationsrichtung faßt die dialektische Entwicklung der Kategorien als abstraktes Spiegelbild der tatsächlichen historischen Entwicklung auf. Schon Kautsky (1887, S.XI) schrieb in seinem populären Abriß des *Kapital*, dieses sei ein „wesentlich historisches Werk" und Lenin (1913, S.7) war der Auffassung, Marx verfolge im *Kapital*, die Entwicklung des Kapitalismus von der „einfachen Warenproduktion" bis zur „Großproduktion". Daß sich die Marxsche Dialektik durch eine Einheit von logisch-begrifflicher und historischer Analyse auszeichne, wird auch in vielen neueren Arbeiten vertreten (Zeleny 1962, S.75ff, Reichelt 1970, S.136, Mandel 1972, S.11ff), wobei aber der Stellenwert dieser Einheit unterschiedlich bewertet wird. Zentral ist sie für Holzkamp (1974), der sich auch um eine ausführliche Darlegung bemühte. Holzkamp unterscheidet die *wirkliche* Geschichte der Entstehung der bürgerlichen Gesellschaft von den *entwicklungsnotwendigen* Stufen dieser Entstehung. Die „logische" Entwicklung der Kategorien stelle nichts anderes als diese Stufenfolge dar. Das „logisch-historische Verfahren" von Marx begreife „das Wesen des Gegenstandes aus der Entwicklungslogik seines Gewordenseins" (Holzkamp 1974, S.57f).
Ob diese Interpretation des Marxschen Verfahrens zutrifft, läßt sich nur durch eine Untersuchung des Textes des *Kapital* selbst klären. Dem erklärten

Selbstverständnis von Marx steht es jedenfalls entgegen. Schon in den *Grundrissen* hatte er festgehalten:

„Die Bedingungen und Voraussetzungen des *Werdens*, des *Entstehens* des Capitals unterstellen eben, daß es noch nicht ist, sondern erst *wird*; sie verschwinden also mit dem wirklichen Capital, mit dem Capital das selbst von seiner Wirklichkeit ausgehend, die Bedingungen seiner Verwirklichung sezt." (II.1.2/368; Gr 363)

Marx macht hier nicht einfach eine chronologische Einteilung, er unterscheidet vielmehr zwischen zwei verschiedenen theoretischen Objekten: zwischen dem *historischen Werden des Kapitals*, das auf äußere Bedingungen angewiesen ist und dem *gewordenen Kapital*, das seine Voraussetzungen selbst produziert. Die Erkenntnis des zweiten Objekts setzt aber nicht die des ersten voraus.[10] Bereits in der *Einleitung* hieß es daher:

„Es wäre also unthubar und falsch, die ökonomischen Categorien in der Folge aufeinander folgen zu lassen, in der sie historisch die bestimmenden waren. Vielmehr ist ihre Reihenfolge bestimmt durch die Beziehung, die sie in der modernen bürgerlichen Gesellschaft auf einander haben..." (II.1.1/42; Gr 28).

Es ist eher umgekehrt, die Erkenntnis des historisch Entwickelten erschließt die Erkenntnis des weniger Entwickelten, was Marx mehrfach betont und ihn schließlich zu der pointierten Formulierung veranlaßt:

„Die Anatomie des Menschen ist ein Schlüssel zur Anatomie des Affen." (II.1.1/40; Gr 26)

Daß die historisierende Interpretation der Marxschen Darstellung, ihre Interpretation als Einheit von historischer und begrifflich-logischer Entwicklung so populär werden konnte, ist nicht zuletzt in Äußerungen von Engels begründet. In seiner *Rezension* von *Zur Kritik der politischen Ökonomie* schreibt er, die logische Behandlungsweise sei „in der That nichts andres als die historische, nur entkleidet der historischen Form und der störenden Zufälligkeiten" (II.2/253; 13/475). Wie aus dem Kontext hervorgeht, ist damit aber nicht gemeint, daß die historische Entwicklung die logische *begründen* würde. Vielmehr meint Engels, daß die historische Entwicklung von einfachen zu komplizierten Verhältnissen fortschreite und daß *daher* in der „literargeschichtlichen Entwicklung" die ökonomischen Kategorien „im Ganzen und Großen" in derselben Reihenfolge wie in der logischen Entwicklung auftreten würden (II.2/252; 13/474). Nur wegen dieser angeblichen *Parallele* zwischen historischer und logischer Entwicklung kommt Engels zu dem Ergebnis, es handle sich bei der logischen Behandlung im Grunde um die historische. Zwar ist auch diese Parallelitätsthese höchst problematisch, sie ist aber nicht mit der historisierenden Interpretation der Dialektik gleichzusetzen.[11]

10) Explizit hält Marx fest: „Es ist daher nicht nöthig, um die Gesetze der bürgerlichen Oekonomie zu entwickeln, die *wirkliche Geschichte der Produktionsverhältnisse* zu schreiben." (II.1.2/369; Gr 364)

11) Eine detaillierte Auseinandersetzung mit der Engelsschen Rezension im Zusammenhang mit „logischen" und „historischen" Konzeptionen bei Marx und Engels erfolgt bei Kittsteiner (1977).

Der andere Interpretationsansatz von zentraler Bedeutung (der sich mit einer historisierenden Interpretation durchaus überschneiden kann) versucht die Spezifik der Marxschen Darstellungsweise aus der Perspektive der Hegelschen Philosophie zu bestimmen. Im dritten und vierten Kapitel wurden bereits verschiedene Etappen der Marxschen Hegelkritik sowie die implizite Kritik seiner frühen Hegelkritik skizziert. Damit ist die Marxsche Auseinandersetzung mit Hegel aber noch längst nicht an ihr Ende gekommen. Daß sich Marx auch in den späten 50er und in den 60er Jahren mit Hegel beschäftigt hat, geht nicht nur aus dem bekannten Brief an Engels hervor, wo es heißt:

> „In der *Methode* des Bearbeitens hat es mir großen Dienst geleistet, daß ich by mere accident... Hegels 'Logik' wieder durchgeblättert hatte" (16.1.1858; 29/260).

Auch ein zwischen 1860 und 1863 entstandenes Exzerpt aus der kleinen Logik (Marx 1860-63), belegt die fortdauernde Auseinandersetzung mit Hegel.[12] Allerdings hat sich Marx auch nach 1857 über seine Beziehung zu Hegel keineswegs eindeutig ausgesprochen. Im Nachwort zur zweiten Auflage des ersten Bandes des *Kapital* bezeichnete Marx seine eigene dialektische Methode als „direktes Gegenteil" der Hegelschen, diese müsse man „umstülpen, um den rationellen Kern in der mystischen Hülle zu entdecken" (II.6/709; 23/27). Ist die Rede vom „Gegenteil" und vom „Umstülpen" in diesem Zusammenhang zwar recht dunkel, so legt sie doch eine gewisse Bedeutung der wie auch immer umgestülpten Hegelschen Dialektik für die Marxsche Darstellung nahe. Andererseits schreibt Marx an derselben Stelle, er habe mit der Hegelschen Ausdrucksweise bloß „kokettiert". Entgegen vielen Versuchen, das Marxsche Methodenverständnis und seine Beziehung zu Hegel aus diesen abstrakten Bemerkungen[13] zu rekonstruieren (z.B. Röd 1974, S.25ff, Fulda 1975), muß man wohl Althusser zumindest darin zustimmen, daß diese Äußerungen lediglich darauf hinweisen, daß Marx der Auffassung ist, daß er sein Verhältnis zu Hegel geklärt habe, daß diese Bemerkungen eine solche Klärung aber noch längst nicht enthalten (Althusser 1963, S.115; vergl. auch Althusser 1977). Bereits Lenin (1914/15, S.170) und Lukács (1923, S.53) hatten der Hegelschen Logik eine Schlüsselbedeutung für das Verständnis der ökonomischen Theorie von Marx zugesprochen[14] und Bekker (1940) hatte versucht, das

Vergl. zur Kritik an Engels auch Backhaus (1975 und 1997) sowie Skredov (1997).

12) Riedel (1993) zeigt, daß diese Auseinandersetzung noch weit komplexer war und sich nicht auf die in der Literatur fast ausschließlich diskutierte Frage der Dialektik beschränkte.

13) Zu den Äußerungen im *Nachwort* kommen noch einige ähnliche Briefstellen hinzu (so etwa 29/260; 32/538, 547).

14) Lenin hatte in seinem Konspekt zu Hegels *Wissenschaft der Logik* (und vor dem Hintergrund des Versagens der Sozialdemokratie bei Kriegsausbruch) notiert: „Man kann das 'Kapital' von Marx und insbesondere das I.Kapitel nicht vollständig begreifen, ohne die *ganze* Logik von Hegel durchstudiert und begriffen zu haben. Folglich hat nach einem halben Jahrhundert nicht ein Marxist Marx begriffen" (Lenin 1914/15, S.170). Lukács, dem es nach den Niederlagen der revolutionären Bewegungen im Westen um eine Neubestimmung des „orthodoxen" Marxismus ging

Marxsche Dialektikverständnis im Anschluß an Hegel systematisch darzustellen. Mit der erneuten *Kapital*-Rezeption der späten 60er und der 70er Jahre, die stark von einer eher philosophisch als ökonomietheoretisch orientierten Marx-Rezeption beeinflußt war, entwickelte sich dann vor allem in der Bundesrepublik eine regelrecht „hegelianisierende" *Kapital*-Interpretation. Alfred Schmidt vertrat die Auffassung, daß die methodische Struktur des *Kapitals* in einer Ende der 50er Jahre erfolgten „zweiten Hegelrezeption" von Marx begründet ist (Schmidt 1967, S.32). Reichelt faßt „die Marxsche Werttheorie als materialistische Dechiffrierung des Hegelschen Weltgeistes" (Reichelt 1969, S.21) auf und sieht eine „strukturelle Gemeinsamkeit" zwischen der Kritik der politischen Ökonomie und der Hegelschen Philosophie (Reichelt 1970, S.76). Nach Bubner stellt Marx die bürgerliche Gesellschaft durch ein System von Widersprüchen dar, und „der systematische Zusammenhang der Widersprüche untereinander ergibt sich aus der spekulativen Methode der Hegelschen Logik" (Bubner 1973, S.60). Die Marxsche Methode ist dann aber nur, wie Bader u.a. (1975, S.32) formulieren, durch „Rückgriff auf Hegel" verständlich zu machen, so daß sie ihrer *Kapital*-Interpretation konsequenterweise eine umfangreiche Hegelinterpretation voranstellen. Die Vorstellung, die diesen „hegelmarxistischen" Interpretationen zugrunde liegt, wurde am deutlichsten von Krahl ausgesprochen:

> „Die Übertragung der aus ihrem metaphysischen Zusammenhang herausgelösten Kategorien der Hegelschen Logik auf die Kategorien der politischen Ökonomie macht Marx zufolge erst die Kritik der politischen Ökonomie aus." (Krahl 1970, S.141)

Den vielleicht differenziertesten Interpretationsversuch in dieser Richtung unternahm Brentel (1986 und 1989, Kapitel VII), der sich zu zeigen bemühte, daß Marx seine Darstellung als „durchgängige *Widerspruchs-Entwicklung* von der Ware zum Geld und Kapital konzipiert hat" (Brentel 1986, S.10). Brentel faßt diese Widerspruchsentwicklung analog der Logik der Reflexionsbestimmungen bei Hegel auf und kommt schließlich zu folgendem Ergebnis:

> „Marxens Lösung der Widersprüche der gegensätzlichen Charaktere der Arbeit in der bürgerlichen Gesellschaft folgt der Hegelschen weitgehend. Und dies nicht nur auf der Ebene bloß formal als analog ausweisbarer Widerspruchsstrukturen, sondern bezüglich eben des implizit gemeinsamen Gegenstandes, der Vergesellschaftungs- und Vermittlungsprobleme der bürgerlichen Gesellschaft, die Hegel letztlich nur philosophisch mystifikatorisch bewältigen konnte." (Brentel 1986, S.78)

Nach einer Besprechung der wichtigsten hegelmarxistischen Beiträge kommen Behrens/Hafner, die dem ganzen Unternehmen durchaus wohlwollend gegenüberstehen und den Hegelmarxismus gegen seine grundsätzlichen Kritiker in Schutz nehmen, allerdings zu dem Schluß, daß trotz mancher Fort-

---

und der diese Orthodoxie gerade an der Methode festmachte, vertrat die Auffassung, daß unabhängig von der expliziten Verwendung Hegelscher Begriffe, im *Kapital* „eine ganze Reihe der *stets angewendeten entscheidenden Kategorien* der Methode *direkt* aus der Logik Hegels stammt" (Lukács 1923, S.53).

schritte im Detail „das Verhältnis Hegel-Marx großenteils ungeklärt bleibt" (Behrens/Hafner 1993, S.127).

Da Behrens/Hafner bereits in der Bezeichnung „Hegelmarxismus" eine unzulässige Konstruktion der Kritiker erblicken (ebd., S.128), erscheint es angebracht, meine Verwendung dieses Etiketts zu präzisieren: mit ihr sollen nicht einfach alle Ansätze bezeichnet werden, die überhaupt nach der Beziehung von Marx und Hegel fragen, sondern solche, die in Hegelschen Argumentationsfiguren den entscheidenden *Schlüssel* für das Verständnis der Marxschen Ökonomiekritik erblicken (da die Argumentation von Marx diesen Figuren in der einen oder anderen Weise folgen würde) und damit – ausgesprochen oder unausgesprochen – voraussetzen, daß man zuerst einmal Hegel verstanden haben muß, bevor man Marx verstehen kann.

Problematisch scheint mir bei diesem Ansatz nicht nur, daß Marx Hegelsche Kategorien „übertragen" haben soll. Den Versuch einer solchen Anwendung hatte Marx ja gerade an Lassalle kritisiert.[15] Vor allem scheint aber auch die Hegelsche Philosophie selbst ein solches Vorgehen kaum zuzulassen. Denn eine Übertragung der Hegelschen Kategorien setzt voraus, daß sich die Argumentationsfiguren der Hegelschen *Logik* überhaupt von ihrem spekulativen Inhalt abtrennen lassen.[16] Hegel, der in seiner *Logik* einen historischen Neubeginn sah, hatte sich aber gerade gegen die traditionelle Vorstellung gewandt, die Logik habe es mit Denkbestimmungen zu tun, die als bloße Formen erst noch mit Inhalt gefüllt werden müßten (Hegel 1812/13, S.28, 36f). Inhalt dieser Bestimmungen sei vielmehr „die logische Vernunft selbst" (ebd. S.41). Hegel betont daher auch, daß seine Methode „von ihrem Gegenstande und Inhalte nichts Unterschiedenes ist" (ebd. S.50).

Dieses Verständnis der Logik folgt aus Hegels Kritik an Kant: in dessen Untersuchung, inwieweit die Formen des Denkens zur Erkenntnis fähig seien, schlich sich „das Mißverständnis ein, vor dem Erkennen schon erkennen oder nicht eher ins Wasser gehen zu wollen, bevor man schwimmen gelernt hat" (Hegel 1823, S.114). Hegel stellt hier darauf ab, daß jede Untersuchung der

---

15) Am 1.2.1858 schrieb Marx über Lassalle an Engels: „Ich sehe aus dieser einen Note, daß der Kerl vorhat, die politische Ökonomie hegelsch vorzutragen in seinem 2ten großen Opus. Er wird zu seinem Schaden kennenlernen, daß es ein ganz andres Ding ist, durch Kritik eine Wissenschaft erst auf den Punkt zu bringen, um sie dialektisch darstellen zu können, oder ein abstraktes, fertiges System der Logik auf Ahnungen eben eines solchen Systems anzuwenden" (29/275). – Zwar spricht auch Marx an einigen Stellen von einer „Anwendung" der Dialektik, so etwa als er dem *Chronicle*, einer an deutscher Wissenschaft interessierten Zeitung, eine Besprechung des *Kapital* dadurch schmackhaft zu machen versuchte, daß er es als „first attempt at applying the *dialectic method* to Political Economy" anpries (vergl. seinen Brief an Engels vom 7.11.1867, 31/379), doch geht es bei diesen Äußerungen nur stets ganz allgemein um den positiven Bezug auf die „dialektische Methode", ohne irgendeine weitergehende Präzisierung.

16) In gewisser Weise wiederholen die hegelmarxistischen Ansätze die von Engels in *Ludwig Feuerbach und der Ausgang der klassischen deutschen Philosophie* (1886) vorgenommene Aufspaltung der Hegelschen Philosophie in (revolutionäre) Methode und (konservatives) System.

Formen des Denkens unvermeidlich diese Formen voraussetzt, so daß sich in einer solchen Untersuchung diese Formen nur auf sich selbst beziehen können, woraus er folgert:

„Die Denkformen müssen an und für sich betrachtet werden; sie sind der Gegenstand und die Tätigkeit des Gegenstandes selbst; *sie selbst untersuchen sich, müssen an ihnen selbst sich ihre Grenze bestimmen und ihren Mangel aufzeigen*. Dies ist dann diejenige Tätigkeit des Denkens, welche demnächst als Dialektik in besondere Betrachtung gezogen werden wird" (ebd., Herv. von mir).

Die logischen Kategorien Hegels organisieren gerade keinen äußeren Inhalt, der austauschbar wäre, sie beziehen sich immer nur auf sich selbst.

Am Ende der *Wissenschaft der Logik* faßt Hegel sein Verständnis von „Methode" zusammen und kritisiert die Vorstellung, die Methode sei „die bloße Art und Weise des Erkennens"; Methode sei vielmehr „der *sich selbst wissende, sich* als das Absolute, sowohl Subjektive als Objektive, *zum Gegenstande habende Begriff*" (Hegel 1816, S.550f, Herv. i. Orig.) und diese so verstandene Methode sei „die *einzige* und absolute *Kraft* der Vernunft nicht nur, sondern auch ihr höchster und einziger *Trieb, durch sich selbst in allem sich selbst* zu finden und zu erkennen" (ebd., S.552, Herv. i. Orig.). Und genau diese Selbstbezüglichkeit, der Begriff, der sich selbst zum Gegenstand hat, die Vernunft, die sich überall nur selbst erkennt, und damit die Aufhebung der Differenz zwischen dem Gegenstand der Erkenntnis und der Erkenntnis selbst, ist konstitutiv für die dialektische Entwicklung innerhalb der Hegelschen *Logik* (vergl. dazu auch Henrich 1971, S.95ff, Henrich 1974, Kocyba 1979, S.46ff).

Marx hat es aber immer mit einem äußeren Gegenstand zu tun. Seine Darstellung muß den Zusammenhang dieses Materials zum Ausdruck bringen. Mehr als ein „Kokettieren" mit der Hegelschen Ausdrucksweise scheint daher (gerade auch von der Hegelschen Philosophie aus betrachtet) zunächst einmal gar nicht möglich gewesen zu sein.[17] Dies heißt nun aber auf der anderen Seite nicht, daß die Hegelsche Philosophie überhaupt keine Rolle für die Marxsche Kritik der politischen Ökonomie gespielt hätte. Nur geht es dabei weniger um die Übernahme bestimmter Argumentationsfiguren als vielmehr um einen bestimmten *Stand der Problemstellung*, der aber allererst einmal aus der Hegelschen Philosophie zu gewinnen wäre. Die Interpretation von Hegels *Wissenschaft der Logik* durch Theunissen läßt sich in einer solchen Hinsicht lesen.

---

17) Tatsächlich finden sich in den Marxschen Texten eine Reihe von Analogien zur Hegelschen *Logik*, die dann in der hegelmarxistischen Literatur weidlich ausgeschlachtet wurden (vergl. z.B. Krahl 1971, Brinkmann 1975, Stapelfeldt 1979 S.84-105). Statt aus dem Vorhandensein solcher Analogien gleich auf eine „Anwendung" zu schließen, wäre erst einmal deren Funktion im Text genauer zu untersuchen. In diesem Zusammenhang ist die Arbeit von Schrader aufschlußreich, der bei seiner Analyse der *Grundrisse*, deren Argumentation am stärksten von Hegel geprägt zu sein scheint, auch die ökonomischen Quellen von Marx berücksichtigte und dabei feststellte, daß sich Marx gerade in den Passagen, die sich scheinbar mit der Hegelschen Logik decken „auf Sismondi, Storch und Say nicht nur ökonomisch sachlich, sondern auch begrifflich und selbst konzeptionell stützt" (Schrader 1980, S.134).

Ausgehend von Marx' bekannter Charakterisierung seines eigenen Unternehmens als „zugleich Darstellung des Systems [der ökonomischen Kategorien, M.H.] und durch die Darstellung Kritik desselben" (29/550) formuliert Theunissen Ähnliches für Hegel: „die Hegelsche Logik ist nach der methodischen Idee, die ihr zugrunde liegt, Einheit von Kritik und Darstellung der Metaphysik" (Theunissen 1980, S.16). Unabhängig davon wie gelungen Theunissens Hegel-Interpretation nun im einzelnen sein mag, scheint mir mit derartigen Problemstellungen überhaupt erst die Ebene erreicht zu sein, auf der die Frage nach dem Verhältnis von Marx und Hegel sinnvoll gestellt werden kann.[18] Nur zeigt sich dabei auch, daß die Klärung dieser Frage bereits ein weitgehendes Verständnis von Hegel *und* Marx voraussetzt, selbst also nicht zur Voraussetzung eines adäquaten Verständnisses der Kritik der politischen Ökonomie gemacht werden kann.

2. Dialektische Darstellung als Form wissenschaftlicher Begründung

Im folgenden geht es mir nicht um eine umfassende Antwort auf die Frage nach der Beziehung von Marx und Hegel. Es soll lediglich die „dialektische" Spezifik der Marxschen Darstellungsweise insoweit behandelt werden, als dies für die Argumentation in den nächsten Kapiteln notwendig ist. Aber auch für dieses minimales Programm stellt sich die Frage, welche Marxschen Texte zugrunde gelegt werden, denn es ist nicht von vornherein ausgemacht, daß alle nach 1857 entstandenen Texte dafür in gleicher Weise geeignet sind. So hat Göhler die These vertreten, daß sich die Bedeutung „dialektischer Darstellung" im *Kapital* (1867/1872) von der in *Zur Kritik* (1859) erheblich unterscheidet (vgl. zu Göhler das nächste Kapitel) und Backhaus und Reichelt sehen in der Entwicklung der Kritik der politischen Ökonomie eine fortschreitende „Popularisierung" am Werk: Marx habe nicht nur die Wertformanalyse von der 1. zur 2. Auflage popularisiert und auch eine ganze Reihe methodisch wichtiger Bemerkungen getilgt, seine Bemerkung gegenüber Engels, die Fortsetzung von *Zur Kritik* werde „viel populärer und die Methode *viel mehr* versteckt als in Teil I" (Brief vom 9.12.1861, 30/207, Herv. von mir), sehen sie als Beleg dafür, daß nicht erst das *Kapital*, sondern bereits *Zur Kritik* eine popularisierte Fassung der *Grundrisse* darstellt. Ein authentisches Methodenverständnis könne daher nur aus den *Grundrissen*, dem *Urtext* von *Zur Kritik* sowie der „short outline" des geplanten Werks, die Marx in einem Brief an Engels vom 2.4.1858 (29/312ff) skizzierte, entnommen werden (Backhaus/Reichelt 1995, Reichelt 1996, Backhaus 1998). Problematisch erscheint mir hier zweierlei. Zum einen wird das „Verstecken" der Methode mit

18) Theunissen selbst hat dies nicht unternommen. Das in Theunissen (1975) skizzierte Verständnis der Marxschen Methode ging noch von anderen Voraussetzungen aus.

ihrer Veränderung bzw. partiellen Aufgabe gleichgesetzt, was nicht zwangsläufig folgt, sondern in jedem Einzelfall zu untersuchen ist.[19] Zum anderen wird mit der Konzentration auf die *Grundrisse* und den *Urtext* nicht berücksichtigt, daß es danach nicht nur zu Popularisierungen, sondern auch zu Präzisierungen gekommen ist, so daß einen auch die *Grundrisse* auf Abwege führen können.[20]

Für die verschiedenen seit 1857 entstandenen Texte zur Kritik der politischen Ökonomie scheint mir weder die Vorstellung eines beständigen Aufstiegs zu den Gipfeln immer höherer Vollkommenheit (eine Vorstellung, die vor allem im Rahmen des Marxismus-Leninismus gepflegt wurde), noch die Auffassung eines beständigen Abstiegs zu immer weiterer Popularisierung angemessen zu sein: wir haben es eher mit einem komplexen Auf und Ab zu tun, bei der es zu Präzisierungen *und* zu Popularisierungen (die bestimmte Einsichten wieder verdunkeln) kommt. Die folgende „Minimaldarstellung", dessen was „dialektische Entwicklung" in der Kritik der politischen Ökonomie bedeutet, versucht jedoch nur die allgemeinsten Punkte zu beleuchten, so daß sie sowohl auf die *Grundrisse* als auch auf das *Kapital* zutreffen sollte.

Wie schon im letzten Kapitel erwähnt, urteilt Marx über die dialektische Darstellung des „Gedankenconcretums" bei Hegel, daß es sich um ein Produkt „des ausser oder über der Anschauung und Vorstellung denkenden und sich selbst gebärenden Begriffs" handelt. Demgegenüber beansprucht Marx für seine eigene Darstellung, daß sie Resultat „der Verarbeitung von Anschauung und Vorstellung in Begriffe" sei (II.1.1/37; Gr 22). Bei Marx wie bei Hegel handelt es sich also um eine *begriffliche*[21] Entwicklung, nur ist es einmal der Begriff (Singular), der sich unabhängig von aller Empirie aus sich selbst heraus entwickelt,[22] während es das andere Mal um den Zusammenhang von Begriffen (Plural) geht, die empirisches Material verarbeiten, ohne dabei aber in bloß nominalistischen Abstraktionen aufzugehen: es handelt sich bei ihnen um das „Real-Allgemeine", von dem oben die Rede war. Von begrifflicher *Entwicklung* kann man bei Marx insofern sprechen, als er die einzelnen Begriffe nicht einfach als selbständige Elemente nebeneinander stehen läßt und mit Hinweis auf das empirische Material, aus dem sie gewonnen wurden, rechtfertigt, sondern sie in eine bestimmte *Ordnung* bringt, die ihnen aber nicht äußerlich ist und lediglich den Gesamtzusammenhang herstellt, sondern die zur Bestimmung der Kategorien selbst noch wesentlich ist: *eine Ordnung, die we-*

19) Im siebten Kapitel wird beim (fehlenden) Übergang vom Geld zum Kapital deutlich werden, daß das „Verstecken" in der Tat äußerst problematisch sein kann.

20) Ein Beispiel aus dem Bereich der Krisentheorie wird im achten Kapitel diskutiert.

21) Häufig wird diese begriffliche Entwicklung auch als „logische" Entwicklung (im Unterschied zur historischen) bezeichnet. Dabei ist aber zu beachten, daß „logisch" dann nicht im Sinne von formaler, mathematischer Logik verwendet wird.

22) Vergl. zur Hegelschen Dialektik als „Begriffsbewegung", die auf einer „Metaphysik des Begriffs" beruht, Fulda (1978).

sentliche Beziehungen der Kategorien ausdrückt.
Diese Darstellungsweise betrachtet Marx als eine, die vom Gegenstand, der entwickelten bürgerlichen Ökonomie, selbst erfordert ist. Wie in jedem „organischen System" gilt nämlich auch „im vollendeten bürgerlichen System", daß

„jedes ökonomische Verhältniß das andre in der bürgerlich-ökonomischen Form voraussezt und so jedes Gesezte zugleich Voraussetzung ist" (II.1.1/201; Gr 189).

Da die Darstellung aber einen Anfang benötigt, muß dieses wechselseitige Voraussetzen begrifflich aufgesprengt werden. Voraussetzung der Darstellung ist zunächst die Unterscheidung in *einfache* und *komplizierte* Verhältnisse: die einfachen Verhältnisse setzen zwar auch die komplizierten Verhältnisse voraus, sie können aber zunächst in Kategorien fixiert werden, die keine Kategorien voraussetzen, die kompliziertere Verhältnisse ausdrücken. Marx stellt diesen Sachverhalt heraus, wenn er schreibt, daß

„in der Theorie der Begriff des Werths, dem des Capitals vorhergeht, andrerseits aber zu seiner reinen Entwicklung wieder eine auf das Capital gegründete Productionsweise unterstellt" (II.1.1/174, Gr 163).

In der einfacheren Kategorie wird das „einfache" Verhältnis zunächst ohne Bezug auf die komplizierteren Verhältnisse ausgedrückt. Insofern beinhaltet diese „einfache" Kategorie immer schon eine Abstraktion. Die Bestimmungen der einfachen Kategorie können dann aber bereits das einfache Verhältnis nicht vollständig erfassen, sie sind „mangelhaft". Dieser „Mangel" ist auf der erreichten Darstellungsstufe notwendig: da von der Beziehung dieser Kategorie auf die weiteren Kategorien abstrahiert wird, *muß* sie sich als mangelhaft erweisen.
Die Art und Weise wie sich der Mangel einer Kategorie äußert, zeigt zugleich, wie er vermittels einer weiteren Kategorie behoben werden kann: die erste Kategorie weist über sich selbst hinaus, auf die zweite, die ihrerseits aber wiederum mangelhaft ist, solange noch nicht die Totalität der bürgerlichen Produktionsweise dargestellt ist. Damit liefert die „dialektische Darstellung" einen bestimmten *Begründungszusammenhang* zwischen den einzelnen Kategorien; die Abfolge der Kategorien, der „Übergang" von einer Kategorie zur nächsten ist daher keine Frage der Didaktik, sondern besitzt selbst noch einen spezifischen Informationsgehalt.[23]

---

23) Auf einer allgemeinen Ebene wird Dialektik bei Hegel ganz ähnlich charakterisiert, so etwa im § 81 der *Enzyklopädie*: „Das *dialektische* Moment ist das eigene Sichaufheben solcher endlicher Bestimmungen [des Verstandes, M.H] und ihr Übergehen in ihre entgegengesetzten.(...) Die Dialektik ... ist dies *immanente* Hinausgehen... Das Dialektische macht daher die bewegende Seele des wissenschaftlichen Fortgehens aus und ist das Prinzip, wodurch allein *immanenter Zusammenhang und Notwendigkeit* in den Inhalt der Wissenschaften kommt" (Hegel 1823, S.172f). Nur ist mit solchen Analogien für das Verständnis der Marxschen Darstellung noch nicht viel gewonnen: das „immanente Hinausgehen" muß sich an den verwendeten Kategorien selbst aufzeigen lassen und die entstammen bei Marx nicht einfach einem anderen Gebiet, sondern sind – sofern sie ein äußeres Material organisieren – von grundsätzlich anderer Art als die sich immer nur auf sich

Das Mangelhafte an einer Kategorie wird von Marx oft als „Gegensatz" oder „Widerspruch" ihrer verschiedenen Bestimmungen bezeichnet. Diese Redeweise gab Anlaß zu vielen Diskussionen über das Verhältnis von Marxscher Dialektik und formaler Logik. So wurden von vielen Kritikern des Marxismus aber auch von einigen Marxisten diese „Widersprüche" als formallogische aufgefaßt. Für die Kritiker war dies ein willkommenes Argument gegen die Marxsche Dialektik, für die marxistischen Vertreter dieser Auffassung ein Beweis für die Überlegenheit der „dialektischen Logik" gegenüber der „bloß" formalen Logik. Marx selbst verwahrte sich allerdings dagegen, die dialektischen Widersprüche, die er im Sinn hatte, mit formallogischen Widersprüchen gleichzusetzen.[24] Formallogisch widersprüchliche Aussagen, sofern sie nicht als Hinweis auf ein Problem gemeint waren, betrachtete er als blanken Nonsens. *Dialektische Entwicklung* suspendiert keineswegs die Gesetze der formalen Logik. Die „Widersprüche", die an einer Kategorie festgestellt werden und die eine neue Kategorie notwendig machen, sind nicht formal (etwa daß einem Objekt ein Prädikat zugleich zu- und abgesprochen werden würde), mit diesen „Widersprüchen" werden vielmehr *inhaltliche* Beziehungen zwischen *verschiedenen* Bestimmungen der jeweiligen Kategorie bezeichnet.

Was nun den Inhalt der kategorialen Mängel oder „Widersprüche" ausmacht, die die begriffliche Entwicklung vorantreiben, und in welcher Weise der Fortgang der Darstellung erfolgt, läßt sich nicht allgemein bestimmen oder auf einen sich immer weiter „entfaltenden Widerspruch" (zwischen Gebrauchswert und Tauschwert, privater und gesellschaftlicher Arbeit etc.) reduzieren. Die „dialektische Entwicklung", die den Zusammenhang des Gegenstandes darstellen soll, ist Resultat eines konkreten Forschungsprozesses und nicht Ergebnis einer irgendwie gearteteten dialektischen Entwicklungsmaschine.[25]

---

selbst beziehenden Kategorien der Hegelschen Logik.

24) So heißt es z.B. über J. St. Mill: „So fremd ihm der Hegel'sche 'Widerspruch', die Springquelle aller Dialektik, so heimisch ist er in platten Widersprüchen" (II.5/481, Fn. 41; 23/623, Fn. 41), wobei aus dem Kontext hervorgeht, daß Marx mit letzteren formallogische Widersprüche meint. In den *Randglossen zu Wagner* verwahrt sich Marx explizit gegen die Unterstellung, er habe im *Kapital* das Verhältnis von Gebrauchswert und Tauschwert als einen logischen Widerspruch aufgefaßt (19/374f). Daß „Widersprüche" bei Marx ganz unterschiedliche Darstellungsfunktionen erfüllen und unterschiedliches bedeuten, zeigte Kocyba (1979).

25) Die Gefahr, daß seine dialektische Entwicklung auf eine bloße Begriffsbewegung reduziert werden könnte, war Marx schon in den *Grundrissen* bewußt, wo er beim Übergang vom Tauschwert zum Geld notierte: „Es wird später nöthig sein, eh von dieser Frage abgebrochen wird, die idealistische Manier der Darstellung zu corrigieren, die den Schein hervorbringt als handle es sich nur um Begriffsbestimmungen und die Dialektik dieser Begriffe" (II.1.1/85; Gr 69). Anscheinend war ihm diese Korrektur in der Erstauflage des *Kapital* aber noch nicht ausreichend gelungen, denn im Nachwort zur 2. Auflage mußte er zugeben: „Die im 'Kapital' angewandte Methode ist wenig verstanden worden" (II.6/704; 23/25), und der Vorwurf, gegen den er sich verteidigen mußte, war der des Hegelianismus. Wie es zum Schein einer apriorischen Begriffsbewegung kommen konnte, erläutert Marx dann in seiner bekannten Bemerkung zum Unterschied von Forschungs- und Darstellungsweise: „Die Forschung hat den Stoff sich im Detail anzueignen, seine verschiednen Entwicklungsformen zu analysiren und deren inneres Band aufzuspüren. Erst nachdem diese

Die komplizierteren Kategorien „lösen" die „Widersprüche" der einfacheren Kategorien; in der bürgerlichen Gesellschaft sind diese Widersprüche aber immer schon „gelöst". *Sichtbar* ist nur das vermittelte Resultat, das daher gar nicht als *Resultat* erscheint. Es bedarf einer theoretischen Konstruktion, eben der „dialektischen Darstellung", um aufzuzeigen, daß das scheinbar Unmittelbare ein Vermitteltes ist; die Selbständigkeit des Unmittelbaren erweist sich damit als bloßer Schein,[26] und erlaubt die Kritik an solchen Weisen der Verwendung der Kategorien, die dem Schein der Selbständigkeit und Unmittelbarkeit aufsitzen. Damit wird verständlich, was Marx mit der oben erwähnten Einheit von Darstellung und Kritik („zugleich Darstellung des Systems und durch die Darstellung Kritik desselben" (29/550) meint: die *Kritik* der Kategorien, die der bürgerlichen Ökonomie zugrunde liegen, wird nicht von außen herangetragen, sie muß sich selbst noch aus der dialektischen *Darstellung* dieser Kategorien ergeben.

Indem die mangelhafte Bestimmung der ersten Kategorie die zweite Kategorie notwendig macht, entsteht ein bestimmter Zusammenhang zwischen den einzelnen Kategorien, ein „begriffliches Entwicklungsverhältnis", das den Zusammenhang der ökonomischen Verhältnisse der bürgerlichen Gesellschaft zum Ausdruck bringen soll. Die Ordnung der Kategorien reproduziert damit zwar die Ordnung des wirklichen Objekts, diese begriffliche Reproduktion kann aber, da sie die unsichtbaren (weil in ihrem Resultat immer schon vorhandenen) Vermittlungen darstellt, keine einfache Abbildung sein. Es besitzen weder die einzelnen Kategorien noch die kategorialen Übergänge unmittelbare empirische Referenten. In der bürgerlichen Gesellschaft existiert weder die nicht preisbestimmte Ware, mit der die Darstellung im *Kapital* beginnt, noch ein Übergang von der Ware zum Geld. Die Kategorien die in der Darstellung auftauchen, sind daher „Abstraktionen", aber keine bloß nominalistisch gebildete Gattungsbegriffe, sondern „reale Allgemeinheiten" (vergl. dazu das letzte Kapitel). Wenn Marx gegenüber den bloßen Erscheinungen die „wesentlichen Verhältnisse" geltend macht, wie etwa in dem bekannten Satz „alle Wissenschaft wäre überflüssig, wenn die Erscheinungsform und das Wesen der Dinge unmittelbar zusammenfielen" (II.4.2/721; 25/825), so ist dies kein Rückfall in die überwundene Wesensphilosophie. Mit *Wesen* sind jetzt keine *normativen* Vorstellungen gemeint, die der empirischen Wirklichkeit gegenüberstehen, sondern die *nicht-empirischen Begriffsbildungen*, die das Begreifen des empirisch Erscheinenden erst ermöglichen.

Arbeit vollbracht, kann die wirkliche Bewegung entsprechend dargestellt werden. Gelingt dieß und spiegelt sich das Leben des Stoffs ideell wieder, so mag es aussehn, als habe man es mit einer Konstruktion a priori zu thun." (II.6/709; 23/27)

26) Diese *kritische Intention*, Auflösung des Scheins der Selbständigkeit eines zunächst vorausgesetzten Unmittelbaren, teilt die Kritik der politischen Ökonomie durchaus mit der Hegelschen Philosophie.

Die begriffliche Entwicklung im *Kapital* unterscheidet sich daher auch von einer bloßen Folge immer weniger abstrakt werdender Modelle, obwohl diese Interpretation auch unter Marxisten verbreitet ist. Bereits Grossmann (1929a S.79ff, 1929b) faßte die Marxsche Darstellung als fortlaufende Aufhebung der ursprünglichen, vereinfachenden Annahmen auf. Ähnliche Interpretationen finden sich auch bei Sweezy (1942, S.23ff), Meek (1967b) und Dobias (1973). Helberger (1974, S.185ff) vertritt ebenfalls diese Position. Er zieht aus dieser modelltheoretischen Auffassung die Folgerung, daß es auf die Abfolge der Darstellung überhaupt nicht ankomme, da nur die „endgültige Formulierung der Theorie" entscheidend sei (Helberger 1974, S.190). Gerade darin liegt aber der Unterschied der Marxschen „entwickelnden" Darstellung zu einer bloßen Abfolge von immer komplexeren Modellen. Reduziert sich der Fortgang der Darstellung auf die sukzessive Aufhebung restringierender Annahmen, so kann eine bestimmte Abfolge in der Tat nur unter pragmatischen oder didaktischen Gesichtspunkten begründet werden. Es ist letztlich die Entscheidung des Theoretikers, in welcher Reihenfolge er die einschränkenden Annahmen fallen läßt. Auf die Aussagekraft seiner Theorie hat dies keinen Einfluß. Dagegen soll die begriffliche Entwicklung gerade durch ihren Fortgang den Zusammenhang der dargestellten Kategorien zum Ausdruck bringen. Marx untersucht nicht zunächst eine Warenwirtschaft ohne Geld und anschließend eine mit Geld, er versucht vielmehr den notwendigen Zusammenhang von Ware und Geld zu erfassen. Die Darstellung der bürgerlichen Ökonomie ist daher auch nicht durch eine letzte „konkrete" Stufe gegeben, sondern nur durch die *gesamte Abfolge* der begrifflichen Entwicklung.

Im Verlauf dieser Abfolge wird auch deutlich, inwiefern die kapitalistische Produktionsweise ihre eigenen Voraussetzungen produziert: was zu Beginn der Darstellung zunächst vorausgesetzt wurde, wird schließlich als durch das Kapital selbst Gesetztes aufgezeigt. In den *Resultaten des unmittelbaren Produktionsprozesses* spricht Marx daher auch vom „Cirkellauf unsrer Darstellung" (II.4.1/24). Auch hier findet sich wieder eine formale Ähnlichkeit zur Argumentationsweise bei Hegel. Dieser hatte festgehalten,

> „daß jeder Schritt des Fortgangs im Weiterbestimmen, indem er von dem unbestimmten Anfang sich entfernt, auch eine Rückannäherung zu demselben ist, daß somit das, was zunächst als verschieden erscheinen mag, das rückwärtsgehende Begründen des Anfangs und das vorwärtsgehende Weiterbestimmen desselben, ineinanderfällt und dasselbe ist" (Hegel 1816, S.570).

Allerdings hat dieser Rückgang in den Grund für Hegel eine ganz andere Bedeutung als für Marx. Für Hegel ergibt sich daraus die Konsequenz:

> „Vermöge der aufgezeigten Natur der Methode stellt sich die Wissenschaft als ein in sich geschlungener *Kreis* dar, in dessen Anfang, den einfachen Grund, die Vermittlung das Ende zurückschlingt; dabei ist dieser Kreis ein *Kreis von Kreisen*; denn jedes einzelne Glied, als Beseeltes der Methode, ist die Reflexion in sich, die, indem sie in den Anfang zurückkehrt, zugleich der Anfang eines neuen Gliedes ist" (ebd., S.571).

Indem die Wissenschaft ihre eigenen Voraussetzungen begründet, macht sie sich für Hegel unabhängig von allem Äußeren, wird sie zu einem in sich geschlossenen, voraussetzungslosen Unternehmen, einem „Kreis von Kreisen". Was Hegel am Ende der *Wissenschaft der Logik* als Triumph der Methode feiert, bezeichnet für Marx dagegen den Punkt, an dem die dialektische Darstellung an ihre *Grenze* stößt. Daß die entwickelte kapitalistische Produktion ihre eignen Voraussetzungen produziert, bedeutet nämlich umgekehrt, daß sie historisch von *anderen* (nicht von ihr produzierten) Voraussetzungen ausgegangen sein muß. In den *Grundrissen* hält Marx daher fest:

„Andrerseits... zeigt unsere Methode die Punkte, wo die historische Betrachtung hereintreten muß, oder wo die bürgerliche Oekonomie als blos historische Gestalt des Productionsprocesses über sich hinausweist auf frühere historische Weisen der Production" (II.1.2/369; Gr 364).

Die dialektische Entwicklung der Kategorien unterstellt als sachliche Voraussetzung immer schon das entwickelte Ganze der kapitalistischen Produktion. Die Darstellung des *historischen* Prozesses der Herausbildung dieses Ganzen liegt außerhalb der *dialektischen* Entwicklung der Kategorien. Im *Urtext* von *Zur Kritik der politischen Ökonomie* bemerkt Marx daher beim Übergang vom Geld zum Kapital anläßlich der bei diesem Übergang vorausgesetzten Existenz des freien Arbeiters:

„Seine Existenz ist das Resultat eines langwierigen historischen Processes in der ökonomischen Gestaltung der Gesellschaft. Es zeigt sich an diesem Punkt bestimmt, wie die dialektische Form der Darstellung nur richtig ist, wenn sie ihre Grenzen kennt." (II.2/91; Gr 945) [27]

Es ist also nicht nur der Charakter der Kategorien, der sich bei Marx und Hegel unterscheidet, dialektische Darstellung kann bei Marx gerade nicht zu dem in sich ruhenden, abgeschlossenen Unternehmen werden, als das sie für Hegel erst wahre Wissenschaft ist.

Auch wenn die dialektische Entwicklung nicht die einzige Form der Darstellung ist, so dominiert sie doch gewissermaßen die historischen Teile. Es ist die dialektische Entwicklung der Kategorien, die deutlich machen soll, an welcher Stelle und in welcher Hinsicht die historische Betrachtung hereintreten muß. So wird die Existenz der Arbeitskraft als einer Ware bei der Darstellung des Kapitals zunächst nur vorausgesetzt. Die historischen Prozesse, die zu dieser Voraussetzung geführt haben, werden von Marx im *Ka-*

---

27) Riedel (1998, S.17) folgert hier, daß es Marx erst jetzt klar geworden sei, daß die „Logik, die der dialektischen Darstellung immanent ist, der 'besonderen Logik' historischer Prozesse nicht adäquat ist", was dann nicht nur zum Abbruch des *Urtextes* (ebd., S.3), sondern auch zu einer Krise im Methodenverständnis von Marx und einer gewissen Abkehr von der Dialektik geführt habe (ebd., S.39f). Zwar ist es sicher richtig, daß man nicht von einem seit 1857 unveränderten Methodenverständnis bei Marx ausgehen kann, doch scheint mir der Punkt, an dem Riedel eine Krise des Methodenverständnisses festmacht, nicht sehr überzeugend zu sein, denn über die Grenzen der dialektischen Darstellung scheint sich Marx, zumindest auf einer allgemeinen Ebene, bereits in den *Grundrissen* klar gewesen zu sein. Was für Marx im *Urtext* zum Problem wird, ist die bestimmte Fassung des dialektischen Übergangs zum Kapital (dies weist Riedel überzeugend nach). Doch ist damit dialektische Entwicklung als solche noch nicht in Frage gestellt.

pital erst im Abschnitt über die „ursprüngliche Akkumulation" skizziert – und zwar am Ende der Darstellung des „Produktionsprozesses des Kapitals" und nicht etwa am Anfang. Hätte die historisierende Interpretation (von der im vorangegangenen Abschnitt die Rede war) recht, dann müßte dieser Punkt am Anfang stehen, das Kapital wäre als Ergebnis seiner Bildungsgeschichte zu begreifen. Daß sie am Ende steht, illustriert die oben angeführte Bemerkung von Marx, daß die Anatomie des Menschen ein Schlüssel zur Anatomie des Affen sei: Erst aufgrund der Analyse des kapitalistischen Produktionsprozesses wird nämlich klar, daß die Scheidung der unmittelbaren Produzenten von den Produktionsmitteln (und nicht etwa die Aufhäufung von Geldschätzen in wenigen Händen), die zentrale historische Voraussetzung der kapitalistischen Produktionsweise ist, d.h. erst nach der Analyse der Grundstruktur des Kapitalverhältnisses ist klar, *welche* historischen Prozesse überhaupt dargestellt werden müssen, wenn es um die Herausbildung des Kapitalverhältnisses geht. Ebenso verhält es sich auch mit den historischen Abschnitten zum Kaufmanns- und zum Wucherkapital im dritten Band des *Kapital,* die der theoretischen Entwicklung keineswegs vorangehen, sondern ihr folgen.

Historisches wird aber nicht nur als Voraussetzung eines bestehenden Zustandes in die Darstellung aufgenommen. Es spielt auch an den Punkten eine Rolle, wo eine weitere begriffliche Entwicklung nicht möglich ist, wie etwa bei der Bestimmung der Grenze des Arbeitstages: dem Anspruch des Kapitals auf maximale Konsumtion des Gebrauchswertes der gekauften Ware Arbeitskraft steht der Anspruch des Lohnarbeiters auf längerfristige Erhaltung seiner Arbeitskraft gegenüber. Auf der Grundlage der Warenproduktion sind dies „gleiche Rechte". Und zwischen gleichen Rechten, so Marx im achten Kapitel des ersten *Kapital*-Bandes, entscheidet die Gewalt. Die Länge des Arbeitstages ist nicht begrifflich, im Rahmen der Entwicklung der Kategorien zu bestimmen, sie resultiert vielmehr aus dem Kampf zwischen Arbeitern und Kapitalisten. – Historische Darlegungen finden sich schließlich noch in einer dritten Funktion in der Marxschen Darstellung: als Illustration der auf einer allgemeinen Ebene dargestellten Verhältnisse.

Was zum Bereich der dialektischen Entwicklung der Kategorien gehört, ist Bestandteil der von Marx angestrebten Darstellung der kapitalistischen Produktionsweise „in ihrem idealen Durchschnitt" (II.4./853; 25/839) und sollte daher nicht nur Ausdruck einer historischen Besonderheit oder einer bestimmten Entwicklungsstufe des Kapitalverhältnisses sein. Und genau hier kann es zu Mißgriffen kommen – wenn ein lediglich transitorischer, vorübergehender Sachverhalt als für das Kapitalverhältnis charakteristischer aufgefaßt und in die Kategorienentwicklung eingebaut wird. Ist im Laufe der weiteren historischen Entwicklung deutlich geworden, daß ein vermeintlich allgemeiner Sachverhalt nur transitorische Bedeutung hatte, dann genügt es nicht, die

Marxsche Darstellung einfach zu ergänzen. Denn dann hätte man die begriffliche Entwicklung doch wieder auf eine historische reduziert. Vielmehr müßte an der dialektischen Entwicklung der Kategorien selbst demonstriert werden, daß auf den vermeintlich allgemeinen Sachverhalt in der Abfolge der Kategorien tatsächlich verzichtet werden kann. Ist dies nicht möglich, dann ist das Marxsche Unternehmen (je nachdem wie bedeutsam der entsprechende Sachverhalt für die Gesamtargumentation ist) mehr oder weniger gescheitert. Im nächsten Kapitel wird es bei der Geldware um genau dieses Problem gehen.
Zunächst sind aber die Veränderungen der Gesamtarchitektonik der Kritik der politischen Ökonomie, die in der Literatur sehr verschieden beurteilt werden, zu betrachten. Denn diese Gesamtarchitektonik spielt eine entscheidende Rolle für die Einordnung einzelner Themen, die in den folgenden Kapiteln diskutiert werden.

3. Der ursprüngliche 6-Bücher Plan und die Unterscheidung zwischen „Kapital im Allgemeinen" und „Konkurrenz der vielen Kapitalien"

Als Marx 1857 endlich mit der Ausarbeitung seiner lange geplanten Ökonomiekritik begann, hatte er noch keinen detaillierten Plan vor Augen. Die zunächst geschriebene *Einleitung* enthält nur eine sehr grobe Planskizze (II.1.1/43; Gr 28). Planentwürfe stellten sich erst im Laufe der Arbeit ein und drücken bestimmte Einsichten in die Strukturzusammenhänge der bürgerlichen Gesellschaft aus.[28] Nach Beendigung der *Grundrisse* hatte Marx die bereits erwähnte Gliederung in 6 Bücher vorgesehen, wobei er in den drei ersten Büchern – Kapital, Grundeigentum, Lohnarbeit – „die ökonomischen Lebensbedingungen der drei großen Klassen, worin die moderne bürgerliche Gesellschaft zerfällt" (II.2/99; 13/7) behandeln wollte. Die weitere Untergliederung des Buches vom Kapital in vier Abschnitte sowie die Struktur des ersten Abschnitts gehen aus zwei Briefen hervor, einen an Engels vom 2.4.1858 (29/312) und einen an Lassalle vom 11.3.1858 (29/554). Damit ergibt sich dann der auf der nächsten Seite skizzierte Aufbau der geplanten Kritik der politischen Ökonomie.
Dieses umfangreiche Werk sollte in mehreren Lieferungen erscheinen. Die 1859 erschienene erste (und einzige) Lieferung (*Zur Kritik der politischen Ökonomie. Erstes Heft*), umfaßte inhaltlich nur die Punkte 1 und 2 (als *Erstes Kapitel. Die Waare* und *Zweites Kapitel. Das Geld oder die einfache Circulation*). Mit dem Manuskript von 1861-63 wollte Marx Punkt 3 ausarbeiten, es ist überschrieben mit *Drittes Capitel. Das Capital im Allgemeinen*, war also zunächst noch innerhalb des gerade skizzierten Plans angesiedelt.

28) Dies läßt sich meistens auch anhand des Kontextes, in dem die jeweiligen Planentwürfe formuliert werden, zeigen. Auf eine detaillierte Interpretation der Entwicklung des Aufbauplans *innerhalb* der *Grundrisse* muß hier aber verzichtet werden.

Buch 1 Vom Kapital
- a) Das Kapital im Allgemeinen
  - 1. Wert
  - 2. Geld
  - 3. Das Kapital im Allgemeinen[29]
    - Produktionsprozeß des Kapitals
    - Zirkulationsprozeß des Kapitals
    - Einheit von beiden oder Kapital und Profit, Zins
- b) Die Konkurrenz oder die Aktion der vielen Kapitalien aufeinander
- c) Kredit
- d) Aktienkapital

Buch 2 Grundeigentum

Buch 3 Lohnarbeit

Buch 4 Staat

Buch 5 Internationaler Handel

Buch 6 Weltmarkt

Wie schon erwähnt, entschloß sich Marx jedoch bereits während der Arbeit an diesem Manuskript die Fortsetzung der Schrift von 1859 als ein selbständiges Werk unter dem Titel *Das Kapital* zu publizieren. In der Literatur ist nun heftig darüber gestritten worden, in welchem Verhältnis die seit 1867 erschienenen drei Bände des *Kapital* zu diesem ursprünglichen Planentwurf: sind sie Ausführung nur eines kleinen (oder größeren) Teiles dieses Plans oder unterliegt den drei *Kapital*-Bänden ein ganz neuer Aufbauplan?
Marx selbst hat sich dazu nicht eindeutig geäußert. In dem Brief an Kugelmann vom 28.12.1862, in dem er zum ersten Mal das *Kapital* als selbständiges Werk ankündigte, bezieht er sich noch auf den Plan von 1858/59 und charakterisiert den inhaltlichen Umfang des geplanten Werkes folgendermaßen:

„Es umfaßt in der Tat nur, was das dritte Kapitel der ersten Abteilung bilden sollte, nämlich 'Das Kapital im Allgemeinen'. Es ist also nicht darin eingeschlossen die Konkurrenz der Kapitalien und das Kreditwesen. Was der Engländer 'the principles of political economy' nennt, ist in diesem Band enthalten. Es ist die Quintessenz (zusammen mit dem ersten Teil [*Zur Kritik*, M.H.]) und die Entwicklung des Folgenden (mit Ausnahme etwa des Verhältnisses der verschiedenen Staatsformen zu den verschiednen ökonomischen Strukturen der Gesellschaft) würde auch von andern auf Grundlage des Gelieferten leicht auszuführen sein." (30/639)

Damit ist zumindest für den Dezember 1862 klar, daß Marx nur einen kleinen Teil seines 6-Bücher Plans im *Kapital* realisieren wollte: den in *Zur Kritik* noch fehlenden Rest des ersten Abschnitts des ersten Buches. In den folgenden Jahren ist bei Marx aber weder vom 6-Bücher Plan die Rede noch vom „Kapital im Allgemeinen" – dieser zwischen 1857 und 1863 zentrale Begriff wird von Marx nach 1863 weder in Manuskripten noch im Briefwechsel jemals wieder benutzt. Dafür finden sich in den drei Bänden des *Kapital* sowohl

29) Es ist zu beachten, daß das „Kapital im Allgemeinen" doppelt auftaucht: als Titel des ersten Abschnitts und als Punkt 3 (oder drittes Kapitel) dieses Abschnitts.

wichtige Themen, die man in den Büchern über Lohnarbeit und Grundeigentum vermutet hätte (wie die Darstellung der Lohnform oder der Grenzen des Arbeitstages im ersten und die Untersuchung der Grundrente im dritten Band), als auch Themen, welche die übrigen Abschnitte des Buches vom Kapital betreffen nämlich die Konkurrenz der Kapitalien, den Kredit und das Aktienkapital (im dritten Band). Daher ist es nicht völlig unplausibel, daß Marx in den drei *Kapital*-Bänden letzten Endes doch nicht nur den Abschnitt über das „Kapital im Allgemeinen", sondern den Stoff der drei ersten Bücher über Kapital, Grundeigentum und Lohnarbeit abhandelt. Andrerseits ist aber auch im *Kapital* noch immer von speziellen Untersuchungen über Lohnarbeit, Grundeigentum und Konkurrenz die Rede, die eventuell noch folgen sollen. Der völlige Verzicht auf den Begriff des „Kapital im Allgemeinen" könnte aber auch ein Hinweis darauf sein, daß sich der gesamte Aufbauplan geändert hat, so daß die drei *Kapital*-Bände nicht mehr vor dem Hintergrund des ursprünglichen Planes von 1858/59 interpretiert werden können.[30]

Um dieses Planänderungsproblem diskutieren zu können, ist es zunächst erforderlich, das Konzept des „Kapital im Allgemeinen" genauer zu betrachten. Vor allem durch Roman Rosdolskys 1968 erschienenen Kommentar zu den *Grundrissen* wurde die Unterscheidung zwischen „Kapital im Allgemeinen" und „Konkurrenz" in der deutschen und nach der englischen Übersetzung auch in der angelsächsischen Diskussion enorm einflußreich. Obwohl der Begriff des „Kapital im Allgemeinen" im *Kapital* überhaupt nicht verkommt, wurde er in der Folge geradezu als Generalschlüssel zum Verständnis von dessen Architektonik angesehen.

Mit der Unterscheidung zwischen dem „Kapital im Allgemeinen" und der „Konkurrenz der vielen Kapitalien" reflektiert Marx eine bestimmte Einsicht in den Strukturzusammenhang der bürgerlichen Gesellschaft. Das Neue dieser Einsicht wird deutlich, wenn man sie mit Marx' ökonomischen Analysen der vierziger Jahre vergleicht. Diese waren vor allem an Marktprozessen orientiert, wobei Marx in der Konkurrenz den entscheidenden Mechanismus zur Erklärung der verschiedensten Phänomene sah. So führt er in *Lohnarbeit und Kapital* (1849) die Bewegung des Lohns ebenso wie die Entwicklung der Produktivkräfte auf die Konkurrenz zurück. In den *Grundrissen* zeigt sich dagegen eine völlig neue Auffassung von der Konkurrenz. Dort heißt es:

> „Die Concurrenz überhaupt, dieser wesentliche Lokomotor der bürgerlichen Oekonomie, etablirt nicht ihre Gesetze, sondern ist deren Executor. Illimited competition ist darum nicht die Voraussetzung für die Wahrheit der ökonomischen Gesetze, sondern die Folge – die Erscheinungsform, worin sich ihre Nothwendigkeit realisirt." (II.1.2/448; Gr 450)

---

30) Vergl. zur Diskussion dieses „Planänderungsproblem" u.a.: Wygodski (1967 und 1976), Rosdolsky (1968, Bd.1), Schwarz (1974, 1978), Müller (1978), Jahn/Nietzold (1978), Ternowski/ Tschepurenko (1987); Jahn (1992). Meine eigene Position findet sich in Heinrich (1986). Eine Übersetzung dieses Aufsatzes, die 1989 in *Capital & Class* erschien, löste dort eine heftige Diskussion aus, vergl. die Repliken von Burkett (1991) und Moseley (1995).

Während Ricardo unbeschränkte Konkurrenz einfach *unterstellt*, um die Gesetze des Kapitals zu erforschen, sie bei ihm als bloße Hypothese des Theoretikers, „äußerlich und willkürlich, nicht als selbst Entwicklungen des Capitals, sondern als gedachte Voraussetzungen des Capitals“ (II.1.1/455; Gr 454) auftritt, stellt Marx hier die Aufgabe, die Konkurrenz selbst als Erscheinungsform der Gesetze des Kapitals zu *begründen*. Mit dieser Kritik trifft Marx den Kern der bürgerlich-liberalen Moralphilosophie und politischen Ökonomie, wie er in Mandevilles Bienenfabel und Smiths „invisible hand“ seinen klassischen Ausdruck fand. Bereits zu Beginn der *Grundrisse* bemerkte Marx dazu:

„Die Oekonomen drücken das so aus: Jeder verfolgt sein Privatinteresse und nur sein Privatinteresse; und dient dadurch ohne es zu wollen und zu wissen, den Privatinteressen aller, den allgemeinen Interessen. Der Witz besteht nicht darin, daß indem jeder sein Privatinteresse verfolgt, die Gesammtheit der Privatinteressen, also das allgemeine Interesse erreicht wird. (...) Die Pointe liegt vielmehr darin, daß das Privatinteresse selbst schon ein gesellschaftlich bestimmtes Interesse ist und nur innerhalb der von der Gesellschaft gesezten Bedingungen und mit den von ihr gegebnen Mitteln erreicht werden kann, also an die Reproduction dieser Bedingungen und Mittel gebunden ist. Es ist das Interesse der Privaten; aber dessen Inhalt, wie Form und Mittel der Verwirklichung durch von allen unabhängige gesellschaftliche Bedingungen gegeben.“ (II.1.1/89; Gr 74)

Mit anderen Worten: Das bürgerliche Allgemeininteresse stellt sich nicht erst wunderbarerweise als Resultat der Verfolgung der Privatinteressen her, sondern es ist bereits von vornherein im Akt dieser Verfolgung präsent, insofern es bereits die Privatinteressen bestimmt, aus deren Interaktion es dann hervorgeht. Es ist dies nur ein anderer Ausdruck der Kritik am Individualismus des theoretischen Feldes der politischen Ökonomie (vergl. oben das erste Kapitel): es sind nicht einfach die Individuen, die die Gesellschaft konstituieren, es sind vielmehr gesellschaftliche Strukturen, die den Individuen bestimmte Plätze ermöglichen, von denen aus sie dann ihre „Konstitutionsleistungen“ erbringen können. Überträgt man diese Einsicht auf die Konkurrenz, dann folgt:

„Begrifflich ist die *Concurrenz* nichts als die *innre Natur des Capitals*, seine wesentliche Bestimmung, erscheinend und realisirt als Wechselwirkung der vielen Capitalien auf einander, die innre Tendenz als äusserliche Nothwendigkeit.“ (II.1.2/326, Gr 317)

Ganz explizit wendet sich Marx jetzt gegen eine Erklärung allgemeiner Gesetze aus der Konkurrenz:

„Die Concurrenz exequiert die inneren Gesetze des Capitals; macht sie zu Zwangsgesetzen dem einzelnen Capital gegenüber, aber sie erfindet sie nicht. Sie realisirt sie. Sie daher einfach aus der Concurrenz erklären zu wollen, heißt zugeben, daß man sie nicht versteht.“ (II.1.2/625; Gr 638)

Mit der Erkenntnis, daß sich in der wirklichen Bewegung der einzelnen Kapitale, die Gesetze der inneren Natur des Kapitals bloß realisieren, ist Marx ein qualitativer Durchbruch durch seine marktorientierten Analysen der vierziger Jahre gelungen. Sein Hauptproblem besteht nun darin, diese neue Einsicht in adäquaten Kategorien zu erfassen. Wie im folgenden noch deutlich werden wird, ist die Unterscheidung zwischen dem „Kapital im Allgemeinen“ und der „Konkurrenz der vielen Kapitalien“ keineswegs mit dieser neuen, für die Kritik der politischen Ökonomie zentralen Erkenntnis identisch, sie ist vielmehr der *erste* Versuch diese Erkenntnis *kategorial* zu fixieren.

Obwohl in der Literatur zum *Kapital* seit den späten 60er extensiv mit dieser Unterscheidung operiert wurde, vermißt man eine präzise Analyse dieser Begriffe. So bestimmt Rosdolsky (1968, S.63) den Inhalt des „Kapital im Allgemeinen" als die Gesamtheit derjenigen Eigenschaften, die allen einzelnen Kapitalien gemeinsam sind, und als allen Kapitalien gemeinsame Eigenschaft begreift Rosdolsky die Verwertung. Diese erfordere zunächst die Analyse des unmittelbaren Produktionsprozesses, um die Produktion des Mehrwerts zu erklären, und anschließend die des Zirkulationsprozesses, als notwendiger Ergänzung des Produktionsprozesses. Aufgrund des Zirkulationsprozesses scheint der Mehrwert nicht mehr nur durch die im unmittelbaren Produktionsprozeß angeeignete Surplusarbeit sondern auch durch die Zirkulationszeit bestimmt zu sein. Wird der Mehrwert nun am vorgeschossenen Gesamtkapital gemessen, nimmt er die verwandelte Form des Profits an, mit dem Rosdolsky den Abschnitt vom „Kapital im Allgemeinen" enden läßt. Die Bildung der allgemeinen Profitrate könne nicht mehr dargestellt werden, da sie die Konkurrenz voraussetze, von der aber abstrahiert werden soll (ebd., 1968, S.65-67).

Zwar ist es richtig, daß Marx die Behandlung der Durchschnittsprofitrate mehrfach explizit aus der Darstellung des „Kapitals im Allgemeinen" ausschließt, doch wird gerade daran deutlich, daß sich das „Kapital im Allgemeinen" nicht auf einen nominalistisch verstandenen Gattungsbegriff reduziert. Würde das „Kapital im Allgemeinen" tatsächlich nur die allen einzelnen Kapitalien gemeinsamen Bestimmungen umfassen, wie Rosdolsky meint, dann würde dazu auch der Durchschnittsprofit zählen. Darüberhinaus stimmt Rosdolskys Bestimmung des inhaltlichen Umfangs des „Kapital im Allgemeinen" nicht mit dem von Marx geplanten Abschnitt überein: wie aus den verschiedenen Marxschen Planentwürfen, die auch von Rosdolsky wiedergegeben werden, ersichtlich ist, wollte Marx das „Kapital im Allgemeinen" nicht mit dem einfachen Profit, sondern mit dem Zins enden lassen, für den Rosdolsky in seiner Auffassung des „Kapital im Allgemeinen" anscheinend keinen rechten Platz finden kann.

Versuchen wir nun die begriffliche Konzeption, die sich in der Unterscheidung zwischen dem „Kapital im Allgemeinen" und der „Konkurrenz" ausdrückt, näher zu bestimmen. In den *Grundrissen* verwendet Marx den Begriff „Kapital im Allgemeinen" zum ersten Mal bei der Analyse des Produktionsprozesses. Nachdem er auf die Kapitalbegriffe der bürgerlichen Ökonomen eingegangen ist, schreibt er zusammenfassend über den Anspruch, den er an seine eigene Darstellung stellt:

„Das Capital, soweit wir es hier betrachten, als zu unterscheidendes Verhältniß von Werth und Geld ist das Capital im Allgemeinen, d.h. der Inbegriff der Bestimmungen, die den Werth als Capital von sich als blossem Werth oder Geld unterscheiden." (II.1.1/229 Gr 217)

Das „Kapital im Allgemeinen" soll also alle diejenigen Bestimmungen umfassen, die zum Wert hinzukommen müssen, damit er zu Kapital wird, es sind Bestimmungen, „die den Werth überhaupt zu Capital machen" (II.1.2/545; Gr 554) und die *erst aus diesem Grund* auch jedem einzelnen Kapital zukommen. Allerdings wird bei der Darstellung des „Kapital im Allgemeinen" nicht nur von der Existenz der *vielen Kapitalien* abstrahiert, auch das *einzelne Kapital* ist nicht Gegenstand der Darstellung. Marx fährt fort:

„Aber wir haben es hier weder noch mit einer besonderen Form des Capitals zu thun, noch mit dem einzelnen Capital als unterschieden von andren einzelnen Capitalien etc. Wir wohnen seinem Entstehungsprozeß bei. Dieser dialektische Enstehungsprocess ist nur der ideale Ausdruck der wirklichen Bewegung, worin das Capital wird." (II.1.1/229 Gr 217)

Diese „wirkliche Bewegung, worin das Capital wird", die durch den „dialektischen Entstehungsprozeß" ausgedrückt werden soll, ist nicht etwa die historische Herausbildung des Kapitals, sondern der Prozeß, durch welchen sich eine bloße Wertsumme in Kapital verwandelt. Das „Kapital im Allgemeinen" als gedankliche Reproduktion der inneren Natur des Kapitals, als dialektische Entwicklung seiner Bestimmungen (in der im zweiten Abschnitt dieses Kapitels erläuterten Bedeutung), ist daher etwas ganz anderes als nur Darstellung der den einzelnen Kapitalien gemeinsamen Eigenschaften.
Was in der Konkurrenz erscheint, soll auf der abstrakten Ebene des „Kapital im Allgemeinen" entwickelt werden und daher sieht sich Marx gezwungen bei dieser Entwicklung von der Konkurrenz zu abstrahieren. Hier ist nun entscheidend wichtig, was Marx alles zur „Konkurrenz der vielen Kapitalien" zählt. Er faßt darunter nämlich nicht nur die wirkliche Bewegung der einzelnen Kapitale sondern überhaupt *jedes Verhältnis, bei dem es um viele Kapitalien geht*, gleichgültig auf welcher Abstraktionsstufe. So heißt es an einer Stelle in den *Grundrissen* (nachdem Marx gerade auf Probleme des Zirkulationsprozesses gestoßen war) kategorisch:

„Da wir hier von *dem* Capital, dem werdenden Capital sprechen, haben wir ausserhalb desselben noch nichts – indem die vielen Capitalien noch nicht für uns vorhanden sind..." (II.1.2/605, Gr 617)

Die Bestimmungen des „Kapital im Allgemeinen" in Abstraktion von der Konkurrenz darzustellen, impliziert aufgrund des extensiven Verständnisses, das Marx von „Konkurrenz" hatte, eine beträchtliche Einschränkung des inhaltlichen Umfangs des „Kapital im Allgemeinen". Andererseits, und dies wurde in der Diskussion meistens übersehen, ist auch ein bestimmter Inhalt, der unbedingt dargestellt werden muß, vorgegeben. Innerhalb des Abschnitts vom „Kapital im Allgemeinen" muß das Kapital nämlich „fertig" bestimmt sein. *Alle Bestimmungen*, die in der Konkurrenz bloß erscheinen und sich geltend machen, müssen ohne Bezug auf die Konkurrenz entwickelt werden. Somit stellt Marx an den Abschnitt vom „Kapital im Allgemeinen" zwei verschiedene Anforderungen:

– einerseits soll dessen Inhalt auf einer bestimmten *Abstraktionsstufe*, der Abstraktion von der Konkurrenz (die sowohl die wirkliche Bewegung als auch alle Verhältnisse der vielen Kapitalien einschließt) dargestellt werden;
– andererseits soll die Darstellung einen *bestimmten inhaltlichen Umfang* haben, sie soll *alle* Bestimmungen umfassen, die in der Konkurrenz sichtbar werden.

4. Die Auflösung des „Kapital im Allgemeinen"

Die beiden gerade genannten Anforderungen an den Abschnitt vom „Kapital im Allgemeinen" gleichzeitig zu erfüllen, erwies sich in der Folge als ein unlösbares Problem. Erste Schwierigkeiten zeigten sich bereits in den *Grundrissen*. Bei der Darstellung des Zirkulationsprozesses des Kapitals, stieß Marx auf das Problem, daß die stofflichen Elemente des Kapitals sowie die Lebensmittel reproduziert werden müssen, die gleichzeitige Reproduktion aber nur durch die Betrachtung des Austausches zwischen verschiedenen Kapitalien darzustellen ist. Es zeigt sich also, daß die *immanenten* Bestimmungen des Zirkulationsprozesses die Darstellung *unterschiedener* Kapitale erforderlich machen, was aber wegen der Abstraktionsstufe auf der das „Kapital im Allgemeinen" abgehandelt werden soll, nicht möglich ist. Marx blieb nichts als die kategorische Versicherung: „Hier kann immer noch die Form angenommen werden, daß Ein Capital arbeitet, weil wir *das* Capital als solches betrachten..." (II.1.2/602; Gr 613f).
Ein anderes Problem zeigte sich beim Gesetz vom tendenziellen Fall der Profitrate. Liegt tatsächlich ein allgemeines Gesetz vor, so muß es *vor* der Konkurrenz, also im Abschnitt vom „Kapital im Allgemeinen" dargestellt werden. Andererseits ist sich Marx darüber im Klaren, daß es die Durchschnittsprofitrate ist, die fällt (II.1.2/ 625; Gr 637). Die Durchschnittsprofitrate soll aber erst im Abschnitt von der Konkurrenz (und das würde bedeuten nach dem Gesetz ihres Falls) behandelt werden.
Schließlich zeigte sich Marx' Unsicherheit auch in der Bemerkung, daß das „Kapital im Allgemeinen" nicht nur eine Abstraktion sei, die die differentia specifica des Kapitals erfasse, sondern selbst eine „reelle Existenz" besitze, was von den bürgerlichen Ökonomen in ihrer „Lehre von den Ausgleichungen" anerkannt worden sei (II.1.2/359; Gr 353). Was Marx allerdings genau unter dieser reellen Existenz versteht, hat er nirgendwo präzise erklärt, ja er verwendet den Begriff sogar nur an dieser einen Stelle.[31]
Das Manuskript von 1861-63 weist gegenüber den *Grundrissen* eine ganze Reihe von konzeptionellen Veränderungen auf, die einen fortgeschritteneren Stand der Marxschen Analyse widerspiegeln. So wird hier zum ersten Mal sy-

31) Daher ist es wenig überzeugend, diesen Begriff wie bei PEM (1975), PEM (1978) und Bischoff/Otto (1984) zu einem Angelpunkt der Interpretation zu machen.

stematisch die Steigerung der Produktivkräfte als Methode zur Produktion des relativen Mehrwerts behandelt. Weiter wurden in den Abschnitt über den Produktionsprozeß des Kapitals auch Themen einbezogen, die in den *Grundrissen* noch in das Buch von der Lohnarbeit verwiesen wurden, wie die Verlängerung der Arbeitszeit oder Frauen- und Kinderarbeit (II.3.1/158ff, 303ff). Diese Einbeziehung erfolgte keineswegs willkürlich, sondern entsprang der Einsicht, daß es sich hierbei um dem Kapital immanente Tendenzen handelt. Damit deutet sich auch schon die spätere Aufhebung der in drei Büchern geplanten, separierten Darstellung der Lebensbedingungen der drei großen Klassen an. Interessant ist auch, daß Marx jetzt die Akkumulation mit in die Darstellung des Produktionsprozesses aufnimmt. In den *Grundrissen* schloß er sie davon mit der Begründung aus, dies würde die Betrachtung der vielen Kapitalien erfordern (II.1.1/237, Gr 226). Dort verstand er unter Akkumulation immer schon die Verwandlung von *Profit* in Kapital als Prozeß eines einzelnen Kapitals. Was er jetzt mit in die Darstellung aufnimmt, ist die Verwandlung von *Mehrwert* in Kapital.

Während diese Veränderungen mit dem Konzept vom „Kapital im Allgemeinen" nicht grundsätzlich in Konflikt geraten, erfolgen aber noch zwei weitere Veränderungen, in denen sich eine Sprengung des „Kapital im Allgemeinen" vollzieht: die Darstellung von Reproduktion und Zirkulation des gesellschaftlichen Gesamtkapitals sowie der Durchschnittsprofitrate.

Zur Betrachtung des gesellschaftlichen Gesamtkapitals wird Marx durch die Kritik am „Smithschen Dogma" veranlaßt. Adam Smith hatte behauptet, daß sich der gesamte Warenwert in Lohn und Profit (einschließlich Rente) auflösen läßt, da man auch den in den Warenwert eingehenden konstanten Kapitalteil auf Lohn und Profit reduzieren könne. Daraus resultierte dann die Smithsche Auffassung, daß sich der gesamte jährliche Produktenwert ebenfalls in Lohn und Profit (sowie Rente) auflöst. Dagegen hält Marx an der Unauflösbarkeit des konstanten Kapitalteils fest, steht dann aber vor dem Problem zu erklären, wie es möglich sein kann, daß mit den jährlichen Profiten und Löhnen die jährlich produzierten Waren gekauft werden, deren Wert sich nicht nur aus Profit und Lohn, sondern auch aus dem Wert des verbrauchten konstanten Kapitals zusammensetzt (vergl. II.3.2/398ff, 26.1/78ff).

In mehreren Anläufen gelingt es Marx schließlich, dieses Problem im wesentlichen zu lösen, indem er zwei Abteilungen des gesellschaftlichen Gesamtkapitals unterscheidet, eine Produktionsmittel produzierende und eine Konsumtionsmittel produzierende, und deren Austausch betrachtet. Aus verschiedenen Äußerungen von Marx (II.3.2/402, 436; 26.1/81, 117) geht zwar hervor, daß er diesen Punkt innerhalb des Zirkulationsprozesses des Kapitals, also im Abschnitt vom „Kapital im Allgemeinen" darstellen wollte. Allerdings verläßt er damit die dort vorgegebene Abstraktionsebene: nicht nur daß die Kategorie des gesellschaftlichen Gesamtkapitals nicht so recht zu der Trennung von

„Kapital im Allgemeinen" und „Konkurrenz" paßt und in den *Grundrissen* auch nicht systematisch verwendet wurde; die verschiedenen Abteilungen des gesellschaftlichen Gesamtkapitals sind „besondere Formen" des Kapitals und wurden als solche explizit aus der Darstellung des „Kapital im Allgemeinen" ausgeschlossen (vergl. II.1.1/229; Gr 217).

Zum zweiten Punkt, der Darstellung der Durchschnittsprofitrate, kommt Marx in den *Theorien über den Mehrwert* anläßlich der Frage, ob die Existenz einer „absoluten Rente"[32] mit dem Wertgesetz vereinbar ist. Marx beschäftigt sich hier in einer Abschweifung mit der Durchschnittsprofitrate und versucht deren Herausbildung durch eine doppelte Bewegung in der Konkurrenz der Kapitalien zu erklären: innerhalb derselben Produktionssphäre führt die Konkurrenz zur Herausbildung eines einheitlichen Marktwertes, zwischen den Produktionssphären überführt sie die Werte in „Durchschnittspreise" (die Marx erst im *Kapital* Produktionspreise nennt), die die Realisierung des Durchschnittsprofits ermöglichen (II.3.2/777, 851ff; 26.2/119f, 201ff). Marx ist damit in der Lage, die Möglichkeit einer absoluten Rente auf der Grundlage des Wertgesetzes zu erklären: steht der Wert der Bodenprodukte über dem „Durchschnittspreis", werden sie aber trotzdem zu ihrem Wert verkauft (weil die Bodenprodukte nicht in den Ausgleichsprozeß zur Durchschnittsprofitrate eingehen), so wird neben dem Durchschnittsprofit noch ein Extraprofit realisiert, den sich der Grundeigentümer als (absolute) Rente aneignet (II.3/692; 26.2/31). Marx entschließt sich nun, sowohl den Ausgleichsprozeß zur Durchschnittsprofitrate als auch die absolute Rente (und zwar als „Illustration" zu diesem Prozeß) in den Abschnitt vom „Kapital im Allgemeinen" aufzunehmen (vgl. II.3.2/907; 26.2/268 und den Brief an Engels vom 2.8.1862, 30/263). Eine explizite Begründung dafür gibt er zwar nicht, doch findet sich etwas später im Exkurs *Revenue and its sources* ein Hinweis dazu. Marx hält dort fest, daß der Zins, der ja schon in den *Grundrissen* den Abschluß der Darstellung des „Kapital im Allgemeinen" bilden sollte, begrifflich den Profit und zwar in Gestalt des Durchschnittsprofits voraussetze (II.3.4/1461; 26.3/455).

Im Abschnitt *Capital und Profit* zeigt sich dann deutlich, welche Schwierigkeiten Marx damit hat, die Durchschnittsprofitrate (und damit einen Teil der „Konkurrenz") innerhalb des „Kapital im Allgemeinen" darzustellen.[33] Dort will er zwar den Durchschnittsprofit behandeln, das „Concurrenzverhältniß" aber nur als „Illustration" hereinnehmen (II.3.5/1605). Etwas später heißt es dann wieder einschränkend:

32) D.h. einer Rente, die nicht wie die Differentialrente für die bessere Güte eines Bodens entrichtet wird, sondern die ausschließlich für die Benutzung des Bodens als solchen gezahlt wird.

33) Inzwischen scheint klar zu sein, daß der Abschnitt *Capital und Profit* entgegen der Anordnung und den Angaben in der MEGA noch vor den *Theorien über den Mehrwert* verfaßt wurde (vergl. Ohmura 1984, Müller/Focke 1984), für das hier diskutierte Problem ist dies aber unerheblich.

„Die nähere Betrachtung dieses Punktes gehört in das Capitel von der Concurrenz. Indeß muß hier doch das entscheidend Allgemeine beigebracht werden." (II.3.5/1623)

Das Allgemeine, das Marx darstellen will, ist das Beziehen des Mehrwerts auf das Gesamtkapital und zwar sowohl als Prozeß des einzelnen Kapitals als auch als Prozeß des gesellschaftlichen Gesamtkapitals (II.3.5/1629). Die Trennung zwischen „Kapital im Allgemeinen" und „Konkurrenz" versucht er dadurch aufrechtzuerhalten, daß er betont, die Konkurrenz sei doch nur die „agency", die die Berechnung des Durchschnittsprofits übernehme (II.3.5/1628). Aber nicht nur, daß der Durchschnittsprofit, von dem Marx inzwischen weiß, daß er zur Natur des Kapitals gehört, die Betrachtung der Konkurrenz zur Voraussetzung hat, stellt das Marxsche Konzept vom „Kapital im Allgemeinen" in Frage; auch die immer wichtiger werdende Unterscheidung zwischen dem *individuellen Kapital* und dem *gesellschaftlichem Gesamtkapital* paßt nicht in dieses Konzept, sondern unterminiert es. Marx reflektiert dieses Problem zwar nicht explizit, doch scheint ihm die Art seiner Darstellung durchaus Sorgen zu bereiten. So heißt es beim nächsten Punkt, der sich mit dem Gesetz vom tendenziellen Fall der Profitrate befaßt, geradezu erleichtert:

„Hier stehen wir also wieder auf festem Boden, wo ohne auf die Concurrenz der vielen Capitalien einzugehn, das allgemeine Gesetz direkt aus der bisher entwickelten allgemeinen Natur des Capitals abgeleitet werden kann." (II.3.5/1632)

In verschiedenen Planentwürfen fixierte Marx dann die beschriebenen Veränderungen, insbesondere die Darstellung der Durchschnittsprofitrate (II.3.5/1816f, 1861f; 26.1/389ff). Die Herausgeber der MEGA ziehen in ihrer Einleitung zum Manuskript von 1861-63 daraus die folgenden Schlüsse:

„Marx intensive Arbeit an diesem Manuskript kulminierte schließlich in einem neuen Planentwurf, den er im Januar 1863 im Heft XVIII skizzierte. Damit war im wesentlichen die Struktur des künftigen 'Kapital' gefunden. Durch die Einbeziehung der Lehre vom Durchschnittsprofit in die Darstellung wurde die früher beabsichtigte Trennung von Kapital im Allgemeinen und Konkurrenz aufgegeben, und der Ausdruck Kapital im Allgemeinen wurde von Marx künftig nicht mehr verwandt." (II. 3.1/12*)

Dies ist jedoch nur teilweise zutreffend. Zwar stellen die in den Planentwürfen vorgenommenen Veränderungen die alte Konzeption des „Kapital im Allgemeinen" in der Tat in Frage, doch wurde dies von Marx noch nicht erkannt. Er versuchte immer noch an dieser Konzeption festzuhalten: Nicht nur daß sich Marx zur Zeit der Anfertigung der Planentwürfe in dem weiter oben zitierten Brief an Kugelmann vom 28.12.1862 noch explizit auf die Unterscheidung zwischen „Kapital im Allgemeinen" und „Konkurrenz" bezog,[34] auch die von den Herausgebern aufgestellte Behauptung, Marx habe den Begriff „Kapital im Allgemeinen" nach den Planentwürfen nicht mehr benutzt, trifft nicht zu.

34) Inzwischen gehen auch die Bearbeiter der MEGA davon aus, daß die Planentwürfe nicht im Januar 1863 entstanden sind, was lange Zeit angenommen wurde, sondern bereits im Dezember 1862 (vergl. II.4.1/444) und dies wäre dann eindeutig *vor* dem Brief an Kugelmann.

Einmal taucht er auch danach noch auf (II.3.6/2099). Vor allem aber kann Marx die Trennung zwischen „Kapital im Allgemeinen" und „Konkurrenz" nicht einfach „aufgeben", wie die Herausgeber unterstellen. Sie war immerhin konstitutiv für die gesamte Darstellung. Wird sie wirklich aufgegeben (was auch tatsächlich geschieht, aber erst zu einem späteren Zeitpunkt), so muß ein neues Strukturkonzept an ihre Stelle treten. Ein solches hatte Marx im Manuskript von 1861-63 aber noch nicht entwickelt. Insofern hatte er bis zum Dezember 1862 zwar wesentliche *Inhalte* des künftigen *Kapital,* aber noch nicht dessen *Struktur* gefunden.

Mit der (notwendigen) Einbeziehung der Reproduktion des gesellschaftlichen Gesamtkapitals und der Durchschnittsprofitrate hat sich die alte Konzeption des „Kapital im Allgemeinen" *faktisch* aufgelöst: die beiden an sie gestellten Anforderungen, einen bestimmten Inhalt auf einer bestimmten Abstraktionsebene darzustellen, können nicht gleichzeitig erfüllt werden. Allerdings ist sich Marx darüber nicht vollständig im Klaren. Eine neue Struktur bildet sich erst allmählich heraus, wobei die Unterscheidung zwischen individuellem Kapital und gesellschaftlichem Gesamtkapital, die quer zur alten Konzeption liegt, immer wichtiger wird.

5. Die Struktur des *Kapital*

Über die Frage, in welchem Verhältnis der Aufbau des *Kapital* zu dem ursprünglichen Plan steht, insbesondere welche Bedeutung dem „Kapital im Allgemeinen" noch zukommt, gehen die Meinungen in der Literatur weit auseinander. Zwei grundsätzliche Positionen stehen sich gegenüber: zum einen wird behauptet, daß die Konzeption des „Kapital im Allgemeinen" auch dem Aufbau des *Kapital* zugrunde liegt, zum anderen wird davon ausgegangen, daß das Konzept des „Kapital im Allgemeinen" gesprengt worden sei.

Bereits Wygodski, der schon in den 60er Jahren die Entstehungsgeschichte des *Kapital* untersuchte, hatte argumentiert, daß die drei *Kapital*-Bände auf der Ebene des „Kapital im Allgemeinen" verbleiben würden, allerdings wären auch Inhalte eingearbeitet, die ursprünglich erst für spätere Abschnitte vorgesehen waren (Wygodski 1967, insbes. S.124; vgl. auch 1976, S.38).

Auch Rosdolsky sieht einen „Prozeß der fortschreitenden Einengung des ursprünglichen Plans, der aber zugleich eine Ausweitung seines verbleibenden Teiles entsprach", und zwar werde „die Absicht einer gesonderten Darstellung der Konkurrenz, des Kreditwesens und des Aktienkapitals fallen gelassen, dafür aber der vom 'Kapital im Allgemeinen' handelnde erste Abschnitt fortschreitend erweitert" (Rosdolsky 1968, S.24, S.26). Die Frage, ob eine „Erweiterung" des Abschnitts vom „Kapital im Allgemeinen" überhaupt möglich ist, ohne das zugrundeliegende Konzept zu zerstören, stellt Rosdolsky aller-

dings nicht. Diese Erweiterung soll nun folgendermaßen aussehen: „Wie der Rohentwurf, beschränken sich nämlich die Bände I und II des 'Kapital' bloß... auf die Betrachtung des 'Kapitals im Allgemeinen'... Der eigentliche methodologische Unterschied beginnt erst mit dem dritten Band." Dort werde die Schranke des Kapital im Allgemeinen „weit überschritten" (ebd., S.71f): „Hier wird also die frühere, prinzipielle Trennung zwischen der Analyse des 'Kapitals im Allgemeinen' und jener der 'Konkurrenz' fallengelassen" (ebd., S.36).
Für Rosdolsky erschöpft sich die Marxsche Planänderung darin, daß einzelne Themen in der Abfolge der Darstellung umgruppiert werden. Für die Notwendigkeit einer solchen Veränderung kann er aber keine konkreten Gründe angeben kann. Nur ganz pauschal heißt es, die strikte Entgegensetzung von „Kapital im Allgemeinen" und „Konkurrenz" sei ein vorläufiges „Arbeitsmodell" (ebd., S.74) gewesen, das später „als eine hindernde und überflüssige Beschränkung" (ebd., S. 76) fallen gelassen wurde, wobei er aber nicht ausführt, worin dieses Hinderliche bestanden habe. Da sich die Planänderung für Rosdolsky auf eine bloße Umstellung der Inhalte reduziert und er keine Änderung des strukturellen Konzeptes erkennt, kommt er zu dem Ergebnis:

> „Wir glauben also, in den Kategorien des 'Kapital im Allgemeinen' und der 'vielen Kapitalien' (das heißt der Konkurrenz) den Schlüssel nicht nur zum Verständnis des Rohentwurfs, sondern auch des späteren Werkes, das heißt des 'Kapital' gefunden zu haben" (ebd., S.74).

Mit dieser Auffassung hat Rosdolsky die Interpretation des *Kapital* maßgeblich beeinflußt.[35] Ihre zentrale Schwachstelle besteht darin, daß nicht deutlich gemacht werden kann, wie die behauptete „Erweiterung" des „Kapital im Allgemeinen" (oder die von einigen Autoren angenommene Überlagerung mit anderen Strukturprinzipien) überhaupt möglich sein soll, ohne die innere Logik dieses Konzepts zu zerstören.
Eine Reihe von Autoren haben auch den Schluß gezogen, daß sich die Konzeption des „Kapital im Allgemeinen" aufgelöst habe. Jahn/Nietzold (1978, S.169) sprechen sogar explizit von einer „Sprengung" dieses Konzepts, doch bleiben die *Begründungen* für diese Auflösung in der Regel auf einer nebulösallgemeinen Ebene. So heißt es bei Jahn/Nietzold, daß die „strenge Fassung des Begriffs 'Kapital im Allgemeinen' ... die systematische Einordnung der neuen Entdeckungen der Jahre 1861 bis 1863 in die logische Darstellung des Aufsteigens vom Abstrakten zum Konkreten erschwerte" (ebd., S.170). Worin diese „Erschwernis" bestand und warum diese „Einordnung" gerade da erfolgen mußte, wo sie das Konzept des „Kapital im Allgemeinen" in Frage stellte, bleibt aber dunkel. Mit ebenfalls recht schwammigen Erwägungen begründen

35) Vielfach drehte sich der Streit nur darum, welche Teile des *Kapital* noch unter den Abschnitt vom „Kapital im Allgemeinen" fallen und welche nicht und ob die Unterscheidung zwischen „Kapital im Allgemeinen" und „Konkurrenz" eventuell noch durch andere Einteilungskriterien überlagert wird. Die ausführlichste Untersuchung aus dieser Richtung stammt von Winfried Schwarz (1978).

Bader et al (1975, S.106) die Überwindung des „Kapital im Allgemeinen". Es sei nämlich, „der Struktur des Kapitals als eines sich produzierenden Subjekts nicht angemessen..., wenn Grundlage, Prinzip oder innere Natur einerseits und deren notwendige Äußerung, die Erscheinungen der Konkurrenz andererseits abstrakt auseinandergehalten werden." Auch die Herausgeber der MEGA sprechen in ihrer Einleitung zur Erstauflage des ersten Bandes des *Kapital* nur sehr unpräzise davon, daß Marx die „inhaltliche Enge" des „Kapital im Allgemeinen" gespürt und es daher nicht mehr zum „Hauptstrukturgesichtspunkt" (II.5/36*, 41*) gemacht habe, ohne jedoch anzugeben, was dann im *Kapital* der „Hauptstrukturgesichtspunkt" sei. In allen diesen Ansätzen wird nur das Faktum konstatiert, *daß* das Konzept des „Kapital im Allgemeinen" gesprengt wurde, es bleibt aber sowohl offen, warum es zur Sprengung des „Kapital im Allgemeinen" kommen *mußte* als auch *welches Strukturkonzept* an dessen Stelle getreten ist.

Bevor untersucht wird, welche Aufbauprinzipien an die Stelle des „Kapital im Allgemeinen" getreten sind, empfiehlt sich zunächst ein inhaltlicher Vergleich mit dem ursprünglichen 6-Bücher Plan. In dieser Hinsicht hatte bereits Rosdolsky strikt zwischen den ersten drei Büchern (Kapital, Grundrente, Lohnarbeit) und den letzten drei (Staat, Außenhandel, Weltmarkt) unterschieden. Es ist ihm zuzustimmen, daß der Inhalt der letzten drei Bücher von Marx im *Kapital* nicht behandelt wird, daß die drei Bände des *Kapital* aber weit mehr umfassen als das ursprünglich anvisierte „Buch vom Kapital"; sie enthalten auch wesentliche Inhalte der über Grundeigentum und Lohnarbeit vorgesehenen Bücher. Die von Marx im *Kapital* erwähnte „specielle Lehre von der Lohnarbeit" (II.5/449; 23/565) sowie die „selbstständige Behandlung des Grundeigenthums" (II.4.2/668; 25/628), die eventuell noch folgen sollen, sind Spezialuntersuchungen, die nicht mit den früher geplanten Untersuchungen zu vergleichen sind. Mit der Darstellung des Kampfes um die Grenzen des Arbeitstages, der Auswirkungen der Maschinerie auf die Arbeitsbedingungen, dem allgemeinen Gesetz der kapitalistischen Akkumulation und den Revenueformen Lohn und Rente, hat Marx die „ökonomischen Lebensbedingungen der drei ökonomischen Klassen" (II.2/99; 13/7), die den Gegenstand der ersten drei Bücher bilden sollten, in ihren Grundlagen abgehandelt. Da diese Lebensbedingungen so eng mit den Gesetzen des Kapitals zusammenhängen, war eine separierte Darstellung nicht mehr möglich. Als Gegenstand des *Kapital* bestimmt Marx daher im Vorwort zur Erstauflage die Untersuchung der „kapitalistischen Produktionsweise" bzw. das „ökonomische Bewegungsgesetz der modernen Gesellschaften" (II.5/12, 13f; 23/12, 15).

Hier ist nun wichtig festzuhalten, daß es Marx dabei weder um den Kapitalismus in einem bestimmten Land noch um den in einer bestimmten Epoche ging:

„An und für sich handelt es sich nicht um den höheren oder niedrigeren Entwicklungsgrad der gesellschaftlichen Antagonismen, welche aus den Naturgesetzen der kapitalistischen Produktion entspringen. Es handelt sich um *diese Gesetze selbst*…“ (II.5/12; 23/12).

Dies ist vor allem gegenüber stadientheoretischen Interpretationen zu betonen, die sowohl in der älteren Sozialdemokratie als auch im Rahmen des Marxismus-Leninismus vorherrschten. Dabei wird davon ausgegangen, Marx habe den Konkurrenzkapitalismus des 19. Jahrhunderts, Hilferding, Luxemburg, Lenin und andere hätten Finanzkapital und Monopolkapitalismus des 20. Jahrhunderts analysiert.[36]

Was die ursprünglich geplanten vier Abschnitte des Buches vom Kapital (Kapital im Allgemeinen, Konkurrenz, Kredit, Aktienkapital) angeht, so sind im *Kapital* wesentliche Inhalte dieser Abschnitte enthalten: den bloßen Ortswechsel der einzelnen Themen hat bereits Rosdolsky korrekt aufgelistet. Es hat sich aber die *Struktur der Darstellung* geändert, die jetzt nicht mehr der früheren Trennung in „Kapital im Allgemeinen“ und „Konkurrenz“ folgt. Dem trägt Marx formal damit Rechnung, daß er im *Kapital* den Begriff „Kapital im Allgemeinen“ weder als Gliederungspunkt noch an irgendeiner Stelle im Text verwendet.

Die Auflösung der alten Konzeption folgte nicht aufgrund von willkürlichen Erweiterungen oder allgemeinen methodologischen Erwägungen. Sie *mußte* vielmehr aufgegeben werden, weil sie sich als undurchführbar erwies: Das „Kapital im Allgemeinen“ wurde gesprengt, weil in Abstraktion von der Bewegung der vielen Kapitalien nicht alle Formbestimmungen, die zum Übergang von der „Allgemeinheit“ zur „wirklichen Bewegung“ notwendig gewesen wären, entwickelt werden konnten. Die doppelte Anforderung, die Marx an das „Kapital im Allgemeinen“ stellte, einen bestimmten Inhalt auf einer bestimmten Abstraktionsstufe zu behandeln, ließ sich nicht verwirklichen.

Sowohl beim Gesamtreproduktionsprozeß als auch beim Ausgleichsprozeß zur Durchschnittsprofitrate muß ein bestimmtes Verhältnis des *individuellen Kapitals* zum *gesellschaftlichem Gesamtkapital* betrachtet werden. Die Darstellung eines solchen Verhältnisses scheint aber auf einen Zirkel hinauszulau-

36) Indem dieser Punkt betont wird, geht es nicht darum stadientheoretische Betrachtungen gegen allgemeine Theorien auszuspielen, sondern deren theoretische Differenz (und das was bei Marx vorliegt – eben keine Stadientheorie) zu beachten. Die begrifflich vielleicht schärfste Unterscheidung nahm Kozo Uno vor, der zwischen der „reinen“ Theorie des Kapitalismus, die die Funktionsweise des Kapitalismus als solchen aufklären solle, einer Theorie der „Stadien“ kapitalistischer Entwicklung, die die historisch wechselnden ökonomischen Institutionen und Politikmuster zu berücksichtigen habe und schließlich der empirischen Untersuchung eines bestimmten kapitalistischen Systems in einem Land differenzierte (Uno 1964, S.XXIIf). An Marx kritisierte Uno, daß er sich über den Unterschied zwischen der reinen Theorie des Kapitalismus und dessen liberalem Entwicklungsstadium nicht klar gewesen sei, „he took it for granted that an increasingly purer form of capitalist society would emerge with the development of capitalism“ (ebd.). Vergl. zu Uno, der im deutschsprachigen Raum nur wenig bekannt ist, aber zu den bedeutendsten japanischen Marxisten zählte, MacLean (1980) und Sekine (1984). Eine wesentlich von Uno beeinflußte Darstellung der Marxschen Theorie lieferte Itoh (1988).

fen. Einerseits müssen die individuellen Kapitale, da sie das gesellschaftliche Gesamtkapital erst konstituieren, unabhängig und vor diesem betrachtet werden. Andererseits setzt aber das Gesamtkapital der Bewegung der individuellen Kapitale Schranken, so daß die Darstellung der Einzelkapitale die Darstellung des Gesamtkapitals voraussetzt.[37]

Diesem Problem trägt Marx im *Kapital* insofern Rechnung, als er sowohl das Einzelkapital als auch die Konstitution des gesellschaftlichen Gesamtkapitals nicht nur einmal, sondern mehrmals, auf unterschiedlichen Abstraktionsebenen betrachtet. D.h. weder das Einzelkapital noch das Gesamtkapital, das Marx zunächst zu seinem Gegenstand macht, sind die fertig bestimmten Phänomene, wie sie empirisch erscheinen.[38] An die Stelle der alten Konzeption von „Kapital im Allgemeinen" und „Konkurrenz" ist im „Kapital" die Betrachtung von *individuellem Kapital* und *Konstitution des gesellschaftlichen Gesamtkapitals* auf den drei aufeinander aufbauenden Darstellungsebenen des unmittelbaren Produktionsprozesses, des Zirkulationsprozesses und des Gesamtprozesses (Einheit von Produktion und Zirkulation) getreten. Diese Struktur wird nicht nur bei der Lektüre der drei *Kapital*-Bände deutlich, Marx selbst verweist auf sie, wenn auch nicht in der expliziten Weise, in der er sich früher mit der Unterscheidung zwischen „Kapital im Allgemeinen" und „Konkurrenz" beschäftigte.

Im ersten Band des *Kapital* wird zunächst das individuelle Kapital auf der Ebene des unmittelbaren Produktionsprozesses betrachtet.[39] Von der Interaktion mit anderen Kapitalien wird dabei abstrahiert. Es geht zunächst nur um die Produktion des Mehrwerts und des Kapitals selbst, die Akkumulation. Im 23. Kapitel beginnt dann die Untersuchung der Konstitution des gesellschaftlichen Gesamtkapitals. Auf der bis dahin erreichten Darstellungsstufe unterscheiden sich die individuellen Kapitale nur durch ihre Größe und organische Zusammensetzung, daher können auch nur diesbezügliche Aussagen über das Gesamtkapital gemacht werden. Dieses erscheint als bloß arithmetische Summe der Einzelkapitale.[40] Aber bereits auf dieser abstrakten Stufe wird sichtbar, wie sich die Bewegung des Gesamtkapitals auf die individuellen Kapitale auswirkt, so etwa in den ersten beiden Unterabschnitten des 23. Kapi-

---

37) Auf einer allgemeinen Ebene wurde ein solcher Zirkel bereits im zweiten Abschnitt dieses Kapitels bei der Diskussion „dialektischer Entwicklung" angesprochen.

38) Daher ist es auch nicht möglich, die Darstellung im *Kapital* auf die aus der Volkswirtschaftslehre bekannte Unterscheidung zwischen Mikro- und Makroökonomie zu beziehen, wie dies etwa Godelier (1966, S.174f) trotz aller Vorsicht tut.

39) Resümierend schreibt Marx über den ersten Band: „Womit wir es zu tun hatten, war der unmittelbare Produktionsprozeß selbst, *der auf jedem Punkt als Prozeß eines individuellen Kapitals sich darstellt*." (24/393, Herv. von mir)

40) „Jedes individuelle Kapital ist eine größere oder kleinere Koncentration von Produktionsmitteln mit entsprechendem Kommando über eine größere oder kleinere Arbeiterarmee. (...) Das Wachsthum des *gesellschaftlichen Kapitals* vollzieht sich im Wachsthum *vieler individueller Kapitale*." (II.5/503; 23/653, Herv. von mir).

tels, wo die Konsequenzen der Akkumulation bei gleichbleibender und bei steigender Kapitalzusammensetzung betrachtet werden.

Auf der nächsten Untersuchungsebene, dem im zweiten Band des *Kapital* dargestellten Zirkulationsprozeß des Kapitals, wird in den beiden ersten Abschnitten Kreislauf und Umschlag des individuellen Kapitals analysiert.[41] Die individuellen Kapitale existieren jetzt nicht mehr in einem bloßen Nebeneinander, so daß das (im dritten Abschnitt des zweiten Bandes behandelte) gesellschaftliche Gesamtkapital auch nicht mehr als bloße Summe der Einzelkapitale konstituiert wird. Auf der jetzt erreichten Abstraktionsstufe gilt:

„Die Kreisläufe der *individuellen Kapitale* verschlingen sich aber ineinander, setzen sich voraus und bedingen einander und bilden gerade in dieser Verschlingung die Bewegung des *gesellschaftlichen Gesamtkapitals*." (24/353f)

Das Gesamtkapital wird jetzt in seinem Reproduktionsprozeß betrachtet. Indem dieser eine bestimmte wert- und stoffmäßige Proportionierung erfordert, setzt er seinerseits der Bewegung der individuellen Kapitale Schranken.

Auch auf der Ebene des dritten Bandes, dem von der Einheit von Produktions- und Zirkulationsprozeß ausgehenden Gesamtprozesses der kapitalistischen Produktion, stellt Marx die Verwandlung von Mehrwert in Profit zunächst als Prozeß des individuellen Kapitals dar. Auf dieser Stufe konstituieren die Profit produzierenden Einzelkapitale das gesellschaftliche Gesamtkapital, indem sie eine allgemeine Profitrate herstellen. Der Prozeß, der dies leistet, ist nicht mehr bloß die Verschlingung ihrer Kreisläufe, sondern die „Konkurrenz", nicht im Sinne von vollkommenem Wettbewerb, sondern als spezifischer Mechanismus der Vergesellschaftung, also eines Prozesses, der die Einzelkapitale zu gleichartigen Bestandteilen des gesellschaftlichen Gesamtkapitals macht:

„Das Capital kommt sich in dieser Form selbst zum Bewußtsein als eine *gesellschaftliche Macht*, an der jeder Capitalist pro rata of his share in the total capital of the society, participates." (II.4.2/269; 25/ 205)

Die allgemeine Profitrate stellt sich zwar in der Konkurrenz der Einzelkapitale erst her, dem einzelnen Kapital tritt sie aber als fertige Voraussetzung gegenüber und bestimmt wiederum dessen Bewegung. Darüberhinaus bildet sie auch die Voraussetzung von weitergehenden Formbestimmungen wie dem Zins und der Grundrente.

Oben wurde gezeigt, daß sich die *Grundrisse* durch die Erkenntnis des Unterschieds zwischen den immanenten Gesetzen des Kapitals und ihrer Durchsetzung in der wirklichen Bewegung der vielen Kapitalien grundlegend von Marx' ökonomischen Analysen der vierziger Jahre unterscheiden. Dieser neuen Einsicht versuchte Marx zunächst durch die Trennung zwischen dem „Kapital im Allgemeinen" und der „Konkurrenz" gerecht zu werden. Mit der

---

41) Über die Darstellung im zweiten Band schreibt Marx: „Es handelte sich aber im ersten wie im zweiten Abschnitt immer nur um ein *individuelles Kapital*, um die Bewegung eines verselbständigten Teils des gesellschaftlichen Kapitals." (24/353, Herv. von mir)

Auflösung dieses Konzeptes im *Kapital* geht jene Einsicht aber keineswegs verloren. In die alte Konzeption ging eine ganz bestimmte Vorstellung dessen ein, was unter der „wirklichen Bewegung" der Kapitalien, die bei der „Konkurrenz" dargestellt werden sollte, zu verstehen sei: *sämtliche* Verhältnisse, die es mit vielen Kapitalien zu tun haben, gleichgültig auf welchem Abstraktionsniveau. Die Darstellung der immanenten Gesetze des Kapitals sollte daher in Abstraktion von allen Verhältnissen stattfinden, welche die vielen Kapitalien betreffen. Nun hat Marx einerseits erkannt, daß eine Darstellung der immanenten Gesetze unter *dieser* Einschränkung nicht möglich ist. Dies bedeutet andererseits, daß die „wirkliche Bewegung der Konkurrenz", in welcher die Gesetze des Kapitals bloß exekutiert werden, auch nicht mit der Bewegung der vielen Kapitalien identisch ist, sondern nur einen Teil davon bildet. Und *dieser Teil* bleibt auch in der Darstellung des *Kapital* ausgespart:

„In der Darstellung der *Versachlichung der Productionsverhältnisse* und ihrer *Verselbstständigung* gegen die Productionsagenten selbst gehn wir nicht ein auf die Art und Weise, wie die Zusammenhänge durch den Weltmarkt, seine Conjuncturen, die Bewegung der Marktpreisse, die Perioden des Credits, Cyklen der Industrie und des Handels, die verschiednen Epochen von Prosperity, Crise etc ihnen als *übermächtige*, sie willenlos beherrschende *Naturgesetze* und *blinde Nothwendigkeit* erscheinen und sich als solche ihnen gegenüber geltend machen. Deswegen nicht, weil die wirkliche Bewegung der Konkurrenz etc ausserhalb unsres Plans liegt und wir nur die innere Organisation der capitalistischen Productionsweise, so zu sagen in ihrem idealen Durchschnitt darzustellen haben." (II.4.2/853; 25/839, vergl. auch II.4.2/178; 25/120)

Die „wirkliche Bewegung der Konkurrenz" wird nach wie vor in eine eigene „Abhandlung 'Ueber die Concurrenz'" verwiesen (II.4.2/270; 25/207).

Auch nachdem die Struktur des *Kapital* einigermaßen geklärt ist, gibt es immer noch vor allem im dritten Band erhebliche Probleme: sowohl bei den im Anschluß an das Gesetz vom tendenziellen Fall der Profitrate angestellten Überlegungen zur Krisentheorie als auch bei der Analyse des Kredits, die auf die Behandlung des zinstragenden Kapitals folgt, ist nicht immer klar, ob Marx die Grenze zur „wirklichen Bewegung der Konkurrenz" nicht doch überschritten hat, bzw. wo in dem fragmentarischen Manuskript Darstellung in Forschung umschlägt. Zumindest die Marxschen Intentionen sind hier nach der Veröffentlichung des Originalmanuskriptes deutlicher zu Tage getreten, als in der von Engels redigierten Edition, da Engels einigen methodischen Bemerkungen von Marx ihre Schärfe genommen hat (ich werde im siebten und achten Kapitel darauf zurückkommen). Bei solchen Problemen geht es nicht nur um Fragen der Textinterpretation, sondern darum, auf welcher Abstraktionsebene Kredit und Krise überhaupt behandelt werden können; ob eine Darstellung auf der allgemeinen Ebene des *Kapital* möglich ist oder ob sich Kredit und Krise einer solchen Behandlung entziehen, da historisch veränderliche institutionelle Bedingungen relevant werden, die außerhalb der Abstraktionsebene des *Kapital* liegen.

Sechstes Kapitel
Die monetäre Werttheorie

In der Arbeiterbewegung vor dem ersten Weltkrieg galt Marx als der große sozialistische Ökonom, der einerseits die Ausbeutung des Arbeiters unter kapitalistischen Verhältnissen aufgezeigt und der andererseits die historischen Tendenzen des Kapitalismus – Entfaltung der Produktivkräfte, Konzentration des Reichtums auf seiten des Kapitals, Krisen – analysiert und das künftige Ende der kapitalistischen Produktionsweise sowie den Übergang in eine höhere Form der gesellschaftlichen Organisation nachgewiesen hatte. Dieses „klassische Bild" von Marx beherrschte in den 20er Jahren auch noch die verschiedenen Flügel der nun gespaltenen Arbeiterbewegung, allerdings erfolgte auf beiden Flügeln eine gewichtige Umwertung der Leistungen von Marx. Auf sozialdemokratischer Seite setzte sich immer mehr die Ansicht durch, daß sich Marx in vielen seiner Vorhersagen (bzw. in dem, was dafür gehalten wurde) geirrt habe und daß es sehr wohl möglich sei, den Kapitalismus zu reformieren und sozialer zu gestalten. In den 50er und 60er Jahren vollzogen die meisten sozialistischen und sozialdemokratischen Parteien auch ganz explizit die Abkehr vom Marxismus. Eine keynesianische Wirtschaftspolitik und der Ausbau des Sozialstaats (also die Sicherung der Existenz der Lohnarbeiter innerhalb der kapitalistischen Verhältnisse) bildeten das Ziel ihrer Politik. Auf der kommunistischen Seite wurde zwar dogmatisch am „klassischen Bild" von Marx festgehalten, allerdings geschah auch hier seit den 20er Jahren eine Umwertung, indem man Lenin, als denjenigen, der die historischen Tendenzen von Imperialismus und Monopolkapitalismus analysiert habe, Marx zur Seite stellte. Aus einer Amalgamierung des „klassischen" Marx-Bildes mit einem „Leninismus", der Lenins zumeist aktuell politisch begründete Analysen und Konzepte in letzte Wahrheiten verwandelte, wurde dann ab den 30er Jahren ein wissenschaftlich weitgehend steriler „Marxismus-Leninismus" konstruiert, der vor allem als Legitimationsideologie der in der Sowjetunion herrschenden Partei- und Staatsbürokratie diente.

Für unseren Zusammenhang ist zunächst wichtig, daß hinter dem klassischen, die verschiedenen Flügel der Arbeiterbewegung beherrschenden Bild vom großen Ökonomen Marx, der Kritiker der Ökonomie weitgehend verschwand. Zwar wurde gesehen, daß Marx einzelne Theorien kritisierte, es wurde aber nicht wahrgenommen, daß er das *gesamte* theoretische Feld der politischen Ökonomie einer Kritik unterzog. Der mit dem Untertitel des *Kapital* verbundene Anspruch eine Wissenschaft als Ganzes zu *kritisieren* (sich also gerade nicht innerhalb dieser Wissenschaft als deren bester Vertreter zu etablieren), lag außerhalb des Blickfeldes.[1] In den Debatten, die sich vor dem Hintergrund eines solchen Verständnisses abspielten, gingen alle Seiten von einem weitgehend reduzierten Marx aus.

Die erkenntniskritische Seite der Kritik der politischen Ökonomie wurde erst wieder in den 60er und 70er Jahren thematisiert, als im Gefolge der Studentenbewegung auch eine erneute Rezeption des Marxismus einsetzte, die sich vom dogmatischen „Marxismus-Leninismus" abgrenzte und von vornherein stark philosophisch und methodologisch orientiert war. Bedeutete dies einerseits einen erheblichen Fortschritt, zeigte sich andererseits aber zum Teil die sozusagen umgekehrte Tendenz wie beim klassischen Marx-Bild: hinter dem Kritiker der Ökonomie geriet aus dem Blick, daß Marx durchaus auch ökonomisch Relevantes aussagen wollte, daß er Probleme, an denen Smith und Ricardo gescheitert waren, lösen wollte – wenn auch nicht auf dem theoretischen Feld von Smith und Ricardo.

Zum Teil schon in den *Grundrissen*, aber vor allem in den *Theorien über den Mehrwert*, gelangte Marx zu der Auffassung, daß die klassische politische Ökonomie an drei zentralen Problemen gescheitert sei:

1. Sie habe den Zusammenhang von Wert und Geld nicht begriffen. Dies gelte auch für die Ökonomen, die einen arbeitswerttheoretischen Ansatz verfolgten. Ihnen billigte Marx zu, zwar den Inhalt des Werts nicht aber die Wertform und daher erst recht nicht die Geldform begriffen zu haben.
2. Der Austausch zwischen Kapital und Arbeit habe nicht auf der Grundlage des Äquivalententausches erklärt werden können.
3. Es werde nicht zwischen Wert und Produktionspreis unterschieden, eine Vermittlung des durch die Arbeitszeit bestimmten Werts mit der Existenz des Durchschnittsprofits sei nicht gelungen.

Daß die klassische politische Ökonomie diese fundamentalen Probleme nicht bewältigen konnte, betrachtete Marx nicht als ein bloß kontingentes Phänomen. Er glaubte nicht, daß es sich um Unzulänglichkeiten handelte, die vielleicht in der weiteren Entwicklung der politischen Ökonomie beseitigt werden könnten. Für ihn waren diese ungelösten Probleme Ausdruck fundamentaler Defizite der Kategorien der politischen Ökonomie. Mit der Kritik der Kategorien wollte Marx *auch* diese drei für das Verständnis des Kapitalismus grundlegenden Probleme lösen: Die Kritik der politischen Ökonomie sollte nicht allein kategoriale Kritik sein, sondern zugleich positives Wissen über die kapitalistische Ökonomie liefern. Im Vorwort zur Erstauflage des *Kapital* beanspruchte Marx daher – sogar als „Endzweck" seines Werkes –, „das ökonomische Bewegungsgesetz der modernen Gesellschaften zu enthüllen" (II.5/13f;

1) Marx' *Kritik der politischen Ökonomie* verwandelte sich so in eine *Politische Ökonomie des Kapitalismus*, der dann auch noch, ausgehend von verstreuten Äußerungen von Marx und Engels eine *Politische Ökonomie des Sozialismus* zur Seite gestellt wurde.

23/15f). Bei dem gleichzeitigen Unternehmen von Kritik an den kategorialen Voraussetzungen der Klassik und Abarbeitung an Problemen, die auf der Grundlage dieser Voraussetzungen formuliert worden sind, gelang es Marx jedoch nicht immer, sich vom Diskurs der Klassik zu lösen, so daß seine Argumentation eine Fülle von Unklarheiten und Problemen aufweist.
In den folgenden Kapiteln sollte die These deutlich werden, die ich oben, in der Einleitung formulierte, daß Marx zwar einerseits einen Bruch mit dem theoretischen Feld der klassischen politischen Ökonomie vollzog, er diesem Feld andererseits aber auch noch in nicht unerheblichem Maße verhaftet blieb. Auch innerhalb des von Marx neu gewonnenen theoretischen Feldes ist der Diskurs der klassischen politischen Ökonomie noch anwesend und führt bereits bei den grundlegenden Begriffen zu Ambivalenzen, die dann spezifische Probleme der Marxschen Darstellung (wie etwa das viel diskutierte Transformationsproblem) hervorbringen und die Grundlage für divergierende Interpretationen und Kritiken abgeben.

1. Die Kritik an der Marxschen Arbeitswerttheorie

Die an der Marxschen Werttheorie geübte Kritik bezieht sich vor allem auf die Darstellung im ersten Kapitel des *Kapital.* Bereits Wicksell (1893, S.17f) monierte, daß der Marxsche „Beweis" der Arbeitswerttheorie zu Beginn des *Kapital* völlig unzureichend sei. Die klassische Formulierung dieses Vorwurfs findet sich dann bei Böhm-Bawerk (1896). Böhm-Bawerk argumentiert, Marx habe zunächst aus der Betrachtung einer einzelnen Tauschgleichung auf die Notwendigkeit der Existenz eines „gemeinsamen Dritten" geschlossen. Dieses müßten die Waren enthalten, um überhaupt vergleichbar zu sein. In einem zweiten Schritt habe er dann durch ein „Ausschließungsverfahren" abstrakte Arbeit als „Substanz" dieses Dritten bestimmt. Böhm-Bawerk bezweifelte die Schlüssigkeit beider Schritte. Der Tausch müsse nicht als *Gleichung* aufgefaßt werden, damit entfalle dann die Notwendigkeit eines Dritten. Aber selbst wenn diese Notwendigkeit zugegeben würde, wäre das Argument, die einzige gemeinsame Eigenschaft der ausgetauschten Waren sei diejenige, daß beide Arbeitsprodukte seien, nicht korrekt. Denn einerseits werden auch Nicht-Arbeitsprodukte ausgetauscht, andererseits besitzen auch die ausgetauschten Arbeitsprodukte zumindest noch Nützlichkeit überhaupt als eine weitere gemeinsame Eigenschaft (Böhm-Bawerk 1896, S.81-90).[2]

2) Böhm-Bawerk war sich wahrscheinlich nicht bewußt, daß er damit nur ein Argument wiederholte, das der von ihm so geschmähte Hegel schon 75 Jahre vorher verwendet hatte. In seiner *Rechtsphilosophie* schreibt Hegel, eine Sache befriedige nicht nur ein bestimmtes Bedürfnis, sondern „zugleich Bedürfnis überhaupt" und sei darin mit anderen Sachen vergleichbar. Diese „Allgemeinheit" sei „der Wert der Sache, worin ihre wahrhafte Substantialität bestimmt und Gegenstand des Bewußtseins ist" (Hegel 1821, S.135f).

Diese von bürgerlichen Kritikern immer wieder neu variierten Argumente wurden in den letzten Jahren auch von z.T. marxistisch orientierten Autoren aufgegriffen. So machten Cutler et al. (1977, S.11ff) geltend, daß indem Marx den Tausch als eine Gleichung auffasse, er durch die Struktur der Frage, was denn diese Gleichung ermögliche, die Antwort bereits festlege. Krause (1977, S.152ff) kann in der Suche nach dem „gemeinsamen Dritten" nicht mehr als eine „scholastische Erörterung" sehen. Castoriadis (1975) versuchte nachzuweisen, daß der Versuch, „Arbeit" als Substanz des Tauschwerts nachzuweisen, grundsätzlich gescheitert sei, da die dabei verwendeten Konstruktionen („gesellschaftlich notwendige Arbeitszeit", „einfache Arbeit", „abstrakte Arbeit") nicht einmal konsistent definiert werden könnten. Carling (1984) wies das „Ausschließungsverfahren" als unbegründet zurück und auch Beckenbach (1987) hält den Marxschen Versuch für gescheitert, abstrakte Arbeit in den beiden ersten Unterabschnitten des ersten Kapitels des *Kapital* als Wertsubstanz nachzuweisen.[3]

Marx beginnt die Analyse der Ware im *Kapital* mit der Feststellung, daß sie einerseits Gebrauchswert, andererseits Träger von Tauschwert sei. Der Tauschwert einer gegebenen Ware, so Marx, ist dasjenige Quantum einer anderen Ware, gegen das sie sich austauscht. Da sich eine Ware gegen verschiedene Waren austauscht, besitzt sie viele verschiedene Tauschwerte. Daraus wird nun die Folgerung gezogen, daß die verschiedenen Tauschwerte derselben Ware „durcheinander ersetzbare oder einander gleich große Tauschwerthe sein" müssen (II.8/69; 23/51).[4]

Die verschiedenen Tauschwerte einer Ware sind bestimmte Mengen unterschiedlicher Gebrauchswerte. Solche Mengen von unterschiedlichen Gebrauchswerten (x Stiefelwichse, y Seide) sind aber überhaupt nicht quantitativ vergleichbar. Soll die Aussage, daß die Tauschwerte „einander gleich groß" sind, nicht bloß eine Umschreibung dafür sein, daß es sich um die Tauschwerte derselben Ware handelt, so kann damit nur gemeint sein, daß diese Gebrauchswertquanten auch für einander Tauschwerte sind. Mit anderen Worten: Die Beziehung „ist Tauschwert von" definiert auf der Menge der Warenquanta eine Äquivalenzrelation.[5]

---

3) Auf die neoricardianische Kritik, die die Marxsche Werttheorie im Zusammenhang mit dem Transformationsproblem für redundant erklärt, wird im nächsten Kapitel eingegangen.

4) Dieses Zitat findet sich erstmals in der von Engels herausgegebenen 3. Auflage des ersten Bandes. In einem Brief an Kautsky schrieb Engels über diese und andere Veränderungen: „Die Nova über Tauschwert und Wert in der 3. Aufl. *Kapital* stammen aus handschriftlichen Zusätzen von Marx..." (38/241). Hier handelt es sich aber um eine originäre Formulierung von Engels, denn auch in den handschriftlichen Zusätzen von Marx ist, wie aus dem Variantenverzeichnis der MEGA hervorgeht, nicht von „einander gleich großen Tauschwerten" die Rede (vergl. II.8/859). Allerdings scheint diese Formulierung hier durchaus das von Marx Gemeinte zu treffen.

5) Unter einer *Äquivalenzrelation* versteht man eine Relation R auf einer Menge M, die reflexiv, symmetrisch und transitiv ist. D.h. für alle Elemente x, y, z der Menge M gilt: (1) xRx (Reflexivität), (2) aus xRy folgt yRx (Symmetrie) und (3) aus xRy und yRz folgt xRz (Transitivität).

Es stellt sich hier zunächst die Frage, ob der Marxsche Ausgangspunkt, das Austauschverhältnis von Ware gegen Ware, überhaupt legitim ist. Nach dem einleitenden Absatz des ersten Kapitels des *Kapital* ist klar, daß Marx nicht von Ware überhaupt, sondern von *Ware unter kapitalistischen Verhältnissen* spricht.[6] Hier findet aber normalerweise kein unmittelbarer Warentausch statt, sondern ein Tausch Ware gegen Geld. Es genügt nun nicht, darauf zu verweisen, auch Geld sei eine Ware und W-W sei bloß eine abstrakte Darstellung von W-G. Da es beim Umsatz W-G gerade darauf ankommt, daß W gegen die besondere Ware G getauscht wird, kann nicht einfach von dieser Besonderheit abstrahiert werden. Allerdings kann der empirisch unmittelbar gegebene Akt W-G noch gar nicht untersucht werden. Geld setzt bereits Ware und den Zusammenhang der Tauschakte voraus, auf W-G folgt G-W (sofern es um die Vermittlung des gesellschaftlichen Stoffwechsels geht). Geld ist zwar *empirisch* gegeben, muß aber als *theoretischer* Gegenstand erst noch produziert werden. Der betrachtete Austausch W-W ist das Resultat der Zirkulationsakte W-G und G-W. Das Austauschverhältnis W-W ist daher keine Abbildung eines unmittelbaren Tausches zweier Waren[7], wie häufig unterstellt wird (z.B. Itoh 1976, S.48f, Levine 1983, S.28, Beckenbach 1987, S.69), sondern eine begriffliche Konstruktion, um die allgemeinste Bestimmung der Warenproduktion zu untersuchen: Vermittlung des gesellschaftlichen Stoffwechsels durch den Tausch.

Aber was berechtigt Marx zu dem (impliziten) Schluß, die Relation „ist Tauschwert von" sei eine Äquivalenzrelation? Marx geht es nicht um einen zufälligen Tausch, sondern um den Tausch als herrschende Form der Vermittlung der gesellschaftlichen Reproduktion.[8] Ist dies aber der Fall, so kann es (zumindest auf demselben Markt) keine dauerhaften Gewinne durch bloßen Tausch geben und dies ist genau dann gewährleistet, wenn die Relation „ist Tauschwert von" eine Äquivalenzrelation ist. Marx folgert nun weiter:

> „Die gültigen Tauschwerthe derselben Waare drücken ein Gleiches aus." Und: „Der Tauschwerth kann überhaupt nur die Ausdrucksweise, die 'Erscheinungsform' eines von ihm unterscheidbaren Gehalts sein." (II.8/69; 23/51)

---

6) „Der Reichthum der Gesellschaften, in welchen kapitalistische Produktionsweise herrscht, erscheint als eine 'ungeheure Waarensammlung', die einzelne Waare als seine *Elementarform*. Unsere Untersuchung beginnt daher mit der Analyse der Waare." (II.5/17; 23/49) Und auch auf der nächsten Seite insistiert Marx nochmals: „In der von uns zu betrachtenden Gesellschaftsform..." (II.5/18; 23/50)

7) Darüber ist sich auch Marx im Klaren. Bereits in den *Grundrissen* bemerkte er, daß vermittels des Geldes „geschieht, was direkt nicht geschehn konnte, daß der Tauschwerth der Waare in jeder andren Waare ausgedrückt wird. Wenn 1 Elle Leinwand 2 sh. kostet und 1 Pf. Zucker 1 sh., so wird die Elle Leinwand vermittels der 2 sh. in 2 Pf. Zucker realisirt..." (II.1.1/139; Gr 125).

8) Im *Urtext* bemerkte Marx über den Tauschwert: „In der bürgerlichen Gesellschaft aber muß er als die herrschende Form gefaßt werden, so daß *alles unmittelbare Verhältniß der Producenten zu ihren Producten* als Gebrauchswerthen verschwunden ist; *alle Producte als Handelsproducte*." (II.2/52; Gr 907)

Marx bleibt nicht bei der Feststellung stehen, daß durch die Tauschproportionen eine Äquivalenzrelation definiert wird, er schließt jetzt auf einen diese Relation begründenden „Gehalt" der Waren. D.h. er sucht jetzt nach der ökonomischen Bedeutung der durch diese Äquivalenzrelation definierten Quotientenmenge.[9] Dazu betrachtet er eine einzelne Tauschgleichung, 1 Quarter Weizen = a Ztr. Eisen[10]:

> „Was besagt diese Gleichung? Daß ein Gemeinsames von derselben Grösse in zwei verschiednen Dingen existirt, in 1 Quarter Weizen und ebenfalls in a Ctr. Eisen. Beide sind also gleich einem Dritten, das an und für sich weder das eine noch das andere ist. Jedes der beiden, soweit es Tauschwerth, muß also auf dieß Dritte reducirbar sein." (II.6/71; 23/51)

Werden zwei Dinge einander gleichgesetzt und ist diese Gleichsetzung weder zufällig noch Resultat einer willkürlichen Entscheidung, so müssen diese beiden Dinge in irgendeiner Hinsicht gleich sein, d.h. es muß eine den beiden Dingen gleichermaßen zukommende (oder zugeschriebene) Qualität geben, hinsichtlich der sie gleich sind. Werden die beiden Dinge darüber hinaus in bestimmten quantitativen Proportionen gleichgesetzt, so müssen sie hinsichtlich einer quantitativ bestimmten Qualität gleich sein. Das Besondere an Marx' Argument ist nicht, daß er auf die Existenz einer gemeinsamen Qualität schließt, sondern daß er sie in gewisser Weise (in welcher wird noch zu diskutieren sein) in die Waren selbst verlegt. Später spricht er von einer gemeinsamen „Substanz".

Marx macht sich nun, immer noch seine Tauschgleichung im Blick, an die nähere Bestimmung dieses Dritten. Seine Argumentation vollzieht sich in drei Schritten. Zunächst stellt er fest, daß für die gesuchte Qualität keine natürliche Eigenschaft der Warenkörper in Frage kommen könne, da diese natürlichen Eigenschaften nur den Gebrauchswert der Ware betreffen, in der Tauschgleichung aber jeder Gebrauchswert auftreten könne, sofern er in entsprechender Menge vorhanden sei. Gegen die Marxsche Feststellung, daß das Tauschverhältnis durch die Abstraktion vom Gebrauchswert der Waren charakterisiert sei, liegt der Einwand nahe, daß der einzelne Warenbesitzer sehr wohl ein Interesse am Gebrauchswert der Ware hat, die er eintauschen will. Hier geht es aber nicht um die *Motive der Warenbesitzer*, sondern um das *Austauschver-*

---

9) Jede Äquivalenzrelation definiert auf der zugrundeliegenden Menge eine Klasseneinteilung: in einer Klasse befinden sich jeweils die Elemente, die alle untereinander in der besagten Relation stehen, in unserem Falle alle Warenquanta, die füreinander Tauschwerte bilden. Die Klassen können selbst wieder als Elemente einer Menge aufgefaßt werden. Unter der *Quotientenmenge* versteht man die Menge dieser Klassen. Krause (1977, 1979), der die Vorstellung einer Wertsubstanz ablehnt und Wert nur im Rahmen von Äquivalenzrelationen interpretieren will, erkannte offensichtlich nicht, daß die Marxsche Frage nach der Wertsubstanz nichts anderes als die Frage nach der ökonomischen Realität dieser Quotientenmenge der Äquivalenzrelation ist. Krauses Reduktion der Werttheorie auf eine Relationenlehre führt ihn auch zu formalistischen Auffassungen des Geldes, so wenn er rein formal ökonomische Systeme bestimmt, in denen jede Ware Geldware ist.

10) Nach dem vorangegangenen ist klar, daß dies keine zufällige Tauschgleichung, sondern eine „typische" ist, d.h. eine, die sich aufgrund der Äquivalenzrelation ergibt.

hältnis selbst. Auf die Interessen der Warenbesitzer wird Marx im zweiten Kapitel bei der Untersuchung des Austauschprozesses eingehen.

In einem zweiten Schritt folgert Marx, daß den Waren nach der Abstraktion vom Gebrauchswert nur noch die eine Eigenschaft verbleibt, Arbeitsprodukt zu sein. Bisher sprach Marx allgemein von Waren. Daß er nur die Warenform von Arbeitsprodukten betrachtet, hat er nicht explizit gemacht. Insofern ist der Vorwurf von Böhm-Bawerk, Marx habe, ohne darüber Rechenschaft abzugeben, „mit aalglatter dialektischer Geschicklichkeit" einen wesentlichen Teil der „tauschwerten Güter", nämlich die Nicht-Arbeitsprodukte (wie etwa unbearbeiteten Boden), aus seiner Untersuchung ausgeschlossen, nicht ganz unberechtigt (Böhm-Bawerk 1896, S.84). Wenn auch nicht im *Kapital* so hatte Marx aber in *Zur Kritik* auf diesen Einwand insofern geantwortet, als er eine Erklärung für den Tauschwert von bloßen Naturkräften im Kapitel über die Grundrente versprach (II.2/139; 13/48).

Im dritten Schritt bestimmt Marx den Charakter der Arbeit, deren Produkt die Ware ist. Wird an den Warenkörpern die Eigenschaft, Arbeitsprodukt zu sein, betrachtet, wird aber zugleich von ihrem Gebrauchswert abstrahiert, so werden die Waren nicht mehr als Produkt einer bestimmten konkreten Arbeit, die einen bestimmten Gebrauchswert produziert, aufgefaßt. Die Ware gilt dann nur noch als Produkt von Arbeit überhaupt. Die verschiedenen konkreten Arbeiten sind dann „reducirt auf gleiche menschliche Arbeit, abstrakt menschliche Arbeit" (II.6/72, 23/52). Abstrakt menschliche Arbeit ist die „gemeinschaftliche gesellschaftliche Substanz" (ebd.) der ausgetauschten Waren. Als Kristalle dieser Substanz sind die Waren „Werte".

Die soeben referierte Marxsche Argumentationskette wird von Kritikern gewöhnlich als Versuch eines *Beweises* der Arbeitswerttheorie aufgefaßt. Unter Arbeitswerttheorie wird dabei die Aussage verstanden, daß die Austauschproportionen der Waren durch die zu ihrer Produktion aufgewendete Arbeitszeit bestimmt werden. Die Kritiker unterstellen, Marx greife sich aus den Millionen von Tauschakten, die sich auf dem Markt ereignen, einen heraus, betrachte ihn sehr genau und stelle dabei fest, daß es bei dem Tausch um die Gleichsetzung von Arbeitsmengen geht. Da Marx im dritten Band des *Kapital* die Tauschproportionen anders bestimmt (Tausch nicht mehr zu Werten, sondern zu Produktionspreisen), glaubte Böhm-Bawerk einen fundamentalen Widerspruch in der Marxschen Theorie feststellen zu können, insofern Marx über denselben empirischen Sachverhalt zwei sich widersprechende Aussagen mache. In den neueren Arbeiten wird diese Widerspruchsthese zwar nicht mehr aufrechterhalten; die jüngeren Autoren sehen, daß Marx im ersten Kapitel keine unmittelbar empirische Aussage über die realen Tauschproportionen in der kapitalistischen Ökonomie machen wollte. Der Abschnitt *Ware und Geld* wird aber als eine Aussage über ein bestimmtes Modell (sei es eine „einfache" Warenproduktion oder kapitalistische Warenproduktion bei gleicher Wertzusammensetzung der verschiedenen Kapitale) aufgefaßt. Die Gültigkeit der Arbeitswerttheorie für dieses Modell wird dann aber mit ähnlichen Argumenten in Frage gestellt, wie dies schon Böhm-Bawerk für die kapitalistische Empirie vorexerziert hatte (Tausch benötige kein „gemeinsames Drittes", „Ausschließungsverfahren" sei ungeeignet etc.).

Diese Sicht der Dinge verkennt jedoch die Marxsche *Problemstellung*. Marx betrachtet die Ware nicht als mehr oder weniger zufällig aufgefundenes Objekt der Empirie, das es nun nach den verschiedensten Seiten zu analysieren gelte. In den *Randglossen zu Wagner*, die eine Kommentierung seines eigenen Textes darstellen, schreibt Marx über seinen Ausgangspunkt:

„Wovon ich ausgehe, ist die einfachste gesellschaftliche Form, worin sich das Arbeitsprodukt in der jetzigen Gesellschaft darstellt, und dies ist die 'Ware'." (19/369)

Der Marxsche Untersuchungsgegenstand ist also nicht einfach Ware, sondern Ware als *gesellschaftliche Form des Arbeitsproduktes*[11], und das gesellschaftliche an der Ware ist ihr „Wert".[12] Das Problem, das sich Marx dann stellt, besteht nicht darin zu „beweisen", daß Arbeit die Wertsubstanz ist, sondern darin, *aus dieser gesellschaftlichen Form des Arbeitsprodukts den spezifisch gesellschaftlichen Charakter der Arbeit*, die sich so darstellt, zu rekonstruieren.[13]

Daß die Warenproduktion nicht die Naturform, sondern eine bestimmte historische Form der gesellschaftlichen Produktion ist, bedeutet ja gerade, daß der

---

11) Insofern ist es auch klar, daß Marx unter Waren zunächst nur Arbeitsprodukte faßt, daß dann aber die Warenform von Nicht-Arbeitsprodukten wie z.B. unbearbeitetem Boden ein zu erklärendes Problem bleibt. – Die Marxsche Problemstellung wird nicht nur von Kritikern, sondern zuweilen auch von Marxisten verkannt. So ist z.B. die Projektgruppe zur Kritik der politischen Ökonomie (1973, S.65) der Auffassung, die Arbeitswerttheorie sei nur „durch die Reflexion auf den empirischen Konstitutionsprozeß der Waren" gewonnen, für die reine Formentwicklung vom Wert zum Kapital aber gar nicht notwendig. Ähnlich wie den oben genannten Kritikern ist auch der Projektgruppe die Marxsche Arbeitswerttheorie ein Ergebnis empirischer Beobachtung.

12) „Als Werthe sind die Waaren *gesellschaftliche* Grössen, also etwas von ihren 'properties' as 'things' absolut verschiedenes. Sie stellen als values nur Verhältnisse der Menschen in ihrer productive activity dar. Value 'implies' in der That 'exchanges', aber exchanges sind exchanges of things between men; exchanges, die die Dinge als solche absolut nichts angehn." (II.3.4/1317; 26.3/127)

13) Dies wird auch aus einem Brief an Kugelmann vom 11.7.1868 deutlich, wo sich Marx mit dem Vorwurf auseinandersetzte, seine Werttheorie nicht bewiesen zu haben: „Das Geschwatz über die Notwendigkeit, den Wertbegriff zu beweisen, beruht nur auf vollständigster Unwissenheit, sowohl über die Sache, um die es sich handelt, als die Methode der Wissenschaft. Daß jede Nation verrecken würde, die, ich will nicht sagen für ein Jahr, sondern für ein paar Wochen die Arbeit einstellte, weiß jedes Kind. Ebenso weiß es, daß die den verschiednen Bedürfnismassen entsprechenden Massen von Produkten verschiedne und quantitativ bestimmte Massen der gesellschaftlichen Gesamtarbeit erheischen. Daß diese *Notwendigkeit* der *Verteilung* der gesellschaftlichen Arbeit in bestimmten Proportionen durchaus nicht durch die *bestimmte Form* der gesellschaftlichen Produktion aufgehoben, sondern nur *ihre Erscheinungsweise* ändern kann, ist self-evident. Naturgesetze können überhaupt nicht aufgehoben werden. Was sich in historisch verschiednen Zuständen ändern kann, ist nur die *Form*, worin jene Gesetze sich durchsetzen. Und die Form, worin sich diese proportionelle Verteilung der Arbeit durchsetzt in einem Gesellschaftszustand, worin der Zusammenhang der gesellschaftlichen Arbeit sich als *Privataustausch* der individuellen Arbeitsprodukte geltend macht, ist eben der *Tauschwert* dieser Produkte." (32/552f)

gesellschaftliche Charakter der Waren produzierenden Arbeit ein anderer sein muß als derjenigen Arbeit, die in einem gesellschaftlichen Zusammenhang verausgabt wird, der nicht auf Warenproduktion beruht. Nun ist die Warenproduktion nicht einfach eine unter vielen Formen der Produktion. Vielmehr besteht ein entscheidender struktureller Unterschied zwischen der Warenproduktion und den verschiedenen Formen gemeinschaftlicher Produktion. Während bei der Warenproduktion die Arbeit *privat* verausgabt wird und ihren gesellschaftlichen Charakter, ihre Anerkennung als Bestandteil der gesellschaftlichen Gesamtarbeit erst *nachträglich*, im Austausch, erhält, ist bei einer gemeinschaftlichen Produktion „der gesellschaftliche Character der Production *vorausgesezt*" (II.1.1/103; Gr 89, Herv. von mir).

Die Frage nach dem spezifisch gesellschaftlichen Charakter der Waren produzierenden Arbeit wird im ersten Unterabschnitt des ersten Kapitels des *Kapital* nicht so deutlich formuliert, wie an der entsprechenden Stelle von *Zur Kritik*. Dort heißt es, nachdem Marx Gebrauchswert und Tauschwert der Waren unterschieden hat:

> „Die Gebrauchswerthe sind unmittelbar Lebensmittel. Umgekehrt aber sind diese Lebensmittel selbst Produkte des gesellschaftlichen Lebens, Resultat verausgabter menschlicher Lebenskraft, *vergegenständlichte Arbeit*. Als Materiatur der gesellschaftlichen Arbeit sind alle Waaren Krystallisationen derselben Einheit. *Der bestimmte Charakter dieser Einheit, d.h. der Arbeit, die sich im Tauschwerth darstellt, ist nun zu betrachten*." (II.2/108f; 13/16f, Herv. des letzten Satzes von mir)

Marx betrachtet die Waren also von vornherein als „Materiatur gesellschaftlicher Arbeit", und was er bestimmen will, ist nicht in erster Linie das quantitative Austauschverhältnis, sondern der spezifische Charakter der Waren produzierenden Arbeit.[14] Da er dies in *Zur Kritik* von vornherein so formuliert, benutzt er dort auch weder das in beiden Waren enthaltene „gemeinsame Dritte" noch ein „Ausschließungsverfahren", um Arbeit als Substanz dieses Dritten zu bestimmen. Weder Böhm-Bawerk noch die neueren Kritiker scheinen bemerkt zu haben, daß ein wesentlicher Teil ihrer Einwände auf den Argumentationsgang von *Zur Kritik* nicht zutrifft. Die umstrittenen Argumentationsfiguren verdanken sich sehr wahrscheinlich der „Popularisierung", von der Marx im Vorwort zur 1.Auflage des *Kapitals* spricht.[15] Daß es Marx offensichtlich nicht auf einen irgendwie gearteten „Beweis" der Arbeitswerttheorie ankam, ist auch aus seiner Bemerkung in *Zur Kritik* zu ersehen, es sei eine „Tautologie", Arbeit als die einzige Quelle des Tauschwerts zu bezeichnen (II.2/114; 13/22).

---

14) Bowles und Gintis (1981) wollen die Dichotomie von „Struktur" und „Praxis" in der marxistischen Theoriebildung überwinden, reduzieren dabei aber Struktur weitgehend auf Praxis. Indem sie die Marxsche Arbeitswerttheorie als einfaches Arbeitsmengenkonzept begreifen (und ein solches Konzept zu Recht kritisieren), übersehen sie aber von vornherein die Verbindung von „Struktur" und „Praxis", die in der Marxschen Frage nach der spezifischen *Formbestimmung* gesellschaftlicher Arbeit im Kapitalismus enthalten ist.

15) Im Vergleich mit *Zur Kritik* schreibt Marx: „Was nun näher die *Analyse der Werthsubstanz* und der *Werthgrösse* betrifft, so habe ich sie möglichst popularisirt." (II.5/11; 23/11)

Es wäre unplausibel, wollte man die Verkennung der Marxschen Problemstellung durch die oben angeführten Kritiker einfach auf deren individuelle Unzulänglichkeiten zurückführen. Gemeinsam ist den verschiedenen, auf das Fehlen eines Beweises der Werttheorie abzielenden Kritiken, daß die Marxsche Argumentation innerhalb ihrer eigenen *empiristischen Problematik* situiert wird.[16] Es wird Marx unterstellt, daß er von einem unmittelbar gegebenen Phänomen (wobei dies auch ein Modell sein kann) ausgeht und mittels einfacher Abstraktion dessen Bestimmungsfaktoren aufsuchen will. Wie im letzten Kapitel dargestellt wurde, hat Marx aber gerade mit dem Empirismus des theoretischen Feldes der politischen Ökonomie gebrochen. Marx ist sich darüber im Klaren, daß die scheinbar einfachen „Gegebenheiten" der Empirie die Zusammenfassung vieler Bestimmungen sind, daß sie daher erst der begrifflichen Konstruktion bedürfen. Die empirischen Phänomene sind immer schon formiert, sie existieren nur innerhalb bestimmter *sozialer Formen*, die der unmittelbaren Anschauung als *Naturformen* gelten. Allerdings hat Marx diesen Bruch mit dem Empirismus nur unzureichend reflektiert. In *Zur Kritik* formuliert es Marx sogar als Aufgabe aller politischen Ökonomie, die sozialen Formen, die „ökonomischen Formbestimmungen" aufzufinden.[17] Dagegen heißt es im *Kapital*:

„Die politische Oekonomie hat nun zwar, wenn auch unvollkommen, Werth und Werthgröße analysirt und den in diesen Formen versteckten Inhalt entdeckt. Sie hat niemals auch nur die Frage gestellt, warum dieser Inhalt jene Form annimmt..." (II.6/110; 23/94f)

Marx ist sich hier darüber im Klaren, daß er sich einer Frage zuwendet, die von der Klassik nicht nur nicht beantwortet, sondern überhaupt nicht als Frage erkannt wurde. Indem Marx die sozialen Formen untersucht, unter denen die empirischen Phänomene existieren und als einfache „Gegebenheiten" erscheinen, stellt er sich einem Problem, das von jedem Empirismus gewissermaßen per definitionem ausgeblendet wird und das auch seine modernen Kritiker aufgrund ihres eigenen Empirismus nicht wahrnehmen.[18]

---

16) Indem Petry (1916), der selbst dem Marxismus keineswegs nahesteht, die „apriorische" Differenz der Marxschen Wertlehre zu den übrigen Wertlehren zu bestimmen versucht und sie in der „gesellschaftlichen Betrachtungsweise" und dem unterschiedlichen „Erkenntniszieł" findet, deutet sich bei ihm, im Gegensatz zu den meisten Marx-Kritikern, eine Ahnung von dem wissenschaftstheoretischen Bruch an, den Marx mit dem Feld der klassischen wie auch der marginalistischen Ökonomie vollzieht. Allerdings faßt Petry diesen Bruch nur als Differenz zwischen „erklärender Naturwissenschaft" und „verstehender Kulturwissenschaft" auf, also im Rahmen des Neukantianismus á la Rickert. – Becker (1975, S.202ff) erkennt zwar, daß Marx nicht von einer solchen empiristischen Problemstellung ausgegangen ist. Da er sich die Arbeitswerttheorie aber nur als (empirische prüfbare) Kostentheorie vorstellen kann, faßt er die Marxsche Darstellung als dogmatische Setzung auf, womit die Marxsche Werttheorie von vornherein diskreditiert ist.

17) „Der Gebrauchswerth in dieser Gleichgültigkeit gegen die ökonomische Formbestimmung, d.h. der Gebrauchswerth als Gebrauchswerth, liegt jenseits des Betrachtungskreises der politischen Oekonomie. In ihren Kreis fällt er nur, wo er selbst Formbestimmung." (II.2/108; 13/16)

18) Zu Recht hebt Brentel (1988, 1989) hervor, daß Marx die spezifisch ökonomische *Gegenständlichkeit* überhaupt erst entdeckt hat.

2. Werttheorie zwischen Naturalismus und Gesellschaftstheorie

Wie bereits im ersten Kapitel dargestellt wurde, ist Arbeit für die klassische politische Ökonomie immer nur ein *individueller* Prozeß zwischen Mensch und Natur, der für den Menschen vor allem Mühe und Last bedeutet. Indem der letzte Bezugspunkt der politischen Ökonomie immer das einzelne Individuum, die Anthropologie des zu „dem Menschen" verklärten Warenbesitzers ist, ist die spezifisch *gesellschaftliche* Form der Waren produzierenden Arbeit für sie überhaupt kein Gegenstand.[19] Sowohl die klassische Ökonomie wie auch der Marginalismus thematisieren den Warenaustausch stets nur als einen Akt zwischen zwei individuellen Warenbesitzern. Für beide Paradigmen steht die Frage nach der quantitativen Bestimmung der Austauschrelation im Vordergrund, und bei beiden wird diese Frage durch einen Rekurs auf die Anthropologie beantwortet. Die im Austausch immer schon vorausgesetzte *Kommensurabilität* wird nicht als theoretisches Problem erkannt, sondern einfach als empirische Gegebenheit akzeptiert. Trotz ihrer *inhaltlichen* Verschiedenheit stimmen die „objektive" Werttheorie der Klassik und die „subjektive" Werttheorie des Marginalismus in der individualistisch-anthropologischen *Struktur* ihres Diskurses überein.

Im Gegensatz zur klassischen und neoklassischen Ökonomie nimmt Marx den Warenaustausch nicht einfach als Vermittlungsform der gesellschaftlichen Reproduktion hin, er betrachtet ihn vielmehr als Ausdruck einer *spezifischen* Form der gesellschaftlichen Arbeit.[20] Marx stellt nicht die Frage danach, was sich die Tauschenden beim Tausch denken, welche Interessen sie verfolgen etc., er untersucht statt dessen wie die gesellschaftliche Arbeit strukturiert ist, die den Einzelnen gar keine andere Möglichkeit als den Tausch läßt.

„Gebrauchsgegenstände werden überhaupt nur Waaren, weil sie Produkte von einander unabhängig betriebner Privatarbeiten sind. *Der Komplex dieser Privatarbeiten bildet die gesellschaftliche Gesammtarbeit.* Da die Producenten erst in gesellschaftlichen Kontakt treten durch den Austausch ihrer Arbeitsprodukte, erscheinen auch die specifisch gesellschaftlichen Charaktere ihrer Privatarbeiten erst innerhalb dieses Austausches. Oder *die Privatarbeiten bethätigen sich in der That erst als Glieder der gesellschaftlichen Gesammtarbeit durch die Beziehungen, worin der Austausch die Arbeitsprodukte und vermittels derselben die Producenten versetzt.*" (II.6/103f; 23/87, Herv. v. mir)

---

19) Demgegenüber hält Marx bereits zu Beginn der *Einleitung* von 1857 programmatisch fest: „Der vorliegende Gegenstand zunächst die *materielle Produktion*. In Gesellschaft producirende Individuen – daher gesellschaftlich bestimmte Produktion der Individuen ist natürlich der Ausgangspunkt. Der vereinzelte Jäger und Fischer, womit Smith und Ricardo beginnen, gehört zu den phantasielosen Einbildungen des 18t Jhh." (II.1.1/21; Gr 5).

20) Smith ließ Jäger und Fischer, nachdem sie sich getroffen hatten, sofort anfangen zu tauschen. Den Tausch selbst erklärte er mit einem „Hang" der menschlichen Natur zum Tausch. In modernen volkswirtschaftlichen Lehrbüchern wird der Austausch häufig als notwendige Folge der Arbeitsteilung betrachtet, als wenn nicht das Innenleben jeder Fabrik demonstrieren würde, daß arbeitsteilige Produktion nicht notwendigerweise mit Tausch einhergehen muß.

Weil die Einzelnen ihre individuelle Arbeit in Gestalt *voneinander unabhängiger Privatarbeiten* verausgaben, müssen sie ihre Produkte tauschen. Denn dies ist die einzige Möglichkeit, daß sich ihre Privatarbeiten überhaupt als Bestandteile der *gesellschaftlichen Gesamtarbeit* betätigen. Die Vergesellschaftung der einzelnen Produzenten ist aber nur möglich, wenn zwischen ihren verschiedenen Privatarbeiten ein kohärenter gesellschaftlicher Zusammenhang existiert. Die Herstellung dieser Kohärenz ist zwar das Resultat des Handelns der Individuen, sie ist aber kein bewußtes Resultat, das den Einzelnen als solches durchsichtig wäre; sie ist auch nicht ein bloß zufälliges Ergebnis des Zusammenpralls unabhängiger Aktivitäten. Für den Einzelnen ist dieses *Resultat* eine vorgefundene *Voraussetzung* seines Tuns. Für ihn scheint diese Voraussetzung in den gegenständlichen Eigenschaften von Ware und Geld begründet zu sein, die genauso naturgegeben sind wie etwa das Gesetz der Schwerkraft. Insofern spricht Marx von „Fetischismus".[21] Diesem Fetischismus ist nicht nur das Alltagsbewußtsein, sondern auch die klassische bürgerliche Ökonomie aufgrund ihres Empirismus ausgeliefert.

Die bestimmte Art und Weise der Vergesellschaftung weist den Individuen überhaupt erst ihre Plätze zu und diktiert ihnen ihre Rationalität. Sie kann daher auch nicht ausgehend von den Individuen und ihrer Rationalität entschlüsselt werden. Explizit hält Marx fest:

„Die Menschen beziehen also ihre Arbeitsprodukte nicht auf einander als Werthe, weil diese Sachen ihnen als bloß sachliche Hüllen gleichartig menschlicher Arbeit gelten. Umgekehrt. Indem sie ihre verschiedenartigen Produkte einander im Austausch als Werthe gleichsetzen, setzen sie ihre verschiednen Arbeiten einander als menschliche Arbeit gleich. *Sie wissen das nicht, aber sie thun es*." (II.6/104f; 23/88, Herv. von mir)

Daß die Analyse nicht von der Perspektive der Individuen ausgehen kann, sondern diese selbst noch erklärt werden muß, wurde in der Erstauflage des *Kapital* noch deutlicher ausgedrückt, wo der zuletzt zitierte Satz folgendermaßen fortgesetzt wird:

„..., indem sie das materielle Ding auf die Abstraktion *Werth* reduciren. Es ist dieß eine naturwüchsige und daher bewußtlos instinktive Operation ihres Hirns, die aus der besondern Weise ihrer materiellen Produktion und den Verhältnissen, worin diese Produktion sie versetzt, nothwendig herauswächst." (II.5/46)[22]

---

21) Das Konzept des „Fetischismus" ist gerade kein schädlicher Hegelscher Rest, wie Althusser (1969, S.103) meinte. Der Fetischismus beschränkt sich auch nicht auf Waren- und Geldfetisch, er umfaßt die Gesamtheit der bürgerlichen Produktionsverhältnisse. Vergl. zu den verschiedenen Fetischformen Fischer (1978) sowie den Schlußabschnitt des nächsten Kapitels. In einem breiteren Kontext diskutiert Erckenbrecht (1976) den Marxschen Fetischismusbegriff.

22) Ganz ähnlich formulierte Marx auch schon früher: „Dieselben (von dem mind unabhängigen, obgleich auf ihn wirkenden) Umstände, die die Producenten zwingen ihre Producte als *Waaren* zu verkaufen – Umstände, die eine Form der gesellschaftlichen Production von der andren unterscheiden – geben ihren Producenten (auch für ihren mind) einen vom Gebrauchswerth unabhängigen Tauschwerth. Ihr 'mind', ihr Bewußtsein mag durchaus nicht wissen, für es mag nicht existiren, wodurch in fact der Werth ihrer Waaren oder ihre Producte als Werthe bestimmt sind. Sie sind in Verhältnisse gesezt, die ihren mind bestimmen, ohne daß sie es zu wissen brauchen. Jeder kann

Hier wird der Bruch mit dem theoretischen Feld der politischen Ökonomie besonders deutlich. Die ökonomischen Phänomene werden nicht mehr durch den Bezug auf die Interessen der handelnden Individuen, durch eine bestimmte Anthropologie des homo oeconomicus begründet. Statt dessen muß aus dem *Formgehalt* der Handlungen (über den sich die Individuen üblicherweise keine Gedanken machen) überhaupt erst die *spezifische Gesellschaftlichkeit* der Arbeit, die spezifischen Produktionsverhältnisse, die den Handlungen der Individuen zugrunde liegen, rekonstruiert werden. Erst dann können die Interessen und Motive der ökonomischen Akteure untersucht werden.[23]
Die Darstellung der *spezifisch gesellschaftlichen Form der Arbeit*, wie sie sich in den verschiedenen ökonomischen Gestalten von der Warenform des Arbeitsprodukts bis zu Profit und Zins niederschlägt, macht den eigentlichen Kern der Marxschen Arbeitswertlehre aus. Wird die Marxsche Werttheorie dagegen als eine quantitative Arbeitsmengentheorie aufgefaßt, deren wesentliche Aufgabe darin gesehen wird, den Nachweis zu führen, daß sich der Profit auf ein bestimmtes Quantum unbezahlter Arbeit zurückführen läßt (so etwa Medio 1973), dann wird Marx auf das theoretische Niveau eines „sozialistischen Ricardianers" reduziert. Marx stellt aber die viel fundamentalere Frage, in welcher Weise in einer Gesellschaft von *Privat*produzenten ein kohärenter gesellschaftlicher Zusammenhang hergestellt wird.

Abstrakte Arbeit

Die Analyse des *Warentausches* führt Marx zum spezifisch gesellschaftlichen Charakter der Waren produzierenden Arbeit:

> „Erst innerhalb ihres Austauschs erhalten die Arbeitsprodukte eine von ihrer sinnlich verschiednen Gebrauchsgegenständlichkeit getrennte, gesellschaftlich gleiche Werthgegenständlichkeit. (...) Von diesem Augenblick erhalten die Privatarbeiten der Producenten thatsächlich einen *doppelten gesellschaftlichen Charakter*. Sie müssen einerseits als *bestimmte nützliche Arbeiten ein bestimmtes gesellschaftliches Bedürfniß befriedigen* und sich so als Glieder der Gesammtarbeit, des naturwüchsigen Systems der gesellschaftlichen Theilung der Arbeit, bewähren. Sie befriedigen andrerseits nur die mannigfachen Bedürfnisse ihrer eignen Producenten, sofern jede besondre nützliche Privatarbeit *mit jeder andren nützlichen Art Privatarbeit austauschbar* ist, also ihr *gleichgilt*." (II.6/104; 23/87, Herv. von mir)

In jeder arbeitsteiligen Gesellschaft muß das Produkt der individuellen Arbeit ein gesellschaftliches Bedürfnis befriedigen. Die individuelle Arbeit ist zugleich Teil der gesellschaftlichen Gesamtarbeit und besitzt daher einen gesellschaftlichen Charakter. In der Warenproduktion reicht *dieser* gesellschaftliche Charakter jedoch nicht aus: das Produkt der individuellen Arbeit muß *ausgetauscht* werden. Das bedeutet, daß die einzelne Privatarbeit nur dann als Be-

---

Geld als Geld brauchen, ohne zu wissen, was Geld ist." (II.3.4/1346; 26.3/163)

23) Prägnant erklärt Marx im *Urtext*: „Wenn wir überhaupt die sociale Beziehung der Individuen innerhalb ihres ökonomischen Processes prüfen, müssen wir uns einfach an die Formbestimmungen dieses Processes selbst halten." (II.2/59; Gr 914)

standteil der gesellschaftlichen Gesamtarbeit anerkannt wird, wenn sie den anderen Privatarbeiten gleichgesetzt werden kann. Die einzelnen Privatarbeiten müssen einander *gleich gelten*, was einen weiteren, den für die Warenproduktion *spezifischen* gesellschaftlichen Charakter der Arbeit ausmacht. Nur für die Warenproduktion gilt daher, daß

„der *specifisch gesellschaftliche Charakter* der von einander unabhängigen Privatarbeiten in ihrer *Gleichheit als menschliche Arbeit* besteht und die *Form des Werthcharakters der Arbeitsprodukte* annimmt..." (II.6/105; 23/88, Herv. von mir)

Es stellt sich nun die Frage, aufgrund von was diese *gleiche Geltung,* von der Marx am Ende des ersten Zitats spricht, zustande kommt. Aus dem zweiten Zitat kann man entnehmen, daß die gleiche Geltung nichts anderes ausdrückt als die *Gleichheit* der Privatarbeiten als menschliche Arbeit. Es läßt sich weiterfragen, beruht diese Gleichheit auf einer *Eigenschaft*, die allen Privatarbeiten gleichermaßen und unabhängig von einander zukommt oder handelt es sich um eine bestimmte *gesellschaftliche Beziehung* der Privatarbeiten zueinander? Im Kontext der Wertformanalyse und des Abschnitts über den Fetischcharakter der Ware argumentiert Marx eindeutig in Richtung der zweiten Möglichkeit: Die *Gleichheit* der Privatarbeiten im Tausch ist keine einfache Eigenschaft, die den einzelnen Privatarbeiten ohne weiteres zukommt, es ist vielmehr eine bestimmte, *gesellschaftliche Beziehung* zu allen anderen Privatarbeiten. Und erst aufgrund dieser *nicht natürlichen, sondern spezifisch gesellschaftlichen Gleichheit* kann man von *abstrakter* Arbeit sprechen. So heißt es scharf pointiert:

„Die Gleichheit toto coelo verschiedner Arbeiten kann nur in einer Abstraktion von ihrer wirklichen Ungleichheit bestehn, in der Reduktion auf den gemeinsamen Charakter, den sie als Verausgabung menschlicher Arbeitskraft, abstrakt menschliche Arbeit, besitzen." (II.6/104; 23/87f)

Insofern ist abstrakte Arbeit eine spezifisch *gesellschaftliche* Bestimmung der Arbeit, die erst durch den Tausch zustande kommt. Im Manuskript *Ergänzungen...* hatte Marx diese Rolle des Tausches noch dadurch unterstrichen, daß er den gerade zitierten Satz durch folgenden (auch in der französischen Übersetzung, vergl. II.7/55, enthaltenen) Zusatz ergänzte:

„Die Reduction der verschiednen konkreten Privatarbeiten auf dieses Abstractum gleicher menschlicher Arbeit vollzieht sich nur durch den Austausch, welcher Producte verschiedner Arbeiten thatsächlich einander gleichsetzt." (II.6/41)

Damit wird auch deutlich ausgesprochen, daß die „Abstraktion", um die es hier geht, keine ist, die von den Tauschenden *bewußt* vorgenommen wird. Auch hier gilt: „*Sie wissen das nicht, aber sie thun es.*" Es geht hier überhaupt nicht um einen intellektuellen Abstraktionsvorgang; die Abstraktion vollzieht sich vielmehr durch die Handlungen der Tauschenden hindurch.[24]

24) Alfred Sohn-Rethel hat für diese Art der Abstraktion die Bezeichnung „Realabstraktion" geprägt und versucht, die im Tausch stattfindenden Realabstraktionen als gesellschaftlichen Grund der abstrakten Denkformen von Mathematik und Mechanik zu entschlüsseln (Sohn-Rethel 1961,

Indem Marx die Frage nach dem spezifisch gesellschaftlichen Charakter der Waren produzierenden Arbeit stellt, und damit eine Frage aufwirft, die gerade nicht mit Rekurs auf die Handlungsperspektiven (und Abstraktionsleistungen) der beteiligten Akteure beantwortet werden kann, verläßt er das theoretische Feld der klassischen Ökonomie. Deshalb hebt er zu Recht hervor, daß die von der Klassik nirgendwo gemachte Unterscheidung zwischen der Arbeit, sofern sie Gebrauchswerte und sofern sie Wert produziert, „der Springpunkt [ist], um den sich das Verständnis der politischen Ökonomie dreht" (II.5/22; 23/56). Allerdings finden sich bereits bei der Darstellung dieses fundamentalen Konzepts der abstrakten Arbeit bestimmte Ambivalenzen.[25] In *Zur Kritik* und in der 1.Auflage des *Kapitals* identifizierte Marx abstrakte Arbeit noch weitgehend mit einfacher, unqualifizierter Arbeit.[26] So heißt es in *Zur Kritik*, als Tauschwerte stellen die Waren „Quanta jener einfachen, gleichförmigen abstrakt allgemeinen Arbeit dar, die die Substanz des Tauschwerths bildet" (II.2/109; 13/17). Und dann ausführlicher:

„Um die Tauschwerthe der Waaren an der in ihnen enthaltenen Arbeitszeit zu messen, müssen die verschiedenen Arbeiten selbst reducirt sein auf unterschiedslose, gleichförmige, einfache Arbeit, kurz auf Arbeit, die qualitativ dieselbe ist und sich daher nur quantitativ unterscheidet. Diese Re-

---

1970). Auch wenn man diesem Projekt mit einiger Skepsis begegnen muß, ist der mit dem Begriff Realabstraktion angesprochene Unterschied zur bloß nominalistischen Bildung von Gattungsbegriffen (und das wird üblicherweise unter Abstraktion verstanden) von entscheidender Bedeutung für das Verständnis der Marxschen Analyse von Ware und Tausch. Nicht zuletzt solche „Realabstraktionen" konstituieren den „real-allgemeinen" Charakter der Marxschen Kategorien, von dem im letzten Kapitel die Rede war. Es handelt sich bei abstrakter Arbeit, wie auch bei Wert etc. gerade nicht einfach um nominalistisch gebildete Gattungsbegriffe, die auf den bewußten Abstraktionsleistungen der Tauschenden beruhen. Eine solche Auffassung wird mir von Backhaus/Reichelt (1995, S.73, 89, 90, 91) unterstellt und zu Recht als unangemessen kritisiert. Zugleich rechnen sie es mir als Verdienst an, „darauf zu bestehen, daß die Abstraktionsleistungen der beteiligten Subjekte eine konstitutive Funktion haben" (ebd., S.90). Da ich dies gerade nicht tue, muß ich mit der Kritik leider auch das Lob zurückweisen. Auf weitere von Backhaus/Reichelt angesprochene Punkte werde ich noch eingehen.

25) Auf Ambivalenzen der Marxschen Werttheorie wurde ganz pauschal auch schon von DeVroey (1982) und von Stanger (1988, S.81f) hingewiesen. DeVroey unterschied zwischen einer technologischen „labour embodied" und einer gesellschaftlichen „abstract labour" Theorie, ließ allerdings offen inwieweit sich diese unterschiedlichen Ansätze zu Recht auf den Marxschen Text stützen können. Dagegen sieht Stanger „Mängel der Marxschen Darstellungsweise", vor allem eine „substanzlogische Argumentation" in den beiden ersten Unterabschnitten des ersten Kapitels, die er aber nicht weiter am Marxschen Text verfolgt. Eine außerordentlich differenzierte Auseinandersetzung mit der Marxschen Werttheorie lieferte bereits Rubin (1924). De facto stellte er eine ganze Reihe von Ambivalenzen und Unklarheiten der Marxschen Werttheorie fest, versuchte sie dann – zuweilen recht gekünstelt – wieder mit einander als unterschiedliche Schwerpunktsetzungen zu vereinbaren.

26) Dies ist eine Erbschaft aus den *Grundrissen*, wo Marx den Begriff abstrakte Arbeit bzw. abstrakte Tätigkeit zwar schon benutzte, aber den Doppelcharakter der Arbeit noch nicht explizit entwickelt hatte. In den *Grundrissen* wurde abstrakte Arbeit durchgehend mit mechanischer, inhaltlich entleerter Arbeit gleichgesetzt, so etwa wenn Marx davon spricht, daß im Unterschied zur Arbeit der Handwerker, die Arbeit, die dem Kapital gegenübersteht „allen Kunstcharakter verliert… sie mehr und mehr rein abstrakte Thätigkeit, rein mechanische, daher gleichgültige, gegen ihre besondre Form indifferente Thätigkeit wird" (II.1./216; Gr 204).

duktion erscheint als eine Abstraktion, aber es ist eine Abstraktion, die in dem gesellschaftlichen Produktionsproceß täglich vollzogen wird. (...) Diese Abstraktion der allgemein menschlichen Arbeit *existirt* in der Durchschnittsarbeit, die jedes Durchschnitts-Individuum einer gegebenen Gesellschaft verrichten kann, eine bestimmte produktive Verausgabung von menschlichem Muskel, Nerv, Gehirn usw. Es ist *einfache* Arbeit wozu jedes Durchschnitts-Individuum einer gegebenen Gesellschaft abgerichtet werden kann... Die einfache Arbeit bildet die bei weitem größte Masse aller Arbeit der bürgerlichen Gesellschaft, wie man sich aus jeder Statistik überzeugen kann." (II.2/110; 13/18)

Marx identifiziert hier zwei gänzlich verschiedene Abstraktionen miteinander: einerseits die im immer weiter mechanisierten Produktionsprozeß stattfindende Abstraktion von den Qualifikationen der Arbeitskräfte, die Ersetzung von qualifizierter durch einfache Arbeit, also eine besondere Art der Arbeitsverausgabung und andrerseits wertbildende „abstrakte Arbeit", die als *besondere* Art der Arbeitsverausgabung nirgendwo existiert.

Auch in der 1.Auflage des *Kapital*, wo zu Beginn des ersten Kapitels noch nicht von abstrakter Arbeit, sondern nur von „Arbeit" als Wertsubstanz die Rede ist, wird wertbildende Arbeit sogleich an einfacher Durchschnittsarbeit gemessen (II.5/19f). Der Begriff „abstrakte Arbeit" taucht erstmals bei der Untersuchung der einfachen Wertform auf (II.5/31). Erst in der 2.Auflage wird dann einfache Arbeit von abstrakter Arbeit streng unterschieden und von vornherein mit abstrakter Arbeit als Wertsubstanz begonnen.[27] Allerdings finden sich insbesondere in den beiden ersten Unterabschnitten „naturalistische" Anklänge in der Bestimmung abstrakter Arbeit. Nachdem es bereits geheißen hatte, daß nach Abstraktion vom bestimmten Charakter der produktiven Tätigkeit nur das an ihr bleibe, daß sie „produktive Verausgabung von menschlichem Hirn, Muskel, Nerv, Hand u.s.w." (II.5/24; 23/58) sei, schreibt Marx am (gegenüber der 1.Auflage neu gefaßten) Ende des zweiten Unterabschnitts zusammenfassend:

„Alle Arbeit ist einerseits Verausgabung menschlicher Arbeitskraft im physiologischen Sinn, und in dieser Eigenschaft gleicher menschlicher oder abstrakt menschlicher Arbeit bildet sie den Waaren-Werth." (II.6/79; 23/61)[28]

An dieser Stelle scheint es so, als beziehe sich „abstrakte Arbeit" auf Natureigenschaften von Arbeit, auf ihre allgemeinsten physiologischen Bestimmungen, die zwar immer vorhanden sind, die aber nur in der Warenproduktion als „wertbildend" relevant werden würden. Daß die Abstraktheit der Arbeit keine Natureigenschaft, sondern eine *gesellschaftliche* Eigenschaft der Arbeit ist,

27) Diese Präzisierung verdankt sich der Überarbeitung der Wertformanalyse im Manuskript *Ergänzungen...* In einer Abschweifung (II.6/29-32) diskutierte Marx die Voraussetzungen der Darstellung der Wertform und änderte daraufhin den Anfang des ersten Kapitels ab: er bestimmte nicht mehr Arbeit schlechthin, sondern abstrakte Arbeit als Wertsubstanz und behandelte das Reduktionsproblem auch nicht mehr an dieser Stelle, sondern als Spezialproblem im zweiten Unterabschnitt (vergl. zum Manuskript *Ergänzungen* auch Lietz 1987).

28) Dieser explizite Hinweis auf die Physiologie fehlt in der 1. Auflage. Allerdings ist auch dort und in *Zur Kritik* in Zusammenhang mit der Gleichsetzung von abstrakter Arbeit und einfacher Arbeit die Rede von der „Verausgabung von menschlichem Muskel, Nerv, Gehirn" (II.2/110; 13/18).

daß es sich um eine im Tausch vollziehende Abstraktion von der Verschiedenheit der Arbeiten handelt, wird innerhalb der beiden ersten Unterabschnitte des ersten Kapitels des *Kapital* nicht klar.[29]

Dies scheint mir allerdings nicht nur ein Formulierungsproblem zu sein. Marx entwickelte seinen Diskurs nicht nur im Gegensatz zur klassischen politischen Ökonomie, sondern auch als deren Präzisierung. Über den Doppelcharakter der Waren produzierenden Arbeit wurde er sich erst relativ spät klar.[30] Dabei stand zunächst die Erkenntnis im Vordergrund, daß die Klassik zwar an der Ware die Unterscheidung zwischen Gebrauchswert und Tauschwert macht, aber nicht berücksichtigt, daß dieser Doppelcharakter der Ware in einem Doppelcharakter der Waren produzierenden Arbeit gründet. Die physiologische Auffassung abstrakter Arbeit läßt sich nun ohne weiteres als Präzisierung der Klassik lesen; eine dort nicht vollzogene Unterscheidung wird nachgeholt. Allerdings wird mit der so gefaßten Unterscheidung das Terrain der Klassik, die Arbeit als ungesellschaftlichen Prozeß zwischen Mensch und Natur auffaßt, noch nicht verlassen.[31] Dies geschieht erst, wenn abstrakte Arbeit wirklich als spezifisch gesellschaftliche Bestimmung der Arbeit aufgefaßt wird.

Auch Itoh konstatiert in den beiden ersten Unterabschnitten des ersten Kapitels Reste der Klassik. Diese macht er vor allem daran fest, daß Marx vom unmittelbaren Austausch zweier Waren ausgehen und ihre gemeinsame Eigenschaft in der in ihnen enthaltenen abstrakten Arbeit sehen würde. Die originäre Marxsche Theorie würde erst mit der Wertformanalyse beginnen, da Marx dann nicht mehr vom unmittelbaren Austausch ausginge und die gemeinsame Eigenschaft der Waren jetzt in ihrer Geldform sehen würde. Die Regulation der Wertrelationen durch Arbeitszeit sei erst mit der kapitalistischen Produktion sozial „unausweichlich“. Daher müßten die Wertformen vor und unabhängig von der Wertsubstanz abgeleitet werden (Itoh 1976). Marx ist aber, wie schon oben gezeigt wurde, auch zu Beginn des ersten Kapitels nicht von einem unmittelbaren Tausch ausgegangen. Und daß die Durchsetzung des Wert-

---

29) Auch viele Marxisten sind diesem Naturalismus aufgesessen. So spricht etwa Haug davon, daß die Analyse des Tauschwerts auf eine Ebene geführt habe, die sich als „Naturbasis“ charakterisieren läßt und fährt fort: „Sowohl 'konkret-nützliche' als auch 'abstrakt-menschliche' Arbeit reduzierten sich letztlich auf Naturprozesse...“ (Haug 1976, S.121).

30) In einer ausgezeichneten Analyse der Marxschen Exzerpthefte konnte Schrader zeigen, daß Marx diese Entdeckung mit ziemlicher Sicherheit erst 1858 beim Exzerpieren von Franklin machte und daß sie es war, die zu einer veränderten Konzeption von *Zur Kritik* führte: statt mit dem Kapitel *Wert* zu beginnen und mit dem *Übergang vom Wert in das Geld* fortzufahren, beginnt Marx nun mit der Analyse der Ware (Schrader 1980, S.194ff).

31) Wie schnell Marx in seinem Bemühen um Popularisierung auf das Terrain der Klassik abrutschen kann, zeigt die in die zweite Auflage eingefügte Fußnote 16 (II.6/80; 23/61). Dort wird ein anonymer Autor des 18.Jahrhunderts von Marx zustimmend zitiert, der erklärte, ein Mann würde den Wert einer Ware am besten durch die Arbeit und Zeit, die sie ihn gekostet habe, schätzen. Dies ist genau die auf die Rationalität des Warenbesitzers abhebende Argumentation, gegen die sich Marx sowohl im Fetischabschnitt als auch in *Zur Kritik* verwahrte.

gesetzes erst unter kapitalistischen Bedingungen stattfindet, ist zwar richtig aber kein Einwand, da Marx von Anfang an Ware als Form des Reichtums in Gesellschaften „in denen kapitalistische Produktionsweise herrscht“ analysiert. Nicht daß Marx abstrakte Arbeit als Wertsubstanz identifiziert, macht das Überbleibsel der Klassik aus, sondern daß dies mit einer „naturalistischen“ Tendenz geschieht.

In der Ambivalenz der Bestimmung abstrakter Arbeit liegt auch die Ursache für die in der Literatur häufig diskutierte Frage, ob abstrakte Arbeit in allen Produktionsweisen existiert habe oder ob sie für die Warenproduktion spezifisch sei. Die Antwort auf diese Frage hängt wesentlich davon ab, ob man abstrakte Arbeit physiologisch als Verausgabung von Arbeitskraft schlechthin oder ob man sie als eine bestimmte gesellschaftliche Beziehung der verschiedenen Arbeiten, ihre Gleichsetzung im Tausch, auffaßt. In der ersten Bedeutung kann man jede Arbeit als sowohl konkrete wie auch abstrakte Arbeit auffassen. Abstrakte Arbeit in der zweiten Bedeutung ist dagegen auf die bürgerliche Gesellschaft beschränkt.

Ohne die abstrakte Arbeit rein physiologisch zu interpretieren, vertritt Dieter Wolf (1985) die Auffassung, daß der abstrakten Arbeit auch in nicht-kapitalistischen Gemeinwesen eine gesellschaftliche Bedeutung zukomme, insofern die gesellschaftliche Gesamtarbeit auf die einzelnen Sphären verteilt werden müsse und dabei die einzelnen Arbeiten einander gleichgesetzt würden.[32] Er übersieht dabei aber, daß die bloße *Verteilung* der gesellschaftlichen Gesamtarbeit keine *Gleichsetzung* der einzelnen konkreten Arbeiten impliziert: wenn eine selbst wirtschaftende bäuerliche Familie täglich neben zwei Stunden Bäckerarbeit auch noch eine Stunde Schneiderarbeit verausgabt, so ist dies keine Gleichsetzung (überhaupt in welcher quantitativen Proportion oder wird schon vorausgesetzt, daß jede Arbeit als gleich einfache Arbeit gilt?), sondern es werden die verschiedenen konkreten Arbeiten auf verschiedene Mitglieder der Familie verteilt. Die „Gleichsetzung“ ist hier der Akt des betrachtenden Theoretikers.

Eine differenziertere Position entwickelte Rubin bereits in den 20er Jahren. Er unterscheidet drei Typen „gleicher“ Arbeit: physiologisch gleiche Arbeit, ge-

32) „In dem gesellschaftlichen Zusammenhang, worin die einzelnen Arbeiten qualitativ als Glieder der Gesamtarbeit und quantitativ als aliquote Teile der Gesamtarbeitszeit gesetzt werden, werden sie auch als abstrakt-menschliche Arbeit aufeinander bezogen und damit gleichgesetzt.“ (Wolf 1985, S.50) Der von Wolf als Beleg dafür, daß dies auch die Marxsche Auffassung sei, mehrfach angeführte Satz aus der 1.Auflage des *Kapital*, „In jeder gesellschaftlichen Arbeitsform sind die Arbeiten der verschiednen Individuen auch als menschliche aufeinander bezogen, aber hier (in der Warenproduktion, M.H.) gilt diese *Beziehung selbst* als die *specifisch gesellschaftliche Form* der Arbeiten“ (II.5/41), hebt auf die allgemein „menschliche“ Grundlage der abstrakten Arbeit ab und reiht sich in die ambivalenten Äußerungen zum Charakter der abstrakten Arbeit ein. In der 2.Auflage wurde dieser Satz gestrichen. Marx ist aber nirgendwo soweit gegangen, für vorkapitalistische Verhältnisse die Verteilung der gesellschaftlichen Arbeit mit einer Gleichsetzung der einzelnen konkreten Arbeiten zu identifizieren.

sellschaftlich gleichgesetzte Arbeit und abstrakte Arbeit. Rubin glaubt ähnlich wie später Wolf, daß gesellschaftlich gleichgesetzte Arbeit in jeder arbeitsteiligen Produktion existiert, insofern die verschiedenen Arbeiten verglichen und verteilt würden. Rubin reduziert aber abstrakte Arbeit nicht auf gesellschaftlich gleichgesetzte Arbeit (und schon gar nicht auf physiologisch gleiche Arbeit), er faßt abstrakte Arbeit vielmehr als gesellschaftlich gleichgesetzte Arbeit in spezifischer Form auf: die Gleichsetzung erfolge hier in sachlicher Form über den Wertcharakter der Arbeitsprodukte. Rubin sieht, daß diese eigentliche Bedeutung von abstrakter Arbeit erst im dritten und vierten Abschnitt des ersten Kapitels entwickelt wird. Er erblickt darin aber keine Inkonsequenz oder Ambivalenz der Marxschen Darstellung: daß nämlich in den beiden ersten Abschnitten des ersten Kapitels abstrakte Arbeit mehr im Sinne von gesellschaftlich gleichgesetzter oder sogar physiologisch gleicher Arbeit verwendet wird, erklärt Rubin damit, daß dies für die analytische Reduktion von Wert auf Arbeit ausreiche, daß die eigentliche Bestimmung abstrakter Arbeit erst dann notwendig würde, wenn es darum ginge, den Wert aus der Arbeit zu entwickeln (Rubin 1973, S.91-109). Dies würde aber bedeuten, daß es gar nicht nötig sei, in den beiden ersten Abschnitten des ersten Kapitels über den Bereich der klassischen Ökonomie hinauszugehen. Das spezifisch Gesellschaftliche am Wert bräuchte dort nicht berücksichtigt zu werden.
Im *Kapital* äußerte sich Marx zwar nicht direkt zum historischen Charakter der abstrakten Arbeit. Im 5. Kapitel jedoch, der einzigen Stelle, an der er die abstrakten, überhistorischen Momente des Arbeitsprozesses betrachtet, wird abstrakte Arbeit nicht erwähnt. In *Zur Kritik* formuliert Marx jedoch eindeutig:

„Als zweckmäßige Thätigkeit zur Aneignung des Natürlichen in einer oder der anderen Form ist die Arbeit Naturbedingung der menschlichen Existenz, eine von allen socialen Formen unabhängige Bedingung des Stoffwechsels zwischen Mensch und Natur. Tauschwerth setzende Arbeit ist dagegen eine specifisch gesellschaftliche Form der Arbeit. Schneiderarbeit z.B. in ihrer stofflichen Bestimmtheit als besondere produktive Thätigkeit, producirt den Rock, aber nicht den Tauschwerth des Rocks. Letztern producirt sie nicht als Schneiderarbeit, sondern als *abstrakt allgemeine Arbeit und diese gehört einem Gesellschaftszusammenhang, den der Schneider nicht eingefädelt hat.*“ (II.2/115; 13/23f, Herv. von mir)

Wertgegenständlichkeit

Von der ambivalenten Bestimmung abstrakter Arbeit bleibt auch die Auffassung der *Substanz* des Warenwerts nicht unberührt. Wird abstrakte Arbeit als eine rein *gesellschaftliche* Bestimmung der Waren produzierenden Arbeit begriffen, so kann die Rede von abstrakter Arbeit als Wertsubstanz nur bedeuten, daß der spezifisch gesellschaftliche Charakter der Arbeit im Wertcharakter der Arbeitsprodukte *gegenständlich reflektiert* wird: das gesellschaftliche Verhältnis wird als gegenständliche Eigenschaft der Sachen zurückgespiegelt. Die beiden ersten Unterabschnitte des ersten Kapitels des *Kapital* erlauben aber auch eine *naturalistische* Auffassung von abstrakter Arbeit (der Begriff des gesellschaftlichen Charakters der Arbeit taucht dort überhaupt nicht auf). Damit wird es möglich, Wertsubstanz nicht als gegenständliche Reflexion eines spezifischen gesellschaftlichen Verhältnisses zu begreifen, sondern als *Substrat*, das *in der einzelnen Ware* vorhanden ist.[33] Wertgegenständlichkeit wäre dann eine Eigenschaft der einzelnen Ware, die ihr durch Verausgabung abstrakter Arbeit (als „physiologischer" Eigenschaft jeder Arbeit), übertragen worden wäre *und zwar noch vor und unabhängig vom Tausch*. In dieser Weise wird das „gemeinsame Dritte", von dem Marx zu Beginn des Warenkapitels spricht, häufig verstanden: als eine Eigenschaft, die jede Ware für sich, schon vor dem Tausch besitzt und die dann die Gleichsetzung im Tausch erst ermöglicht.

Im Manuskript *Ergänzungen...* wendet sich Marx nicht nur explizit gegen eine solche Auffassung von Wertgegenständlichkeit; er erkennt auch an, daß seine eigene Darstellung sie nahe legt, insofern ein wesentlicher Punkt „vergessen" wurde. Nach der Zusammenfassung der Analyse der Tauschgleichung zu Beginn des ersten Kapitels schreibt Marx:

> „So wurden der Rock und Leinwand als Werthe, jedes für sich, auf *Vergegenständlichung menschlicher Arbeit schlechthin* reducirt. Aber in dieser Reduktion wurde vergessen, daß keines für sich *solche Werthgegenständlichkeit* ist, sondern daß sie solches nur sind, soweit das ihnen *gemeinsame Gegenständlichkeit* ist. Ausserhalb ihrer Beziehung auf einander – der Beziehung worin sie gleichgelten – besitzen weder Rock noch die Leinwand *Werthgegenständlichkeit* oder ihre *Gegenständlichkeit* als blosse Gallerten menschlicher Arbeit schlechthin. (II.6/30)

So wie abstrakte Arbeit keine Natureigenschaft von Arbeit überhaupt, sondern eine gesellschaftliche Bestimmung von Arbeit ist, ist auch Wertgegenständlichkeit keine dem *einzelnen* Produkt zukommende Gegenständlichkeit, sondern eine Gegenständlichkeit, die den Arbeitsprodukten nur *gemeinsam* zukommt: das „gemeinsame Dritte" besitzen die Waren nur dann, wenn sie gemeinsam auftreten, d.h. wenn sie im Tausch als Waren aufeinander bezogen werden. Marx faßt zusammen:

> „Ein Arbeitsprodukt, für sich isolirt betrachtet, ist also nicht Werth, so wenig wie es Waare ist. Es wird nur *Werth*, in *seiner Einheit* mit andrem Arbeitsprodukt, oder in dem *Verhältniß*, worin die verschiednen Arbeitsprodukte, als Krystalle *derselben Einheit*, der menschlichen Arbeit, einander gleichgesetzt sind. (...) Sage ich, dieses Arbeitsprodukt ist Werth, weil menschliche Arbeit in ihm verausgabt ist, so ist das blosse Subsumtion des Arbeitsprodukts unter den Werthbegriff. Es ist ein abstrakter Ausdruck, der mehr einschließt, als er sagt. Denn dieß Arbeitsprodukt wird blos auf diesen Werthbegriff reducirt, um es als *Ding derselben* Substanz wie alle andren Arbeitsprodukte zu reducieren. Das Verhältniß zu andren Arbeitsprodukten ist also unterstellt." (II.6/31f)

Die *natürlichen* Eigenschaften des Warenkörpers, die ihn zu einem bestimmten Gebrauchswert machen, sind unabhängig von dem gesellschaftlichen Zusammenhang gegenständliche Eigenschaften. Wertgegenständlichkeit kommt

33) Daß es sich bei der substanzialistischen Auffassung des Werts um von Marx „bewußt thematisierte und provozierte Mißverständnisse" handelt, wie Brentel (1989, S.281) meint, ist höchst unplausibel, denn als anfängliche *Mißverständnisse* werden sie in der weiteren Darstellung vom Marx gerade nicht thematisiert.

dem Warenkörper dagegen nur unter bestimmten gesellschaftlichen Verhältnissen zu (der Warenproduktion) und ist insofern eine *gesellschaftliche* Eigenschaft, die aber als eine gegenständliche Eigenschaft erscheint, was den Fetischcharakter der Ware ausmacht. Wesentlich ist aber, daß diese gesellschaftliche Eigenschaft auch nur *in der gesellschaftlichen Beziehung* der Waren und das heißt im Austausch existiert. Isoliert für sich betrachtet außerhalb des Austauschs ist der Warenkörper nicht Ware, sondern bloßes Produkt. Er besitzt somit im Austauschverhältnis eine gegenständliche Eigenschaft, die er außerhalb dieses Verhältnisses nicht besitzt. Die Wertgegenständlichkeit ist von jeder physischen Gegenständlichkeit grundverschieden. Deshalb bezeichnet sie Marx auch als eine „abstrakte Gegenständlichkeit, ein *Gedankending*" (II.5/30), eine „gespenstige Gegenständlichkeit" (II.6/72; 23/52). Im Manuskript *Ergänzungen...* nennt er sie sogar „eine rein phantastische Gegenständlichkeit" (II.6/32).

Der hier herausgestellte Punkt, daß die Produkte ihre Wertgegenständlichkeit erst im Austausch erhalten, vor dem Austausch also noch gar keine Waren sind, wurde verschiedentlich kritisiert. Das Argument, daß gerade bei kapitalistischer Produktion nicht ins Blaue hinein, sondern stets im Hinblick auf den Markt produziert werde, man daher auch schon vor dem Tausch von Ware und Wert sprechen könne, verfehlt allerdings den Sachverhalt, um den es hier geht: die bloße Absicht des Produzenten, sein Produkt als Ware auf den Markt zu bringen, verleiht diesem noch keine Wertgegenständlichkeit. Ob seine individuell verausgabte Privatarbeit tatsächlich als Bestandteil der gesellschaftlichen Gesamtarbeit anerkannt wird, stellt sich erst im nachhinein heraus. Könnte man den Produkten schon vor dem Tausch „Wert" zusprechen, dann wäre dieses Problem bereits als gelöst unterstellt.[34]

Grundsätzlicher angelegt ist die Kritik von Backhaus und Reichelt, die mir vorwerfen, einer bürgerlichen „Zweiweltenlehre" aufzusitzen (Backhaus/Reichelt 1995, S.68, 72, 75, 85, 88), der allerdings auch Marx Vorschub geleistet habe (ebd., S.72). Die eine Welt bestehe aus einer „naturalen Realsphäre", in der es keine Waren, sondern nur Produkte gebe, die andere aus der Welt des Austausches (ebd. S.68). So allgemein gefaßt drücken diese „zwei Welten" aber nur die spezifische Gesellschaftlichkeit der Arbeit in der bürgerlichen Gesellschaft aus: Arbeit wird privat verausgabt (wenn man so will in einer Welt) und erst im nachhinein (in einer anderen Welt) als Bestandteil der ge-

34) Bei der Diskussion dieses Punktes habe ich mich vor allem auf das Manuskript *Ergänzungen...* gestützt, da Marx hier sehr deutlich herausarbeitet, daß das einzelne Produkt gar kein Wertgegenstand sein *kann*. Daß Wertgegenständlichkeit nicht vor dem Austausch existiert, wird aber auch im *Kapital* klar ausgesprochen. Dort heißt es: „Erst innerhalb ihres Austauschs erhalten die Arbeitsprodukte eine von ihrer sinnlich verschiednen Gebrauchsgegenständlichkeit getrennte, gesellschaftlich gleiche Werthgegenständlichkeit...," in der Produktion komme dieser Wertcharakter der Dinge lediglich „in Betracht" (II.6/104; 23/87).

sellschaftlichen Arbeit anerkannt oder auch nicht. *Diese* „Zweiweltenlehre", die sich auf die Differenz von privater und gesellschaftlicher Arbeit bezieht und zu der Backhaus/Reichelt die Alternative nicht deutlich machen, wird von ihnen aber noch mit einer anderen Zweiweltenlehre identifiziert: mit der in der klassischen und neoklassischen Ökonomie verbreiteten Dichotomie zwischen „realen" und „monetären" Größen. Geld gilt dort nur als Rechenmittel ohne selbständige Bedeutung und es herrscht die Auffassung vor, ökonomische Phänomene würden durch „reale" Größen (Mengen, physische Erträge etc.) gesteuert. *Diese* Dichotomie ist in der Tat problematisch, da hier Geld und Tausch, also die spezifische Weise der Vergesellschaftung, im Grunde als unwesentlich betrachtet wird.

Das Problem sind nicht die „zwei Welten" als solche, sondern die Art ihres Zusammenhangs bzw. der spezifische Charakter der „zweiten Welt" von Tausch und Geld. Zu Recht heben Backhaus/Reichelt hervor, daß die Ökonomie eigentlich nur physische Dinge und psychische Prozesse kennt (ebd., S.72). Und genau deshalb hat sie Probleme mit der Wertgegenständlichkeit: die Klassik versuchte sie auf die Physis zu reduzieren (als Ausdruck der Verausgabung einer Menge physischer Arbeit), die subjektive Wertlehre versucht sie mittels psychischer Prozesse (Nutzenschätzungen, Präferenzen) zu fassen. Die Wertgegenständlichkeit entzieht sich aber beiden Zugriffen: gegenüber einer nur subjektiven Zuschreibung erweist sie sich als sachlich-objektiv, aber ohne daß in diese Objektivität irgendeine physische Größe eingehen würde.

Es handelt sich bei der Wertgegenständlichkeit um eine spezifisch *gesellschaftliche* Gegenständlichkeit: nicht nur daß sie gesellschaftlich bedingt ist, sie existiert auch nur in der gesellschaftlichen Beziehung des Tausches. Die Welt einer solchen Gegenständlichkeit unterscheidet sich in der Tat von der Welt physischer Gegenständlichkeit. Sie verwandelt ein ordinäres Ding, sofern es im Tausch als Ware auftritt in ein „sinnlich übersinnliches Ding" (II.5/44; 23/85).

Wertgröße

Die Art und Weise, in der die Wertgegenständlichkeit aufgefaßt wird, hat auch Konsequenzen für die Bestimmung der *Wertgröße*. Auf die selbstgestellte Frage, wie die Größe des Werts zu messen sei, antwortet Marx im *Kapital*:

> „Durch das *Quantum* der in ihm enthaltenen 'werthbildenden Substanz', der Arbeit. Die Quantität der Arbeit selbst mißt sich an ihrer *Zeitdauer*" (II.5/20; 23/53).

Marx unterscheidet die Arbeitszeit, die bestimmend für die Wertgröße ist, von der individuell tatsächlich benötigten Arbeitszeit. Da die Arbeit nur als gleiche menschliche Arbeit wertbildend sei, gelte auch die einzelne Arbeitskraft nicht als besondere Arbeitskraft, sondern nur als Durchschnittsarbeitskraft. Wertbildend sei daher nur die „gesellschaftlich nothwendige Arbeitszeit". Diese bestimmt Marx als

„Arbeitszeit, erheischt, um irgendeinen Gebrauchswerth mit den vorhandnen gesellschaftlich-normalen Produktionsbedingungen und dem gesellschaftlichen Durchschnittsgrad von Geschick und Intensität der Arbeit darzustellen.“ (II.5/20; 23/53)

Nach dieser Aussage ist die Wertgröße allein von den durchschnittlichen, *technologischen* Bedingungen der Produktion abhängig. Diese durchschnittlichen Produktionsbedingungen scheinen den Wert jeder einzelnen Ware *unabhängig* vom Austausch zu determinieren. Daß die „gesellschaftlich notwendige Arbeitszeit“ nicht nur von der Technologie abhängt, wird zu Beginn des Warenkapitels lediglich durch die Aussage angedeutet, daß um Ware zu produzieren, man nicht nur „Gebrauchswerth produciren, sondern *Gebrauchswerth für andre, gesellschaftlichen Gebrauchswerth*“ (II.5/22; 23/55) produzieren müsse. Die daraus folgenden quantitativen Konsequenzen für den Begriff von „gesellschaftlich notwendiger Arbeitszeit“ werden von Marx erst später aufgenommen (vergl. dazu Abschnitt 5 dieses Kapitels).

Wenn „gesellschaftlich notwendige Arbeitszeit“ rein technologisch bestimmt wird, so handelt es sich um eine Bestimmung *konkreter* Arbeit. Wird also die „wertbildende Substanz“, abstrakte Arbeit, durch gesellschaftlich notwendige Arbeitszeit gemessen, so wird abstrakte Arbeit letztlich an konkreter Arbeit gemessen. Eine solche Auffassung ist zwar mit der Vorstellung von abstrakter Arbeit als physiologischer Eigenschaft von Arbeit verträglich, sofern dabei abstrakte Arbeit mit einfacher unqualifizierter Arbeit identifiziert wird. Wird abstrakte Arbeit aber als ein bestimmtes *gesellschaftliches Verhältnis* der Privatarbeiten zu einander aufgefaßt, so ist es unmöglich die Dauer der Verausgabung der Arbeitskraft umstandslos zum Maß der Menge abstrakter Arbeit zu erklären. Abstrakte Arbeit als gesellschaftliches Verhältnis kann überhaupt nicht „verausgabt“ werden.

Indem Marx ohne weiteres abstrakte Arbeit durch die Dauer konkreter Arbeit mißt, gerät er auf den Boden der klassischen politischen Ökonomie. Diese unterschied abstrakte Arbeit nicht von konkreter, ihr Wertmaß Arbeitszeit bezog sich immer auf konkrete Arbeit. Im Rahmen ihres Diskurses, der an der Rationalität des Warenbesitzers ansetzte, war dies auch konsequent: die konkrete Arbeit kostete den Warenproduzenten Mühe und diese Mühe gab seiner Ware „Wert“. Im Rahmen des Marxschen Diskurses, der die anthropologische Grundlegung destruiert, ist ein solches Maß aber höchst problematisch.

Dies ändert allerdings nichts daran, daß der Wert der Ware auch eine quantitative Bestimmung hat und sofern abstrakte Arbeit die Substanz des Warenwerts ist, ist es eine Tautologie, daß die Wertgröße durch die Quantität dieser Substanz gemessen wird. Die Bestimmung dieser Quantität erscheint aber nur dann umstandslos möglich, wenn jene Substanz als quasi materielles „Substrat“ aufgefaßt wird. Diese Substanz ist aber nicht selbst ein Gegenstand, sondern *gegenständliche Reflexion* eines gesellschaftlichen Verhältnisses. Genauso wenig wie dem *einzelnen* Arbeitsprodukt Wertgegenständlichkeit zukommt, kommt ihm eine Wertgröße zu. Wertgegenständlichkeit und Wertgröße kommen den Arbeitsprodukten nur *gemeinsam* zu, insofern sie als Waren aufeinander bezogen werden, sich die privat verausgabte Arbeit als Bestandteil der gesellschaftlichen Arbeit erweist. Insofern schreibt Marx im *Kapital*:

„Die Wertgröße der Ware drückt also ein notwendiges, ihrem Bildungsprozeß immanentes Verhältnis zur gesellschaftlichen Arbeitszeit aus." (23/117)[35]

Wenn von Zeit als Maß für die abstrakte Arbeit die Rede ist, so macht dies nur insofern Sinn, als für die *beiden* ausgetauschten Waren jeweils ein Teil der gesamten, in den verschiedenen Sphären der Produktion verausgabten Arbeitszeit der Gesellschaft aufgewendet wurde. Diese beiden Teile wurden im Tausch gleichgesetzt. Dies darf aber nicht dazu verführen, die gesellschaftliche Gesamtarbeit als etwas Homogenes aufzufassen. Diese Gesamtarbeit ist keine *Summe* gleichartiger Quantitäten, sondern eine bloße *Menge* unvergleichbarer Größen, die – wie Marx in *Zur Kritik* (II.2/137; 13/45) festhält – im Tausch „gewaltsam" verglichen werden.

„Arbeitszeit" als Maß der Wertgröße ist genauso wenig unmittelbare Arbeitszeit wie abstrakte Arbeit als Wertsubstanz unmittelbare, d.h. konkrete Arbeit ist. Abstrakte Arbeit kann daher nicht einfach durch Arbeitszeit, sondern nur durch eine sozusagen „abstrakte Arbeitszeit" gemessen werden.[36] Diese Messung ist aber keine, die mit der Uhr ausgeführt werden kann; nur durch den Tausch kann hier gemessen werden, da abstrakte Arbeit eben nicht isoliert existiert: „abstrakte Arbeitszeit" ist derjenige Anteil der vom individuellen Produzenten privat verausgabten konkreten Arbeitszeit, der im Tausch als Bestandteil der gesellschaftlichen Gesamtarbeit anerkannt wird. Und diese Anerkennung – und damit auch die Messung „abstrakter Arbeitszeit" – erfolgt, wie noch zu diskutieren sein wird, nur vermittels des *Geldes*.

35) Noch deutlicher heißt es im Manuskript *Ergänzungen*...: „Die Reduktion der verschiednen Arbeiten, welche ebenso verschiedne nützliche Dinge produciren, auf *gleichgeltende menschliche Arbeit*, wie das *gemeinsame* Messen dieser Arbeit durch ihre nothwendige Zeitdauer, ist offenbar nichts als ein bestimmtes Verhalten der Producenten zu ihrer Gesammtarbeit, ein gesellschaftliches Verhältniß, welches Personen innerhalb der Produktion und mit Bezug auf dieselbe eingehn." (II.6/38, zweite Herv. von mir)

36) Diese abstrakte Arbeitszeit ist auch nicht empirisch meßbar, wie etwa von Engels im Nachtrag zum dritten Band des *Kapital* nahegelegt wurde (*Wertgesetz und Profitrate*, 25/898ff). Gegen Conrad Schmidt, der im Wertgesetz eine bloße, wenn auch notwendige Fiktion sehen wollte, glaubte Engels eine historisch lang andauernde Phase „einfacher Warenproduktion" feststellen zu können. Nicht nur die historische Triftigkeit dieser Konstruktion ist problematisch, sondern auch ihre begriffliche Konsistenz. Engels ging nämlich von Arbeitszeit als unmittelbarem Wertmaß aus, das für jedes Mitglied der Gesellschaft aufgrund eigener Erfahrung überprüfbar sei. Ausführlich kritisiert wurde die Engelssche Konstruktion von Brentel, der außerdem zeigte, daß die von Marx im Fetischabschnitt angeführten Beispiele einer unmittelbaren Arbeitszeitrechnung bloße Analogien zu didaktischen Zwecken darstellen (Brentel 1989, S.138-153).

3. Wertformanalyse, Austauschprozeß und Geld

Die Wertformanalyse blieb lange Zeit sowohl von Kritikern der Werttheorie als auch von marxistischen Autoren weitgehend unbeachtet.[37] Vor allem durch die Arbeiten von Hans-Georg Backhaus (1969, 1974, 1975) erhielt sie zumindest in der westdeutschen Diskussion über die Werttheorie einen zentralen Platz. Backhaus unterschied die „marxistische" von der „Marxschen" Werttheorie und stellte eine strukturelle Gemeinsamkeit zwischen marxistischer und subjektiver Wertlehre fest, insofern beide zwischen der Wertkonzeption und der Geldtheorie trennen. Beide Wertlehren orientieren sich am Modell einer geldlosen Ökonomie, Geld erscheint ihnen als ein gegenüber dem Naturaltausch bloß zusätzliches Element, das ohne Einfluß auf die eigentliche Wertkonzeption bleibt. Insofern seien sowohl die „marxistische" als auch die subjektive Werttheorie „prämonetäre" Theorien. Dagegen gelte für die „Marxsche" Werttheorie: „Die Marxsche Werttheorie ist als Kritik prämonetärer Werttheorien konzipiert – sie ist auf der Darstellungsebene der einfachen Zirkulation essentiell Geldtheorie" (Backhaus 1975, S.123).[38]

Rechnet man die Vorläufer in den *Grundrissen* nicht mit, so gibt es von Marx insgesamt vier verschiedene Darstellungen der Wertformanalyse: In *Zur Kritik* (1859), im ersten Kapitel der 1. Auflage des *Kapital* (1867), im Anhang der 1. Auflage und im ersten Kapitel der 2. Auflage des *Kapital* (1872).

Die Darstellung in *Zur Kritik* ist die bei weitem kürzeste Fassung. Der Austauschprozeß wird noch nicht in einem eigenen Kapitel abgehandelt, sondern unmittelbar im Anschluß an die Wertformanalyse. Auf den Fetischcharakter der Ware geht Marx (allerdings ohne diesen Begriff zu benutzen) nur sehr kurz noch vor der eigentlichen Wertformanalyse ein.

Im ersten Band des *Kapital* präsentiert Marx dann eine wesentlich ausführlichere Behandlung der Werttheorie, die er gegenüber Kugelmann damit begründet, daß „selbst gute Köpfe die Sache nicht ganz richtig begriffen, also etwas Mangelhaftes an der ersten Darstellung [d.h. in *Zur Kritik*, M.H.] sein

37) So berücksichtigte Fritsch (1954) in seiner „kritischen Würdigung" der Marxschen Geld- und Kredittheorie (lange Zeit die einzige größere Monographie zur Marxschen Geldtheorie) die Wertformanalyse überhaupt nicht. Auch Sweezy und Meek, die die angelsächsische Marx-Rezeption entscheidend prägten, ignorierten die Wertformanalyse weitgehend. Sweezy (1942) ging in seiner Darstellung der Werttheorie überhaupt nicht auf sie ein, und Meek (1956) widmet ihr in seiner ansonsten recht breiten Darstellung gerade eine halbe Seite.

38) Zu Recht hebt auch Ganßmann (1983b) hervor, daß der entscheidende Unterschied zwischen der Arbeitswerttheorie der Klassik und derjenigen von Marx darin liegt, daß letztere die Aufgabe hat, das Geld zu erklären. Während die klassische Arbeitswertlehre von der Frage geleitet werde, was der Wert sei, liege der Marxschen Werttheorie die Frage zugrunde, wie der Austausch zu Werten überhaupt möglich ist. – Daß es bei der Marxschen Werttheorie nicht einfach um die Zurückführung von Wert auf Arbeit, sondern um eine Darstellung der Aporien der klassischen Arbeitswerttheorie geht, wird von Behrens (1993) anhand der Wertformanalyse aufgezeigt.

mußte, speziell der *Analyse der Ware*" (31/534).[39] Im Vorwort zur 1. Auflage des *Kapital* charakterisiert er die beiden Fassungen dann folgendermaßen:

„Was nun näher die Analyse der Werthsubstanz und der Werthgröße betrifft, so habe ich sie möglichst popularisirt. Anders mit der Analyse der *Werthform*. Sie ist schwerverständlich, weil die Dialektik viel schärfer ist als in der ersten Darstellung." (II.5/11f)

Nach der Lektüre der Druckfahnen rieten ihm Engels und Kugelmann allerdings zu einer einfacheren und stärker untergliederten Darstellung der Wertformanalyse. Während der Drucklegung des ersten Bandes schrieb Marx daher einen Anhang *Die Werthform*. Dem nicht „in dialektisches Denken eingewohnten Leser" (II.5/12) empfahl er die Darstellung der Wertform im ersten Kapitel zu überspringen und statt dessen den Anhang zu lesen, denn „dort wird versucht, die Sache so einfach und so schulmeisterlich darzustellen, als ihre wissenschaftliche Fassung erlaubt" (ebd.). Der Anhang ist in eine Fülle von Abschnitten und Unterabschnitten gegliedert, die jeweils eigene den Inhalt zusammenfassende Überschriften besitzen. In der 2. Auflage beseitigte Marx dann diese doppelte Darstellung, wobei er sich für die endgültige Darstellung der Wertformanalyse im wesentlichen am (einfachen, schulmeisterlichen) Anhang und nicht am ersten Kapitel der 1. Auflage orientierte.
Gegenüber der Darstellung im Haupttext der 1. Auflage finden sich im Anhang nicht nur Vereinfachungen, sondern auch einige Umstellungen und Präzisierungen. Beispielsweise wird die Polarität des einfachen Wertausdrucks, die im Haupttext der 1. Auflage nur beiläufig und an späterer Stelle erwähnt wird, gleich zu Beginn der Wertformanalyse explizit zum Thema gemacht. Die 2. Auflage enthält auch einige Verbesserungen gegenüber dem Anhang. So wird der Fetischcharakter nicht mehr als vierte Eigentümlichkeit der Äquivalentform, sondern nach der Wertformanalyse (gemeinsam mit zu diesem Thema gehörenden weiteren Ausführungen des ersten Kapitels der 1. Auflage) in einem eigenen Abschnitt dargestellt. Allerdings macht bereits die Entstehungsgeschichte der einzelnen Fassungen der Wertformanalyse klar, daß die Darstellungen im Anhang und in der zweiten Auflage insgesamt *Popularisierungen* des ersten Kapitels der 1. Auflage sind.
Die gegenüber *Zur Kritik* ausführlichere und „dialektisch schärfere" Darstellung der Wertformanalyse im ersten Kapitel der Erstauflage des *Kapital*, verdankt sich wahrscheinlich in erster Linie Marx' Auseinandersetzung mit Baileys Kritik an Ricardo in den *Theorien über den Mehrwert*. Bailey hatte Ricardo vorgeworfen den Wert, der etwas Relatives sei (nämlich die Beziehung zweier Waren aufeinander im Austausch), in etwas Absolutes (eine Eigenschaft der Ware selbst) verwandelt zu haben. Indem Bailey das Austauschver-

39) An Engels schrieb er dazu: „Die Schwierigkeit der Entwicklung habe ich in der ersten Darstellung (Duncker) dadurch vermieden, daß ich die eigentliche Analyse des Wertausdrucks erst gebe, sobald er entwickelt, als Geldausdruck, erscheint." (22.7.1867, 31/306)

hältnis der Waren nicht durch ihren Wert, sondern durch ihren Gebrauchswert begründet, sitzt er zwar dem gegenständlichen Schein der Warenwelt auf (der Verwandlung gesellschaftlicher Verhältnisse der Personen in Verhältnisse der Sachen). Es wird aber deutlich, daß Ricardo im Rahmen seiner Werttheorie nicht zeigen konnte, daß es erst der Wert ist, der eine spezifische Wertform notwendig macht.[40] Diese ungenügende Auffassung des Zusammenhangs von Wert und Wertform bildete das Einfallstor für die Kritik von Bailey. Da Marx den Zusammenhang von Wert und Wertform in *Zur Kritik* nur kurz andeutete, lag es nahe, ihn ausführlicher darzustellen.

In der Wertformanalyse beansprucht Marx dann auch (bereits bei der Untersuchung der einfachen Wertform) gezeigt zu haben,

> „daß die Werthform oder der Werthausdruck der Waare aus der Natur des Waarenwerths entspringt, nicht umgekehrt Werth und Werthgröße aus ihrer Ausdrucksweise als Tauschwerth." (II.6/92; 23/75)

Daß der Warenwert eine eigene Wertform benötigt, begründete Marx im Anhang zur Erstauflage und etwas ausführlicher in der 2. Auflage des *Kapital* damit, daß die Ware zwar Doppeltes ist, Gebrauchswert und Wert, daß der einzelne Warenkörper aber nur zeigt, daß er Gebrauchswert ist. Ihr Wert könne als gesellschaftliche Eigenschaft daher nur im gesellschaftlichen Verhältnis zu einer anderen Ware erscheinen (vergl. II.5/626 und II.6/80; 23/62).

Wie sich eine Ware im Austauschverhältnis zu einer anderen Ware als das Doppelte, was sie ist, darstellt, hat Marx am prägnantesten im Haupttext der 1. Auflage des *Kapital* formuliert:

> „Indem sie die *andre* Waare sich *als Werth gleichsetzt, bezieht sie sich auf sich selbst als Werth.* Indem sie sich auf sich selbst *als Werth* bezieht, *unterscheidet* sie sich zugleich *von sich selbst als Gebrauchswerth.* Indem sie ihre *Werthgröße* – und Werthgröße ist beides, Werth überhaupt und quantitativ bemeßner Werth – *im Rocke ausdrückt*, giebt sie ihrem *Werthsein* eine von ihrem unmittelbaren Dasein unterschiedne *Werthform.* Indem sie sich so als ein in sich selbst Differenzirtes darstellt, stellt sie sich erst *als Waare* dar – nützliches Ding, das zugleich Werth ist." (II.5/29)

Die Aussage, daß der Wert die Wertform notwendig mache, da der Wert an der Ware selbst nicht erscheinen könne, wird oft so interpretiert, daß Marx in den beiden ersten Unterabschnitten des ersten Kapitels des *Kapital* mit der Wertsubstanz bereits das „Wesen" des Wertes dargestellt habe und es im dritten Unterabschnitt lediglich darum gehe, die „Erscheinungsform" dieses

---

40) „Was bei *Ricardo* der Fehler ist, ist daß er blos mit der *Werthgrösse* beschäftigt ist. Daher nur sein Augenmerk richtet auf das *relative Quantum Arbeit*, das die verschiednen Waaren darstellen, als Werthe verkörpert in sich enthalten. Aber die in ihnen enthaltne Arbeit muß als *gesellschaftliche* Arbeit dargestellt werden; als entäusserte individuelle Arbeit. (...) Diese Verwandlung der in den Waaren enthaltnen Arbeit der Privatindividuen in *gleiche gesellschaftliche Arbeit*... ist bei R. nicht entwickelt." (II.3.4/1318; 26.3/128) Da gesellschaftliche Arbeit eine über die anthropologische Grundlage der klassischen politischen Ökonomie hinausgehende Begriffsbildung ist, konnte der von Marx aufgezeigte Zusammenhang auch nicht von Ricardo entwickelt werden. Es handelt sich nicht um eine Grenze der Person, sondern des theoretischen Feldes, innerhalb dessen diese Person argumentiert.

Wesens nachzutragen.[41] Auf der Grundlage einer solchen Interpretation glaubte Backhaus, „daß in der Entwicklung des Werts ein Bruch aufweisbar" sei: Substanz und Form des Werts seien nur mangelhaft vermittelt, der Übergang vom zweiten zum dritten Abschnitt des ersten Kapitels sei als notwendiger nicht mehr einsehbar (Backhaus 1969, S.131). Bader et al. (1975, S.88ff) entledigten sich dieses Problems, indem sie zwischen einem „analytischen" Anfang (der Bestimmung des Werts in den beiden ersten Unterabschnitten) und einem „synthetischen" Anfang des *Kapitals* (die vom Wert ausgehende Wertformanalyse) unterscheiden. In ähnlicher Weise begreift auch Göhler (1980, S.45f) die Warenanalyse als bloße „Exposition", der dann die Wertformanalyse als die eigentlich „strenge Entwicklung" folgt.

In solchen Interpretationen wird nicht berücksichtigt, daß die Wertgegenständlichkeit der Waren nicht unabhängig oder außerhalb von ihrer Erscheinungsform existieren kann, worauf insbesondere Ruben (1977) in seiner Kritik der westdeutschen „Kapitallogik" verwiesen hat. Auch Masaki (1986) verweist darauf, daß am Ende des zweiten Unterabschnitts des ersten Kapitels noch gar nicht von einem „fertig" bestimmten Wertbegriff ausgegangen werden kann, der bloß noch die entsprechende „Erscheinungsform" benötigen würde, die ihm aber eigentlich akzidentiell wäre.[42]

Daß die Wertgegenständlichkeit der Waren nur *in* ihrem Wertverhältnis und nicht außerhalb existieren kann, wird von Marx im Manuskript *Ergänzungen...* deutlicher als im *Kapital* herausgestellt. Wie bereits oben (S.215) vermerkt wurde, hob Marx dort hervor, daß Wertgegenständlichkeit eine „*gemeinsame Gegenständlichkeit*" der Waren ist. Daraus folgt dann unmittelbar:

„Diese gesellschaftliche Gegenständlichkeit *besitzen* sie auch nur als gesellschaftliche *Beziehung*." (II.6/30, Herv. von mir)

Da die Wertgegenständlichkeit einem isolierten Arbeitsprodukt gar nicht zukommen *kann*,

„kann dieser Werth einer Waare auch nur erscheinen in *einem Verhältniß*, worin sie sich zu andrer Waare als Werth verhält" (II.6/31).

Wird die Wertgegenständlichkeit der Waren als *gemeinsame* Gegenständlichkeit aufgefaßt, so gibt es aber keine sachliche Grundlage dafür, die Wertformanalyse als zweiten Anfang oder gar als Bruch in der dialektischen Darstellung zu interpretieren. Nur dann, wenn die Wertsubstanz als *immanentes Substrat* und Wertgegenständlichkeit als eine den Waren *individuell* zukommende

---

41) Marx selbst legt dieses Verständnis nahe, wenn er in der Einleitung zum Wertformabschnitt schreibt: „Wir gingen in der That vom Tauschwerth oder Austauschverhältniß der Waaren aus, um ihrem darin versteckten Werth auf die Spur zu kommen. Wir müssen jetzt zu dieser Erscheinungsform des Werthes zurückkehren." (II.6/80; 23/62)

42) Darin scheint mir überhaupt die Gefahr der Verwendung des Begriffspaares Wesen und Erscheinung zu liegen: daß das Wesen als das eigentlich Wichtige angesehen wird und die Erscheinung als etwas Zusätzliches, auf das es eigentlich gar nicht ankommt.

Eigenschaft aufgefaßt wird – Auffassungen, die, wie schon gezeigt wurde, in den Ambivalenzen der Marxschen Darstellung ihre Grundlage finden – erscheinen solche Interpretationen der Wertformanalyse schlüssig.

Es gibt aber tatsächlich einen bedeutsamen Unterschied zwischen der Analyse des Austauschverhältnisses (das, wie schon oben bemerkt wurde, nicht mit einem unmittelbaren Warentausch verwechselt werden darf) im ersten und im dritten Unterabschnitt des Warenkapitels: während Marx im ersten Unterabschnitt das Austauschverhältnis als ein *Gleichheitsverhältnis* auffaßt, nämlich als (nur im Tausch existierende) Gleichheit der in beiden Waren enthaltenen Privatarbeiten, wird das Austauschverhältnis im Wertformabschnitt als *Polaritätsverhältnis* bestimmt, bei dessen Analyse das Ergebnis der Untersuchung des Gleichheitsverhältnisses vorausgesetzt wird. Diese Differenz gab Anlaß zu den unterschiedlichsten Interpretationen. Während Beckenbach (1987, S.79) ein „unvermitteltes Hintereinander von zwei ganz verschiedenen Betrachtungsweisen" sieht, spricht Masaki (1986, S.32) von einem „Ineinandergreifen von zwei logischen Wegen". Endemann (1974, S.36, 45) erblickt einen „Widerspruch" zwischen Gleichheit und Polarität, der aber mit der Ableitung des Geldes in der Wertformanalyse gelöst würde. Auch Becker (1972b, S.46ff) sieht hier einen „Widerspruch", und dieser Widerspruch sei die Grundlage des „methodischen Irrationalismus" (ebd. S.59) der Marxschen Theorie: statt von logischen Widersprüchen in der Theorie auf deren Fehlerhaftigkeit zu schließen, würden diese Widersprüche der Realität angelastet. Becker konstatiert folgenden Widerspruch zwischen Gleichheit und Polarität: Im Gleichheitsverhältnis (x Ware A = y Ware B) würde abstrakte Arbeit zum Maß des Werts gemacht, beide Gebrauchswerte seien „bewertete Größen". Im Polaritätsverhältnis (x Ware A ist y Ware B wert) würde nun eine bewertete Größe (y Ware B) gleichzeitig zum Maßstab gemacht, was aber nicht zulässig sei (ebd., S.56). Was Becker für unzulässig hält, ist das durchaus übliche Verfahren einer Messung: auch ein ordinärer Zollstock ist einerseits „bewertet" (er verkörpert eine bestimmte Länge) und dient dann andererseits als Maßstab. Woran sich Becker stößt, ist also lediglich das, was die Wertform mit jedem anderen Maßverhältnis gemeinsam hat.[43]

Marx begann seine Analyse der Ware mit der Untersuchung des Austauschverhältnisses W-W. Dabei zeigte sich, daß die Relation „ist Tauschwert von" eine Äquivalenzrelation auf der Menge der Warenquanta ist und daß diese Äquivalenzrelation ihre Grundlage in der Wertgleichheit der ausgetauschten Waren findet. Gesellschaftliche Gestalt erhält die Wertgegenständlichkeit einer Ware in ihrem Tauschwert. Ist Ware B der Tauschwert von Ware A, so

---

43) „Eigentümlich" an der Wertform ist gerade das, was sie von einem normalen Maßverhältnis unterscheidet, daß die Ware, mittels welcher Wert ausgedrückt wird, nicht einfach als Maßstab, sondern als die *unmittelbare* Verkörperung von Wert gilt.

werden die beiden Waren nicht nur als Werte einander gleichgesetzt, der Wert der Ware A wird als ein bestimmtes Quantum der Ware B ausgedrückt. Die beiden Waren spielen ungleiche Rollen, sie stehen in einer polarischen Beziehung zu einander. Diese Polarität ist eine *inhaltliche* Eigenschaft der Relation „ist Tauschwert von". Sie sagt etwas über die Beziehung von *zwei Elementen* aus, die zueinander in dieser Relation stehen. Daß diese Relation eine Äquivalenzrelation ist, sagt dagegen etwas über den *Umfang* der Relation auf der zugrundeliegenden *Menge* von Elementen aus. Die Polarität der Beziehung „ist Tauschwert von" steht daher keineswegs im Widerspruch dazu, daß es sich hier um eine Äquivalenzrelation handelt und daß diese Äquivalenz durch eine Gleichheit der Warenwerte begründet wird. Aus dieser Gleichheit als Werte folgt lediglich, daß das polare Verhältnis auch in umgekehrter Richtung existiert. Wenn Ware B den Wert von Ware A ausdrückt, dann kann auch Ware A den Wert von Ware B ausdrücken. Daß die Waren A und B die Rollen tauschen können, ändert nichts daran, daß es sich um verschiedene, polarisch aufeinander bezogene Rollen handelt.

Marx analysiert das Polaritätsverhältnis nur von einer Seite aus (Ware A drückt ihren Wert in Ware B aus), da die zusätzliche Untersuchung der anderen Seite (Ware B drückt ihren Wert in Ware A aus), nichts Neues bringen würde. Die verschiedenen Rollen, die die beiden Waren in dem polaren Ausdruck spielen (relative Wertform und Äquivalentform), werden von Marx ausführlich analysiert. Als Ergebnis hält er fest:

„Der in der Waare eingehüllte innere Gegensatz von Gebrauchswerth und Werth wird also dargestellt durch einen äußeren Gegensatz, d.h. durch das Verhältniß zweier Waaren, worin die eine Waare, deren Werth ausgedrückt werden soll, unmittelbar nur als Gebrauchswerth, die andre Waare hingegen, *worin* Werth ausgedrückt wird, unmittelbar nur als Tauschwerth gilt. Die einfache Werthform einer Waare ist also die einfache Erscheinungsform des in ihr enthaltenen Gegensatzes von Gebrauchswerth und Werth." (II.6/93; 23/75f)

Die einfache Wertform einer Ware drückt zwar den Wert dieser Ware aus, dieser Wertausdruck ist aber noch unzulänglich. Marx zeigt, wie die Beseitigung dieser Unzulänglichkeit zunächst zur entfalteten und dann zur allgemeinen Wertform führt.[44] Erst die allgemeine Wertform drückt den Wert der Waren adäquat aus, als das, was er ist. Denn erst jetzt ist der Wert jeder Ware

„nicht nur von ihrem eignen Gebrauchswerth unterschieden, sondern von allem Gebrauchswerth, und eben dadurch als das ihr mit allen Waaren *Gemeinsame* ausgedrückt. *Erst diese Form bezieht daher wirklich die Waaren auf einander als Werthe oder läßt sie einander als Tauschwerthe erscheinen.* (...) Eine Waare gewinnt nur allgemeinen Werthausdruck, weil gleichzeitig alle andren Waaren ihren Werth in demselben Aequivalent ausdrücken, und jede neu auftretende Waarenart muß das nachmachen. Es kommt damit zum Vorschein, daß die Werthgegenständlichkeit der Waaren, weil sie das bloß 'gesellschaftliche Dasein' dieser Dinge ist, auch nur durch ihre allseitige gesellschaftliche Beziehung ausgedrückt werden kann, ihre Werthform daher gesellschaftlich gültige Form sein muß." (II.6/97f; 23/80f Herv. von mir)

---

44) „Dialektische Darstellung", wie sie am Ende des vorigen Kapitels skizziert wurde, wird anhand der Entwicklung von der einfachen zur allgemeinen Wertform besonders deutlich.

Vertreter einer „logisch-historischen" Auffassung von Dialektik (vergl. das letzte Kapitel) begreifen die Wertformentwicklung als abstrakte Darstellung der historischen Entwicklung von einfachen zu entfalteten Tauschverhältnissen (so z.B. Holzkamp 1974). Backhaus, der sich selbst um die Rekonstruktion der begriffslogischen Entwicklung bemüht hatte, kam im dritten Teil seiner *Materialien zur Rekonstruktion der Marxschen Werttheorie* zu dem Ergebnis, daß Marx eine „logische" Methode keineswegs in der Eindeutigkeit vertreten habe, die in den Rekonstruktionsversuchen unterstellt wird. Marx habe die ursprünglich logische Formentwicklung nachträglich „historisiert" (Backhaus 1978, S.43), insofern sei die 2. Auflage eine „Fehlentwicklung" (ebd., S.67). Als indirekte Belege für seine These, daß sich Marx über seine eigene Methode unsicher war, dienen ihm die historisierende Interpretation von Engels, die von Marx hätte kritisiert werden müssen, wenn er sich über die logische Methode im Klaren gewesen wäre, und der nicht abbrechende Streit über die Marxsche Methode.[45] Allerdings kann auch Backhaus nicht überzeugend nachweisen, wo Marx historisierende Argumente als *konstitutive* Bestandteile seiner Argumentation und nicht bloß als Illustrationen benutzt haben soll. Das, was Backhaus als „Historisierung" der 2. Auflage bezeichnet und was dem Marxschen Text tatsächlich eine gewisse Ambivalenz verleiht, scheint eher Resultat des Marxschen Bemühens um eine Popularisierung seiner Darstellung als Ausdruck einer grundsätzlichen Unsicherheit über die eigene Methode zu sein.[46]

Es gibt allerdings auch einen entscheidenden konzeptionellen Unterschied zwischen den ersten beiden und den letzten beiden Fassungen der Wertformanalyse. In den beiden früheren Fassungen in *Zur Kritik* und im ersten Kapitel der Erstauflage des *Kapital* wird die Geldform *nicht* im Rahmen der Wertformanalyse entwickelt.[47] Dies geschieht erstmals im Anhang zur 1. Auflage. In der kurzen Einleitung zur Wertformanalyse in der 2. Auflage wird dann die Ableitung der Geldform sogar als Ziel der ganzen Darstellung bezeichnet[48],

45) Eine weit ausführlichere Auseinandersetzung nicht nur mit Engels' Konzeption einer historischen Phase „einfacher Warenproduktion", sondern auch mit seinen methodischen Auffassungen und den sich im Briefwechsel mit Marx sowohl anläßlich der Ausarbeitung von *Zur Kritik* als auch der Veröffentlichung des ersten *Kapital*-Bandes andeutenden Mißverständnissen lieferte Backhaus im 1978/79 entstandenen, aber erst 1997 veröffentlichten vierten Teil seiner *Materialien.*

46) Vergl. dazu auch Hecker (1979) und Schwarz (1987).

47) Auf diesen bisher kaum beachteten Unterschied der verschiedenen Fassungen wurde auch in dem ausführlichen Kommentar *Das Kapitel vom Geld* nur beiläufig hingewiesen (Projektgruppe Entwicklung des Marxschen Systems 1973, S.161). Hecker (1987, S.155f) registrierte diese Veränderung zwar, interpretierte sie aber ohne weiteres als Fortschritt in der Darstellung. Nur Schwarz (1987) und Backhaus (1997) setzten sich ausführlicher mit dem Problem auseinander, ob hier tatsächlich ein Fortschritt oder ein Rückschritt vorliegt.

48) „Hier gilt es jedoch zu leisten, was von der bürgerlichen Oekonomie nicht einmal versucht ward, nämlich die Genesis dieser Geldform nachzuweisen, also die Entwicklung des im Werth-

und üblicherweise wird die Wertformanalyse auch als dialektische Ableitung des Geldes verstanden. In den beiden früheren Fassungen wird das Geld dagegen erst als Resultat des *Austauschprozesses* entwickelt.
Anstelle der Geldform enthält aber auch das erste Kapitel der 1. Auflage noch eine vierte Wertform. Nach der Darstellung der allgemeinen Wertform schreibt Marx:

„Indeß ist auf unserem jetzigen Standpunkt das allgemeine Aequivalent noch keineswegs verknöchert. (...) Was von der Leinwand, gilt von jeder Waare." (II.5/42)

Marx fährt fort, daß in der entfalteten Wertform der Leinwand die Leinwand noch nicht allgemeines Äquivalent sei, daher jede Ware in ihrem Wertausdruck mit ihr die Stelle wechseln könne. Dann liefere aber die Umkehrung der entfalteten Wertform ein jeweils anderes allgemeines Äquivalent. Daß jede Ware allgemeines Äquivalent sein kann, führt zu einer paradoxen Situation:

„Stellt aber jede Waare ihre eigne Naturalform allen andern Waaren gegenüber als allgemeine Aequivalentform, so schliessen alle Waaren alle von der allgemeinen Aequivalentform aus und daher sich selbst von der gesellschaftlich gültigen Darstellung ihrer Werthgrössen." (II.5/43)

Mit diesem Paradox endet im ersten Kapitel der 1. Auflage die Analyse der Wertform.[49]
Die Ersetzung dieser vierten Wertform durch die Geldform führt allerdings zu einem *Bruch in der dialektischen Darstellung* der Wertformen. Während Marx die Übergänge zwischen den ersten drei Wertformen aus begrifflichen Mängeln der jeweils vorhergehenden Form entwickelt, gibt es zwischen der allgemeinen Wertform und der Geldform überhaupt keinen Unterschied in der *Form*. Es handelt sich nur darum, daß die allgemeine Äquivalentform, die im Prinzip jeder Ware zukommen kann, jetzt „durch gesellschaftliche Gewohnheit" (II.6/101; 23/84) endgültig mit der Naturalform einer spezifischen Ware verwächst. Mit der Einfügung der Geldform wechselt Marx auf eine ganz andere *theoretische Ebene*: statt mit der begrifflichen Entwicklung der *Formen* argumentiert er mit „gesellschaftlicher Gewohnheit", d.h. letzten Endes mit den *Handlungen* der Warenbesitzer.[50]

---

verhältniß der Waaren enthaltenen Werthausdrucks von seiner einfachsten unscheinbarsten Gestalt bis zur blendenden Geldform zu verfolgen. Damit verschwindet zugleich das Geldräthsel." (II.6/81; 23/62) In der Erstauflage wird lediglich in einer kurzen Fußnote beiläufig angemerkt, daß die einfache Wertform „wie Hegel sagen würde, das *An Sich des Geldes*" ist (II.5/28).

49) Angedeutet findet sich diese vierte Wertform und das mit ihr einhergehende Paradox auch in *Zur Kritik* (II.2/118; 13/26f).

50) Insofern ist die Geldform auch keine „historische" Form, wie Schwarz (1987, S.203) schreibt. Es handelt sich nicht um die Vermischung einer logischen mit einer historischen Ebene (in diesem Sinne faßt auch Backhaus 1997, S.293ff die Einfügung der Geldform auf), sondern einer formanalytischen mit einer (abstrakt) handlungstheoretischen Ebene. – Mit den Handlungen der Warenbesitzer scheint Marx auch zu argumentieren, wenn es ab der 2. Auflage beim Übergang von der entfalteten zur allgemeinen Wertform heißt: „In der That: Wenn ein Mann seine Leinwand mit vielen andren Waaren austauscht und daher ihren Werth in einer Reihe von andren Waaren ausdrückt, so müssen nothwendig auch die vielen andren Waarenbesitzer ihre Waaren mit Leinwand

Daß sich die Einfügung der Geldform in die Wertformanalyse nicht einer neuen Einsicht in den Zusammenhang von Ware und Geld, sondern vor allem dem Marxschen Bemühen um Popularisierung verdankt, geht bereits aus einem Brief von Marx an Engels vom 27.6.1867 hervor, wo es über deren erstmalige Einfügung im Anhang zur Erstauflage heißt: „Dies über Geldform nur des Zusammenhangs wegen“ (31/316). Die schwer verständliche Wertformanalyse, bei der es sich für den „Ungebildeten“ anscheinend nur um „Spitzfindigkeiten“ dreht, wie Marx im Vorwort zur 1. Auflage schreibt, erhält mit der Geldform ein Ziel, das jedem Leser bekannt ist. Diese Popularisierung hat allerdings ihren Preis: die strenge dialektische Entwicklung der Wertformen wird durch die Geldform nicht fortgesetzt. Dies wird anscheinend auch von Marx so gesehen. Der 2. Auflage des *Kapital* stellte er zwar das Vorwort zur 1. Auflage voran, strich aber den oben bereits zitierten Satz, die Analyse der Wertform sei „schwerverständlich, weil die Dialektik viel schärfer ist als in der ersten Darstellung“ (II.5/11f).

Die Einfügung der Geldform in die Wertformanalyse ist nicht nur ein Bruch in der dialektischen Darstellung, Marx verwischt damit zugleich den begrifflichen Unterschied zwischen der Formanalyse der Ware und der Untersuchung des Austauschprozesses. In den meisten *Kapital*-Interpretationen wird die Untersuchung des Austauschprozesses daher lediglich als eine Wiederholung der Geldableitung aufgefaßt, mit der man nichts rechtes anzufangen weiß.[51]

Die Einfügung der Geldform in die Wertformanalyse bildet auch die Grundlage von Göhlers These, daß bei der begrifflichen Entwicklung von der Ware zum Geld im *Kapital* gegenüber *Zur Kritik* eine „Reduktion der Dialektik“ stattgefunden habe. Statt einer „emphatischen Dialektik“, die durch reale Widersprüche angetrieben werde, sei im *Kapital* nur eine „reduzierte Dialektik“ übrig geblieben, in welcher Widersprüche nicht mehr Motor der Entwicklung seien. In *Zur Kritik* habe Marx versucht, das Geld zusammen mit dem Aus-

---

austauschen und daher die Werthe ihrer verschiednen Waaren in derselben dritten Waare ausdrükken, in Leinwand.“ (II.6/96; 23/79) Diese Bemerkung findet sich nicht im ersten Kapitel der 1. Auflage. Sie taucht zum ersten Mal im Anhang auf (II.5/642f), der sogar noch eine zweite Passage dieses Kalibers enthält (II.5/628), die Marx dann aber für die 2. Auflage wieder fallen ließ. Sachlich sind diese Bemerkungen nicht zu rechtfertigen, sie sind offensichtlich dem Marxschen Bemühen um Popularisierung entsprungen.

51) So sieht z.B. Zeleny in der Wertformanalyse die „dialektisch-logische“ Ableitung der Geldform (Zeleny 1962, S.80) und im Kapitel über den Austauschprozeß die „von der Zufälligkeit befreite Ausdrucksform der historischen Genesis der Geldform“ (ebd., S.81, Fn. 14). Da aber auch schon die dialektische Ableitung der „ideale Ausdruck“ der historischen Genesis sein soll (ebd. S.81), bleibt der systematische Unterschied zwischen den beiden Geldableitungen im Dunkeln. – Als gänzlich überflüssig betrachtet die Projektgruppe zur Kritik der politischen Ökonomie (1973) das zweite Kapitel. In ihrem Kommentar zur logischen Entwicklung der Kategorien wird auf dieses Kapitel überhaupt nicht eingegangen, da es nur historische Entwicklungsprozesse beschreiben und die logische Abfolge der Kategorien unterbrechen würde (ebd., S.80, Fn.).

tauschprozeß zu entwickeln, sei mit dieser Doppelstrategie aber gescheitert. Dagegen sei im *Kapital* das Geld bereits das Ergebnis der Wertformanalyse, die aber nicht durch reale Widersprüche angetrieben werde und von der aus auch ein Übergang zum Austauschprozeß nicht möglich sei.
Göhlers Interpretation beruht also wesentlich darauf, daß er bei Marx zwei verschiedene Geldableitungen identifiziert: in *Zur Kritik* im Austauschprozeß ohne vorangehende Wertformanalyse und im *Kapital* als Resultat der Wertformanalyse ohne Austauschprozeß. Die Textbelege, die eine solche Interpretation fragwürdig machen, werden ohne weitere Diskussion abgetan. So muß Göhler zwar zugeben, daß Marx in *Zur Kritik* noch vor der Analyse des Austauschprozesses die Wertformen (ohne sie allerdings als solche zu benennen) darstellt, allerdings sei eine „systematische Funktion" dieser Darstellung „nicht ersichtlich" (Göhler 1980, S.56). Die Erstauflage, die im Haupttext zwar eine ausführliche Wertformentwicklung enthält, die aber gerade nicht mit der Geldform abschließt, nimmt für Göhler eine „Mittelstellung" auf dem Weg zur 2. Auflage ein, da sie den „naheliegenden Schritt" zur Geldform noch nicht vollzieht (ebd. S.54). Es hätte aber gerade diskutiert werden müssen, ob dieser Schritt tatsächlich so „naheliegend" ist oder ob er nicht etwa aus der reinen Formentwicklung herausführt. Und schließlich wird der für Göhlers Interpretation doch einigermaßen störende Sachverhalt, daß auch in der 2. Auflage des *Kapital*, trotz ausführlicher Wertformanalyse, das Geld immer noch im Austauschprozeß abgeleitet wird, damit abgetan, daß es sich hier um „ein Relikt innerhalb der Überarbeitung" handeln würde (ebd. S.55). Wenn sich die Einführung der Geldform in die Wertformanalyse aber einer Popularisierung verdankt und keinen neuen Typus einer Geldableitung darstellt, dann entfällt auch die sachliche Grundlage der von Göhler konstatierten „Reduktion der Dialektik".
Auf den begrifflichen Unterschied zwischen der Formanalyse der Ware und der Untersuchung des Austauschprozesses, der in der 2. Auflage verschwimmt, wies Marx in der 1. Auflage noch explizit hin. Vor Beginn der Untersuchung des Austauschprozesses heißt es dort:

> „Die Waare ist *unmittelbare Einheit von Gebrauchswerth* und *Tauschwerth*, also zweier Entgegengesetzten. Sie ist daher ein unmittelbarer *Widerspruch*. Dieser Widerspruch muss sich entwickeln, sobald sie nicht wie bisher analytisch bald unter dem Gesichtspunkt des Gebrauchswerths, bald unter dem Gesichtspunkt des Tauschwerths betrachtet, sondern als ein Ganzes wirklich auf andere Waaren bezogen wird. Die *wirkliche* Beziehung der Waaren aufeinander ist aber ihr *Austauschprozeß*." (II.5/51) [52]

Im ersten Kapitel (bzw. im ersten Unterabschnitt des ersten Kapitels der 1. Auflage) geht es um die *Ware als solche*, um die Warenform des Arbeitsproduktes oder, wie Engels in seinem *Kapital*-Konspekt schreibt, um die „Ware an sich" (16/245). Das theoretische Objekt, das hier den Gegenstand

52) Eine ganz ähnliche Stelle findet sich auch in *Zur Kritik* (II.2/119f; 13/28).

der Untersuchung bildet, ist nicht zu verwechseln mit der Ware, *bevor* sie in den Austauschprozeß tritt. Erstes und zweites Kapitel thematisieren keine zeitliche Abfolge, sondern unterschiedliche Untersuchungsebenen. Zwar muß auch die „Ware als solche" im Austauschverhältnis betrachtet werden (Ware ohne Austausch ist keine Ware, sondern bloßes Produkt), aber nicht im *wirklichen* Austauschprozeß. Insofern handelt es sich zunächst nur um die „gedachte" Ware.[53] Auch bei der Darstellung der verschiedenen Wertformen hat es Marx nicht mit dem wirklichen Austausch, sondern immer nur mit der Ware als solcher zu tun. Marx zeigt, daß der Wert der Ware nicht an ihr selbst erscheinen kann, daß er daher eine *eigene, gegenständliche Form* benötigt, um erscheinen zu können. Die allgemeine Wertform ist die dem Wert adäquate *Erscheinungsform*, d.h. die Form, in der der Wert der Ware erst wirklich als Wert existiert. Es geht hier allerdings immer noch um die theoretischen Bestimmungen der Ware als solcher und nicht um ihren wirklichen Austauschprozeß.[54] Die Formbestimmungen dieses theoretischen Objekts, der bloß „gedachten" Ware, der Ware als solcher, können dialektisch, d.h. als begriffliches Entwicklungsverhältnis verschiedener Formbestimmungen dargestellt werden. Bei der Untersuchung des Austauschprozesses geht es dann nicht mehr um diese „gedachte" Ware, sondern um die „wirkliche" Beziehung der Waren, und damit um eine ganz andere Analyseebene, denn wirklich in Beziehung treten die Waren nicht durch ihre Wertform, sondern durch ihren Austausch und den können nur die Waren*besitzer* vollziehen.[55]

Das Kapitel über den Austauschprozeß ist daher keine Fortsetzung der *Formanalyse*, Marx untersucht dort (auf der Grundlage der gewonnenen Formbe-

53) „Erschien die einzelne Waare unter dem Gesichtspunkt des Gebrauchswerthes ursprünglich als selbstständiges Ding, so war sie dagegen als Tauschwerth von vorn herein in Beziehung auf alle andern Waaren betrachtet. Diese Beziehung war jedoch nur eine *theoretische, gedachte*." (II.2/121; 13/29, Herv. von mir)

54) In der 1. Auflage heißt es zusammenfassend: „Man sieht: die Analyse der Waare ergiebt alle *wesentlichen* Bestimmungen der *Werthform* und die Werthform selbst in ihren gegensätzlichen Momenten... Das entscheidend Wichtige aber war den inneren nothwendigen Zusammenhang zwischen Werth*form*, Werth*substanz* und Werth*grösse* zu entdecken, d.h. ideell ausgedrückt, zu beweisen, dass die Werth*form* aus dem Werth*begriff* entspringt." (II.5/43) Daher ist auch der Vorwurf, Marx versuche in der Wertformanalyse das Geld aus dem Barter abzuleiten (Beckenbach 1987, S.67ff), nicht zutreffend. Weder geht es bei der einfachen Wertform um einen wirklichen Austauschprozeß wie den Barter noch geht es bei der Wertformanalyse (ihrem begrifflichen Gehalt nach) überhaupt um die Geldableitung. Letzteres wird allerdings durch die Marxsche Einfügung der Geldform verschleiert.

55) Wenn es hier um den Unterschied von „gedachten" und „wirklichen" Beziehungen geht, so darf daraus nicht der Schluß gezogen werden, im ersten Kapitel handle es sich um „Theorie" und im zweiten Kapitel um „Wirklichkeit", die der Theorie gegenübersteht. Sowohl die Ware als solche als auch der Austauschprozeß sind theoretische Objekte (allerdings auf unterschiedlichen Darstellungsebenen), „Gedankenobjekte", die nicht identisch sind mit dem wirklichen Objekt, der bürgerlichen Gesellschaft. Die Produktion dieser Gedankenobjekte ist gerade die Art und Weise wie das wirkliche Objekt wissenschaftlich angeeignet werden kann, wie Marx in der *Einleitung* von 1857 betont (vergl. dazu das vierte Kapitel).

stimmungen) die logische Struktur des Handlungsproblems der Warenbesitzer, die ihre Waren austauschen wollen. Die Betrachtung der wirklichen Beziehung der Waren führt so zu einer Handlungstheorie: die Personen müssen in ihren Handlungen, sofern sie sich zu ihren Arbeitsprodukten als Waren verhalten, die Gesetze der Warenwelt exekutieren. Nicht als Resultat der Wertformanalyse ergibt sich *Geld*, sondern erst als Resultat des Austauschprozesses, der zwar willentlichen aber durch die Gesetze der Warenwelt bestimmten Handlungen der Warenbesitzer.

Die Analyse des Austauschprozesses beginnt Marx mit der Feststellung, daß die Waren für ihre Besitzer keine Gebrauchswerte sind, denn sie wollen sie ja austauschen, sondern nur Träger von Tauschwert. Jeder Warenbesitzer will seine Ware nicht nur veräußern, er will sie gegen bestimmte Ware, die sein Bedürfnis befriedigt, veräußern. D.h. für jeden Warenbesitzer ist *seine* Ware allgemeines Äquivalent. Damit ist aber letzten Endes keine Ware allgemeines Äquivalent, da ja jede Ware alle anderen Waren ausschließt. Das Paradox der vierten Wertform, die im ersten Kapitel der 1. Auflage den Schluß der Wertformanalyse bildete, erscheint hier wieder als logische (nicht historische) Grundstruktur des Handlungsproblems der Warenbesitzer. Zur Lösung dieses Problems heißt es nun weiter:

„In ihrer Verlegenheit denken unsre Waarenbesitzer wie Faust. Im Anfang war die *That*. Sie haben daher schon gehandelt, bevor sie gedacht haben. Die Gesetze der Waarennatur bethätigten sich im Naturinstinkt der Waarenbesitzer. Sie können ihre Waaren nur als Werthe und darum nur als Waaren auf einander beziehn, indem sie dieselben *gegensätzlich* auf *irgend eine andre* Waare als *allgemeines Aequivalent* beziehn. Das ergab die Analyse der Waare. Aber nur die *gesellschaftliche That* kann eine *bestimmte* Waare zum allgemeinen Aequivalent machen. (...) Allgemeines Aequivalent zu sein wird durch den gesellschaftlichen Prozeß zur *specifisch gesellschaftlichen Funktion* der *ausgeschlossenen* Waare. So wird sie – *Geld*." (II.5/53; 23/101)

Geld entsteht also nur durch das Handeln der Warenbesitzer. Doch ist es nicht ihre Rationalität, die sie zum Geld führt, sie handeln vielmehr, „bevor sie gedacht haben", den Gesetzen der Warennatur folgend. Auch hier wird wieder der Bruch zum Diskurs der Klassik deutlich: nicht vom individuellen Handeln aus ist die Ökonomie zu erklären, dieses Handeln ist vielmehr durch die spezifische Struktur der Ökonomie bestimmt.[56] Daher hat die Analyse dieser Struktur auch bereits ergeben können, was die Personen *als Warenbesitzer* tun müssen: sie müssen ihre Waren auf ein allgemeines Äquivalent beziehen. Indem sie dies wirklich *tun*, machen sie dieses allgemeine Äquivalent zu Geld. Allerdings ist am Geld als fertigem Resultat nicht mehr sichtbar, daß es bloß das Resultat des (durch die Gesetze der Warenwelt bestimmten) Handelns der

56) In *Zur Kritik* bemerkte Marx zu den üblichen Erklärungen des Geldes: „Die Oekonomen pflegen das Geld aus den äußern Schwierigkeiten abzuleiten, worauf der erweiterte Tauschhandel stößt, vergessen aber dabei, daß diese Schwierigkeiten aus der Entwickelung des Tauschwerths und daher der gesellschaftlichen Arbeit als allgemeiner Arbeit entspringen." (II.2/129; 13/36) Geld sei für sie daher nur „ein pfiffig ausgedachtes Auskunftsmittel" (II.2/130; 13/36).

Warenbesitzer ist. Im Gegenteil, es tritt den Warenbesitzern als Voraussetzung ihres Handelns gegenüber. Der einzelne Warenbesitzer muß seine Ware anscheinend bloß deshalb auf Geld beziehen, weil das Geld schon vorhanden ist.[57] Der *Warenfetisch* wird so zum *Geldfetisch*.[58]
Die Darstellung der eigentlichen Geldableitung im Austauschprozeß fällt im *Kapital* wesentlich knapper aus als in *Zur Kritik*. Auch wenn die Grundstruktur der Argumentation dieselbe geblieben ist, geht doch ein Punkt im *Kapital* fast unter. Dort heißt es nach der Schilderung des Ausgangsproblems der Warenbesitzer eher beiläufig über die Waren, die sich in dieser Situation *vor* dem Austausch gegenüberstehen:

„Sie stehn sich daher überhaupt nicht gegenüber als Waaren, sondern nur als Produkte oder Gebrauchswerthe." (II.5/53; 23/101)

Gebrauchswerte werden also erst *innerhalb* und durch den Austausch zu Waren. Wesentlich ausführlicher heißt es über das Verhältnis von privater und gesellschaftlicher Arbeit in *Zur Kritik*:

„Die gesellschaftliche Arbeitszeit existirt so zu sagen nur latent in diesen Waaren und offenbart sich erst in ihrem Austauschproceß. Es wird nicht ausgegangen von der Arbeit der Individuen als gemeinschaftlicher, sondern umgekehrt von besondern Arbeiten von Privatindividuen, Arbeiten, die sich erst im Austauschproceß durch Aufhebung ihres ursprünglichen Charakters, als allgemeine gesellschaftliche Arbeit beweisen. *Die allgemein gesellschaftliche Arbeit ist daher nicht fertige Voraussetzung, sondern werdendes Resultat*." (II.2/123; 13/31f, Herv. von mir)

Erst innerhalb des Austausches verwandelt sich die Privatarbeit wirklich in gesellschaftliche Arbeit, wird sie zu wertbildender Arbeit. Dann folgt aber auch, wovon bereits oben die Rede war, daß den Waren erst *innerhalb* des Austausches Wert und Wertgröße zukommen. Diese sind ebenfalls nicht „fertige Voraussetzung", sondern „werdendes Resultat". Das bedeutet aber nicht, daß die Waren nur Wert und Wertgröße *wegen* ihrer Ausdrucksweise als Tauschwert besitzen, was Marx als denjenigen „Wahn" charakterisiert, der Merkantilisten und „modernen Freihandelshausirer[n]" gleichermaßen eigen sei (II.6/92f; 23/75). Wenn Marx an mehreren Stellen betont, daß die Waren ihren Wert nicht aufgrund des Austausch erhalten, daß sie ihren Wert im Austausch realisieren (was unterstellt, daß sie bereits vor dem Austausch einen Wert besitzen), so hat dieses Argument seine Berechtigung, insofern es gegen bloße

57) „Eine Waare scheint nicht erst Geld zu werden, weil die andern Waaren allseitig ihre Werthe in ihr darstellen, sondern sie scheinen umgekehrt allgemein ihre Werthe in ihr darzustellen, weil sie *Geld* ist. Die vermittelnde Bewegung verschwindet in ihrem eignen Resultat und läßt keine Spur zurück. Ohne ihr Zuthun finden die Waaren ihre eigene Werthgestalt fertig vor als einen außer und neben ihnen existirenden Waarenkörper." (II.5/58f; 23/107)

58) Bereits in den *Grundrissen* schrieb Marx: „Was die Auffassung des Geldes in seiner vollen Bestimmtheit als Geld besonders schwierig macht... ist, daß hier ein Gesellschaftsverhältniß, eine bestimmte Beziehung der Individuen auf einander, als ein Metall, ein Stein, eine rein körperliche Sache ausser ihnen erscheint..." (II.1.1/161; Gr 151). Das Frappierende am Geld sei, daß ich in ihm „die allgemeine gesellschaftliche Macht und den allgemeinen gesellschaftlichen Zusammenhang, die gesellschaftliche Substanz in der Tasche mit mir herumtragen" kann (II.2/20; Gr 874).

Zirkulationstheorien des Wertes (eine Ware ist das „wert", was man für sie erhält) gerichtet ist und statt dessen darauf insistiert, daß dem Wert ein bestimmtes Verhältnis der individuellen Privatarbeit zur gesellschaftlichen Gesamtarbeit zugrunde liegt. Allerdings kann dieses Verhältnis vor dem Austausch nicht *fixiert* werden. Die Vorstellung, die Waren würden als fertig bestimmte Wertgrößen in den Austauschprozeß eintreten, verdankt sich einer Auffassung der Wertsubstanz als quasi materiellem *Substrat*, das in einer bestimmten Menge in den einzelnen Waren vorhanden ist. Sie ist aber unvereinbar mit einer Auffassung der Wertsubstanz als bloß gegenständlicher *Reflexion* eines gesellschaftlichen Verhältnisses.

4. Das Problem der Geldware

Marx unterstellt stets eine Geld*ware*, als Grundlage des Geldsystems. Was ihm erklärungsbedürftig erscheint, ist nicht der Warencharakter des Geldes, sondern die Umstände, die eine Ware zu Geld machen:

„Die Schwierigkeit liegt nicht darin zu begreifen, daß Geld Waare, sondern wie, warum, wodurch Waare Geld ist." (II.5/58; 23/107)

Es ist nun zweierlei zu prüfen, ob es im Rahmen Marxschen Argumentation tatsächlich notwendig ist, von einer solchen Geldware auszugehen.
Meistens wird bereits die Wertformanalyse so gelesen, daß sie die Notwendigkeit einer Geld*ware* demonstriert. Egal ob man sich an die 2.Auflage hält, wo die Geldform explizit in die Wertformanalyse aufgenommen wurde, oder an die 1.Auflage, die lediglich die Notwendigkeit eines allgemeinen Äquivalentes demonstriert, jedesmal dient eine Ware der übrigen Warenwelt als Wertausdruck. Allerdings beginnt Marx die Wertformanalyse bereits damit, daß der Wert einer Ware im Wert einer anderen Ware ausgedrückt wird. Was er demonstriert ist nicht, daß es notwendig ist, daß eine zweite *Ware* zum Wertausdruck der ersten dient, sondern daß dieser Wertausdruck unvollständig und mangelhaft ist, sofern er sich an einer einzelnen, zufälligen Ware festmacht. Marx demonstriert *anhand des Wertausdrucks einer Ware in einer anderen Ware*, welche Anforderungen eine Wertform erfüllen muß, damit sie den Wert adäquat ausdrückt. *Daß der Träger dieser Wertform aber selbst eine Ware ist, wurde damit gerade nicht gezeigt, sondern von Anfang an unterstellt.* Insofern liefert die Wertformanalyse zwar die *Formbestimmungen* des allgemeinen Äquivalents, sie liefert aber kein Argument dafür, ob das allgemeine Äquivalent Ware sein muß oder nicht.[59]

59) Daß ich die Geldware als entbehrlich für die Marxsche Geldtheorie ansehe, wurde unter anderem von Backhaus/Reichelt heftig kritisiert. Als „Beweis" (Backhaus/Reichelt 1995, S.91), daß die Marxsche Geldtheorie ohne Geldware nicht denkbar sei, führen sie aber lediglich das der Wertformanalyse entnommene Argument an, daß der Wert der Waren einen *gegenständlichen* Aus-

Im zweiten Kapitel demonstriert Marx dann, daß die Warenbesitzer ihre Waren im Austauschprozeß wirklich auf ein allgemeines Äquivalent beziehen müssen, um sie überhaupt als Waren aufeinander beziehen zu können, und er insistiert darauf, daß der Austauschprozeß „der Waare, die er in Geld verwandelt, nicht ihren *Werth*, sondern ihre spezifische Werth*form*" (II.5/57; 23/105) gibt. Die Frage ist allerdings, ob es wirklich notwendig ist, daß der Träger dieser Wertform eine Ware ist und selbst Wert besitzt.[60] Was in der Analyse des Austauschprozesses gezeigt wurde, ist lediglich, daß die Warenbesitzer ihre Waren auf *etwas* beziehen müssen, das als allgemeines Äquivalent fungiert, aber nicht, ob dieses etwas selbst eine Ware ist.

Auch wenn man zugibt, daß Marx nicht explizit begründet hat, daß das allgemeine Äquivalent selbst eine Ware sein muß, scheint eine solche Folgerung doch recht nahe zu liegen: da das allgemeine Äquivalent den Wert der Waren ausdrücken soll, muß es anscheinend selbst Wert besitzen, also selbst eine Ware sein. Diese Folgerung ist aber nicht zwingend. Das allgemeine Äquivalent gilt nicht einfach als Wertgegenstand wie die ordinären Waren, sondern als die *alleinige* und *unmittelbare* Wertgestalt. In *Zur Kritik* schrieb Marx über das Gold als Geldware:

„Im Gegensatz zu den Waaren, die das selbstständige Dasein des Tauschwerths, der allgemeinen gesellschaftlichen Arbeit, des abstrakten Reichthums, nur vorstellen, ist Gold *das materielle Dasein des abstrakten Reichthums*. (...) Es ist der allgemeine Reichthum als Individuum." (II.2/188; 13/102f)

Die Naturalform des Äquivalents gilt unmittelbar als Wertgestalt. Nun ist aber die Naturalform von Gold genausowenig *unmittelbar* Wert wie eine Papiernote. Diese bestimmte Naturalform wird nur dadurch zur unmittelbaren Erscheinungsform von Wert, weil sich alle Waren auf diese Naturalform als ihre unmittelbare Wertform beziehen.

Beim allgemeinen Äquivalent, als Ausdruck des „abstrakten Reichtums", handelt es sich demnach um eine besondere Form der Abstraktion. Wird von zwei Waren ausgesagt, daß es sich um Wertgegenstände handelt, so wird von ihren besonderen Gebrauchswerten abstrahiert und nur ihre Wertgegenständlichkeit als abstrakter Gattungsbegriff, der auf einer logisch allgemeineren Stufe steht, festgehalten. Dies wäre der übliche Vorgang einer Abstraktion, *hier handelt es sich aber um etwas anderes*: Das allgemeine Äquivalent, Geld, gilt als *Materialisierung* der abstrakten Gattungseigenschaft, die auf *derselben* Stufe wie die einzelnen Waren steht: Dies ist mit dem zuletzt zitierten Satz, Geld sei „der allgemeine Reichthum als Individuum" gemeint. Im ersten Kapitel der

druck benötigt. Dies wird auch von mir nicht bestritten, die Frage ist jedoch, ob dieser gegenständliche Ausdruck zwingend eine *Ware* sein muß. Die Gleichsetzung von Gegenständlichkeit mit Ware, wird von Backhaus/Reichelt jedoch nicht begründet.

60) Es geht nicht darum, ob die Geldware durch bloße Zeichen repräsentiert werden kann, sondern ob es überhaupt einer *Ware* bedarf, die dann durch Zeichen repräsentiert wird.

1. Auflage des *Kapital* wählte Marx dafür einen instruktiven Vergleich:

„Es ist als ob neben und außer Löwen, Tigern, Hasen und allen andern wirklichen Thieren, die gruppirt die verschiednen Geschlechter, Arten, Unterarten, Familien u.s.w. des Thierreichs bilden, auch noch *das Thier* existirte, die individuelle Incarnation des ganzen Thierreichs." (II.5/37)

Die Gattung ist hier nicht nur eine nominalistische Abstraktion, sondern sie besitzt selbst eine reale Existenz. Auch hier finden wir wieder das „Real-Allgemeine", von dem im vierten Kapitel die Rede war. Wenn aber eine *Gattung* als besonderes *Individuum* neben den einzelnen Individuen, deren Gesamtheit die Gattung bildet, dargestellt werden soll, so muß dies nicht notwendigerweise durch eines ihrer eigenen Individuen geschehen; es muß nicht notwendigerweise ein Löwe, Tiger etc. sein, der „das Tier" darstellt. Genausowenig wie logisch deduziert werden kann, *welche* Ware die Warenbesitzer als Äquivalentware ausschließen, kann deduziert werden, ob sie überhaupt eine *Ware* ausschließen.[61]

Die wirklichen Waren sind immer Einheit von Wert und Gebrauchswert, „sinnlich übersinnliche Dinge" (II.5/44; 23/85). Das „Übersinnliche" an der Ware, ist nicht der *Inhalt* der Wertbestimmung, sondern die *Form Wert*, die spezifische *Gegenständlichkeit* des Werts. Dieser *übersinnliche* Teil der Ware erhält im Geld eine *sinnliche* Existenz. Das Übersinnliche kann aber gar nicht sinnlich existieren, es kann nur vermittels eines sinnlichen Gegenstands *bezeichnet* werden. Die unmittelbare Existenz des Werts, *Wert als solcher* ist eine Abstraktion, ein reales Objekt kann diese Abstraktion immer nur *repräsentieren*. Auch Gold ist als Geld nicht *unmittelbar* Wert, Wert als solcher (genausowenig wie ein Löwe „Tier" schlechthin ist). Als Geld ist auch das Gold *Zeichen*, aber nicht einfach von Wert, sondern von *Wert als solchem*. In diesem Sinne ist *jedes* Geld ein *Wertzeichen*, auch wenn es einen eigenen Wert besitzt. Daß das Wertzeichen selbst Wert besitzt, um Wert bezeichnen zu können, ist aber genausowenig zwingend erforderlich wie daß das Zeichen für „Tier" selbst ein leibhaftiges Tier sein muß.[62]

In den *Grundrissen* deutet sich auch bei Marx die hier dargestellte allgemeinere Auffassung vom Geld an. Bei seinem ersten Versuch einer Geldableitung heißt es, die Ware muß, um sich als Tauschwert zu realisieren,

61) Im *Urtext* hält Marx fest: „Der bürgerliche Productionsprocess bemächtigt sich zunächst der Metallcirculation als eines fertig überlieferten Organs, das zwar allmählig umgestaltet wird, jedoch stets seine Grundconstruction bewahrt. Die Frage, daher, warum Gold und Silber statt andrer Waaren zum Material des Geldes dienen, fällt jenseits der Grenzen des bürgerlichen Systems." (II.2/39; Gr 895) Die Frage, ob die Metallzirkulation als *historischer* Ausgangspunkt auch der notwendige *begriffliche* Ausgangspunkt zum Begreifen von Ware und Geld in der bürgerlichen Gesellschaft ist, wird von Marx nicht gestellt.

62) Der von Marx nach der Geldableitung zitierte Satz aus der Apokalypse, „Et ne quis possit emere aut vendere, nisi qui habet characterem aut nomen bestiae, aut numerum nominis ejus" (II.5/53; 23/101), gilt ganz wörtlich: nur der *Namen* des Tiers (nomen bestiae), nicht das Tier selbst ist zu Kauf und Verkauf erforderlich.

„mit einem dritten Ding ausgetauscht werden, das nicht selbst wieder eine besondre Waare ist, sondern das Symbol der Waare als Waare, des Tauschwerths der Waare selbst; *das also sage die Arbeitszeit als solche repräsentirt*, sage ein Stück Papier oder Leder, welches einen aliquoten Theil Arbeitszeit repräsentirt." (II.1.1/79; Gr 63) [63]

Auch hält Marx dort explizit fest:

„Hier noch gar nicht von Geld als fixirt in der Substanz eines bestimmten Products etc gesprochen." (II.1.1/84; Gr 69)

Allerdings versucht Marx dort das Geld noch ohne Wertformanalyse abzuleiten. Indem Marx im *Kapitel vom Geld*, was die Wertformanalyse angeht, zunehmend präziser wird, verliert er diese allgemeinere Auffassung vom Geld aus den Augen und macht die Geldform an einer Geldware fest.

Mag Warengeld auch ein *historischer* Ausgangspunkt der Geldentstehung gewesen sein, so folgt seine Existenz keineswegs *logisch-begrifflich* aus der Warenform des Arbeitsprodukts. Indem Marx das Geld aber sofort als Warengeld auffaßt, sitzt er einer bestimmten historischen Phase in der Entwicklung des Geldsystems auf und legt seiner Geldtheorie, noch bevor er sie weiter entwikkelt, eine entscheidende Fessel an. Zwar untersucht auch Marx „Wertzeichen", aber nur unter der Voraussetzung einer Geldware, die durch ein Zeichen repräsentiert wird. *Dieses* Wertzeichen, das Marx bei seiner Analyse im Blick hat, repräsentiert Wert nur insoweit als es die Geldware repräsentiert. Die hier vertretene These lautet demgegenüber, daß *jedes* Geld (ob Ware mit Eigenwert oder nicht) bloß *Repräsentant* von „Wert als solchem" und insofern ein „Wertzeichen" ist. Nur in diesem *allgemeinen* Sinn ist die Kategorie Geld Resultat der Untersuchung des Austauschprozesses.

Die hier vertretene Konzeption des Geldes wird auch nicht von der Marxschen Kritik an nominalistischen Geldauffassungen in *Zur Kritik* getroffen (II.2/149ff; 13/59ff). Dort hatte Marx Auffassungen kritisiert, die aufgrund der Verwechslung zwischen dem Maßstab der Preise und dem Maß der Werte das Warengeld als bloßes Zeichengeld interpretierten, d.h. er kritisierte verkehrte Auffassungen über das *Warengeld*. Hier geht es aber um Geld als solches, unabhängig davon ob es Warengeld ist oder nicht.

Die Auffassung, daß Geld immer nur Zeichen von Wert als solchem ist, läßt sich auch nicht einfach als geldtheoretischer Nominalismus auffassen. Im Nominalismus, wie er etwa von Knapp (1905) oder von Keynes (1930) vertreten wurde und wie er sich heute in fast jedem Lehrbuch wiederfindet, ist Geld lediglich Träger einer *Rechnungseinheit* (oder einer als Rechnungseinheit aufgefaßten Werteinheit) ohne Bezug zu irgendeiner Werttheorie.[64] Hier

63) Marx verfällt hier keineswegs in eine Stundenzetteltheorie, denn Geld soll nicht *unmittelbare* Arbeitszeit, sondern Arbeitszeit *als solche* repräsentieren.

64) So heißt es bei Knapp (1905, S.6): „Zahlungsmittel ist eine bewegliche Sache, welche von der Rechtsordnung aufgefaßt wird als Trägerin von Werteinheiten". Er will diesen Satz aber nicht als Definition verstanden wissen, denn er sieht sich zugleich zu dem Eingeständnis gezwungen: „Eine wirkliche Definition des Zahlungsmittels dürfte schwerlich zu geben sein" (ebd.). – Ganz ähnlich

ist die Geldtheorie dagegen unlösbar mit der Werttheorie verschränkt, Geld ist nicht einfach Rechnungseinheit sondern Repräsentant von *Wert als solchem*, selbständiger und unmittelbarer Ausdruck von Wert. Daß Geld logisch nicht an eine Geldware gebunden ist, bedeutet auch keineswegs, daß die Wertformanalyse überflüssig wäre, als *Form*analyse entwickelt sie gerade die entscheidende Formbestimmung des Geldes: allgemeine Äquivalent*form*.

Die Marxsche Geldtheorie steht im Grunde jenseits der Kontroverse von (geldtheoretischem) Nominalismus und Metallismus. In beiden Richtungen wird nur danach gefragt, was Geld zu Geld macht – eine gesellschaftliche Konvention oder ein Eigenwert der Sache. Die Frage, warum Geld überhaupt *notwendig* ist, wird aber gar nicht gestellt. Im Gegensatz dazu zeigt Marx die Notwendigkeit eines *selbständigen* Wertausdrucks auf, den er dann aber umstandslos mit Ware identifiziert.

Die Frage nach der Notwendigkeit des Geldes (die Marx überzeugend beantworten kann) ist auf einer anderen Darstellungsebene angesiedelt als die Frage nach der Beschaffenheit des Objektes, das als Geld fungiert. Hier kann es im historischen Verlauf zu verschiedenen „Materialisierungen" des Geldes kommen (Warengeld oder Nicht-Warengeld), die auch unterschiedliche institutionelle Erfordernisse mit sich bringen. Auf der Ebene der einfachen Zirkulation, dieser „abstrakten Sphäre" (II.2/68; Gr 922) der bürgerlichen Gesellschaft, kann es um derartige Konkretisierungen aber noch gar nicht gehen. Hier muß die Geldtheorie, wenn der Anspruch auf Darstellung der kapitalistischen Produktionsweise „in ihrem idealen Durchschnitt" aufrechterhalten werden soll, so allgemein angelegt sein, daß sie die Möglichkeit solcher Konkretisierungen nicht von vornherein ausschließt.[65]

Das Problem, ob für die Marxsche Geldtheorie tatsächlich eine Geldware notwendig ist, wurde auch schon verschiedentlich in der Literatur diskutiert. So sieht Levine zwischen der allgemeinen Wertform und der Geldform einen „Quantensprung", der darin besteht, daß die Geldware *ausschließlich* als allgemeines Äquivalent fungiert. Der Eigenschaft des Geldes, nur noch als unmittelbarer Repräsentant von Wert zu gelten, würde aber widersprechen, daß es zugleich eine besondere Ware ist.[66] Daß auch Warengeld, obwohl es Ei-

---

heißt es bei Keynes: „Die Rechnungseinheit ist die Beschreibung oder der Titel, das Geld aber das Ding, das dieser Beschreibung entspricht" (Keynes 1930, S.3).

65) Die Vehemenz, mit der zuweilen die Bedeutung der Geldware für die Marxsche Geldtheorie verteidigt wird, steht in auffälligem Kontrast zum gleichzeitigen Desinteresse der meisten dieser Verteidiger am modernen Geldsystem. Seit dem Zusammenbruch des Währungssystems von Bretton Woods gibt es nicht einmal mehr einen formellen Bezug zu einer Geldware. Gold ist keine Geldware mehr, sondern lediglich ein Anlageobjekt unter anderen. Und selbst diese Restfunktion als Wertaufbewahrungsmittel hat in den letzten 20 Jahren immer weiter an Bedeutung verloren. Die Existenz eines Geldsystems ohne Geldware stellt eine Geldtheorie, die an der zentralen Bedeutung einer Geldware festhält, vor erhebliche Probleme.

66) „Money which is directly redeemable for some particular commodity whose value is given independently of the specific relation into which it enters with money is not immediately the repre-

genwert besitzt, bloß Repräsentant von Wert als solchem ist, wird von Levine anscheinend nicht gesehen. Problematisch ist aber vor allem der von ihm zugrunde gelegte Wertbegriff. Ausgehend von der Überlegung, daß ein Gebrauchswert, sofern er austauschbar ist, nicht nur ein bestimmtes Bedürfnis zu befriedigen vermag, versteht Levine unter dem Wert einer Ware ein vom besonderen Bedürfnis unabhängiges Maß des Gebrauchswertes (Levine 1978, S.66). Nicht in Bezug auf ein besonderes Bedürfnis, sondern auf das gesamte System der Bedürfnisse sei eine Ware „Wert“ (Levine 1978, S.68). Damit wird Wert allerdings nicht mehr auf die Formbestimmung der gesellschaftlichen Arbeit im Kapitalismus bezogen, sondern letztlich auf die Bedürfnisse der Individuen.

Während Levine in seiner *Economic Theory* von 1978 seine Geldtheorie noch in die Marxsche Wertformanalyse einzubetten versucht, sieht er in einem späteren Aufsatz (Levine 1983) das Spezifikum einer Warengesellschaft gerade darin, daß „Reichtum“ (der zwischen Gebrauchswert und Wert in der Schwebe bleibt) eine selbständige Existenz besitzt und diese sei eben Geld. Der Wert einer Ware sei ihre Beziehung zu Geld, woraus folgt, daß Geld keinen eigenen Wert besitzen *könne*. Damit reduziert sich aber Wert auf Preis und Geld auf die Fähigkeit Preis auszudrücken. Daß Geld keinen Eigenwert besitzen kann, bedeutet dann aber nichts weiter als daß Geld keinen Preis besitzt.

Ein ähnlich verkürztes Argument trägt auch DeVroey (1981, S.187) vor. Gegen eine substanzialistische Auffassung des Werts, betont er zu Recht, daß Wert nicht vor dem Austausch existiert, sondern die privat verausgabe Arbeit erst im Austausch als gesellschaftliche anerkannt („validiert“) werden müsse. Da für Geld das Problem der Validierung nicht existiere, folgert er, daß es auch keinen Wert besitzen könne. Daß Geld nicht validiert werden muß, zeichnet gerade seine spezifische Wert*form* aus, sagt aber noch nichts darüber aus, ob es Eigenwert besitzen kann oder nicht.

An DeVroey anknüpfend erklärt Reuten (1988, 127) Wert zu einer „abstraktallgemeinen gesellschaftlichen Dimension“, die sich im Geld „konkretisiert“. Daraus folgert er dann umstandslos, daß Geld als „reine Form“ überhaupt keinen Wert besitzen könne – was aber zunächst einmal nichts weiter als eine bloße Behauptung ist.

Das Problem, ob Geld wirklich an eine Geldware gebunden sein muß, wurde auch schon von Bruhn/Wölfing/Koch (1974) und Koch (1974) aufgeworfen. Sie untersuchten allerdings nur die *Ablösung* des Geldes von der Geldware und zeigten, daß die von Marx im 3. Kapitel des ersten Bandes des *Kapital* untersuchten Geld*funktionen* nicht unbedingt eine Geld*ware* erfordern. Der Marxsche Versuch, in den ersten beiden Kapiteln die Existenz des Geldes als

sentative of value, but is the derivative of the value of the commodity which it represents.“ (Levine 1978, S.87)

Geldware zu demonstrieren, wird aber weitgehend akzeptiert. Indem das ganze Problem lediglich als Prozeß der Ablösung des Geldes von der Geldware aufgefaßt wird, wird letztere aber immer schon vorausgesetzt.

Für eine *systematische* Analyse des Kapitalismus genügt es aber auch nicht zu zeigen, daß sich aus dem von Marx im ersten Band entwickelten Warengeld, ein *historischer* Übergang zu einem Nicht-Warengeld herstellen läßt. Dies ist die übliche Argumentation derjenigen Autoren, die sich dem Problem stellen, daß im gegenwärtigen Kapitalismus nicht mehr davon gesprochen werden kann, daß Gold (oder eine andere Ware) die Funktion einer Geldware besitzt (vergl. z.B. Kolloch 1980, Lipietz 1982, Wagner/Mondelaers 1989).[67]

Ganßmann (1988) versuchte einen systematischen Übergang vom Warengeld zum kapitalistischen Nicht-Warengeld plausibel zu machen. Der Kern seiner Überlegung besteht darin, daß Marx seine systematische Darstellung mit dem Warengeld als einer „einfachen" Theorie des Geldes beginnt und daß diese „einfache" Theorie des Geldes die notwendige Grundlage einer „einfachen" Theorie des Kapitals sei. Diese würde dann ihrerseits zu einer „komplexen" Theorie des Geldes (als Nicht-Warengeld) führen. Damit wird die Marxsche Darstellung aber auf ein Gerüst von didaktischen Hilfsannahmen reduziert, die lediglich zur (richtigen) Endthese hinführen sollen. Bereits im letzten Kapitel wurde die Auffassung der Marxschen Darstellung als Abfolge von immer komplexer werdenden Modellen kritisiert. Die einfache Zirkulation wird von Marx aber nicht als einfaches Modell eingeführt, er bestimmt sie vielmehr als „die *Oberfläche* der bürgerlichen Gesellschaft, worin die tiefern Operationen, aus denen sie hervorgeht, ausgelöscht sind" (29/317, Herv. von mir), „eine *abstrakte Sphäre* des bürgerlichen Gesammtproductionsprocesses" (II.2/68; Gr 922, Herv. von mir). In dieser Weise aufgefaßt muß die einfache Zirkulation die *abstrakten* Bestimmungen dieses Gesamtprozesses in sich tragen. Warengeld läßt sich aber kaum als abstrakte Bestimmung von Nicht-Warengeld auffassen.

In einer späteren Arbeit rechtfertigte Ganßmann die Marxsche Geldware damit, daß in schweren Krisen und Zusammenbrüchen des Geldsystems eben doch wieder auf eine Geldware zurückgegriffen wird (Ganßmann 1996, S.157). Daß sich bei einem Zusammenbruch geldpolitisch wichtiger Institutionen institutionell weniger anspruchsvolle Geldformen herausbilden,

67) Der Versuch, auch im gegenwärtigen Kapitalismus Gold als Geldware nachzuweisen, indem rein rechnerisch ein Repräsentationsverhältnis der umlaufenden Geldmenge zum Gold festgestellt wird, wie z.B. bei Mandel (1972, S.373ff) oder bei Sost (1979, S.62ff), ist nicht sehr überzeugend, da sich dieses Repräsentationsverhältnis auch zu jeder anderen Ware konstruieren läßt. Auch der Hinweis, daß die Zentralbanken nach wie vor Gold halten (Friedemann 1983, S.368f), hilft nicht viel weiter, da er allenfalls belegt, daß Gold ein bevorzugtes Wertaufbewahrungsmittel ist, eine Eigenschaft, die es mit fremden Währungen und kurzfristigen Wertpapieren teilt und selbst diese Eigenschaft verliert immer mehr an Bedeutung: die Zentralbanken versuchen ihre Goldbestände eher abzubauen als sie zu halten.

scheint mir aber im Rahmen jeder Geldtheorie plausibel zu sein. Daß mit solchen weniger anspruchsvollen Geldformen auch der theoretische Kern des Geldes erfaßt ist, müßte erst noch gezeigt werden.
Indem Marx seine Geldtheorie an die Existenz einer Geldware knüpft, verquickt er die abstrakteste Bestimmung des Geldes mit einem bestimmten historischen Geldsystem. Es kann auf der Ebene des Austauschprozesses aber zunächst nur um Geld *als solches* gehen, ohne Konkretisierung eines bestimmten Geldsystems.

5. Geld und einfache Zirkulation – die „Nicht-Neutralität" des Geldes

Im dritten Kapitel untersucht Marx diejenigen Geldfunktionen, die sich unmittelbar aus dem Austauschprozeß, also auf der im zweiten Kapitel erreichten Darstellungsebene ergeben.[68] Hier soll es um diese Geldfunktionen nur insoweit gehen, als sie die „Nicht-Neutralität" des Geldes im Rahmen der monetären Werttheorie deutlich machen.[69] Im Rahmen der Kredit- und der Krisentheorie wird sich dann zeigen, daß diese Nicht-Neutralität des Geldes auch für den Gesamtprozeß kapitalistischer Produktion und Reproduktion eine entscheidende Rolle spielt (vergl. dazu die beiden nächsten Kapitel).

Wertgröße und Preis

Die erste Funktion des Geldes ist es, *Maß der Werte* zu sein, „nur durch diese Funktion wird Gold, die specifische Aequivalentwaare, zunächst Geld" (II.6/121; 23/109). Der Wert der Ware ausgedrückt in Geld ist ihr „Preis". Allerdings macht nicht erst das Geld die Waren vergleichbar:

> „Umgekehrt. Weil alle Waaren als Werthe vergegenständlichte menschliche Arbeit, daher an und für sich kommensurabel sind, können sie ihre Werthe gemeinschaftlich in derselben specifischen Waare messen und diese dadurch in ihr gemeinschaftliches Werthmaß oder Geld verwandeln. Geld als Werthmaß ist die notwendige Erscheinungsform des immanenten Werthmaßes der Waaren, der Arbeitszeit." (II.6/121; 23/109)

Der letzte Satz suggeriert, man könne den Wert der Waren unmittelbar durch Arbeitszeit messen und dieses Maß werde dann aufgrund der Gleichheit der

---

68) In *Zur Kritik* wird als Übergang von der Untersuchung des Austauschprozesses zu der einfachen Zirkulation formuliert: „Die processirenden Beziehungen der Waaren aufeinander krystallisiren sich als unterschiedene Bestimmungen des allgemeinen Aequivalents und so ist der Austauschproceß zugleich Bildungsproceß des Geldes. Das Ganze dieses Processes, der sich als ein Verlauf verschiedner Processe darstellt, ist die *Cirkulation*." (II.2/130; 13/37)

69) Implizit unterstellen viele marxistische Ansätze die Neutralität des Geldes, indem sie ihre Analysen auf die „realen" Größen der Produktion richten, die sich in der Sphäre des Geldes nur „ausdrücken" würden. Von keynesianischer Seite wurde es Marx dagegen zum Vorwurf gemacht, daß er von der Neutralität des Geldes ausgehen würde. Vor allem dieser Sachverhalt belege, daß Marx trotz aller Kritik doch im Rahmen der klassischen politischen Ökonomie befangen und sein Verständnis kapitalistischer Entwicklung beschränkt bleibe (Heine/Herr 1992).

Wertgrößen von Ware und Geldware in eine bestimmte Menge Geld übersetzt. Falls sich die Maßfunktion des Geldes auf die bloße Übersetzung einer bereits vollzogenen Messung reduzieren ließe (der Umrechnung von Arbeitsquanten in Geldquanten), wäre die Notwendigkeit des Geldes als Maß der Werte nicht einzusehen. Genau diesen Schluß zogen die Anhänger des „Arbeitsgeldes". Ihnen hielt Marx in *Zur Kritik* entgegen:

„Die Waaren sind unmittelbar Produkte vereinzelter unabhängiger Privatarbeiten, die sich *durch ihre Entäußerung im Proceß des Privataustausches* als allgemeine gesellschaftliche Arbeit bestätigen müssen, oder die Arbeit auf Grundlage der Waarenproduktion *wird erst gesellschaftliche Arbeit durch die allseitige Entäußerung* der individuellen Arbeiten." (II.2/156; 13/67, Herv. von mir)

Wenn es die Warenproduktion gerade charakterisiert, daß die privat verausgabte Arbeit nicht von vornherein als gesellschaftliche gilt, sondern erst im Austausch als Bestandteil der gesellschaftlichen Arbeit anerkannt werden muß (indem das Produkt der Privatarbeit als Wert anerkannt wird), ist klar, daß es vor dem Austausch noch keine fixe Wertgröße der Produkte geben kann. Denn dann wären die Privatarbeiten noch vor dem Tausch als gesellschaftliche Arbeit anerkannt. Daran ändert auch nichts, daß die Waren mit einem bestimmten Preis in die Zirkulation eingehen. Mit der Auspreisung ist die Verwandlung der Ware in Geld noch nicht gewährleistet: Sie ist zunächst nur eine mehr oder weniger genaue Antizipation, die sich auch als falsch herausstellen kann.[70]

Die Schwierigkeiten der Verwandlung der Ware in Geld beschreibt Marx ausführlich im Abschnitt über die Metamorphose der Ware. Dabei geht er auch auf die Rolle der gesellschaftlichen Nachfrage ein. Wie für die einzelne Ware der Gebrauchswert Voraussetzung ihres Werts sei, sei dies auch für die ganze Warengattung der Fall: auch wenn auf die Produktion jedes einzelnen Exemplars einer Warengattung nur die (technologisch) notwendige Arbeitszeit verwandt wurde, insgesamt aber zu viele Exemplare dieser Gattung produziert worden sind, so ist die Wirkung dieselbe als sei zu viel Arbeit auf jede einzelne Ware verwandt worden (II.5/68f; 23/121f, vergl. auch II.3.3/1142f; 26.2/521, II.4.2/262, 686f; 25/197, 648f). Wie schon Reichelt (1970, S.173ff) und vor ihm Pollock (1928, S.97f) hervorgehoben haben, ist die „gesellschaftlich notwendige Arbeitszeit" damit nicht nur technologisch bestimmt, sondern auch durch die gesellschaftliche Nachfrage, die aber erst im Austauschprozeß, durch die Beziehung der Waren auf das Geld, wirksam wird.

Die Arbeitsgeldutopien beruhen dagegen auf der Vorstellung, Geld sei eine bloß vermittelnde Form, die dem, was vermittelt wird, äußerlich bleibt und somit

70) Auch wenn davon gesprochen wird, daß Wert (und Mehrwert) „produziert" wird, so ist dies strenggenommen eine abkürzende Redeweise: es wurde individuelle Arbeit verausgabt und ein Produkt hergestellt, von dem erwartet wird, daß es sich in Ware verwandelt und zu einem bestimmten Preis verkauft werden kann. Diese abkürzende Redeweise, die sich bei Marx findet und die auch in den nächsten Kapiteln verwendet wird, ist dann ohne Probleme möglich, wenn bei der jeweiligen Untersuchung unterstellt werden kann, daß die Verwandlung des Produkts in Ware und die Realisierung des antizipierten Preises ohne besondere Probleme gelingt.

auch weggelassen werden kann. Diese Vorstellung unterliegt auch der bei den Klassikern wie bei den Neoklassikern anzutreffenden Auffassung vom Geld als einem bloßen „Schleier" über der „Realsphäre", von dem abstrahiert werden kann.

Aber auch von vielen Marxisten wird der Zusammenhang von Wert und Geld so aufgefaßt, als würde durch den Preis lediglich *nachträglich* eine bereits *vorhandene* Wertgröße ausgedrückt. Daß sich der Warentausch vom Barter gerade durch die Beziehung der einzelnen Ware zur gesamten Warenwelt unterscheidet und daß diese Beziehung nur durch Geld möglich ist, gerät dabei aus dem Blick. Geld als bloß nachträgliches Maß ist dann nicht wesentlich, es reduziert sich auf ein die „realen" Größen verschleierndes Medium. Eine solche Auffassung findet sich z.B. bei Sweezy (1942), Meek (1956) oder Dobb (1973). Auch wenn die genannten Autoren mit Blick auf den Doppelcharakter der Arbeit den Unterschied der Marxschen Werttheorie gegenüber der ricardianischen hervorheben, fallen sie doch auf das Terrain der Klassik zurück, insofern sie im Grunde eine prämonetäre Werttheorie vertreten.

Wird im Hinblick auf die Definition der Wertgröße im ersten Kapitel des *Kapital* die Auffassung vertreten, Marx bestimme die Wertgröße vor und unabhängig vom Austauschprozeß, so wird dabei der Unterschied zwischen der *logischen* Abfolge der Darstellung und der *zeitlichen* Reihenfolge beim wirklichen Austausch verwechselt. Marx analysiert im ersten Kapitel nicht die Ware *vor* ihrem Austausch und im zweiten und dritten Kapitel dann ihren Austauschprozeß. *Zeitlich* existiert Ware (und daher auch Wertgröße) immer nur im Austausch, vor dem Austausch existieren nur Gebrauchswerte. In der *logischen* Abfolge muß aber zuerst die Ware *als solche*, d.h. ihre begriffliche Bestimmung, Wertsubstanz, Wertgröße und Wertform dargestellt werden. Dabei ist die Wertgröße (tautologisch) durch die Menge abstrakter Arbeit bestimmt. Erst im zweiten und dritten Kapitel argumentiert Marx dann auf der Ebene der wirklichen Beziehung der Waren im Austauschprozeß.

Marx führt also nicht einfach zwei verschiedene Wertmaße ein, im ersten Kapitel die Arbeitszeit, und im dritten Kapitel das Geld, wie Elson (1979) oder auch Levine (1985) meinen. Eine solche Auffassung trifft viel eher auf Adam Smith zu, der in der Arbeit den wirklichen Preis und im Geld den nominellen Preis einer Ware sah (vergl. oben das erste Kapitel). Da *vor* dem Austausch nicht von einer bestimmten Wertgröße gesprochen werden kann, ist Geld als Wertmaß nicht einfach eine formale Übersetzung eines immanenten Wertmaßes, welches die Wertgröße bereits gemessen hat. Es ist vielmehr die notwendige und vor allem *einzig mögliche* Erscheinungsform des Warenwerts, eine vom Tausch unabhängige Erscheinungsform des Werts kann es nicht geben, denn sie würde unterstellen, daß die Differenz von privater verausgabter und gesellschaftlich anerkannter Arbeit aufgehoben ist. In *Zur Kritik* spricht Marx deshalb auch davon, daß die abstrakt allgemeine Arbeit aus der Entäußerung der individuellen Arbeiten „*entspringt*" und daß das Geld „die *unmittelbare Existenzform* dieser entäußerten Arbeit" (II.2/134; 13/42, Herv. von mir) sei. Wenn auch Geld das einzige *wirkliche Maß* der Werte ist, so ist Geld doch nicht der *Grund* des Werts: die Waren besitzen Wert und Wertgröße nicht, weil sie sich mit Geld austauschen, sondern als gegenständliche Reflexion eines bestimmten gesellschaftlichen Verhältnisses ihrer Produzenten. Nur kann diese gegenständliche Reflexion ihrerseits nicht anders erscheinen als in der Beziehung der Ware auf das Geld.

Daß Wertgröße und Geldpreis nur gleichzeitig im Austausch existieren, bedeutet nicht, daß es sich um unmittelbar identische Größen handelt. Bei dieser Auffassung, die die Wertgröße allein auf ihren Geldausdruck reduziert, wird über der zeitlichen Identität der Existenz von Wert und Preis ihre logische Differenz vergessen. Wert und Preis fallen dann stets zusammen, eine Ware ist dann das „wert", was man für sie bezahlt. Am extremsten wird diese Variante von Eldred/Hanlon (1981) vertreten (die auch keinen Unterschied zwischen Wertformanalyse und Austauschprozeß machen), aber auch Krause (1979), Gerstein (1976) und Himmelweit/Mohun (1978, 1981) stehen dieser Auffassung nahe. Differenzierter argumentiert DeVroey (1981), der die Vorstellung eines stets existierenden, in der Ware enthaltenen Wertes kritisiert und Wert als „instantaneous measurement" (S.178) auffaßt, eine Messung, die aber nur mit Bezug auf Geld möglich sei (vergl. S.184f). Allerdings ist seine zusammenfassende Formulierung „Exchange creates value but the production determines the magnitude of value" (S.177) zumindest mißverständlich: der Wert wird zwar nur im Austausch sichtbar, aber dort sicher nicht „geschaffen". Auch die Auffassung des Werts als eines Gravitations- oder Oszillationspunktes der Preise, bei der Wert und Preis nur zufällig und ausnahmsweise übereinstimmen, übersieht die logische Differenz der Kategorien. Der Wert ist hier lediglich ein spezieller Preis – der langfristige Durchschnittspreis.

Die Wertgröße einer Ware und ihr Preis sind Kategorien auf unterschiedlichen Abstraktionsebenen, so daß es strenggenommen keinen Sinn macht zu sagen, daß sie unmittelbar zusammen- oder auseinanderfallen. Gemeint ist damit etwas anderes: Die Wertgröße wird zwar *nur* durch den Preis ausgedrückt, daraus folgt allerdings nicht, daß der Preis die Wertgröße stets *adäquat* wiedergibt, worauf Marx explizit hinweist:

> „Die Werthgröße der Waare drückt also ein *nothwendiges*, ihrem Bildungsprozeß *immanentes* Verhältniß zur gesellschaftlichen Arbeitszeit aus. Mit der Verwandlung der Werthgröße in Preis erscheint dieß nothwendige Verhältniß als Austauschverhältniß der Waare mit einer andern außer ihr existirenden Waare. Diese Form kann ebensowohl die Werthgröße der Waare als das zufällige Verhältniß ausdrücken, worin sie unter gegebnen Umständen veräußerlich ist. Die *Möglichkeit quantitativer Incongruenz* zwischen Preis und Werthgröße, oder der Abweichung des Preises von der Werthgröße, ist also in der *Preisform selbst*. Es ist dieß kein Mangel dieser Form, sondern macht sie umgekehrt zur adäquaten Form einer Produktionsweise, worin sich die Regel nur als blindwirkendes Durchschnittsgesetz der Regellosigkeit durchsetzen kann." (II.5/64; 23/117)

Wenn hier von „quantitativer Inkongruenz“ die Rede ist, so wird von Marx suggeriert, daß es sich bei Wertgröße und Preis um unmittelbar vergleichbare Größen handeln würde. Ob Wert und Preis kongruent sind, ist aber keine Frage quantitativer Identität (da hierbei Äpfel mit Birnen verglichen werden, ist dies ein unmöglicher Ausdruck), sondern eines Determinationsverhältnisses. Wert und Preis sind dann „kongruent“, wenn das Verhältnis der *individuell verausgabten Arbeit* zur *gesellschaftlichen Gesamtarbeit* (d.h. die Frage, inwieweit die individuelle Arbeit mit „durchschnittlichem Geschick“ und „unter durchschnittlichen Bedingungen“ ausgeführt wurde und inwieweit sie zur Befriedigung des gesellschaftlichen Bedürfnisses erforderlich war), allein den Preis bestimmt und nicht etwa die zufällige Lage eines einzelnen Warenbesitzer, der gezwungen sein mag, billig zu verkaufen.[71]
Mit Blick auf die Funktion des Geldes als Wertmaß könnte versucht werden nachzuweisen, daß das Geld doch eine Ware sein muß: Geld dient nicht nur qualitativ als Zeichen von Wert, sondern als Zeichen von quantitativ bestimmtem Wert. Bei einer Geldware sei diese quantitative Beziehung durch ihren Eigenwert gegeben, bei einem selbst wertlosen Wertzeichen wäre sie nicht mehr eindeutig. Dieses Argument ist einer Auffassung der Wertmessung geschuldet, die analog einer Gewichtsmessung vermittels einer Balkenwaage gedacht wird: liegt auf dem einen Arm der Waage ein schweres Objekt, so kann dessen Gewicht nur gemessen werden, wenn auf den anderen Arm ebenfalls ein schweres Objekt gelegt wird. Dieses Argument trifft nur zu, sofern der Wert einer *vereinzelten* Ware ausgedrückt werden soll. Warentausch unterscheidet sich aber gerade dadurch vom Barter, daß *alle* Waren vermittels des allgemeinen Äquivalents als Werte aufeinander bezogen werden. Letzteres ist auch dann möglich, wenn es sich bei dem allgemeinen Äquivalent um ein selbst wertloses Nicht-Warengeld handelt.

Kritik der Quantitätstheorie

Die nächste Funktion des Geldes, die Marx festhält, ist die des *Zirkulationsmittels*, des Mittlers der „Metamorphose“ der Ware. Die Geldmenge, die bei gegebener Umlaufgeschwindigkeit und gegebenem Wert der Geldware zirkuliert, ist stets proportional der Preissumme der umgesetzten Waren. Es stellt sich allerdings die Frage, ob die Preissumme der Waren die Geldmenge oder die Geldmenge die Preissumme determiniert. Die in der klassischen politischen Ökonomie von Hume bis Ricardo vorherrschende Quantitäts-

71) Dieses Determinationsverhältnis wird im Laufe der Marxschen Darstellung weiter bestimmt. So etwa durch den Übergang von Werten zu Produktionspreisen: der Preis hängt jetzt nicht nur vom Verhältnis der individuellen zur gesellschaftlichen Arbeitszeit ab, sondern auch vom Verhältnis des individuellen Kapitals zum gesellschaftlichen Gesamtkapital (vergl. das nächste Kapitel).

theorie betrachtete die Menge des Geldes als die unabhängige, das Preisniveau als die abhängige Variable.
Die Quantitätstheorie wurde von Marx 1847 im *Elend der Philosophie* ebenfalls noch akzeptiert. Erst während seiner in den *Londoner Heften* von 1850-53 durchgeführten Studien begann er unter dem Einfluß der „Banking"-Theoretiker Tooke und Fullarton, die Ricardosche Quantitätstheorie zu kritisieren.[72]
In *Zur Kritik* bestimmte er dann im Gegensatz zur Quantitätstheorie die Preissumme als die unabhängige Variable.[73]
Im *Kapital* kritisiert Marx die Quantitätstheorie nur sehr kurz mit dem Argument, sie würde auf der „abgeschmackten Hypothese" (II.5/83; 23/138) beruhen, daß Waren ohne Preis und Geld ohne Wert in die Zirkulation eingingen. Als die entscheidenden Argumente gegen die Quantitätstheorie betrachtet Marx hier anscheinend den Warencharakter des Geldes und die Bestimmung der Warenpreise vor ihrem Eintritt in die Zirkulation und üblicherweise werden diese Argumente auch als Kern der Marxschen Kritik an der Quantitätstheorie aufgefaßt. Aber weder das eine noch das andere Argument kann im Rahmen einer monetären Werttheorie aufrechterhalten werden.
In *Zur Kritik* setzte sich Marx ausführlicher mit der Quantitätstheorie auseinander. Hier ist (im Anschluß an Tooke, vergl. Arnon 1984) sein Hauptargument, daß Geld nicht nur die Funktion des *Zirkulationsmittels*, sondern auch die des *Schatzes* besitzt, daß also nicht die gesamte Geldmenge zirkulieren muß (insbesondere II.2/233; 13/148). Veränderungen der Geldmenge müssen daher nicht zu Veränderungen der Masse des *zirkulierenden* Geldes führen. Umgekehrt können die Schätze auf Veränderungen der Warenpreise reagieren, „so daß immer nur das durch die unmittelbaren Bedürfnisse der Cirkulation selbst bedingte Quantum Geld als Münze cirkulirt" (II.2/198; 13/114).
Würde es sich nur um Schätze einzelner Warenbesitzer handeln, wäre dieses Argument nicht sehr plausibel. Allerdings merkt Marx an, daß die Schätze in entwickelten Ländern in Banken konzentriert sind. Dieser Hinweis impliziert, daß die Frage nach dem Zusammenhang von Geldmenge und Preisniveau nicht auf der Ebene der einfachen Zirkulation, sondern erst bei Betrachtung der Kredits geklärt werden kann. Marx kann zwar die Quantitätstheorie kritisieren, aber an dieser Stelle seiner Darstellung noch keine Alternative anbieten, was im Text jedoch nicht so recht klar wird.[74]
Um die Funktion des Zirkulationsmittels zu vollziehen, muß das Geld (anders

72) Vergl. seinen Brief an Engels vom 3.2.1851 (III.4/24ff; 27/173ff). Analysiert wird die Entwicklung der Marxschen Geldtheorie in den Londoner Heften bei Schrader (1980, Teil 1) und Wassina (1983).

73) „Preise sind also nicht hoch oder niedrig, weil mehr oder weniger Geld umläuft, sondern es läuft mehr oder weniger Geld um, weil die Preise hoch oder niedrig sind." (II.2/173; 13/86)

74) In *Zur Kritik* macht Marx die Bemerkung, daß sich der „oberflächliche und formelle Charakter der einfachen Geldcirkulation" gerade darin zeige, daß die Momente, die die Masse der Zirkulationsmittel bestimmen, „alle *außerhalb* der einfachen Geldcirkulation liegen" (II.2/172f; 13/85f).

als für seine Funktion als Maß der Werte) zwar körperlich vorhanden sein, die Geldware kann aber durch ein bloßes Zeichen ihrer selbst ersetzt werden. Dieses „Wertzeichen" repräsentiert nicht unmittelbar Wert, es repräsentiert die Geldware und erst dadurch Wert. Dieser Sachverhalt wird in *Zur Kritik* deutlicher herausgestellt als im *Kapital*. Das von Marx so genannte „spezifische Gesetz der Papiercirculation" (II.5/86; 23/141) ergibt sich aus diesem Repräsentationsverhältnis zur Geldware: da die Wertzeichen maximal nur diejenige Menge der Geldware repräsentieren können, die zur Zirkulation benötigt wird, findet eine Entwertung der einzelnen Zeichen statt, falls mehr Zeichen in die Zirkulation gebracht werden als an entsprechender Geldware zirkulieren müßte. Diese Entwertung ist von einem allgemeinen Vertrauensschwund in die Wertzeichen (einer galoppierenden Inflation) zu unterscheiden, es geht hier lediglich um die Wertsumme, die von der Summe der Wertzeichen dargestellt werden kann. Wie Mandel (1968, S.303) herausstellte, akzeptierte Marx mit diesem „spezifischen Gesetz" die Quantitätstheorie zumindest für nicht konvertibles Papiergeld. Demgegenüber macht Brunhoff (1976, S.35) geltend, daß mit der Akzeptanz der Quantitätstheorie, auch nur für einen beschränkten Bereich, die Logik der Marxschen Geldtheorie unterminiert würde, doch sei die Analyse des Papiergeldes im *Kapital* nicht völlig klar. In der Tat ist das Marxsche (quantitätstheoretische) Gesetz der Papiergeldzirkulation nur schlüssig, wenn die Wertzeichen den Bereich der Zirkulation nicht verlassen können, was Marx in *Zur Kritik* auch behauptet.[75]

Außerhalb der Zirkulation existiert das Geld als Schatz. Die Schatzfunktion behandelt Marx innerhalb der dritten grundlegenden Bestimmung des Geldes, Geld in seiner Funktion als *Geld*, auf die wir gleich noch zu sprechen kommen. Hier geht es erst einmal um die Frage, ob die Schatzfunktion nur von der Geldware selbst ausgeübt werden kann (dann könnten die Wertzeichen die Zirkulation in der Tat nicht verlassen) oder auch durch „Stellvertreter". Ersteres ist Marx' Position in *Zur Kritik*,[76] während er im *Kapital* zumindest andeutet, daß „Geld als Geld" seine Funktion „in eigner Person oder durch Stellvertreter" vollziehen könne (II.5/87; 23/144). Kann aber auch die Schatzbildung vermittels Wertzeichen erfolgen, dann ist Marx' „spezifisches Gesetz der Papiergeldzirkulation" nicht mehr schlüssig. Es unterliegt derselben Kritik wie die Quantitätstheorie. Das bedeutet, daß gleichgültig, ob man es mit Warengeld oder Nicht-Warengeld zu tun hat, nicht auf die Gültigkeit des simplen quantitätstheoretischen Zusammenhangs von Geldmenge und Preisniveau ge-

75) „Die einmal in Cirkulation befindlichen Zettel ist es unmöglich herauszuwerfen, da sowohl die Grenzpfähle des Landes ihren Lauf hemmen, als sie allen Werth, Gebrauchswerth wie Tauschwerth, *außerhalb* der Cirkulation verlieren." (II.2/184; 13/98)

76) Vergl. II.2/188; 13/102. Vom eigentlichen Schatz unterscheidet Marx in *Zur Kritik* die kurzfristige Zirkulationsreserve, die „suspendierte Münze", eine Funktion, die auch von den Wertzeichen wahrgenommen wird (II.2/190; 13/104).

schlossen werden kann. Dann gibt es an *keiner* Stelle der Kritik der politischen Ökonomie einen Platz für die Quantitätstheorie, die eine wesentliche Voraussetzung aller Vorstellungen von einer „Neutralität" des Geldes ist.
Eine spezielle Variante der Quantitätstheorie präsentiert auch Hilferding. Er will im Unterschied zu Marx den „Wert des Papiergeldes" unabhängig vom Metallgeld bestimmen (Hilferding 1910, S.67, Fn.). Dazu führt er den „gesellschaftlichen Zirkulationswert" ein: Sieht man von der Zahlungsmittelfunktion des Geldes ab, so ist dieser Zirkulationswert der Quotient aus der Wertsumme der ausgetauschten Waren und der Umlaufgeschwindigkeit des Geldes (ebd., S.52). Hilferding hat damit nur die Wertsumme bestimmt, die die zum Warenumsatz benutzte Geldmenge repräsentiert. Da eine Veränderung der Geldmenge bei gleichbleibendem Zirkulationswert (also gleicher Umlaufgeschwindigkeit und gleicher Wertsumme der umgesetzten Waren) zu einer Veränderung des Werts der einzelnen Geldeinheit und damit zu einer Preisänderung führt, ist die Hilferdingsche Konstruktion eine reine Quantitätstheorie.[77]
Die moderne, formalisierte Fassung der Quantitätstheorie geht qualitativ nicht über die von der Klassik vertretene Theorie hinaus: auch hier kann die Quantitätstheorie nur begründet werden, indem Geld in der einen oder anderen Weise auf seine Funktion als Zirkulationsmittel reduziert wird. Am deutlichsten wird dies bei Irving Fisher (1911), dem Stammvater der modernen Quantitätstheorie. Er ging von der Verkehrsgleichung

$$M * V = P * T$$

aus. Darin ist M die Geldmenge, V die Umlaufgeschwindigkeit, P das Preisniveau und T das Transaktionsvolumen. V und T betrachtete Fisher als nahezu konstant: das Transaktionsvolumen T sei durch realwirtschaftliche Bedingungen und die Umlaufgeschwindigkeit V durch die Zahlungssitten bestimmt. Sein Schluß, daß eine Veränderung der Geldmenge zu einer entsprechenden Veränderung des Preisniveaus führen würde, beruht wesentlich auf der Konstanz von V bei sich verändernder Geldmenge. Das heißt aber, daß Änderungen der Geldmenge gerade nicht zu Zu- oder Abflüssen des Geldes aus der Zirkulation führen, sondern daß alles Geld als Zirkulationsmittel fungiert.

77) In einer bald nach Erscheinen seines Buches in der *Neuen Zeit* geführten Kontroverse dehnte Hilferding seine Theorie vom Zirkulationswert auch auf das Metallgeld aus. Durch die Banken sei eine neue Situation entstanden: da die Banken jede beliebige Menge Gold zu einem festgelegten Preis nachfragen würden, ändere sich der Goldpreis auch nicht mit einer Verbesserung der Produktionsbedingungen des Goldes. Da das für die Zirkulation nicht benötigte Gold in den Kellern der Bank verschwinde, sei der Wert der tatsächlich zirkulierenden Geldmenge nicht mehr durch die Produktionskosten des Goldes, sondern durch den gesellschaftlichen Zirkulationswert bestimmt (Hilferding 1911/12). Bereits Kautsky erwiderte, daß sich am Schatz der Bank nichts ändere, wenn sie Barrengold gegen Goldmünze umtausche (Kautsky 1911/12). Aber auch wenn die Bank Papiergeld ausgibt, erhöht sich zwar ihr Goldschatz, zugleich aber auch die zirkulierende Geldmenge, so daß bei gleichbleibendem Hilferdingschen Zirkulationswert der Wert der einzelnen Geldeinheit fällt, die in diesen Geldeinheiten ausgedrückten Warenpreise steigen.

Die von Friedman (1956) vertretene Neoquantitätstheorie scheint auf den ersten Blick auch die Schatzfunktion des Geldes zu berücksichtigen, denn es wird ausdrücklich unterstellt, daß die Wirtschaftssubjekte Geld als Vermögen halten. Dieser Geldhaltung soll bei den Einzelnen die Vorstellung von einer optimalen „realen" Kasse zugrunde liegen. Falls nun eine Veränderung der Geldmenge das Preisniveau unangetastet läßt und statt dessen die nominalen Kassen ändert, so ist die reale Kasse nicht mehr optimal. Der Versuch, durch Veränderungen des Konsums oder der Kreditvergabe die optimale Kasse wiederherzustellen, führt dann schließlich doch zu Veränderungen des Preisniveaus. Mit der Unterstellung dieses „Realkasseneffekts" wird aber auch in der Neoquantitätstheorie die selbständige Bedeutung von Geld eskamotiert. Zumindest in der langen Frist werden nur realwirtschaftliche Größen als wirksam angesehen, Geld erscheint dagegen allenfalls als ein kurzfristiger Störfaktor.[78]

Geld als Selbstzweck

Wie schon erwähnt, führt Marx die dritte Bestimmung des Geldes unter dem Titel „Geld" ein, was zunächst merkwürdig anmutet, war doch anscheinend die ganze Zeit schon von Geld die Rede. Mit „Geld als Geld" (Schatz, Zahlungsmittel und Weltgeld) meint Marx Geldfunktionen, die sich von Geld als Maß der Werte und Geld als Zirkulationsmittel unterscheiden. Allerdings handelt es sich hier nicht einfach um eine Aufzählung verschiedener und voneinander unabhängiger Geldfunktionen (so wird das dritte Kapitel von vielen sowohl marxistischen wie nicht-marxistischen Autoren interpretiert), sondern um einen ganz bestimmten Zusammenhang dieser Funktionen, der in *Zur Kritik* deutlicher ausgesprochen wird als im *Kapital*:

> „Eine Waare wird also zunächst Geld als Einheit von Werthmaaß und Cirkulationsmittel oder die Einheit von Werthmaaß und Cirkulationsmittel ist Geld. Als solche Einheit besitzt das Gold aber wieder selbstständige und von seinem Dasein in beiden Funktionen unterschiedene Existenz. Als Maaß der Werthe ist es nur ideelles Geld und ideelles Gold; aber in seiner einfachen metallischen Leibhaftigkeit ist Gold Geld oder Geld wirkliches Gold." (II.2/188; 13/102)

Die neuen Bestimmungen, die das Geld erhält, werden den beiden ersten nicht einfach additiv hinzugefügt, diese neuen Bestimmungen unterstellen die beiden ersten und führen erst wirklich zu einer *selbständigen, der gesamten Warenwelt gegenüberstehenden Gestalt des Werts*, die in *Zur Kritik* in zweierlei Hinsicht charakterisiert wird: als *„materielle[s] Dasein des abstrakten* Reichthums", insofern Geld das materiell-sinnliche Dasein des Werts als solchen, des abstrakten Reichtums ist; und als „materielle[r] Repräsentant des stofflichen Reichthums", insofern Geld die Gesamtheit der Gebrauchswerte der Waren, die sie kaufen kann, repräsentiert (II.2/188; 13/102f). Während Marx in

78) In der Kritik dieser Trennung von Realsphäre und Geldsphäre treffen sich die Marxsche und die Keynessche Kritik. Vergl. Herr (1986) zur Kritik der Quantitätstheorie aus keynesianischer Sicht.

Zur Kritik die „metallische Leibhaftigkeit" betont, läßt er im *Kapital* auch „Stellvertreter" der Geldware einen Teil der neuen Funktionen vollziehen:

„Die Waare, welche als *Werthmaß* und daher auch, persönlich oder durch Stellvertreter, als *Circulationsmittel* funktionirt, ist Geld. Gold (resp. Silber) ist daher Geld. *Als Geld* funktionirt es, einerseits wo es in seiner goldnen (resp. silbernen) Leiblichkeit erscheinen muß, daher als *Geldwaare*, also weder bloß ideell, wie im Werthmaß, noch repräsentationsfähig, wie im Circulationsmittel; andrerseits, wo seine Funktion, ob es selbe nun in eigner Person oder durch Stellvertreter vollziehe, es als *alleinige Werthgestalt* oder *allein adäquates Dasein des Tauschwerths* allen andren Waaren als bloßen *Gebrauchswerthen* gegenüber *fixirt*." (II.5/87; 23/143f)

Obgleich diese Stelle äußerst dicht formuliert ist, wird der Charakter des Geldes *als Geld* hier etwas genauer herausgearbeitet als in *Zur Kritik*. Es werden nämlich zwei verschiedene Situationen unterschieden, in denen Geld als Geld fungiert: erstens, wenn die Geldware in ihrer „goldnen (resp. silbernen) Leiblichkeit erscheinen muß" und zweitens wenn das Geld als „alleinige Werthgestalt" gegenüber den Gebrauchswerten „fixirt" wird. In dieser zweiten Situation gesteht Marx zu, daß auch „Stellvertreter" *als Geld* fungieren können. Obwohl Marx in der Folge nicht mehr explizit darauf eingeht, wann die Stellvertreter des Geldes als Geld fungieren können, ist doch recht deutlich, wie er die drei nun behandelten Geldfunktionen (Schatz, Zahlungsmittel, Weltgeld) auf diese beiden Situationen aufteilt: als „alleinige Werthgestalt", die gegenüber den Gebrauchswerthen „fixiert" wird, gilt das Geld in seiner Funktion als Schatz (das Geld wird der Zirkulation als selbständige Gestalt des Werts entzogen) und als Zahlungsmittel (ein bereits getätigter Kauf wird gezahlt). Für beide Funktionen ist die Geldware selbst offensichtlich nicht nötig, ein Stellvertreter reicht aus. Anders soll es sich jedoch beim Weltgeld verhalten:

„Mit dem Austritt aus der innern Circulationssphäre streift das Geld die dort aufschießenden Lokalformen von Maßstab der Preise, Münze, Scheidemünze und Werthzeichen wieder ab und fällt in die ursprüngliche Barrenform der edlen Metalle zurück." (II.5./98; 23/156) [79]

Offensichtlich kann sich Marx nicht vorstellen, daß die „Lokalform" eines Wertzeichens (wie heutzutage der US-Dollar) auch auf dem Weltmarkt akzeptiert wird. An dieser Stelle war der Marxsche Blick seinen eigenen historischen Umständen ganz besonders verhaftet.

In seiner Funktion *als Geld* unterscheidet sich Geld in grundsätzlicher Hinsicht von Geld als bloßem Zirkulationsmittel, wie es in Klassik und Neoklassik aufgefaßt wird. Als Zirkulationsmittel ist Geld nur *Mittler* eines Prozesses, der *Zweck* des Prozesses bezieht sich nicht auf das Geld, sondern auf die Waren, die mittels des Geldes angeeignet werden. Geld als Geld ist aber die allen Waren gegenüberstehende selbständige Wertgestalt, die nun ihrerseits zum

---

79) Und etwas später: „Wie für seine innere Circulation, braucht jedes Land für die Weltmarktscirculation einen Reservefonds. Die Funktionen der Schätze entspringen also theils aus der Funktion des Geldes als innres Circulations- und Zahlungsmittel, theils seiner Funktion als Weltgeld. In der letzteren Rolle ist stets die wirkliche Geldwaare, leibhaftiges Gold und Silber erheischt..." (II.5/101; 23/159).

Selbstzweck wird. So kommt es bei der Schatzbildung darauf an, diese selbständige Wertgestalt als die „stets schlagfertige, absolut gesellschaftliche Form des Reichthums" (II.5/89, 23/145) gegenüber der Warenwelt festzuhalten. In der Funktion des Zahlungsmittels liegt nicht nur ein zeitlicher Aufschub der Zahlung vor, sondern das Geld ändert seinen Charakter: es vermittelt jetzt nicht mehr den Kauf (dieser ist bereits vollzogenen), es schließt ihn selbständig ab. Für den Käufer, der erst später zahlt, bedeutet dies, daß er unbedingt verkaufen muß, um den Kauf zu bezahlen, er benötigt Geld „als absolutes Dasein des Tauschwerths oder allgemeine Waare" (II.5/93, 23/150). Und schließlich wiederholen sich sämtliche Geldfunktionen auf universeller Ebene im Weltgeld: es „funktionirt als *allgemeines Zahlungsmittel*, *allgemeines Kaufmittel* und *absolut gesellschaftliche Materiatur des Reichthums* überhaupt (*universal wealth*)" (II.5/98, 23/157). Zur absolut gesellschaftlichen Materiatur des Reichtums wird das Weltgeld, wenn es um die Übertragung von Reichtum als solchem, der selbständigen Wertgestalt, die gerade nicht durch Waren substituierbar ist, aus einem Land in ein anderes geht. In allen diesen Fällen wird Geld zum *Selbstzweck* des Prozesses: es wird verkauft, nicht um mit dem erhaltenen Geld von neuem zu kaufen, also weil das eigene Produkt letztlich gegen ein anderes Produkt ausgetauscht werden soll, sondern *es wird gekauft, um Geld, die selbständige Gestalt des Werts zu erhalten*.

Nicht nur von Kritikern auch von vielen Marxisten wurde die Marxsche Werttheorie auf ein Arbeitsmengenkonzept zur Erklärung der relativen Preise reduziert. Der Unterschied zur Arbeitswerttheorie der klassischen politischen Ökonomie wurde vor allem darin gesehen, daß sich Marx über den historischen Charakter dieser Arbeitswerte im Klaren gewesen sei. In einer so gefaßten Arbeitswertlehre findet Geld seinen Platz allenfalls als Gleitmittel der Zirkulation. Geld ist einer solchen Werttheorie genauso äußerlich wie der Werttheorie der Klassik oder der Neoklassik. In allen diesen Fällen handelt es sich um *prämonetäre Werttheorien*: das System der relativen Preise ist unabhängig vom Austausch und damit vom Bezug auf Geld determiniert, Geld tritt erst nachträglich auf den Plan, um den Austausch zu den bereits vorher bestimmten Werten bloß noch zu vermitteln.
Bei Marx findet sich jedoch eine (in mehrfacher Hinsicht) *monetäre* Werttheorie. Wie im zweiten Abschnitt dieses Kapitels herausgestellt wurde, sind die Arbeitsprodukte isoliert weder Ware noch Wertgegenstand. Ihre Wertgegenständlichkeit existiert nur als *gemeinsame* Wertgegenständlichkeit im Austausch, und der allseitige Austausch von *Waren* (im Unterschied zum Tausch vereinzelter Produkte) existiert nur als Bezug der Waren auf *Geld*. Dieser Bezug auf Geld ist nicht nur formell: Erst durch ihn wird das System der relativen Preise überhaupt hergestellt, erst im Austausch zeigt sich, welches die (in doppelter Hinsicht bestimmte) wertbildende „gesellschaftlich

notwendige Arbeitszeit" ist. Nur indem die Waren auf Geld bezogen werden, kann sich ein *kohärenter gesellschaftlicher Zusammenhang* zwischen den verschiedenen Privatarbeiten herstellen.
Von monetärer Werttheorie läßt sich noch in einer weiteren Hinsicht sprechen. Während die Waren ihre Wertgegenständlichkeit nur innerhalb des Tausches besitzen, ist Geld in seiner Funktion *als Geld* auch und gerade außerhalb des Tausches Repräsentant von Wert als solchem. Im Geld verliert der Wert seine Flüchtigkeit, er kann festgehalten und selbst zum *Zweck* des Prozesses werden, was nicht der Fall ist, so lange Geld nur Wertmaß oder Zirkulationsmittel ist wie in den prämonetären Werttheorien von Klassik und Neoklassik. Vom Geld als bloßem „Schleier" über den wirklichen Verhältnissen oder von einer „Neutralität" des Geldes gegenüber den „realen" Größen der Ökonomie kann im Rahmen von Marx' *monetärer Werttheorie* nicht die Rede sein. Eine unmittelbare Konsequenz dieser Nicht-Neutralität des Geldes zeigt sich bereits auf der Ebene der einfachen Zirkulation. Im Gegensatz zum unmittelbaren Produktentausch, der sich in einem einzigen Akt erschöpft, zerfällt die Metamorphose der Ware in die beiden Akte W-G und G-W. Diese Trennung ermöglicht die Verselbständigung der beiden Akte, es kann ein Verkauf ohne anschließenden Kauf stattfinden; eben weil das Geld nicht nur als Mittler, sondern auch als Zweck der Transaktion auftreten kann. Der Bezug auf Geld, über den sich überhaupt erst ein kohärenter gesellschaftlicher Zusammenhang herstellt, impliziert so zugleich die Gefahr einer Zerstörung dieser Kohärenz. Die Verselbständigung der zusammengehörigen Momente beinhaltet die allgemeinste *Möglichkeit der Krise* – die Einheit der gegeneinander verselbständigten Momente macht sich gewaltsam geltend (vergl. dazu das achte Kapitel). Indem Klassik und Neoklassik das Geld auf die Rolle eines bloß technischen Mittlers reduzieren, der für die ökonomischen Vorgänge aber nicht wesentlich ist, abstrahieren sie von der Möglichkeit der Krise. Krisen können dann überhaupt nicht auftauchen, außer als Resultat exogener Schocks. Der auch heute noch von Vertretern der allgemeinen Gleichgewichtstheorie beanspruchte theoretische „Beweis" einer immanenten Krisenfreiheit der Marktökonomie erweist sich als Resultat davon, daß der Gegenstand verfehlt wurde: anstelle des Marktes, d.h. der *Warenzirkulation*, wurde lediglich der *Naturaltausch* thematisiert.[80]

80) Auch die Kritik von Keynes (1936) an der Neoklassik beruht unter anderem darauf, daß er Geld nicht bloß als Zirkulationsmittel, sondern in seiner Wertaufbewahrungsfunktion thematisiert, daß er also einen zentralen Unterschied zwischen einer Naturaltauschwirtschaft und einer Geldwirtschaft festhält.

Siebtes Kapitel

Grundzüge der Marxschen Kapitaltheorie

Wie schon zu Beginn des letzten Kapitels erwähnt wurde, war Marx der Auffassung, daß die klassische politische Ökonomie drei fundamentale Probleme nicht bewältigt hatte: das Verständnis des Zusammenhangs von Wert- und Geldtheorie, die Erklärung des Austauschs von Kapital und Arbeit auf der Grundlage des Äquivalententausches und die Vermittlung der Werttheorie mit der Existenz der Durchschnittsprofitrate. Das erste Problem bildete den Gegenstand von Marx' monetärer Werttheorie. Die beiden anderen Probleme wollte Marx im Rahmen seiner Kapitaltheorie lösen.
Die Marxsche Erklärung des Austauschs von Kapital und Arbeit beruht auf seiner Auffassung der Arbeitskraft als einer spezifischen Ware. Ein Ansatz, der inzwischen von ganz verschiedenen Seiten der Kritik unterzogen wurde.
Der mit der Erklärung der Durchschnittsprofitrate verbundene Übergang von Werten zu Produktionspreisen veranlaßte bereits Böhm-Bawerk (1896) von einem „Widerspruch" zwischen dem ersten und dem dritten Band des *Kapital* zu sprechen. Seither ist die Debatte um das sogenannte „Transformationsproblem" nicht abgerissen. In den 60er und 70er Jahren erhielt diese Debatte im Anschluß an Sraffas „neoricardianischen" Ansatz neuen Auftrieb und führte zu der bisher folgenreichsten Kritik an der Marxschen Werttheorie.
Ein weiteres Problem ist die Darstellung von Zins und Kredit im dritten Band des *Kapital*. Vor allem die fragmentarische Darstellung des Kreditwesens erscheint im Marxschen Originalmanuskript in etwas anderem Licht, als in der von Engels besorgten Edition.
Die bereits in der Werttheorie festgestellten Ambivalenzen machen sich auch in der Marxschen Kapitaltheorie geltend und führen insbesondere bei Marx' Transformation von Werten in Produktionspreise zu verheerenden Konsequenzen. Es wird daher notwendig sein, die Grundzüge der Marxschen Kapitaltheorie ausgehend von der im letzten Kapitel dargestellten monetären Werttheorie zu rekonstruieren.

1. Werttheorie und Kapitaltheorie

Im vierten Kapitel des *Kapital* führt Marx die Kapitalform als weitere Formbestimmung des Werts ein: Kapital ist „sich selbst verwertender Wert", Wert, der die Bewegung G-W-G' ausführt, sich in seiner eigenen Bewegung vermehrt. Der Wert verwandelt sich so in ein „automatisches, in sich selbst prozessirendes Subjekt" (II.5/109; 23/169), für das Ware und Geld nur verschiedene Existenzweisen sind. Diese beiden Existenzweisen sind keineswegs gleichberechtigt. Als Subjekt des Prozesses, bedarf der Wert einer

„selbstständigen Form, wodurch seine Identität mit sich selbst konstatirt werden kann. Und diese Form besitzt er nur im *Gelde*. Dieß bildet daher Ausgangspunkt und Schlußpunkt jedes Verwerthungsprozesses." (II.5/109; 23/169)

Im Gegensatz zur Klassik, die Kapital meist mit den Kapitalgütern identifizierte und wie schon in ihrer Werttheorie dem Geld allenfalls eine vermittelnde Funktion zubilligte, hebt Marx hervor, daß der Verwertungsprozeß die Verfügung über *Geld* voraussetzt und wieder in Geld resultiert. Insofern kann bei Marx von einer *monetären Kapitaltheorie* gesprochen werden.

Indem Marx Kapital als eine bestimmte Bewegungsform des Werts einführt, d.h. als eine weiterentwickelte Formbestimmung gesellschaftlicher Arbeit, ist von vornherein klar, daß sich Kapital nicht aus dem Willen oder dem Interesse der Individuen erklären läßt. Die Kapitalform ist Ausdruck einer objektiven gesellschaftlichen Struktur, die die Einzelnen bereits fertig vorfinden und die ihnen die Rationalität ihrer Handlungen vorgibt. Die Individuen finden nicht nur eine bestimmte Verteilung vor (einige werden als Geldbesitzer geboren, andere nicht), sie finden auch die Möglichkeit der Kapitalbewegung vor. Erst nachdem Marx die Kapitalform dargestellt hat, betrachtet er den Kapitalisten: als „bewußter Träger" der Kapitalbewegung wird der Geldbesitzer Kapitalist, „personificirtes, mit Willen und Bewußtsein begabtes Kapital" (II.5/108; 23/167f). Hier zeigt sich wieder der Bruch mit dem theoretischen Feld der politischen Ökonomie. Der gesellschaftliche Zusammenhang wird nicht mehr ausgehend von den Individuen rekonstruiert, vielmehr folgt deren Rationalität erst aus diesem Zusammenhang.[1] Insofern agieren sie als „Charaktermasken": damit wird den Individuen nicht ihr willentliches Handeln abgesprochen, sondern darauf aufmerksam gemacht, daß dieser Wille einer bestimmten Logik folgen muß, sofern nicht der (ökonomische) Untergang riskiert werden soll.

Der fehlende Übergang zum Kapital

Problematisch ist die Art und Weise wie die Kapitalform des Werts im *Kapital* eingeführt wird. Nachdem Marx die Warenzirkulation W-G-W als „*verkaufen um zu kaufen*" charakterisiert hat, fährt er fort:

„Neben dieser Form finden wir aber eine zweite, spezifisch unterschiedene vor, die Form G-W-G, Verwandlung von Geld in Waare und Rückverwandlung von Waare in Geld, *kaufen um zu verkaufen*. Geld, das in seiner Bewegung diese letztre Cirkulationsform beschreibt, verwandelt sich in Kapital, *wird* Kapital und *ist* schon an sich, d.h. seiner Bestimmung nach, Kapital." (II.5/103; 23/162)

Die zweite Zirkulationsform G-W-G wird also einfach vorgefunden („finden wir"). Man gewinnt den Eindruck, daß diese Form lediglich empirisch aufgenommen wird und die Formanalyse jetzt gewissermaßen einen neuen Anfang

1) Für die Darstellung bedeutet dies, daß stets zunächst der sachliche Zusammenhang behandelt werden muß und erst dann die Handlungen der Personen betrachtet werden können, eine Abfolge die man bereits bei der Darstellung von Ware und Austauschprozeß beobachten konnte.

erhält. Die *einfache Zirkulation* von Ware und Geld ist zwar eine Voraussetzung für die Existenz des Kapitals, ob Kapital aber tatsächlich existiert, scheint der einfachen Zirkulation äußerlich zu sein. Dieser Eindruck wird noch dadurch verstärkt, daß in den ersten drei Kapiteln des *Kapital*, in denen die einfache Zirkulation dargestellt wird, mit Ausnahme des allerersten Satzes von der kapitalistischen Produktionsweise nicht die Rede ist.

In einem Großteil der Literatur wird diese einfache Zirkulation als abstrakte Darstellung einer historischen Phase der „einfachen Warenproduktion" aufgefaßt, die der kapitalistischen Warenproduktion vorangegangen sei. Eine Interpretation, die sich auch auf den im letzten Kapitel erwähnten Engelsschen Nachtrag (*Wertgesetz und Profitrate*) zum dritten Band des *Kapital* stützen kann (insbesondere 25/905ff). Im *Urtext* von *Zur Kritik* grenzte sich Marx allerdings von jeder historisierenden Auffassung der einfachen Zirkulation ab:

„Wir haben es hier jedoch nicht mit historischem Uebergang der Circulation in das Capital zu thun. Die einfache Circulation ist vielmehr eine *abstrakte Sphäre des bürgerlichen Gesammtproductionsprocesses*, die durch ihre eigenen Bestimmungen sich als Moment, blose Erscheinungsform eines hinter ihr liegenden, ebenso aus ihr resultirenden, wie sie producirenden tieferen Processes – das industrielle Capital – ausweist." (II.2/68f; Gr 922f, Herv. von mir)

Bei der einfachen Zirkulation handelt es sich auch nicht bloß um ein erstes, allgemeines Modell, das dann im Verlauf der weiteren Darstellung durch die Hereinnahme des Kapitalverhältnisses nur zu spezifizieren ist.[2] Es geht Marx von Anfang an um die Untersuchung von Ware und Geld im Kapitalismus.[3] Die einfache Zirkulation ist keine mehr oder weniger willkürliche Anfangsabstraktion, sondern eine durch die Struktur des Erkenntnisobjekts selbst notwendige Ebene der begrifflichen Darstellung.

Der „bürgerliche Gesammtproductionsprocess" stellt sich der Anschauung zunächst als bloßer Kauf und Verkauf von Waren dar. Die einfache Zirkulation erscheint „als das unmittelbar Vorhandne an der Oberfläche der bürgerlichen Gesellschaft" (II.1.1/177; Gr 166). Hier liegt auch der entscheidende Unterschied zu Waren- und Geldverhältnissen in vorkapitalistischen Produktionsweisen. Dort kommen die Warenverhältnisse immer nur *neben* anderen für diese Produktionsweisen typischen Formen der gesellschaftlichen Arbeit als ein bloß untergeordnetes Moment vor.[4] Marx kommt daher zu dem Ergebnis,

„daß das ganze System der bürgerlichen Production vorausgesezt ist, damit der Tauschwerth als einfacher Ausgangspunkt an der Oberfläche erscheine und der Austauschprocess, wie er sich in

---

2) Diese Auffassung findet sich z.B. bei Meek (1973, S.180f), der von der Wertheorie als einer „first approximation" spricht; ähnlich auch Dobb (1969, S.12) und Schabacker (1998).

3) Insofern ist auch Brunhoff (1976, S.19ff) nicht zuzustimmen, die in den ersten drei Kapiteln des *Kapital* eine über den Kapitalismus hinausgreifende „allgemeine Theorie des Geldes" sieht.

4) Dies hebt Marx bei seiner Auseinandersetzung mit Steuart besonders hervor: „Steuart wußte natürlich sehr wohl, daß das Produkt auch in vorbürgerlichen Epochen die Form der Waare und die Waare die Form des Geldes erhält, aber er weist ausführlich nach, daß die Waare als elementarische Grundform des Reichthums und die Entäußerung als die herrschende Form der Aneignung nur der bürgerlichen Produktionsperiode angehören, also der Charakter der Tauschwerth setzenden Arbeit specifisch bürgerlich ist." (II.2/136; 13/44)

der einfachen Circulation auseinanderlegt, als der einfache, aber *die ganze Production wie Consumtion, umfassende gesellschaftliche Stoffwechsel.*" (II.2/52; Gr 907)

Diese sachliche Voraussetzung zeigt sich auch innerhalb der einfachen Zirkulation, die selbst auf eine hinter ihr liegende Sphäre verweist:

„Die Circulation in sich selbst betrachtet ist *die Vermittlung vorausgesezter Extreme.* Aber sie sezt diese Extreme nicht. Als Ganzes der Vermittlung, als totaler Proceß selbst muß sie daher vermittelt sein. *Ihr unmittelbares Sein ist daher reiner Schein.* Sie ist das *Phänomen eines hinter ihrem Rükken vorgehnden Processes.* (...) Die Circulation trägt daher nicht in sich selbst das Princip der Selbsterneuerung." (II.2/64; Gr 920)

Die Zirkulation ist unselbständig, sie vermittelt nur etwas von außen kommendes: ob Ware und Geld überhaupt kontinuierlich getauscht oder als Produkte festgehalten werden, fällt nicht unter die Bestimmungen der einfachen Zirkulation. Ob die einfache Zirkulation existiert, hängt daher von einem anderen, außer ihr liegenden Prozeß ab. Soweit kann das Argument auf allgemeine Zustimmung rechnen. Die Frage ist aber, welches dieser Prozeß ist: kann es sich um die Produktion „einfacher Warenproduzenten" handeln oder muß es kapitalistische Produktion sein?

Soll das Marxsche Insistieren darauf, daß es sich bei der einfachen Zirkulation nur um die Oberfläche des „*bürgerlichen* Gesammtprocesses" handelt, nicht eine bloß dogmatische Versicherung bleiben, muß gezeigt werden, daß die einfache Zirkulation eine weitere Formbestimmung *notwendig* macht, daß ein begrifflicher Übergang aus der einfachen Zirkulation zum Kapital existiert (eine „dialektische Entwicklung" wie sie im fünften Kapitel charakterisiert wurde). In den *Grundrissen* (II.1.1/157ff; Gr 144ff) und im *Urtext von Zur Kritik der politischen Ökonomie* (II.2/63ff; Gr 919ff) hat Marx den Versuch einer kategorialen Ableitung des Kapitals unternommen; im Manuskript von 1861-63 und im *Kapital* fehlt ein solcher Übergang.

Ausgangspunkt dieses Übergangs bildet in den *Grundrissen* und im *Urtext* das Geld, wie es sich als Resultat der einfachen Zirkulation ergibt. Kurz zusammengefaßt besteht das Argument darin, daß der Wert im Geld zwar eine selbständige Form besitzt, daß aber diese Selbständigkeit „bloser Schein" (II.2/67; Gr 920) sei: wird das Geld außerhalb der Zirkulation festgehalten, so ist es ein „reines Hirngespinst" (II.2/64; Gr 920), es ist „ebenso werthlos, als läge es im tiefsten Bergschacht" (II.2/74; Gr 929). Wird es aber in die Zirkulation geworfen, so verwandelt sich das Geld in Ware. Der Wert verliert seine selbständige Gestalt und wird mit der Konsumtion der Ware gänzlich vernichtet (ebd.). Die Verselbständigung des Wertes im Geld ist innerhalb der einfachen Zirkulation immer nur momentan zu erreichen, sie gelingt nie dauerhaft. Der Wert erlangt nicht wirklich eine intertemporale Existenz. Damit handelt es sich aber gar nicht um eine tatsächliche Verselbständigung des Werts. Der Wert ist im Rahmen der einfachen Zirkulation daher immer noch mangelhaft bestimmt. Als zunächst abstrakte Bedingung einer wirklichen Verselbständigung des

Werts formuliert Marx:

„Sein Eingehn in die Circulation muß selbst ein Moment seines Beisichbleibens, und sein Beisichbleiben ein Eingehn in die Circulation sein. Der Tauschwerth ist also jezt bestimmt als ein Process" (II.2/77; Gr 931).

Dieser Prozeß hat die Form G-W-G. Die einzige Veränderung, deren der Wert fähig ist, ist aber eine quantitative. Soll der Prozeß G-W-G nicht bloß formell sein, Tausch von Geld gegen eine Ware und Tausch derselben Ware wieder gegen Geld, so muß sich der Wert in diesem Prozeß vermehren.[5]

„Das aus der Circulation als adaequater Tauschwerth resultirende und verselbständigte aber wieder in die Circulation eingehnde, sich in und durch sie verewigende und verwerthende (vervielfältigende) Geld, ist *Capital*. (...) Geld und Waare als solche, ebenso wie die einfache Circulation selbst existiren für das Capital nur noch als besondre abstrakte Momente seines Daseins, in denen es ebenso beständig erscheint, von einem in das andre übergeht, wie beständig verschwindet. Die Verselbstständigung erscheint nicht nur in der Form, daß es als selbstständiger abstrakter Tauschwerth – Geld – der Circulation gegenübersteht, sondern daß diese zugleich der Process seiner Verselbstständigung ist" (II.2/82; Gr 937).

Die dialektische Entwicklung der Kategorien soll die nicht-empirischen, sondern strukturellen Beziehungen der in diesen Kategorien fixierten Verhältnisse begrifflich reproduzieren. Der kategoriale Übergang vom Geld zum Kapital, d.h. der Nachweis, daß das Geld als verselbständigte Form des Werts auf der Ebene der einfachen Zirkulation eine weitere Formbestimmung, die des Kapitals, notwendig macht, drückt aus, daß das Geld, als das, was es ist (verselbständigte Gestalt des Werts), nur unter kapitalistischen Produktionsverhältnissen existieren kann. Das heißt aber, die Marxsche Werttheorie ist nicht nur *monetäre* Werttheorie, sie ist Werttheorie nur als *Kapitaltheorie*, denn erst in seiner Bewegung als Kapital erhält der Wert Dauerhaftigkeit.[6] Umgekehrt ist der Wert dann nur der abstrakte Ausdruck des Kapitals, was von Marx am deutlichsten in den *Grundrissen* ausgesprochen wurde:

„Es hat sich im Lauf unserer Darstellung gezeigt, wie Werth, der als eine Abstraction erschien, nur als solche Abstraction möglich ist sobald das Geld gesezt ist; die Geldcirculation anderseits führt zum Capital, kann also nur vollständig entwickelt sein auf Grundlage des Capitals... *Der Begriff von Werth ganz der modernsten Oekonomie angehörig, weil er der abstracteste Ausdruck des Capitals selbst und der auf ihm ruhenden Production ist.*" (II.1.2/646; Gr 662, Herv. von mir)

Im *Kapital* fehlen allerdings nicht nur die expliziten Hinweise darauf, daß die

---

5) Nur durch diese Bewegung gelingt es dem Wert, die quantitative Schranke als eine bestimmte Wertsumme, die seiner qualitativen Unbeschränktheit entgegensteht, zu überwinden. Schatzbildung ist dagegen nur eine imaginäre Vermehrung des Werts, denn der Zirkulation wird lediglich in Gestalt des Geldes entzogen, was ihr als Ware gegeben wird (vergl. II.2/80; Gr 936). Darüberhinaus bleibt die Verselbständigung des Werts im Schatz auch nur formell: verselbständigt ist der Wert hier nur *gegen* die Zirkulation aber nicht *in* der Zirkulation.

6) Auf diesem Zusammenhang insistiert insbesondere Brentel: „eine *Wert*theorie als *Arbeits*werttheorie ist nur als *Kapital*theorie explizierbar... Wert-Sein ist nicht eine überhistorische 'Eigenschaft' von 'Waren'-Produkten überhaupt, vom unentwickeltsten Tauschhandel bis zum industriellen Produkt, sondern im strengen Sinne immer nur als *Kapital*-Wert zu begreifen" (Brentel 1989, S.266).

einfache Zirkulation nur die Oberfläche des kapitalistischen Gesamtprozesses ist, es fehlt auch die Darstellung des *Übergangs vom Geld ins Kapital*, wodurch Interpretationen, die in der einfachen Zirkulation eine selbständige, vom Kapital unabhängige Sphäre sehen, Vorschub geleistet wird. Daß die Marxsche Werttheorie nur als Kapitaltheorie Werttheorie ist, wird in der verkürzten Darstellung des *Kapital* nicht mehr richtig sichtbar.[7]

Marx äußerte sich nicht darüber, warum er diesen Übergang wegfallen ließ.[8] Man kann jedoch vermuten, daß sich diese Auslassung, dem Marxschen Bestreben um „Popularisierung" verdankt, von der bereits in einem Brief an Engels vom 9.12.1861 die Rede war. Dort heißt über die Fortsetzung von *Zur Kritik*, sie werde „viel populärer und die Methode viel mehr versteckt als in Teil I" (30/207). Noch weit mehr als bei der oben diskutierten Einfügung der Geldform in die Wertformanalyse läuft die hier diskutierte „Popularisierung" auf einen *Bruch in der dialektischen Darstellung* hinaus: der dialektische Übergang wird einfach weggelassen. Zumindest an diesem Punkt muß der im fünften Kapitel diskutierten These von Backhaus und Reichelt, daß aufgrund des Marxschen „Versteckens" seiner Methode ein zureichendes Verständnis des *Kapital* nur mittels der *Grundrisse* und des *Urtextes* gewonnen werden kann, zugestimmt werden.

Arbeitskraft – eine ganz normale Ware?

Daß das selbständige Dasein des Tauschwerts nur als sich verwertender Wert adäquat ausgedrückt wird, sagt noch nichts darüber aus, wie diese Verwertung überhaupt *möglich* ist. Es stellt sich daher die Frage, wie sich *auf der Grundlage des Äquivalententausches* die Existenz eines Kapitalgewinns erklären läßt. Dies ist die grundlegende Frage, die Marx mit seiner Mehrwerttheorie beantworten will.[9]

---

7) Lediglich in zwei Fußnoten wird dieser Zusammenhang angedeutet. Im ersten Kapitel heißt es: „Die *Werthform des Arbeitsprodukts* ist die abstrakteste, aber auch allgemeinste *Form* der *bürgerlichen* Produktionsweise, die hierdurch als eine *besondre* Art *gesellschaftlicher* Produktionsweise und damit zugleich *historisch* charakterisirt wird" (II.5/43; 23/95). Und in einer Note zur 2. Auflage bemerkt Marx im vierten Kapitel: „Was also die kapitalistische Epoche charakterisirt, ist, daß die Arbeitskraft für den Arbeiter selbst die Form einer ihm gehörigen Waare, seine Arbeit daher die Form der Lohnarbeit erhält. *Andrerseits verallgemeinert sich erst von diesem Augenblick die Waarenform der Arbeitsprodukte*" (II.6/186; 23/184, Herv. von mir).

8) Die These von Riedel (1998), Marx habe aufgrund der Schwierigkeiten, die ihm dieser Übergang im *Urtext* bereitet habe, eine Alternative zur dialektischen Darstellung gesucht, wurde bereits oben, im zweiten Abschnitt des fünften Kapitels diskutiert.

9) „Die Verwandlung des Geldes in Kapital ist auf der Grundlage dem Waarenaustausch immanenter Gesetze zu entwickeln, so daß der Austausch *von Aequivalenten* als Ausgangspunkt gilt. Unser nur noch als Kapitalistenraupe vorhandner Geldbesitzer muß die Waaren zu ihrem Werth kaufen, zu ihrem Werth verkaufen und dennoch am Ende des Prozesses mehr Werth herausziehn als er hineinwarf. Seine Schmetterlingsentfaltung muß in der Cirkulationssphäre und muß *nicht* in der Cirkulationssphäre vorgehn. Dieß sind die Bedingungen des Problems. Hic Rhodus, hic salta!" (II.5/119; 23/180f).

Frühe Ökonomen hatten den Kapitalprofit als einen bloßen Aufschlag auf den Wert der Waren betrachtet. Smith und Ricardo war zwar klar, daß die Existenz des Kapitalgewinns als eines nicht nur zufälligen oder marginalen Phänomens nicht durch einen Aufschlag erklärt werden kann, sondern etwas mit der von den Arbeitern verausgabten Arbeit zu tun hat. Sie gingen aber davon aus, daß die Arbeiter ihre *Arbeit* verkaufen würden. Für eine Arbeitswerttheorie entsteht dann das Problem zu erklären, wieso ein Arbeiter für die z.B. zehnstündige Arbeit, die er verkauft, als Lohn eine Wertsumme erhält, die geringer ist, als derjenige Wert, den er in diesen zehn Stunden dem Wert der vorhandenen Produktionsmittel zusetzt. Sozialisten und Linksricardianer hatten geschlossen, daß der Tausch zwischen Kapital und Arbeit „ungerecht" sei, daß er nicht den Gesetzen des Äquivalententausches entspreche und stellten die Forderung nach einem gerechten Tausch oder nach dem „vollen Arbeitsertrag" für den Arbeiter auf, eine Forderung, die auch noch Lassalle vertreten hatte. Die „Vulgärökonomen" benutzten dieses Problem als Argument gegen die Arbeitswerttheorie: da die Arbeiter den gesamten Wert ihrer Arbeit in Form des Lohnes erhalten würden, könne der Wert des Produktes nicht ausschließlich von Arbeit abhängen. Auch Smith zog einen ähnlichen Schluß. Wie im ersten Kapitel dargestellt wurde, vertrat Ricardo zwar nicht die Arbeitswerttheorie, die ihm Marx unterstellte, allerdings hat Marx mit seinem Vorwurf, Ricardo habe das Problem ignoriert, nicht unrecht. Denn Ricardo unterstellt ohne weiteres, daß der relative Wert der Güter, zu deren Produktion eine bestimmte Menge Arbeit verausgabt wurde, größer ist als der relative Wert dieser verausgabten Arbeit.

Anders als die Klassik unterscheidet Marx zwischen *Arbeit* und *Arbeitskraft*, d.h. der Fähigkeit eines Menschen zu arbeiten:

> „Was dem Geldbesitzer auf dem Waarenmarkt direkt gegenübertritt, ist in der That nicht *die Arbeit*, sondern *der Arbeiter*. Was letztrer verkauft, ist seine *Arbeitskraft*. Sobald seine Arbeit wirklich beginnt, hat sie bereits aufgehört, ihm zu gehören, kann also nicht mehr von ihm verkauft werden. Die Arbeit ist die Substanz und das immanente Maß der Werthe, aber sie selbst hat *keinen Werth*." (II.5/434; 23/559)

Marx versucht, die Kapitalverwertung auf der Grundlage des Äquivalententausches zu erklären, indem er zwischen *Wert* und *Gebrauchswert* der Ware *Arbeitskraft* unterscheidet. Den Wert der Arbeitskraft sieht Marx analog zum Wert aller anderen Waren, durch die zu ihrer Reproduktion notwendige Menge abstrakter Arbeit bestimmt.[10] Der Gebrauchswert der Arbeitskraft besteht in der Arbeit, die sie verrichten kann. Indem der Kapitalist den Arbeiter, dessen Arbeitskraft er gekauft hat, arbeiten läßt, konsumiert er deren Gebrauchswert. Die Ware Arbeitskraft hat die einzigartige Eigenschaft, daß ihre

10) Dabei hatte Marx keineswegs ein physisches Existenzminimum im Sinn, sondern betonte, daß in den Wert der Arbeitskraft ein historisch-moralisches Element eingeht (II.5/123f; 23/184f).

Konsumtion wertbildend ist.[11] Die Verwertung des Kapitals erklärt sich daraus, daß bei der Konsumtion der Arbeitskraft im kapitalistischen Produktionsprozeß ein größerer Wert entsteht, als zu ihrer Reproduktion notwendig ist. Die Differenz zwischen dem Wert, den die Arbeitskraft produziert, und demjenigen Wert, der notwendig ist, um die Arbeitskraft zu reproduzieren, eignet sich der Kapitalist als *Mehrwert* an.

Von *Ausbeutung* spricht Marx, insofern der Arbeiter länger arbeitet als zu seiner eigenen Reproduktion notwendig ist und sich der Kapitalist die Früchte dieser Mehrarbeit ohne Äquivalent aneignet.[12] Die Gesetze des Äquivalententausches sind dadurch aber nicht verletzt, da der Arbeiter, sofern er seine Arbeitskraft als Ware *verkauft*, nur einen Anspruch auf ihren *Wert* nicht aber auf ihren *Gebrauchswert* hat. Die Konsumtion des Gebrauchswerts ist das Recht des Käufers. Daß die Konsumtion der Arbeitskraft einen größeren Wert liefert als für sie gezahlt werden muß, ist das „Glück" des Kapitalisten, aber keine Verletzung der Gesetze des Äquivalententausches (vergl. dazu auch II.5/143f; 23/207f).

Das Problem Mehrwertbildung und Ausbeutung mit dem Äquivalententausch zu vermitteln, löst Marx nicht allein durch eine Betrachtung der Zirkulationssphäre, sondern durch eine kombinierte Untersuchung von Zirkulations- und Produktionssphäre.[13] Wird nur die Zirkulationssphäre betrachtet, so stehen sich stets gleich große Werte gegenüber, es findet Äquivalententausch statt. Allerdings zerlegt sich die Form G-W-G' in G-W...P...W'-G'. Es sind zwei Tauschakte, die für sich genommen jeweils den Gesetzen des Äquivalententausches unterliegen, die aber durch einen Produktionsakt (P) getrennt sind. Innerhalb dieses Produktionsaktes findet Ausbeutung statt, der Arbeiter schafft einen höheren Wert als er erhält, er verausgabt mehr Arbeitszeit als zu seiner Reproduktion notwendig ist. Da aber dieser Produktionsprozeß der Konsumtionsprozeß der vom Kapitalisten eingetauschten Waren ist, haben die dort stattfindenden Wertbildungsprozesse nichts mit dem Tausch zwischen Arbeiter und Kapitalist zu tun: *Ausbeutung und Äquivalententausch widersprechen sich nicht.*

Die Marxsche Auffassung der Arbeitskraft wurde von verschiedenen Seiten kritisiert. Die Einwände lassen sich zu zwei Punkten zusammenfassen.

---

11) Genauer gesagt: wertbildend sein kann, denn das produzierte Produkt muß erst noch auf dem Markt verkauft werden und besitzt *erst dort* Wertgegenständlichkeit, wie im sechsten Kapitel ausführlich diskutiert wurde. Dies ist auch im Folgenden zu beachten, wenn der Einfachheit halber davon die Rede ist, daß in der Produktion ein bestimmter Wert „geschaffen" worden sei.

12) Marx bezeichnet die Mehrarbeit daher auch als „unbezahlte Arbeit" (II.5/432; 23/556).

13) In den *Grundrissen* hebt Marx deutlicher als im *Kapital* hervor, daß es sich beim „Austausch zwischen Capital und Arbeit" um zwei „qualitativ verschiedne" Prozesse handelt, wobei der zweite Prozeß, die Aneignung der lebendigen Arbeit als wertsetzender Tätigkeit, „*nur by misuse... überhaupt Austausch* irgendeiner Art genannt werden könnte" (II.1.1/198f; Gr 185f).

Erstens. Es wurde eingewandt, Marx würde bei der Wertbestimmung der Arbeitskraft die Reproduktionsarbeit der Frauen nicht berücksichtigen (z.B. Himmelweit/Mohun 1977, Humphries 1977, Werlhof 1978). Damit wird auf einen tatsächlichen Unterschied in der Wertbestimmung der Arbeitskraft im Vergleich zu den übrigen Waren aufmerksam gemacht. Während in die Wertbestimmung einer gewöhnlichen Ware die *gesamte* zu ihrer Produktion notwendige direkte und indirekte Arbeit eingeht, geht in den Wert der Ware Arbeitskraft nur die indirekte Arbeit ein, d.h. der Wert der Waren, die für den Arbeiterhaushalt *gekauft* werden müssen. Die direkte Arbeit, die vom Arbeiter und seiner Frau noch zusätzlich aufgewendet werden muß, bleibt unberücksichtigt. Insofern spricht Harvey (1983, S.308f) davon, daß Marx für die Ware Arbeitskraft eigentlich keine Arbeitswerttheorie, sondern eine Produktionskostentheorie vertreten habe. Für viele feministische Autorinnen verschiebt sich damit aber die Basis der Ausbeutung: Grundlage der Ausbeutung und des Mehrwerts ist nicht mehr die Ausbeutung der (männlichen) Lohnarbeiter in der Fabrik, sondern die unbezahlte Reproduktionsarbeit der Frauen.
Zweitens. Gegenüber den übrigen Waren weist die Ware Arbeitskraft noch eine weitere Besonderheit auf, die Anlaß zur Kritik der Marxschen Auffassung bot. Der Warenkorb, der den Wert der Arbeitskraft bestimmen soll, steht nicht eindeutig fest. In den Wert der Arbeitskraft geht ein – von Marx so genanntes – „historisch-moralisches Element" ein. Es wurde eingewandt, daß dieses Element, stärker als Marx dies hervorgehoben habe, vom Klassenkampf bestimmt werde, so daß es der Klassenkampf sei, der letztlich über den Wert der Arbeitskraft entscheide (z.B. Harvey 1983, S.334f).[14] Es läßt sich aber auch grundsätzlich in Frage stellen, ob sich der Wert der Arbeitskraft überhaupt an die wie auch immer bestimmten Reproduktionsbedingungen binden läßt. So können die z.T. erheblichen Lohndifferenzierungen nicht durch Verweis auf unterschiedliche Reproduktionsnotwendigkeiten erklärt werden. Darüberhinaus läßt sich der Einwand, den Keynes (1936, S.11) gegen die neoklassische Lohntheorie formulierte, auch gegen die Marxsche Wertbestimmung der Arbeitskraft geltend machen: Die Arbeiter erhalten nicht einen bestimmten Güterkorb als Entlohnung, sondern eine bestimmte Geldsumme, der Reallohn und damit der „Wert der Arbeitskraft" stellt sich erst nachträglich heraus, wenn sich die Preise für die einzelnen Güter am Markt herausgebildet haben.
Zum *ersten Einwand* ist zu sagen, daß Marx die Wertbestimmung der Arbeitskraft so wiedergibt, wie sie sich vom Resultat her darstellt. Die Arbeitskraft ist eine besondere Ware: Ihr Produktionsprozeß ist nicht kapitalistisch, es

14) Bowles und Gintis (1981, S.14ff) ist zwar zuzustimmen, wenn sie hervorheben, daß Arbeit als der Gebrauchswert der Arbeitskraft nicht wie der Gebrauchswert der gewöhnlichen Waren ohne weiteres vom Kapitalisten konsumiert werden kann, sondern daß die Arbeit den Arbeitern in der Fabrik erst abgerungen werden muß. Dies aber zum Argument *gegen* die Auffassung, Arbeit sei der Gebrauchswert der Arbeitskraft, zu machen, ist nicht sehr einleuchtend.

handelt sich aber auch nicht um eine einfache Warenproduktion. Die Arbeitskraft wird nicht von vornherein als Ware *produziert*, sie wird aber als Ware *verkauft*. Der Arbeiterhaushalt, der die Arbeitskraft produziert, unterscheidet sich von gewöhnlichen Warenproduzenten dadurch, daß er die Produktionssphäre nicht wechseln kann: der Tischler kann, wenn sich die Möbelproduktion nicht mehr lohnt, z.B. Weber werden und wenn dies auch nicht möglich ist, dann bleibt ihm schließlich noch – seine Arbeitskraft zu verkaufen. Der Verkäufer der Arbeitskraft ist bereits auf dieser letzten, alternativlosen Stufe angelangt. Produktion der Arbeitskraft ist schließlich identisch mit der eigenen Lebensproduktion und kann daher auch nicht einfach aufgegeben werden, wie die Produktion einer beliebigen Ware.

Was man Marx vorwerfen kann, ist, daß er die Besonderheit der Wertbestimmung der Arbeitskraft nicht genügend hervorgehoben hat. Die insbesondere von Frauen im Haushalt geleistete Reproduktionsarbeit hat Marx jedoch keineswegs übersehen. Es war ihm klar, daß sie nicht als *wertbildende* Arbeit in den Wert der Arbeitskraft eingeht. Dies ist erst dann der Fall, wenn die Reproduktionsarbeit zu einer kommodifizierten Dienstleistung wird.[15] Die genauere Untersuchung der besonderen Wertbestimmung der Ware Arbeitskraft wäre wahrscheinlich ein Thema für die von Marx vorgesehene „specielle Lehre von der Lohnarbeit“ (II.5/440; 23/565) gewesen. Für die Analyse einer bestimmten kapitalistischen Gesellschaft ist die nähere Bestimmung des Werts der Arbeitskraft, des Reproduktionsniveaus und des Modus' der Reproduktion natürlich von entscheidender Wichtigkeit. Die These, daß die Ausbeutung des (männlichen) Arbeiters in der Fabrik nur durch die Ausbeutung der Frau im Haushalt möglich ist (Werlhof 1983), scheint allerdings konkret historische Zustände (insbesondere in Ländern der sogenannten 3.Welt), mit der Möglichkeit von Ausbeutung überhaupt zu verwechseln. Daß ein großer Teil der Reproduktionsarbeit noch im Haushalt geleistet wird, ist eher ein vorkapitalistisches Überbleibsel und für einen gering entwickelten Kapitalismus charakteristisch, als daß es die allgemeine Bedingung der Ausbeutung darstellt.[16] Wird die Reproduktionsarbeit von staatlichen oder kapitalistisch betriebenen Einrichtungen (Kindergärten, Bäckereien, Kantinen etc.) übernommen, sind

15) Bei der Betrachtung der Auswirkungen vermehrter Frauenarbeit in der Industrie bemerkte Marx: „Da gewisse Funktionen der Familie, z.B. Warten und Säugen der Kinder u.s.w., nicht ganz unterdrückt werden können, müssen die vom Kapital konfiscirten Familienmütter mehr oder minder Stellvertreter dingen. Die Arbeiten, welche der Familienkonsum erheischt, wie Nähen, Flicken u.s.w., müssen durch Kauf fertiger Waaren ersetzt werden. Der verminderten Ausgabe von häuslicher Arbeit entspricht also vermehrte Geldausgabe“ (II.5/323; 23/417). Und erst diese vermehrte Geldausgabe geht in den Wert der Arbeitskraft ein.

16) Letzteres ist die Auffassung einiger feministischer Entwicklungssoziologinnen. Die Reproduktionsarbeit der Frauen und die Subsistenzproduktion in der sog. 3.Welt wird von ihnen als nicht nur historische, sondern systematische Grundlage des Kapitalismus begriffen (Bennholdt-Thomson 1981, Werlhof 1983, Mies 1988). Vergl. zur Kritik daran Braig/Lentz (1983) und Beer (1983).

sie aufgrund von jetzt erst möglich gewordenen Produktivkraftsteigerungen mit insgesamt wesentlich weniger Zeitaufwand möglich. Frauen weitgehend von der Hausarbeit freizustellen und der direkten Ausbeutung durch das Kapital zu unterwerfen, ermöglicht dem Kapital nicht nur die Aneignung einer größeren Mehrwertmasse, sondern auch die Erhöhung der Mehrwertrate: Da die Reproduktionskosten der Familie nun vom Lohn von zwei Arbeitskräften bestritten werden müssen, sinkt der Wert der einzelnen Arbeitskraft.

Mit dem *zweiten Einwand* wird grundsätzlich in Frage gestellt, ob der Preis der Arbeitskraft überhaupt etwas mit ihren Reproduktionsbedingungen zu tun hat. Mit der Marxschen Wertbestimmung der Arbeitskraft ist allerdings keine Erklärung der Preise der einzelnen Arbeitskräfte oder aller Lohnunterschiede intendiert. Indem Marx den Wert der Arbeitskraft durch deren (monetäre) Reproduktionskosten bestimmt, drückt er nichts weiter als eine *Existenzbedingung des Kapitals* aus: die Existenz des Kapitals erfordert die Reproduktion der Arbeitskraft als *bloßer* Arbeitskraft. Die Arbeitskräfte müssen daher mindestens so viel Geld erhalten, wie zu ihrer Reproduktion notwendig ist.[17] Andererseits dürfen sie vom Zwang zum Verkauf ihrer Arbeitskraft auch nicht entbunden werden.

Allerdings stellt sich die Frage, wie diese Existenzbedingung des Kapitals *gesichert* wird, da eine Abweichung des Marktpreises der Arbeitskraft von ihrem Wert nicht dadurch ausgeglichen werden kann, daß Arbeit, die auf die Produktion von Arbeitskräften verwandt wurde, in andere Produktionssphären strömt oder von diesen Sphären in den Bereich der Arbeitskräfteproduktion wechselt. Die Klassik löste dieses Problem durch ihr Bevölkerungsgesetz: bei hohen Löhnen würden sich die Arbeiterfamilien aufgrund der günstigen materiellen Lage mit einer wesentlich höheren Rate fortpflanzen und so zu einer außerordentlichen Vermehrung der Arbeiterklasse beitragen, so daß die Löhne dann wieder sinken würden.

Aber selbst wenn es diesen einfachen Mechanismus gäbe, wäre die Zeitspanne, die er benötigt, zu groß, um den Preis der Arbeitskraft auf ihren Wert zu reduzieren. Im Gegensatz zu dem von der Klassik angenommenen „natürlichen“ Bevölkerungsgesetz formulierte Marx im 23. Kapitel des ersten Bandes des *Kapital* ein spezifisch „kapitalistisches“ Bevölkerungsgesetz. Als Folge der relativen Mehrwertproduktion ist es das Kapital selbst, das nicht nur seine Nachfrage nach Arbeitskräften variiert, sondern durch Freisetzung bislang beschäftigter Arbeitskräfte auch das Angebot bestimmt. So ist es nicht die Fortpflanzung der Arbeiterhaushalte, sondern die sich ändernde Wertzusammen-

17) Falls Löhne, die unter dem Reproduktionsminimum liegen, trotzdem nicht zum Aussterben der Arbeiterklasse führen, so nur weil noch andere Reproduktionsmöglichkeiten vorhanden sind, z.B. eine Subsistenzlandwirtschaft. Dies ist für die historische Entwicklung des Kapitalismus, z.T. auch für seine gegenwärtige Existenz in Ländern der sogenannten 3.Welt wichtig, bleibt aber aus der systematischen Darstellung des Kapitalismus ausgeschlossen.

setzung des Kapitals (das Verhältnis von konstantem zu variablem Kapital), die eine relative Überbevölkerung produziert (vergl. dazu unten das achte Kapitel). Nur die Existenz einer beständigen „industriellen Reservearmee“ stellt sicher, daß die Ware Arbeitskraft auch ohne außerökonomischen Zwang zu ihrem „Wert“, d.h. zu ihren Reproduktionskosten verkauft wird.[18]
So ist es zwar der Klassenkampf, der unmittelbar über den Preis der Ware Arbeitskraft, die Arbeitsbedingungen etc. entscheidet, doch ist der Klassenkampf kein selbständiger, der Ökonomie exogener Faktor. Die Stärke der Klassen ist selbst an die Dynamik der kapitalistischen Akkumulation gebunden.
Die vorangegangenen Erörterungen zeigten, daß die Ware Arbeitskraft eine *besondere* Ware ist.[19] Ihre Wertbestimmung kann nicht so ohne Umschweife in eine Reihe mit den Wertbestimmungen der übrigen Waren gestellt werden, wie es Marx im vierten Kapitel des ersten *Kapital*-Bandes versucht. Es handelt sich dabei eher um eine analoge Begriffsbildung. Wenn Marx daher für sich in Anspruch nimmt, den Austausch zwischen Kapital und Arbeit unter der Voraussetzung des Äquivalententausches erklärt zu haben, so ist dem allerdings insoweit zuzustimmen, als er durch die Unterscheidung zwischen Wert und Gebrauchswert der Arbeitskraft die Aporien, die mit diesem Problem verbunden waren, aufgelöst hat.

Klassen- und staatstheoretische Implikationen der Kapitaltheorie

Arbeitsprodukte erhalten nur dann eine Wertform, wenn die Produzenten in einem bestimmten *Produktionsverhältnis* zueinander stehen, wenn die gesellschaftliche Arbeit als *arbeitsteilige Privatproduktion* verausgabt wird. Die Kapitalform als weiterentwickelte Form des Werts setzt eine weitere Bestimmung dieses Produktionsverhältnisses voraus: die gesellschaftliche Arbeit wird als *Lohnarbeit* verausgabt. Die Verwertung des Werts (als systematische und nicht bloß zufällige Form) ist nur möglich, weil eine Ware existiert, deren Konsumtion Wert produziert und zwar einen höheren Wert als sie selbst besitzt – die Ware Arbeitskraft.

---

18) Dies ist auch ein starkes Argument für die Notwendigkeit des arbeitssparenden technischen Fortschritts. Permanenter kapitalsparender technischer Fortschritt würde bei Akkumulation nicht nur zu steigenden Löhnen und sinkenden Profiten führen (wie im ersten Unterabschnitt des 23. Kapitels des ersten Bandes des *Kapital* entwickelt wird), vor allem wäre ab einem bestimmten Punkt eine weitere Akkumulation wegen absoluten Arbeitskräftemangels nicht mehr möglich. – Die hier angesprochenen Überlegungen aus dem 23. Kapitel stellen somit weniger den Keim einer Theorie der Wirtschaftszyklen dar, als vielmehr die Vervollständigung der im 4. Kapitel entwickelten Bestimmungen der Arbeitskraft.

19) Diese Besonderheit wird am deutlichsten in den *Resultaten* hervorgehoben: „Das Verhältniß von blossen Waarenverkäufern schließt ein, daß sie *ihre* eignen in verschiednen Gebrauchswerthen verkörperten *Arbeiten* austauschen. Der Kauf und Verkauf des Arbeitsvermögens als beständiges *Resultat* des capitalistischen Productionsprocesses schließt ein, daß der Arbeiter beständig einen Theil seines eignen Products gegen seine lebendige Arbeit *zurückkaufen* muß. Damit *zerrinnt* der *Schein* des blossen Verhältnisses von Waarenbesitzern.“ (II.4.1/128)

Quantitativ hat Marx den Wert der Arbeitskraft ganz ähnlich bestimmt wie die Klassiker den „Wert der Arbeit“: durch den Wert der zur Reproduktion der Arbeitskraft notwendigen Waren. Daß Marx statt vom Wert der Arbeit vom Wert der Arbeitskraft spricht, ist aber nicht einfach nur eine konsistentere Terminologie. Dahinter steckt eine von der klassischen Auffassung ganz verschiedene Konzeption des Kapitals. Für die Klassik reduzierte sich der Unterschied von Kapital und Arbeit auf den zwischen vergegenständlichter oder aufgespeicherter Arbeit und lebendiger, gegenwärtiger Arbeit. Marx sieht dagegen im Kapital ein *gesellschaftliches Produktionsverhältnis*, eine bestimmte Beziehung, die die Menschen in der Produktion eingehen. So argumentiert er gegen Ricardo:

> „Er hätte, statt von der *Arbeit*, vom *Arbeitsvermögen* sprechen müssen. Damit hätte sich aber auch das *Capital* dargestellt als die dem Arbeiter verselbstständigte Macht gegenüber tretenden sachlichen Arbeitsbedingungen. Und das Capital hätte sich sofort als *bestimmtes gesellschaftliches Verhältniß* dargestellt. So unterscheidet es sich für Ricardo nur als 'accumulated labour' von 'immediate labour'. Und ist etwas blos sachliches; bloses Element im *Arbeitsproceß*, woraus das Verhältniß von Arbeiter und Capital, wages and profits, nimmermehr entwickelt werden kann.“ (II.3.3/1025; 26.2/403)

Und dieses Verhältnis zwischen Kapital und Arbeit impliziert ein *Zwangsverhältnis*. Damit Mehrarbeit möglich ist, muß eine bestimmte Produktivität der Arbeit erreicht sein. Damit aus dieser Möglichkeit aber Wirklichkeit wird,

> „muß der Arbeiter erst *gezwungen* werden über jene Grenze hinaus zu arbeiten und diesen Zwang übt das Capital aus. Dieß fehlt bei Ric., daher auch der ganze Kampf um die Bestimmung des normalen Arbeitstags.“ (II.3.3/1030; 26.2/409)

Damit die Arbeitskraft überhaupt als eine Ware verkauft wird, müssen sich auf dem Markt zwei spezifische Gruppen von Warenbesitzern gegenüberstehen. Auf der einen Seite Besitzer von Geld und Produktionsmitteln, auf der anderen Seite die „doppelt freien Lohnarbeiter“: Besitzer von Arbeitskraft, die zwar über ihre Arbeitskraft frei verfügen können, die aber auch „frei“ von Produktions- oder Subsistenzmitteln sind und daher unter dem Zwang stehen, ihre Arbeitskraft zu verkaufen. In den *Resultaten des unmittelbaren Produktionsprozesses* hebt Marx hervor, daß sich Kapitalist und Arbeiter nicht einfach als Käufer und Verkäufer gegenüberstehen. Während es die „gesellschaftliche Theilung der Arbeit und Verselbstständigung der verschiednen Arbeitszweige gegen einander“ ist, die das Verhältnis von Käufer und Verkäufer bedingen, ist es „die Theilung der zusammengehörigen Elemente des Productionsprocesses“, die das Verhältnis von Kapitalist und Arbeiter bedingen, die den einen zum Käufer und den anderen zum Verkäufer macht (II.4.1/89f).

Dem Kapitalverhältnis ist daher ein bestimmtes *Klassenverhältnis* vorausgesetzt: es muß auf der einen Seite eine Klasse existieren, die über den gesellschaftlichen Reichtum und vor allem über die sachlichen Mittel zu seiner Produktion verfügt, und auf der anderen Seite eine Klasse, die über nichts verfügt als über ihre Arbeitskraft, die subjektive Bedingung der Reichtumsproduktion.

Damit ist die spezifisch kapitalistische Form der „ausbeutenden" und der „ausgebeuteten" Klasse benannt.[20]
Als Resultat des kapitalistischen Produktionsprozesses wird die dem Kapitalverhältnis ursprünglich vorausgesetzte Scheidung des Arbeiters von den Produktionsbedingungen immer wieder von neuem hergestellt: Die Arbeiter produzieren den Reichtum als Besitz des ihnen gegenüberstehenden Kapitalisten. Sie selbst verlassen den Produktionsprozeß so wie sie ihn begonnen haben, als bloße Besitzer ihrer Arbeitskraft, die sie erneut verkaufen müssen.[21] Als Ergebnis des ganzen Prozesses hält Marx daher fest:

> „Es ist nicht mehr der Zufall, welcher Kapitalist und Arbeiter als Käufer und Verkäufer einander auf dem Waarenmarkt gegenüberstellt. Es ist die Zwickmühle des Prozesses selbst, die den Einen stets als Verkäufer seiner Arbeitskraft auf den Waarenmarkt zurückschleudert und sein eignes Produkt stets in das Kaufmittel des Andern verwandelt. (...) Der kapitalistische Produktionsprozeß, im Zusammenhang betrachtet oder als Reproduktionsprozeß, produciert also nicht nur Waare, nicht nur Mehrwerth, er producirt und reproducirt das *Kapitalverhältniß* selbst, auf der einen Seite *den Kapitalisten*, auf der andern *den Lohnarbeiter*." (II.5/468; 23/603f)

Das Klassenverhältnis, das dem kapitalistischen Produktionsprozeß zunächst *vorausgesetzt* war, zeigt sich nun als dessen eigenes *Resultat*.[22]
Den *historischen* Prozeß, der die *Voraussetzung* des Kapitalverhältnisses, den „doppelt freien Lohnarbeiter", herstellt, skizziert Marx im 24. Kapitel des ersten *Kapital*-Bandes am Beispiel Englands unter dem Titel *Die sogenannte ursprüngliche Akkumulation*. Damit spielt Marx auf eine Konstruktion von Adam Smith an, der die kapitalistische Produktion beginnen läßt, nachdem eine „ursprüngliche" Akkumulation einige Personen mit „Kapital" versorgt hat, so daß diese nun andere Personen beschäftigen können. Demgegenüber betont Marx, daß die entscheidende Voraussetzung kapitalistischer Produktion gerade nicht die Aufhäufung von Reichtum in wenigen Händen ist:

---

20) Die kapitalistische Klassenstruktur erschöpft sich aber nicht in diesen beiden Hauptklassen. Neben den Grundbesitzern als dritte große Klasse führt Marx auch noch die „Mittelklassen" an. Das dritte Buch des *Kapital* sollte mit einem Abschnitt über die Klassen enden, allerdings bricht das Manuskript nach anderthalb Seiten ab. Obwohl es eine Vielzahl von Bezügen auf „Klasse" gibt, existiert von Marx keine zusammenhängende Abhandlung zur Klassentheorie. Dafür sind die marxistischen Abhandlungen zu diesem Thema kaum noch zu übersehen. Eine Interpretation der einschlägigen Texte von Marx und Engels lieferte Mauke (1970), in einem breiteren theoretischen Kontext wird die Marxsche Klassentheorie von Giddens (1973) und von Ritsert (1988) diskutiert.

21) „Da der Produktionsprozeß zugleich der Konsumtionsprozeß der Arbeitskraft durch den Kapitalisten, *verwandelt* sich das Produkt des Arbeiters nicht nur fortwährend in *Waare*, sondern in *Kapital*, Werth, der die werthschöpfende Kraft aussaugt, Lebensmittel, die Personen kaufen, Produktionsmittel, die den Producenten anwenden. Der Arbeiter selbst producirt daher beständig den *objektiven Reichthum als Kapital*, ihm fremde, ihn beherrschende und ausbeutende Macht, und der Kapitalist producirt ebenso beständig *die Arbeitskraft als subjektive*, von ihren eignen Vergegenständlichungs- und Verwirklichungsmitteln getrennte, abstrakte, in der bloßen Leiblichkeit des Arbeiters existirende *Reichthumsquelle*, kurz den Arbeiter als *Lohnarbeiter*." (II.5/461f; 23/596)

22) In den *Resultaten* bemerkte Marx daher über seine eigene Analyse: „Es ist dieß eine wesentlich verschiedne Auffassung von der bürgerlichen, in den capitalistischen Vorstellungen befangenen Oekonomen, die zwar sehn, wie *innerhalb* des Capitalverhältnisses producirt wird, aber nicht wie dieses *Verhältniß* selbst producirt wird..." (II.4.1/129).

„Das Kapitalverhältniß setzt die *Scheidung zwischen den Arbeitern* und *dem Eigenthum an den Verwirklichungsbedingungen der Arbeit* voraus. Sobald die kapitalistische Produktion einmal auf eignen Füßen steht erhält sie nicht nur jene Scheidung, sondern reproducirt sie auf stets wachsender Stufenleiter. Der Prozeß, der das Kapitalverhältniß *schafft*, kann also nichts anders sein als der *Scheidungsprozeß des Arbeiters von den Arbeitsbedingungen*, ein Prozeß der einerseits die gesellschaftlichen Lebens- und Produktionsmittel in *Kapital verwandelt*, andrerseits die unmittelbaren Producenten in *Lohnarbeiter*. Die s.g. *ursprüngliche Accumulation* ist also nichts als der *historische Scheidungsprozeß von Producent und Produktionsmittel*." (II.5/575; 23/742)

Das Kapitalverhältnis beruht nicht auf dem Fleiß und der Sparsamkeit der ersten Kapitalisten, sondern auf einem Prozeß der Enteignung der Produzenten von ihren Produktionsmitteln, in dem „Eroberung, Unterjochung, Raubmord, kurz Gewalt" (II.5/575; 23/742) die wesentliche Rolle gespielt hat. Aber auch die bloße Enteignung reichte noch nicht aus, das „gewaltsam expropriirte ... Landvolk" wurde „durch *grotesk-terroristische Gesetze* in eine dem System der Lohnarbeit nothwendige Disciplin hineingepeitscht, gebrandmarkt, gefoltert" (II.5/591; 23/765).[23] Und in diesem Prozeß war die Staatsgewalt alles andere als neutral, sondern wurde überall dazu benutzt,

„den Verwandlungsprozeß der feudalen in die kapitalistische Produktionsweise treibhausmäßig zu beschleunigen und die Uebergänge abzukürzen. *Die Gewalt ist der Geburtshelfer jeder alten Gesellschaft, die mit einer neuen schwanger geht. Sie ist selbst eine ökonomische Potenz.*" (II.5/601; 23/779)

Erst *nachdem* das Kapitalverhältnis hergestellt ist, kann sich die Rolle des Staates ändern und sich der bürgerliche „Anstaltsstaat" (Max Weber) entfalten. Da es jetzt der kapitalistische Produktionsprozeß selbst ist, der das Klassenverhältnis von Arbeiter und Kapitalist reproduziert, genügt es zu gewährleisten, daß dieser Produktionsprozeß „normal" vonstatten gehen kann, und dazu reicht es meistens aus, daß die private Verfügung über die Produktionsmittel oder allgemeiner die Existenz des Privateigentums nicht angetastet wird. Daher ist es die grundlegende Aufgabe des bürgerlichen Staates, das Privateigentum sowie die darauf aufbauenden Rechtsverhältnisse zu garantieren (was schon John Locke betonte, vergl. das erste Kapitel). Dabei erfolgt die Garantie des Privateigentums, der Einhaltung von Verträgen etc. ohne Ansehen der Person: der bürgerliche Staat kann gerade als eine „neutrale" Anstalt ein bestimmtes Klassen- und Herrschaftsverhältnis sichern.

In vorbürgerlichen Zuständen beruhten Herrschaftsverhältnisse auf persönlichen Abhängigkeiten (die antiken Sklaven waren persönliches Eigentum, der mittelalterliche Fronbauer war einem bestimmten Grundherren unterworfen und insofern persönlich unfrei). Dagegen sind die Herrschaftsverhältnisse in der bürgerlichen Gesellschaft sachlich vermittelt: der moderne Lohnarbeiter

23) Marx bezieht sich mit dieser Bemerkung auf die englische „Blutgesetzgebung" des 15. und 16. Jahrhunderts. Damit war die Disziplinierung aber noch keineswegs beendet. Den an der Strafpraxis ablesbaren Übergang zu subtileren, zunehmend aber auch die gesamte Gesellschaft durchziehenden Formen der Disziplinierung und „Normalisierung" untersuchte Michel Foucault in *Überwachen und Strafen* (1976).

ist zwar persönlich frei, er ist nicht von einem einzelnen Kapitalisten abhängig, aber seiner Besitzlosigkeit, „der stumme Zwang der ökonomischen Verhältnisse" (II.5/592; 23/765) läßt ihm gar keine andere Wahl, als sich *irgendeinem* Kapitalisten zu unterwerfen. Während die vorbürgerliche Staatsgewalt die *persönlichen* Abhängigkeitsverhältnisse sichern mußte und damit ganz offensichtlich auf der Seite der herrschenden Klasse stand bzw. von dieser auch direkt ausgeübt wurde (indem z.B. der Grundherr staatliche Funktionen hatte), genügt dem bürgerlichen Staat der Universalismus des Rechts, die formelle Gleichheit aller Bürger vor dem Gesetz, zur Aufrechterhaltung der sachlichen Abhängigkeit der Besitzlosen von den Besitzenden.[24] Zwar könnte der Staat die Existenz des Privateigentums auch dann garantieren, wenn er nicht „neutral", sondern tatsächlich nur ein „Ausschuß der herrschenden Klasse" wäre, gerade die *längerfristige* Sicherung der kapitalistischen Produktionsverhältnisse macht es jedoch bisweilen erforderlich, daß der Staat Maßnahmen ergreift, die dem *unmittelbaren* Klasseninteresse der Bourgeoisie an einer möglichst großen Ausbeutung der Arbeitskraft entgegenstehen, so daß der Staat in der Lage sein muß, „autonom" handeln zu können. Einen entsprechenden Fall von grundsätzlicher Bedeutung diskutiert Marx im Kapitel über den Arbeitstag: Gegen das unmittelbare Interesse der Kapitalisten mußte der Staat gesetzliche Obergrenzen des Arbeitstages einführen, da nur so gewährleistet werden konnte, daß die Arbeitskraft der Lohnarbeiter nicht so stark vernutzt wird, daß deren Ausbeutung längerfristig nicht mehr möglich ist. Eine ähnliche Funktion haben auch viele, von der Arbeiterbewegung zum Teil gegen den erbitterten Widerstand der Kapitalisten erkämpfte sozialstaatliche Errungenschaften.[25]

2. Werte und Produktionspreise

Das Transformationsproblem

Wie bereits im ersten Kapitel dargestellt wurde, machte Marx Ricardo den Vorwurf, Arbeitswerte mit Produktionspreisen zu verwechseln. Ricardo sei unfähig gewesen, Produktionspreise und Durchschnittsprofitrate auf der Grundlage seiner eigenen Arbeitswerttheorie korrekt zu erklären. Marx sieht

24) Ganz allgemein formulierte Marx: „Die spezifisch ökonomische Form, in der unbezahlte Surplusarbeit aus den unmittelbaren Producenten ausgepumpt wird, bestimmt das Herrschafts- und Knechtschaftsverhältniß, wie es unmittelbar aus der Production selbst hervorwächst, und sie seinerseits bestimmend, erscheint. Hierauf aber gründet sich die ganze Gestalt des ökonomischen, aus den Productionsverhältnissen selbst hervorwachsenden Gemeinwesens und damit zugleich seine spezifische politische Gestalt." (II.4.2/732; 25/799)

25) Ausführlich wurden diese Fragen in den staatstheoretischen Debatten der 70er Jahre diskutiert, vergl. u.a. Müller/Neusüß (1970), Blanke/Jürgens/Kastendiek (1974), Agnoli (1975), Hirsch (1983).

zunächst einmal bei Ricardo ein „Transformationsproblem" und versucht es im dritten Band des *Kapital* zu lösen. Allerdings stellte sich die von Marx formulierte *quantitative* Lösung als falsch heraus, so daß, wenn heute vom „Transformationsproblem" die Rede ist, damit ein Problem der Marxschen Theorie gemeint ist.

In den beiden ersten Bänden des *Kapital* unterstellt Marx, daß Waren zu ihren Werten getauscht werden.[26] Von dieser Voraussetzung geht er auch noch bei der Darstellung des Profits als verwandelter Form des Mehrwerts zu Beginn des dritten Bandes aus. Falls nun für alle Kapitalien die Mehrwertrate gleich, die Wertzusammensetzung des Kapitals (das Verhältnis von c zu v) in den einzelnen Branchen aber unterschiedlich ist, so hat ein Tausch der Waren zu ihren Werten für die einzelnen Branchen unterschiedliche Profitraten zur Folge. Diese Konsequenz der Werttheorie widerspricht aber ganz offensichtlich der Anschauung, die einen tendenziellen Ausgleich der Profitraten, d.h. die Existenz einer allgemeinen Profitrate nahelegt.[27]

Da der Tausch zu Werten mit der Existenz einer allgemeinen Profitrate unvereinbar ist, müssen nicht nur die ständig wechselnden *Marktpreise*, sondern auch die Durchschnittspreise der Waren von den Werten abweichen.[28] Durchschnittspreise, die eine für alle Kapitale gleiche Profitrate gewährleisten, nennt Marx *Produktionspreise*. Die Produktionspreise p lassen sich in eine Summe aus *Kostpreis* k (den Kosten der Ware für den Kapitalisten) und *Durchschnittsprofit* (einem Profitaufschlag auf den Kostpreis, der dem eingesetzten Kapital proportional ist) zerlegen.[29] Ist r die Durchschnittsprofitrate, dann gilt:

$$p = k + k\,r \quad \text{oder} \quad p = k\,(1 + r)$$

Marx versucht nun (II.4.2/230ff; 25/164ff), die Höhe der allgemeinen Profitrate und die Produktionspreise ausgehend von den Wertgrößen der einzelnen Waren zu bestimmen. Als Brücke zwischen Wertsystem und Preissystem dient ihm dabei die allgemeine Profitrate. *Ohne dies weiter zu begründen*, nimmt Marx an, die allgemeine Profitrate des *Produktionspreissystems* sei mit dem (gewichteten) Durchschnitt der Branchenprofitraten des *Wertsystems* identisch, oder was dasselbe ist, sie sei gleich dem Verhältnis des gesamten

26) Nach den Ausführungen des letzten Kapitels sollte klar sein, daß dies eine abkürzende Redeweise ist: die Waren erzielen *Preise*, die lediglich durch die Wertverhältnisse *determiniert* sind.

27) Im ersten Band des *Kapital* zeigt Marx, daß die Mehrwertmassen nicht dem vorgeschoßenen Gesamtkapital, sondern lediglich dem variablen Kapitalteil proportional sind und bemerkt dazu: „Dieß Gesetz *widerspricht* offenbar aller auf den Augenschein gegründeten Erfahrung. (...) Zur Lösung dieses scheinbaren Widerspruchs bedarf es noch vieler Mittelglieder" (II.5/244f; 23/325). Ganz ähnlich heißt es im Manuskript zum dritten Band: „Es scheint also, daß die *Werththeorie* hier unversöhnlich mit der *wirklichen Bewegung* ist (unvereinbar mit den wirklichen Productionsphänomenen) und daher überhaupt darauf verzichtet werden muß, die letztren zu begreifen" (II.4.2/230; 25/162).

28) Auch dies wird im ersten Band des *Kapital* angedeutet (II.5/119, Fn 38; 23/180f, Fn 37).

29) Zur Vereinfachung wird für alle Kapitale die gleiche Umschlagszeit von einem Jahr vorausgesetzt.

Mehrwerts zum gesamten Kapital der Gesellschaft. Bezeichnen m_i, c_i und v_i Mehrwert, konstanten und variablen Kapitalteil der i-ten Produktionssphäre, Σ die Summe über alle i, dann soll für die Durchschnittsprofitrate r gelten:

$$r = \frac{\Sigma\, m_i}{\Sigma\, (c_i + v_i)}$$

Nur aufgrund dieser *Annahme* erhält Marx aus dem Wertsystem unmittelbar die Durchschnittsprofitrate. Um die Produktionspreise zu bestimmen, fehlen ihm aber noch die Kostpreise. Diese entnimmt er ebenfalls dem Wertsystem: als Summe aus variablem und konstantem Kapital, das zur Produktion der jeweiligen Ware benötigt wird. Für den Produktionspreis der i-ten Ware (d.h. des Produkts der i-ten Sphäre) erhält Marx dann:

$$p_i = (c_i + v_i)\,(1 + \frac{\Sigma\, m_i}{\Sigma\, (c_i + v_i)})$$

Das von Marx angewandte Verfahren zur Transformation von Werten in Produktionspreise läuft auf eine bloße *Umverteilung* des Mehrwerts zwischen den einzelnen Branchen hinaus. Die einzelnen Kapitalisten eignen sich nicht den Mehrwert an, der durch die von ihnen beschäftigten Arbeiter produziert wurde, sie erhalten vielmehr einen Anteil an dem von der gesamten Arbeiterklasse produzierten Mehrwert, der dem Anteil ihres Kapitals am gesellschaftlichen Gesamtkapital entspricht. Marx vergleicht die Kapitalisten daher auch mit den Aktionären einer Aktiengesellschaft (II.4.2/234f; 25/168) und in einem Brief an Engels spricht er diesbezüglich sogar vom „kapitalistische[n] Kommunismus" (30.4.1868; 32/73).

Da die Transformation von Werten in Produktionspreise lediglich in einer Umverteilung des Mehrwerts besteht, folgt unmittelbar, daß zwar die Werte der einzelnen Waren von ihren Produktionspreisen abweichen können, daß aber sowohl die *Summe der Mehrwerte* gleich der *Summe der Profite* als auch die *Summe der Werte* gleich der *Summe der Produktionspreise* ist, was auch von Marx hervorgehoben wird (II.4.2/236, 248f; 25/169, 182). Auf gesamtwirtschaftlicher Ebene meinte Marx daher, weiter mit aggregierten Wert- und Mehrwertgrößen rechnen zu können.

Wie aus den letzten beiden Formeln hervorgeht, hat Marx Durchschnittsprofitrate und Produktionspreise ausschließlich mit Wertgrößen ausgedrückt. Indem Marx ausgehend von Wertgrößen über die Wertprofitraten der einzelnen Branchen zur allgemeinen Profitrate des Preissystems und von da zu Produktionspreisen gelangte, glaubte er, daß es ihm gelungen sei, Produktionspreise und allgemeine Profitrate auf der Grundlage der Werttheorie zu entwickeln. Marx legt großen Wert auf diesen Punkt und betont:

„Ohne diese Entwicklung bleibt die allgemeine Profitrate (und daher auch der Produktionspreiß der Waaren) eine sinn- und begriffslose Vorstellung." (II.4.2/234; 25/167)

Das skizzierte Marxsche Transformationsverfahren beruht auf zwei Voraussetzungen: der Gleichsetzung von Wertprofitrate mit Produktionspreisprofitrate und der Berechnung der Kostpreise zu Werten. Während die erste Voraussetzung lediglich eine unbegründete Unterstellung ist (die sich aber im nachhinein vielleicht als richtig erweisen könnte), ist die zweite unhaltbar: sie unterstellt nämlich, die Kapitalisten könnten ihre Produktionsmittel und die Arbeiter ihre Lebensmittel zu Werten kaufen. Auf diesen „Fehler" wies Marx zwar schon selbst hin, dessen Bedeutung unterschätzte er aber völlig:

„Ursprünglich angenommen, daß der *Kostpreiß* einer Waare = dem *Werth* der in ihrer Production *consummirten* Waaren. Da aber der *Productionspreiß* einer Waare als Kostpreiß in die Preisßbildung einer andren Waare eingeht und da der Productionspreiß abweichen kann vom Werth der Waare, kann also auch der Kostpreiß einer Waare *über* oder *unter* dem *Theile ihres Gesammtwerths* stehn, der durch den Werth der in sie eingehenden Productionsmittel gebildet wird. Es ist nöthig, sich dieser modificirten Bedeutung des Kostpreisses zu erinnern und sich daher zu erinnern, daß wenn in einer besondren Productionssphäre der *Kostpreiß* der Waare und der *Werth* der in ihrer Production consummirten Productionsmittel gleichgesetzt werden, stets ein *Irrthum* möglich ist. Für unsre gegenwärtige Untersuchung nicht nöthig näher auf diesen Punkt einzugehn." (II.4.2/242; 25/174)

Lassen sich die Kostpreise nicht zu Werten berechnen, so ist jedoch nicht bloß eine kleine Korrektur des *Ergebnisses* erforderlich. Vielmehr wird das ganze von Marx angewandte quantitative *Verfahren* der Transformation hinfällig: die Kostpreise können dann nicht mehr *vor* den Produktionspreisen bestimmt werden, da die Kostpreise selbst von Produktionspreisen abhängig sind.
Das Scheitern des quantitativen Marxschen Transformationsverfahrens legt nahe, daß sich Durchschnittsprofitrate und Produktionspreise nicht *nacheinander*, sondern nur *gleichzeitig* bestimmen lassen. Dann kann aber auch nicht mehr ohne weiteres unterstellt werden, daß die allgemeine Profitrate des Produktionspreissystems mit der Durchschnittsprofitrate des Wertsystems übereinstimmt.
Bortkiewicz (1907) gab als erster eine Methode an, mit der Produktionspreise und Durchschnittsprofitrate „korrekt" berechnet werden können.[30] Er zerlegte analog zu den Marxschen Reproduktionsschemata aus dem zweiten Band des *Kapital* die gesamte Produktion in drei Abteilungen: Abteilung I soll Produktionsmittel, Abteilung II Lohngüter und Abteilung III Luxusgüter produzieren. Bei einfacher Reproduktion sowie Abstraktion von fixem Kapital und unterschiedlichen Umschlagszeiten muß das Wertprodukt jeder Abteilung gleich der gesamten zahlungsfähigen Nachfrage nach ihren Produkten sein. Dann

30) Bereits Böhm-Bawerk (1896) und Tugan-Baranovsky (1905) hatten die Marxsche Auffassung des Verhältnisses von Werten und Produktionspreisen kritisiert, der systematische Fehler der Marxschen Transformation war ihnen aber noch nicht klar. Ihn erkannte erst Bortkiewicz, der sich auf Arbeiten des russischen Ökonomen Dmitriev (1898) stützte, der als erster die Theorie Ricardos formalisierte.

müssen die folgenden Gleichungen erfüllt sein (links steht der Wert des Produkts einer Abteilung, rechts die gesamte Nachfrage nach diesem Produkt):

Abteilung I	$c_1 + v_1 + m_1 = c_1 + c_2 + c_3$
Abteilung II	$c_2 + v_2 + m_2 = v_1 + v_2 + v_3$
Abteilung III	$c_3 + v_3 + m_3 = m_1 + m_2 + m_3$

Sind nun x, y und z die (unbekannten) Faktoren, mit denen man die Werte von Produktionsmitteln, Lohngütern und Luxusgütern multiplizieren muß, um ihre Produktionspreise zu erhalten und ist r die (unbekannte) allgemeine Profitrate, so muß für das Preissystem das folgende Gleichungssystem gelten:

Abteilung I	$(c_1x + v_1y)(1 + r) = (c_1 + c_2 + c_3)x$
Abteilung II	$(c_2x + v_2y)(1 + r) = (v_1 + v_2 + v_3)y$
Abteilung III	$(c_3x + v_3y)(1 + r) = (m_1 + m_2 + m_3)z$

Da nur drei Gleichungen aber vier Unbekannte (x, y, z und r) vorhanden sind, besitzt dieses System *einen* Freiheitsgrad. Das heißt, es läßt sich in Gestalt einer vierten Gleichung noch eine weitere Bedingung formulieren, die das Preissystem erfüllen soll. So kann z.B. verlangt werden, daß die Summe der Produktionspreise gleich der Summe der Werte ist. Allerdings läßt es sich (außer in Spezialfällen) nicht erreichen, daß *zwei* zusätzliche Bedingungen erfüllt sind, daß also Preissumme gleich Wertsumme *und* Profitsumme gleich Mehrwertsumme ist. Auf gesamtgesellschaftlicher Ebene kann daher *nicht*, wie Marx aufgrund seines falschen Transformationsverfahrens vermutete, mit aggregierten Wertgrößen anstelle von Produktionspreisen gerechnet werden. Die Wertprofitrate ist von der Preisprofitrate verschieden, und aus dem Fall der Wertprofitrate folgt nicht notwendigerweise, daß auch die Profitrate des Produktionspreissystems fallen muß.[31]

Wenn damit auch einige Folgerungen aufgegeben werden mußten, die Marx aus seinem fehlerhaften Transformationsverfahren gezogen hatte, so zeigte die Transformationsmethode von Bortkiewicz jedenfalls, daß sich Produktionspreise und Durchschnittsprofitrate aus einem gegebenen quantitativen Wertsystem herleiten lassen. Winternitz (1948) und Seton (1957) verallgemeinerten das Verfahren von Bortkiewicz noch, indem sie es auf ein Modell ausdehnten, das nicht nur drei, sondern beliebig viele Produktionssphären umfaßte. Das Marxsche Transformationsproblem schien damit endgültig gelöst zu sein.

---

31) Da zwar die Wertprofitrate nicht aber die Preisprofitrate von der „Luxusgüterindustrie" abhängt, lassen sich Fälle konstruieren, in denen sich die beiden Profitraten gegenläufig entwickeln.

Der neoricardianische Ansatz von Piero Sraffa und die Kritik an der Marxschen Werttheorie

Im Anschluß an Sraffas 1960 erschienene Studie *Production of Commodities by Means of Commodities* wurde das Transformationsproblem allerdings erneut aufgeworfen. Dabei zielte Sraffa selbst überhaupt nicht auf eine solche Diskussion ab, sondern auf eine Kritik der herrschenden marginalistischen Theorien.[32] Sraffa ging nicht von Grenzprodukten aus, sondern von Eigenschaften des ökonomischen Systems, die unabhängig von Veränderungen des Produktionsumfangs und der Faktorproportionen sind. Damit stellte er sich, wie er selbst hervorhob, auf den Standpunkt der Klassik. Der von ihm entwickelte Ansatz, der sich als Formalisierung ricardianischer Konzepte lesen läßt, wird daher auch als „neoricardianisch" bezeichnet.[33]

Sraffa legte seiner Untersuchung ein ökonomisches System zugrunde, das aus n verschiedenen Produktionszweigen, die jeweils ein Produkt herstellen, besteht. Zur Produktion einer Einheit des i-ten Gutes sind die Mengen a_{i1} bis a_{in} der Güter 1 bis n sowie die Arbeitszeit L_i notwendig. Dieses System soll einen physischen Überschuß liefern, d.h. es sollen mehr Güter produziert werden als zur Produktion notwendig waren. Aus diesem Überschuß werden Profite und Löhne gezahlt. Dabei sollen die Kapitalisten eine einheitliche Profitrate r erzielen und die Arbeit (die als Arbeit von gleicher Qualität vorausgesetzt wird) soll mit einem einheitlichen Lohnsatz w entlohnt werden. Ist p_i der Preis einer Einheit des i-ten Gutes und wird von fixem Kapital und unterschiedlichen Umschlagszeiten abstrahiert, so muß folgendes Gleichungssystem erfüllt sein:

$$(a_{11}p_1 + a_{12}p_2 + \ldots + a_{1n}p_n)(1 + r) + L_1w = p_1$$
$$(a_{21}p_1 + a_{22}p_2 + \ldots + a_{2n}p_n)(1 + r) + L_2w = p_2$$
$$\ldots$$
$$(a_{n1}p_1 + a_{n2}p_2 + \ldots + a_{nn}p_n)(1 + r) + L_nw = p_n$$

Die Koeffizienten a_{ik} und die Arbeitszeiten L_i drücken die physischen Produktionsbedingungen aus, sie werden in einer bestimmten Situation als gegeben vorausgesetzt. Dann bleiben als Unbekannte die n Preise p_i, die Profitrate r und die Lohnrate w. Bei n Bestimmungsgleichungen gibt es n + 2 Variablen, d.h. das System weist zwei Freiheitsgrade auf. Den einen Freiheitsgrad schloß Sraffa durch die Angabe einer Normierungsbedingung für das Preissystem: der Preis des gesamten Nettoprodukts sollte 1 sein. Der zweite Freiheitsgrad

32) Im Vorwort schreibt Sraffa dazu: „Ein Wesenszug der im folgenden veröffentlichten Sätze ist es indes, daß sie obgleich in keinerlei Diskussion zur Marginal-Theorie von Wert und Verteilung eingreifend, nichtsdestoweniger in der Absicht konzipiert wurden, als Grundlage für eine Kritik dieser Theorie zu dienen." (Sraffa 1960, S.16)

33) Vergl. Pasinetti (1988), Garegnani (1989) und Schabacker (1994) zu unterschiedlichen theoretischen und theoriegeschichtlichen Aspekten des Ansatzes von Sraffa.

kann geschlossen werden, indem entweder der Lohnsatz oder die Profitrate vorgegeben wird. Das bedeutet, das Preissystem ist erst dann vollständig determiniert, wenn eine Aussage über das Verteilungsverhältnis zwischen Kapitalisten und Arbeiter gemacht worden ist. Mit diesem Modell konnte Sraffa auch zwei zentrale Aussagen Ricardos bestätigen: daß (bei gegebenen Produktionsbedingungen) die (Durchschnitts)Profitrate nur wachsen kann, wenn der Lohnsatz sinkt und daß die Veränderungen des Lohnsatzes zu Veränderungen des Systems der relativen Preise führt.

Die marginalistischen Theorien gehen davon aus, daß im Gleichgewicht die Entlohnung der Produktionsfaktoren Arbeit und Kapital ihren Beiträgen zur Produktion entspricht,[34] so daß insbesondere kein inverses Verteilungsverhältnis zwischen Kapital und Arbeit existiert. Das Modell von Sraffa zeigt aber, daß sich *vor* einer Bestimmung des Verteilungsverhältnisses zwischen Kapital und Arbeit solche Beiträge zur Produktion überhaupt nicht quantifizieren lassen. Da die Preise erst danach bestimmt werden können, kann auch erst dann vom Preis der Kapitalgüter, ihrem Beitrag zum Preis des Produkts etc. gesprochen werden. Die „Beiträge der Produktionsfaktoren", die in den marginalistischen Theorien eine bestimmte Verteilung erklären und rechtfertigen sollen, lassen sich nur in einem Preissystem messen, das erst aufgrund einer bereits *vorausgesetzten* Verteilung bestimmt werden kann.[35]

Das Modell von Sraffa wurde auch zur Formalisierung der Marxschen Theorie benutzt. So kann man für das von Sraffa untersuchte System die Arbeitswerte u_i berechnen. Diese müssen das folgende Gleichungssystem erfüllen:

$$\begin{aligned} a_{11}u_1 + a_{12}u_2 + \ldots + a_{1n}u_n + L_1 &= u_1 \\ a_{21}u_1 + a_{22}u_2 + \ldots + a_{2n}u_n + L_2 &= u_2 \\ &\ldots \\ a_{n1}u_1 + a_{n2}u_2 + \ldots + a_{nn}u_n + L_n &= u_n \end{aligned}$$

Da es sich um n Unbekannte und n Gleichungen handelt, sind die Arbeitswerte eindeutig bestimmt.

Durch eine geringe Modifikationen des ursprünglichen Sraffaschen Systems kann man auch ein Produktionspreissystem erhalten, das den Marxschen Vorstellungen näher liegt. Da Marx den Lohn zum Kapitalvorschuß rechnet, muß für Produktionspreise und Durchschnittsprofitrate gelten:

34) Strenggenommen ist dies der Inhalt der Grenzproduktivitätstheorie der Verteilung, auf die die allgemeine Gleichgewichtstheorie zwar verzichten kann, doch dann reduziert sie sich auf einen weitgehend inhaltsleeren Formalismus.

35) Auf die Debatte zwischen Neoricardianern und Neoklassikern kann hier nicht weiter eingegangen werden. Eine Zusammenfassung und Bibliographie findet sich in Harcourt (1969). Rowthorn (1973) kommentierte die Auseinandersetzung aus marxistischer Sicht. Einen neueren Beitrag von seiten der Neoklassik lieferte Hahn (1982).

$$(a_{11}p_1 + a_{12}p_2 + \ldots + a_{1n}p_n + L_1w)(1+r) = p_1$$
$$(a_{21}p_1 + a_{22}p_2 + \ldots + a_{2n}p_n + L_2w)(1+r) = p_2$$
$$\ldots$$
$$(a_{n1}p_1 + a_{n2}p_2 + \ldots + a_{nn}p_n + L_nw)(1+r) = p_n$$

Daß der Wert der Arbeitskraft durch den Wert der zur Reproduktion der Arbeitskraft notwendigen Güter bestimmt ist, bedeutet daß der Lohnsatz w hinreichen muß, um die entsprechenden Mengen b_1 bis b_n der Güter 1 bis n zu kaufen. Das Produktionspreissystem muß also noch um die Gleichung

$$w = b_1p_1 + b_2p_2 + \ldots + b_np_n$$

ergänzt werden. Damit ist der Lohnsatz keine unabhängige Variable mehr. Setzt man die letzte Gleichung in das obige System ein, so hat man n Gleichungen und n + 1 Unbekannte. Das Gleichungssystem hat somit einen Freiheitsgrad, der z.B. zur Normierung des Preissystems verwendet werden kann.
Auf der Grundlage von solchen Modellen wurden dann die Marxschen Aussagen untersucht. Eines der zentralen Ergebnisse dieser formalen Behandlungsweise war das sogenannte „Fundamentaltheorem": es besagt, daß die Durchschnittsprofitrate genau dann positiv ist, wenn die Mehrwertrate positiv ist (Morishima/Seton 1961). Ein anderes, das Gesetz des tendenziellen Falls der Profitrate betreffendes Ergebnis lieferte Okishio (1961): er konnte zeigen, daß in einem Produktionspreissystem die Durchschnittsprofitrate nicht schon aufgrund des Einsatzes von kostengünstigeren Techniken fällt. Damit die Profitrate fällt, muß die Lohnrate steigen (vergl. dazu das achte Kapitel). Die linearen Modelle wurden aber nicht nur zur Behandlung von einzelnen Problemen verwendet, sondern auch zur Reformulierung der gesamten Marxschen Ökonomie (Okishio 1963, Morishima 1973, Morishima/Catephores 1978).
Diese Modelle dienten auch bald zur Kritik der Marxschen Werttheorie. Mit dem obigen Produktionspreissystem lassen sich Produktionspreise und Durchschnittsprofitrate *ohne* Kenntnis des Wertsystems berechnen.[36] Dieses Ergebnis wurde dann gerne von neoklassischen Kritikern des Marxismus als Argument gegen die Werttheorie ins Feld geführt (z.B. Samuelson 1971).[37]

36) Bereits Bortkiewicz hatte erkannt, daß zur Berechnung des Produktionspreissystems die Kenntnis des Wertsystems nicht unbedingt erforderlich ist (Bortkiewicz 1906/7, S.146).

37) Wie Schabacker (1998, S.324ff) herausstellte, ist das bei Marx auftretende quantitative Transformationsproblem ein Spezialfall des Aggregationsproblems, vor dem jede Preistheorie steht, die es mit heterogenen Güterbündeln zu tun hat, die in der Produktion eingesetzt werden. Hier wirkt sich der von Ricardo entdeckte und von Sraffa formal dargestellte Effekt aus, daß sich die Preise der eingesetzten Gütermengen nicht unabhängig von der Verteilung bestimmen lassen. An diesem Effekt scheitert nicht nur, wie schon oben angesprochen, die Grenzproduktivitätstheorie; er macht auch die Formulierung einer neoklassischen Produktionsfunktion, wie sie in praktisch jedem volkswirtschaftlichem Lehrbuch benutzt wird, bis auf triviale Spezialfälle unmöglich.

Schließlich wurde der Vorwurf aber auch von ursprünglich marxistisch orientierten Autoren aufgegriffen. So argumentierte Steedman (1977), das eigentlich grundlegende System sei das der physischen Mengen von Produktionsmitteln und Arbeitszeiten, die in den einzelnen Produktionssphären benötigt werden. Von diesem System aus könne man sowohl zu Arbeitswerten als auch (unter Berücksichtigung des Lohnsatzes) zu Produktionspreisen und zur Durchschnittsprofitrate gelangen. Zur Bestimmung des Preissystems sei die Arbeitswerttheorie daher überflüssig – es handle sich bei ihr somit um einen *redundanten* Theoriebestandteil.

Darüberhinaus versuchte Steedman zu zeigen, daß die Arbeitswerttheorie bei Kuppelproduktion (d.h. ein Produktionsprozeß liefert zwei Produkte) sogar inkonsistent werden könne, da sie in bestimmten Fällen zu negativen Arbeitswerten führe (vgl. Steedman 1975).[38] Wenn daher auch auf die Arbeitswerttheorie verzichtet werden müsse[39], so beinhalte die Marxsche Ökonomie aber noch eine Theorie des Mehrprodukts, einen „surplus approach", der als Alternative zur Neoklassik weiterentwickelt werden könne (Steedman 1981). Auf dieser Grundlage wurde dann versucht, eine Theorie der Ausbeutung zu formulieren, die nicht auf Arbeitswerte rekurriert (Hodgson 1980, Cohen 1981, Roemer 1981). Vor dem Hintergrund dieser Kritik an der Marxschen Werttheorie wird auch die Attraktivität des „analytischen Marxismus" verständlich, der auf eine am methodologischen Individualismus ausgerichtete Reformulierung des gesamten historischen Materialismus abzielt (z.B. Elster 1985, zur Kritik dieses Programms Müller 1988).

Der Vorwurf, die Werttheorie sei redundant, erwies sich als eine der folgenreichsten Kritiken der Marxschen Theorie. Für die etablierte akademische Ökonomie ist mathematische Formalisierung häufig ein Synonym für Wissenschaftlichkeit. Nachdem mit formalen Mitteln anscheinend gezeigt worden war, daß die Marxsche Werttheorie überflüssig ist, war sie für die Mehrzahl der Ökonomen, gleichgültig welcher politischer und theoretischer Provenienz, endgültig erledigt. Nicht politische Vorbehalte, sondern objektive wissenschaftliche Argumente hatten der Marxschen Werttheorie scheinbar den Garaus gemacht.

---

38) Wie Wolfstetter (1976) zeigte, treten negative Werte nur dann auf, wenn es zwei Produktionsprozesse gibt, die die selben beiden Produkte liefern und wenn in einem dieser Prozesse bei gleichem Aufwand an lebendiger Arbeit das Nettoprodukt in beiden Gütern höher ist als in dem anderen Prozeß. Selbst innerhalb der neoricardianischen Modellwelt ist das Argument dann aber nicht mehr so recht brauchbar, da der eine Prozeß eindeutig effektiver ist als der andere, also unklar ist, warum beide Prozesse gleichzeitig angewandt werden sollen.

39) Steedman formulierte drastisch: „It can scarcely be overemphasized that the project of providing a materialist account of capitalist societies is dependent on Marx's value magnitude analysis only in the negative sense that continued adherence to the latter is a major fetter on the development of the former" (Steedman 1977, S.207). Der Versuch, Marx von der Arbeitswerttheorie zu befreien, ist nicht ganz neu: in Oskar Lange (1935) und Joan Robinson (1942) besitzt er prominente Vorgänger, die allerdings mit weit weniger formalisierten Argumenten auskamen.

Gegen diesen Redundanzvorwurf wurde die Werttheorie mit verschiedenen Strategien verteidigt. So wurde geltend gemacht, daß es Marx überhaupt nicht um die quantitative Bestimmung von Produktionspreisen gegangen sei, sondern um den qualitativen Nachweis, daß Profit, Zins und Rente auf Mehrwert und damit auf unbezahlter Mehrarbeit beruhen, der Redundanzvorwurf daher ins Leere laufe (so z.B. Mattick 1973, Baumol 1974, Armstrong et al. 1978). Sofern sich diese Auffassung als das ausgibt, „what Marx really meant" (so der Titel von Baumols Aufsatz), geht sie allerdings an den explizit ausgedrückten Intensionen des dritten Bandes vorbei. Daß auch der Durchschnittsprofit auf unbezahlter Arbeit beruht, will Marx dort gerade durch die quantitative Bestimmung von Produktionspreisen und allgemeiner Profitrate vermittels Wert- und Mehrwertgrößen zeigen. Insofern ist die Marxsche Argumentation im dritten Band des *Kapital,* so wie sie vorliegt, durchaus vom Redundanzvorwurf getroffen.

Es wurde aber auch versucht, innerhalb des Rahmens der neoricardianischen Preisbestimmung das Verhältnis von Werten und Produktionspreisen neu zu interpretieren. So wurde von Dumenil (1980), Foley (1982) und Lipietz (1982) vorgeschlagen, die eigentliche Wert-Preis-Transformation auf das Wertprodukt, also den in einer Periode geschaffenen Neuwert einzuschränken. Das System der Produktionspreise muß dann so normiert werden, daß die Summe von Löhnen und Profiten gleich der Summe des Werts der Arbeitskräfte und der Mehrwerte ist. Und da die Arbeiter keinen Warenkorb, sondern eine bestimmte Geldsumme als Entlohnung erhalten, sollte der Wert der Arbeitskraft nicht mehr als Wert eines fiktiven Warenkorbes, sondern als (über den Geldlohn gemessenen) Anteil am neu geschöpften Wert interpretiert werden. Unter diesen Umständen fallen Wert und Produktionspreis der Arbeitskraft zusammen, der Wert der Arbeitskraft und der Wert der von einem Arbeiterhaushalt gekauften Güter sind dann aber normalerweise verschieden. Wegen der speziellen Normierung des Preissystems wäre auch die Profitsumme gleich der Mehrwertsumme. Der Inhalt des Transformationsprozesses besteht dann, wie in der Marxschen Darstellung, wieder in einer *Umverteilung* des Mehrwerts zwischen den einzelnen Kapitalisten.

In dieser Interpretation steht das Wertsystem nicht mehr unvermittelt neben dem neoricardianischen Preissystem, sondern ist ihm in gewisser Weise eingepaßt. Zwar kann das Preissystem auch unabhängig von diesem neu interpretierten Wertsystem bestimmt werden, gegen den Redundanzvorwurf wandte Dumenil (1983, S.434ff) aber ein, daß das Produktionspreissystem lediglich ein formales Modell für die Erscheinungen der Realität sei und selbst einer theoretischen Erklärung bedürfe. Die bloße Multiplikation mit 1 + r mache eine Erklärung des Profits keineswegs überflüssig.

Mehrwert und Durchschnittsprofit in der monetären Werttheorie

Der Ansatz von Dumenil/Foley/Lipietz ließ ähnlich wie viele andere quantitative Rettungsversuche der Werttheorie den von den Neoricardianern vorgegebenen formalen Rahmen unangetastet.[40] Eine Reihe von Autoren bezweifelte allerdings, ob es tatsächlich möglich ist, innerhalb dieses Rahmens die Marxsche Werttheorie zu rekonstruieren. So wurde eingewandt, daß die neoricardianische Formalisierung der Werttheorie zentrale Elemente wie den Unterschied von konkreter und abstrakter Arbeit überhaupt nicht berücksichtigen würde (Berger 1979). Vor allem aber werde die Marxsche Wertformanalyse und damit der zentrale Stellenwert des Geldes als eines systemnotwendigen Steuerungsmittels der Ökonomie unterschlagen (Ganßmann 1983a). Die linearen Modelle setzen einen stofflich bestimmten Gleichgewichtszustand voraus, aus dem dann die Preise berechnet werden.[41] Geld spielt bloß die Rolle eines Numéraire, ist aber nicht konstitutiv für das Funktionieren der Ökonomie. Diese Gleichgewichtsmodelle stellen (ähnlich wie die der Neoklassik) lediglich eine Proportionalität zwischen physischen Mengen von Gebrauchswerten her. Das Spezifische einer *Waren*ökonomie wird in ihnen gerade nicht thematisiert. Während in einer wirklichen Warenökonomie erst der Bezug der Waren auf Geld die Reproduktion möglich macht (wenn auch nicht ohne Krisen), ist es in der neoricardianischen (und im Grunde auch in der neoklassischen) Vorstellungswelt genau umgekehrt: das Reproduktionsgleichgewicht wird vorausgesetzt und macht erst den Bezug der Waren auf Geld möglich. Eine Theorie des Geldes hat hier genausowenig Platz wie eine Theorie der Krisen.[42]

Die Abstraktion vom Geld, die den neoricardianischen Rekonstruktionsversuchen der Werttheorie zu Recht vorgeworfen wird, trifft ebenfalls auf die Vielzahl der quantitativen Lösungsversuche des Transformationsproblems zu.[43] Auch sie unterstellen immer schon ein durch die stoffliche Reproduktionsstruktur determiniertes Gleichgewicht. Das für die Marxsche Werttheorie zentrale Problem, wie es überhaupt *möglich* ist, Arbeitsprodukte *als Waren* aufeinander zu beziehen, wird nicht thematisiert, und daher kann auch Geld nicht zum Gegenstand dieser Theorien werden.

40) Weitere Versuche einer quantitativen Lösung des Transformationsproblems, wie etwa der von Krause (1977, 1979) oder der von Farjoun/Machover (1983) wurden in Heinrich (1988) diskutiert. Eine Geschichte der quantitativen Debatten zum Transformationsproblem lieferte Quaas (1992).

41) Im Grunde wird nur gefragt, wie bei gegebenen technischen Bedingungen und einem unterstellten Lohngüterkorb die Tauschrelationen zwischen den einzelnen Branchen aussehen muß, damit sich das Wirtschaftssystem reproduzieren kann. Eine solche Frage ist aber, wie Ganßmann (1996, S.88) bemerkt, im Grunde nur für eine Planbehörde von Interesse.

42) Insofern ist es durchaus berechtigt, wenn Backhaus Neoklassik und Neoricardianismus als „Zwillingsschwestern" bezeichnet (Backhaus 1984, S.12).

43) Dies gilt auch dann, wenn wie etwa bei Foley (1982) explizit von Geld gesprochen wird: der von Foley eingeführte „value of money" ist nichts weiter als ein Umrechnungsfaktor.

Diese ganzen Einwände lassen sich allerdings auch gegenüber der Marxschen Darstellung im dritten Band des *Kapital* erheben. Dort setzt Marx ein quantitativ bestimmtes System von Wertgrößen voraus. Da die Waren nicht zu diesen Werten, sondern zu Produktionspreisen ausgetauscht werden sollen, müssen diese Wertgrößen den Waren bereits vor dem Austausch zukommen, ohne daß sie sich auf Geld beziehen müssen. Die Wertgrößen sind den inkorporierten Arbeitsmengen direkt proportional. Daher spricht *auch Marx* bei der Wert-Preis Transformation nicht von Geld. Daß sich die Waren nur als Werte aufeinander beziehen können, wenn sie sich auf Geld beziehen, liegt in den entsprechenden Passagen des dritten Bandes genauso außerhalb des Blickfeldes wie bei den Neoricardianern. Deren Rekonstruktionsversuche der Werttheorie gehen zwar an der Komplexität der Marxschen Argumentation im ersten Band des *Kapital* vorbei, der reduzierten Vorstellung von Wert, die dem Marxschen Transformationsversuch im dritten Band unterliegt, sind sie aber durchaus angemessen.

Diese Differenz zwischen der Argumentation im ersten und im dritten Band läßt sich allerdings nicht damit erklären, daß die Werttheorie im dritten Band, der bekanntlich vor dem ersten verfaßt wurde, noch nicht ausgereift gewesen sei. Vor dem 1864/65 entstandenen Manuskript des dritten Bandes hatte Marx bereits 1859 *Zur Kritik der politischen Ökonomie* veröffentlicht, die in den hier relevanten Punkten dieselbe monetäre Werttheorie wie der erste Band des *Kapital* enthält. Die verschiedenen werttheoretischen Argumentationen lassen sich nicht als verschiedene Ausarbeitungsstufen auffassen, sie existieren nicht nacheinander, sondern nebeneinander. In den Ambivalenzen der monetären Werttheorie des ersten *Kapital*-Bandes ist auch die der Wert-Preis Transformation zugrunde liegende Arbeitsmengentheorie anwesend. Was im ersten Band des *Kapital* aber lediglich als Ambivalenz der monetären Werttheorie erscheint, ist bei der Diskussion der Verwandlung von Werte in Produktionspreise im dritten Band zu einer Arbeitsmengentheorie des Werts verdichtet, die sich klar von der monetären Werttheorie unterscheidet.

Bei dem Versuch einer quantitativen Transformation von Werten in Produktionspreise handelt es sich um das vielleicht wichtigste Beispiel einer Auswirkung des theoretischen Feldes der politischen Ökonomie auf das von Marx neu eröffnete wissenschaftliche Terrain. Marx produzierte sein neues Terrain gerade durch die Auseinandersetzung mit den bürgerlichen Ökonomen und hier spielte Ricardo eine herausragende Rolle. Bereits in den *Grundrissen* war Marx zu der Auffassung gelangt, daß Ricardo, die Wertbestimmung durch Arbeitszeit nicht mit der Existenz einer für alle Kapitale gleichen Profitrate vermitteln konnte. Marx versucht nun selbst eine Lösung für dieses Problem zu finden. Seine eigene *monetäre* Werttheorie war zu dieser Zeit aber noch längst nicht fertig ausgearbeitet. Wie schon zu Beginn des letzten Kapitels angedeutet, überkreuzen sich in Marx' Diskurs somit zwei Entwicklungen. Einerseits versucht Marx, Probleme der politischen Ökonomie innerhalb von deren eigenen Feld zu lösen, andererseits bricht er mit diesem Feld. Während Marx seinen werttheoretischen Ansatz weiterentwickelte, stellte er das Transformationsproblem nach wie vor innerhalb des von der klassischen politischen Ökonomie vorgegebenen Rahmens.

Marx' quantitativer Transformationsansatz im dritten Band des *Kapital* ist der Versuch einer *Präzisierung des Diskurses von Ricardo innerhalb des Terrains der Klassik*. Relative Werte, die nur die zur Produktion der Waren notwendigen Arbeitsmengen ausdrücken, sind verteilungsunabhängig. Ricardo hatte erkannt, daß Austauschrelationen, die eine für alle Kapitale gleiche Profitrate ermöglichen, nicht verteilungsunabhängig sein können. Daher schloß er, daß solche Austauschrelationen nicht ausschließlich durch die relativen Arbeitsmengen bestimmt werden, daß die Wertbestimmung durch Arbeitszeit „modifiziert" werden müsse (vergl. dazu oben das erste Kapitel). Im Gegensatz zu Ricardo unterschied Marx strikt zwischen einem *Tausch zu Werten*, die den verausgabten Arbeitsmengen proportional sind und einem *Tausch zu Produktionspreisen*, die eine allgemeine Profitrate ermöglichen. Damit holte Marx eine von Ricardo nur unvollkommen durchgeführte Unterscheidung nach – allerdings eine Unterscheidung auf dem klassischen Terrain einer prämonetären Arbeitsmengentheorie des Werts. Und auf *diesem* Terrain stellte sich Marx dann selbst die Aufgabe Werte und Produktionspreise zu vermitteln: er versuchte eine einfache Umrechnung von einem quantitativen System in ein anderes zu finden, wobei er von Geld völlig abstrahierte.

In einer prämonetären Werttheorie erscheint Wert und dementsprechend auch Mehrwert als etwas Substanzhaftes. Die Verwandlung von Mehrwert in Durchschnittsprofit kann dann in nichts anderem als einer Umverteilung dieser Substanz bestehen, denn ansonsten müßte etwas aus dem Nichts entstehen oder dorthin verschwinden. Durch eine bloße Umverteilung lassen sich aber (prämonetäre) Werte nicht in (prämonetäre) Produktionspreise verwandeln. Das wirkliche Verdienst der neoricardianischen Kritik an der Werttheorie liegt deshalb darin, gezeigt zu haben, daß eine *prämonetäre* Arbeitswerttheorie für die Bestimmung *prämonetärer* Produktionspreise in der Tat überflüssig ist.[44]

Wie im letzten Kapitel gezeigt wurde, kann im Rahmen der monetären Werttheorie der Wert einer Ware nicht an ihr selbst bestimmt werden. Wertgegenständlichkeit kommt nicht dem einzelnen Produkt zu, sie kommt den Produk-

44) Das oben skizzierte Produktionspreismodell hat durchaus eine heuristische Funktion: so kann mit Hilfe dieses Modells demonstriert werden, daß eben *nicht* davon auszugehen ist, daß Verteilungsänderungen den Preis des vorgeschossenen Kapitals (oder allgemeiner die Struktur der relativen Preise) nicht berühren würden. Allerdings sind die Grenzen des Modells zu beachten: abgesehen von seinem nicht-monetären Charakter ist es eine reine Gleichgewichtskonstruktion, die keine Aussagen über dynamische Prozesse zuläßt (vergl. dazu auch den Anfang des nächsten Kapitels).

ten nur *gemeinsam* zu, im Austausch. Und der allseitige Austausch ist nur möglich durch die Beziehung der Waren auf Geld. Vor dem Austausch und in Abstraktion vom Geld kann es keine Wertgegenständlichkeit und daher auch kein quantitativ bestimmtes Wertsystem geben. Im Rahmen der *monetären Werttheorie* von Marx stellt sich daher das Problem einer *quantitativen Umrechnung* von Werten in Produktionspreise überhaupt nicht.

Bei der Transformation von Werten in Produktionspreise geht es vielmehr um den *begrifflichen Übergang* zwischen verschiedenen Stufen der Darstellung.[45] Zu Beginn des ersten Bandes des *Kapital* wurde der Zusammenhang von Ware und Geld zunächst *abstrakt*, d.h. in Absehung von den kapitalistischen Verhältnisse, unter denen Warenproduktion und -zirkulation stattfindet, behandelt. Ware und Geld wurden als kategoriale Voraussetzungen der Entwicklung des Kapitalbegriffs dargestellt. Waren sind aber nicht nur *Voraussetzung*, sondern auch *Resultat* des Kapitals und als solche Resultate besitzen sie neue Bestimmungen. Dieser Punkt wurde von Marx besonders in den *Resultaten des unmittelbaren Produktionsprozesses* hervorgehoben, einem Text, der ursprünglich das Schlußkapitel des ersten *Kapital*-Bandes bilden sollte (vergl. dazu auch Bischoff/Otto 1987). Als Produkt des Kapitals sind die Waren nicht einfach Träger von *Wert*, sondern von *Mehrwert*. Vor allem aber ist Wert keine unmittelbare Bestimmung der einzelnen Ware, sondern des gesamten Produkts des Kapitals. Daher folgert Marx:

> „Es handelt sich hier nicht darum, wie bei der selbstständigen Waare, daß sie zu ihrem Werth, sondern daß sie als Träger des zu ihrer Production vorgeschoßnen Capitals und daher als *aliquoter Theil des Gesammtproducts des Capitals* zu ihrem Werthe (Preisse) verkauft wird." (II.4.1/45)

Bereits an dieser Stelle kann Marx daher festhalten:

> „Man sieht hieraus, wie die Waare als *Product des Capitals* sich unterscheidet von der *einzelnen Waare, selbstständig behandelt* und wird sich dieser Unterschied mehr und mehr zeigen und mehr und mehr auch die Reale Preißbestimmung der Waare u.s.w. afficiren, je weiter wir den capitalistischen Productions- und Circulationsproceß verfolgt haben werden." (II.4.1/46)

Als Produkt des Kapitals ist die Ware nicht mehr nur Resultat einer spezifisch gesellschaftlichen Form von Arbeit, arbeitsteiliger Privatproduktion, die Ware ist jetzt bestimmt als Resultat kapitalistischer Lohnarbeit. Auf der Darstellungsebene des dritten Bandes sind die Waren nicht nur Resultate des *unmittelbaren Produktionsprozesses*, sondern der *Einheit von Produktions- und Zirkulationsprozeß*, sie sind jetzt nicht bloß Träger von Mehrwert, sondern von Profit und zwar von *Durchschnittsprofit*.

Die Bildung (der Kategorie) des Durchschnittsprofits und die damit verbundene Wert-Preis Transformation erscheinen im dritten Band des *Kapital* als von

45) Dies wurde zwar schon verschiedentlich hervorgehoben, verhinderte aber nicht, daß die entsprechenden Autoren, wie z.B. Gerstein (1976) oder DeVroey (1981), doch wieder bei quantitativen Wertbestimmungen landeten oder wie Himmelweit/Mohun (1981) das quantitative Transformationsproblem als Ausdruck von Widersprüchen „in der Realität" auffaßten.

Marx eingeführte, mehr oder weniger plausible *Berechnungsweise*, um von einem theoretisch formulierten Wertsystem zu einem mit dem „Augenschein" übereinstimmenden Produktionspreissystem zu kommen. Die dahinter stekkende, von der speziellen Berechnungsweise unabhängige *begriffliche* Konzeption kommt in dem Kapitel *Capital und Profit* des Manuskripts von 1861-1863 deutlicher zum Ausdruck als im *Kapital*. Dort heißt es:

„Wie der Mehrwerth des einzelnen Capitals in jeder besondren Productionssphäre das Maaß der absoluten Grösse des Profits ist – so weit dieser blos verwandelte Form des Mehrwerths – so ist der *Gesammtmehrwerth*, den das Gesammtcapital, also die Gesammtklasse der Capitalisten producirt, das absolute *Maaß des Gesammtprofits des Gesammtcapitals*, wobei unter Profit auch alle Formen des Mehrwerths zu verstehn, wie Rente, Zins etc" (II.3.5/1627f).

„Der Profit – als erste Verwandlung des Mehrwerths – und die Profitrate in dieser ersten Verwandlung – drückt den Mehrwerth aus im Verhältnis zum einzelnen Gesammtcapital, dessen Product er ist – alle Theile dieses Gesammtcapitals nivellirend und auf das Ganze desselben als gleichartige Werthsumme bezogen... Der empirische oder Durchschnittsprofit drückt dieselbe Verwandlung, denselben Process aus, indem er die Gesammtsumme des Mehrwerths, also den von der ganzen Capitalistenklasse realisirten Mehrwerth, ganz so bezieht auf das Gesammtcapital, oder das von der ganzen Capitalistenklasse angewandte Capital... Die zweite Verwandlung ist nothwendiges Resultat der ersten, die aus der Natur des Capitals selbst hervorgeht, wodurch der Mehrwerth in Werthueberschuß über die Productionskosten, d.h. den Werth des vorgeschoßnen Capitals verwandelt wird." (II.3.5/1629)

Die Verwandlung von Mehrwert in Profit geschieht einmal bezogen auf das *individuelle Kapital* und einmal bezogen auf das *gesellschaftliche Gesamtkapital*. Der kategorialen Logik entsprechend geht es nicht um eine bestimmte Art der *Berechnung*, sondern um ein *begriffliches Entwicklungsverhältnis*. Allerdings identifizierte Marx auch in *Capital und Profit* die begriffliche Entwicklung sogleich mit der speziellen Berechnungsweise.

In der Weiterentwicklung der *Formbestimmung* der Ware besteht die eigentliche Transformation von Werten in Produktionspreise. Von einer *Inkongruenz* zwischen Werten und Produktionspreisen kann daher nicht im Hinblick auf quantitative Abweichungen, sondern nur im Hinblick auf die unterschiedlichen *Bestimmungsfaktoren* gesprochen werden.[46] Tausch zu Produktionspreisen bedeutet, daß es jetzt nicht mehr allein das Verhältnis der individuell verausgabten Arbeit zur gesellschaftlichen Gesamtarbeit ist (nach der im sechsten Kapitel diskutierten doppelten Hinsicht, die sich aber gerade nicht vor dem Tausch fixieren läßt), sondern zugleich auch das Verhältnis der Größe des individuellen Kapitals zum gesellschaftlichen Gesamtkapital, was die Austauschverhältnisse bestimmt. Da ein unabhängig vom Tausch existierendes quantitatives Wertsystem eine Chimäre ist[47], ist ein *quantitativer Vergleich*

46) Was auch Marx festhält, wenn er schreibt: „Die ganze Schwierigkeit kömmt dadurch hinein, daß die Waaren nicht einfach als *Waaren* ausgetauscht werden, sondern als *Producte von Capitalien*" (II.4.2/251; 25/184).

47) Dieser Chimäre sitzt Marx nicht nur bei seiner quantitativen Wert-Preis Transformation auf, sondern auch bei seiner Theorie der absoluten Rente, die eine *quantitative* Differenz zwischen Wert und Produktionspreis der landwirtschaftlichen Produkte voraussetzt.

von Werten und Produktionspreisen gar nicht möglich. Daher kann es auch keine quantitative Determinierung des Produktionspreissystems durch ein irgendwie geartetes, präexistentes Wertsystem geben.
Allerdings sind die Kategorien Wert und Mehrwert begriffslogisch Voraussetzungen für das Verständnis der Kategorien Profit und Produktionspreis.[48] Spezifisch für den Kapitalismus ist nicht die Ausbeutung der unmittelbaren Produzenten, diese Ausbeutung hat die kapitalistische Produktionsweise mit allen auf Klassenherrschaft beruhenden Produktionsweisen gemein. Spezifisch für den Kapitalismus ist die *Form*, in der sich diese Ausbeutung vollzieht, sie beruht nicht auf persönlichen Abhängigkeitsverhältnissen, sondern ist durch den Tausch zwischen formell freien und gleichen Personen vermittelt. Für die Analyse der kapitalistischen Form der Ausbeutung ist die Kategorie Mehrwert nicht als *quantitative* Kategorie entscheidend, sondern insofern sie auf einer abstrakten Ebene den *Formgehalt* des Austausches zwischen Kapital und Arbeit ausdrückt. Marx selbst bezeichnete die Mehrwerttheorie als eines der drei „grundneuen Elemente" seines Buches, insofern

> „im Gegensatz zu *aller* früheren Ökonomie, die *von vornherein* die besondren Fragmente des Mehrwerts mit ihren fixen Formen von Rente, Profit, Zins als gegeben behandelt, von mir zunächst die allgemeine Form des Mehrwerts, worin all das sich noch ungeschieden, sozusagen in Lösung befindet, behandelt wird" (Brief an Engels vom 8.1.1868, 32/11).

Wesentlich für die Kategorie Mehrwert ist nicht die arithmetische Summe von Profit, Zins und Rente, sondern daß sie „allgemeine Form" ist, eine *nicht-empirische Kategorie*, die den Begriffsbildungen Profit, Zins und Rente zugrunde liegt, mit denen die an der „Oberfläche der Gesellschaft" (II.4.2/; 25/33) sichtbaren Formen erfaßt werden. Marx selbst charakterisiert den Unterschied der beiden Ebenen folgendermaßen:

> „Im Mehrwerth ist das Verhältniß zwischen Capital und Arbeit blosgelegt; im Verhältniß von Capital und Profit... erscheint das Capital als Verhältniß zu sich selbst, ein Verhältniß, worin es sich als ursprüngliche Werthsumme zu einem von ihm selbst gesetzten Neuwerth unterscheidet. Daß es diesen Neuwerth während seiner Bewegung durch den Productionsproceß und den Circulationsproceß erzeugt, dieß ist im Bewußtsein. Aber wie dieß geschieht, ist nun mystifiziert und scheint von ihm selbst zukommenden occult qualities herzukommen." (II.4.2/64; 25/58)

Im Grunde ist jetzt wieder der Ausgangspunkt der Kapitalanalyse aus dem ersten Band erreicht. In der allgemeinen Formel des Kapitals G – W – G' erschien das Kapital als ein sich selbst vermehrendes „automatisches ... Subjekt" (II.5/109; 23/169). Davon ausgehend war zunächst einmal zu erklären, woher die „occulte Qualität" (ebd.) des Kapitals, Wert zu setzen, herstammt. Dies geschieht mit der Mehrwerttheorie. Nicht erklärt ist damit aber, wie der Schein entsteht, es sei das Kapital, das sich selbst verwertet. Dieser „Schein", der nicht einfach eine zu korrigierende Täuschung ist, sondern selbst ein hand-

---

48) Die Neoricardianer glauben zwar, voraussetzungslos von Preisen und Profiten sprechen zu können. Wie Ganßmann (1981) zeigte, gehen in ihre Argumentation aber eine Reihe uneingestandener Voraussetzungen ein.

handlungsbestimmendes Moment darstellt, ist im Rahmen der Profittheorie zu entwickeln: es muß gezeigt werden, wie der Ursprung des Profits unsichtbar wird. Der Ausgangspunkt der Kapitalanalyse muß sich selbst noch als deren Resultat ergeben. Allerdings ist bis jetzt nur ein Teil des Ausgangspunktes begrifflich reproduziert worden, noch fehlt die „abgekürzte" Form der Formel G-W-G' wie sie beim zinstragenden Kapital als G-G' zeigt.[49]

Berücksichtigt man, daß die Beziehung zwischen Werten und Produktionspreisen eine rein begriffliche und keine quantitative ist, dann wird deutlich, daß es im dritten Band des *Kapital* neben dem verfehlten Versuch einer quantitativen Transformation von Werten in Produktionspreise auch noch eine schiefe Darstellung der *Durchsetzung* der Produktionspreisbildung gibt. Im dritten Abschnitt des zweiten Kapitels (das ist das 10. Kapitel der Engelsschen Edition) behandelt Marx die „doppelte Bewegung der Konkurrenz": die Konkurrenz innerhalb einer Branche führe zur Herausbildung eines einheitlichen Marktwertes, die Konkurrenz zwischen den Branchen zur Herausbildung einer einheitlichen Profitrate. Zur zweiten Bewegung heißt es:

„Werden die Waaren zu ihren *Werthen* verkauft, so existiren, wie entwickelt, sehr verschiedne *Profitraten* in den *verschiednen Productionssphären*, je nach der verschiednen Organischen Composition der in denselben angelegten Capitalmassen. Das Capital entzieht sich aber einer Sphäre und wirft sich auf die andre bewirkt mit einem Worte durch seine Vertheilung zwischen den verschiednen Sphären – die beständige Aus und Einwandrung, je nachdem dort die Profitrate sinkt, hier steigt, solches Verhältniß der Zufuhr zu der Nachfrage, daß der *Durchschnittsprofit* in den verschiednen Productionssphären *derselbe*, und daher die Werthe sich in *Productionspreisse* verwandeln." (II.4.2/269f; 25/206)

Daß es die Konkurrenz der Kapitalien ist, die die Werte in Produktionspreise verwandelt, impliziert, daß es die Einzelkapitale *zunächst* mit Werten zu tun hätten. In der Konkurrenz haben es die Kapitalisten aber nie mit einem Wertsystem zu tun, sondern immer schon mit einem gegebenen Produktionspreissystem. Innerhalb einer Branche stellt die Konkurrenz daher auch keinen einheitlichen Marktwert, sondern einen einheitlichen Marktproduktionspreis her. Es gibt keine kapitalistische Produktion, die zunächst zu Werten produziert, die dann zeitlich anschließend in Produktionspreise verwandelt werden müßten. Kapitalistische Produktion findet immer zu Produktionspreisen statt. Die Konkurrenz zwischen den einzelnen Sphären (ein Prozeß, der in realer Zeit abläuft) sorgt nicht für den Übergang von Werten in Produktionspreise (ein begrifflicher, kein zeitlicher Übergang), sondern für die Verwandlung eines „deformierten" Produktionspreissystems (d.h. eines Preissystems, das z.B. aufgrund von Änderungen der Technik oder der Nachfrage unterschiedliche

49) Die nächsten Schritte der Darstellung vorwegnehmend fährt Marx daher nach der gerade zitierten Stelle fort: „ Je weiter wir den Verwirklichungsproceß des Capitals verfolgen, um so mehr wird sich das Capitalverhältniß mystificiren und um so weniger das Geheimniß seines inneren Organismus bloslegen." (II.4.2/64; 25/58)

Profitraten zuläßt, das deshalb aber noch längst kein Wertsystem ist) in eines, das wieder für jede Branche annähernd die selbe Profitrate ermöglicht.[50] Und dieser für die Selbststeuerung des Kapitals entscheidende Prozeß wird, wie Marx schon in den *Theorien über den Mehrwert* betonte, wesentlich über den Kredit vermittelt (II.3.3/858; 26.2/208, vergl. auch II.4.2/501; 25/451); er kann daher auf der erreichten Darstellungsstufe noch gar nicht weiter behandelt werden. Die Verwandlung von Werten in Produktionspreise bedarf einer solchen Vermittlung durch die Konkurrenz aber auch gar nicht, da es sich um einen *begrifflichen Übergang* und *nicht* um eine *Veränderung in der realen Zeit* handelt.[51]

3. Zinstragendes Kapital und Kredit

Das fünfte Kapitel des Manuskriptes zum dritten Buch des *Kapital*, in dem es um Zins und Kredit geht, gehört zum fragmentarischsten und unabgeschlossensten was Marx an Texten zur Kritik der politischen Ökonomie hinterlassen hat. In seiner Edition des dritten Bandes hat Engels in diesem Kapitel (bei Engels der fünfte Abschnitt mit den Kapiteln 21 bis 36) zum Teil schwerwiegende Eingriffe vorgenommen – inhaltlich bedeutsame Textveränderungen und Textumstellungen –, ohne sie als solche zu kennzeichnen. Marx selbst gliederte dieses Kapitel in lediglich sechs Punkte. Die ersten vier Punkte wurden von Engels als Kapitel 21 bis 24 wiedergegeben. Sie enthalten eine relativ weitgehende Ausarbeitung der Darstellung des zinstragenden Kapitals, mit dem Marx bereits in seinem ursprünglichen Plan von 1858/59 das „Kapital im Allgemeinen" abschließen wollte. Punkt 5 ist überschrieben mit *Credit. Fictives Capital* (II.4.2/469). Aus ihm hat Engels mit erheblichen Umstellungen und Veränderungen die Kapitel 25 bis 35 zusammengestellt. Kapitel 36, *Vor-*

50) Dies scheint auch Marx am Ende des dritten Bandes klar zu sein, wo er die Auffassung kritisiert, die Konkurrenz könne die Durchschnittsprofitrate nicht nur herstellen, sondern auch erklären. Dort betont er, daß die Konkurrenz stets von *Preisen* und *Profiten* ausgeht: „Diese *Konkurrenz* unterstellt schon das Dasein des Profits. Sie unterstellt verschiedne Profitraten und daher verschiedne Profite, sei es in denselben, sei es in den verschiednen Productionszweigen. Die Konkurrenz kann nur auf die Profitrate wirken, so weit sie auf die Preisse der Waaren wirkt. Die Konkurrenz kann nur bewirken, daß Producenten *innerhalb* derselben Productionssphäre ihre Waaren zu *gleichen* Preissen verkaufen und daß sie innerhalb verschiedner Productionssphären ihre Waaren zu Preissen verkaufen, die ihnen *denselben* Profit giebt, denselben proportionellen Zuschlag zu dem durch den Arbeitslohn bestimmten Preiß der Waare. Die Konkurrenz kann daher nur Ungleichheiten in der Profitrate ausgleichen. Um *ungleiche* Profitraten auszugleichen, unterstellt sie den *Profit* als Element des Waarenpreisses." (II.4.2/883; 25/872)

51) Es ist gerade dieser Unterschied, der von Wagner übersehen wird, wenn er zwar konzediert, daß „in der Wirklichkeit" der Ausgleich der Preisbewegung auf bereits vorausgesetzten Produktionspreisen beruht, dann aber folgert „die Logik ihrer Ableitung verlangt, soll sie folgerichtig sein, ihre Herausbildung auf der Grundlage des Tausches der Waren zum Wert bzw. zum Marktwert zu entwickeln" (Wagner 1988, S.66). Die logisch-begriffliche Beziehung zwischen Werten und Produktionspreisen hat aber nichts mit konkurrenzvermittelten Preisbewegungen zu tun.

kapitalistisches, entspricht dann wieder Punkt 6 des Marxschen Manuskriptes *Vorbürgerliches*. Unter dem Punkt 5 werden von Marx eine Reihe verschiedener Themen abgehandelt, wie verschiedene Formen des Kredits, Bestandteile des Bankkapitals, Akkumulation von Geldkapital und von wirklichem Kapital, Währungsbewegungen etc. Die Darstellung ist weit weniger ausgearbeitet als in den vorangegangenen Punkten, sie bricht teilweise ab, verläuft sich in Forschungsfragen und es bleibt an vielen Stellen unklar, ob das behandelte Material überhaupt auf der Abstraktionsebene des *Kapital* (der Darstellung der kapitalistischen Produktionsweise „in ihrem idealen Durchschnitt") dargestellt werden kann, oder ob es sich nicht um konkrete Phänomene eines bestimmten Entwicklungsstandes der kapitalistischen Produktionsweise vor dem Hintergrund eines besonderen Institutionengefüges handelt. Bei der Marxschen Behandlung des Kredits stellt sich daher nicht nur die Frage nach kategorialen Defiziten der Darstellung, es ist auch zu fragen, ob die kapitalistische Produktionsweise hinsichtlich ihres Geld- und Kreditsystems bereits soweit entwickelt war, daß eine Untersuchung auf der von Marx angestrebten Abstraktionsebene überhaupt schon vorgenommen werden konnte.

Durchschnittsprofit und Zins

Die allgemeine Formel des Kapitals, G – W – G' aus dem ersten Band des *Kapital* wurde im zweiten Band, wo der Zirkulationsprozeß des Kapitals untersucht wird, als „Kreislauf des Kapitals" präzisiert:

$$G - W \ldots P \ldots W' - G'$$

Das Kapital taucht hier in drei verschiedenen, sich abwechselnden Formen auf: als zunächst vorgeschossenes Geldkapital G, als produktives Kapital P (Arbeitskräfte und Produktionsmittel) und als (Mehrwert beinhaltendes) Warenkapital W', das erneut in Geldkapital G' verwandelt wird. Betrachtet man das gesellschaftliche Gesamtkapital als Ganzes, dann existiert in jedem Moment ein Teil davon als Waren- und als Geldkapital in der Zirkulationssphäre und ein anderer Teil als produktives Kapital innerhalb der Produktionssphäre.
Bei der Darstellung der Verwandlung von Profit in Durchschnittsprofit hatte Marx zunächst vorausgesetzt, daß jedes individuelle Kapital diesen Kreislauf vollständig vollzieht. Mit fortschreitender gesellschaftlicher Arbeitsteilung verselbständigen sich aber die einzelnen Abschnitte des Kreislaufs zu besonderen Aufgaben spezialisierter Kapitale und neben dem industriellen Kapital entsteht das Warenhandlungskapital (oder kommerzielles Kapital), das nicht produziert, sondern lediglich mit der Verwandlung des Warenkapitals in Geldkapital beschäftigt ist,[52] und das Geldhandlungskapital, welches das

52) Zuweilen sind mit dem kommerziellen Kapital auch noch produktive Funktionen wie der Transport der Güter verbunden, davon kann hier aber abgesehen werden.

Geldkapital verwaltet, d.h. Einzahlungen, Auszahlungen, Saldierung von Forderungen etc. übernimmt. Indem sich das industrielle Kapital von den übrigen Funktionen befreit, verringert sich seine Umschlagszeit und außerdem können alle Kapitalsorten von der erhöhten Spezialisierung gewinnen.

Da es für die einzelne Kapitalsumme beliebig ist, in welchem Bereich sie investiert wird, geht nicht nur das industrielle, sondern auch das Waren- und Geldhandlungskapital in den Ausgleichungsprozeß zur Durchschnittsprofitrate ein. Letztere produzieren aber weder Wert noch Mehrwert: Kosten und Gewinne müssen aus dem Mehrwert des industriellen Kapitals bezahlt werden[53], was zu einer Modifikation der Durchschnittsprofitrate führt, die erst jetzt ihre „fertige Gestalt" (II.4.2/411; 25/350) erhalten hat. Die Analyse der allgemeinen Formel des Kapitals G-W-G', mit der im ersten Band begonnen wurde, findet hier gewissermaßen ihren Abschluß, es ist jetzt diejenige Profitrate abgeleitet, die jedes Kapital, gleichgültig, ob es im industriellen oder im merkantilen Bereich angelegt ist, unter durchschnittlichen Bedingungen abwirft.

Geld erhält damit eine neue Bestimmung. Auf der Ebene der einfachen Zirkulation stellte sich Geld als „allein adäquates Dasein des Tauschwerths" (II.5/87; 23/144) dar. Jetzt wird deutlich, daß jede Geldsumme *potentielles Kapital* ist. Damit erhält Geld:

> „ausser dem *Gebrauchswerth*, den es *als Geld* besitzt, einen zusätzlichen Gebrauchswerth, nämlich den, als *Capital* zu funktioniren. Sein Gebrauchswerth besteht hier eben in dem *Profit*, den es, in Capital verwandelt, producirt. In dieser Eigenschaft, als *mögliches* Capital, als Mittel zur Production des Profits, wird es *Waare*, aber eine Waare sui generis: Oder was auf dasselbe herauskömmt, Capital als Capital wird zur *Waare*." (II.4.2/4122; 25/351)

Diese Ware sui generis ist *zinstragendes Kapital*, Geld, das als Kapital „verkauft" wird. Der Verkauf dieser Kapitalfähigkeit des Geldes kann nur auf Zeit erfolgen, das Geld wird *verliehen*. Damit erhält das zinstragenden Kapital seine eigentümliche Zirkulationsform, es verdoppelt die allgemeine Formel des Kapitals G – W – G' zu:

$$G - G - W - G' - G'$$

Der „Geldkapitalist" (oder Vermögensbesitzer) schießt die Geldsumme als Kapital dem „functionirenden Kapitalisten" (oder Unternehmer) vor, dieser schießt dann das Kapital vor, um einen Produktionsprozeß zu beginnen. Dem doppelten Vorschuß des Kapitals entspricht ein doppelter Rückfluß: Das produktive Kapital verwandelt sich in Waren- und in Geldkapital, das zunächst zum fungierenden Kapitalisten zurückfließt und von diesem dann an den ursprünglichen Eigentümer zurückerstattet werden muß.

Der Schuldner, der das geliehene Geld als Kapital verwendet hat, muß aber

53) Was aber auch nicht anders ist, wenn das einzelne Kapital diese Funktionen selbst übernimmt, dann sind die Kosten aufgrund mangelnder Spezialisierung eher höher. – Was heute als Übergang von der Industrie- zur Dienstleistungsgesellschaft betrachtet wird, ist zu einem guten Teil dieser Verselbständigung von längst vorhandenen Funktionen geschuldet.

nicht nur die geliehene Hauptsumme an den Eigentümer zurückzahlen, sondern auch noch einen Teil des erzielten Profits als *Zins*. Der Zins ist der „Preis", den der Schuldner für das potentielle Kapital zu entrichten hat – ein „irrationeller Ausdruck" vom Standpunkt der einfachen Ware, oder auch vom Standpunkt des Kapitals aus, das als Warenkapital fungiert, wie Marx betont (II.4.2/426; 25/366). Hier aber wird das Kapital selbst *als Kapital* zur Ware, sein „Preis" ist dann bestimmt nicht durch seinen *Wert*, sondern durch seine *Verwertung* (II.4.2/429; 25/367).

Der Profit, den das Kapital abwirft, spaltet sich somit in *Zins* (den der Kapitaleigentümer erhält) und *Unternehmergewinn* (den Rest des Profits, der beim fungierenden Kapitalisten verbleibt). Diese Spaltung existiert aber nicht nur für den Unternehmer der fremdes Kapital benutzt und tatsächlich Zins zahlen muß, sie verfestigt sich in eine Teilung, die auch für den Kapitalisten, der nur mit eigenem Kapital arbeitet, Gültigkeit erlangt; auch dieser unterscheidet den Zins vom Unternehmergewinn.

Ist der von einem Kapital erzielte Bruttoprofit gleich dem Durchschnittsprofit, dann hängt der Unternehmergewinn nur von der Größe des Zinses ab. Tatsächlich schwankt der Profit eines Einzelkapitals lediglich um den Durchschnittsprofit, seine Größe hängt von einer Vielzahl von Faktoren, wie auch von den Entscheidungen des Unternehmers ab. So kann sich der Schein verfestigen, als sei einerseits der Zins eine „blosse Frucht des *Capitaleigenthums*, des *Capitals an sich, abstrahirt vom Reproductionsproceß*, des Capitals, soweit es nicht 'arbeitet', nicht functionirt" und als sei andererseits der Unternehmergewinn „Frucht des *Processirens* des Capitals" und damit der aktiven Rolle des Unternehmers (II.4.2/445; 25/387). Zins und Unternehmergewinn scheinen somit aus zwei völlig verschiedenen Quellen zu stammen.

Damit ergeben sich auch ganz neue Gegensätze: das zinstragende Kapital steht als solches nicht der Lohnarbeit gegenüber, sondern dem funktionierenden Kapital; der Vermögensbesitzer dem borgenden Unternehmer. Der Unternehmer seinerseits scheint auch nicht im Gegensatz zur Lohnarbeit zu stehen, denn seinen Unternehmergewinn erhält er nicht als Eigentümer des Kapitals, sondern aufgrund seiner Funktionen als Nicht-Eigentümer – gewissermaßen als Arbeiter (II.4.2/450f; 25/392f).

Indem der Zins aus dem Kapitaleigentum als solchem zu entspringen scheint, somit nur das Geld selbst aber scheinbar keinen Produktionsprozeß mehr voraussetzt, erreicht im zinstragenden Kapital

> „das *Capitalverhältniß* seine *äusserlichste* und *fetischartigste* Form. Wir haben hier *G-G'*, Geld das mehr Geld setzt, sich selbst verwerthenden Werth, ohne den Proceß, der diese Extreme *vermittelt*" (II.4.2/461; 25/404). [54]

---

54) „Im Zinstragenden Capital ist daher dieser *automatische Fetisch* vollendet, der sich selbst verwerthende Werth, Geld machendes (heckendes) Geld, und trägt es in dieser Form keine Narben

Die Frage, wie sich der vom fungierenden Kapitalisten an den Kapitaleigentümer als Zins gezahlte Anteil des Profits bestimmt, also die Frage, wovon die Höhe der Zinsrate abhängt, läßt sich für Marx nicht aus „allgemeinen Gesetzen" ableiten (II.4.2/437; 25/376): das Kapital fungiert nur einmal und wirft einen bestimmten Profit ab. Dessen Teilung sei „an und für sich ein *rein empirisches* Faktum" (ebd.), ein Resultat der Konkurrenz von Verleihern und Borgern, die aber kein zugrundeliegendes Gesetz zum Ausdruck bringt.[55] Zwar läßt sich im industriellen Zyklus eine typische Bewegung der Zinsrate beobachten, in Zeiten der Prosperität ist der Zinssatz niedrig, steigt dann an und erreicht während der Krise den Höhepunkt. Doch über das jeweils durchschnittliche Niveau der Zinsrate läßt sich keine allgemeine Aussage machen.

Zinstragendes Kapital ist nicht, wie das Waren- und das Geldhandlungskapital die Verselbständigung eines funktionellen Abschnitts im Kreislaufprozeß des Kapitals. Es ist vielmehr eine „abgeleitete" Bestimmung, insofern der Begriff des zinstragenden Kapitals die (begrifflich) fertig bestimmte Durchschnittsprofitrate voraussetzt. Daß das zinstragende Kapital eine abgeleitete Bestimmung ist und daß der Zins aus dem Profit gezahlt werden muß, wurde nun häufig so verstanden, daß das zinstragende Kapital eine dem industriellen Kapital gegenüber untergeordnete Bedeutung habe und daß die Profitrate die Zinsrate *bestimmen* würde.[56] Dabei wird aber die *begriffliche Entwicklung* der Kategorien mit der *realen Wirkung* der untersuchten Verhältnisse verwechselt; das Verhältnis von Bewegung der Profitrate und Bewegung Zinsrate ist hier noch gar nicht systematisch angesprochen. Das Wesentliche an der Marxschen Analyse des zinstragenden Kapitals ist nicht allein das *quantitative* Argument, daß der Zinssatz (zumindest unter gewöhnlichen Bedingungen) kleiner als die Durchschnittsprofitrate sein muß, sondern das *qualitative* Ar-

seiner Entstehung mehr. Das gesellschaftliche Verhältniß ist vollendet als Verhältniß des Dings (Geldes) zu sich selber. Statt der *wirklichen* Verwandlung von Geld in Capital zeigt sich hier nur ihre *inhaltslose Form* derselben. (...) Es ist ganz so Eigenschaft des Geldes, Werth zu schaffen, Zins abzuwerfen, wie die eines Birnbaums Birnen zu produciren" (II.4.2/462; 25/405).

55) Gerade weil es kein allgemeines Gesetz gibt, ist eine nähere Bestimmung des Zinses, sei es als Ausdruck einer „Zeitpräferenz" wie in der Neoklassik oder einer „Liquiditätsprämie" wie bei Keynes nur dann ein Widerspruch zur Marxschen Theorie (was sowohl von marxistischer wie von keynesianischer Seite behauptet wird), wenn diese Bestimmungen als *Entstehungsgründe* des Zinses aufgefaßt werden. Dies ist aber nicht der Fall, wenn sie lediglich als Ausdruck des *Kalküls* der Geldbesitzer gelten, die im einen Fall den gegenwärtigen Konsumverzicht im anderen Fall die Sicherheit der Geldhaltung mit dem künftigen Ertrag vergleichen. Die Kompatibilität solcher das Konkurrenzverhalten beschreibender Kalküle mit der Marxschen Theorie ist dann erst noch zu prüfen. Dabei scheint es plausibel, daß die Vorstellung einer Zeitpräferenz eher zu einer nichtmonetären Werttheorie paßt, während die Keynessche Liquiditätsprämie, die zum Ausdruck bringt, daß Geld mehr ist als ein bloßes Zirkulationsmittel, daß Geldhaltung selbst einen Zweck erfüllt, an die monetäre Werttheorie anschließt.

56) Zwar ist auch bei Marx zuweilen davon die Rede, daß die Profitrate die Zinsrate bestimmt (z.B. II.4.2/431, 433, 438; 25/370, 372, 377), doch ist damit stets gemeint, daß die Durchschnittsprofitrate die Obergrenze für die durchschnittliche Zinsrate bildet, nicht aber, daß die Bewegung der Zinsrate derjenigen der Profitrate folgen würde.

gument, *daß Geld nur deshalb zu zinstragendem Kapital werden kann, weil es möglich ist, dieses Geld als Kapital zu benutzen.*[57] Natürlich kann Geld auch gegen Zins verliehen werden, ohne daß es vom Borger als Kapital benutzt wird. Hier geht es aber nicht um diese allgemeine Möglichkeit des Zinses, die nicht einmal Geld, sondern lediglich irgendeine Form übertragbaren Eigentums voraussetzt, sondern um die *spezifisch kapitalistische* Formbestimmung des Zinses, d.h. um den Unterschied vom bloßen „Wucher", der auch unter vorkapitalistischen Verhältnissen existierte und häufig die Tendenz hatte, den Schuldner in den Ruin zu treiben. Unter kapitalistischen Verhältnissen ermöglicht es das zinstragende Kapital dem fungierenden Kapitalisten, seinen Reichtum und die Verwertung seines eigenen Kapitals erheblich zu steigern, indem er sich nicht nur den Profit aneignet, der von diesem Kapital abgeworfen wird, sondern auch noch den Unternehmergewinn, der ihm vom geliehenen Kapital nach Abzug des Zinses bleibt. Die Verschuldung der Einzelkapitale ist daher der Normalfall und nicht etwa schon ein Krisensymptom.

Kredit und fiktives Kapital

Die Darstellung des Kredits in Punkt 5 des fünften Kapitels wirft sowohl auf der inhaltlichen als auch auf der methodologischen Ebene erhebliche Probleme auf.[58] Die *inhaltlichen* Probleme resultieren zunächst einmal aus dem Grad der Ausarbeitung des Textes. Engels charakterisierte im Vorwort zu seiner Ausgabe des dritten Bandes den Zustand dieses Teils des Manuskriptes sehr treffend:

> „Hier liegt also nicht ein fertiger Entwurf vor, nicht einmal ein Schema, dessen Umrisse auszufüllen wären, sondern nur ein Ansatz von Ausarbeitung, der mehr als einmal in einen ungeordneten Haufen von Notizen, Bemerkungen, Materialien in Auszugsform verläuft." (25/12)

Tatsächlich bricht der Text oft ab, ohne daß zu erkennen wäre, wie der Gedankengang weitergeführt werden sollte und viele angesprochene Fragen, bleiben ungelöst in Raum stehen. Bis zur Veröffentlichung des Marxschen Originalmanuskriptes in der MEGA im Jahre 1993 wurde die Interpretation auch noch dadurch erschwert, daß Engels, wie ebenfalls seinem Vorwort zu

---

57) Zu Beginn des Punktes 2, wo sich Marx mit der Frage nach der Bestimmung des Zinsfußes auseinandersetzt, hatte er einschränkend festgehalten: „Wir haben es hier nur damit zu thun die Gestalt des Zinstragenden Capitals auf der einen Seite und die Verselbständigung des Zinses gegen den Profit zu entwickeln." (II.4.2/431; 25/370)

58) Die Kredittheorie gehört zu den Teilen des Marxschen Werkes, die bisher am stiefmütterlichsten behandelt worden sind. Die seltenen Darstellungen (Fritsch 1954, Brunhoff 1976, Harris 1976, Lipietz 1982a, Fine 1985) geben nicht viel mehr als eine Zusammenstellung der verstreuten Marxschen Argumente oder sind an Einzelproblemen orientiert. Eine sehr knappe Skizze der Kredittheorie, die von einer Kritik am Marxschen Geldwarenkonzept ausgeht, lieferte Reuten (1988). Die theoriegeschichtliche Herausbildung der Marxschen Kredittheorie wurde von Dussel-Peters (1989) untersucht. Die einzige Gesamtinterpretation von Zins und Kredit, die sich auf das Marxsche Originalmanuskript stützt, findet sich in Bischoff/Otto (1993); vgl. auch Krätke (1995).

entnehmen ist, gerade in diesem Teil des Textes eine erhebliche Zahl von Umstellungen vorgenommen hat. Wieweit Engels bei seiner Redaktion in den Text eingegriffen hat, blieb aber unklar, da er seine Textveränderungen nur insoweit kennzeichnete als sie „nicht bloß formeller Natur" (25/14) gewesen seien, was ein recht dehnbarer Begriff ist. Über den von Marx tatsächlich erreichten Ausarbeitungsstand der Kredittheorie konnte so letztlich keine Klarheit herrschen.

Das *methodologische* Problem besteht darin, daß Marx der Behandlung des Kredits zwar einerseits einen recht breiten Raum widmet, daß er aber andererseits im Rahmen methodischer Überlegungen die Betrachtung des Kredits aus der Darstellung der „allgemeinen Natur des Kapitals" mehr oder weniger ausschließt, und zwar sowohl bevor er sich dem Kredit zuwendet (II.4.2/178; 25/120), als auch in Teilen des Manuskriptes, die danach abgefaßt wurden (II.4.2/852; 25/839). Ganz unabhängig vom Grad der Ausarbeitung ist daher zunächst einmal unklar, welchen theoretischen Stellenwert die Darstellung des Kredits überhaupt haben sollte.

Die Frage nach dem theoretischen Status der Untersuchung des Kreditsystems im Aufbauplan des *Kapital* ist keineswegs nur ein Problem der korrekten Marxexegese. Hinter dieser Frage steht das sachliche Problem, auf welcher Abstraktionsebene der Kredit überhaupt dargestellt werden kann. Dabei besteht das Hauptproblem nicht allein darin, daß die kategoriale und die realhistorische, sich auf spezifisch englische Zustände des 19. Jahrhunderts beziehende Argumentation bei der Darstellung des Kredits nicht genügend voneinander geschieden wären, wie Burchardt (1977, S.170) meint. Die entscheidende Frage ist vielmehr, inwieweit die Behandlung des Kreditsystems überhaupt im Rahmen einer Darstellung der „kapitalistischen Produktionsweise... in ihrem idealen Durchschnitt" (II.4.2/852; 25/839) möglich ist.

Hier zeigte sich nun nach der Veröffentlichung des Marxschen Originalmanuskriptes, daß Engels in eine Reihe *methodisch* relevanter Bemerkungen von Marx auch inhaltlich (und nicht nur formell) eingegriffen hat, indem er ihnen ihre Schärfe nahm. So heißt es in einem Unterabschnitt des ersten Kapitels, wo es um Freisetzung und Bindung, Entwertung und Wertsteigerung des Kapitals geht, über Kredit und Konkurrenz:

„Diese – concreteren Formen der capitalistischen Production können aber 1) nur dargestellt werden, nachdem die allgemeine Natur des Capitals begriffen ist, und 2) liegt dieß ausser dem Plan unsres Werks und gehört seiner etwaigen Fortsetzung an." (II.4.2/178)

Engels fügte hier den Zusatz „umfassend" ein: „Diese konkreteren Formen der kapitalistischen Produktion können aber nur umfassend dargestellt werden..." (25/120). Eine ähnliche Veränderung nahm er auch an einer anderen Stelle vor. In den Marxschen Satz (mit dem Punkt 5 des fünften Kapitels beginnt),

„Die Analyse des Creditwesens und der Instrumente, die es sich schafft, wie des Creditgeldes u.s.w., liegt ausserhalb unsres Plans." (II.4.2/469), fügte Engels das Wort „eingehend" ein: „Die eingehende Analyse des Kreditwesens..." (25/413).

Durch die Einfügung der Attribute „umfassend" bzw. „eingehend" relativiert Engels die strikte Marxsche Abgrenzung.[59] Dazu mag ihn bewogen haben, daß die breite Abhandlung des Kredits die Strenge der Marxschen Bemerkungen anscheinend konterkariert. Allerdings reduziert Engels das ganze Problem durch diese Einfügungen auf eine rein *quantitative* Frage: einer umfassenden, eingehenden Darstellung (die außerhalb des Plans liegt) steht eine weniger umfassende Darstellung gegenüber (die vorliegt). Hier geht es allerdings nicht um ein bloß quantitatives, sondern um ein *systematisches* Problem: an welcher Stelle des kategorialen Gefüges der Kritik der politischen Ökonomie kann der Kredit behandelt werden und aus welchen sachlichen Gründen? Wie sich aufgrund von Engels' Vorwort vermuten läßt, hat er sich diese, die Systematik der Darstellung betreffende Frage überhaupt nicht gestellt. Das entscheidende Problem sah er eher darin, das von Marx hinterlassene Material nach den an verstreuten Stellen behandelten Themen zu ordnen, auf den neuesten Stand zu bringen und vor allem dieses Material möglichst vollständig zu präsentieren.

Daß Engels der Logik der Darstellung dabei wenig Aufmerksamkeit entgegenbrachte, wird auch durch folgende Textveränderung nahegelegt. In Klammern in den Text eingefügt heißt es bei Marx:

„(*Eine Beweisform des Credits*. Man weiß, daß wenn das Geld als *Zahlungsmittel*, statt als *Kaufmittel* functioniert, die *Waare veräussert*, aber ihr *Werth* erst später realisiert wird. Findet die Zahlung erst statt, nachdem die *Waare* verkauft ist, so erscheint *der Verkauf* nicht als Folge des *Kaufs*, sondern es ist durch den *Verkauf*, daß der *Kauf* realisirt wird. Und der Verkauf wird ein Mittel des Kaufens.) (*Zweitens* die *Schuldtitel* (Wechsel etc) werden Zahlungsmittel für den Gläubiger.) (Drittens die *Compensation der Schuldtitel* ersetzt das Geld.)" (II.4.2/441)

Aus „Eine Beweisform des Credits" macht Engels „Eine besondre Form des Kredits" (25/382). Während „Beweisform" auf den begrifflichen Zusammenhang der Kategorien abstellt (von der Funktion des Geldes als Zahlungsmittel zu Kredit und Kreditgeld) scheint Engels eher an eine Systematisierung der verschiedenen empirisch vorfindlichen Formen des Kredits gedacht zu haben.[60]

Betrachtet man nun die Bemerkungen, in denen Marx den Ausschluß des Kredits aus der Darstellung der allgemeinen Natur des Kapitals begründet, so fällt auf, daß er dies immer im Zusammenhang mit dem industriellen Zyklus

---

59) Es finden sich noch weitere derartige Eingriffe. So heißt es in Punkt 2 des fünften Kapitels (Kapitel 22 bei Engels), nach der Bemerkung, daß die Höhe der Zinsrate nicht von einem allgemeinen Gesetz bestimmt werde, sondern von Gewohnheit und Konkurrenz: „Die nähere Betrachtung dieser Geschichte gehört daher in den Abschnitt von der Conkurrenz" (II.4.2/436). Dieser Satz wurde von Engels ersatzlos gestrichen (vergl. 25/376).

60) Bei aller Kritik an Engels' Edition darf nicht vergessen werden, daß er seinem eigenen Produkt keineswegs unkritisch gegenüberstand. So bemerkte er gerade über den hier diskutierten Kreditabschnitt, daß ihm, nach mehreren Anläufen ihn zu vervollständigen, nichts anderes übrig geblieben sei, „als die Sache in gewisser Beziehung übers Knie zu brechen" (25/13).

und der Bewegung auf dem Weltmarkt unternimmt. Dies kommt auch in der bekannten Bemerkung aus dem letzten Kapitel des Manuskripts zum Ausdruck, in der Marx erklärt, daß er die „die Perioden des Credits", die „Cyclen der Industrie" und die Konjunkturen des Weltmarkts deshalb nicht behandelt, weil die Darstellung der „wirkliche[n] Bewegung der Konkurrenz etc ausserhalb unsres Plans liegt" (II.4.2/852; 25/839).

Das Argument ist durchaus plausibel: da der industrielle Zyklus und die Weltmarktbewegung des Kapitals nicht untersucht wird, können auch die damit in Zusammenhang stehenden Erscheinungen des Kredits, die eine solche Untersuchung voraussetzen würden, nicht behandelt werden. Damit ist die Darstellung des Kredits sozusagen negativ bestimmt und es wird deutlich, daß einem großen Teil der Marxschen Betrachtungen über die Bewegung des Leihkapitals im Zyklus, über den Wechselkurs etc. an dieser Stelle der Darstellung kein systematischer Stellenwert zukommen kann.

Auf der anderen Seite will Marx den Kredit aber doch behandeln. Zu Beginn des Punktes 5 im fünften Kapitel erklärt er programmatisch (der erste Satz wurde bereits oben zitiert):

„Die Analyse des Creditwesens und der Instrumente, die es sich schafft, wie des Creditgeldes u.s.w., liegt ausserhalb unsres Plans. Es sind nur einige wenige Punkte hervorzuheben, *nothwendig zur Charakteristik der capitalistischen Productionsweise überhaupt.*" (II.4.2/469; 25/413, Herv. von mir)

Daraus läßt sich folgern, daß es in erster Linie um den allgemeinen *kategorialen* Zusammenhang zwischen dem zinstragenden Kapital (bzw. den bereits entwickelten Kategorien) und dem Kredit gehen soll und nicht etwa um bestimmte institutionelle Ausprägungen des Kreditwesens in bestimmten historischen Entwicklungsphasen des Kapitalismus. Dies wäre dann eine *systematische* und keine bloß *quantitative* Abgrenzung für das, was vom Kredit bei der allgemeinen Natur des Kapitals dargestellt werden soll.

Daß es bei der Darstellung des Kredits vor allem um diesen kategorialen Zusammenhang geht, wird im Marxschen Originalmanuskript deutlicher, als in der Bearbeitung durch Engels, die den unterschiedlichen Charakter der einzelnen Manuskriptteile tendenziell nivelliert: der kategoriale Zusammenhang steht nämlich in den stärker ausgearbeiteten Partien im Vordergrund, während er vor allem in den Teilen durchbrochen wird, wo sich die Darstellung in das Protokoll eines Forschungsprozesses auflöst.

Der Anfang des Punktes 5 (II.4.2/469-475) entspricht im wesentlichen dem 25. Kapitel der Engelsschen Ausgabe. Marx entwickelt hier die doppelte Grundlage des Kreditwesens. Der Kredit resultiert einerseits aus der bereits bei der einfachen Zirkulation dargestellten Funktion des Geldes als Zahlungsmittel, der Verkäufer gibt dem Käufer einen Kredit (kommerzieller Kredit). Andererseits sind es die Geldhändler, die zunächst nur das in Geldform

auftretende Kapital der fungierenden Kapitalisten verwalten,[61] schließlich aber als echte Banken zu Mittlern werden zwischen Gläubigern (die mit ihrem Geld eine Einlage bei der Bank machen) und Schuldnern, die Kredit von der Bank erhalten. Entsprechend den beiden Grundlagen des Kreditwesens wird der Kredit in zwei hauptsächlichen Formen gegeben. Zum einen als Wechseldiskont: d.h. der Schuldschein, den der Verkäufer vom Käufer erhalten hat, wird an die Bank weitergegeben. Der Verkäufer erhält dadurch kein zusätzliches Kapital, er beschleunigt lediglich die Verwandlung seines Kapitals in Geldform: er wartet nicht bis der Käufer zahlt. Anders ist es bei dem Bankkredit, dem kein Verkauf vorausgegangen ist. Hier erhält der Kreditnehmer gegen entsprechende Sicherheiten wirklich zusätzliches Kapital.
Nach diesen Erörterungen folgen bei Marx eine Reihe von zum Teil kommentierten Exzerpten (II.4.2/476-500), von denen Engels Teile für das 26. Kapitel benutzte, in das er aber auch später geschriebene Manuskriptteile einbaute. Nach diesen Exzerpten beginnt Marx mit einer Zusammenfassung seiner bisherigen allgemeinen Überlegungen zum Kreditsystem (II.4.2/501-505). Diesen Abschnitt machte Engels unter dem Titel *Die Rolle des Kredits in der kapitalistischen Produktion* zum 27. Kapitel. Marx hält dort zunächst fest, daß das Kreditsystem 1. wesentlich für die Ausgleichsbewegung zur Durchschnittsprofitrate ist, da es den Transfer des Kapitals von einer Sphäre zur anderen beschleunigt, denn dieser Transfer erfolgt vor allem über das zusätzlich angelegte Kapital; daß der Kredit 2. die Zirkulationskosten erheblich vermindert, vor allem weil er Geld (worunter Marx die Geldware versteht) durch Kreditgeld oder bloße Buchungen ersetzt und die Warenmetamorphose beschleunigt; und daß das Kreditsystem 3. einen wesentlichen Anteil an der Bildung der Aktiengesellschaften hat, wodurch zum einen die Stufenleiter der Produktion ausgedehnt und zum anderen, dem Fall der Profitrate entgegengewirkt werde, da sich bei den Aktiengesellschaften der Profit am Zins orientieren würde, sie daher nicht in den Ausgleichsprozeß zur Durchschnittsprofitrate eingehen würden. Darüberhinaus sieht Marx in den Aktiengesellschaften, wo die Trennung von Kapitaleigentum und Kapitalfunktion offenkundig ist, schon eine gewisse Form der Aufhebung des Privateigentums, „die Aufhebung der capitalistischen Productionsweise innerhalb der capitalistischen Productionsweise“ (II.4.2/503; 25/454). Und schließlich, so Marx weiter, wird der kapitalistische Reproduktionsprozeß, der seiner Natur nach elastisch ist, durch das Kreditsystem aufs äußerste angespannt, so daß es als „Haupthebel der Ueberproduction und des overtrade“ erscheint:

61) Wobei Marx im zweiten Band des *Kapital* aufzeigt, wie der Zirkulationsprozeß des Kapitals selbst beständig Geldkapital hervorbringt, das zeitweise unbeschäftigt ist und bei entwickeltem Kreditwesen als zinstragendes Kapital verwendet werden kann. Dabei handelt sich vor allem um den Amortisations- und den Akkumulationsfond (vergl. 24/182, 323, 494, 513).

„Das Creditwesen beschleunigt daher die materielle Entwicklung der Productivkräfte und die Herstellung des Weltmarkts, die bis zu einem gewissen Grad – als materielle Basen der neuen Produktionsweise herzustellen – die *historische Aufgabe* der capitalistischen Productionsweise ist. Es beschleunigt zugleich die Crisen, die gewaltsamen Ausbrüche dieses Widerspruchs und daher die Elemente der Auflösung der alten Productionsweise." (II.4.2/505; 25/457)

Im umfangreichen „Rest" des Punktes 5 (II.4.2/505-646), wird die Darstellung zunehmend unsystematischer. Engels stellte aus diesem Material unter erheblichen Textumstellungen die Kapitel 28 bis 35 seiner Ausgabe zusammen. Bei Marx findet sich hier lediglich eine Gliederung in drei (nicht betitelte) Unterpunkte, die ihrerseits von mehr oder weniger kommentierten Exzerpten parlamentarischer Ausschüsse zu Fragen des Bankwesens unterbrochen werden. Die Argumentation ist nicht stringent, es finden sich Überschneidungen und Abschweifungen, zuweilen bricht der Gedankengang auch ab. Marx beschäftigt sich unter anderem mit den Theorien der „Banking-Theoretiker"[62] Tooke und Fullarton, behandelt mehrfach Fragen des Verhältnisses von Zyklus, Krise und Zinsfuß, sowie das Verhältnis der Akkumulation von zinstragendem Kapital und derjenigen von „wirklichem" Kapital. Dazwischen finden sich auch einige allgemeinere Überlegungen, auf die gleich noch eingegangen wird. Insgesamt scheint mir der tastende und vorläufige Charakter dieses Teils des Manuskriptes offensichtlich zu sein.[63] Wir haben es hier eher mit dem Protokoll eines fortgeschrittenen Forschungsprozesses zu tun, als mit den Umrissen einer fertigen Darstellung.

Während die Vielzahl der Erörterungen, die die Bewegung der Zinsrate und der Akkumulation des zinstragenden Kapitals im Verlauf des industriellen Zyklus zum Gegenstand haben, erst jenseits der Abstraktionsebene des *Kapital* systematisch behandelt werden können, sind vor allem drei Punkte, die von Marx in diesem Teil des Textes angesprochen werden, auch für die angestrebte allgemeine Darstellung des Kreditwesens relevant.

62) Die in der Tradition von Ricardo stehende „Currency"-Schule wollte die Notenemission der Bank von England durch deren Goldvorrat begrenzen. Dies wurde auch im Bankgesetz von 1844 festgelegt, das aber in Krisenphasen stets suspendiert werden mußte. Die „Banking"-Theoretiker hielten die Begrenzung der Notenemission für überflüssig, da es sich bei den Noten um Kredite handeln würde, die notwendigerweise wieder zu ihrem Ausgangspunkt zurückfließen müßten, so daß die befürchtete Überausgabe von Noten gar nicht stattfinden könnte (vergl. zu dieser Kontroverse Burchardt 1977). Marx kritisierte zwar die theoretischen Grundlagen von beiden Positionen, sah bei den Banking-Theoretikern aber noch eher Anknüpfungspunkte für eine produktive Auseinandersetzung als bei ihren Gegnern.

63) Bischoff/Otto (1993, S.127, 135) vertreten dagegen die Auffassung, daß sich das Allgemeine des Kreditsystems nur in Auseinandersetzung mit der Vielzahl konkreter Verhältnisse darstellen lasse. Das Kreditwesen sei nicht ohne „historische Trübung" zu haben (ebd., S.147). Der vorliegende Text wäre dann doch in hohem Maße bereits „Darstellung". Was am Kreditwesen zur „kapitalistischen Produktionsweise als solcher" und was zu einer bestimmten historischen Ausprägung gehört, scheint mir aber gerade eine der zentralen – und von Marx nicht gelösten – Forschungsfragen dieses Abschnitts zu sein. Ob sich der Kredit tatsächlich nicht ohne „historische Trübung" darstellen läßt, ist erst danach zu entscheiden.

Bereits zu Beginn seiner Darstellung des Kredits hatte Marx auf die Möglichkeit der Banken verwiesen, den Kredit in „Banknoten" zu geben. Zu Marx' Zeit wurden Banknoten noch von den verschiedenen Privatbanken ausgegeben und stellten Wechsel auf die jeweilige Bank dar. Es handelte sich somit um *Kreditgeld*: ein Zahlungsversprechen (der Emittent versprach die Einlösung in „wirkliches" Geld), das zirkuliert und Geldfunktionen verrichtet.[64] Mit dem Kreditgeld schaffen die Banken ein eigenes Geld und erhöhen dadurch ihren Profit. Als Kreditgeld fungieren aber nicht nur die von den Banken ausgegebenen Noten, sondern auch die Depositen, indem Zahlungen durch Überweisungen von einem Konto auf ein anderes getätigt werden. „Wirkliches" Geld ist für die Bank nur als Reservefonds für Barabhebungen erforderlich, der einen gesetzlich regulierten oder erfahrungsmäßig eingehaltenen Prozentsatz des Kreditgeldes d.h. der Depositen und der in Noten eingeräumten Kredite umfaßt (vergl. II.4.2/525f; 25/487f). Über einer geringen Grundlage von „wirklichem Geld" kann sich so ein vielfach größerer Überbau von Kreditgeld erheben.[65]

Der zweite Punkt betrifft das von Marx so genannte „Fiktive Capital" und dessen Unterscheidung vom wirklichen, fungierenden Kapital. Mit letzterem meint Marx solche Wertsummen, die tatsächlich den Kreislauf des Kapitals vollziehen und dabei abwechselnd die Gestalt von Waren und Geld annehmen. Davon zu unterscheiden sind die bloßen *Ansprüche* auf einen Teil der Erträge aufgrund von Schuldverschreibungen oder Aktienanteilen. Da diese Ansprüche verkauft werden können, besitzen sie scheinbar einen eigenen Wert, stellen Kapital dar unabhängig vom wirklichen Kapital. Diesen scheinbaren Kapitalwert der Finanzpapiere bezeichnet Marx als „fiktives Kapital". Das „wirkliche" Kapital existiert nur einmal, in der Hand des fungierenden Kapitalisten, sei es als Ware oder als Geld. Verkauft der Gläubiger die Schuldverschreibung oder der Aktionär seine Aktie, so wird damit lediglich ein Anspruch übertragen, es ändert dies nichts am wirklichen Kapital. Aktien und Schuldverschreibungen sind somit

„*papierne Duplicate* des wirklichen Capitals (als wenn der Ladungsschein einen Werth erhielte, *neben* der Ladung und gleichzeitig mit derselben). Sie werden zu nominellen Repräsentanten nicht *existirender Capitalien*" (II.4.2/530; 25/494)

Das „nicht existierende Kapital", von dem Marx hier spricht, ist der fiktive „Wert" der Aktie bzw. der Schuldverschreibung, d.h. die heutige Bewertung

64) Auch die von den jeweiligen Nationalbanken ausgegebenen Banknoten waren zunächst Kreditgeld: einlösbar gegen Gold bzw. Silber.

65) In modernen volkswirtschaftlichen Lehrbüchern wird dieser Vorgang unter dem Titel „Geld- und Kreditschöpfung der Geschäftsbanken" erfaßt. Der Kehrwert des Reservesatzes (der sich aus der gesetzlichen Mindestreserve, die bei der Zentralbank gehalten werden muß und der üblichen Barreserve der Banken zusammensetzt) wird als Geldschöpfungsmultiplikator bezeichnet. Beträgt die Reserve insgesamt 20% dann ist der Geldschöpfungsmultiplikator 5, was bedeutet, daß das fünffache einer Einlage in „wirklichem Geld" als Kreditgeld („Buchgeld") fungieren kann.

der künftigen Zahlungen. Dieser „Wert" ergibt sich aus der Kapitalisierung des Ertrags mit dem jeweils aktuellen Zinssatz.[66] Der „Wert" der Finanztitel (und damit auch der Wert des Bankkapitals, das zu einem großen Teil aus fiktivem Kapital besteht) ändert sich daher unabhängig von der Bewegung des wirklichen Kapitals allein aufgrund einer Änderung des Zinssatzes bzw. den *erwarteten* Erträgen (letzteres ist vor allem bei Aktien der Fall, deren zukünftige Erträge von vornherein unbestimmt sind), er ist also hochgradig *spekulativ* (II.4.2/520-524; 25/482-486).

„Die selbstständige Bewegung des Werths dieser Eigenthumstitel, seien es nun Staatseffekten oder Aktien bestätigt den Schein, als bildeten sie wirkliches Capital neben dem Capital, oder dem Anspruch, worauf sie Titel sind. Sie werden nämlich zu Waaren, deren Preiß eine eigenthümliche Bewegung und Bestimmung hat." (II.4.2/523; 25/485)

Bereits hier wird deutlich, daß es sich beim Kreditwesen nicht allein um die *Vermittlung* des Reproduktionsprozesses des Kapitals handelt, indem es das an einer Stelle zeitweise unbeschäftigte Kapital einem Ort zuführt, wo es als Kapital fungieren kann. Die Kreditmärkte werden als eine *verselbständigte* und teilweise selbstbezügliche Sphäre sichtbar, die beständig eigene Instrumente schafft, die eigenen Gesetzen gehorcht und auch eine eigene Akkumulation kennt, die von der Akkumulation des wirklichen Kapitals verschieden ist – um dieses Problem kreist ein großer Teil der Marxschen Überlegungen im Kreditabschnitt (vgl. auch Krätke 1995a).[67] Zusammenfassend hält er fest:

„Mit der Entwicklung des Zinstragenden Capitals und des Creditwesens scheint sich alles Capital zu verdoppeln und stellenweis zu verdreifachen durch die verschiedne Weise, worin dasselbe Capital oder auch nur dieselbe Schuldforderung in verschiednen Händen unter verschiednen Formen erscheint." (4.2/526; 25/488)

Geld- und Kreditkrisen

Der dritte zu erwähnende Punkt betrifft die Kreditkrisen. Mit dem Kreditwesen und vor allem mit der Verwendung von Kreditgeld kann der kapitalistische Reproduktionsprozeß bis an die Grenzen seiner Elastizität angespannt werden. Allerdings werden durch den Kredit auch die Krisen intensiviert: jeder zahlungsunfähige Schuldner kann seine Gläubiger mit in den Abgrund reißen. Statt bloßen Zahlungsversprechen wird jetzt wirkliche Zahlung gefordert; jeder muß diese Forderung erheben, denn sie wird auch gegen ihn geltend gemacht. In einer solchen Situation sieht Marx einen notwendigen „Um-

66) Wirft z.B. eine langfristige Schuldverschreibung in Höhe von 1000 DM einen Zins von 10% ab, also 100 DM, und verringert sich nun der Marktzins auf 5%, dann wird ein Ertrag von 100 DM von einer Schuldverschreibung von 2000 DM erbracht. Der Kurswert der 10%igen Schuldverschreibung wird demnach steigen und zwar um so stärker je weiter ihre Fälligkeit entfernt ist. Wäre die Laufzeit unbegrenzt, würde sich der Kurswert verdoppeln.

67) Die Verselbständigung des Kreditwesens und der Finanzmärkte entwickelt sich historisch mit der Entwicklung der kapitalistischen Produktionsweise und des Weltmarkts (vergl. zu dieser Entwicklung als einer fortschreitenden „Entbettung" Altvater/Mahnkopf 1996, Kapitel 4 und 5).

schlag des Creditsystems in das Monetarsystem" wo „die größten Opfer an realem Reichthum nöthig sind, um die metallne Basis zu halten" (II.4.2/625; 25/587f). Als „Monetarsystem" bezeichnete er die Frühphase des Merkantilismus, in der Gold und Silber als einzige Form des Reichtums und damit als Ziel des Wirtschaftens galt (vergl. II.2/217f; 13/133f). Der Umschlag ins Monetarsystem ist für Marx eine Folge, der Bindung des Geldsystems an eine Geldware:

„Es ist Grundlage des bürgerlichen Productionsprocesses, daß das Geld als selbstständige Form des Werths der *Waare* gegenübertritt, oder daß der Tauschwerth selbstständige Form im Geld erhalten muß und dieß nur möglich, indem eine bestimmte *Waare* das Material wird, in deren Werth sich alle andern Waaren messen und daß sie eben dadurch die *allgemeine Waare*, die Waare par excellence im Gegensatz zu allen andern Waaren wird. In doppelter Hinsicht muß sich dieß zeigen und namentlich bei capitalistisch entwickelten Nationen, die das Geld einerseits durch Creditoperationen, andrerseits durch Creditgeld ersetzen to a great extent. In Zeiten of pressure, wo der Credit aufhört oder contrahirt wird, tritt *Geld* als Zahlungsmittel und wahres Dasein des *Werths* absolut den Waaren gegenüber. Hinc their general depreciation, um sie in Geld zu verwandeln, d.h. in ihre rein phantastische Form. Zweitens aber, das Creditgeld selbst ist nur *Geld*, so weit es as to its value absolut das wirkliche Geld vertritt. Mit dem Abfluß von bullion wird seine *Convertibilität* in Geld problematisch, i.e. seine Identität mit Gold." (II.4.2/594; 25/532)

Noch knapper zusammengefaßt wird dieses Umschlagen des Kreditsystems ins Monetarsystem an einer späteren Stelle formuliert:

„Aber sobald der Credit erschüttert, und diese Phase tritt immer nothwendig ein, im Cyclus der modernen Industrie, soll nun aller realer Reichthum *wirklich* in *Geld* verwandelt werden, in Gold und Silber, eine verrückte Forderung, die aber nothwendig aus dem System selbst hervorwächst und alles Gold und Silber, an denen sich diese enormen Forderungen messen, beläuft sich auf ein paar Millionen in den Kellern der Bank." (II.4.2/626; 25/588f)

Die Bindung an die Geldware erscheint für Marx als eine „verrückte Forderung", die aber „aus dem System selbst hervorwächst". Heute wissen wir, daß sich der Kapitalismus von dieser Forderung, zumindest in Gestalt einer metallenen Geldware emanzipiert hat. Zwar können auch heute noch Kreditketten zusammenbrechen, aber es existiert keine Forderung mehr nach Zahlung in Gold. Wenn Marx in dieser „verrückten Forderung" eine Notwendigkeit des kapitalistischen Systems erblickt, dann verwechselt er eine Anforderung, die aus einer spezifischen Ausprägung dieses Systems (Bindung des Geldsystems an eine Geldware) erwächst mit einer, die aus dem System als solchen (das lediglich Geld als verselbständigte Gestalt des Werts voraussetzt) resultiert.[68]

Aus dem zuletzt angeführten Zitat läßt sich aber auch entnehmen, daß sich Marx bewußt war, daß diese „verrückte Forderung" überhaupt nicht zu erfüllen war, denn die „paar Millionen in den Kellern der Bank" reichen dafür nicht aus. Allerdings war auch schon ein alternativer Ausweg erkennbar:

68) Hintergrund der These vom notwendigen Umschlag des Kreditsystems ins Monetarsystem ist die Erfahrung der Geldkrisen, insbesondere derjenigen, die mit der Krise von 1857/58 verbunden war. So berichtet Engels in einem Brief an Marx vom 7.12.1857: „So complet und klassisch ist noch nie ein Panic gewesen wie jetzt in Hamburg. *Alles ist werthlos*, absolut werthlos, außer Silber und Gold." (II.8/206; 29/220f)

„Solange der gesellschaftliche Charakter der Arbeit als das Gelddasein der Waare und daher als ein Ding ausser der wirklichen Production erscheint, sind Geldcrisen, unabhängig oder als Aggravation von wirklichen Crisen unvermeidlich. Es ist andrerseits klar, daß so lange der Credit einer Bank nicht erschüttert ist, sie durch Vermehrung des Creditgelds in solchen Fällen sie die Panic lindert und durch Contraction ihn vermehrt. Alle Geschichte der modernen Industrie zeigt, daß bullion in der That nur erheischt wäre zur Berichtigung des internationalen Handels, sobald sein Gleichgewicht erschüttert ist, (daß das Inland kein Goldgeld bedarf. Daher in extremen Fällen die Suspension der Baarzahlungen) wenn die inländische Production organisirt wäre." (II.4.2/595; 25/533)

Zwei Aspekte sind hier interessant. Zum einen hält Marx fest, daß „bullion" (die Geldware) für das Inland überflüssig und nur zur Ausgleichung der Außenhandelsbilanz erforderlich sei. Allerdings schränkt er dies durch den Zusatz „wenn die inländische Production organisirt wäre" ein, d.h. wenn es sich nicht um Privatproduktion, sondern um gesellschaftlich organisierte Produktion handeln würde. Eine Einschränkung, die aber nicht sehr überzeugend ist, führt Marx doch selbst die Suspension der Barzahlungen an.
Im ersten Band des *Kapital*, dessen Text nach diesem Manuskript verfaßt wurde, sieht Marx die Notwendigkeit des Auftretens der Geldware tatsächlich nur noch beim Weltgeld (dieser Punkt wurde am Ende des letzten Kapitels diskutiert). Damit erhält der andere, im obigen Zitat angesprochene Aspekt eine noch größere Bedeutung: die Möglichkeit, die Krise zu lindern, indem eine Bank, deren Kredit nicht erschüttert ist, das Kreditgeld vermehrt. Ist nämlich für die inländische Zirkulation die Geldware entbehrlich, dann ist auch der Umschlag des Kreditsystems in das Monetarsystem keineswegs mehr unausweichlich und dies scheint auch Marx im ersten Band des *Kapital* so zu sehen. Marx' Hinweis, der „Umschlag des Creditsystems in das Monetarsystem ist nothwendig, wie ich schon früher beim 'Zahlungsmittel' dargestellt habe" (II.4.2/625; 25/587), findet im ersten Band nämlich gar keine richtige Entsprechung. Der Terminus „Umschlagen des Kreditsystems in das Monetarsystem", den Marx 1859 in *Zur Kritik* (II.2/208; 13/123) benutzte als er den im Geld als Zahlungsmittel enthaltenen Widerspruch darstellte (Geld dient als, bloßes Rechenmittel so lange sich die Zahlungen ausgleichen, ist aber tatsächliche Zahlung erforderlich, ist Geld nicht nur als Zirkulationsmittel, sondern als selbständige Gestalt des Werts notwendig), taucht an der entsprechenden Stelle des ersten Bandes, wo dieser Widerspruch behandelt wird, nicht auf. Stattdessen findet sich dort eine geradezu entgegengesetzte Bemerkung:

„In der Krise wird der Gegensatz zwischen der Waare und ihrer Werthgestalt, dem Geld, bis zum absoluten Widerspruch gesteigert. Die Erscheinungsform des Geldes ist hier daher auch gleichgültig. *Die Geldhungersnoth bleibt dieselbe, ob in Gold oder Creditgeld, Banknoten etwa, zu zahlen ist.*" (II.5/95; 23/152, Herv. von mir)

Somit zeichnet sich die Geldkrise nicht dadurch aus, daß eine bestimmte *Form* des Geldes verlangt wird (also der Umschlag ins Monetarsystem, von dem im dritten Band die Rede ist), sondern daß *überhaupt* Geld verlangt wird, da der kommerzielle Kredit, den sich die Kapitalisten in normalen Zeiten wechselseitig einräumen, zusammenbricht.[69] Eine solche „Geldhungersnot" kann dann durch eine vermehrte Ausgabe von Kreditgeld seitens der Banken in der Tat gelindert werden, insbesondere dann, wenn im Inland eine Geldware überhaupt nicht erforderlich ist. Damit führt die Argumentation wie sie im ersten Band (abweichend von der Darstellung im früher verfaßten dritten Band) angedeutet wird, an die Schwelle zum gegenwärtigen, nicht auf einer Geldware beruhenden Geldsystem, wo die Zentralbank als „lender of last resort" fungiert.

Die Steuerungsfunktion des Kreditsystems

In seiner ersten zusammenfassenden Betrachtung des Kreditsystems (dem von Engels als *Die Rolle des Kredits in der kapitalistischen Produktion* betitelten Abschnitt) hatte Marx zum Kreditsystem bereits festgehalten:

„Nothwendige Bildung desselben, um die *Ausgleichung der Profitrate*, oder die Bewegung dieser Ausgleichung, worauf die ganze capitalistische Production beruht zu vermitteln." (II.4.2/501; 25/451)

Noch stärker wurde die zentrale Bedeutung des Kreditsystems für die kapitalistische Produktionsweise auf den letzten Seiten des Punktes 6) *Vorbürgerliches* herausgestellt. Mit dem Einfluß des Bankensystems auf Handel und Industrie, sieht Marx

„die Form einer allgemeinen Compatibilität und Vertheilung der Productionsmittel auf gesellschaftlicher Stufenleiter gegeben, aber auch nur die Form" (II.4.2/661; 25/620).

Und er fährt fort:

„Wir haben gesehn, daß der Durchschnittsprofit des einzelnen Capitalisten, des besondren Capitals, bestimmt ist, nicht durch die Surplusarbeit, die es ausbeutet, sondern durch das Quantum gesellschaftlichen Surplusarbeit, die das Gesammtcapital ausbeutet, wovon das besondre Capital nur als proportioneller Theil dieses Gesammtcapitals seine Dividende zieht. *Dieser 'gesellschaftliche Charakter' des Capitals wird erst vermittelt und verwirklicht durch die Entwicklung des Credit- und Bankensystems.*" (II.4.2/662; 25/620, Herv. von mir)

Wie aus dieser Äußerung hervorgeht, ist das Kreditsystem für Marx keine bloße Zutat zur kapitalistischen Produktion, kein bloßer Überbau, der sich vor allem als Störfaktor geltend macht.[70] Es ist vielmehr das Kredit- und Banken-

69) Die Marxsche Vorstellung eines Umschlags des Kredit- ins Monetarsystem kritisierte auch Ganßmann (1996, 217ff), wobei er die gerade zitierte Stelle aus dem ersten Band des *Kapital* als Hinweis auf die immanente Widersprüchlichkeit der Marxschen Argumentation heranzog. Da im ersten Band von diesem Umschlag aber gar nicht mehr die Rede ist, handelt es sich eher um eine Weiterentwicklung der Marxschen Auffassung als um deren Widersprüchlichkeit.

70) Eine solche Interpretation findet sich bei keynesianischen Kritikern, die Marx vorwerfen, daß er zu wenig monetär orientiert sei. Heine/Herr (1992), die Marx zwar wichtige monetäre Ansätze zu Beginn des ersten Bandes des *Kapital* konzedieren, dann aber kritisieren, daß sich diese Ansätze auf die weitere Formulierung der Theorie nicht mehr ausgewirkt hätten, kommen zu dem Ergebnis: „Für Marx nahm die gesamte Kreditsphäre eine nachgeordnete und im Kern störende Stellung ein" (Heine/Herr 1992, S.205, vergl. auch Heine/Herr 1999, S.555f). – Marxistisch orien-

system, über welches die kapitalistische Produktion letzten Endes *gesteuert* wird[71]. Mit dieser Steuerung ist keine bewußte Planung gemeint, sondern die Durchsetzung einer höchstmöglichen Verwertung des Kapitals und der Schaffung der dafür notwendigen Voraussetzungen, wozu auch die „Compatibilität und Vertheilung der Productionsmittel auf gesellschaftlicher Stufenleiter" gehört. Die „Nicht-Neutralität" des Geldes, von der im sechsten Kapitel bereits auf der Ebene der einfachen Zirkulation die Rede war, setzt sich hier fort.

Für die steuernde Funktion des Kreditsystems wird auch ein Resultat des zweiten *Kapital*-Bandes relevant, das Marx im Rahmen des Kreditabschnitts nicht explizit berücksichtigt hat: die Kapitalisten müssen nicht nur Geld zum Kauf von Produktionsmitteln und Arbeitskraft vorschießen, sie müssen sich auch wechselseitig Geld vorschießen, um ihr Mehrprodukt zu realisieren.[72] Auf der Darstellungsebene des zweiten Bandes wird dieses Geld als Schatz in den Händen einiger Kapitalisten unterstellt; auf der Darstellungsebene des dritten Bandes ist es plausibel, daß dieses Geld durch das Kreditsystem bereit-

tierte Autoren, die bei Marx die eher nicht-monetären Aspekte betonen, stimmen mit dieser Störfaktorentheorie des Kredits durchaus überein. Für sie ist dann bereits die Ausweitung von Kreditbeziehungen ein Krisensymptom (so etwa bei Kurz 1995).

71) Diese Steuerungsfunktion hatte Marx wohl schon in einem frühen Planentwurf in den *Grundrissen* vor Augen, wo es heißt: „Das Capital als Geldmarkt. Im Geldmarkt ist das Capital in seiner Totalität gesezt; darin ist es *Preißbestimmend, Arbeitgebend*, die *Production regulirend*, in einem Wort *Productionsquelle*" (II.1.1/199; Gr 186f). – Insofern steht die von Keynes (1936) betonte Hierarchie der Märkte (die Zinsen des Kapitalmarktes bestimmen den Umfang der Investitionen und damit den Güter- und den Arbeitsmarkt) nicht im Widerspruch zur Marxschen Theorie. Daß die Zinsen, die auf dem Kapitalmarkt zu zahlen sind, die Unternehmer dazu zwingen, einen Profit zu erzielen, der es erlaubt, mindestens diese Zinsen zu zahlen, ist ja nur deshalb der Fall, weil die Zinsen, wie Marx herausstellt, ein Teil des Profits sind. Der Zins ist nicht die *Quelle* des Profits, sondern ein den Kapitalisten auferlegter *Zwang* einen Mindestprofit zu erzielen (sei es durch Ökonomie in der Anwendung des konstante Kapitals, Druck auf die Löhne, Steigerung der Produktivität oder auch einen Wechsel der Branche). Insofern hat Keynes auch für die Marxsche Theorie relevante gesamtwirtschaftliche Wirkungszusammenhänge im Blick, allerdings aus der beschränkten Perspektive der Konkurrenz. Da diese Beschränkung nicht ausreichend reflektiert wird, kann der interessante Versuch von Betz (1988), die Keynessche Theorie als Abschluß der Kritik der politischen Ökonomie zu präsentieren, nicht so recht überzeugen. Schief wird das Bild aber, wenn die Zwänge der Konkurrenz zur *Ursache* der ökonomischen Beziehungen gemacht werden. So schüttet Riese das Kind mit dem Bade aus, wenn er aus der Dominanz der Kreditverhältnisse in der kapitalistischen Ökonomie folgert: „Die keynesianische Ökonomie liefert eine Theorie der Verpflichtung und nicht eine Theorie des Tausches; genauer gesagt, liefert sie eine Theorie, in der sich eine Notwendigkeit zum Tausch aus der Verpflichtung des Schuldners zur Zurückhaltung des bereitgestellten Geldes ergibt, weil Prämie und Rückfluß des Geldes zu erwirtschaften sind. (...) Für die Geldökonomie ergibt sich der Tausch aus dem Kredit, für die Tauschökonomie ergibt sich der Kredit aus dem Tausch." (Riese 1983, S.107f) Allerdings wird auch in einer Geldökonomie ein Kredit nur aufgenommen, weil man damit das Mittel zum Tausch erhält.

72) Der Frage, wie es möglich ist, daß die Kapitalisten der Zirkulation eine Geldsumme in Höhe von c + v + m entziehen, während sie nur eine Geldsumme in Höhe von c + v in sie hineinwerfen, geht Marx in mehreren Anläufen in den Manuskripten nach, die Engels zum zweiten Band des *Kapital* verarbeitet hat (24/331f, 335f, 417f, 469, 495). Im Manuskript von 1864/65 (also derjenigen Fassung des zweiten Buches, das bei Ausarbeitung des Manuskriptes zum dritten Buch vorlag) nähert sich Marx diesem Problem erst.

gestellt wird. Hier wird nun wesentlich, daß das Kreditsystem nicht bloß ein Mittler ist, der Geld aus der einen Hand in die andere überträgt, sondern daß es über einen eigenen Mechanismus der Geldschöpfung verfügt und dementsprechend restriktiv oder expansiv auf die Akkumulation von realem Kapital wirken kann. Wenn Marx im zweiten Band schreibt:

„Das Geld auf der einen Seite ruft dann die erweiterte Reproduktion auf der andren ins Leben, weil deren Möglichkeit *ohne* das Geld da ist" (24/486),

so betont er zwar die sachlichen Voraussetzungen dieser Akkumulation, doch gilt die zitierte Aussage auch in umgekehrter Richtung: wenn die sachlichen Bedingungen erweiterter Reproduktion vorhanden sind, findet diese unter kapitalistischen Bedingungen nur insoweit statt, wie Geld zum Kauf dieser Bedingungen vorgeschossen wird. Und genau an diesem Punkt setzt die restriktive bzw. expansive Wirkung des Kreditsystems ein.

Berücksichtigt man die steuernde Wirkung des Kreditsystems, dann wird auch deutlich, daß zwei häufig aus dem ersten Band des *Kapital* gezogene Folgerungen etwas vorschnell sind. Zum einen wird unterstellt, Marx gehe davon aus, daß der einzige Handlungsimperativ, dem die Kapitalisten unterliegen, die Akkumulation von Realkapital sei. Zwar findet sich im ersten Band die gern zitierte Aussage „Accumuliert, accumuliert! Das ist Moses und die Propheten!" (II.5/479; 23/621), doch geht es dabei zunächst einmal um den Zweck kapitalistischer Produktion, der nicht in der Steigerung des Konsums der Kapitalisten besteht, sondern in der maximalen Verwertung des Kapitals; der Logik kapitalistischer Produktion entspricht daher die Akkumulation und nicht die Konsumtion des Mehrwert. In welcher Weise diese Akkumulation stattfindet, ist damit aber noch nicht gesagt. Daß auf der Ebene des ersten Bandes nur die Vergrößerung des produktiven Kapitals und nicht die Akkumulation von fiktivem Kapital in den Blick kommt, liegt an der Abstraktionsebene: dargestellt wird der Produktionsprozeß des Kapitals. Damit ist die Darstellung der Akkumulation aber noch längst nicht beendet: auf der Ebene des zweiten Bandes erscheint sie als erweiterte Reproduktion und sie müßte auch noch auf der Ebene des Gesamtprozesses kapitalistischer Produktion analysiert werden, was im unfertigen Kapitel über Zins und Kredit nur ansatzweise geschieht, wobei allerdings klar wird, daß die einzelnen Kapitalisten durchaus entscheiden können, ob sie ihren Profit in Form von Realkapital oder von Geldkapital akkumulieren.

Der zweite Punkt bezieht sich darauf, daß Marx in seiner Akkumulationstheorie davon ausgehen würde, daß die Investitionen der laufenden Periode durch den Umfang der Profite der Vorperiode beschränkt seien.[73] Eine solche Aus-

73) Dieser Vorwurf wird von keynesianisch orientierten Kritikern erhoben (vergl. etwa Betz 1988, S.104f oder Heine/Herr 1992, S.206). Andererseits teilen viele Marxisten, denen Geld und Kredit eher als Schleier über den „wirklichen" Verhältnissen gelten, genau dieses Verständnis, vergl. z.B.

sage wird von Marx allerdings an keiner Stelle gemacht. Ganz im Gegenteil findet sich im ersten Band der Hinweis, daß nur ein Teil des gesellschaftlichen Reichtums als Kapital vorliege und der Kredit einen Teil des zusätzlichen Reichtums in Kapital verwandeln könne (II.5/508f; 23/661). Und im Manuskript zum dritten Band spricht Marx nicht nur den Geldschöpfungsmechanismus des Bankensystems an (womit impliziert ist, daß der Kredit mehr ist, als nur die Umverteilung vorhandener Ersparnisse), sondern auch explizit die durch den Kredit bedingte Ausdehnung der Produktion.[74]

Die Marxsche Kredittheorie und das gegenwärtige Geldsystem

Vor allem am oben behandelten Punkt, der Geld- und Kreditkrise, wurde deutlich, daß die Defizite der Marxschen Kredittheorie in zwei ganz verschiedenen Ursachen begründet sind. Zum einen wird Marx durch die *konzeptionelle* Bindung der Geldtheorie an eine Geldware gerade in der Kredittheorie in die Irre geführt, zum andern ist Marx' Theoriebildung durch den damaligen Stand der Entwicklung des Bank- und Kreditwesens begrenzt.[75] Dieses war in zweiten Hälfte des 19. Jahrhunderts tatsächlich noch in unterschiedlicher Hinsicht an eine Geldware gebunden.[76] Die damaligen Nationalbanken sind deshalb auch nur eingeschränkt vergleichbar mit den gegenwärtigen Zentralbanken. Eine Reihe von Problemen, die sich aus der institutionellen Ausgestaltung des damaligen Kreditsystems ergaben, sah Marx als grundsätzliche Probleme des kapitalistischen Kreditwesens selbst an. Es stellt sich daher die Frage, inwieweit die Marxsche Geld- und Kredittheorie zur Analyse der gegenwärtigen Verhältnisse, in denen eine Geldware keine Rolle mehr spielt, geeignet ist.

---

die weitgehend „realwirtschaftliche" Interpretation der Marxschen Akkumulationstheorie bei Krüger (1986). Siehe zur Kritik an solchen Interpretation auch Hein (1998, S.151ff).

74) So ist, wie schon weiter oben erwähnt, vom Kreditwesen als dem „Haupthebel der Ueberproduction und des overtrade" die Rede, der den seiner Natur nach elastischen Reproduktionsprozeß bis aufs Äußerste anspannt (II.4.2/505; 25/457).

75) Mit der rasanten Entwicklung des Kreditwesens in der zweiten Hälfte des 19. Jahrhunderts scheint dessen Darstellung auch für Marx einen immer größeren Stellenwert bekommen zu haben. Beschränkte sich die Behandlung des Kredits im Manuskript zum dritten Buch von 1864/65 noch auf einen Unterabschnitt (von sechs) des Kapitels über das zinstragende Kapital, wird dieses Kapitel in einem Brief an Engels vom 30.4.1868 so charakterisiert: „*Nun die Spaltung dieses Profits in Unternehmensgewinn und Zins. Das zinstragende Kapital. Das Kreditwesen*" (32/74), und in einem Brief vom 14.11.1868 ist bereits vom „chapter über Kredit" (32/204) die Rede. Schließlich wird der erste Band in der französischen Ausgabe mit Bemerkungen hinsichtlich der Bedeutung der Staatsschulden für die Entwicklung des Kapitals sowie des Zusammenhangs von Kredit und Zentralisation ausgeweitet. (Die entsprechenden Stellen wurden von Engels in die dritte bzw. vierte deutsche Auflage übernommen, vergl. II.8/704-707; 23/782-784 sowie II.10/562; 23/655.) Die Darstellung des Kredits im Manuskript zum dritten Band ist keineswegs der Schlußstein der Theorie, sondern eher eine Etappe in ihrer Herausbildung.

76) Wobei es in der Literatur durchaus umstritten ist, welche Rolle Gold, die formelle Geldware, tatsächlich gespielt hat.

Daß die Marxsche Geldtheorie (entgegen Marx' eigener Auffassung) nicht notwendigerweise eine Geld*ware* voraussetzt, wurde bereits im sechsten Kapitel diskutiert. Dort wurde festgehalten, daß Marx zwar die Notwendigkeit einer *selbständigen Wertgestalt* begründen kann, nicht aber, daß sich diese Wertgestalt an einer *Ware* festmachen muß. Auf der Ebene der *einfachen Zirkulation*, wo Marx das Verhältnis von Ware und Geld darstellt, läßt sich keine konkretere Aussage über ein Geldsystem treffen. Ein auf Warengeld und ein nicht auf Warengeld beruhendes System erscheinen von dort aus gesehen gleichermaßen möglich. Anders sieht es aus wenn wir den *Gesamtprozeß kapitalistischer Produktion und Reproduktion* betrachten. Hier stößt Marx in seiner Analyse immer wieder auf die Dysfunktionalität eines an eine Geldware gebundenen Kreditsystems.

Was die Produktion der Geldware angeht, so hielt Marx im zweiten Band des *Kapital* fest, daß sie an sich schon zu den „faux frais der kapitalistischen, überhaupt der auf Warenproduktion gegründeten Produktionsweise" gehört. Indem nun das Kreditwesen den Bedarf an Geldware vermindert, erhöht es „den kapitalistischen Reichtum" und überwindet die „Schranken", die der kapitalistischen Produktion bei rein metallischer Zirkulation durch den „Umfang der Edelmetallproduktion" gesetzt wäre (24/347). Ist die Geldware so schon ein Hemmnis für die Entwicklung der kapitalistischen Produktion, kann sie in der Krise zu einer echten Fessel für eine Linderung der Krise werden. Wie auch Marx gesehen hat, ist in einer solchen Situation die Vermehrung des Kreditgeldes, durch eine Bank deren Kredit nicht erschüttert ist, erforderlich (II.4.2/595; 25/533). Eine gesetzlich erzwungene Bindung der Notenausgabe an die Größe des Goldschatzes im Keller der Bank oder auch die gesetzliche oder faktische Konvertibilität der Noten können hier äußerst hinderlich sein. Allerdings ist dies nicht nur ein Problem dysfunktionaler Gesetze. Solange eine Geld*ware* existiert, gelten die Noten der Geschäftsbanken wie der Nationalbank nur als mehr oder minder gute Stellvertreter dieser Geldware und ihre Akzeptanz hängt nicht zuletzt davon ab, daß sie zumindest im Prinzip konvertibel sind (ob dies nun gesetzlich vorgeschrieben ist oder nicht).

Es läßt sich somit folgern, daß unter den Bedingungen eines Warengeldes das Kreditsystem die Flexibilität gar nicht erreichen kann, die zur Steuerung einer entwickelten kapitalistischen Produktion erforderlich ist. Dies scheint auch Marx klar zu sein, wenn er schreibt, daß

> „mit der Entwicklung des Creditsystems das bürgerliche System diese metallne Schranke, die dingliche und phantastische Schranke des Reichthums und seiner Bewegung beständig aufzuheben strebt, sich aber immer wieder den Kopf an dieser Schranke einstößt." (II.4.2/626; 25/589)

Allerdings bringt Marx kein neues Argument dafür an, daß sich das bürgerliche System den Kopf immer wieder an dieser metallenen Schranke den Kopf einstoßen müsse. Diese Folgerung beruht einzig und allein auf der von ihm angenommenen Notwendigkeit einer Geldware. Ist aber – wie ich im sechsten

Kapitel nachzuweisen versuchte – im kategorialen Rahmen der Marxschen Werttheorie eine Geldware nicht wirklich notwendig, dann existiert auch kein systematischer Grund dafür, daß das Kreditsystem von der metallischen Grundlage nicht loskommen kann. Ist die Emanzipation vom Gold aber möglich, dann ist ein Kreditsystem, das auf einem reinen Zeichengeld beruht, der entwickelten kapitalistischen Produktionsweise in jedem Fall angemessener als eines, das auf Warengeld beruht.

Erschien auf der Ebene der einfachen Zirkulation nach der Kritik am Marxschen Geldwarenkonzept ein Warengeldsystem und ein nicht auf einer Ware beruhendes Geldsystem *gleichermaßen* möglich, so wird vor dem Hintergrund der Analyse des Gesamtprozesses der kapitalistischen Produktion und der Rolle des Kreditsystems deutlich, daß *der entwickelten kapitalistischen Produktionsweise einzig ein Zeichengeld adäquat ist*; Warengeld stellt demgegenüber eine noch unentwickelte Form des bürgerlichen Geldwesens dar.

Das gegenwärtige Geldsystem ist weltweit durch einen vollständigen Verzicht auf eine Geldware gekennzeichnet.[77] Als Geld fungiert das von der jeweiligen Zentralbank ausgegebene *Zentralbankgeld*. In der Bilanz der Zentralbank erscheint dieses Geld zwar als Forderung an die Zentralbank, so daß es formal als Kreditgeld behandelt wird. Zentralbankgeld ist aber gerade kein Kreditgeld. Kreditgeld ist ein *Versprechen* in wirklichem Geld zu zahlen und mit der Einlösung dieses Versprechens wird das Kreditgeld vernichtet. Es gibt aber gegenüber dem Zentralbankgeld kein „wirkliches" Geld, gegen welches Zentralbankgeld eingetauscht werden könnte. Was die Zentralbank ausgibt, ist selbst „wirkliches" Geld. Die Zentralbank ist daher auch nicht in erster Linie Mittlerin zwischen Gläubigern und Schuldnern.

In die Zirkulation gelangt das Zentralbankgeld vor allem durch Kreditbeziehungen: die Geschäftsbanken verschulden sich bei der Zentralbank, wodurch sie sich von den Vermögensbesitzern teilweise unabhängig machen. Gleichzeitig hat die Zentralbank über die Festsetzung der Konditionen dieser Verschuldung die Möglichkeit, die Menge des umlaufenden Geldes und die Kreditkonditionen der Geschäftsbanken zu beeinflussen und flexibel auf Krisen zu reagieren.[78]

---

77) Formell beruhte das 1944 geschaffene Währungssystem von Bretton Woods noch auf Gold als der Geldware: der Dollar stand in einem festen Umtauschverhältnis zum Gold und die übrigen Währungen, die an dem System teilnahmen, hatten einen fixen Wechselkurs gegenüber dem Dollar. Faktisch hatten die Goldvorräte der Zentralbanken aber schon bald keine besondere Relevanz mehr und zu Beginn der 70er Jahre wurden die Goldkonvertibilität des Dollar sowie die festen Wechselkurse aufgehoben. Gold war zunächst noch ein bevorzugtes Wertaufbewahrungsmittel, dessen Bedeutung aber seit den 80er Jahren rapide gesunken ist.

78) Dabei wird das Instrumentarium, das der Zentralbank zur Verfügung steht, beständig weiterentwickelt. War ursprünglich der Diskontsatz, d.h. derjenige Zinssatz, zu dem die Zentralbank die von den Geschäftsbanken angenommenen Wechsel rediskontierte, ihr wichtigstes Instrument,

Daß die Zentralbank das in der Zirkulation benötigte Geld bereitstellen kann (was im Grunde dem entspricht, was Marx für eine Krisensituation als Möglichkeit zur Linderung angab: eine Bank, deren Kredit nicht erschüttert ist, gibt vermehrt Kreditgeld aus), macht sie aber noch längst nicht allmächtig. Eine beliebige Steigerung der Notenausgabe würde, wie Marx schon beim Staatspapiergeld betonte, zu einem allgemeinen Vertrauensverlust und damit letzten Endes zum Zusammenbruch der Währung führen. Die Zentralbank kann die Akzeptanz ihres Geldes nur aufrechterhalten, wenn sie dessen Kaufkraft (und damit auch dessen Wertaufbewahrungsfunktion) im Innern wie nach Außen dauerhaft gewährleistet. Dadurch ist die Zentralbank sowohl von inneren wie von äußeren Umständen abhängig, wobei sich insbesondere letztere ihrem Einfluß gewöhnlich entziehen.[79] Vor allem aber kann die Zentralbank Krisen, die aus der kapitalistischen Produktionsweise selbst resultieren (vergl. dazu das nächste Kapitel), nicht vermeiden, sondern allenfalls moderierend auf sie einwirken.

Hier wird deutlich, daß im Kapitalismus zwei Arten von Widersprüchen zu unterscheiden sind: solche die aus der kapitalistischen Produktionsweise als solcher resultieren (etwa daraus, daß im Geld der Wert eine den Waren gegenüber selbständige Form erhalten muß, was die Möglichkeit der Unterbrechung der Warenzirkulation und damit der Krise einschließt) und Widersprüchen, die sich einer bestimmten Institutionalisierung verdanken (etwa einem an eine Geldware gebundenen Geldsystem). Die zweite Art von Widersprüchen kann der Kapitalismus stets lösen (wenn auch vielleicht erst nach einer längeren Suchphase oder der Überwindung der mit den alten Institutionen verknüpften Interessen); die erste Art von Widersprüchen kann dagegen nur mit dem Kapitalismus selbst verschwinden. Indem Marx eine notwendige Bindung des Geld- und Kreditsystems an eine Geldware unterstellte und die daraus resultierenden Probleme im Kapitalismus für prinzipiell unüberwindlich ansah, verwechselte er diese beiden Kategorien von Widersprüchen. Allerdings ist diese Verwechslung keine zwangsläufige Konsequenz der Marxschen Theorie. Ganz im Gegenteil enthält sie alle Elemente zur Analyse auch des gegenwärtigen Geld- und Kreditsystems.

---

nehmen heute sogenannte „Wertpapierpensionsgeschäfte" (Wertpapierkäufe der Zentralbank mit einer Rückkaufverpflichtung der Geschäftsbanken) diesen Platz ein.

79) Entsprechend diesen unterschiedlichen Bedingungen sind die von den nationalen Zentralbanken ausgegebenen Gelder auch nicht gleich „gut": auf dem Weltmarkt bildet sich eine Währungshierarchie heraus und nur der Spitzenreiter (eventuell auch eine Gruppe von führenden Währungen) kann als Weltgeld fungieren.

4. Kapitaltheorie als Destruktion des Scheins kapitalistischer Empirie

Mit seiner Analyse des Kapitalverhältnisses wollte Marx die „occulte Qualität" des Werts, „Werth zu setzen, weil er Werth ist" (II.5/109; 23/169) aufdecken. Das *„Geheimniß der Plusmacherei"* (II.5/129; 23/189) sollte sich enthüllen. In diesen Formulierungen kommt die Erkenntnis zum Ausdruck, daß die kapitalistische Empirie nicht unmittelbar transparent ist, sondern erst – mittels nicht-empirischer Kategorien – entschlüsselt werden muß. Marx löst diese Aufgabe im Rahmen seiner Mehrwerttheorie. Mit der Untersuchung des Verhältnisses von Kapital und Arbeit im unmittelbaren Produktionsprozeß ist zwar das „Geheimniß der Plusmacherei" gelüftet, es ist aber noch nicht erklärt, warum es überhaupt ein *Geheimnis* gibt, warum sich die kapitalistische Empirie so und nicht anders darstellt. Erst indem Marx nicht nur die Verhältnisse entschlüsselt, die dieser Empirie zugrunde liegen, sondern die empirische Oberfläche als notwendigen Ausdruck jener Verhältnisse aufzeigt, ist der „Cirkellauf der Darstellung", den die dialektische Entwicklung der Kategorien durchmacht (vergl. oben das fünfte Kapitel), vollendet: was zunächst als gegebener Ausgangspunkt erschien, zeigt sich nun als Resultat.

Aus der einleitenden Bemerkung zum dritten Band des *Kapital*, wurde oft geschlossen, daß die Darstellung dieser empirischen „Oberfläche" der Gegenstand dieses Bandes sei.[80] Allerdings ist diese Oberfläche kein separierter Raum, ihre Elemente werden auf den jeweiligen Darstellungsebenen immer schon mitentwickelt. Bereits bei der Untersuchung der Warenform konnte Marx den *Warenfetisch* konstatieren: Das „bestimmte gesellschaftliche Verhältniß der Menschen" nimmt „für sie die phantasmagorische Form eines Verhältnisses von Dingen" an (II.6/103; 23/86). Dieser Warenfetisch setzt sich fort im *Geldfetisch*: Geld zu sein erscheint als sachliche Eigenschaft eines Dinges und nicht als Ausdruck eines bestimmten gesellschaftlichen Verhältnisses, in dem ein Ding überhaupt erst zu Geld wird (II.5/58f; 23/107f).

Und schließlich zeigt sich bereits im unmittelbaren Produktionsprozeß der *Kapitalfetisch:* Die Produktivkräfte der gesellschaftlichen Arbeit, die sich durch Kooperation, Teilung der Arbeit und den Einsatz von Maschinerie entwickeln, erscheinen als Produktivkräfte des Kapitals:

> „Die *gesellschaftliche Produktivkraft* der Arbeit entwickelt sich unentgeltlich, sobald die Arbeiter unter bestimmte Bedingungen gestellt sind und das Kapital stellt sie unter diese Bedingungen. Weil die *gesellschaftliche Produktivkraft der Arbeit* dem Kapital nichts kostet, weil sie andrerseits nicht von dem Arbeiter entwickelt wird, *bevor* seine Arbeit selbst dem Kapital gehört, erscheint sie als Produktivkraft, die das Kapital von Natur besitzt, als seine *immanente* Produktivkraft." (II.5/270; 23/353)

---

80) Dort heißt es: „Die Gestaltungen des Capitals, wie wir sie in diesem Buch entwickeln, nähern sich also schrittweis der Form, worin sie auf der Oberfläche der Gesellschaft, im gewöhnlichen Bewußtsein der Productionsagenten selbst, und endlich in der Action der verschiednen Capitalien auf einander, der Concurrenz auftreten." (II.4.2/7; 25/33)

Zwar ist es nur Schein, daß die Produktivkräfte dem Kapital immanent sind, dies ändert aber nichts daran, daß der Kapitalist über diese Produktivkräfte verfügt und sie einsetzt, um den Profit zu maximieren. Den Arbeitern treten daher „die *geistigen Potenzen* des materiellen Produktionsprozesses als *fremdes Eigenthum* und sie *beherrschende Macht*" (II.5/295; 23/382) entgegen,[81] die Anwendung von Wissenschaft und Naturkräften wird zu einem dem Kapital gehörigen Mittel der Ausbeutung der Arbeiter:

> „Und so erscheint die Entwicklung der *gesellschaftlichen* Productivkräfte der Arbeit und die Bedingungen dieser Entwicklung als *That des Capitals*, zu der sich der einzelne Arbeiter nicht nur passiv verhält, sondern die im Gegensatz zu ihm vorgehn." (II.4.1/122f)

Der Kapitalfetisch erhält sein Pendant in der *Lohnform*. Mit dem Lohn scheint der Kapitalist statt des Werts der *Arbeitskraft* den Wert der individuell verausgabten *Arbeit* zu zahlen. Diese Anschauung wird durch die verwandelten Formen des Lohns, Zeitlohn und Stücklohn, noch verstärkt. Indem der Arbeiter dem Kapitalisten die Ware Arbeit verkauft, scheint ein bloß stofflicher Unterschied zwischen seiner Ware und einer Maschine zu bestehen, die der Kapitalist vom Maschinenproduzenten kauft. Sowohl der Maschinenproduzent als auch der Arbeiter als „Produzent" der Arbeit erhalten den Wert ihrer Ware bezahlt. Unter der Form des Lohns erscheint die gesamte Arbeit des Arbeiters als bezahlte Arbeit, die Ausbeutung wird unsichtbar. Der kapitalistische Produktionsprozeß stellt sich als bloßer Arbeitsprozeß dar, dem die gesellschaftliche Formbestimmung äußerlich ist. Die Lohnform ist daher grundlegend für alle weiteren Verkehrungen:

> „Auf dieser *Erscheinungsform*, die das wirkliche Verhältniß unsichtbar macht und grade sein Gegentheil zeigt, beruhn alle Rechtsvorstellungen des Arbeiters wie des Kapitalisten, alle Mystifikationen der kapitalistischen Produktionsweise, alle ihre Freiheitsillusionen, alle apologetischen Flausen der Vulgärökonomie." (II.5/437; 23/562)

Die mit der Lohnform einhergehende Mystifikation der Ausbeutungsverhältnisse ist auch Grundlage für die Mystifikation des Mehrwerts in Gestalt des Profits: Da mit dem Lohn der Wert, den der Arbeiter dem Produkt zusetzt, bereits bezahlt ist, muß der Profit als Überschuß über den Kostpreis allein vom Kapital aufgrund der ihm immanenten Produktivität hervorgebracht worden sein. Im Durchschnittsprofit ist schließlich jede Verbindung zur lebendigen Arbeit zerrissen: der Profit hängt jetzt einzig und allein von der Größe des angewandten Kapitals ab. Ihren Höhepunkt erreicht diese Verkehrung im zinstragenden Kapital, wo der Kapitalwert als solcher, ohne jede Vermittlung, sich zu vermehren scheint.

---

81) „Dieser *Scheidungsprozeß* beginnt in der einfachen Cooperation, wo der Kapitalist den einzelnen Arbeitern gegenüber die Einheit und den Willen des gesellschaftlichen Arbeitskörpers vertritt. Er entwickelt sich in der Manufaktur, die den Arbeiter zum Theilarbeiter verstümmelt. Er vollendet sich in der großen Industrie, welche *die Wissenschaft* als selbstständige Produktionspotenz von der Arbeit trennt und in den Dienst des Kapitals preßt." (II.5/295; 23/382)

Die Arbeit scheint somit den Wert des Arbeitslohnes, das Kapital den Profit (bzw. Zins), der Boden die Grundrente zu produzieren. Als Resultat dieser Verkehrungen ergibt sich die von Marx am Ende des dritten *Kapital*-Bandes dargestellte *Trinitarische Formel.*[82] Der gesellschaftliche Reichtum ist anscheinend das Ergebnis des Zusammenwirkens der drei Produktionsfaktoren Kapital, Boden und Arbeit, deren gesellschaftliche Formbestimmtheit ihnen offenbar als „natürliche" Eigenschaft zukommt:

„In der That, indem die *Lohnarbeit* nicht als eine gesellschaftlich bestimmte Form der Arbeit, sondern alle Arbeit ihrer Natur nach als *Lohnarbeit* erscheint, (oder sich den in den capitalistischen Productionsverhältnissen Befangenen, vorstellt) fallen auch die *bestimmten, spezifisch gesellschaftlichen* Formen, welche die objectiven *Arbeitsbedingungen* – die producirten *Productionsmittel* und die *Erde* – der Lohnarbeit gegenüber annehmen, (wie sie umgekehrt die *Lohnarbeit* voraussetzen), zusammen mit dem *stofflichen* Dasein dieser Arbeitsbedingungen... Die *Arbeitsmittel* sind dann als solche *Capital* und die *Erde* als solche unter das *Grundeigenthum* subsumirte Erde... Ihr bestimmter socialer Charakter im Productionsproceß ist ein Ihnen Naturgemäß als Elementen des Productionsprocesses zukommender dinglicher Charakter." (II.4.2/846f; 25/832f)

Als natürliche Elemente des Produktionsprozesses erscheinen sie als die unmittelbaren *Quellen*, aus denen der *Wert* des Produkts entspringt. Kapital, Lohnarbeit und Grundeigentum scheinen nicht erst aufgrund bestimmter sozialer Verhältnisse zur Quelle der entsprechenden *Revenue* (Profit/Zins, Arbeitslohn, Grundrente) zu werden, sie scheinen vielmehr Revenuequelle zu sein, weil sie unabhängig von gesellschaftlichen Bedingungen, Quelle von Wert sind.

„In Capital – Profit, oder noch besser Capital – Zins, Grund und Boden – Rente, Arbeit – Arbeitslohn, in dieser ökonomischen Trinität als dem Zusammenhang der Bestandteile des Werths und des Reichthums überhaupt mit seinen Quellen, ist die Mystification der capitalistischen Productionsweise, die Verdinglichung der socialen Verhältnisse und das unmittelbare Zusammenwachsen der stofflichen Productionsverhältnisse mit ihrer socialen Bestimmtheit vollendet. Die verzauberte, verkehrte und auf den Kopf gestellte Welt, wo Monsieur le Capital und Madame la Terre als sociale Charaktere und zugleich unmittelbar als blosse Dinge ihren Spuk treiben." (II.4.2/852; 25/838)

Diese „verzauberte Welt", von der Marx spricht, ist keine unwesentliche Oberfläche der wesentlichen Verhältnisse, sie ist die *einzige* Form der Wirklichkeit dieser Verhältnisse[83] und damit auch die Grundlage für die Wahrneh-

82) In der Ausgabe von Engels das 48. Kapitel. Miskewitisch und Wygodski (1985, S.204f) ist es gelungen, die von Engels mit I, II und III numerierten Teile dieses Kapitels in die richtige Anordnung zu bringen: I und II sind keine getrennten Blätter, sondern die beiden Hälften desselben Foliobogens und zwar genau des Bogens, dessen Fehlen von Engels auf S.831 notiert wird. Das Kapitel beginnt also auf S.826 (wie von Engels in einer Fußnote angezeigt) und auf S.831 sind I und II einzuschieben. Die mit III überschriebene Bemerkung auf S.825/826 stammt aus dem Grundrentenkapitel, sollte nach einem Hinweis von Marx aber an diese Stelle.

83) Sehr deutlich spricht Marx dies in den *Theorien über den Mehrwert* aus: „Und in dieser ganz entfremdeten Form des Profits, – und in demselben Grade, wie die Gestalt des Profits seinen innren Kern versteckt, erhält das Capital mehr und mehr eine sachliche Gestalt, wird aus Verhältniß immer mehr Ding, aber Ding, das das gesellschaftliche Verhältniß im Leib hat, in sich verschluckt hat, mit fictivem Leben und Selbstständigkeit sich zu sich selbst verhaltendes Ding, – sinnlich übersinnliches Wesen – und in dieser Form von *Capital und Profit* erscheint es als fertige Voraus-

mung der bürgerlichen Gesellschaft, des daraus resultierenden Bewußtseins[84] und der darauf aufbauenden Handlungen. Der Fetischismus ist kein „falsches Bewußtsein", er haftet den bürgerlichen Produktionsverhältnissen selbst an.[85] Die Menschen nehmen die kapitalistischen Produktionsverhältnisse so wahr, wie sie erscheinen, nur erscheinen diese Verhältnisse anders als sie sind. Das alltägliche Bewußtsein, sowohl der Arbeiter wie der Kapitalisten, ist in einer Welt des Scheins befangen.

Daher ist es auch ein Irrtum zu glauben, daß die Arbeiter, weil sie der kapitalistischen Ausbeutung unmittelbar unterworfen sind, sie deren Mechanismen leichter begreifen könnten als andere.[86] Zwar führen die Arbeiter und Arbeiterinnen einen täglichen Kleinkrieg mit dem Kapital und erfahren dieses als eine fremde und feindliche Macht. Doch gerade unter der Herrschaft des auf der trinitarischen Formel beruhenden Bewußtseins läßt sich dieser Konflikt als Übergriff des Kapitals über seine berechtigten Ansprüche interpretieren. Nicht im Lohnsystem als solchem besteht dann die Ausbeutung, sondern im „unangemessenen" oder „ungerechten" Lohn. Die unmittelbare Anschauung, die Perspektive der Lohnabhängigen ist nicht einfach zu systematisieren und zu artikulieren, sie ist zunächst einmal, insofern sie in der „Welt des Scheins" befangen ist, zu *kritisieren*. Das alltäglich sich bildende Bewußtsein (nicht nur der Kapitalisten, sondern aller „Produktionsagenten") steht – wie Marx betont – gerade im Widerspruch zu dem, was die wissenschaftliche Analyse aufzeigt:

„Es *erscheint* also alles verkehrt in der Concurrenz. Die fertige Gestalt der ökonomischen Verhältnisse, wie sie sich auf der Oberfläche zeigt, in ihrer realen Existenz, und daher auch in den Vorstellungen, und denen der Träger und Agenten dieser Verhältnisse über dieselben, sind sehr verschieden und in der That verkehrt, gegensätzlich zu der *innern wesentlichen*, aber verhüllten *Gestalt*, ihrer unsichtbaren Kerngestalt, und dem ihr entsprechenden *Begriff*." (II.4.2/279; 25/219)

---

setzung auf der Oberfläche. *Es ist die Form seiner Wirklichkeit oder vielmehr seine wirkliche Existenzform.*" (II.3.4/1482f; 26.3/474, Herv. des letzten Satzes von mir)

84) Wie Bischoff u.a. (1989) hervorheben, ist damit auch die Ideologiekonzeption der *Deutschen Ideologie* (das herrschende Bewußtsein ist das Bewußtsein der Herrschenden) überwunden.

85) Zu Recht betont daher Marxhausen (1988, S.210f), daß Marx Fetischismus nicht bloß als gnoseologisches, sondern auch als ontologisches Phänomen auffaßt.

86) Neben vielen anderen wurde diese Position auch von Althusser (1969) vertreten, der folgerte, um das *Kapital* wirklich zu verstehen, müsse man zu einem „proletarischen Klassenstandpunkt kommen... Das ist den Umständen entsprechend und vorausgesetzt, daß sie gegen die auf ihnen lastende bürgerliche und kleinbürgerliche Ideologie kämpfen, relativ leicht für die Arbeiter. Da sie sozusagen 'von Natur aus' einen 'Klasseninstinkt' besitzen, der sich durch die harte Schule der täglichen Ausbeutung herausgebildet hat, genügt ihnen eine zusätzliche theoretische und politische Erziehung, um das, was sie subjektiv und instinktiv begreifen, auch objektiv zu erkennen" (Althusser 1969, S.108f). – Zwar in einem anderen Kontext, von der Sache her aber in gewisser Weise ähnlich argumentiert auch Ganßmann, wenn er schreibt, daß Marx mit der Werttheorie „an die Erfahrungen und Interessen ... der Lohnarbeiter" anknüpfen wollte, „eine Anknüpfung, mittels derer aber umgekehrt diese Erfahrungen geordnet, artikuliert, systematisiert, aufgeklärt werden können... Der Beobachter Marx sieht sich also nicht nur bewußt als Teil seines Gegenstandes, sondern er betrachtet, analysiert, erklärt diesen in einer theoretisch rekonstruierten (und damit rationalisierten) Teilnehmerperspektive der Lohnabhängigen" (Ganßmann 1996, S.88f).

Der wissenschaftlichen bürgerlichen Ökonomie billigt Marx zu, diese Mystifikation der gesellschaftlichen Verhältnisse, diese „Religion of every day's life" zwar teilweise aufgelöst zu haben, dennoch blieben auch ihre besten Vertreter „mehr oder weniger in der von ihnen kritisch aufgelösten Welt des Scheins befangen" (II.4.2/852; 25/838). Und es ist gerade dieser Schein einer „verzauberten Welt", der die klassische politische Ökonomie noch weit mehr verhaftet blieb, als dies von Marx gesehen wurde (vgl. die Kritik von Marx' Klassik-Rezeption im ersten Kapitel), der auch die Grundelemente des theoretischen Feldes der politischen Ökonomie konstituiert:

– Indem die gesellschaftlichen Produktionsverhältnisse als natürliche Eigenschaften von Dingen erscheinen, scheinen sie selbst natürlich zu sein. Die kapitalistische Produktionsweise stellt sich dann nicht als historisch spezifische Produktionsweise dar, sondern als die natürliche Art und Weise des Produzierens (*Ahistorismus*).

– Ebenso verhält es sich mit den Menschen im Rahmen dieser Produktionsweise, d.h. den Warenbesitzern. Es scheint sich bei ihnen nicht um eine historisch produzierte Individualität und Subjektivität zu handeln, der „vereinzelte Einzelne" erscheint vielmehr als Inbegriff „des" Menschen (*Anthropologismus*).

– Die gesellschaftlichen Verhältnisse, in welche die Menschen gestellt sind, erscheinen ihnen als Beweggründe ihres Handelns, so daß es anscheinend die Individuen sind, die den gesellschaftliche Zusammenhang unmittelbar konstituieren (*Individualismus*).

– Und schließlich erscheinen die versachlichten Produktionsverhältnisse nicht nur als natürliche Eigenschaften der Dinge, als solche natürlichen Eigenschaften sind sie auch unmittelbar gegeben, können unmittelbar wahrgenommen werden (*Empirismus*).

Marx hat nicht nur in einer wissenschaftlichen Revolution mit dem theoretischen Feld der politischen Ökonomie *gebrochen*, im Rahmen seiner Kritik der politischen Ökonomie kann auch aufgezeigt werden, wie die Bestimmungen dieses Feldes als „objektive Gedankenformen" *produziert* werden.

Achtes Kapitel

Die Dynamik der kapitalistischen Produktionsweise

In der Diskussion des begrifflichen Zusammenhangs grundlegender Kategorien der Kritik der politischen Ökonomie, wie sie in den beiden letzten Kapiteln geführt wurde, blieben dynamische Aspekte weitgehend ausgeblendet. In diesen Kategorien drückt sich aber nicht nur eine bestimmte Struktur der kapitalistischen Verhältnisse aus, sie implizieren auch eine für diese Produktionsweise spezifische Dynamik, die von Marx als „steigende organische Kapitalzusammensetzung“, als „Gesetz des tendenziellen Falls der Profitrate“ und ganz allgemein als „Krise“ thematisiert wird. Damit werden zwar säkulare Entwicklungstendenzen des Kapitalismus angesprochen, doch handelt es sich, entsprechend dem Abstraktionsniveau der ökonomischen Formbestimmungen, aus denen diese Tendenzen abgeleitet werden, nicht um Aussagen über einzelne Entwicklungsstadien oder historische Stufen des Kapitalismus, sondern um Tendenzen, die – falls ihre Begründung in einer konsistenten Weise erfolgen kann – für den entwickelten Kapitalismus als solchen charakteristisch sein sollten.

1. Gleichgewicht und Dynamik

Im Zentrum moderner ökonomischer Theorien, seien sie nun neoklassischer, neoricardianischer oder keynesianischer Provenienz stehen *Gleichgewichtsmodelle*. Dabei wird unter einem Gleichgewicht in der Regel derjenige Zustand verstanden, in dem die Pläne sämtlicher Akteure erfüllt werden, so daß angenommen werden kann, daß kein Akteur eine Veranlassung hat, sein Verhalten zu ändern. Solange es keine Störungen von außen gibt, wird das System daher stabil sein. Meistens ist mit den Gleichgewichtskonzepten aber noch eine weitere Vorstellung verbunden: daß eine Störung der gleichgewichtigen Beziehungen Kräfte ins Werk setzen, die diese Balance wiederherstellen (vgl. Arrow 1983, S.107). Genau diese Annahme kann aber bis auf wenige einfache Fälle nicht schlüssig begründet werden.[1]

Im Rahmen von Gleichgewichtsbetrachtungen erfolgt die Untersuchung eines Sachverhaltes in der Regel so, daß die auftretenden ökonomischen Größen,

---

1) Hahn (1984, S. 44ff) formuliert etwas vorsichtiger, daß im Gleichgewicht die beabsichtigten Handlungen konsistent sind und daher ausgeführt werden können. Im Gegensatz zu manchen seiner Kollegen hebt Hahn nicht nur hervor, daß ein solches Gleichgewicht nicht unbedingt ein soziales Optimum darstellen muß, sondern auch daß die wirkliche Entwicklung nicht zwangsläufig auf ein Gleichgewicht hinsteuert. Allerdings könne ein Endpunkt der Entwicklung nur ein Gleichgewicht sein, denn bei besseren Möglichkeiten würden die Akteure ihre Handlungen ändern, bei inkonsistenten Plänen wären die Preise nicht dauerhaft.

die im Prinzip alle veränderlich sind, in Parameter und Variablen aufgespalten werden. Für die Parameter wird ein fester, aber beliebiger Wert unterstellt, so daß nur noch wenige Variablen übrig bleiben. Deren Beziehung wird üblicherweise als eine funktionale betrachtet: „im Gleichgewicht" erfüllen die Variablen eine bestimmte mathematische Relation.

Die *funktionalen* Beziehungen zwischen den einzelnen Variablen dürfen jedoch nicht mit *Kausalitäten* gleichgesetzt werden: üblicherweise kann man aus den Modellen nicht ableiten, Größe A nimmt den Wert X an, *weil* Größe B den Wert Y besitzt. Es läßt sich lediglich aussagen: wenn A den Wert X *und gleichzeitig* B den Wert Y hat, dann ist das Modell im Gleichgewicht. Welche dynamischen Prozesse in Gang gesetzt werden, wenn beispielsweise Größe A ihren Wert von X nach U verändert, kann aus dem reinen Gleichgewichtsmodell gerade nicht deduziert werden. Es kann allenfalls eine neue funktionale Gleichgewichtskonstellation angegeben werden: wenn A den Wert U besitzt und gleichzeitig B den Wert V, dann existiert wieder ein Gleichgewicht. Was aber geschieht, wenn A den Wert U und B den Wert Y hat, darüber kann das Modell strenggenommen keine Aussage machen, außer daß es sich um keinen stabilen Zustand handelt, so daß irgendeine Entwicklung stattfinden muß.

Das Gesagte läßt sich gut an dem neoricardianischen Produktionspreismodell, das im vorigen Kapitel auf S. 274 betrachtet wurde, demonstrieren. Als Parameter fungiert hier die Technologie, die sich in den Mengen von Produktionsmitteln und Arbeit widerspiegelt, die zur Produktion einer Gütereinheit eines bestimmten Produktes benötigt wird (ausgedrückt in den Koeffizienten a_{ik} und den Arbeitszeiten L_i). Die Variablen sind die relativen Preise p_i sowie die Durchschnittsprofitrate r. Jeder Profitrate r entspricht ein System von Preisen p_i , die sowohl die Reproduktion des Systems als auch die in allen Branchen gleiche Profitrate r ermöglichen. Ändert sich nun die Profitrate (beispielsweise weil sich die Zinsrate geändert hat und die Unternehmer einen höheren Aufschlag auf ihre Kostpreise vornehmen) dann ändern sich zwar auch alle Preise, es kann aber nicht davon ausgegangen werden, daß das System sofort in einen neuen Gleichgewichtszustand springt. Den wirklichen Akteuren sind die neuen Gleichgewichtspreise unbekannt (diese lassen sich nur im Modell bestimmen), die Unternehmen versuchen mit unterschiedlichem Erfolg „am Markt" den günstigsten Preis zu erzielen. Das ganze System kommt somit in eine Ungleichgewichtssituation: die Preise ändern sich in einer unbestimmten Weise, so daß die neuen Tauschrelationen weder die Reproduktion des Systems noch eine einheitliche Profitrate ermöglichen. Unterschiedliche Profitraten verursachen Kapitalwanderungen und weitere Preisbewegungen. Daß der ganze Prozeß zu einem neuen Gleichgewicht führt, daß die einzelnen Veränderungen überhaupt auf ein Ziel hin konvergieren (und nicht etwa zu kumulierenden Abweichungen führen) kann nicht einfach unterstellt werden;

dies müßte vielmehr gezeigt werden, was bei dem hohen Abstraktionsgrad des Modells aber gar nicht möglich ist. Es läßt sich nur aussagen, daß zu einer bestimmten Profitrate ein bestimmtes Preissystem paßt, und zu einer anderen Profitrate ein anderes. Das Modell beschreibt aber keinen Vorgang, bei dem sich aufgrund einer Änderung der Profitrate automatisch die Preise so ändern, daß sie zur neuen Profitrate „passen". Im Grunde wäre auch für die neoricardianischen Modelle ein „Auktionator" erforderlich, wie ihn Walras eingeführt hatte (vergl. oben das zweite Kapitel): die einzelnen Unternehmen müßten dann ihre Preise so lange ausrufen, bis der Auktionator ermittelt hat, daß es sich nun um ein neues Gleichgewichtssystem handelt und den Tausch freigibt. Daß Walras auf die Fiktion eines Auktionators zurückgreifen mußte, ist nicht einem spezifischen Mangel der Neoklassik geschuldet, sondern der Unfähigkeit innerhalb von Gleichgewichtsmodellen dynamische Prozesse zu untersuchen. Während Walras von dieser Problematik aber immerhin noch ein Bewußtsein hatte, wird heutzutage häufig komparative Statik mit Dynamik verwechselt, bzw. unterstellt, ein ökonomisches System werde, wenn der Wert einer Variablen geändert wurde, schon in dem neuen Gleichgewichtszustand ankommen, wenn die Akteure nur ohne äußere Einschränkungen handeln könnten.

Zwar wurde auch versucht, die Gleichgewichtsmodelle zu „dynamisieren", indem z.B. eine bestimmte Wachstumsrate des Outputs unterstellt und dann gefragt wurde, wie sich die anderen Variablen ändern müssen, damit ein „gleichgewichtiges" Wachstum zustande kommt. Auch hier ist das Ergebnis wieder eine funktionale Beziehung verschiedener Größen, die „im Gleichgewicht" erfüllt sein muß, ohne daß aber eine Aussage darüber gemacht werden kann, wohin sich das System entwickelt, wenn diese Beziehung nicht erfüllt ist.

Während in den neoklassischen und neoricardianischen Modellen selbst diese reduzierte Form von Entwicklung noch als Zutat des Theoretikers erscheint (der einmal ein System ohne Wachstum und einmal ein System mit Wachstum betrachtet), ist „Dynamik" im Sinne einer Tendenz zu beständiger, in ihrer genauen Quantität nicht vorhersehbarer Veränderung bereits in die Grundbegrifflichkeiten der Kritik der politischen Ökonomie eingelassen. Es handelt sich hier um einen inhärent dynamischen Ansatz, der nicht einfach „Ungleichgewicht" gegen Gleichgewicht geltend macht, es wird vielmehr die Dichotomisierung von Gleichgewicht und Ungleichgewicht in Frage gestellt, wie im Laufe dieses Kapitels bei der Diskussion der Krisentheorie noch deutlich werden wird.[2]

Schon der allgemeine Begriff des Kapitals, wie er im vierten Kapitel des ersten Bandes entwickelt wird, charakterisiert Kapital als einen *Prozeß*: sich

2) Zwar finden sich auch im *Kapital* Gleichgewichtsbetrachtungen, doch haben sie gegenüber der Analyse der Dynamik der kapitalistischen Produktionsweise nur eine untergeordnete Bedeutung.

verwertender Wert. Und da dieser Prozeß nur quantitative Unterschiede kennt, besitzt er auch kein immanentes Maß (Zweck des Prozesses ist gerade nicht die Konsumtion des Kapitalisten, sondern die Verwertung des Werts). Die Kapitalbewegung ist daher ebenso *maßlos* wie *endlos* (II.5/106f; 23/164f). Keine erreichte Verwertung kann ausreichend sein (und damit die Grundlage für ein Gleichgewichtsmodell abgeben), da es überhaupt kein Maß dafür gibt, was eine ausreichende Verwertung ist.

Diesem Kapitalbegriff entspricht die Tendenz zur Steigerung sowohl des *Grades der Verwertung* (d.h. Steigerung der Profitrate bzw. auf der Ebene des unmittelbaren Produktionsprozesses der Mehrwertrate) als auch der *Größe des zu verwertenden Kapitals* (d.h. der Akkumulation des erzielten Profits sei es als Investition in produktives oder in zinstragendes Kapital). Dabei erfolgt die Steigerung der Mehrwertrate zum einen über eine Verlängerung der Arbeitszeit, was Marx als „Produktion des absoluten Mehrwerts" bezeichnet und was Auseinandersetzungen über die Länge des Arbeitstages, Urlaubs- und Pausenregelungen etc. zur Folge hat, und zum anderen über eine Senkung des Werts der Arbeitskraft vermittels Entwicklung der Produktivkraft – die „Produktion des relativen Mehrwerts". Gerade letzteres bedingt eine „Revolution des Arbeitsprozesses" und unterstellt eine

„*specifisch kapitalistische Produktionsweise*, die mit ihren Methoden Mitteln und Bedingungen selbst erst auf der Grundlage der formellen Subsumtion der Arbeit unter das Kapital natürwüchsig entsteht und ausgebildet wird. An die Stelle der formellen tritt die *reelle Subsumtion der Arbeit unter das Kapital*." (II.5/415; 23/533)

Da die wichtigste Methode der Produktivkraftentwicklung im Einsatz verbesserter Maschinerie besteht, also Investitionen notwendig macht, stellt eine solche Steigerung der Mehrwertrate nicht nur verbesserte Akkumulationsbedingungen her, sondern setzt auch selbst schon die Akkumulation des Kapitals voraus. „Spezifisch kapitalistische Produktionsweise" und Akkumulation bedingen sich wechselseitig (II.5/503; 23/653). Während die Gleichgewichtsmodelle der herrschenden Ökonomie Akkumulation und beständige Umwälzung der technischen und organisatorischen Basis des Produktionsprozesses mehr oder weniger ausschließen (obwohl ihre tatsächliche Relevanz unbestritten ist), werden sie im Rahmen der Marxschen Kritik der politischen Ökonomie gerade als zentrale Tendenzen begriffen, die aus der gesellschaftlichen *Formspezifik* des Produktionsprozesses als eines kapitalistischen Verwertungsprozesses resultieren.

Von den *formspezifischen Ursachen* dieser Tendenzen ist allerdings die Art und Weise zu unterscheiden, in der sie sich *im Handeln* der Akteure *durchsetzen*. Die einzelnen Kapitalisten sind zunächst einmal an der Steigerung ihrer individuellen Profitrate interessiert. Eine von einem einzelnen Kapitalisten eingeführte Produktivkraftsteigerung, die erst vermittelt über ihre gesellschaftliche Verallgemeinerung den Wert der Arbeitskraft senkt und damit schließlich die Profitrate aller Kapitalisten steigert, liegt außerhalb des individuellen Profitkalküls, da ihre quantitative Wirkung zu gering ist und sich erst nach einer längeren, unsicheren Frist geltend macht. Für den Kapitalisten, der eine neue Produktionsmethode einführt, steht vielmehr der *Extraprofit* im Vordergrund, den er sich aneignen kann, solange die Produktivkraftsteigerung gerade noch nicht verallgemeinert ist: Sein individueller Kostpreis ist dann geringer als der gesellschaftlich durchschnittliche. Die daraus entspringenden Konkurrenzvorteile des Vorreiters zwingen die anderen Produzenten derselben Branche dann aber diese Methode ebenfalls einzuführen. Mit der Verallgemeinerung der Produktivkraftsteigerung, die den Wert der Arbeitskraft senkt, verschwindet dann jedoch der Extraprofit.[3]

Produktivkraftsteigerung und Akkumulation (von Realkapital) sind die dynamischen Momente, die von der Seite des Produktionsprozesses ausgehen. Auf der Ebene des Gesamtprozesses kapitalistischer Reproduktion wird die steuernde Funktion des Kreditsystems relevant (vergl. das letzte Kapitel). Hier ist es die Interaktion der (von keinem allgemeinen Gesetz beherrschten) Zinsrate mit der (von den Bedingungen der Produktion und Zirkulation abhängigen) Durchschnittsprofitrate, die ein dynamisches Element ins Spiel bringt.

2. Produktivkraftentwicklung und Wertzusammensetzung des Kapitals

Mit der Entwicklung der Produktivkraft der Arbeit begründet Marx das langfristige Steigen der Wertzusammensetzung des Kapitals, die wiederum eine Schlüsselgröße für die Dynamik der kapitalistischen Produktionsweise ist: Im Wachstum der Wertzusammensetzung sieht er zum einen den wesentlichen Grund für die fortschreitende Produktion einer gemessen an den Verwertungsbedürfnissen des Kapitals „relativen Übervölkerung" und zum anderen den Grund für das im nächsten Abschnitt zu diskutierende „Gesetz vom tendenziellen Fall der Profitrate". Bevor nun die Marxsche These einer langfristig steigenden Wertzusammensetzung des Kapitals diskutiert werden kann, müssen zunächst die dabei verwendeten Begriffe genauer betrachtet werden.

Marx operiert vor allem mit drei Konzepten: der *technischen Zusammensetzung*, der *Wertzusammensetzung* und der *organischen Zusammensetzung* des Kapitals[4], die im 23. Kapitel des ersten *Kapital*-Bandes definiert werden:

---

3) Dieser Prozeß, der zu seiner Beschreibung Kategorien voraussetzt, die erst auf der Darstellungsebene des dritten Bandes des *Kapital* entwickelt werden können, wird von Marx aus didaktischen Gründen bereits im 10. Kapitel des ersten Bandes unter Benutzung des Ausdrucks „Extramehrwert" skizziert, an den in der Literatur zuweilen angeknüpft wurde, ohne zu berücksichtigen, daß es sich hier um eine bloße Hilfskonstruktion handelt.

4) Außerdem benutzt Marx noch das *Verhältnis von vergegenständlichter zu lebendiger Arbeit*. Sofern mit Arbeit hier abstrakte Arbeit gemeint ist (und nur so macht der Ausdruck Sinn), kann dieses Verhältnis durch die entsprechenden Wertkategorien ausgedrückt werden: $c / (v + m)$.

„Die Zusammensetzung des Kapitals ist in zweifachem Sinn zu fassen. Nach der Seite des Werths bestimmt sie sich durch das Verhältniß, worin es sich theilt in konstantes Kapital oder Werth der Produktionsmittel und variables Kapital oder Werth der Arbeitskraft, Gesammtsumme der Arbeitslöhne. Nach der Seite des Stoffs, wie er im Produktionsproceß fungirt, theilt sich jedes Kapital in Produktionsmittel und lebendige Arbeitskraft; diese Zusammensetzung bestimmt sich durch das Verhältniß zwischen der Masse der angewandten Produktionsmittel einerseits und der zu ihrer Anwendung erforderlichen Arbeitsmenge andrerseits. Ich nenne die erstere die Werthzusammensetzung, die zweite die technische Zusammensetzung des Kapitals. Zwischen beiden besteht enge Wechselbeziehung. Um diese auszudrücken, nenne ich die Werthzusammensetzung des Kapitals, insofern sie durch seine technische Zusammensetzung bestimmt wird und deren Aenderungen wiederspiegelt: die organische Zusammensetzung des Kapitals." (II.8/574f; 23/640)

Die hier gegebenen Definitionen sind in unterschiedlichem Maße konsistent. Unproblematisch ist die „Wertzusammensetzung" des Kapitals, ein Verhältnis zweier, begrifflich schon früher bestimmter Wertgrößen. Problematischer ist dagegen die „technische Zusammensetzung": hier stehen sich „Masse von Produktionsmitteln" und Arbeitsmenge gegenüber. Da es hier, wie von Marx betont wird, um die *stoffliche* Seite geht, finden sich auf der einen Seite heterogene Quanten von Gebrauchswerten, auf der anderen Seite Mengen konkreter Arbeit. Allein schon der Vergleich verschiedener Produktionsmittelmengen der Masse nach ist eine Unmöglichkeit, sofern es sich nicht um Güter derselben Art handelt. Was ist eine größere „Masse von Produktionsmitteln": eine Dampfmaschine plus x Zentner Kohle oder ein Dieselmotor plus y Liter Dieselöl? Für den Vergleich heterogener Güter fehlt hier die gemeinsame Dimension und einfach die entsprechenden Wertgrößen zu nehmen, ist kein Ausweg, da es um den Zusammenhang von technischer und Wertzusammensetzung gehen soll, die technische Zusammensetzung daher unabhängig von der Wertzusammensetzung bestimmt werden muß. Als *quantitativ* bestimmte Kategorie macht die technische Zusammensetzung keinen Sinn: es ist nicht nur empirisch, sondern vor allem begrifflich unklar, wann eine technische Zusammensetzung gestiegen oder gefallen ist.

Daß Marx diesen Begriff trotzdem eingeführt hat liegt wohl an zwei Gründen. Zum einen bedeutet Produktivkraftsteigerung, daß eine Arbeitskraft in derselben Zeit mehr Güter als früher produzieren kann. Es werden daher mehr Rohstoffe *derselben Art* verarbeitet, so daß sich mit Bezug auf die Rohstoffe tatsächlich davon sprechen läßt, daß die *Masse* der Produktionsmittel gegenüber der Arbeitsmenge gestiegen ist. Zum anderen beruht ein großer Teil der Produktivkraftentwicklung in der quantitativen Verbesserung vorhandener Werkzeugmaschinen: ein Spinnmaschine mit zwei Spindeln wird durch eine größere mit vier oder acht Spindeln ersetzt. Daß die größere Maschine eine größere „Masse" an Produktionsmitteln darstellt, ist hier zumindest anschaulich plausibel. Allerdings verschwindet diese Plausibilität bei grundlegenden technologischen Veränderungen.

Ebenfalls nicht unproblematisch ist der Begriff der „organischen Zusammensetzung": er soll die Wertzusammensetzung ausdrücken, insofern sie durch die technische Zusammensetzung bestimmt ist und ihre Änderungen widerspiegelt. Verändert sich die Wertzusammensetzung eines Kapitals, so macht es durchaus Sinn zu fragen, ob diese Veränderung ausschließlich auf eine technische Änderung des Produktionsprozesses zurückgeht (und dies könnte man als Veränderung der „technischen Zusammensetzung" bezeichnen, sofern man darauf verzichtet, eine Aussage darüber zu machen, welche technische Zusammensetzung höher ist) oder ob sich der Wert, sei es der Produktionsmittel oder der Arbeitskraft verändert hat. Im ersten Fall hätte sich die organische Zusammensetzung geändert, im zweiten nicht. Längerfristig ändert sich die Wertzusammensetzung aber aus beiden Gründen und beide stehen im Zusammenhang: die technischen Änderungen des Produktionsprozesses bringen nicht nur eine Änderung in der jeweiligen organischen Zusammensetzung hervor, sondern auch im Wert der produzierten Ware. Dieser Wertwechsel wird dann die Wertzusammensetzung bei anderen Kapitalien ändern: entweder weil die verbilligte Ware als Produktionsmittel in deren Produktionsprozeß eingeht oder weil sie als Konsumtionsmittel den Wert der Arbeitskraft ändert.[5] Und schließlich kann die Verbilligung des Produkts der eigenen Sphäre, soweit es als verbilligtes Produktionsmittel Produkte verbilligt, die in seine eigene Produktion eingehen, auch zu einer weiteren Änderung in der Wertzusammensetzung der eigenen Branche führen. Änderungen der technischen Grundlagen in einer Branche gehen mit Änderungen der Wertverhältnisse in anderen Branchen (und eventuell auch weiteren der eigenen) Hand in Hand. Betrachtet man die Entwicklung eines Einzelkapitals in einer längeren Frist, dann kann man zwar organische Zusammensetzung und eine davon unterschiedene allgemeine Wertzusammensetzung künstlich auseinanderhalten, so daß die Entwicklung der Wertzusammensetzung sämtliche Veränderungen der Kapitalzusammensetzung widerspiegelt, die Entwicklung der organischen Zusammensetzung dagegen nur den unmittelbar technisch bedingten Teil. Auf der Ebene des gesellschaftlichen Gesamtkapitals läßt sich aber aufgrund der Verschlingung der einzelnen Kapitalkreisläufe eine solche Trennung nicht mehr sinnvoll durchhalten.

Insofern ist es problematisch, wenn Marx nach der oben zitierten Stelle aus dem 23. Kapitel mit der Bemerkung fortfährt, daß, wann immer er nur von der Zusammensetzung des Kapitals spricht, damit die organische Zusammensetzung gemeint sei und dann von der Betrachtung der Zusammensetzung des Einzelkapitals zur durchschnittlichen Zusammensetzung des gesellschaftlichen Gesamtkapitals übergeht: der Begriff einer durchschnittlichen organischen Zusammensetzung und ihrer Veränderung, als unterschieden von der durchschnittlichen Wertzusammensetzung des gesellschaftlichen Gesamtka-

5) Lediglich die Verbilligung von Luxusprodukten, die nur in den Konsum der Kapitalisten und nicht in den der Arbeiterhaushalte eingeht, würde die Wertzusammensetzung unverändert lassen.

pitals macht keinen Sinn. Auch für die noch zu diskutierenden Auswirkungen einer veränderten Kapitalzusammensetzung ist letzten Endes die Wertzusammensetzung des Kapitals relevant und nicht eine von ihr unterschiedene organische Zusammensetzung.

In der Literatur wurden diese verschiedenen Kapitalzusammensetzungen, vor allem im Zusammenhang mit dem Gesetz vom tendenziellen Fall der Profitrate, häufig diskutiert.[6] Dabei kam es zuweilen auch zu Recht fragwürdigen Begriffsbestimmungen. Vor allem wurde aber in den meisten Fällen übersehen, daß diese Konzepte bei Marx eine gewisse Entwicklung durchgemacht haben[7] und daß der Begriff der organischen Zusammensetzung, wie er von Marx im Manuskript zum dritten Band benutzt wurde, nicht mit der oben angeführten Definition aus dem ersten Band identisch ist.

Die zitierte Definition vom Anfang des 23. Kapitels taucht erstmals in der französischen Auflage des ersten Bandes auf (II.7/534f) und wurde (nach einem Marxschen Hinweis) von Engels in die dritte deutsche Auflage übernommen. Die wörtlich identische Definition der organischen Zusammensetzung, die sich in Engels' Edition des dritten Bandes findet (25/155), ist eine Einfügung von Engels, der den übrigen Text dieser Stelle vor allem durch mehrmalige Weglassung des Adjektivs „organisch" so glättete, daß er zu seiner Ergänzung paßt (vergl. II.4.2/217f; 25/154f). In der Erstauflage des ersten Bandes findet sich zu Beginn des Abschnitts *c) Das allgemeine Gesetz der kapitalistischen Accumulation* (dem späteren 23.Kapitel) noch gar keine Definition der Wertzusammensetzung. Erst nach einigen Seiten heißt es hier:

> „Im Fortgang der Accumulation geht eine große Revolution vor im *Verhältniß* von Masse der Produktionsmittel und Masse der sie bewegenden Arbeitskraft. Diese Revolution spiegelt sich wieder in *der wechselnden Zusammensetzung des Kapitalwerths aus constantem und variablem Bestandtheil*, oder im wechselnden Verhältniß seiner in Produktionsmittel und Arbeitskraft umgesetzten *Werththeile*. Ich nenne diese Zusammensetzung die *organische Zusammensetzung des Kapitals*." (II.5/501)

„Organische Zusammensetzung" meint hier einfach das Verhältnis von c zu v und dieses Verhältnis, sei vor allem Ausdruck der technischen Bedingungen des Produktionsprozesses. Ganz entsprechend hatte Marx im Manuskript zum dritten Buch geschrieben:

> „Unter *organischer Zusammensetzung* des Capitals verstehen wir das Verhältniß seiner passiven und seiner activen Bestandtheile, des *constanten* und des *variablen* Capitals. Es kommen bei dieser organischen Zusammensetzung 2 Verhältnisse in Betracht, die nicht von gleicher Wichtigkeit sind, obgleich sie, unter gewissen Umständen, gleichen Effekt hervorbringen können." (II.4.2/217; mit Veränderungen: 25/154)

---

6) Am ausführlichsten sind Bader et al. (1975, S.190ff).

7) Ausführlich setzen sich Groll/Orzech (1987 und 1989) mit dieser Entwicklung auseinander. Allerdings identifizieren sie Änderungen der Wertzusammensetzung (im Unterschied zur organischen Zusammensetzung) mit konjunkturellen Schwankungen der Preise von Arbeitskraft und Produktionsmitteln.

Das erste dieser beiden Verhältnisse, so Marx weiter, ist die „technologische Grundlage" der Produktion, das Verhältnis von „Masse Arbeitskraft" zur „Masse Produktionsmittel" die in Bewegung gesetzt wird. Das zweite Verhältnis bezieht sich auf bloße Wertunterschiede (ob z.B. mit Eisen oder dem teureren Kupfer gearbeitet wird). Veränderungen der organischen Zusammensetzung können demnach herrühren von Veränderungen der technischen Grundlage oder des Wertes der Bestandteile des Kapitals.[8]

Vor der französischen Ausgabe machte Marx also *keinen* Unterschied zwischen Wertzusammensetzung und organischer Zusammensetzung. Er benannte lediglich zwei verschiedene Ursachen für Veränderungen der organischen Zusammensetzung: technische Veränderungen und reine Wertveränderungen. Im Manuskript zum dritten Buch bemerkte er nach der Diskussion der Wirkungen dieser beiden Ursachen:

> „Da das Resultat aber praktisch dasselbe ist, so werden wir unter organischer Zusammensetzung des Capitals stets verstehn das Verhältniß, worin den Procenttheilen nach betrachtet die in verschiedenen Productionssphären angelegten Gesammtcapitalien sich in constantes und variables Capital vertheilen; aus dem einen oder dem andern bestehn." (II.4.2/221)

Diese Stelle ließ Engels in seiner Ausgabe des dritten Bandes konsequenterweise ersatzlos fallen (vergl. 25/158). Die begriffliche Konzeption der organischen Zusammensetzung, wie sie von Marx vor der französischen Ausgabe benutzt wurde, macht durchaus Sinn. Der dort unternommene Versuch, diesen Begriff auf Veränderungen einzuschränken, die von nur einer Ursache ausgehen, der Änderung der technischen Bedingungen, kann dagegen nicht überzeugen. Um Mißverständnisse zu vermeiden werde ich im folgenden möglichst nur den Begriff Wertzusammensetzung verwenden, in den sämtliche Änderungen des Verhältnisses von c zu v eingeschlossen sind, was sich mit der Marxschen Verwendung des Begriffs „organische Zusammensetzung" im Manuskript zum dritten Buch und den ersten beiden Auflagen des ersten Bandes deckt.

Im 13. Kapitel des ersten Bandes des *Kapital* stellt Marx die Besonderheit der Produktivkraftsteigerung vermittels Einsatzes von Maschinerie heraus. Unmittelbares Ziel der Produktivkraftsteigerung ist für den Kapitalisten die Verbilligung der Waren. Während die Entwicklung der Produktivkraft durch Kooperation und Teilung der Arbeit für das Kapital kostenlos ist, bringt der Einsatz von zusätzlicher Maschinerie Kosten mit sich, verteuert also das Produkt.

---

8) Marx hält daher fest: „Der Unterschied zwischen der technologischen Zusammensetzung und dem blossen Wertverhältniß der Bestandtheile zeigt sich innerhalb jedes Industriezweigs selbst darin, daß bei constanter technologischer Zusammensetzung change stattfinden kann im Wertverhältniß und bei veränderter technologischer Zusammensetzung das Werthverhältniß dasselbe bleiben kann, leztres natürlich nur, wenn der Wechsel der angewandten Massen von variablem und constantem Capital durch entgegengesetzten Wechsel in ihrem Werthe paralysirt wird." (II.4.2/218; 25/155)

Auf der anderen Seite ist aber eine geringere Menge unmittelbar verausgabter Arbeit notwendig. Die Gesamtmenge der zur Produktion eines bestimmten Warenquantums benötigten Arbeitszeit sinkt, wenn der Mehraufwand für die Maschinerie geringer ist als die Einsparung an lebendiger Arbeit. Unter kapitalistischen Bedingungen ist die Grenze allerdings enger: hier zählt nicht die gesamte Menge lebendiger Arbeit, die verausgabt wird, sondern nur der bezahlte Teil dieser Arbeit. Die Mehrausgabe an konstantem Kapital Δc muß geringer sein als die Einsparung an variablem Kapital Δv. Unterstellen wir einen Tausch zu Werten, dann kostet die Ware den Kapitalisten

vor der Produktivkraftsteigerung: $k_1 = c + v$

danach $k_2 = c + \Delta c + v - \Delta v$

Eine Verminderung der Kosten kommt zustande, wenn gilt: $\Delta c < \Delta v$

Damit wird deutlich, daß der Einsatz von Maschinerie unter kapitalistischen Bedingungen von der Höhe der Löhne abhängt. Um so höher die Löhne, um so mehr variables Kapital wird bei Ersetzung einer Arbeitskraft eingespart, um so teurer darf das zusätzlich notwendige konstante Kapital sein.[9]

Durch den vermehrten Einsatz von Maschinerie verändert sich die Wertzusammensetzung q des angewandten Kapitals. Sie war

vor der Produktivkraftsteigerung $q_1 = c / v$

danach $q_2 = (c + \Delta c) / (v - \Delta v)$

als Resultat erhält man somit: $q_2 > q_1$

Die Wertzusammensetzung des einzelnen Kapitals ist als Folge der Einführung der neuen Produktionsmethode und der damit verbundenen Veränderung der technischen Grundlage des Produktionsprozesses *zunächst* angestiegen. Mit der Verallgemeinerung der Produktivkraftsteigerung verändern sich aber auch die Wertverhältnisse. Bezieht sich die Produktivkraftsteigerung auf Konsumtionsmittel, die in die Reproduktion der Arbeitskraft eingehen, dann sinkt der Wert der Arbeitskraft. Das betrachtete Kapital muß dann nicht $v - \Delta v$ für die Arbeitskräfte zahlen, sondern weniger. Damit wird seine Wertzusammensetzung (jetzt aufgrund geänderter Wertverhältnisse, die aber die Folge der

9) Sinken die Löhne, dann kann es für das Einzelkapital kostensenkend sein, Maschinerie durch Arbeitskräfte zu ersetzen: in diesem Fall muß die vermehrte Ausgabe für variables Kapital geringer sein als die Einsparung von konstantem Kapital. In der Volkswirtschaftslehre wird diese Art der Entwicklung als „kapitalsparender" technischer Fortschritt (im Unterschied zum „arbeitssparenden") bezeichnet. Zwar kann es immer wieder zu einem solchen „kapitalsparenden" technischen Fortschritt kommen, als langfristige Enwicklungstendenz scheint er aber unmöglich zu sein: es würden (auch ohne Akkumulation) beständig mehr Arbeitskräfte nachgefragt, so daß diese Entwicklung mit Erschöpfung des Arbeitskräftereservoirs zum Stillstand kommen müßte. Aber bereits vorher wären aufgrund wachsender Arbeitsnachfrage die Löhne so stark angestiegen, daß es kaum noch Möglichkeiten für einen Ersatz von konstantem Kapital geben dürfte (mit steigenden Löhnen müßte die Einsparung an konstantem Kapital immer höher werden).

Produktivkraftsteigerung sind) noch weiter steigen. Bezog sich die Produktivkraftveränderung dagegen auf Produktionsmittel dann wird deren Verbilligung einerseits den Wert der Arbeitskraft senken (in dem Maß wie diese Produktionsmittel zur Produktion von Konsumtionsmitteln benutzt wurden), es wird sich aufgrund der billigeren Produktionsmittel aber auch der Wert von weiteren Elementen des konstanten Kapitals vermindern. Es vermindern sich also jetzt Zähler *und* Nenner der Wertzusammensetzung. Ist die Verminderung des Zählers prozentual größer als die des Nenners, sinkt die Wertzusammensetzung; ist die Verminderung des Nenners prozentual größer als die des Zählers, steigt die Wertzusammensetzung.

Betrachtet man die Entwicklung der Wertzusammensetzung des *gesellschaftlichen Gesamtkapitals* aufgrund der Entwicklung der Produktivkraft (und hier können wir durchaus annehmen, daß der vermehrte Einsatz von Maschinerie die dominierende Form der Produktivkraftsteigerung ist), sind insgesamt drei Momente zu unterscheiden: zunächst (1) eine Vermehrung des konstanten und eine Verminderung des variablen Kapitals aufgrund der technischen Veränderungen bei Einführung neuer Produktionsmethoden; nach der Verallgemeinerung der neuen Methoden (2) eine Senkung des Werts der Arbeitskraft und (3) eine Senkung des Werts der Elemente des konstanten Kapitals. Während die ersten beiden Momente eine Erhöhung der Wertzusammensetzung bewirken, läuft das dritte auf eine Senkung hinaus, so daß es bei Überwiegen dieses Moments auch zu einer mit der Entwicklung der Produktivkraft sinkenden Wertzusammensetzung kommen könnte.

Im *Kapital* begnügte sich Marx mit der Behauptung, daß die Verminderung des Werts der Bestandteile des konstanten Kapitals die Vermehrung seiner Masse nicht kompensieren könne (II.5/501f; 23/651f). Etwas ausführlicher war er in den *Theorien über den Mehrwert* (II.3.5/1805ff, 2706; 26.3/356ff). Dort betrachtete er die Maschinerie getrennt vom Rohmaterial. Bei der Maschinerie konzedierte er, daß zwar die einzelne Maschine billiger werden könnte, daß sich aber ein ganzes System der Maschinerie entwickle und der Arbeit gegenüberstehe und dieses ganze System werde notwendigerweise teurer. Damit hat Marx allerdings nur die zu beweisende Behauptung wiederholt, daß die ausgedehntere Maschinerie trotz Produktivkraftsteigerungen teurer bleibe als die alte; belegt ist diese Behauptung damit nicht.[10] Was die Verminderung des Werts der Rohmaterialien angeht, sieht Marx prinzipielle Schranken in der Verbilligung bei solchen Rohstoffen, die durch pflanzliche oder tierische Prozesse produziert werden, was ebenfalls nicht sehr überzeugend ist.[11]

10) Gegenbeispiele lassen sich heute in der Entwicklung der Computer finden, wo nach relativ kurzer Zeit die neue, leistungsfähigere Computergeneration billiger ist als die alte, sowie in einer Vielzahl chipgesteuerter Maschinen, die die Preisrevolutionen der Computerindustrie in abgeschwächter Form nachvollziehen.

11) An der entsprechenden Stelle schreibt Marx, „daß ein Theil des Rohmaterials wie Wolle, Sei-

Es gibt allerdings ein anderes, von Marx nicht berücksichtigtes Argument, warum es zumindest auf Dauer äußerst unwahrscheinlich ist, daß die Verbilligung der Elemente des konstanten Kapitals zu einem Sinken der Wertzusammensetzung führt.[12] Diese Verbilligung müßte nämlich nicht nur die ursprüngliche Vermehrung des konstanten Kapitals, sondern auch die Verbilligung der Arbeitskraft kompensieren. Letzteres wäre nur dann der Fall, wenn das Wachstum der Produktivkraft in Abteilung I (die Produktionsmittel produziert) auf Dauer *höher* wäre als in Abteilung II (die Konsumtionsmittel produziert). Aber selbst wenn man eine solche dauerhafte Differenz in der Produktivitätsentwicklung der beiden Abteilungen unterstellt, hat sie einen Effekt, der letztlich doch wieder eine Steigerung der Wertzusammensetzung begünstigt. Die Verbilligung der in Abteilung II produzierten Waren hängt nicht nur von der Steigerung der Produktivität der in dieser Abteilung angewandten Arbeit ab, sondern auch von der Produktivitätssteigerung in der Produktion ihrer Produktionsmittel. Insofern führt jede Produktivitätssteigerung in Abteilung I zu einer Verbilligung der Produkte von Abteilung II, selbst wenn die Produktivkraft der in Abteilung II angewandten Arbeit unverändert bleibt. Die Produktivitätssteigerung in Abteilung I müßte also nicht nur die oben aufgezählten Effekte kompensieren, sondern auch noch den von ihr selbst ausgehenden Effekt auf die Verbilligung der Arbeitskraft. Zwar kann auch dies nicht prinzipiell ausgeschlossen werden (etwa bei einer dauernden Beschleunigung der Produktivkraftsteigerung in Abteilung I gegenüber Abteilung II), doch zeigen diese Überlegungen, daß eine dauerhafte Konstanz oder sogar ein Sinken der Wertzusammensetzung nur dann erfolgen kann, wenn eine Reihe recht unwahrscheinlicher Bedingungen gegeben sind.

Daß es mit der Entwicklung der Produktivkraft der Arbeit zu einer steigenden Wertzusammensetzung kommt, ist damit zwar kein bewiesener Satz, aber eine durchaus plausible Annahme. Die Frage ist allerdings, ob sich aus der steigenden Wertzusammensetzung tatsächlich alles das begründen läßt, was Marx aus ihr ableiten will.

3. Industrielle Reservearmee und „Verelendungstheorie"

Mit der steigenden Wertzusammensetzung des gesellschaftlichen Gesamtkapitals begründet Marx eine Tendenz zur fortschreitenden Produktion einer „relativen Übervölkerung", d.h. eine gemessen am „mittleren Verwerthungs-

---

de Leder durch thierisch *organische* Processe, *Baumwolle, Leinwand* etc durch vegetabilisch organische producirt wird; es der capitalistischen Production bisher nicht gelungen ist und nie gelingen wird ebenso über diese Processe wie über rein mechanische oder unorganisch chemische zu verfügen." (II.3.5/1809; 26.3/360)

12) Der Kern dieses Arguments findet sich auch bei Bader et al. (1975, S.224ff).

bedürfnisse des Kapitals überschüssige, daher überflüssige oder Surplus-Arbeitsbevölkerung." (II.5/507; 23/658). Entgegen den zu seiner Zeit verbreiteten Malthusianischen Bevölkerungstheorien, die in einer zu hohen Fortpflanzungsrate der Arbeiterklasse den Grund für die Arbeitslosigkeit sahen, will Marx nachweisen, daß es die kapitalistische Entwicklung selbst ist, die unabhängig von der biologischen Bevölkerungsentwicklung eine „Übervölkerung" produziert.

Bereits bei der Darstellung der Produktion des relativen Mehrwerts durch den Einsatz von Maschinerie, also der Ersetzung lebendiger Arbeit durch ein geringeres Quantum vergegenständlichter Arbeit, hatte Marx festgehalten:

> „Es liegt also in der Anwendung der Maschinerie zur Produktion von Mehrwerth ein immanenter Widerspruch, indem sie von den beiden Faktoren des Mehrwerths, den ein Kapital von gegebner Größe liefert, den einen Faktor, die Rate des Mehrwerths, nur dadurch vergrößert, daß sie den andern Faktor, die Arbeiterzahl verkleinert." (II.5/334; 23/429)

Mit diesem immanenten Widerspruch will Marx nun begründen, daß nicht nur die von einem Kapital gegebener Größe beschäftigte Zahl von Arbeitern abnimmt, sondern daß diese Zahl auch bei Akkumulation – also bei wachsendem Kapital – absolut sinkt. Diese „absolute Abnahme der Nachfrage nach Arbeit" (II.10/564; 23/657) unterstellt, daß zumindest in der langen Frist, der „Freisetzungseffekt" von Arbeitskräften aufgrund der steigenden Wertzusammensetzung größer ist, als der „Beschäftigungseffekt" aufgrund des Kapitalwachstums.

Als Begründung führt Marx an, daß die Steigerung der Wertzusammensetzung mit dem Wachstum der Einzelkapitale selbst noch beschleunigt wird. Das Wachstum der Einzelkapitale ist nicht nur Folge der Akkumulation des von ihnen produzierten Mehrwerts, sondern auch ihrer *Zentralisation*[13]: ursprünglich selbständige Einzelkapitale schließen sich zusammen, was die Steigerung der Wertzusammensetzung und damit die Freisetzung von Arbeitskräften beschleunigt.[14] Diese beschleunigte Freisetzung könne aber nicht ihrerseits durch eine beschleunigte Akkumulation aufgefangen werden, da diese lediglich zu noch schnellerer technischer Umwälzung und Freisetzung führe (II.5/506; 23/658).

Daß bei einem wachsenden Kapital die Entwicklung der Produktivkraft und damit auch die Steigerung der Wertzusammensetzung schneller erfolgt als bei

---

13) Ein Begriff, den Marx erstmals in der französischen Ausgabe verwendete, und der von Engels in die 3. deutsche Auflage übernommen wurde. In den ersten beiden Auflagen ist noch von „Koncentration" die Rede, so auch im Zitat in der nächsten Fußnote.

14) „Die specifisch kapitalistische Produktionsweise, die ihr entsprechende Entwicklung der Produktivkraft der Arbeit, der dadurch verursachte Wechsel in der organischen Zusammensetzung des Kapitals halten nicht nur Schritt mit dem Fortschritt der Accumulation oder dem Wachsthum des gesellschaftlichen Reichthums. *Sie schreiten ungleich schneller*, weil die einfache Accumulation oder die absolute Ausdehnung des Gesammtkapitals von der Koncentration seiner individuellen Elemente, und die technologische Umwälzung des Surpluskapitals von technologischer Umwälzung des Originalkapitals begleitet sind." (II.5/506; 23/657f)

einem Kapital gleichbleibender Größe, mag zwar zutreffen. Doch reicht dies zur Begründung der Marxschen These noch nicht aus. Denn es müßte immer noch gezeigt werden, daß die von dieser wachsenden Wertzusammensetzung ausgehenden Freisetzungseffekte größer sind als die Beschäftigungseffekte der Akkumulation.[15] Dies mag zwar in vielen Fällen zutreffen, doch läßt sich aus dieser bloßen Anschauung kein allgemeines Gesetz begründen.

Wenn sich auch nicht die Produktion einer immer *größeren* industriellen Reservearmee zwingend begründen läßt[16], so kann aber doch gefolgert werden, daß im Durchschnitt der Zyklen eine gewisse „industrielle Reservearmee" immer wieder hergestellt wird, da Vollbeschäftigung nicht nur die Löhne erhöht, sondern auch die weitere Akkumulation durch die mangelnde Verfügung über Arbeitskräfte behindert und somit einen gewaltigen Ansporn zu arbeitssparendem technischen Fortschritt bietet. Es ist somit plausibel, daß „Vollbeschäftigung" im Kapitalismus lediglich eine Ausnahmesituation darstellt, so daß in der Regel eine gewisse „industrielle Reservearmee" existiert, wobei deren Größe nicht nur von ökonomischen sondern auch von politischen Bedingungen, der Art und Weise wie politisch auf Arbeitslosigkeit reagiert wird, abhängt. Daß diese industrielle Reservearmee, wie von Marx behauptet, langfristig *zunehmen muß*, läßt sich jedoch nicht begründen.

Im Anschluß an die These von der Zunahme der industriellen Reservearmee entwickelt Marx sein „allgemeines Gesetz der kapitalistischen Akkumulation", das häufig im Sinne einer „Verelendungstheorie" verstanden wurde. Gestritten wurde meistens darüber, um was es sich dabei genau handelt: um eine Theorie „absoluter Verelendung" (die Löhne sinken, die Lebenssituation der Arbeiterklasse verschlechtert sich absolut) oder um eine Theorie „relativer" Verelendung (die Löhne steigen, die Lebenssituation verbessert sich, der gesellschaftliche Reichtum ist aber weit stärker gestiegen, so daß sich die Position der Arbeiterklasse relativ verschlechtert hat).[17]

Eine absolute Verelendungstheorie hatten Marx und Engels 1848 im *Kommunistischen Manifest* vertreten, wo sie ohne weitere Differenzierung von der Entwicklung des Arbeiters zum „Pauper" ausgingen.[18] Im *Kapital* wird dage-

15) Das selbe gilt von der von Marx in diesem Zusammenhang angeführten zunehmenden Intensivierung der Arbeit (II.5/511f; 23/664f): auch hier müßte erst noch gezeigt werden, daß die Einsparung an Arbeitskräften größer ist als der durch die Akkumulation hervorgerufene zusätzliche Bedarf an Arbeitskräften.

16) In der Überschrift des dritten Abschnitts des 23. Kapitels ist von der „*progressiven* Produktion einer relativen Übervölkerung oder industriellen Reservearmee" die Rede

17) Vergl. zu den Debatten über die Verelendungstheorie in der deutschen Arbeiterbewegung, wo es in diesem Zusammenhang immer auch um die Frage ging, ob Verelendung die Entwicklung von revolutionärem Bewußtsein begünstigt oder nicht, Wagner (1976).

18) Dort hieß, daß die Bourgeoisie im Unterschied zu den herrschenden Klassen früherer Gesellschaften nicht einmal fähig sei, „ihrem Sklaven die Existenz selbst innerhalb seiner Sklaverei zu sichern", denn „der moderne Arbeiter… statt sich mit dem Fortschritt der Industrie zu heben, sinkt

gen zwischen der Entwicklung der Lage der industriellen Reservearmee und ihrer untersten Schicht des „Pauperismus" einerseits und der Lage der vom Kapital beschäftigten Arbeitskräfte andererseits unterschieden. Ausgehend von seiner These einer wachsenden industriellen Reservearmee prognostiziert Marx:

„*Je größer der gesellschaftliche Reichthum*, das funktionirende Kapital, Umfang und Energie seines Wachsthums, *also auch die absolute Größe der Arbeiterbevölkerung und die Produktivkraft ihrer Arbeit*, desto größer die relative Surpluspopulation oder industrielle Reservearmee... Je größer aber diese Reservearmee im Verhältniß zur aktiven Arbeiterarmee, desto massenhafter die *konsolidirte* Surpluspopulation oder die Arbeiterschichten, deren Elend im umgekehrten Verhältniß zu ihrer Arbeitsqual steht. Je größer endlich die Lazarusschichte der Arbeiterklasse und die industrielle Reservearmee, desto größer der officielle Pauperismus. Dieß ist *das absolute, allgemeine Gesetz der kapitalistischen Accumulation*. Es wird gleich allen allgemeinen Gesetzen in seiner Verwirklichung durch mannigfache Umstände modificirt, deren Analyse nicht hierher gehört." (II.5/519; 23/673f)

Ob nun das Elend dieser „Lazarusschichte der Arbeiterklasse" langfristig zunimmt, wird von Marx überhaupt nicht angesprochen, insofern handelt es sich gar nicht um eine „Verelendungstheorie" im oben skizzierten Sinne. Es geht bei dem „allgemeinen Gesetz der kapitalistischen Akkumulation" vielmehr um die *Ausdehnung* dieser ärmsten Schichten des Proletariats als Folge der Ausdehnung der industriellen Reservearmee. Die Frage nach der Ausdehnung des Pauperismus, läßt sich aber genausowenig allgemein beantworten, wie die nach der Ausdehnung der industriellen Reservearmee.

In erster Linie in der folgenden Bemerkung wurde der Beleg für die Existenz einer „Verelendungstheorie" auch im *Kapital* gesehen:

„Es zeigte sich... bei Analyse der Produktion des relativen Mehrwerths, daß alle Methoden zur Steigerung der gesellschaftlichen Produktivkraft der Arbeit *in der kapitalistischen Form* sich auf Kosten des individuellen Arbeiters entwickeln, daß alle Mittel zur Bereicherung der Produktion in Beherrschungs- und Exploitationsmittel des Producenten umschlagen, daß sie den Arbeiter in einen Theilmenschen verstümmeln, ihn zum Anhängsel der Maschine entwürdigen, mit der Qual der Arbeit ihren Inhalt vernichten, ihm die geistigen Potenzen des Arbeitsprozesses entfremden, im selben Maße, worin derselbe sich die Wissenschaft als selbstständige Potenz einverleibt, die Bedingungen, innerhalb deren er arbeitet, beständig anormaler machen, ihn während des Arbeitsprozesses der kleinlichst gehässigen Despotie unterwerfen, seine Lebenszeit in Arbeitszeit verwandeln, sein Weib und Kind unter das Juggernautrad des Kapitals schleudern. Aber alle Methoden zur Produktion des Mehrwerths sind zugleich Methoden der Accumulation und jede Ausdehnung der Accumulation wird umgekehrt Mittel zur Entwicklung jener Methoden. Es folgt daher, daß im Maße wie Kapital accumuliert, die Lage des Arbeiters, *welches immer seine Zahlung*, sich verschlechtert. Das Gesetz endlich, welches die *relative Surpluspopulation* oder *industrielle Reservearmee stets mit Umfang und Energie der Accumulation in Gleichgewicht hält*, schmiedet den Arbeiter fester an das Kapital als den Prometheus die Keile des Hephästos an den Felsen. Es bedingt eine der *Accumulation von Kapital* entsprechende *Accumulation von Elend*. Die Accumulation von Reichthum auf dem einen Pol ist also zugleich Accumulation von Elend, Arbeitsqual, Sklaverei, Unwissenheit, Brutalisirung und moralischer Degradation auf dem Gegenpol, d.h. auf Seite der Klasse, die *ihr eignes Produkt als Kapital producirt*." (II.5/520; 23/674f)

---

immer tiefer unter die Bedingungen seiner eigenen Klasse herab. Der Arbeiter wird zum Pauper, und der Pauperismus entwickelt sich noch schneller als Bevölkerung und Reichtum" (4/473).

Vor allem der letzte Satz, wo der „Akkumulation von Reichtum" eine „Akkumulation von Elend" gegenübergestellt wird, scheint die Existenz einer „Verelendungstheorie" zu bestätigen. Berücksichtigt man jedoch den unmittelbar vorangehenden Satz, wo es um die industrielle Reservearmee geht, dann wird deutlich, daß sich die „Akkumulation von Elend", von der hier die Rede ist, auf die Lage dieser Reservearmee bezieht. Im Grunde wird nur das oben formulierte „allgemeine Gesetz der kapitalistischen Akkumulation" von der *Ausdehnung* des Pauperismus wiederholt.

Allerdings ist auch in dem ersten Teil des Zitats davon die Rede, daß sich die Lage des Arbeiters „verschlechtert". Doch sieht Marx diese Verschlechterung gerade *nicht* als Folge eines sinkenden Lohnes, denn er setzt im selben Satz hinzu „welches immer seine Zahlung". Was Marx hier mit Verschlechterung anspricht, ist überhaupt nicht ein mehr oder weniger an Konsumgütern, die für die Arbeiterhaushalte verfügbar sind[19], sondern die allgemeinen Bedingungen ihrer Existenz, als Konsequenz der (im ganz wörtlichen und nicht moralischen Sinne) „Unmenschlichkeit" der kapitalistischen Produktionsweise: *Zweck* kapitalistischer Produktion ist nichts auf den Menschen Bezogenes, sondern einzig die Verwertung des Werts. Wie Rohstoffe und Maschinen sind Arbeitskräfte bloßes *Mittel* für diese Verwertung und dementsprechend zählen die Menschen und die Befriedigung ihrer Bedürfnisse für das Kapital – ebenso wie die Pflege der Maschinen – nur insoweit sie für den Verwertungsprozeß unbedingt notwendig sind (die Kehrseite der heutzutage so viel bewunderten „Effizienz" des Kapitalismus). Sind Arbeiter und Arbeiterinnen im Produktionsprozeß nur als Teilmensch und Anhängsel der Maschine erforderlich, dann kennt das Kapital *aus sich selbst heraus* auch keine andere Tendenz als sie auf Teilmenschen und Anhängsel der Maschine zu reduzieren.[20] Dieser „Unmenschlichkeit" der kapitalistischen Produktion, der Unterordnung der Menschen unter deren nicht-menschliche Zwecke, können nur *von außen*, durch den Widerstand der Arbeiterklasse, Schranken auferlegt werden; Schranken, die sich in tarifvertraglichen wie gesetzlichen Regelungen niederschlagen. Daß mit solchen mehr oder weniger weitgehenden Schranken der Kapitalismus „gebändigt" sei, daß es womöglich gar keinen Kapitalismus, sondern nur

19) Bereits zu Beginn des 23. Kapitels hatte Marx bei einer durch die Akkumulation bedingten Verbesserung des Lohnniveaus festgehalten: „So wenig aber bessere Kleidung, Nahrung, Behandlung und ein größeres Peculium das Abhängigkeitsverhältniß und die Exploitation des Sklaven aufheben, so wenig die des Lohnarbeiters." (II.5/497f; 23/646)

20) Diese „Rücksichtslosigkeit" (was wiederum nicht moralisch gemeint ist, sondern lediglich ein bestimmtes Funktionieren charakterisiert, das auf das, was es nicht „sehen" auch keine Rücksicht nehmen kann) nicht nur gegenüber den Menschen, sondern auch gegenüber den natürlichen Grundlagen menschlichen Lebens wurde von Marx als Quintessenz am Ende seines Kapitels über Maschinerie festgehalten: „Die kapitalistische Produktion entwickelte daher nur die Technik und Kombination des gesellschaftlichen Produktionsprozesses, indem sie zugleich die Springquellen allen Reichthums untergräbt: *Die Erde und den Arbeiter*." (II.5/410f; 23/529f)

noch eine „soziale Marktwirtschaft" gebe, mag man sich in den Schönwetterperioden kapitalistischer Entwicklung (und auch da nur in den am meisten entwickelten Ländern) einbilden. Spätestens bei der nächsten *tiefen* (d.h. nicht nur kurzfristig zyklischen) Krise werden die Kapitalisten (die das individuell vielleicht sogar ernsthaft bedauern mögen) durch die Verwertungsschwierigkeiten und den Druck der Konkurrenz dazu *gezwungen* sein, die ihrem Kapital auferlegten Schranken anzugreifen. Alle erreichten Einschränkungen der Verwertung stehen dann wieder zur Disposition und sind umkämpft: nicht nur die Höhe des Lohns, auch Arbeitszeitregelungen, Kündigungsschutz, Lohnfortzahlung im Krankheitsfall bis hin zu den nicht an die einzelnen Betriebe gebundenen, ihnen aber Kosten verursachenden sozialstaatlichen Sicherungssystemen. Wird von seiten der Arbeiterklasse nicht entschiedener Widerstand geleistet, was gerade angesichts in der Krise rapide steigender Arbeitslosigkeit zunehmend schwieriger wird, dann werden diese Schranken vom Kapital eingerissen, wobei eventuell nicht einmal solche Sicherungen verschont bleiben, die – wie im letzten Kapitel kurz angesprochen – für das langfristige Funktionieren des Kapitalismus durchaus funktional sind. Mit jeder tiefen Krise wird die Lebenssituation der Arbeiterklasse prekär. Sind die Krisen aber dermaßen relevant, dann ist es von entscheidender Bedeutung, ob solche tiefen Krisen im Kapitalismus tatsächlich *notwendig* sind, oder ob sie sich vermeiden lassen, so daß ein „gebändigter" Kapitalismus vielleicht doch möglich wäre.

4. Das „Gesetz vom tendenziellen Fall der Profitrate" – eine Kritik

Die steigende Wertzusammensetzung des Kapitals, welche die Produktivkraftsteigerung durch den vermehrten Einsatz von Maschinerie mit sich bringt, dient Marx auch zur Begründung des „Gesetzes vom tendenziellen Fall der Profitrate". Mit diesem „Gesetz" will Marx eines der großen Rätsel der klassischen politischen Ökonomie lösen. Am empirischen Fakt einer langfristig fallenden Profitrate bestand im späten 18. und im 19. Jahrhundert kein Zweifel, die Erklärungen dafür waren allerdings wenig überzeugend.[21] Marx beansprucht nun nicht nur eine Erklärung gefunden zu haben; er formuliert seine Erklärung auch auf einer ganz allgemeinen Ebene, indem er dieses „Gesetz" unmittelbar nach der Verwandlung von Profit in Durchschnittsprofit, also noch vor der Spaltung des Profits in Zins, Unternehmergewinn und Rente darstellt. Der Profitratenfall soll demnach nicht nur zu einer bestimmten Ent-

---

21) Smith hatte den Profitratenfall einfach mit der bei Entwicklung der kapitalistischen Produktionsweise zunehmenden Konkurrenz der Kapitalisten begründet. Ricardo argumentierte, daß eine wachsende Bevölkerung es notwendig mache, immer schlechtere Böden zu bebauen. Dadurch würde der Getreidepreis steigen, was einerseits zur Erhöhung der Rente auf den besseren Böden und andererseits zu einer Erhöhung der Arbeitslöhne führe. Als Folge der gestiegenen Arbeitslöhne würde dann die Profitrate fallen.

wicklungsphase der kapitalistischen Produktionsweise gehören, sondern zu dieser selbst, er soll aus dem „Wesen der capitalistischen Productionsweise" abgeleitet sein (II.4.2/287; 25/223), Marx beansprucht „bewiesen" zu haben, daß der Profitratenfall „aus der Natur der Entwicklung des capitalistischen Productionsprozesses" hervorgeht (II.4.2/296; 25/231).

Mit dem Gesetz vom tendenziellen Fall der Profitrate glaubt Marx nicht nur ein zentrales Moment in der *Entwicklung* der kapitalistischen Produktionsweise erfaßt zu haben, an diesem Gesetz soll sich auch der *selbstwidersprüchliche Charakter* dieser Produktionsweise zeigen: der Fall der Profitrate resultiert für Marx nicht aus einem Mißerfolg in der Ausbeutung der Arbeitskraft, sondern gerade aus dem Erfolg der Ausbeutung. Das notwendige Mittel (Produktivkraftentwicklung zur Erhöhung der Ausbeutung) steht im unauflösbaren Widerspruch zum angestrebten Ziel (Verwertung). Der Fall der Profitrate erweist sich damit als eine vom Kapital selbst produzierte Schranke seiner Entwicklung, was die historische Beschränktheit der kapitalistischen Produktionsweise deutlich macht.[22]

Ist somit die Bedeutung, die Marx diesem Gesetz im Manuskript zum dritten Band einräumte schon enorm, so wurde es in der Rezeption der Kritik der politischen Ökonomie noch zusätzlich aufgewertet, weil im unmittelbaren Anschluß an die Darstellung dieses Gesetz die ausführlichsten Erörterungen zur Krisentheorie folgen, die sich im *Kapital* finden. Häufig wurden die von Marx analysierten Krisentendenzen als direkte Folge des Profitratenfalls aufgefaßt[23], woraus man im Umkehrschluß folgerte, daß es ohne Profitratenfall auch keine Krisen gäbe.

Seit Engels den dritten Band des *Kapital* herausgegeben hat, wurde heftig darüber gestritten, ob die Marxsche Begründung dieses Gesetzes stichhaltig ist; im Grunde ist sogar umstritten, worin diese Begründung überhaupt besteht. Und aufgrund der Bedeutung, die Marx diesem Gesetz einräumte, wurden diese Debatten oft so geführt, als ginge es um Sein oder Nichtsein der gesamten Kritik der politischen Ökonomie, womit die Relevanz dieses Gesetzes aber erheblich überschätzt wurde.

In diesem Abschnitt will ich zunächst deutlich machen, daß die Marxsche Begründung für dieses Gesetz unzureichend ist, und daß auch die verschiedenen

---

22) „Die Oekonomen also, wie Ric., die die capitalistische Productionsweise für die absolute halten, fühlen hier, daß diese Productionsweis sich selbst eine Schranke schafft und suchen diese daher nicht dieser Productionsweise, sondern der Natur (in der Lehre von der Rente) zuzuschreiben. Das Wichtige aber in ihrem horror vor der fallenden Profitrate ist das Gefühl, daß die capitalistische Productionsweise an der Entwicklung der Productivkräfte Schranken findet, die an und für sich nichts mit der Production des Reichthums zu thun haben und diese *eigenthümliche* Schranke bezeugt die *Beschränktheit* und den nur historischen Charakter dieser Productionsweise und daß sie keine für die Production des Reichthums *absolute* Productionsweise ist, vielmehr mit seiner Fortentwicklung auf einer gewissen Stufe in Conflict tritt." (II.4.2/310; 25/252)

23) Was durch einige Bemerkungen von Marx, wie etwa die, daß der Profitratenfall „beständig durch Crisen überwunden werden muß" (II.4.2/332; 25/268), noch begünstigt wurde.

in der Diskussion eingeführten Hilfskonstruktionen nicht ausreichend sind, um das nachzuweisen, was Marx zeigen wollte, die Existenz einer aus dem Wesen der kapitalistischen Produktionsweise entspringenden und sich langfristig durchsetzenden Tendenz zum Profitratenfall. Damit soll nicht abgestritten werden, daß die Profitrate fallen kann, sie kann fallen ebenso wie sie steigen kann. Das Problem ist aber, ob sich eine langfristig dominierende Tendenz aus den Grundbestimmungen der Dynamik der kapitalistischen Produktionsweise ableiten läßt.[24] Und dafür scheinen mir die von Marx selbst, sowie die von anderen vorgebrachten Argumente nicht ausreichend zu sein. Allerdings sollte in dem Rest des Kapitels, das sich mit der Krisentheorie beschäftigt, auch deutlich werden, daß die Krisentendenzen des Kapitalismus gerade *nicht* auf einer Tendenz zum Profitratenfall beruhen. D.h. auch wenn man das Gesetz vom tendenziellen Fall der Profitrate als Fehlkonstruktion aus der Kritik der politischen Ökonomie entfernt, ist damit kein zentrales Element verschwunden, sondern eines, auf das man auch ganz gut verzichten kann.[25]

Marx begründet das Gesetz vom tendenziellen Fall der Profitrate mit dem, was er im ersten Band des Kapital als „spezifisch kapitalistische Produktionsweise" bezeichnet: Produktion des relativen Mehrwerts mittels vermehrten Einsatzes von Maschinerie. Damit wird einerseits der Grad der Ausbeutung der Arbeit und damit auch die Mehrwertrate gesteigert, andererseits ist aber ein erhöhter Einsatz von konstantem Kapital notwendig, der sich dann in einem tendenziellen Fall der Profitrate niederschlagen soll. Zur genaueren Begründung des Falls der Profitrate findet man bei Marx drei verschiedene Argumentationsansätze. Auch diejenigen Diskussionsbeiträge, die die Marxsche These stützen wollten, gingen, soweit ich dies erkennen kann, nicht grundsätzlich über diese drei Ansätze hinaus, sofern sie am Marxschen Grundgedanken festhielten, den Profitratenfall aus der kapitalistischen Form der Pro-

---

24) Dies ist eine wesentlich *theoretische* Debatte. Eine empirische Prüfung steht zunächst einmal vor dem Problem, daß die Durchschnittsprofitrate gar nicht unmittelbar beobachtbar ist, man allenfalls versuchen kann, aus statistisch erfaßten Größen Indikatoren für die Bewegung der Profitrate zu bilden (vergl. zu einem solchen Versuch der Indikatorenbildung Altvater u. a. 1974 sowie die sich auf darauf beziehende Diskussion in Prokla 24, 1976). Aber auch abgesehen von solchen Problemen ist weder die Beobachtung einer steigenden Profitrate eine Widerlegung dieses Gesetzes – behauptet wird nur ein *tendenzieller* Fall –, noch ist die Beobachtung einer sinkenden Profitrate bereits eine Bestätigung – es müßte gezeigt werden, daß der Fall aufgrund der von Marx ausgemachten Gründe stattfindet. Den Versuch einer langfristigen empirischen Prüfung unternahm Gillman (1957), der damit eine interessante Debatte auslöste. Wichtige Beiträge sind in Rolshausen (1970) gesammelt.

25) Da es die Durchschnittsprofitrate ist, die fallen soll, müßte dieses Gesetz eigentlich auf der Ebene von Produktionspreisen diskutiert werden. Aufgrund seiner inkorrekten Transformation von Werten in Produktionspreise (vgl. dazu das vorangegangene Kapitel) geht Marx jedoch davon aus, daß er auf gesamtgesellschaftlicher Ebene weiter mit Wertgrößen rechnen kann. Da es mir darum geht aufzuzeigen, daß die Marxsche Begründung des Gesetzes bereits auf der Wertebene unzureichend ist, ist es nicht nötig, sich mit den zusätzlichen Verwicklungen zu beschäftigen, die entstehen, wenn man die Transformation von Werten in Produktionspreise berücksichtigt.

duktivkraftsteigerung zu erklären und nicht etwa ganz andere Momente einführten, wie etwa die Zunahme unproduktiver Arbeit. Daß es bei diesen drei grundlegenden Argumentationsvarianten blieb, ist keineswegs zufällig: die drei Ansätze beruhen auf drei grundsätzlich unterschiedlichen Weisen, die Profitrate darzustellen und eine vierte wurde bisher noch nicht angegeben.

Erste Variante. Sehen wir (wie dies meistens auch bei Marx der Fall ist) von der Existenz von fixem Kapital und unterschiedlichen Umschlagszeiten des variablen und des konstanten Kapitals ab[26], dann gilt für die Profitrate p ganz allgemein:

(1) $$p = \frac{m}{c + v}$$

Kürzt man diesen Ausdruck durch v ergibt sich:

(2) $$p = \frac{m/v}{c/v + 1}$$

Die Profitrate ist jetzt in Abhängigkeit von Mehrwertrate und Wertzusammensetzung dargestellt und mit diesen beiden Größen argumentiert Marx zu Beginn des Kapitels über den tendenziellen Fall der Profitrate. Er gibt zunächst ein Zahlenbeispiel, bei dem eine *konstante Mehrwertrate* mit einer *wachsenden organischen Zusammensetzung*[27] einhergeht. In diesem Fall ist klar, daß die Profitrate fällt und Marx behauptet, daß dieses Beispiel auch die Tendenz der kapitalistischen Entwicklung wiedergebe (II.4.2/285-289; 25/221-223).
Da Marx erst später, bei den entgegenwirkenden Ursachen, die Erhöhung des Exploitationsgrades der Arbeit nennt (II.4.2/302f; 25/242f), entstand vielfach der Eindruck, er begründe das Gesetz vom tendenziellen Fall der Profitrate unter *Voraussetzung* einer konstanten Mehrwertrate. Dies führte dann zu dem Vorwurf, Marx mache einen grundlegenden methodischen Fehler, indem er die beiden mit der Steigerung der Produktivkraft untrennbar verbundenen Momente – steigende Wertzusammensetzung und steigende Mehrwertrate – willkürlich auseinanderreiße, das erste Moment als dominierendes betrachte und den Effekt des zweiten von vornherein als bloß „entgegenwirkende" Ursache bagatellisiere (so schon Bortkiewicz 1906/7, ebenso Sweezy 1942, S.124f und Robinson 1942, S.56f). Dieser Vorwurf wird der Marxschen Argumentation jedoch aus zwei Gründen nicht gerecht. Zum einen erwähnt

26) Durch diese Vereinfachung ändert sich nichts grundsätzliches. Ist Fixkapital vorhanden, dann ergibt sich unsere Darstellungsweise, wenn man die betrachtete Periode auf die Lebensdauer des Fixkapitals ausdehnt.

27) Es sei hier daran erinnert, daß der Begriff der „organischen Zusammensetzung", wie ihn Marx im Manuskript zum dritten Band verwendet, nicht identisch ist mit demjenigen, den Engels in die dritte deutsche Auflage des ersten und in den von ihm herausgegebenen dritten Band des *Kapital* eingefügt hat (vergl. oben den zweiten Abschnitt).

Marx die steigende Mehrwertrate bereits zu Beginn des Kapitels und behauptet einen Fall der Profitrate *auch bei steigender Mehrwertrate*. Ob er diese Behauptung begründen kann, wird noch zu untersuchen sein, aber auf jeden Fall formuliert er sein Gesetz vom tendenziellen Fall der Profitrate *nicht* unter Voraussetzung einer konstanten Mehrwertrate. Und zum zweiten ist das, was er später als entgegenwirkende Ursache betrachtet, nicht eine Erhöhung des Exploitationsgrades aufgrund gesteigerter Produktivität wie die Kritiker meinen, sondern aufgrund einer *anderen* Ursache, nämlich der Intensivierung der Arbeit und der Verlängerung der Arbeitszeit.

Auch wenn Marx nicht den ihm unterstellten methodischen Fehler macht, Zusammengehöriges auseinanderzureißen, bleibt doch erst einmal das Problem, daß er lediglich *behauptet*, die Profitrate falle mit steigender Wertzusammensetzung, auch wenn sich die Mehrwertrate erhöhe. Daß im Verlauf kapitalistischer Entwicklung die Mehrwertrate steigt, ist klar. Daß die Wertzusammensetzung steigt, kann zwar nicht mit derselben Sicherheit angenommen werden; die oben im zweiten Abschnitt geführte Diskussion machte aber deutlich, daß es außergewöhnlicher Umstände bedarf, damit die Wertzusammensetzung nicht steigt, so daß es zumindest plausibel ist, daß im Laufe kapitalistischer Entwicklung nicht nur die Mehrwertrate, sondern auch die Wertzusammensetzung zunimmt. Soll nun gezeigt werden, daß die Profitrate eine Tendenz zum Fallen hat, müßte nachgewiesen werden, daß zumindest langfristig die Wertzusammensetzung *schneller* steigt als die Mehrwertrate.[28]

Irgendwelche Aussagen über die *Geschwindigkeit*, mit der die Wertzusammensetzung zunimmt, scheinen aber aus prinzipiellen Gründen nicht möglich zu sein: die Wertzusammensetzung wächst, da die zusätzliche Produktivkraft der Arbeit durch zusätzliches konstantes Kapital „erkauft" wurde. *Wieviel* zusätzliches konstantes Kapital letztlich nötig ist, hängt aber von den technischen Umständen und von der Entwicklung des Wertes der Elemente des kon-

---

28) Zu Recht hebt Stamatis (1977) hervor, daß der Profitratenfall an *drei* Voraussetzungen geknüpft ist (steigende Mehrwertrate, steigende Wertzusammensetzung, Wertzusammensetzung steigt schneller als Mehrwertrate) und daß Marx der Auffassung ist, er habe alle drei Voraussetzungen bereits im ersten Band des *Kapital* nachgewiesen, sie würden gerade das ausmachen, was er als „spezifisch kapitalistische Produktionsweise" bezeichnet habe. Insofern sei das Marxsche Gesetz formallogisch *konsistent* (es folgt aus den gemachten Voraussetzungen), allerdings müsse seine *Gültigkeit* geprüft werden, d.h. das tatsächliche Vorliegen der Voraussetzungen. Hier kommt Stamatis zum Ergebnis, daß diese Voraussetzungen im 19. Jahrhundert, beim Übergang von der Manufaktur zum Maschinensystem sowie in den Anfängen der Entwicklung des Fabrikwesen vorgelegen hätten, im 20. Jahrhundert, bei voll entwickeltem Maschinensystem aber nicht mehr vorliegen würden. Entscheidend für Marx ist aber nicht allein die von Stamatis betonte formallogische Konsistenz, sondern der Nachweis, daß die drei Voraussetzungen, aus denen der Fall der Profitrate folgt, Konsequenz kapitalistischer Produktivkraftentwicklung im allgemeinen (und nicht nur in einer bestimmten Phase) sind. Daher kommt es gerade darauf an, wie Marx, die auch im ersten Band nur *behauptete* dritte Voraussetzung zu begründen versucht: Die weiter unten diskutierte zweite und dritte Begründungsvariante des Gesetzes stellt den Versuch dar, die Notwendigkeit eines expliziten Nachweises dieser dritten Voraussetzung zu umgehen.

stanten Kapitals ab, im einen Fall mag eine bestimmte Erhöhung der Produktivität viel zusätzliches konstantes Kapital erforderlich machen, im anderen Fall wenig, eine allgemeine Aussage läßt sich jedoch nicht begründen. Können wir aber keine allgemeine Aussage darüber machen, wovon die Geschwindigkeit des Wachstums der Wertzusammensetzung abhängt, dann kann man auch nichts darüber aussagen, ob die Wertzusammensetzung schneller oder langsamer als die Mehrwertrate steigen wird, so daß die Entwicklung der Profitrate unbestimmt bleibt.

Ein in diesem Zusammenhang häufig vorgetragenes Argument lautet nun: ist die Mehrwertrate bereits sehr hoch, dann kann durch eine weitere Erhöhung der Produktivkraft der Mehrwert nur minimal gesteigert werden, so daß der Profitratenfall durch eine steigende Mehrwertrate schließlich nicht mehr aufgehalten werden könne (so etwa Rosdolsky 1968, S.479f). Dabei wird jedoch Mehrwert*masse* mit Mehrwert*rate* durcheinandergeworfen: Zerfällt der Arbeitstag in 2 Stunden notwendiger Arbeit und 6 Stunden Mehrarbeit, dann wird bei einer Halbierung des Werts der Arbeitskraft lediglich eine Stunde Mehrarbeit gewonnen, bei einer weiteren Halbierung lediglich eine halbe Stunde etc. Die Mehrwertrate steigt allerdings von 6/2 (= 300%) auf 7/1 (= 700%) bis schließlich im letzten Fall auf 7,5/0,5 (= 1500%). D.h. die Mehrwert*rate*, die in der zugrunde gelegten Profitratenformel eine Rolle spielt, kann unbegrenzt wachsen – nicht weil sich die Mehrwert*masse*, die als Zähler der Mehrwertrate auftaucht, unbegrenzt vermehren würde, sondern weil der *Wert der Arbeitskraft*, der Nenner der Mehrwertrate, sich vermindert. Will man jedoch die Mehrwert*masse* anstelle der Mehrwert*rate* betrachten, dann darf man ihr nicht die *Wertzusammensetzung* (deren Steigen wird als plausibel unterstellt haben) gegenüberstellen, sondern das *Gesamtkapital*, denn nun hat man es nicht mehr mit Formel (2) sondern mit Formel (1) zu tun. D.h. der Zuwachs der Mehrwertmasse, die von einer Arbeitskraft pro Arbeitstag geliefert werden kann, ist jetzt mit dem Zuwachs des (pro Arbeitskraft und Arbeitstag) vorgeschossenen Gesamtkapitals c + v zu vergleichen. Um den Profitratenfall nachzuweisen, müßte gezeigt werden, daß das Gesamtkapital nicht nur wächst, sondern daß es *schneller* wächst als die Mehrwertmasse. Da aber v abnimmt (sonst würde die Mehrwertmasse nicht wachsen) muß c so stark wachsen, daß die Abnahme von v *und* die Zunahme von m kompensiert wird. Daß dies aber der Fall ist, versteht sich nicht von selbst, sondern müßte erst gezeigt werden.

Dasselbe fehlerhafte Argument findet sich in vielfachen Variationen wieder. So präsentiert z.B. Schmiede (1973, S.143f) ein Beispiel, indem er davon ausgeht, daß bereits zwei Drittel des (konstanten) Arbeitstages Mehrarbeit darstellen, um dann zu folgern, daß bei einer Verdopplung des Gesamtkapitals der Profitratenfall durch einen Anstieg der Mehrwertrate nicht aufgehalten werden könne, da sich dann auch die Mehrwertmasse verdoppeln müßte, was aber nicht möglich sei, da schon 2/3 des Arbeitstages als Mehrarbeit verausgabt werde. Auch hier liegt das Problem in der vorausgesetzten Verdopplung des Gesamtkapitals. Eine solche Verdopplung könnte nur dann problemlos angenommen werden, wenn gezeigt worden wäre, daß das pro Arbeitskraft und Arbeitstag benötigte konstante Kapital im Laufe der Entwicklung über alle Grenzen wächst. Wir werden auf dieses Problem bei der dritten Variante der Begründung des Profitratenfalls zurückkommen.

Zweite Variante. Daß Marx zu Beginn des Kapitels, wo er den Profitratenfall nachweisen will, eine steigende Mehrwertrate nur beiläufig erwähnt, liegt daran, daß er auch ohne direkten Vergleich der Wachstumsgeschwindigkeiten von Mehrwertrate und Wertzusammensetzung glaubt zeigen zu können, daß eine steigende Mehrwertrate den Profitratenfall nicht aufhalten kann. Dies erfolgt in zweierlei Weise, womit wir bei den Argumentationsvarianten zwei und drei wären. Die eine Variante (die ich unten als dritte bespreche) wird gleich zu Beginn des Kapitels angedeutet, die andere, die nun diskutiert werden soll, demonstriert Marx mit Hilfe eines Zahlenbeispiels an einer späteren Stelle.[29] Marx hält zunächst fest, daß sich die Entwicklung der Produktivkraft der Arbeit in doppelter Weise niederschlägt:

„In der Vermehrung der Surplusarbeit, i.e. der Abkürzung der nothwendigen Arbeitszeit, die zur Reproduction des Arbeitsvermögens erheischt ist. Zweitens in der Abnahme der Arbeitskraft (Arbeiteranzahl), die überhaupt angewandt wird, um ein gegebnes Capital in Bewegung zu setzen." (II.4.2/321; 25/257)

Beide Momente wirken gegensätzlich auf die Profitrate: die Vermehrung der Surplusarbeit steigert sie, die Senkung der von einem gegebenem Kapital angewandten Zahl von Arbeitern senkt sie. Marx geht hier also von folgender Darstellung der Profitrate aus (wobei e den Mehrwert pro Arbeitskraft und N die Zahl der beschäftigten Arbeitskräfte bezeichnet):

$$p = \frac{e\,N}{c + v}$$

Marx glaubt nun zeigen zu können, daß die Abnahme von N letzten Endes jede nur mögliche Steigerung von e kompensieren werde:

„Zwei Arbeiter können nicht dieselbe Masse Mehrwerth liefern, wie 24, die jeder nur 2 Stunden arbeiten [offensichlich ist gemeint: die jeder nur 2 Stunden Mehrarbeit liefern, M.H.], selbst wenn jene von der Luft leben könnten und daher gar nicht für sich selbst zu arbeiten hätten. Das Ersetzen der Anzahl der Arbeiter durch Steigerung des Exploitationsgrads der Arbeiter, hat also gewisse nicht überschreitbare Grenzen, und kann daher den Fall der Profitrate aufhalten, verlangsamen, aber nicht aufheben." (II.4.2/321f; 25/257f)

Zwar ist es richtig, daß zwei Arbeiter an einem Tag nie die 48 Stunden Mehr-

---

29) Daß Marx immer wieder Ansätze unternimmt, das Gesetz zu beweisen, das doch eigentlich schon nach den ersten Seiten des Kapitels klar sein sollte, läßt vermuten, daß er von seinen eigenen Argumenten nicht ganz überzeugt war.

arbeit liefern können, die 24 Arbeiter bei nur zweistündiger Mehrarbeit erreichen. Entscheidend für den Fall der Profitrate ist aber die von Marx hier ohne weiteres gemachte Voraussetzung, daß für die Beschäftigung der 2 Arbeiter ein Kapital *derselben* Größe erforderlich ist, wie vorher für die Beschäftigung der 24. Diese Voraussetzung ist aber alles andere als selbstverständlich. Da sich nicht nur die Zahl der Arbeiter auf 1/12 verringert hat, sondern sich auch der Wert der Arbeitskraft stark vermindert hat, ist das benötigte variable Kapital erheblich kleiner geworden. Soll nun das vorgeschossene Kapital gleich geblieben sein, dann reicht es nicht aus, daß das benötigte konstante Kapital *zugenommen* hat, es muß um *einen bestimmten Betrag zugenommen haben*, nämlich um so viel wie sich das variable Kapital vermindert hat. D.h. Marx unterstellt stillschweigend eine bestimmte Steigerung der Wertzusammensetzung, die die Erhöhung der Mehrwertrate kompensiert. Daß diese Steigerung der Wertzusammensetzung aber tatsächlich notwendig ist, wird nicht begründet, sondern einfach angenommen.

Ist das konstante Kapital aber nicht in dem unterstellten Ausmaß angestiegen, dann hat sich nicht nur die Mehrwertmasse, sondern auch das zu seiner Produktion benötigte Kapital vermindert und die Entwicklung der Profitrate hängt davon ab, welche der beiden Größen prozentual stärker gefallen ist. Die von Marx hier geltend gemachten „unüberschreitbare Grenzen“ bei der Kompensation einer verminderten Zahl beschäftigter Arbeiter durch eine Erhöhung des Ausbeutungsgrades trifft zwar auf die *Masse* des Mehrwerts zu[30], daraus aber auf einen Fall der Profitrate zu schließen, ist fehlerhaft.

Dritte Variante. Sie findet sich bereits zu Beginn des Kapitels, wo sie deutlich machen soll, daß die steigende Mehrwertrate nicht gesondert untersucht werden muß, da sie den Fall der Profitrate nicht aufhalten könne:

> „Es ergibt sich ganz einfach, daß da die Masse der angewandten lebendigen Arbeit stets abnimmt im Verhältniß zu der Masse der von ihr in Bewegung gesetzten gegenständlichen Arbeit, den productiv consumirten Arbeitsmitteln, auch der Theil dieser lebendigen Arbeit, der unbezahlt ist und sich im Mehrwerth ausdrückt eine stets abnehmende Proportion bilden muß zum Werthumfang des Gesammtcapitals. Dieß Verhältniß des Mehrwerths zum Werth des angewandten Gesammtcapitals bildet aber die *Profitrate*, die daher beständig fallen muß.“ (II.4.2/287; 25/223)

Marx stellt hier die gesamte lebendige Arbeit, die durch v + m ausgedrückt wird, der im konstanten Kapital c vergegenständlichten Arbeit gegenüber, er betrachtet also das Verhältnis (v + m) / c . Daß dieses Verhältnis abnimmt, ist ihm nur ein anderer Ausdruck dafür, daß die Produktivkraft der Arbeit steigt. Aus der Abnahme von v + m gegenüber c, folgert Marx, daß irgendwann auch m im Verhältnis nicht nur zu c, sondern zum Gesamtkapital (c + v) abnehmen müsse. Es sind also zwei verschiedene Aussagen zu prüfen:

---

30) Daher ist es berechtigt, daß Marx ein fast identisches Zahlenbeispiel im ersten Band präsentiert, wo es nur um den Mehrwert und noch nicht um die Profitrate ging (vergl. II.5/243, 334; 23/323, 429).

(1) Die Größe (v + m) / c nimmt mit der Entwicklung der Produktivkraft ab,
(2) Aus der Abnahme von (v + m) / c folgt längerfristig die Abnahme von m / (c + v).

Beginnen wir mit dem zweiten Punkt. Wie unschwer zu erkennen ist gilt:

$$\frac{m}{c+v} < \frac{v+m}{c}$$

Das Verhältnis von lebendiger zu vergegenständlichter Arbeit bildet die Obergrenze für die mögliche Höhe der Profitrate, sie würde dann erreicht, wenn v gegen Null gehen würde. Marx schließt somit aus dem *Fall der Obergrenze* der Profitrate, daß irgendwann auch die Profitrate selbst fallen müßte. Dieser Schluß ist aber nur dann zwingend, wenn diese Obergrenze *beliebig klein* wird und sich nicht nur einem positiven Grenzwert von oben annähert. In einem solchen Fall könnte die Profitrate sogar beständig steigen, indem sie sich diesem Grenzwert von unten annähert. Damit wird klar, was beim ersten Punkt alles gezeigt werden muß: es muß nicht nur gezeigt werden, daß das Verhältnis (v + m) / c überhaupt abnimmt, es muß gezeigt werden, daß diese Abnahme keine positive Untergrenze besitzt, sondern gegen Null geht. D.h. umgekehrt, daß bei gegebener Größe von v + m der Wert von c gegen Unendlich wachsen muß.[31]

Kommen wir damit zum ersten Punkt. Gesteigerte Produktivkraft der Arbeit bedeutet, daß dieselbe Menge lebendiger Arbeit ein immer größeres Quantum von Produkten hervorbringt, also ein immer größeres Quantum von Rohstoffen verarbeitet und (zumindest häufig) immer aufwendigere Maschinen benutzt. Es kommt aber nicht auf die „Menge" der verarbeiteten Produktionsmittel an, sondern auf ihren Wert und mit der gesteigerten Produktivkraft vermindert sich auch der Wert sowohl der Rohstoffe wie der Maschinerie. Ob sich der Wert von c letztlich vergrößert oder nicht hängt davon ab, ob die erhöhte Produktionsmittelmenge durch ihre Verbilligung kompensiert wird oder nicht. Wie bereits weiter oben (vergl. S.319f) diskutiert wurde, geht Marx im ersten Band des *Kapital* davon aus, daß eine vollständige Kompensation nicht möglich sei, ohne dies jedoch zu begründen. Im Manuskript zum dritten Band spricht Marx dieses Problem erst bei den dem Profitratenfall entgegenwirkenden Ursachen an, und begnügt sich dort mit der bloßen Behauptung, daß die Produktivkraftsteigerung verhindere,

---

31) In genau dieser Annahme sieht Holländer (1974) die von Marx unterstellte Voraussetzung des Profitratenfalls. Daher hält er, ähnlich wie Stamatis, wenn auch aus einem etwas anderen Grund, die formallogische *Konsistenz* der Marxschen Argumentation für gesichert. Allerdings bezweifelt auch Holländer, daß die angenommene Voraussetzung des Profitratenfalls, das unbegrenzte Ansteigens der vergegenständlichten gegenüber der lebendigen Arbeit tatsächlich stattfindet; zumindest sei die Marxsche Begründung nicht zwingend (ebd., S.127). In der Diskussion wurde die bloße *Konsistenz*, die Holländer nachweisen will, häufig schon als Beweis für die *Gültigkeit* des Gesetzes vom tendenziellen Fall der Profitrate angesehen.

„daß der Werth des constanten Capitals, obgleich er beständig wächst, im *selben Verhältnisse* wachse, wie der materielle Umfang des constanten Capitals" (II.4.2/305; 25/246)

Er gesteht aber zu:

„In einzelnen Fällen kann die Masse des constanten Capitals steigen, ohne daß sein Werth überhaupt alterirt wird. Er mag sogar in umgekehrter Richtung fallen." (Ebd.)

Die Kompensation der gewachsenen Menge durch die Verbilligung soll also die Ausnahme sein. Warum dies so sein soll, wird aber nicht weiter begründet.[32] Zwar hat Marx in vielen Fällen die Anschauung auf seiner Seite, doch wenn dies das entscheidende Argument ist, dann würde sich das Gesetz vom tendenziellen Fall der Profitrate auf die bloße Beobachtung eines Sachverhalts reduzieren, der sich jederzeit ändern kann.

Das Problem, ob (v + m) / c im Laufe der Entwicklung sinkt oder nicht, erinnert an die Untersuchung der Entwicklung der Wertzusammensetzung c/v im zweiten Abschnitt dieses Kapitels. In vielen Beiträgen wird unterstellt, daß eine steigende Wertzusammensetzung gleichbedeutend sei mit einem abnehmenden Verhältnis von lebendiger zu vergegenständlichter Arbeit. Dieser häufig gezogene Schluß ist aber falsch: die Wertzusammensetzung c/v kann steigen, während (v + m) / c konstant bleibt. Die Entwicklung von c/v hängt nämlich von c *und* v ab, so daß c/v allein schon aufgrund der Abnahme von v (sinkender Wert der Arbeitskraft) wächst, auch wenn c konstant bleibt (falls die Verbilligung der Elemente von c ihre Vermehrung kompensiert). Auf das Verhältnis von lebendiger zu vergegenständlichter Arbeit hat die Entwicklung von v dagegen keinen Einfluß, denn in diesem Ausdruck wird jede Verminderung von v durch eine entsprechende Vermehrung von m ausgeglichen. Dies ist gewissermaßen der Preis dafür, daß der Ausdruck (v + m) / c so gewählt wurde, daß die Mehrwertrate (die von Veränderungen von v abhängt) keine Rolle mehr spielt: die Veränderung dieses Ausdrucks hängt jetzt ganz allein von c ab.

Die Elemente des eingesetzten konstanten Kapitals bestehen einerseits aus Rohmaterialien, andererseits aus Maschinerie. Die Menge der Rohmaterialien, die verarbeitet werden, steigt mit der Produktivkraft der Arbeit: verdoppelt sich deren Produktivkraft, werden also in derselben Arbeitszeit doppelt so viele Produkte produziert, dann ist auch die doppelte Menge an Roh- und Hilfsstoffen erforderlich (wenn man von Einsparungen aufgrund von Ökonomisierungsprozessen, wie sie auch von Marx erwähnt werden, absieht). Entspricht aber die Verdopplung der Produktivkraft, die hier als Beispiel gewählt wurde, dem gesellschaftlichen Durchschnitt, dann müssen wir unterstellen, daß sie näherungsweise auch für die Branchen zutrifft, in denen die Rohmate-

32) Ähnlich verhält es sich auch mit einer anderen Stelle (II.4.2/319; 25/239f), wo Marx „abstrakt betrachtet" die Möglichkeit eines Steigens der Profitrate einräumt. Die dabei erwähnte *gleichmäßige* Steigerung der Produktivkraft in allen Bereichen, ist dafür jedoch völlig irrelevant.

rialien hergestellt werden. Wertmäßig wird dann die Verdopplung ihrer Menge durch die Verdopplung der Produktivkraft kompensiert. Eine Steigerung des Werts von c müßte dann vor allem Resultat immer teurerer Maschinerie sein. Hier kann man aber überhaupt keine allgemeinen Aussagen machen: bei ihrer erstmaligen Einführung mag die neue Maschine teurer gewesen sein als die alte, mit der Verallgemeinerung der Produktivkraftsteigerung wird sich auch diese Maschinerie verbilligen. Um wieviel die Maschinerie ursprünglich teurer war, läßt sich aber genauso wenig allgemein bestimmen, wie ihre anschließende Verbilligung, so daß sich eine gesetzmäßige Aussage über ein Ansteigen von c im Vergleich zu v + m nicht begründen läßt. Zwar kann es zu einem solchen Ansteigen kommen, daß dies aber eine ständige, aus der Natur kapitalistischer Produktivkraftentwicklung entspringende Tendenz ist, läßt sich nicht nachweisen. Erst recht ist damit zweifelhaft, was die Voraussetzung für den Fall der Profitrate ist: daß c gegenüber v + m nicht nur *wächst*, sondern daß es *ohne jede Schranke wächst*, so daß der Ausdruck (v + m) / c schließlich gegen Null geht.[33]

Egal mit welcher Argumentationsvariante wir uns einer Bestimmung der Profitratenbewegung nähern, stets stehen wir vor dem gleichen Problem. Wir finden zwei veränderliche Größen (Mehrwertrate und Wertzusammensetzung, Mehrwertmasse und Kapitalgröße, Vermehrung und Verbilligung der Elemente des konstanten Kapitals) von denen man die langfristige Bewegungsrichtung kennt. Für die Bewegungsrichtung der Profitrate kommt es aber auf das *Verhältnis* der Bewegung dieser beiden Größen an, welche verändert sich im Vergleich zur anderen schneller und dominiert damit das Geschehen. Ein solcher Vergleich läßt sich aber mit den qualitativen Informationen, die sich lediglich auf die Bewegungsrichtung der zu vergleichenden Größen bezieht, gar nicht anstellen. Daher ist der von Marx angestrebte allgemeine Nachweis, daß die Profitrate aufgrund der kapitalistischen Entwicklung der Produktivkräfte zwangsläufig eine Tendenz zum Fallen haben muß, gar nicht möglich.

Bisher wurde lediglich gezeigt, daß die Argumente, die den tendenziellen Fall der Profitrate begründen sollen, unzureichend sind, so daß über die langfristige Bewegung der Profitrate auf der erreichten Darstellungsebene nichts ausgesagt werden kann. Für die Frage des Profitratenfalls sind aber nicht nur die im dritten Band des *Kapital* genannten Argumente relevant, sondern auch ein Argument aus dem ersten Band, das im dritten Band nur beiläufig erwähnt wird: daß nämlich bei Einführung einer neuen Produktionsmethode der Aufwand an zusätzlichem konstantem Kapital durch die Einsparung an variablem Kapital begrenzt wird (vergl. oben den zweiten Abschnitt). D.h. die ursprüngliche Vermehrung des konstanten Kapitals kann *nicht* beliebig groß sein. Für

33) Ein grenzenloses Wachstum von c war auch die Voraussetzung für die weiter oben erwähnten Argumente von Rosdolsky und Schmiede.

die Produktivkraftsteigerung, die mit den neuen Methoden erreicht wird, kann man dagegen keine Grenze angeben: sie kann hoch oder niedrig ausfallen. Betrachten wir nun ein Einzelkapital, das als Durchschnittsexemplar des gesellschaftlichen Gesamtkapitals gelten soll. Vor Einführung der neuen Produktionsmethode gilt dann für den Wert w_1 der produzierten Ware, sowie für die Profitrate p_1 :

(1) $$w_1 = c_1 + v_1 + m_1$$ (2) $$p_1 = \frac{m_1}{c_1 + v_1}$$

Die neue Produktionsmethode führt zur Vermehrung des verbrauchten konstanten Kapitals um Δc_1 und zur Verminderung des variablen Kapitals um Δv_1. Eingeführt wird die Methode nur wenn gilt $\Delta c_1 < \Delta v_1$, so daß sich der Kostpreis des Kapitalisten vermindert. Verkauft er die Ware zu ihrem bisherigen Wert w_1, dann realisiert er nicht nur den bisherigen Mehrwert m_1 sondern einen Extramehrwert in Höhe von $\Delta v_1 - \Delta c_1$ und seine individuelle Profitrate steigt, da sich sowohl die angeeignete Mehrwertmasse erhöht, als auch der benötigte Kapitalvorschuß vermindert hat. Nach einer Verallgemeinerung der Produktionsmethode verschwindet der Extramehrwert, die Ware besitzt jetzt einen neuen, geringeren Wert w_2 . In diesem neuen Wert drückt sich sowohl die Steigerung der Produktivkraft der Arbeit in der betreffenden Branche aus, als auch die gleichzeitig stattfindende Steigerung der Produktivkraft in anderen Branchen, die die Produktionsmittel und den Wert der Arbeitskraft verbilligt haben. Es hat sich daher die Größe jedes der Bestandteile des Warenwerts geändert, so daß wir zunächst einmal rein formal schreiben können

(3) $$w_2 = c_2 + v_2 + m_2$$

Für die neue Profitrate p_2 gilt dann ebenfalls rein formal:

(4) $$p_2 = \frac{m_2}{c_2 + v_2}$$

Um nun die alte Profitrate p_1 mit der neuen Profitrate p_2 vergleichen zu können, müssen wir die neuen Bestandteile des Warenwerts c_2 , v_2 und m_2 mit Hilfe der alten Größen c_1 , v_1 und m_1 ausdrücken. Um dies zu erreichen, untersuchen wir die Verbilligungen, die durch die neuen Produktionsmethoden eingetreten sind. Gegenüber dem alten Wert w_1 hat sich die Ware um einen Faktor k verbilligt, es gilt also

(5) $$c_2 + v_2 + m_2 = k\,(c_1 + v_1 + m_1\,)$$

Da das betrachtete Kapital als Durchschnittsexemplar gilt, soll der Faktor k, um den sich die von ihm produzierte Ware verbilligt, auch der Durchschnittsfaktor der Verbilligung in der gesamten Wirtschaft sein, d.h. um diesen Faktor verbilligen sich sowohl die Elemente des konstanten Kapitals als auch der Wert der Arbeitskraft.[34] Damit sind wir in der Lage c_2 und v_2 mit Hilfe von c_1 und v_1 auszudrücken:

(6) $$c_2 = k\,(c_1 + \Delta c_1)$$

(7) $$v_2 = k\,(v_1 - \Delta v_1)$$

Setzen wir nun die Gleichungen (6) und (7) in Gleichung (5) ein und stellen nach m_2 um, so erhalten wir:

(8) $$m_2 = k\,(m_1 + \Delta v_1 - \Delta c_1)$$

Durch die Gleichungen (6) – (8) ist es gelungen die neuen Größen c_2 , v_2 und m_2 mit Hilfe der alten Größen c_1 , v_1 und m_1 auszudrücken, was den Vergleich der alten mit der neuen Profitrate erlaubt. Setzen wir die Gleichungen (6) -(8) in Gleichung (4) ein, so erhalten wir:

(9) $$p_2 = \frac{k\,(m_1 + \Delta v_1 - \Delta c_1)}{k\,(c_1 + \Delta c_1) + k\,(v_1 - \Delta v_1)}$$

und nach kürzen durch k:

(10) $$p_2 = \frac{m_1 + \Delta v_1 - \Delta c_1}{c_1 + v_1 + \Delta c_1 - \Delta v_1}$$

Da aber $\Delta c_1 < \Delta v_1$ ist, folgt: $\Delta v_1 - \Delta c_1 > 0$ und $\Delta c_1 - \Delta v_1 < 0$. Vergleicht man nun Formel (10) mit dem Ausdruck (2) für die Profitrate p_1 , so erkennt man, daß sich der Zähler (um $\Delta v_1 - \Delta c_1$) vergrößert und der Nenner (um $\Delta c_1 - \Delta v_1$) verkleinert hat. Beide Veränderungen vergrößern bereits für sich genommen den Quotienten, so daß gilt:

$$p_2 > p_1$$

Unter Berücksichtigung des von Marx im ersten Band entwickelten Kriteriums für die Verwendung zusätzlichen konstanten Kapitals, ist die Profitrate aufgrund der kapitalistischen Entwicklung der Produktivkräfte also nicht gefallen, sondern gestiegen.[35] Auf der von Marx gewählten Abstraktionsebene

34) Diese Annahme ist unproblematisch. Unterscheiden sich die Verbilligungsfaktoren in den Abteilungen I und II, dann können wir denjenigen als „Durchschnittsfaktor“ benutzen, bei dem die neue Profitrate am kleinsten wird und rechnen weiter wie im Text. Dabei zeigt sich, daß selbst diese verkleinerte Profitrate noch größer ist als die ursprüngliche.

35) In dem bekannten Aufsatz von Okishio (1961) wird dieses Argument mit etwas mehr mathematischem Aufwand für ein Produktionspreissystem sowie ohne die Annahme einer überall gleichen Produktivkraftsteigerung entwickelt.

läßt sich demnach nicht nur kein tendenzieller *Fall* der Profitrate begründen, sondern ein tendenzielles *Steigen.*[36] Ein Fall der Profitrate läßt sich erst plausibel machen, wenn wir diese Abstraktionsebene verlassen.
Bisher wurde angenommen, daß der Wert der Arbeitskraft, durch den Wert der zu ihrer Reproduktion notwendigen Güter bestimmt ist, so daß der Wert der Arbeitskraft mit dem Wert dieser Güter fällt. Nun wies Marx bereits bei der Diskussion des Werts der Arbeitskraft im vierten Kapitel des ersten *Kapital*-Bandes darauf hin, daß das, was als reproduktionsnotwendig gilt, von der Entwicklungsstufe des jeweiligen Landes abhängt und auf jeden Fall mehr ist, als das, was lediglich zur Sicherung des absoluten Existenzminimums notwendig ist. Die Wertbestimmung der Arbeitskraft enthält demnach im Unterschied zu anderen Waren auch ein „historisches und moralisches Element" (II.3/124; 23/185). Im Laufe der kapitalistischen Entwicklung, mit der Steigerung der Produktivkraft und der verbesserten Organisation der Arbeiterklasse wird dieses historische und moralische Element dazu führen, daß sich die Menge der als reproduktionsnotwendig geltenden Güter ausdehnt, der „Reallohn" somit steigt. Der Wert der Ware Arbeitskraft wird daher nicht im selben Maße sinken, wie sich die in ihre Reproduktion eingehenden Güter verbilligen, da sich die Menge dieser Güter ausdehnt. Der gestiegene Reallohn vermindert den Mehrwert und erhöht den Kapitalvorschuß, was beides eine relative Senkung der Profitrate bewirkt. Berücksichtigt man diese Prozesse, dann wird p_2 nicht so stark steigen, wie oben durch Formel (10) ausgedrückt. Falls die Reallohnsteigerungen sehr hoch ausfallen, kann p_2 sogar kleiner werden als p_1, die Profitrate wäre letztlich gefallen, allerdings aus einem anderen Grund als dem von Marx angegebenen. Ein allgemeines Gesetz läßt sich aber auch hier nicht ableiten: *eine Aussage über die langfristige Tendenz der Profitrate läßt sich nicht begründen.*
Wenn im Rahmen der Kritik der politischen Ökonomie auf das „Gesetz vom tendenziellen Fall der Profitrate" verzichtet werden muß, so ist dies kein besonderer Verlust. Wie im Rest dieses Kapitels deutlich wird, ist die Marxsche Krisentheorie keineswegs auf dieses „Gesetz" angewiesen. Es wurde sogar vermutet, daß Marx in den 70er Jahren dessen Unhaltbarkeit eingesehen hätte (Groll/Orzech 1987, S.604f). Als Beleg dient eine Fußnote, die Engels aus dem Marxschen Handexemplar des ersten Bandes in dessen dritte Auflage

36) Es wurde eingewandt, daß es zwar klar sei, daß kein Kapitalist freiwillig eine Maßnahme ergreift, die seine Profitrate senkt (was auch Marx hervorhebt II.4.2/337f; 25/275f), daß die Profitrate aber als unbeabsichtigtes Resultat aller Einzelhandlungen fallen könne. Dies ist auch die Überlegung von Marx an der angegebenen Stelle, doch wird dieses Resultat nur behauptet. Die Möglichkeit solcher nicht-intendierter Handlungsfolgen ist zwar gerade im Kapitalismus besonders groß, die voranstehenden Überlegungen zeigen jedoch, daß auch bei Berücksichtigung der weiteren Wirkungen, die von den ursprünglichen Handlungen ausgehen, sich *in diesem Fall* – zumindest auf der von Marx gewählten Abstraktionsstufe der Darstellung – kein Resultat ergibt, daß der ursprünglichen Intension zuwider läuft.

übernahm. An der betreffenden Stelle des 23. Kapitels ist davon die Rede, daß die Akkumulation des Kapitals zunächst nur als „quantitative Erweiterung" erschien, daß sie sich aber in „fortwährendem qualitativen Wechsel seiner Zusammensetzung, in beständiger Zunahme seines konstanten auf Kosten seines variablen Bestandtheils" vollziehe (II.8/590f; 23/657). Darauf bezieht sich dann die Marxsche Anmerkung:

„Hier für Späteres zu bemerken: Ist die Erweiterung nur quantitativ, so verhalten sich bei größerem und kleinerem Kapital in demselben Geschäftszweig die Profite wie die Größen der vorgeschossenen Kapitale. Wirkt die quantitative Erweiterung qualitativ, so steigt zugleich die Rate des Profits für das größre Kapital." (II.8/591; 23/657)

Da mit der „qualitativen" Erweiterung an dieser Stelle eindeutig die steigenden Wertzusammensetzung gemeint ist, behauptet Marx hier in der Tat – und ganz im Gegensatz zum Manuskript des dritten Bandes –, daß die Profitrate mit steigender Wertzusammensetzung nicht fällt, sondern steigt. Ob diese Note tatsächlich einen Marxschen Sinneswandel anzeigt, erscheint mir äußerst spekulativ, gibt es doch nicht den geringsten Hinweis, aufgrund welcher Einsichten Marx zu der neuen Einschätzung gekommen sei. Aber immerhin erinnert diese Note noch einmal an die Unabgeschlossenheit des Marxschen Unternehmens: das Manuskript zum dritten Buch des *Kapital* ist in der vorliegenden Fassung eben nicht der Schlußstein des gesamten Gebäudes, sondern nur ein Zwischenschritt bei seiner unvollendeten Fertigstellung.

5. Krisentheorie

Rekonstruktion der Krisentheorie?

Zwar steht es außer Frage, daß die Krisentheorie von zentraler Bedeutung für die Kritik der politischen Ökonomie ist, doch ist der Inhalt der Marxschen Krisentheorie bereits innerhalb der marxistischen Diskussion heftig umstritten. Ein Konsens darüber, was als der entscheidende Grund der Krisen anzusehen ist, existiert nicht. Auch ist unklar, um welche Art von Krisen es in erster Linie geht: werden vornehmlich zyklische Krisen oder eher überzyklische Tendenzen betrachtet, oder liegt eine „Zusammenbruchstheorie" vor?[37]

Daß es derart divergierende Interpretationen gibt, hat zunächst einmal damit zu tun, daß sich Marx zwar in allen großen Entwürfen seiner Kritik der politischen Ökonomie (also den *Grundrissen* von 1857/58, dem *Manuskript 1861-63* und den ab 1863 entstandenen Manuskripten zum *Kapital*) mehr oder weniger ausführlich mit krisentheoretischen Fragen auseinandergesetzt hat, daß es aber keine zusammenhängende Darstellung einer Krisentheorie gibt. Die

37) Über die älteren krisentheoretischen Debatten informiert Sweezy (1942), einen Überblick über die verschiedenen Ansätze liefern Shaikh (1978), Berger (1979) und Clarke (1994).

vorliegenden Überlegungen sind durch den jeweiligen Kontext veranlaßt, ohne daß Marx an der entsprechenden Stelle die Krisentheorie wirklich behandeln wollte. In der Diskussion wurde zwar schon frühzeitig anerkannt, daß die Marxsche Krisentheorie nicht nur unfertig ist, sondern daß auch inhaltlich divergierende Ansätze vorliegen. Häufig wurde dann aber doch versucht, diese verschiedenen Äußerungen zu einer einzigen Theorie zu vereinheitlichen, oder es wurde eine Argumentationsfigur herausgegriffen und erklärt, hier liege *die* authentische Marxsche Krisentheorie vor, an der dann die übrigen Äußerungen gemessen wurden.[38] Eine einfache „Addition" der verschiedenen krisentheoretischen Passagen zu einer einzigen Theorie scheint aufgrund der enormen inhaltlichen Unterschiede auf jeden Fall zum Scheitern verurteilt zu sein. Aber auch gegenüber einer vorsichtiger verfahrenden „Rekonstruktion", die die inhaltlichen Differenzen der verschiedenen Äußerungen berücksichtigt und einen konsistenten Kern Marxscher Krisentheorie zu gewinnen versucht, läßt sich fragen, inwieweit eine solche Rekonstruktion überhaupt möglich ist. Es sind vor allem drei Probleme, mit denen ein solches Unternehmen konfrontiert ist.

Erstens. Die Schwierigkeiten mit den verschiedenen krisentheoretischen Ansätzen beruhen nicht nur darauf, daß in den verschiedenen Manuskripten die *inhaltlichen Bestimmungen* des Grundes der Krisen wechseln, es verändert sich auch – und dies wurde in der bisherigen Diskussion viel zu wenig beachtet – der *theoretische Status*, den die Krisentheorie im Gesamtgebäude der Kritik der politischen Ökonomie einnimmt. Diese Veränderung erfolgt zum einen weil sich die inhaltliche Bestimmung der Krisen verschiebt, zum anderen weil sich die *Architektonik* des ganzen Gebäudes der Kritik der politischen Ökonomie ändert (vergl. oben das fünfte Kapitel). Es wird daher notwendig sein, die Entwicklung der Krisentheorie unter beiden Aspekten (der Veränderung des Inhalts und des theoretischen Status') in den verschiedenen Entwürfen zu skizzieren.[39]

Zweitens. Rekonstruktionsversuchen stehen nicht nur der unfertige Charakter der Krisentheorie entgegen, sondern auch die in den vorangegangenen Kapiteln angesprochenen Ambivalenzen der Kritik der politischen Ökonomie, die einerseits auf einem Diskurs beruht, der einen radikalen Bruch mit dem theoretischen Feld der politischen Ökonomie darstellt, und die andererseits diesem Feld immer noch verhaftet ist. Diese Ambivalenzen, die sich vor allem in der monetären bzw. nicht-monetären Auffassung der Werttheorie geltend machen, sind auch in den krisentheoretischen Ansätzen, die sich in den verschiedenen Manuskripten finden, anwesend.

---

38) Itoh (1976) war einer der wenigen Beiträge, die sich schon frühzeitig mit der *Entwicklung* der Marxschen Krisentheorie auseinandersetzten. Eine neuere Arbeit, die diese Entwicklung berücksichtigt ist Clarke (1994).

39) Erste Thesen zu diesem Thema sind in Heinrich (1995) enthalten.

Drittens. Wie schon im fünften Kapitel diskutiert wurde, beanspruchte Marx nicht nur den Kapitalismus seiner Zeit zu analysieren, sondern die kapitalistische Produktionsweise „in ihrem idealen Durchschnitt". Damit dieses Unternehmen aber überhaupt eine Chance auf Erfolg haben kann, muß die Entwicklung so weit vorangeschritten sein, daß dieser „ideale Durchschnitt" auch tatsächlich zu erfassen ist. Bereits bei der Diskussion des Kreditsystems im letzten Kapitel wurde deutlich, daß der Kapitalismus, den Marx erlebte, sich allenfalls auf der Schwelle zu einer solchen Entwicklungsstufe befand, was sich auch in Marx' theoretischer Verarbeitung niedergeschlagen hat: Probleme, die sich spezifischen Institutionen verdanken (wie einem Kreditsystem, das an eine Geldware gebunden ist) werden mit allgemeinen Problemen des Kapitalismus vermischt. Beim Thema Krise zeigt sich die beschränkte historische Entwicklung sogar noch deutlicher als beim Kredit.[40]

Was Marx im 19. Jahrhundert kennenlernte waren Krisen innerhalb des industriellen Zyklus: Stockungen des kapitalistischen Reproduktionsprozesses, die Unternehmenszusammenbrüche und Arbeitslosigkeit mit sich brachten, die dann aber mehr oder weniger schnell überwunden wurden und zu einem erneuten Aufschwung führten, an den sich dann die nächste Krise anschloß. Solche Krisen fanden 1825, 1836, 1845/47, 1857/58 und 1866 statt. 1873 kam es zum ersten Mal zu einer Krise, die in eine mehrjährige Depressionsperiode mündete (bis etwa 1878/79). Wie sein Briefwechsel bezeugt, hat Marx dieses neue Phänomen noch genau registriert, theoretisch aber nicht mehr verarbeiten können.

Auch im 20. Jahrhundert gab es zyklische Bewegungen und Krisen, doch haben sie gegenüber dem 19. Jahrhundert zunehmend an Schärfe verloren. Überzyklische Entwicklungen haben sich dagegen als weit wichtiger herausgestellt: so setzte mit der Weltwirtschaftskrise 1929 eine lange Depressionsphase ein, die erst nach dem zweiten Weltkrieg (im Grunde sogar erst mit dem Koreakrieg 1950-53) überwunden wurde. Der nachfolgende langfristige Aufschwung zeigte zwar noch ein zyklisches Muster, doch blieben in den entwickelten kapitalistischen Ländern scharfe Einbrüche aus. Ein auf Dauer prosperierender Kapitalismus, der Vollbeschäftigung und steigende Löhne garantierte, schien in den 60er Jahren den „klassischen", durch Krise und Arbeitslosigkeit gekennzeichneten Kapitalismus zumindest in den entwickelten Ländern endgültig abgelöst zu haben. Mit der Krise von 1974/75 zeichnete sich jedoch ein erneuter Strukturbruch ab: die zyklische Bewegung wurde

40) Zu Recht betont Krätke (1999), daß Marx nicht bloß „Theoretiker", sondern ein durchaus moderner, empirisch orientierter Sozialforscher war, so daß dem Marxschen Studium der Krisengeschichte erhebliche Bedeutung für die Herausbildung seiner Krisentheorie zukam. Allerdings gilt der Zusammenhang von Krisengeschichte und Krisentheorie auch in umgekehrter Richtung: die spezifische Gestalt der Krisen des 19. Jahrhundert wirkte sich beschränkend auf die Marxsche Krisentheorie aus.

wieder stärker fühlbar, allerdings blieben auch in den Aufschwungphasen die Wachstumsraten relativ gering und ein hoher Sockel von Massenarbeitslosigkeit konnte in den meisten Ländern nicht beseitigt werden. Angesichts dieser langfristigen Entwicklungen ist es sinnvoll zwischen „kleinen“ und „großen“ Krisen zu unterscheiden: Während kleine Krisen eine Restrukturierung innerhalb der historisch vorgegebenen Formen von Akkumulation, Verteilung und Regulation ermöglichen, erfordern große Krisen gerade einen Bruch mit diesen Formen und die Herausbildung eines neuen Modells von Akkumulation und Regulation (Altvater 1983).

Die Diskussion der überzyklischen Tendenzen machte bislang zumindest zweierlei deutlich. Zum einen ist eine Analyse nur vor dem Hintergrund der Entwicklung der gesamten Weltwirtschaft zu leisten. Was Marx bereits für das 19. Jahrhundert behauptete, trifft noch viel mehr auf das 20. Jahrhundert zu: die kapitalistischen Krisen dürfen nicht allein national, sondern müssen als Weltmarktkrisen begriffen werden. Ein zweiter Punkt stand Marx weniger deutlich vor Augen: zwar hängen auch die langfristigen Entwicklungen von den allgemeinen Tendenzen der kapitalistischen Produktion ab (was zu verschiedenen Versuchen führte, eine Theorie „langer Wellen“ zu formulieren), sie werden aber auch ganz erheblich von dem jeweiligen „historischen Milieu“ geprägt. Zu diesem gehören zum einen Faktoren, wie die Struktur des nationalen Kapitals, die institutionellen Bedingungen des Bankensystems, die Beziehungen zwischen Kapital und Arbeit, die gesellschaftlichen Konsummuster oder die Rolle sozialstaatlicher Sicherungssysteme[41], zum anderen die stofflichen Voraussetzungen der Produktionsweise, vor allem die Verfügung über billige fossile Energieträger mitsamt den daraus erwachsenden ökologischen Konsequenzen (vergl. dazu Altvater 1992) und schließlich gehört dazu auch Art und Ausmaß der weltwirtschaftlichen Integration. Marx konnte in der Mitte des 19. Jahrhunderts noch glauben, der Weltmarkt sei mit „dem Aufschluß von China und Japan“ endgültig hergestellt[42], inzwischen wissen wir, daß die Herstellung des Weltmarkts nicht nur ein Problem geographischer Integration ist (und die ist nach dem Zusammenbruch der „realsozialistischen“ Staaten jetzt vielleicht wirklich erstmals erreicht). Viel entscheidender ist die Art und Weise der Integration der Märkte, und zwar nicht nur der Warenmärkte, sondern vor allem der Geld- und Kreditmärkte, und der Auswirkungen dieser Märkte auf die nationalen Ökonomien. Und gerade hier scheint es

41) Solche Faktoren spielen eine zentrale Rolle für das Konzept des „Fordismus“, mit dem im Anschluß an Aglietta (1976) im Rahmen der Regulationstheorie die Aufschwungphase der 50er und 60er Jahre analysiert wurde.

42) „Die eigentliche Aufgabe der bürgerlichen Gesellschaft ist die Herstellung des Weltmarkts, wenigstens seinen Umrissen nach, und einer auf seiner Basis ruhenden Produktion. Da die Welt rund ist, scheint dies mit der Kolonisation von Kalifornien und Australien und dem Aufschluß von China und Japan zum Abschluß gebracht.“ (Brief an Engels vom 8.10.1858, 29/360)

nicht einfach eine Entwicklung zu geben, die einen Endpunkt besitzt und dort zum Abschluß kommt, vielmehr handelt es sich um einen Prozeß, der von gesellschaftlichen Auseinandersetzungen abhängig ist und der beständig neue Formen und Konflikte hervorbringt.[43]
Angesichts der Bedeutung überzyklischer Tendenzen wird es in der folgenden Diskussion der krisentheoretischen Untersuchungen von Marx auch darum gehen müssen, inwiefern sich seine Analyse auf *zyklische* Phänomene beschränkt, oder ob sich Elemente eines *allgemeinen*, nicht auf die zyklische Krise beschränkten Krisenbegriffs auffinden lassen. Auch die Frage, ob und inwiefern bei Marx eine ihm oft zugeschriebene *Zusammenbruchstheorie* vorliegt, wird zu diskutieren sein.

Grundrisse 1857/58: *Unterkonsumtionsdynamik und Zusammenbruchstheorie*

Als seit dem Beginn des 19. Jahrhunderts deutlich wurde, daß die Entwicklung des englischen Kapitalismus mit periodisch auftretenden Wirtschaftskrisen einherging, löste dies in der ökonomischen Wissenschaft einen Streit nicht nur über den Grund dieser Krisen aus; gestritten wurde vor allem über die Frage, ob es sich bei den Krisen um eine notwendige oder eine vermeidbare Begleiterscheinung des Kapitalismus handelt.[44] Marx und Engels betrachteten bereits in den vierziger Jahren, in den *Grundsätzen des Kommunismus* und im *Kommunistischen Manifest*, die Existenz der periodischen Krisen als Beleg für die historische Überlebtheit der kapitalistischen Produktionsweise, insofern hier deutlich werde, daß diese Produktionsweise nicht mehr in der Lage sei, die von ihr entwickelten Produktivkräfte zu beherrschen. In diesem Zusammenhang deutete sich bei ihnen auch eine „Zusammenbruchstheorie" an, wenn es etwa im *Kommunistischen Manifest* heißt, daß die Krisen „in ihrer periodischen Wiederkehr immer drohender die Existenz der ganzen bürgerlichen Gesellschaft in Frage stellen" (4/467f).
Allerdings wurde dies nicht als Argument für einen quasi automatischen Zusammenbruch des Kapitalismus benutzt, sondern als objektive Voraussetzung für einen Erfolg der proletarische Revolution: eben weil sich der Kapitalismus ökonomisch dem Ende seiner Entwicklungsfähigkeit nähert, kann er überhaupt erst durch eine Revolution beseitigt werden. In dieser grundlegenden Ansicht konnten sich Marx und Engels durch die Analyse der revolutionären Ereignisse von 1848/49, die sie als Folge der Krise von 1847/48 auffaßten, be-

---

43) Auf diesen Unterschied zielt auch die wichtige Unterscheidung von „Globalität" und „Globalisierung" bei Altvater/Mahnkopf (1996), der in der „Globalisierungsdebatte" der 90er Jahre häufig vernachlässigt wurde.
44) Dieser Streit wurde in erster Linie zwischen Ricardo und Say auf der einen Seite (sie bestritten die Möglichkeit einer allgemeinen Überproduktion), Malthus und Sismondi (die die Überproduktion in einer dem Kapitalismus immanenten Unterkonsumtion begründet sahen) auf der anderen Seite ausgetragen.

stätigt fühlen. Das Ausbleiben weiterer revolutionärer Erhebungen, mit denen sie zunächst gerechnet hatten, brachte sie dann zur Auffassung, daß Krisen auch ganz direkt Voraussetzung von Revolutionen sind. In der *Neuen Rheinischen Zeitung* schrieben sie im Jahr 1850: „Eine neue Revolution ist nur möglich im Gefolge einer neuen Krisis. Sie ist aber auch ebenso sicher wie diese" (I.10/467; 7/441). Diese Auffassung eines engen Zusammenhangs von Krise und Revolution war für Marx dann eine wichtige Motivation, seine ökonomischen Studien im Londoner Exil von Grund auf neu zu beginnen (vgl. Schrader 1980, S.15ff), denn in den vierziger Jahren, waren Marx und Engels lediglich empirisch von der Existenz der Krisen ausgegangen, ohne tatsächlich über einen theoretischen Ansatz zu verfügen, der die Existenz der Krisen auch erklärte. Zur Ausarbeitung des geplanten ökonomischen Werkes wurde Marx aber erst richtig angespornt, als die von ihm schon mehrmals prognostizierte Krise 1857 tatsächlich ausbrach und sich zu einer regelrechten Weltmarktkrise ausweitete.[45] Und immer noch erwartete er im Gefolge dieser Krise revolutionäre Erschütterungen. Bereits im Oktober 1856 hatte er in einem Artikel für die *New York Daily Tribune* Vorboten der kommenden Krise gesehen und mit der Krise auch eine soziale und politische Revolution vorausgesagt (12/54). Dabei sieht Marx die von ihm prognostizierte Entwicklung noch ganz im Rahmen der Revolution von 1848, er ist überzeugt, daß die

> „Siege über die Revolution nur dazu gedient haben, die materiellen Bedingungen im Jahr 1857 für die ideellen Tendenzen von 1848 zu schaffen. Demnach erweist sich die ganze Periode seit Mitte 1849 bis heute nur als ein Aufschub, den die Geschichte der alten europäischen Gesellschaft gewährt hat, um ihr eine letzte konzentrierte Entfaltung all ihrer Tendenzen zu ermöglichen." (12/55)

Wie Briefe an Engels und Lassalle bezeugen, blieb diese Revolutionserwartung bei Marx noch bis ins Frühjahr 1858 hinein bestehen.[46] Vor diesem Hintergrund ist es nicht verwunderlich, daß sich gerade in den *Grundrissen* eine Reihe von Passagen finden, die sich als Zusammenbruchstheorie lesen lassen. Einen *abstrakten* Krisenbegriff skizziert Marx bereits zu Beginn der *Grundrisse*, als er die Möglichkeit des Auseinanderfallens von Kauf und Verkauf in der einfachen Zirkulation behandelte:

> „Insofern Kauf und Verkauf, die beiden wesentlichen Momente der Circulation, gleichgültig gegen einander sind, in Raum und Zeit getrennt, brauchen sie keineswegs zusammenzufallen. Ihre

---

45) Innerhalb weniger Monate entstand nicht nur der Text der *Grundrisse*, sowie eine Reihe von Zeitungsartikeln, die sich mit der ökonomischen Entwicklung auseinandersetzten. Marx legte auch drei (bislang unveröffentlichte) Hefte an, in denen er nach Ländern geordnet empirisches Material zur Entwicklung der Krise sammelte (vergl. dazu Block/Hecker 1991; Krätke 1999, S.34ff).

46) An Engels schrieb Marx am 8.12.1857: „Ich arbeite wie toll die Nächte durch an der Zusammenfassung meiner Oekonomischen Studien, damit ich wenigstens die Grundrisse im Klaren habe bevor dem déluge" (III.8/210; 29/225). Und in einem Brief an Lassalle vom 22.2.1858 hieß es nach einer Skizze des geplanten Werkes: „After all schwant es mir, daß jetzt wo ich nach 15jährigen Studien so weit, Hand an die Sache legen zu können, stürmische Bewegungen von außen wahrscheinlich interfere werden. Never mind. Wenn ich zu spät fertig werde, um noch die Welt für derartige Sachen aufmerksam zu finden, ist der Fehler offenbar my own." (29/551)

Gleichgültigkeit kann zur Befestigung und scheinbaren Selbstständigkeit des einen gegen das andre fortgehen. Insofern sie aber beide wesentlich Momente Eines Ganzen bilden, muß ein Moment eintreten, wo die selbstständige Gestalt gewaltsam gebrochen und die innere Einheit äusserlich durch eine gewaltsame Explosion hergestellt wird. So liegt schon in der Bestimmung des Geldes als Mittler, in dem Auseinanderfallen des Austauschs in 2 Akte, der Keim der Krisen, wenigstens ihre Möglichkeit" (II.1.1/127; Gr 112).

Dieser noch ganz abstrakte Begriff der Krise – gewaltsame Herstellung der inneren Einheit von zusammengehörigen aber gegen einander verselbständigten Momenten (wie Kauf und Verkauf, Produktion und Konsumtion etc.) – stellt die Invariante in der Entwicklung der Marxschen Krisentheorie dar. Er wird nicht nur in den *Grundrissen* (vergl. z.B. II.1.2/357; Gr 351), sondern auch in späteren Manuskripten beibehalten (vergl. II.3.3/1123; 26.2/501; II.4.1/371; II.4.2/377; 25/316). Bereits dieser allgemeinste Begriff der Krise zielt auf die Doppeldeutigkeit der Krisenprozesse: einerseits handelt es sich um gewaltsame und zerstörerische Prozesse; andererseits aber auch um etwas Konstruktives: die Wiederherstellung einer verlorengegangenen Einheit zusammengehöriger Momente, womit die Grundlage einer erneuten kapitalistischen Entwicklung geschaffen wird. Je nachdem welches Moment betont wird, läßt sich die Krise als Ankündigung des nahen Endes oder als Jungbrunnen der kapitalistischen Produktionsweise auffassen. Insofern kann es trotz eines in den verschiedenen Entwürfen durchgehaltenen abstrakten Krisenbegriffs zu erheblichen Transformationen der Semantik von Krise kommen.
Der unmittelbaren Anschauung stellen sich Krisen als Überproduktion von Waren dar. Marx spricht dieses Problem bei der Untersuchung des Zirkulationsprozesses des Kapitals an, wo es darum geht, daß der Wert der produzierten Waren realisiert werden muß. Gegen Say und Ricardo, die die Möglichkeit allgemeiner Überproduktion leugneten, führt Marx Storch, Sismondi und Malthus ins Feld (II.1.2/323ff; Gr 314ff), die die begrenzten Konsumtionsmöglichkeiten der Arbeiterklasse als wesentlichen Grund der Überproduktionstendenz geltend machten und schließt sich weitgehend deren unterkonsumtionstheoretischer Begründung der Überproduktion an. Malthus hatte hervorgehoben, daß die Existenz des Profits voraussetze, daß es eine weitere Nachfrage, außer derjenigen der Arbeiter gebe. Marx argumentiert nun, daß die kapitalistische Produktion beständig über den Konsum der Arbeiter hinaus produziere und bei einer Schrumpfung der nicht von den Arbeitern ausgehenden Nachfrage „tritt der collapse ein" (II.1.2/333; Gr 323). Marx sieht zwar, daß es auch eine Nachfrage zwischen den einzelnen Kapitalien gibt, doch betrachtet er diese als sekundär, da ihm hier noch die individuelle Konsumtion als letzte Grenze der Produktion erscheint.[47]

47) „Diese Nachfrage als zahlende, Tauschwerth setzende ist adaequat und genügend, solange die Producenten unter sich selbst austauschen. Ihre Inadaequatheit zeigt sich, sobald das schließliche Product an dem unmittelbaren und schließlichen Consum seine Grenze findet." (II.1.2/334; Gr 323)

Allerdings grenzt sich Marx etwas später von Proudhons Begründung der Überproduktion ab. Nach einer Kritik an dessen Argument, die Arbeiter könnten mit ihrem Lohn ihr eigenes Produkt nicht zurückkaufen, heißt es:

„Also nichts mit Herrn Proudhon's Entdeckung, daß der Arbeiter sein Product nicht zurückkaufen kann. Es beruht dieß darauf, daß er (Proudhon) nichts versteht, weder von der Werth- noch von der Preißbestimmung. Aber wieder davon abgesehn, so seine Conclusion, daß *daher* Ueberproduction in dieser Abstraction falsch." (II.1.2/345; Gr 337)

Diese Proudhonkritik wurde zuweilen als grundsätzliche Kritik an der unterkonsumtionstheoretischen Begründung der Überproduktion aufgefaßt, was so aber nicht zutrifft. Marx spricht davon, daß Proudhons Begründung „in dieser Abstraktion" falsch sei, woraus man schließen kann, daß an dem Argument in anderer Fassung durchaus etwas dran sein könnte.

Daß die Arbeiter ihr Produkt nicht zurückkaufen können, was unter kapitalistischen Verhältnissen nie möglich ist, reicht zur Begründung der Überproduktion nicht aus, denn neben der Nachfrage der Arbeiter gibt es noch diejenige der Kapitalisten. Das sich bei Marx andeutende, an Sismondi angelehnte Argument, lautet nun, daß die kapitalistische Produktion die Tendenz zur grenzenlosen Ausdehnung besitzt, die Konsumtionsmöglichkeiten der Arbeiterklasse aber ständig beschränkt werden, so daß die Nachfrage der Kapitalisten eine immer größer werdende Lücke zu schließen hat, was aber irgendwann nicht mehr möglich sei. Marx unterscheidet sich hier von Proudhon nicht durch den unterkonsumtionstheoretischen Ansatz als solchen, sondern dadurch, daß er ihn in eine Betrachtung der *Dynamik* der kapitalistischen Produktionsweise einbettet, während Proudhon bei einer statischen Betrachtung des Ausbeutungsverhältnisses stehen bleibt und im Grunde mit der Ausbeutung auch schon die Überproduktion konstatiert. Es wird noch eine Weile dauern bis sich Marx endgültig von der Unterkonsumtionstheorie gelöst hat.

Vereinzelt gibt es aber auch schon in den *Grundrissen* Andeutungen anderer Ursachen der Krise. So heißt es an einer Stelle, daß bei allgemeiner Überproduktion nicht zu viel für den Konsum produziert worden sei, sondern zu viel, „um das *richtige Verhältniß zwischen Consum und Verwerthung* festzuhalten; zu *viel für die Verwerthung*" (II.1.2/353; Gr 346f). Allerdings werden solche Ansätze in den *Grundrissen* nicht weiter verfolgt, es dominiert die skizzierte Variante der unterkonsumtionstheoretischen Argumentation.

Für die Semantik des Marxschen Krisenbegriffs ist aber nicht allein die inhaltliche Begründung der Krisenprozesse von Bedeutung, sondern auch der *Ort*, den die Behandlung der Krise innerhalb der Systematik der Darstellung einnehmen soll. In der *Einleitung* von 1857 skizziert Marx den Aufbau seines geplanten ökonomischen Werks und hält als letzten Punkt fest: „5) Der Weltmarkt und die Crisen" (II.1.1/43; Gr 29). Diese Einordnung der Krisen als letzten, im Zusammenhang mit dem Weltmarkt zu behandelnden Punkt findet sich auch in den beiden im Text der *Grundrisse* folgenden Planentwürfen, wobei Marx allerdings etwas deutlicher hinsichtlich des Charakters und der Bedeutung der Krisen wird. So heißt es im ersten Planentwurf, die Krisen seien „das Drängen zur Annahme einer neuen geschichtlichen Gestalt" (II.1.1/152; Gr 139) und im zweiten:

„Die Crisen. Auflösung der auf den Tauschwerth gegründeten Productionsweise und Gesellschaftsform." (II.1.1/187; Gr 175)

Krisen erscheinen hier in erster Linie als etwas Zerstörerisches, mit ihnen löst sich die kapitalistische Produktionsweise auf. Die Krisen können dann auch erst dargestellt werden, *nachdem* die innere Struktur dieser Produktionsweise offengelegt worden ist. Auf dieses rein negative Krisenverständnis kann sich noch am ehesten die Vorstellung einer Marxschen „Zusammenbruchstheorie" stützen. Dieses Krisenverständnis ist jedoch noch kein *Ergebnis* der Kritik der politischen Ökonomie, sondern geht ihr als *Annahme* voraus.

Allerdings findet sich an einer Stelle in den *Grundrissen* auch der Ansatz einer Zusammenbruchstheorie, der immer wieder gerne zitiert wird. Im Unterschied zu den bisher diskutierten krisentheoretischen Ansätzen, bei denen es um die Erklärung *zyklischer Krisen* ging, macht Marx hier eine Aussage über einen *langfristigen Trend*. In Zusammenhang mit der Untersuchung von fixem und zirkulierendem Kapital konstatiert Marx aufgrund des zunehmenden Einsatzes von Wissenschaft und Technologie eine grundlegende Veränderung im kapitalistischen Produktionsprozeß:

„Die Arbeit erscheint nicht mehr so sehr in den Productionsprocess eingeschlossen, als sich der Mensch vielmehr als Wächter und Regulator zum Productionsprocess selbst verhält. (...) Er tritt neben den Productionsprocess, statt sein Hauptagent zu sein." (II.1.2/581; Gr 592f)

Daraus folgert Marx zunächst, daß die Produktion des Reichtums nicht mehr in erster Linie von der im Produktionsprozeß unmittelbar verrichteten Arbeit abhängt, sondern von der Anwendung der Wissenschaft als der „allgemeinen Produktivkraft". Aus diesen Veränderungen innerhalb des kapitalistischen Produktionsprozesses wird dann auf den notwendigen „Zusammenbruch" der kapitalistischen Produktionsweise selbst geschlossen:

„Sobald die Arbeit in unmittelbarer Form aufgehört hat, die grosse Quelle des Reichthums zu sein, hört und muß aufhören die Arbeitszeit sein Maaß zu sein und daher der Tauschwerth [das Maaß] des Gebrauchswerths. Die *Surplusarbeit der Masse* hat aufgehört Bedingung für die Entwicklung des allgemeinen Reichthums zu sein, ebenso wie die *Nichtarbeit der Wenigen* für die Entwicklung der allgemeinen Mächte des menschlichen Kopfes. Damit bricht die auf dem Tauschwerth beruhende Production zusammen, und der unmittelbare materielle Productionsprocess erhält selbst die Form der Nothdürftigkeit und Gegensätzlichkeit abgestreift." (I.1.2/581f; Gr 593)

Die technische und organisatorische Entwicklung des Produktionsprozesses selbst soll also die Grundlage des Kapitals, Arbeit als Maß des Werts, untergraben, was dann zum Zusammenbruch der ganzen Produktionsweise führen würde. Dieser Gedanke wird gleich anschließend noch einmal mit etwas anderer Akzentuierung wiederholt:

„Das Capital ist selbst der processirende Widerspruch [dadurch], daß es die Arbeitszeit auf ein Minimum zu reduciren strebt, während es andrerseits die Arbeitszeit als einziges Maaß und Quelle des Reichthums sezt." (II.1.2/582; Gr 593)

Und an diesem Widerspruch – so kann man in Anlehnung an die erste Stelle formulieren – wird das Kapital zugrunde gehen.

Die Phänomene, die Marx hier noch in Zusammenhang mit dem Fixkapital analysiert, tauchen im ersten Band des *Kapital* an verschiedenen Stellen wieder auf – als Bestandteil der Untersuchung der Produktion des relativen Mehrwerts, einer Kategorie, die sich in den *Grundrissen* erst andeutet. Die angesprochenen Veränderungen im Charakter des Produktionsprozesses werden nicht nur im Kapitel über Maschinerie abgehandelt (II.5/348; 23/446), sondern auch in den Kapiteln über Kooperation (II.5/270; 23/353) und Teilung der Arbeit (II.5/294; 23/382). Was in den *Grundrissen* zu einem Kulminationspunkt der kapitalistischer Entwicklung wurde, wird im *Kapital* als eine jeder kapitalistischen Produktion inhärente Tendenz aufgefaßt – die „Scheidung der *geistigen Potenzen* des Produktionsprozesses von der Handarbeit" (II.5/348; 23/446). Und diese Tendenz, fern davon das Kapitalverhältnis aufzusprengen, sei gerade „Verwandlung derselben [der geistigen Potenzen, M.H.] in *Mächte des Kapitals über die Arbeit*" (ebd.), also ein Moment der Steigerung der Macht des Kapitals und keineswegs eine Unterminierung dieser Macht.

Die Wertseite des in den *Grundrissen* angesprochenen Prozesses wird jetzt als immanente Tendenz des Kapitals zur Steigerung des relativen Mehrwerts begriffen. Der „processierende Widerspruch" (Reduktion der Arbeitszeit auf ein Minimum, obwohl Arbeitszeit Maß des Wertes ist), von dem Marx in den *Grundrissen* so frappiert war, daß er gleich die ganze, auf dem Tauschwert beruhende Produktion zusammenbrechen sah, ist jetzt auf ein in der Theoriegeschichte aufgetretenes „Räthsel" geschrumpft, mit dem bereits Quesnay seine Gegner gequält habe (II.5/258; 23/338f), das allerdings leicht zu begreifen sei, wenn man berücksichtigt, daß es den Kapitalisten nicht um die absolute Wertgröße der Ware, sondern um den in ihr steckenden Mehrwert gehe.

Die angeführte Zusammenbruchsthese beruhte in den *Grundrissen* auf einer unzureichenden Auffassung der kapitalistischen Produktionsweise. Das Argument, daß die Verbilligung der Waren aufgrund der Produktivkraftentwicklung zum Zusammenbruch des Kapitalismus führen würde, taucht bei Marx nie weder auf. Etwas Vergleichbares findet sich weder im *Manuskript 1861-63* noch in den verschiedenen nach 1863 entstandenen Manuskripten zum *Kapital,* obwohl die Bedeutung der Entwicklung der Produktivkräfte für die kapitalistische Entwicklung ein zentrales Thema bleibt. Daraus läßt sich unschwer schließen, daß Marx diesen frühen Gedankenblitz recht schnell ad acta legte – ganz im Unterschied zu manchen seiner Interpreten.

Die Auffassung der Krise als Ausdruck selbstzerstörerischer Tendenzen des

Kapitals, findet sich zwar auch noch am Ende der *Grundrisse,* wo es bei der Darstellung des Gesetzes vom Fall der Profitrate heißt:

„In schneidenden Widersprüchen, Crisen, Krämpfen drückt sich die wachsende Unangemessenheit der productiven Entwicklung der Gesellschaft zu ihren bisherigen Productionsverhältnissen aus." (II.1.2/623; Gr 635)

Doch von einem Zusammenbruch ist bereits nicht mehr die Rede. Die Krisen werden jetzt nicht mehr mit einer bevorstehenden „Auflösung" der kapitalistischen Produktionsweise gleichgesetzt, sie erscheinen aber immer noch als Begleitmusik eines lang anhaltenden Verfallsprozesses.[48]

Daß die politischen Erschütterungen, mit denen Marx im Gefolge der Krise von 1857/58 fest gerechnet hatte, ausblieben, und daß der Kapitalismus die Krise sogar recht schnell überwinden konnte und ökonomisch gestärkt aus ihr hervorging, ließ auch seine Auffassung der Krisen nicht unbeeinflußt: In Zukunft wird von Marx weder eine enge Verknüpfung von Krise und Revolution erwartet noch geht er von einem baldigen Ende oder gar einem „Zusammenbruch" des Kapitalismus aus – trotz immer wieder stattfindender Krisen.[49] Auf die Frage, ob sich im dritten Band des *Kapital* nicht doch Ansätze einer Zusammenbruchstheorie finden lassen, werde ich weiter unten eingehen.

Manuskript 1861-63: *Kritik der Harmonievorstellungen der Klassik, Grenzen der Unterkonsumtionstheorie, Krise als Ausgleichsbewegung*

Im *Manuskript von 1861-63* findet sich bei der Behandlung von Ricardos Akkumulationstheorie in Heft XIII eine längere Abschweifung zur Krisentheorie. Sie wurde anscheinend durch die Feststellung motiviert, daß Akkumulation stets eine allseitige Überproduktion (gemessen an den Erfordernissen der einfachen Reproduktion) voraussetzt, die „eine immanente Basis zu den Erscheinungen bildet, die sich in den *Crisen* zeigen" (II.3.3/1114; 26.2/492).

Detaillierter als in den *Grundrissen* beschäftigt sich Marx nun mit den Harmonievorstellungen bürgerlicher Ökonomen, die zwar nicht die empirische Existenz von Krisen, aber die Existenz einer der kapitalistischen Produktionsweise *inhärenten* Krisentendenz bestreiten, indem sie eine allgemeine Überproduktion für unmöglich erklären. Die in diesem Zusammenhang angeführten Argumente – daß die Bedürfnisse keine Grenzen hätten, eine Über-

---

48) Allerdings wurden auch diese Äußerungen als „Zusammenbruchs-Prognose" interpretiert, so von Rosdolsky (1968, S.449), der die Kritik an der Zusammenbruchstheorie als „revisionistische Auslegung" auffaßt.

49) Während Marx in dem weiter oben zitierten Brief an Lassalle noch befürchtete, mit seiner Schrift nicht rechtzeitig vor der in Folge der Krise ausbrechenden Revolution fertig zu werden, schreibt er 1879 an Danielson, daß er den zweiten Band des *Kapital* (der das zweite und dritte Buch umfassen sollte) „unter keinen Umständen" veröffentlichen wolle, bevor nicht die gegenwärtige Krise ihren Höhepunkt erreicht habe, damit er die diesmal ganz eigenartigen Phänomene noch analysieren könne (Brief vom 10.4.1879, 34/370).

produktion daher nie stattfinden könne, daß gesamtgesellschaftlich Produzenten und Konsumenten identisch seien, also alles Produzierte auch konsumiert werden würde und vor allem, daß man Kauf und Verkauf auf den Tausch von Produkten reduzieren könne (da vom Geld als einem bloßen Mittler zu abstrahieren sei), dann aber nie alle Produkte gleichzeitig überschüssig sein könnten – führen Marx zu dem Schluß:

„Um nachzuweisen, daß die capitalistische Production nicht zu allgemeinen Crisen führen kann, werden alle Bedingungen und Formbestimmungen, alle Principien und differentiae specificae, kurz die *capitalistische Production* selbst geleugnet... Es wird nicht nur hinter die capitalistische Production, sondern sogar hinter die blose Waarenproduction zurückgegangen" (II.3.3/1123; 26.2/501).

Daß eine immanente Krisentendenz abgestritten wird, ist für Marx nicht einfach Ausdruck einer anderen Auffassung eines bestimmten Aspekts der kapitalistischen Produktion, sondern Folge einer grundlegenden Differenz in der Konstruktion des *theoretischen Objekts* der Wissenschaft. Den bürgerlichen Ökonomen wird vorgeworfen, gerade von den spezifisch *kapitalistischen* Formbestimmungen zu abstrahieren und die kapitalistische Produktion auf Produktion überhaupt zu reduzieren.

Marx legt zunächst nahe, daß sich diese Leugnung der Krisen der „Apologetik" verdanken würde, die „fälscht",[50] oder der Unwissenheit Ricardos, der zwar kein Apologet sei, aber noch keine richtigen Krisen kennengelernt habe (II.3.3/1120; 26.2/498). Etwas später heißt es dann allerdings:

„Alle Schwierigkeiten, die Ric. etc gegen Ueberproduction etc aufwerfen, beruhn darauf, daß sie die bürgerliche Production als eine Productionsweise betrachten, worin entweder kein Unterschied von Kauf und Verkauf existirt – unmittelbaren Tauschhandel – oder als *gesellschaftliche* Production, so daß die Gesellschaft, wie nach einem Plan, ihre Productionsmittel und Productivkräfte vertheilt in dem Grad und Maaß, wie nöthig zur Befriedigung ihrer verschiednen Bedürfnisse... Diese Fiction entspringt überhaupt aus der Unfähigkeit die specifische Form der bürgerlichen Production aufzufassen, und letztre wiederum aus dem Versenktsein in die bürgerliche Production, als die Production schlechthin." (II.3.3/1149f; 26.2/529)

Hier geht es also nicht mehr um „Fälschung" oder mangelndes Wissen, sondern um eine generelle „Unfähigkeit", also eher um das, was Marx im Nachwort zur 2. Auflage des ersten Bandes des *Kapital* als „Schranke" der bürgerlichen ökonomischen Wissenschaft bezeichnet hat (II.6/702; 23/20). Damit ist dann aber keine Schranke des individuellen Forschers angesprochen, sondern eine Schranke des *theoretischen Feldes*, innerhalb dessen sich der Forscher einen Begriff seines Objektes bildet.[51] Was hier die entscheidende Rolle spielt,

50) „In den Weltmarktscrisen bringen es die Widersprüche und Gegensätze der bürgerlichen Production zum éclat. Statt nun zu untersuchen, worin die widerstreitenden Elemente bestehn, die in der Catastrophe eclatiren, begnügen sich die Apologeten damit die Catastrophe selbst zu läugnen und ihrer gesetzmäßigen Periodicität gegenüber darauf zu beharren, daß die Production, wenn sie sich nach den Schulbüchern richtete, es nie zur Crise bringen würde. Die Apologetik besteht dann in der Fälschung der einfachsten ökonomischen Verhältnisse..." (II.3.3/1122; 26.2/500f)

51) Solche Schranken sind nie unüberwindbar, wie die Minderheit jener Ökonomen, die die immanente Krisenhaftigkeit kapitalistischer Produktion zur Kenntnis nehmen, belegt. Bei Malthus mag dabei eine gewisse „Interessiertheit" eine Rolle gespielt haben, machte er sich doch zum An-

ist der Anthropologismus des theoretischen Feldes der politischen Ökonomie: die Bestimmungen des Warenbesitzers werden als allgemein menschliche Bestimmungen aufgefaßt, wodurch dann auch die Verhaltensweisen und Rationalitätskalküle der Warenbesitzer keiner weiteren Begründung mehr bedürfen, sondern als unmittelbar „menschliche" Verhaltensweisen gelten. Werden somit gesellschaftliche Formbestimmungen zu natürlichen Gegebenheiten, so ermöglicht dieser Anthropologismus auch umgekehrt form*unspezifische* Bestimmungen (z. B. daß die Produktion ein Bedürfnis befriedigen muß) als das Wesentliche form*spezifischer* Bestimmungen auszugeben: kapitalistische Produktion wird als Produktion in einem allgemeinen Sinne aufgefaßt, als Produktion zur Befriedigung von Bedürfnissen.

Daß Marx plausibel machen kann, daß die Argumente, mit denen eine immanente Krisenhaftigkeit der kapitalistischen Produktionsweise bestritten wird, auf einer inadäquaten Konstruktion des theoretischen Objektes beruhen, enthebt ihn allerdings nicht der Aufgabe, die Existenz dieser Krisentendenz auch positiv zu begründen. Dies erfolgt zunächst in Fortführung des Ansatzes der *Grundrisse* in einer unterkonsumtionstheoretischen Weise.[52]

Allerdings finden sich später auch andere Ansätze. Marx setzt sich damit auseinander, daß die auf Ricardo folgenden Ökonomen zwar die Möglichkeit einer Überproduktion von Waren bestreiten, die Überproduktion von Kapital aber zugeben und stellt die Frage, worin sich die beiden Fälle unterscheiden. Während er in einem ersten Anlauf zur Beantwortung dieser Frage (II.3.3/1120-1122; 26.2/497-500) nicht sehr weit kommt, erhält er in einem zweiten Versuch ein wichtiges Ergebnis:

„Was heißt also *Ueberproduction von Capital*? Ueberproduction der Werthmassen, die bestimmt sind Mehrwerth zu erzeugen (oder dem stofflichen Inhalt nach betrachtet, Ueberproduction von Waaren, die zur Reproduction bestimmt werden) – also *Reproduction auf zu grosser Stufenleiter*, was dasselbe ist wie Ueberproduction schlechthin. Näher bestimmt, heißt dieß weiter nichts als das zu viel producirt wird zum Zweck der Bereicherung oder ein zu grosser Theil des Products bestimmt ist, nicht als Revenue verzehrt zu werden, sondern *mehr Geld zu machen* (accumuliert zu werden); nicht die Privatbedürfnisse ihres Besitzers zu befriedigen, sondern ihm den abstrakten gesellschaftlichen Reichthum, Geld und mehr Macht über fremde Arbeit, Capital zu schaffen" (II.3.3/1153f; 26.2/534)

Die Überproduktion wird hier nicht in Beziehung gesetzt zu den beschränkten Konsumtionsmöglichkeiten der Arbeiterklasse, sondern zu den *Verwertungsmöglichkeiten*. Wurde zu viel produziert „zum Zweck der Bereicherung", d.h.

---

walt der „unproduktiven" Klassen, auf deren Konsum ein krisenfreier Kapitalismus angeblich angewiesen ist. Sismondi ist dagegen noch von merkantilistischen Vorstellungen beeinflußt und viel weniger „bürgerlicher" Ökonom als etwa Ricardo. Erst bei Keynes resultiert die Kritik an der Vorstellung eines automatisch krisenfreien Kapitalismus aus dem zumindest teilweisen Bruch mit dem theoretischen Feld der politischen Ökonomie.

52) So heißt es verallgemeinernd: „Die Ueberproduction geht gerade daraus hervor, daß die Masse des Volks nie mehr als die average quantity of necessaries consumiren kann, ihre Consumtion also nicht entsprechend wächst mit der Productivität der Arbeit." (II.3.3/1090; 26.2/469)

zur Akkumulation, so bedeutet dies, daß nicht die Nachfrage der Arbeiter nach Konsumtionsmitteln zu gering ist, sondern die Nachfrage der Kapitalisten nach Produktionsmitteln. Allerdings wird diesem Gedanken nicht weiter nachgegangen, und in der Folge finden sich noch mehrere eher unterkonsumtionstheoretische Ansätze (II.3.3/1154f; 26.2/535; II.3.4/1248; 26.3/50). Erst im Heft XIV scheint Marx wieder auf diesen Gedanken zurückzukommen, wenn es über die kapitalistische Produktionsweise heißt:

„Daß sie aber, durch ihre eignen immanenten Gesetze gezwungen ist, einerseits die Productivkräfte so zu entwickeln, als ob sie nicht Production auf einer bornirten gesellschaftlichen Grundlage sei, anderseits sie doch wieder nur in den Schranken dieser Bornirtheit entwickeln kann, ist der innerste und geheimste Grund der Crisen, der in ihr eclatirenden Widersprüche..." (II.3.4/1276; 26.3/80).

Mit der „bornirten gesellschaftlichen Grundlage" dürfte hier nicht bloß die beschränkte Konsumtion der Arbeiterklasse gemeint sein. Der zitierte Satz steht nämlich im Kontext von einer Kritik an John Stuart Mills Unterscheidung zwischen (historischen) Distributionsformen und (natürlichen) Produktionsformen, wo Marx bemerkte, „Profit, Distributionsform, ist zugleich Productionsform, eine Bedingung der Production" (ebd.). Es ist daher plausibel, daß sich die „bornirte gesellschaftliche Grundlage" darauf bezieht, daß die Möglichkeit der Verwertung eine Grenze der Produktion bildet.

Im *Manuskript 1861-63* stellt man gegenüber den *Grundrissen* auch eine gewisse Verschiebung in der Interpretation der *Bedeutung* der Krisen fest. Die Krise, obwohl immer noch als gewaltsame Herstellung der Einheit verselbständigter Momente bestimmt, erscheint jetzt nicht mehr in erster Linie als eine Art *Endkrise*, die die Auflösung der kapitalistischen Produktionsweise anzeigt, sondern als ständiger Begleiter dieser Produktionsweise, was wohl eine Reaktion auf die Erfahrung der Krise von 1857/58 und die nicht eingetretenen politischen und ökonomischen Erschütterungen ist. Marx hebt jetzt die Periodizität der Überproduktion und der Krisen hervor.

In der Form der Disproportionskrise wird die Krise sogar als eine für das Kapital notwendige Ausgleichsbewegung aufgefaßt. So heißt es in einer Auseinandersetzung mit Ricardo:

„Indeß sprechen wir hier nicht von der Crise, so weit sie auf disproportionate Production – d.h. Disproportion zwischen der Vertheilung der gesellschaftlichen Arbeit unter die einzelnen Productionssphären beruht. Davon kann nur die Rede sein, so weit von der Concurrenz der Capitalien die Rede ist. (...) Indeß in dieser Ausgleichung selbst ist schon vorhanden, daß sie das Gegentheil der Ausgleichung voraussezt und also *Krise* einschliessen kann; die Crise selbst eine Form der Ausgleichung sein kann. Diese Art Crise giebt aber Ric. etc zu." (II.3.3/1143; 26.2/521f)

Die Disproportionskrisen sind Ungleichgewichtsphänome; sie widersprechen nicht den harmonischen Gleichgewichtsvorstellungen der Klassik, vielmehr präsentieren sie sich als die Form, in der dieses Gleichgewicht immer wieder von neuem hergestellt wird. Dies ist ein auch noch heute herrschendes Krisenverständnis. Marx macht an der eben angeführten Stelle aber deutlich, daß es ihm gerade *nicht* um diesen eingeschränkten, auf die Dichotomie von Gleichgewicht und Ungleichgewicht bezogenen Krisenbegriff geht.

Möglichkeit und Wirklichkeit der Krise

Bereits innerhalb der *Grundrisse* zeichnete sich ab, daß Marx die Krisen nicht mehr nur als letzten Punkt in Zusammenhang mit dem Weltmarkt behandeln wollte. Zumindest einzelne Aspekte sollten bereits früher erörtert werden. So bemerkte Marx an einer Stelle:

„Es handelt sich hier, of course, noch nicht darum die Ueberproduction in ihrer Bestimmtheit zu entwickeln, sondern nur die Anlage dazu, wie sie primitiv im Verhältniß des Capitals selbst gesezt ist." (II.1.2/330; Gr 321)

Und später heißt es über die gewaltsame Herstellung der Einheit in der Krise:

„Die Bewegung, worin dieß wirklich vor sich geht – kann erst betrachtet werden, sobald das *reale* Capital, d.h. die Concurrenz etc – die wirklichen realen Bedingungen betrachtet sind. Gehört noch nicht hierher." (II.1.2/357; Gr 351)

Die „Anlage" zur Überproduktion soll „hier", die „wirkliche" Bewegung der Krise dagegen erst beim „realen Capital" betrachtet werden. Die angedeuteten unterschiedlichen Ebenen, auf denen die Krise untersucht werden soll, verweisen auf die Darstellungskonzeption, die sich im Laufe der Arbeit an den *Grundrissen* herausbildete: die Unterscheidung zwischen dem „Capital im Allgemeinen" und der „wirklichen Bewegung" der Kapitalien in der „Concurrenz" (vergl. dazu oben das fünfte Kapitel).

Diese methodische Konzeption liegt zunächst auch noch dem Manuskript von 1861-63 zugrunde und bestimmt die theoretischen Orte, an denen „Krise" behandelt werden soll. Zentrale Bedeutung erlangt dafür die Unterscheidung zwischen „Möglichkeit" und „Wirklichkeit" der Krise. Die Möglichkeit der Krise, die Marx bereits in der Trennung von Kauf und Verkauf angelegt sieht, setzt sich auf der Ebene der Kapitalzirkulation, wo Produktions- und Zirkulationsprozeß auseinanderfallen, fort (II.3.3/1129; 26.2/508). Eine zweite Möglichkeit der Krise hatte Marx in *Zur Kritik* auch aufgrund der Funktion des Geldes als Zahlungsmittel gesehen: die Unterbrechung der Zahlungsketten kann zur Geldkrise führen (II.2/208; 13/122), ein Prozeß, der sich ebenfalls auf der Ebene der Kapitalzirkulation wiederholen kann (II.3.3/1131f; 26.2/511). Allerdings ist, wie Marx hervorhebt, mit der „Möglichkeit" der Krise noch nicht die Krise selbst, ihre „Wirklichkeit" gegeben:

„Allgemeine, abstrakte Möglichkeit der Crise – heißt nichts als die *abstrakteste Form* der Crise, ohne Inhalt, ohne inhaltsvolles Motiv derselben. Verkauf und Kauf können auseinanderfallen. Sie sind also *Crise* potentia... Wodurch aber diese Möglichkeit der Crise zur Crise wird, ist nicht in dieser Form selbst enthalten; es ist nur darin enthalten, daß *die* Form für eine Crise da ist." (II.3.3/1131; 26.2/510)

Marx sucht nun zunächst diesen *Inhalt*, der aus der bloßen Möglichkeit der Krise eine wirklich existierende Krise macht, weiterzubestimmen. Geradezu programmatisch hält er fest:

„Die Weltmarktscrisen müssen als die reale Zusammenfassung und gewaltsame Ausgleichung aller Widersprüche der bürgerlichen Oekonomie gefaßt werden. Die einzelnen Momente, die sich also in diesen Crisen zusammenfassen, müssen also in jeder Sphäre der bürgerlichen Oekonomie hervortreten und entwickelt werden, und je weiter wir in ihr vordringen, müssen einerseits neue Bestimmungen dieses Widerstreits entwickelt, anderseits die abstracteren Formen desselben als wiederkehrend und enthalten in den konkreteren nachgewiesen werden." (II.3.3/1131; 26.2/510f)

Die Krise ist also jetzt nicht mehr, wie es noch die frühen Planentwürfe in den *Grundrissen* und in der *Einleitung* vorsahen, nur als *letzter* Punkt in Zusammenhang mit dem Weltmarkt zu betrachten, sondern die Krisenmomente sind auf *allen* Darstellungsebenen zu entwickeln. Wie Marx' Versuche einer solchen Fortentwicklung auf der Ebene des Reproduktionsprozeß des Kapitals zeigen, kommt er dabei aber nicht über Bestimmungen der bloßen Möglichkeit der Krise hinaus (II.3.4/1131f; 26.2/511f). Auch ist sich Marx anscheinend nicht so recht im Klaren darüber, wie er das Verhältnis von Krise überhaupt zur Geldkrise fassen soll. So erklärt er:

„Tritt also *Crise* ein, weil Kauf und Verkauf auseinanderfallen, so entwickelt sie sich als *Geldcrise*, sobald das Geld als *Zahlungsmittel* entwickelt ist und diese *zweite Form* der Crisen versteht sich dann von selbst, sobald die *erste eintritt.* In der Untersuchung, warum die allgemeine *Möglichkeit der Crise* zur *Wirklichkeit* wird, der Untersuchung der *Bedingungen* der Crise ist es also gänzlich überflüssig sich um die *Form* der Crisen, die aus der Entwicklung des Gelds als *Zahlungsmittel* entspringen, sich zu bekümmern." (II.3.3/1137; 26.2/515)

Die Geldkrise und damit die ganzen monetären Verhältnisse werden hier auf ein bloßes Epiphänomen reduziert. Dies wäre aber nur dann plausibel, wenn sich nicht nur jedes Auseinanderfallen von Kauf und Verkauf als Geldkrise zeigt, sobald das Geld als Zahlungsmittel entwickelt ist, sondern wenn auch das Umgekehrte gelten würde, daß jeder Geldkrise nur das Auseinanderfallen von Kauf und Verkauf zugrunde liegt. Indem Marx dies unterstellt, reduziert er Geld als Zahlungsmittel jedoch auf Geld als Zirkulationsmittel, was seiner eigenen Analyse des Geldes widerspricht. Allerdings scheint dies Marx selbst nicht ganz geheuer zu sein. Er setzt nämlich gleich hinzu:

„So weit die Entwicklung des Gelds als Zahlungsmittel mit der Entwicklung des Credits zusammenhängt und des *overcredit* sind allerdings die Ursachen des leztren zu entwickeln, was hier noch nicht am Platze." (Ebd.)

Offensichtlich hat Marx noch grundsätzliche Probleme zu bestimmen, welche Elemente der Krisentheorie auf welcher Ebene darzustellen sind. Woran er allerdings festhält, ist die Entgegensetzung von Möglichkeit und Wirklichkeit der Krise, die zumindest eine Grobstruktur der Darstellung auf den verschiedenen Abstraktionsebenen liefert:

„Es handelt sich aber um die weitere Entwicklung der potentia Crisis – die reale Crisis kann nur aus der realen Bewegung der capitalistischen Production, Concurrenz und Credit, dargestellt werden – zu verfolgen, so weit sie aus den Formbestimmungen des Capitals hervorgeht, die ihm als Capital *eigenthümlich* und nicht in seinem blosen Dasein als Waare und Geld eingeschlossen sind." (II.3.3/1133; 26.2/513)

Auf der Darstellungsebene des „Capitals im Allgemeinen" sollen demnach lediglich Aussagen über die „Möglichkeit der Crise" getroffen werden, die „Wirklichkeit" der Krise soll dagegen erst bei der Darstellung der wirklichen Bewegung des Kapitals, bei „Concurrenz und Credit", behandelt werden. Die Schwierigkeiten des Übergangs von der Möglichkeit zur Wirklichkeit der Krise sind damit erst einmal auf einen späteren, bisher noch nicht ausgearbeiteten Teil der Darstellung verschoben.

In seinem nächsten Entwurf einer Kritik der politischen Ökonomie, den ab Mitte 1863 entstehenden Manuskripten zum *Kapital*, wird aber gerade diese ursprüngliche Darstellungsstruktur aufgehoben: der Begriff des „Capital im Allgemeinen" wird an keiner Stelle mehr verwandt. An die Stelle der Dichotomie von „Capital im Allgemeinen" (das jeden Bezug auf die vielen Kapitale ausschließt) und „Concurrenz" tritt im Entwurf zum *Kapital* die Betrachtung von *individuellem Kapital* und *Konstitution des gesellschaftlichen Gesamtkapitals* auf verschiedenen Abstraktionsebenen. Nach wie vor ausgeschlossen von dieser Darstellung der kapitalistischen Produktionsweise „in ihrem idealen Durchschnitt" bleibt die „wirkliche Bewegung der Konkurrenz" (II.4.2/853; 25/839), die aber weit weniger umfaßt, als der früher mit „Concurrenz und Credit" bezeichnete Bereich (vergl. dazu oben das fünfte Kapitel).

Mit der Sprengung der bisherigen Darstellungskonzeption ist auch die im *Manuskript 1861-63* anvisierte allgemeine Struktur der Krisentheorie, die die Behandlung der „Möglichkeit" der Krise beim „Capital im Allgemeinen", der „Wirklichkeit" der Krise bei der „Concurrenz" vorsah, erledigt.[53] Zwar spricht Marx im ersten Band des *Kapital* nach wie vor von der „Möglichkeit der Crise", die in der Trennung von Kauf und Verkauf angelegt ist, doch wird dieser Möglichkeit jetzt nicht mehr dichotomisch ihre „Wirklichkeit" gegenübergestellt. Es stellt sich daher die Frage, auf welchen Darstellungsebenen „Krise" jetzt überhaupt behandelt werden soll und welche Bedeutung Krise im Rahmen der Kritik der politischen Ökonomie besitzt.

Krisentheorie im Kapital: *Zyklentheoretischer und allgemeiner Krisenbegriff*

Üblicherweise gilt das 15. Kapitel von Engels' Ausgabe des dritten Bandes, als Darstellung der Krisentheorie im *Kapital*. In der Tat findet sich hier die umfangreichste Auseinandersetzung mit dem Thema und häufig wurde schon, ausgehend von diesem Kapitel und unter Rekurs auf das „Gesetz vom tendenziellen Fall der Profitrate", eine Rekonstruktion der Krisentheorie versucht.

Ein solches Vorgehen folgt bereits – ohne sich darüber im Klaren zu sein – einer Reihe von Editionsentscheidungen, die Engels getroffen hat, ohne daß er

53) Diese Unterscheidung kann dann nicht als methodische Richtschnur einer „Rekonstruktion" der Marxschen Krisentheorie dienen, wie dies in dem groß angelegten Versuch von Bader et al. (1975, S.110ff) geschieht.

sie den Lesern deutlich machte. Das Marxsche Manuskript ist nur sehr wenig untergliedert, in insgesamt sieben Kapitel, die wenige oder gar keine weiteren Unterteilungen aufweisen. Engels machte aus den sieben Kapiteln sieben Abschnitte mit insgesamt 52 Kapiteln, von denen er viele nochmals gliederte. Damit wird der Text für den Leser zwar einfacher zu handhaben, zugleich entsteht aber der Eindruck, daß mit dieser Gliederung (von der die Leser annehmen mußten, daß sie von Marx stammte) auch schon klar war, daß die entsprechenden Inhalte an der jeweiligen Stelle dargestellt werden sollten. Eine solche Strukturierung hat nicht nur inhaltliche Konsequenzen, indem sie bestimmt, was in einem Kapitel zusammengehört und was nicht; sie führt auch zu einer inhaltlichen Aufwertung, indem unstrukturierte Bemerkungen in ein Kapitel verwandelt werden: Sätze, die als vorläufiger Versuch niedergeschrieben wurden, erhalten damit den Status eines fortgeschrittenen Entwurfs.
So hat das dritte (Marxsche) Kapitel, welches das Gesetz vom tendenziellen Fall der Profitrate behandelt, überhaupt keine weitere Untergliederung. Engels machte daraus die Kapitel 13 bis 15. Die Kapitel 13 und 14 (*Das Gesetz als solches* und *Entgegenwirkende Ursachen*) nehmen eine durchaus plausible Unterteilung innerhalb eines einigermaßen ausgearbeiteten Textes vor (den Engels aber auch nicht ohne Eingriffe präsentierte). Danach läuft der Marxsche Text aber in eine Fülle von Bemerkungen, Ergänzungen und nicht weiter ausgeführten Argumentationsansätzen aus, von denen nicht einmal klar ist, ob sie überhaupt einen eigenen inhaltlichen Abschnitt konstituieren sollen. Von einer systematischen Argumentation kann hier noch längst nicht die Rede sein. Indem Engels dieses Material mit einer nicht unproblematischen Kapitelüberschrift (*Entfaltung der innren Widersprüche des Gesetzes*) versieht, Untergliederungen, Umstellungen, Auslassungen und Textglättungen vornimmt, wird der systematische Stellenwert des Textes erheblich aufgewertet und dem Leser eine weit größere Kohärenz vorgespiegelt, als tatsächlich vorhanden ist. Und so wurde dieses – von Engels komponierte – 15. Kapitel dann häufig als zumindest von der Anlage her weitgehend fertige, auf dem Gesetz vom tendenziellen Fall der Profitrate fußende Krisentheorie rezipiert.
In jedem Fall entsteht der Eindruck, Marx habe wesentliche Elemente der Krisentheorie an *diesem* Ort und in direkten Zusammenhang mit dem Gesetz vom tendenziellen Fall der Profitrate behandeln wollen. Ob Marx tatsächlich diese Intention hatte, oder ob er sich über diese Frage noch gar nicht klar war, bleibt im Manuskript zumindest offen. Aber neben der Textlage legt auch ein inhaltlicher Zusammenhang nahe, daß an dieser Stelle noch nicht allzuviel zur Krisentheorie ausgesagt werden kann. Im letzten Kapitel wurde gezeigt, daß Marx dem Kreditsystem innerhalb der kapitalistischen Produktion eine wesentliche Steuerungsfunktion einräumt, so daß eine Krisentheorie ohne Berücksichtigung des Kredits, der aber erst im fünften (Marxschen) Kapitel behandelt wird, nicht gut möglich scheint. Da eine solche Darstellung der Kri-

sentheorie jedoch fehlt und die Engelssche Edition suggeriert, die Darstellung der Krisentendenzen habe ihren systematischen Ort bereits gefunden – und zwar unabhängig von der Behandlung des Kredits –, wurde einer Rezeption Vorschub geleistet, welche die grundlegenden Krisentendenzen ausschließlich an den „realen" Größen der Ökonomie festmacht und die Bedeutung von Geld und Kredit bagatellisiert. Und in der Tat ist eine solche nicht-monetäre Interpretation das Gemeinsame der meisten sich als „marxistisch" verstehenden Krisentheorien.

Der Marxsche Text ist jedoch alles andere als eindeutig. Die Ambivalenzen zwischen einem monetären und einem nicht-monetären Ansatz in der Werttheorie und den sich daraus ergebenden Konsequenzen wurden oben schon ausführlich debattiert. Diese Ambivalenzen machen sich auch in der Krisentheorie geltend. Das Problem der Engelsschen Edition besteht nun darin, daß sie durch scheinbar harmlose Editionsentscheidungen dazu beiträgt, viele Uneindeutigkeiten in eine bestimmte Richtung aufzulösen, ohne daß dem Leser klar wird, daß hier überhaupt etwas aufgelöst wird. Es soll nun versucht werden, die krisentheoretischen Passagen im *Kapital* unabhängig von der durch Engels gelieferten Vorstrukturierung zu diskutieren.

In der krisentheoretischen Literatur wurde immer wieder darüber gestritten, ob sich im dritten Band des *Kapital* Elemente einer Zusammenbruchstheorie finden lassen oder nicht. Vertreter einer solchen Zusammenbruchstheorie, am prominentesten ist Henryk Grossmann (1929a), schließen dabei aus dem Fall der Profitrate auf einen notwendigen Zusammenbruch des Akkumulationsprozesses: ab einem bestimmten Punkt reiche die Profitmasse bei steigender organischer Zusammensetzung des Kapitals für eine weitere Akkumulation nicht mehr aus.[54] Zwar findet sich bei Marx selbst kein solches Argument (was auch Grossmann zugibt); allerdings konnte sich die Diskussion an einige Formulierungen halten, die anscheinend auf einen Zusammenbruch anspielen, wobei der Vergleich des Marxschen Originalmanuskriptes mit der Edition von Engels allerdings aufzeigte, daß einige dieser Äußerungen von Engels verschärft oder selbständig eingefügt wurden. So heißt es bei Marx zwar:

„Die wahre Schranke der capitalistischen Production ist das *Capital* selbst, daß das *Capital* und seine Selbstverwerthung als Ausgangspunkt und Endpunkt, als Zweck der Production erscheint, daß die Production Production *für* das Capital und nicht umgekehrt die Productionsmittel blosse

54) In den Veröffentlichungen von Robert Kurz und der Zeitschrift *Krisis* erlebte die Zusammenbruchstheorie in den 90er Jahren ein unerwartetes Revival. Neben den mit dem „Gesetz vom tendenziellen Fall der Profitrate" angesprochenen Zusammenhängen, deren Gültigkeit recht unkritisch unterstellt wird, dient vor allem die These von einer Ausweitung der unproduktiven Arbeit als Begründung des Zusammenbruchs: dieser unproduktive Sektor müsse von einem immer kleiner werdenden produktiven Sektor unterhalten werden, was dieser irgendwann nicht mehr leisten könne (Kurz 1995). Abgesehen davon, daß die Möglichkeit der Alimentierung eines Sektors durch einen anderen nicht nur eine Frage der absoluten Größe der Sektoren, sondern auch der Produktivkraftentwicklung ist, beruht die von Kurz behauptete enorme Zunahme unproduktiver Arbeit vor allem auf einer von ihm eingeführten Erweiterung der Definition dieses Begriffs.

Mittel für die Erweiterung und Gestaltung des Lebensprozesses *für* die Gesellschaft sind, welche die Producenten bilden... Das Mittel, unbedingte Entwicklung der Produktivkräfte der gesellschaftlichen Arbeit geräth in fortwährenden Conflict mit dem beschränkten Zweck, der Verwerthung des vorhandenen Capitals (II.4.2/324; 25/260).

Die „Schranke" von der hier die Rede ist, meint jedoch keine absolute Entwicklungsschranke der kapitalistischen Produktion, bei deren Erreichen irgendein katastrophischer Zusammenbruch stattfinden würde, sondern die Begrenztheit des Zwecks kapitalistischer Produktion, und diese Begrenztheit existiert ganz unabhängig von einer stärkeren oder schwächeren Akkumulation. Die Vorstellung von einer „Schranke", die eine weitere Entwicklung unmöglich macht, wird aber in der Edition von Engels durch einen Einschub nahegelegt, der sich einige Seiten weiter befindet. Dort ist davon die Rede, daß die kapitalistische Produktionsweise zum Hemmnis der weiteren Entwicklung der Produktivkräfte werde, woraus der Schluß gezogen wird: „Sie beweist damit nur aufs neue, daß sie altersschwach wird und sich mehr und mehr überlebt" (25/273).

Obwohl Engels in einer Fußnote anmerkt, sein Einschub sei „aus einer Notiz des Originalmanuskripts umredigiert" (ebd.) finden sich im Marxschen Text zwar einzelne Elemente dieses Einschubs, aber nichts, was sich im Sinne der zitierten Folgerung interpretieren läßt (vgl. II.4.2/334ff). In der Tat wäre dies auch äußerst merkwürdig: die von Engels angeführte Hemmung der Produktivkraftentwicklung wird mit dem im ersten Band des *Kapital* entwickelten Argument begründet, daß nur solche Produktivkraftsteigerungen eingeführt werden, die weniger zusätzliche Kosten verursachen, als an variablem Kapital eingespart wird. Diese „Hemmung" der Produktivkraftentwicklung ist aber keine, die erst im Verlauf der kapitalistischen Entwicklung einsetzt, sondern eine die immer schon vorhanden ist. Von daher läßt sie sich auch nicht als Indiz einer „Altersschwäche" des Kapitalismus interpretieren; eine „Zusammenbruchstheorie" läßt sich mit dem Marxschen Manuskript zum dritten Band des *Kapital* jedenfalls nicht begründen.[55]

Relevant für eine Krisentheorie sind im Schlußteil des Kapitels über den Profitratenfall vor allem drei recht unterschiedliche Argumentationsansätze, aus denen Engels die Unterabschnitte I bis III seines 15. Kapitels machte. Ich werde diese drei Ansätze in der umgekehrten Reihenfolge diskutieren, wie sie bei Marx auftauchen.

---

55) An zwei weiteren Stellen wurde der Zusammenbruch ebenfalls von Engels in den Text redigiert, so ist zwar bei Engels (25/264) aber nicht bei Marx (II.4.2/328) von einem „Zusammenbrechen" des Kreditsystems die Rede. Und anläßlich einer immer stärkeren Kapitalkonzentration wird von Marx angemerkt: „Dieser Proceß würde bald die capitalistische Production zum Klappen bringen, wenn nicht widerstrebende Tendenzen beständig wieder decentralisirend neben der centripetalen Kraft wirkten" (II.4.2/315). Aus dem Marxschen „Klappen" machte erst Engels einen „Zusammenbruch" (25/256), und in dieser Form diente sie dann Grossmann (1929, S.79) als gewichtiger Beleg, daß Marx selbst von immanenten Zusammenbruchstendenzen ausgegangen sei, die nur durch entgegenwirkende Ursachen zeitweise aufgehalten würden.

An der dritten Stelle (II.4.2/324ff; 25/261ff) geht es um die „Ueberproduction von Capital“ im Unterschied zur Überproduktion einzelner Waren. Diese liege dann vor, wenn der Fall der Profitrate nicht durch eine Steigerung der Profitmasse aufgehoben werde. In den vorangehenden Erörterungen hatte Marx hervorgehoben, daß der Fall der Profit*rate* durchaus mit einer steigenden Profit*masse* einhergehen könne, dann nämlich, wenn die Akkumulation des Kapitals entsprechend stark sei. Dies betrachtete Marx, wie er mehrfach betonte, als den Normalfall kapitalistischer Produktion (vergl. II.4.2/292-300; 25/228-235). Die Überproduktion (oder Überakkumulation) von Kapital, von der er jetzt spricht, wird also *nicht* durch das Gesetz vom tendenziellen Fall der Profitrate hervorgerufen,[56] sondern durch ein so starkes Wachstum des Kapitals gegenüber der Arbeitsbevölkerung, daß sich die Arbeitskraft verteuert. Dies wird auch von Marx betont: die Profitrate falle jetzt

„wegen eines change in der Zusammensetzung des Capitals, der nicht der Entwicklung der Productivkraft geschuldet, sondern einem Steigen im Geldwerth des variablen Capitals“ (II.4.2/326; 25/262).

Eine *absolute* Überproduktion von Kapital (die Marx zur Verdeutlichung des Gedankengangs anführt) läge vor, wenn das Kapital gegenüber der Arbeitsbevölkerung so gewachsen wäre, daß die Mehrarbeitszeit überhaupt nicht ausgedehnt werden könnte, das gewachsene Kapital also nur dieselbe (oder eine geringere) Mehrwertmasse erzielen würde als früher. Die tatsächliche Entwicklung würde nicht so extrem verlaufen, begrifflich sei jedoch klar:

„Die *Ueberproduction von Capital* meint nie etwas andres als *Ueberproduction von Productionsmitteln* – Arbeits- und Lebensmitteln – die als Capital functionieren können, d. h. zur Ausbeutung der Arbeit zu *einem gegebnen Exploitationsgrad* angewandt werden können, indem das Fallen dieses *Exploitationsgrads* unter einen gegebnen Punkt Stockungen und Störungen des capitalistischen Productionsprocesses, Crisen, Zerstörung von Capital hervorruft.“ (II.4.2/330; 25/266)

Die Überproduktion oder Überakkumulation von Kapital und eine daraus entspringende Krise wird also explizit mit einem zu geringen bzw. fallenden Exploitationsgrad der Arbeit begründet. Die dem Kapital immanente, überzyklische Tendenz zur Produktion relativen Mehrwerts bewirkt aber gerade eine Steigerung des Exploitationsgrades. Ein sinkender Exploitationsgrad kann nur das Ergebnis entweder einer relativen Verknappung von Arbeitskräften (also einer Abnahme aber nicht unbedingt des Verschwindens der industriellen Reservearmee) oder von erfolgreichen Lohnkämpfen sein; beides sind Erscheinungen, die in die Betrachtung des Zyklus gehören.

56) Der Begriff Überakkumulation taucht in der Edition von Engels häufiger auf als bei Marx, da Engels mehrmals den Begriff Überproduktion von Kapital durch Überakkumulation ersetzte. In der krisentheoretischen Literatur hat sich dann die Bezeichnung „Überakkumulationstheorie“ gerade für solche Ansätze eingebürgert, die die Verwertungsschwierigkeiten in erster Linie auf den Fall der Profitrate zurückführen (so z.B. Mattick 1974, vergl. zur Kritik an diesen Ansätzen Bekkenbach/Krätke 1978). An dem von Marx verwendeten Begriff der Überakkumulation setzt dagegen die Untersuchung von Milios (1999) an.

Eine Möglichkeit zur Beseitigung der Überakkumulation sieht Marx nur in der *Entwertung* des vorhandenen Kapitals: das Zuviel an Kapital muß vernichtet werden, wobei die Konkurrenz entscheidet, wessen Kapital entwertet wird. Dabei werden dann auch Prozesse in Gang gesetzt, die verbesserte Verwertungsbedingungen herstellen: Durch die Stockung der Produktion wird ein Teil der Beschäftigten freigesetzt, wodurch sich der Druck auf die Löhne der übrigen erhöht, durch verstärkte Anwendung von Maschinerie kommt es zu einer Steigerung der Produktivkraft, so daß weitere Arbeitskräfte freigesetzt werden und schließlich trägt auch die Entwertung der Elemente des konstanten Kapitals zu einer Erhöhung der Profitrate bei, so daß gefolgert werden kann: „Und so würde der Zirkel von neuem durchlaufen" (II.4.2/329; 25/265).
Marx entwickelt hier die *Elemente einer Theorie des Zyklus*, die unabhängig vom Gesetz des tendenziellen Falls der Profitrate ist. Dieser zyklische Prozeß wird in vereinfachter Form (Entwertungsprozesse bleiben unberücksichtigt) und ohne daß die Begriffe Überproduktion oder Überakkumulation von Kapital benutzt werden, im 23. Kapitel des ersten Bandes behandelt, wo Marx die Auswirkungen der Akkumulation auf Lohnhöhe und industrielle Reservearmee untersucht. Unter der Voraussetzung einer *gleichbleibenden* Wertzusammensetzung des Kapitals zeigt sich hier der Mechanismus von Akkumulation, Lohnsteigerung, abnehmender Verwertung, nachlassender Akkumulation, Lohnsenkung, verbesserter Verwertung und erneuter Akkumulation besonders deutlich (II.5/497; 23/645ff). Mit der *steigenden* Wertzusammensetzung des Kapitals sieht Marx einerseits eine überzyklische Tendenz einer zunehmenden industriellen Reservearmee gegeben, andererseits aber auch ruckartige Expansionen der Produktion und damit der Nachfrage nach Arbeitskräften, die nur durch die Existenz einer industriellen Reservearmee befriedigt werden kann, so daß er den Schluß zieht:

> „Der charakteristische Lebenslauf der modernen Industrie, die Form eines durch kleinere Schwankungen unterbrochnen zehnjährigen Cyklus von Perioden mittlerer Lebendigkeit, Produktion unter Hochdruck, Krise und Stagnation, beruht auf der beständigen Bildung, größeren oder geringeren Absorption, und Weiterbildung der industriellen Reservearmee oder Surpluspopulation." (II.5/509; 23/661)

Diese knappen Bemerkungen sind jedoch keine fertige Theorie des Zyklus – und sollen es auch nicht sein. Im 23. Kapitel geht es in erster Linie darum, was sich auf der erreichten Darstellungsstufe (Konstitution des gesellschaftlichen Gesamtkapitals auf der Ebene des unmittelbaren Produktionsprozesses) über „den Einfluß, den das Wachsthum des Kapitals auf das Geschick der Arbeiterklasse ausübt" (II.8/574; 23/640) aussagen läßt.
Die Frage nach den Bestimmungen des Zyklus wird im Manuskript zum dritten Band zwar deutlicher gestellt, doch ist sich Marx darüber im Klaren, daß sie auch an dieser Stelle noch nicht abgehandelt werden kann. In seinen Überlegungen zur Überakkumulation spielen Lohn- und Preisbewegungen ei-

ne entscheidende Rolle, also Verhältnisse, in denen nicht mehr unterstellt wird, daß die Waren zu ihren Werten (bzw. Produktionspreisen) verkauft werden. Daher handelt es sich eindeutig um einen Vorgriff auf eine konkretere Darstellungsebene. Dies wird auch von Marx selbst hervorgehoben, der gleich zu Beginn seiner Analyse der Überakkumulation vermerkte: „die nähere Untersuchung darüber gehört in die Betrachtung der *erscheinenden Bewegung des Capitals*, wo Zinscapital etc Credit etc entwickelt" (II.4.2/325), und es ist den Bearbeitern des MEGA-Bandes zuzustimmen, wenn sie in ihren Erläuterungen schreiben, daß die „erscheinende Bewegung des Capitals" nicht mehr zu den im *Kapital* zu behandelnden Gegenständen gehört (II.4.2/1255). Die Erwähnung von „Zinscapital" und „Credit" verweist zugleich auf die wichtigste inhaltliche Fehlstelle, der bisherigen Überlegungen. Wie relevant der skizzierte zyklische Mechanismus tatsächlich ist, könnte nur vor dem Hintergrund einer ausgearbeiteten (bei Marx aber nicht vorhandenen) Theorie des Zyklus, die den Kredit einschließen müßte, diskutiert werden.
Engels verwandelte den Marxschen Hinweis jedoch ins Gegenteil, er schreibt an der entsprechenden Stelle: „ihre nähere Untersuchung folgt unten" (25/261). Tatsächlich folgen nach dieser Stelle die angeführten Überlegungen zur Überakkumulation. Doch das Entscheidende, daß Marx ihnen (im Einklang mit der Gesamtkonzeption seiner Darstellung) an dieser Stelle keine systematische Bedeutung zubilligt, wurde durch die Engelssche Redaktion dem Leser vorenthalten.[57]

In den beiden anderen krisentheoretisch relevanten Argumentationsansätzen, die sich im Kapitel über den Profitratenfall finden, geht es nicht mehr allein um eine zyklische Krisentendenz. An der einen Stelle behandelt Marx die widersprüchlichen Wirkungen der Produktivkraftentwicklung. Er unterscheidet eine direkte und eine indirekte Wirkung der Produktivkraftsteigerung. Die direkte Wirkung besteht in der Verbilligung der Elemente des konstanten Kapitals und der Lebensmittel, wodurch der relative Mehrwert und die Profitrate erhöht wird. Da diese gewachsene Produktivkraft aber nur durch eine Verminderung des variablen Kapitalteils gegenüber dem konstanten möglich werde, führe sie letztlich zu einer Verminderung der Profitrate. Die indirekte Wirkung der Produktivkraftsteigerung besteht darin, daß mit derselben Kapitalsumme eine größere Masse von Gebrauchswerten gekauft werden kann und somit auch die Masse der angewandten Arbeit steigt. Die Entwicklung der Produktivkraft hat daher widersprüchliche Auswirkungen, Tendenzen zur

57) An anderen Stellen versucht Marx die Dauer der Zyklen mit der Umschlagszeit des fixen Kapitals zu begründen. Dieses Argument findet sich bereits in den *Grundrissen* (II.1.2/597; Gr 608), es taucht auch im Manuskript für Buch II aus dem Jahre 1864/65 auf (II.4.1/271), sowie etwas ausführlicher in dem von Engels edierten zweiten Band des *Kapital* (24/185f). Allerdings wird es von Marx mit den übrigen Überlegungen zum Zyklus nicht verbunden.

Ausdehnung wie zur Verminderung der Arbeitsbevölkerung, zum Steigen wie zum Fallen der Profitrate. Für die kapitalistische Produktionsweise ergibt sich damit ein grundlegendes Problem:

„Der Widerspruch, ganz allgemein ausgedrückt, besteht darin, daß die capitalistische Productionsweise mit sich führt ein Streben nach absoluter Entwicklung der Productivkräfte, abgesehn von dem Tauschwerth und dem in ihm eingeschloßnen Mehrwerth (Profit), abgesehn von den gesellschaftlichen Verhältnissen, innerhalb deren die capitalistische Production stattfindet, während sie andrerseits die Erhaltung des vorhandnen Tauschwerths des existirenden Capitals und seine Verwerthung im größten Maaß (d.h. beschleunigten Anwachs ihres Tauschwerths) anstrebt. Ihr spezifischer Charakter ist auf den Tauschwerth des vorhandenen Capitals, und größtmöglichen Anwachs dieses Werths gerichtet. Die Methoden wodurch sie dieß erreicht, schließen Abnahme der Profitrate, Depreciation des vorhandenen Capitals und Entwicklung der Productivkräfte der Arbeit auf Kosten der schon producirten Productivkräfte ein.“ (II.4.2/323; 25/259)

Obwohl Marx in seiner Argumentation auch die Gültigkeit des „Gesetzes vom tendenziellen Fall der Profitrate“ unterstellt, geht seine These weit darüberhinaus. Mit den widersprüchlichen Wirkungen der Produktivkraftentwicklung, die einerseits nur vorangetrieben wird, um zur Steigerung der Profitrate beizutragen, andererseits aber die bestehenden Kapitalwerte permanent entwertet, ist eine fundamentale Eigenschaft der *Dynamik* des Kapitalismus angesprochen: die Verbindung von Vergangenheit und Zukunft wird beständig neu definiert. Die in der Vergangenheit getroffenen Investitionsentscheidungen, die auf den gegebenen stofflichen und wertmäßigen Bedingungen der Produktion beruhten, werden durch die Entwicklung der Produktivkräfte (die u.a. Resultat dieser Entscheidungen ist) immer wieder obsolet gemacht, da sich die Produktionsbedingungen fundamental ändern. Dies bedeutet nicht nur, daß künftige Entwicklungen prinzipiell unvorhersehbar sind und ein nicht reduzierbares Moment der Unsicherheit für alle Agenten des ökonomischen Prozesses mit sich bringen; vor allem bedeutet dies, daß jede „Gleichgewichtslage“, die die kapitalistische Produktion eventuell erreichen könnte, durch die dem Kapital eigene Dynamik immer wieder unterminiert wird. Marx faßt die Konsequenz dieser widersprüchlichen Wirkung der Produktivkraftentwicklung folgendermaßen zusammen:

„Diese verschiednen Einflüsse machen sich bald neben einander im Raum, bald nach einander in der Zeit geltend und periodisch macht sich der Conflict der streitigen Agentien in Crisen Luft. Die Crisen sind immer nur momentane gewaltsame Lösungen der vorhandnen Widersprüche und gewaltsame Eruptionen, um das gestörte Gleichgewicht wieder herzustellen.“ (II.4.2/323; 25/259)

Zwar spricht Marx an der zitierten Stelle von einer Wiederherstellung des „Gleichgewichts“, doch ist damit kein Gleichgewichtspfad etwa im Sinne der Neoklassik gemeint. Deren Gleichgewichtskonzept zeichnet sich gerade durch die Annahme einer inhärenten Stabilität aus: ist das Gleichgewicht erst einmal erreicht und wird es nicht „von außen“ gestört, so bleibt die Ökonomie in diesem Gleichgewichtszustand.[58]

58) Auch wenn an der zitierten Stelle davon die Rede ist, daß sich der Konflikt „periodisch“ in

Vor dem Hintergrund dieser Überlegungen wird auch deutlich, daß die Marxschen Reproduktionsschemata aus dem zweiten Band des *Kapital* nicht als Modell eines gleichgewichtigen Wachstums aufgefaßt werden können. Diese Schemata zeigen lediglich auf der Ebene des *Zirkulationsprozesses*, daß die Reproduktion eine bestimmte Proportionalität der verschiedenen Abteilungen der Produktion *erfordert*. Die Analyse des *Gesamtprozesses* kapitalistischer Produktion macht aber nun deutlich, daß nicht nur beständig von diesen Proportionen abgewichen wird, sondern daß diese Proportionen gar nicht *festgelegt* werden können; als Resultat der Produktivkraftentwicklung und der Akkumulationsbewegung werden sie immer wieder neu bestimmt. Die Definition eines „Gleichgewichtspfades" stößt daher nicht nur auf empirische Schwierigkeiten; sie ist auch theoretisch nur möglich, wenn die Theorie von den für die kapitalistische Produktionsweise *wesentlichen* Momenten abstrahiert und insofern den Kapitalismus gar nicht behandelt.[59]

Die von der Reihenfolge her erste krisentheoretisch wichtige Passage, die sich im Kapitel über den Profitratenfall findet, behandelt das Verhältnis von kapitalistischer Produktion und Zirkulation. Die kapitalistische Formbestimmung findet ihren Ausdruck darin, daß nicht die Konsumtion des Kapitalisten, sondern die Produktion und Akkumulation des Mehrwerts bzw. Profits Zweck und Motiv kapitalistischer Produktion ist. Allerdings muß der Mehrwert, nachdem er im unmittelbaren Produktionsprozeß vom Kapitalisten angeeignet wurde, erst noch realisiert werden, und hier zeigen sich die für die kapitalistische Produktionsweise spezifischen Probleme:

„Die Bedingungen der *unmittelbaren* Exploitation und ihrer Realisierung sind nicht identisch. Sie fallen nicht nur der Zeit und dem Ort, sondern auch begrifflich auseinander. Die eine ist nur beschränkt durch die Productivkraft der Gesellschaft; die andre durch die *Proportionalität der verschiednen Productionszweige* und durch die *Consumtionskraft* der Gesellschaft. Die letztre ist aber weder durch die absolute Productivkraft noch durch die absolute Consumtivkraft bestimmt; sondern durch die Consumtivkraft auf Basis *antagonistischer Distributionsverhältnisse*, welche die grosse Grundlage der Gesellschaft auf ein Minimum der Consumtion – unter mehr oder minder engen Grenzen beschränkt. Sie ist ferner beschränkt durch den Accumulationstrieb, den Trieb nach Vergrösserung des Capitals und Production von Mehrwerth auf erweiterter Stufenleiter. (...) Der Markt muß daher beständig ausgedehnt werden... Je mehr sich die Productivkraft entwickelt, um so mehr geräth sie in Widerspruch mit der engen Basis, worauf die Consumtionsverhältnisse be-

---

Krisen entlädt, ist damit kein regelmäßiger Zyklus angesprochen, sondern der Sachverhalt, daß es immer wieder, in kürzeren oder längeren Fristen, zu einer Entladung des Konflikts kommen muß. Gerade die Unvorhersehbarkeit der Produktivkraftentwicklung steht einer regelmäßigen zyklischen Bewegung entgegen.

59) Einer der wenigen neoklassischen Ökonomen, dem dieser Sachverhalt deutlich vor Augen stand, war Joseph Schumpeter. Zwar leistete er einen wichtigen Beitrag zur Ausarbeitung einer Theorie des Gleichgewichts (Schumpeter 1908), es war ihm aber klar, daß sich kapitalistische Entwicklung gerade nicht mit den Kategorien der Gleichgewichtstheorie erfassen läßt. In seiner *Theorie der wirtschaftlichen Entwicklung* (1911) stehen deshalb die Wirkungen der Produktivkraftentwicklung, die sich nicht in den Rahmen einer Gleichgewichtsbetrachtung pressen lassen, im Vordergrund.

ruhn. Es ist auf dieser widerspruchsvollen Basis, durchaus kein Widerspruch, daß redundancy of capital verbunden ist mit wachsender relativer Surpluspopulation..." (II.4.2/312f; 25/254f) [60]

Marx hält hier die gegensätzlichen und voneinander unabhängigen Bestimmungen der Exploitation und der Realisation des Mehrwerts fest: Die Exploitation kennt keine immanenten Grenzen, jedes Kapital wird versuchen aus der von ihm beschäftigten Anzahl von Arbeitern den maximalen Mehrwert auszupumpen, was Produktivkraftentwicklung einschließt und damit auch zumindest eine gewisse Akkumulation, soweit sie von den neuen Produktivkräften erfordert ist.

Dieser Tendenz zur beständigen Ausdehnung der Produktion steht die durch die Produktionsverhältnisse bedingte, begrenzte Konsumtionskraft der Gesellschaft gegenüber, die daher auch nur eine begrenzte Realisation des Mehrwerts erlaubt. Entscheidend ist, daß an der angeführten Stelle die begrenzte Konsumtionskraft nicht mehr rein unterkonsumtionstheoretisch als begrenzte zahlungsfähige Nachfrage der Arbeiterklasse aufgefaßt wird. Was schon im *Manuskript 1861-63* an einer Stelle angedeutet war, wird hier explizit konstatiert: die Konsumtion wird durch den „Accumulationstrieb" des Kapitals, der sich an den Möglichkeiten der Verwertung orientiert, begrenzt.

Allerdings hat Marx die Unterkonsumtionstheorie noch nicht endgültig hinter sich gelassen; nicht nur im Profitratenkapitel schleichen sich immer wieder unterkonsumtionstheoretische Töne ein, wenn in erster Linie auf die Verarmung der Masse der Produzenten abgestellt wird.[61] Unterkonsumtionstheoretisch argumentiert Marx auch noch an weiteren Stellen des Manuskripts von Buch III, sowie in den danach entstandenen Manuskripten zu Buch II, aus denen Engels dann den zweiten Band des *Kapital* zusammengestellt hat.[62]

Erst in dem Ende der 70er entstandenen Manuskript VIII zum zweiten Band des *Kapital* wird der unterkonsumtionstheoretische Ansatz explizit abgelehnt und darauf verwiesen, daß die „relative Prosperität der Arbeiterklasse" geradezu der „Sturmvogel" der Krise sei.[63] Auch wenn dies zunächst einmal nur

60) Nicht ganz so eindeutig wurde derselbe Gedankengang auch schon im Manuskript von 1864/65 für das zweite Buch formuliert (vergl. II.4.1/371).

61) So z.B. an folgender Stelle: „Die *Schranken*, in denen sich die Erhaltung und Verwerthung der Capitalwerthe, die auf der Basis der Verarmung und Expropriation der grossen Masse der Producenten beruht, bewegen kann, treten daher beständig in Widerspruch mit den Productionsmethoden, die das Capital zu seinem Zweck anwenden muß...." (II.4.2/324; 25/260).

62) So schreibt Marx in einer viel zitierten Stelle im fünften Kapitel von Buch III: „Der letzte Grund aller wirklichen Crisen bleibt immer die Armuth der Massen einerseits, der Trieb der capitalistischen Productionsweise andrerseits die Productivkräfte so zu entwickeln, als ob die absolute Consumtionsfähigkeit der Gesellschaft ihr limit bildete" (II.4.2/540f; 25/501). Im Manuskript II für Buch II, das nach Engels Angaben um 1870 herum entstanden ist, heißt es über die Realisierung, sie sei beschränkt, „durch die konsumtiven Bedürfnisse einer Gesellschaft, wovon die große Mehrzahl stets arm ist und stets arm bleiben muß" (24/318).

63) „Es ist eine reine Tautologie zu sagen, daß die Krisen aus Mangel an zahlungsfähiger Konsumtion oder an zahlungsfähigen Konsumenten hervorgehn. Andre Konsumarten als zahlende kennt das kapitalistische System nicht... Will man aber dieser Tautologie einen Schein tiefer Be-

eine empirische Beobachtung und noch kein theoretisches Argument darstellt, könnte dieses aus der von Marx skizzierten „Überakkumulationstheorie" gewonnen werden, die gerade auf steigende Löhne als entscheidendes Hemmnis weiterer Akkumulation abstellte.

Mit der Betonung des „Accumulationstriebes" als entscheidender Bestimmung für die „Consumtionskraft der Gesellschaft" wird an der oben diskutierten Stelle die Unterkonsumtionstheorie jedenfalls de facto überwunden: es wird deutlich, daß es nicht allein die Konsumnachfrage der Arbeiterklasse ist, sondern vor allem der Umfang der Investitionsnachfrage der Kapitalistenklasse, der über das Verhältnis von Produktion und Konsumtion entscheidet.[64]

Allerdings wird die *Begrenzung* des Akkumulationstriebes von Marx hier nicht weiter begründet. Er verweist lediglich auf die stets notwendige Ausdehnung der Märkte, so daß man im Umkehrschluß folgern kann, daß der Akkumulationstrieb dann beschränkt wird, wenn diese Ausdehnung nicht gelingt.

Gerade hier wäre die Betrachtung des Kreditsystems, dessen steuernde Rolle Marx im Kapitel über das zinstragende Kapitel noch ansprechen wird, erforderlich gewesen. Auch die Ergebnisse aus den späteren Manuskripten zum zweiten Band, daß sich die Kapitalisten das Geld zur Realisierung des Mehrwerts wechselseitig vorschießen müssen (vergl. das siebte Kapitel), wäre hier von Bedeutung: wird dieser Geldvorschuß, der im entwickelten Kapitalismus über das Kreditsystem vermittelt wird, verknappt, dann läßt sich auch der Mehrwert nicht vollständig realisieren. In einem solchen Zusammenhang würden dann auch Überlegungen relevant werden, die Marx bereits in den *Grundrissen* angestellt hatte. Dort hieß es an einer Stelle,

> „... in allgemeiner Crise der Ueberproduction ist der Widerspruch nicht zwischen den verschiednen Arten des productiven Capitals, sondern zwischen dem industriellen und loanable Capital – zwischen dem Capital, wie es als in den Productionsprocess direkt involvirt und wie es als Geld selbstständig (relativement) ausser demselben erscheint." (II.1.2/325; Gr 316)

Was in den *Grundrissen* noch eine isolierte Beobachtung darstellte, könnte jetzt aufgenommen werden, wenn erklärt werden muß, wodurch die Investitionsnachfrage begrenzt wird. Der Kredit kann die kapitalistische Produktion anspornen, zu Spekulation und Überproduktion führen (diese Wirkungen vor allem betrachtet Marx), andererseits kann das Kreditsystem über hohe Zinsen

---

gründung dadurch geben, daß man sagt, die Arbeiterklasse erhalte einen zu geringen Teil ihres eignen Produkts, und dem Übelstand werde mithin abgeholfen, sobald sie größern Anteil davon empfängt, ihr Arbeitslohn folglich wächst, so ist nur zu bemerken, daß die Krisen jedesmal gerade vorbereitet werden durch eine Periode, worin der Arbeitslohn allgemein steigt und die Arbeiterklasse realiter größern Anteil an dem für Konsumtion bestimmten Teil des jährlichen Produkts erhält. Jene Periode müßte – von dem Gesichtspunkt dieser Ritter vom gesunden und 'einfachen' (!) Menschenverstand – umgekehrt die Krise entfernen. Es scheint also, daß die kapitalistische Produktion vom guten oder bösen Willen unabhängige Bedingungen einschließt, die jene relative Prosperität der Arbeiterklasse nur momentan zulassen, und zwar immer nur als Sturmvogel einer Krise." (24/409f)

64) Daß in Marx' eigner Analyse die effektive Nachfrage nicht als immanentes Problem auftauchen würde, wie häufig angenommen wird (z. B. Shaikh 1978, S. 24), trifft also keineswegs zu.

die Investitionen auch beschränken. Es werden dann nur noch solche Investitionen getätigt, die so hohe Profite erwarten lassen, daß die Zinsen auch gezahlt werden können.

Damit soll nicht das Kreditsystem zur alleinigen Ursache der Krise erklärt werden: zu Recht wendet sich Marx gegen die Vorstellung, eine an sich krisenfreie kapitalistische Produktion werde nur durch „Mißbrauch" des Kreditsystems in die Krise gestürzt. Allerdings schwingt bei solchen Abgrenzungen oft auch eine Reduktion des Kredits auf ein bloß oberflächliches Phänomen ohne selbständige Bedeutung mit,[65] die sich nicht nur der unvollständigen Analyse des Kreditwesens verdankt (dessen steuernde Funktion Marx ja durchaus erkannt hatte), sondern mehr noch den grundlegenden Ambivalenzen der Kritik der politischen Ökonomie. Statt bei der weiteren Ausarbeitung der Krisentheorie an der *Interaktion* der Produktions- und der Kreditbedingungen anzusetzen, führten diese Ambivalenzen in der Rezeption der Marxschen Krisentheorie zu einer unproduktiven Gegenüberstellung von entweder „realen" oder „bloß monetären" Faktoren, die für die Krise verantwortlich sein sollen.[66]

Da Marx in seinen krisentheoretischen Ansätzen die Frage nach dem Verhältnis von Produktion und Kredit nicht mehr explizit aufgenommen hat, ist seine Krisentheorie nicht nur in einem quantitativen Sinn unabgeschlossen (insofern ein Teil fehlt), sondern vor allem in einem *systematischen* Sinn unvollständig und auch nicht in eindeutiger Weise oder mit dem Anspruch auf „Authentizität" zu vervollständigen. Insofern kann es allenfalls um eine Weiterentwicklung der krisentheoretischen Ansätze gehen, die mit den grundlegenden Kategorien der Kritik der politischen Ökonomie kompatibel ist.

Für ein solches Unternehmen sind nun weniger diejenigen Überlegungen interessant, die auf den industriellen Zyklus und die *zyklischen* Krisen abzielen und deren fertige Theorie von Marx auch immer wieder auf eine Darstellungsebene verwiesen wurde, die – insofern dabei konkretere Verhältnisse angesprochen werden müssen – jenseits der drei Bände des *Kapital* liegt. Wichtiger sind die Elemente eines *allgemeinen* Krisenbegriffs. Auch wenn Marx selbst, entsprechend seinem historischen Erfahrungshorizont, bei Krise in erster Linie an eine zyklische Krise gedacht haben mag, reichen seine Überlegungen weit darüber hinaus. Von diesem allgemeinen Krisenbegriff ist es

---

65) So etwa wenn es im Manuskript von 1864/65 zum zweiten Buch heißt: „Aus dem Mißbrauch des Credits die Crisen erklären heißt die Crisen aus der erscheinenden Circulationsform des Captials erklären" (II.4.1/174). Ähnlich heißt es auch im ersten Band des *Kapital*: „Die Oberflächlichkeit der politischen Oekonomie zeigt sich u.a. darin, daß sie die Expansion und Kontraktion des Kredits, das bloße Symptom der Wechselperioden des industriellen Cyklus, zu deren Ursache macht" (II.5/509f; 23/662).

66) Dies ist in vielen marxistischen Beiträgen allerdings üblich: als Leistung Marxscher Krisentheorie wird gerade festgehalten, Krisen könnten ohne Rückgriff auf monetäre Faktoren erklärt werden (so z.B. Bader et al. 1975, S.411f).

durchaus plausibel anzunehmen, daß er auf der Darstellungsebene des *Kapital* abgehandelt werden kann. Und es ist dieser Krisenbegriff, der auch noch für eine Analyse der Krisenprozesse des 20. Jahrhunderts geeignet zu sein scheint, wo die eigentlichen Zyklen gegenüber den überzyklischen Bewegungen eine weitaus geringere Rolle spielen als im 19. Jahrhundert.

Dieser allgemeine Krisenbegriff unterscheidet sich sowohl von der Vorstellung einer *Zusammenbruchskrise*, als auch von einem Verständnis der Krise als einem Moment der *zyklischen Ausgleichsbewegung*. Gegen die Vorstellung einer Zusammenbruchskrise wird festgehalten, daß Krisen *Lösungen*, wenn auch gewaltsame, von Widersprüchen sind: Gerade das Zerstörerische der Krisen ist für die kapitalistische Entwicklung ein produktives Moment. Andererseits reduziert sich dieser Krisenbegriff aber nicht auf die Beseitigung von Ungleichgewichten. Sowohl die oben diskutierten widersprüchlichen Wirkungen der Produktivkraftentwicklung als auch die eben angesprochenen Verhältnisse von Konsumtion und Produktion beziehen sich nicht auf eine zyklische Bewegung, sondern auf ein beständiges Auseinanderstreben zusammengehöriger Momente. Damit wird eine inhärent *krisenhafte Form* kapitalistischer Dynamik angesprochen, die der Dichotomie von Gleichgewicht und Ungleichgewicht, die in der herrschenden ökonomischen Theorie ganz selbstverständlich vorausgesetzt wird, den Boden entzieht.[67] Diese Kritik des Gleichgewichtsdenkens verweist nicht einfach auf die *empirische* Tatsache, daß ein Gleichgewicht niemals existiert, es handelt sich vielmehr um eine Kritik des Gleichgewichts*konzeptes* auf einer *theoretischen* Ebene. Werden nämlich das widersprüchliche Verhältnis von Exploitation und Realisierung und die widersprüchlichen Wirkungen kapitalistischer Produktivkraftentwicklung ernst genommen, so sind damit alle Vorstellungen einer kapitalistischen Entwicklungsdynamik als oszillatorischer Bewegung um einen Gleichgewichtspfad in ihrem Fundament erschüttert. Ein solcher Gleichgewichtspfad entpuppt sich dann – nicht aus empirischen, sondern aus theoretischen Gründen – als Imagination des Theoretikers: dieser muß gerade von den *wesentlichen* Bestimmungen seines Objekts abstrahieren, um zu einem solchen Gleichgewichtspfad zu kommen.

Das Ergebnis der Krise ist dann auch nicht als „Wieder"herstellung irgendeines Gleichgewichts zu begreifen, sondern nur als Herstellung einer stets neuen Konstellation ökonomischer Kohärenz, die gerade nicht vorab bestimmbar ist.

---

67) Insofern ist das, was hier als inhärent krisenhafter Vergesellschaftungprozeß angesprochen wurde, auch von der Vorstellung einer „permanenten Krise", wie sie in der Theorie des staatsmonopolistischen Kapitalismus mit der „allgemeinen Krise des Kapitalismus" unterstellt wurde (vergl. z. B. Varga 1962), zu unterscheiden. Dort wurden zum einen Prosperitätsphasen einfach in Etappen der Krise umdefiniert; zum anderen blieb ein zentraler Bestandteil des Marxschen Krisenkonzepts auf der Strecke, daß nämlich Krisen „Lösungen", wenn auch gewaltsame, von Widersprüchen sind und sie daher zwar nicht unbedingt für das einzelne Kapital aber für die Entwicklung der kapitalistischen Produktionsweise insgesamt eine produktive Potenz darstellen.

Einmal hergestellt ist diese Kohärenz aber auch nicht stabil: gerade indem sie günstige Rahmenbedingungen für eine neue Akkumulationsbewegung herstellt, setzt sie genau diejenigen Momente ins Werk, die diese Kohärenz von neuem unterminieren und zur nächsten „großen“ Krise führen. Sind aber solche tiefen Krisen unvermeidbar, so wird damit auch immer wieder die gesamte Lebenslage der Arbeiterklasse prekär: für alle einmal erreichten Sicherungen und Standards besteht dann die Gefahr, daß sie den Erfordernissen der Kapitalverwertung geopfert werden. Indem jedoch die Bedingungen der Produktion von Profit immer wieder mit den elementaren Lebensinteressen der Mehrheit der Bevölkerung kollidieren, wird sich auch immer wieder von neuem die Frage nach der Legitimität dieses Gesellschaftssystems und nach der Möglichkeit einer gesellschaftlichen Alternative stellen.

Neuntes Kapitel
Kapitalismuskritik und Sozialismus

In den vorangegangenen Kapiteln sollte gezeigt werden, daß Marx' theoretisches Werk in der Geschichte der Sozialwissenschaften eine wissenschaftliche Revolution darstellt. Marx schuf nicht nur eine neue Theorie, er eröffnete ein neues theoretisches Feld der Wissenschaft, auch wenn er selbst an vielen Stellen inkonsequent war und dem bereits überwundenen Terrain verhaftet blieb. Allerdings ging es Marx nicht allein und nicht in erster Linie um diese *wissenschaftliche* Revolution – eine Revolution in der Theorie – es ging ihm zeitlebens um die *praktische* Revolutionierung der bürgerlichen Verhältnisse. Seine theoretische Arbeit sollte ein Beitrag dazu sein, „*alle Verhältnisse umzuwerfen*, in denen der Mensch ein erniedrigtes, ein geknechtetes, ein verlassenes, ein verächtliches Wesen ist" (I.2/177; 1/385). Über das *Kapital* schrieb er an Johann Philipp Becker, es sei „das furchtbarste Missile, das den Bürgern (Grundeigentümer eingeschlossen) noch an den Kopf geschleudert worden ist" (Brief vom 17.4.1867, 31/541). So wie die klassische politische Ökonomie eine zentrale Instanz der Selbstreflexion des Bürgertums war, so sollte die Kritik der politischen Ökonomie zur theoretischen Waffe des um seine Emanzipation kämpfenden Proletariats werden.
Und in der Tat gab es seit Erscheinen des *Kapital* wohl keine Kritik am Kapitalismus, die einflußreicher und geschichtsmächtiger gewesen wäre, als die Marxsche. Diesen Einfluß gewann der Marxismus aber fast ausschließlich in seinen *vulgarisierten* Varianten, als Geschichtsdeterminismus, der den unausweichlichen Zusammenbruch des Kapitalismus verkündete, oder als moralisierende Kritik, die mit den Klassen zugleich auch gut und böse unterschied. Und sozialistische Revolutionen waren nicht in den entwickelten kapitalistischen Ländern, sondern nur in den wenig entwickelten siegreich verlaufen – dort, wo einer schwachen Bourgeoisie ein schwaches Proletariat gegenüberstand. Diese Revolutionen erwiesen sich dann aber nur in dem Sinn als erfolgreich, daß die revolutionäre Avantgarde ihre Macht erhalten und festigen konnte. Als Projekt einer gesellschaftlichen Emanzipation scheiterten sie und mußten wahrscheinlich auch scheitern, weil die materiellen und historischen Voraussetzungen dieser Emanzipation fehlten.[1] Auf ein bloßes Projekt der

1) Eine solche Möglichkeit befürchtete Engels in den fünfziger Jahren auch schon für Deutschland: „Mir ahnt so was, als ob unsre Partei, dank der Ratlosigkeit und Schlaffheit aller andern, eines schönen Morgens an die Regierung forciert werde, um schließlich doch die Sachen durchzuführen, die nicht direkt in unserm, sondern im allgemein revolutionären und spezifisch kleinbürgerlichen Interesse sind; bei welcher Gelegenheit man dann, durch den proletarischen Populus getrieben, durch seine eignen, mehr oder weniger falsch gedeuteten, mehr oder weniger im Parteikampf vorangedrängten, gedruckten Aussprüche und Pläne gebunden, genötigt wird, kommunistische Experimente und Sprünge zu machen, von denen man selbst am besten weiß, wie unzeitig sie

Machterhaltung reduziert wurde aber nicht der Sozialismus, sondern bloß der *Anspruch* des Sozialismus verteidigt – nicht zuletzt gegen diejenigen, die eigentlich das Subjekt der Emanzipation hätten sein müssen. Unter solchen Umständen war der Marxismus nicht nur vulgarisiert, er verkam zur bloßen Legitimationsideologie.[2]

Wenn nun die Implosion der „realsozialistischen" Gesellschaften den Weg für ihre kapitalistische Entwicklung freigemacht hat, die Durchkapitalisierung der gesamten Welt, die Herstellung eines umfassenden *kapitalistischen* Weltmarktes nun zum ersten Mal wirklich stattfindet, dann wird auch deutlich, daß der Kapitalismus entgegen Lenins Vermutung noch längst nicht sein „höchstes Stadium" (Lenin 1917) erreicht hat – dieses steht wohl erst noch bevor. Insofern ist die Relevanz der Marxschen Kapitalismus*analyse* durch das Scheitern dieser „sozialistischen Alternative" nicht tangiert. Dem eigentlichen Gegenstand dieser Analyse, einem weltweiten Kapitalismus, sind wir heute näher als zu Marx' Zeiten. Allerdings läßt sich fragen, wie es um die Marxsche Kapitalismus*kritik* steht, nachdem sämtliche, sich als sozialistisch verstehenden Alternativen gescheitert sind, und zwar nicht nur aufgrund äußeren Drucks, sondern auch weil sie, statt emanzipatorische Potentiale freizusetzen, lediglich einen „rohen Kommunismus"[3] hervorbrachten. Es wird in diesem letzten Kapitel daher um das Verhältnis von Kapitalismusanalyse zur Kapitalismuskritik einerseits und zur Sozialismuskonzeption andererseits gehen.

1. Normative Fundamente der Marxschen Kapitalismuskritik? (Der „Umschlag der Aneignungsgesetze")

In der Geschichte der Arbeiterbewegung wurde die Marxsche Kapitalismuskritik häufig so verstanden, daß der Kapitalismus abgelehnt wird, weil er bestimmte Standards der Gleichheit oder Gerechtigkeit verletzen würde. Vertreter einer solchen Auffassung sahen darin ein besonders überzeugendes Moment der Kritik: da sowohl die Standards als auch ihre Verletzung durch den Kapitalismus plausibel seien, müßte die Kritik im Prinzip auch von jedermann eingesehen werden können. Daß Marx ein solches Kritikverfahren benutzt, widerspricht zumindest seinem Selbstverständnis; schon früh hatte er sich über die „moralisierende Kritik" lustig vermachte (vergl. z.B. 4/331ff).

Andererseits wurde in kritischer Absicht nachzuweisen versucht, daß der Marxschen Kritik ein uneingestandenes normatives Fundament zugrunde liegt.[4] So vertrat bereits Klaus Hartmann die Auffassung, Marx könne die Wa-

---

sind." (Brief an Joseph Weydemeyer vom 12.4.1853, 28/580)

2) Vergl. zu den Anfängen dieser Entwicklung in der Sowjetunion Negt (1974).

3) So Peter Ruben (1990) in Anlehnung an den jungen Marx über den „realen Sozialismus".

4) Oder es wurde Marx vorgeworfen, daß er nicht klar zwischen Kritik an der Richtigkeit empirischer Aussagen und wertender Kritik unterscheide (so z.B. Helberger 1974, S.24).

renproduktion nur deshalb nicht als Befreiung von Naturnotwendigkeit begreifen, weil er sie mit einem idealen anthropologischen Modell konfrontiere. Und weil Marx aus diesem „pejorativen Anfang“ alles weitere linear ableite, erscheine dann die ganze kapitalistische Wirklichkeit als „pejorativ“ (1968, S.18, 20f, ausführlicher 1970, besonders S.405ff).

Detaillierter bemühte sich Ernst Michael Lange nachzuweisen, daß das Marxsche Konzept des Waren- und Geldfetischismus auf normativen Annahmen darüber beruht, wie eine menschliche Gesellschaft verfaßt sein *soll*. Was Marx als Warenfetischismus bezeichnet, sieht Lange als „negative Charakterisierung“ der gesellschaftlichen Verhältnisse der Warenproduktion und folgert, „in dieser negativen Charakterisierung scheint der Maßstab der Kritik an der Warenproduktion enthalten. Die Verhältnisse der Warenproduktion sind nicht 'unmittelbar gesellschaftlich', Produktion aber sollte unmittelbar gesellschaftlich sein“ (Lange 1978, S.25). Zwar behauptet auch Lange nicht, daß Marx eine solche Norm unmittelbarer Gesellschaftlichkeit expliziert hätte; er ist aber der Auffassung, sie müsse der Marxschen Argumentation notwendigerweise zugrunde liegen, denn als „Verkehrung“ könne Marx die gegenständliche Vermittlung der Produzenten nur bezeichnen, „wenn das Modell unmittelbarer Gesellschaftlichkeit der Arbeit als Norm ausgezeichnet wird“ (ebd.).

Gegen die Argumentation von Lange läßt sich einwenden, daß die Diagnose des „Warenfetischismus“ im *Kapital* keineswegs als Kritik an einer *verkehrten Vergesellschaftung* auftritt, sondern als Kritik einer *verkehrten Auffassung der vorliegenden Vergesellschaftung*. Unter den Bedingungen der Warenproduktion wird die Vergesellschaftung der einzelnen Warenproduzenten über ihre Waren vermittelt. Diese sachliche Vermittlung *scheint* ihre Ursache in den quasi natürlichen Werteigenschaften der Waren zu haben. Dagegen macht Marx geltend, daß diese quasi natürlichen Eigenschaften der Dinge selbst nur Reflex eines bestimmten gesellschaftlichen Verhaltens der Individuen sind, was den in diesen Verhältnissen befangenen Individuen aber verborgen bleibt. Die Pointe der Marxschen Argumentation besteht nicht in einer „negativen Charakterisierung“ der gesellschaftlichen Verhältnisse der Warenproduktion, sondern in dem Nachweise, daß diese gesellschaftlichen Verhältnisse ein mystifizierendes Selbstbild erzeugen, dem nicht nur das Alltagsbewußtsein, sondern auch die Kategorien der bürgerlichen Nationalökonomie unterliegen. Ob Marx die Warenproduktion „negativ“ beurteilt, steht dabei überhaupt nicht zur Debatte. Nicht die Kritik an einer Gesellschaftsform, sondern die Kritik eines in dieser Gesellschaftsform erzeugten (alltäglichen und wissenschaftlichen) Bewußtseins, ist der Gegenstand des Fetischabschnitts. Marx behauptet nicht, daß die bürgerliche Vergesellschaftung gemessen an irgendeinem Ideal *verkehrt sei*, sondern daß sie *verkehrt erscheint*, anders als sie tatsächlich ist.

Ganz ähnlich wie Lange ist auch Andreas Wildt der Auffasssung, daß Marx, entgegen seinem eigenen Selbstverständnis, in der Kritik der politischen Ökonomie nicht ohne Bezug auf normative Vorstellungen auskommt. Wildt geht allerdings noch einen Schritt weiter und versucht zu zeigen, daß Marx im *Kapital* zumindest an zwei Stellen „explizit und relativ ausführlich mit Gesichtspunkten von Recht und Unrecht argumentiert“ (Wildt 1986, S.161): zum einen im Kapitel über den Kampf um die Länge des Arbeitstages, zum anderen bei der Darstellung des Umschlags der Aneignungsgesetze.

Im Abschnitt über die Grenzen des Arbeitstages stellt Marx Arbeiter und Kapitalist einander gegenüber und zeigt daß sich beide in ihrem Bestreben den Arbeitstag zu verlängern bzw. zu verkürzen auf das „Gesetz des Warentausches“ berufen können: der Kapitalist, insofern er den Gebrauchswert der von ihm gekauften Ware optimal nutzen möchte; der Arbeiter, da er dem Kapitalisten seine Arbeitskraft nur für einen Tag überlassen hat und sie nur soweit nutzen lassen will, daß er sie auch noch in Zukunft verkaufen kann. Da sich beide Seiten gleichermaßen auf das „Gesetz des Warentausches“ berufen können, gibt es keine allgemeine, durch den Warentausch begründete Lösung ihres Konflikts. Entschieden wird die Frage, so Marx, durch „Gewalt“, d.h. durch die relative Stärke der Parteien.

Die Position des Arbeiters stellt Marx durch die Rede einer fiktiven Arbeiterstimme dar und weil diese von einem „vernünftigen Arbeitsmaß“ spricht, die seiner Arbeitskraft ihre „normale“ Lebensdauer ermöglicht, sieht Wildt hier eine explizit normative Argumentation am Werk. Da nämlich diese „Normalität“ nicht nur gegenüber einem einzelnen, besonders ausbeuterischen Kapitalisten geäußert würde, sondern in der Auseinandersetzung zwischen Kapitalistenklasse und Arbeiterklasse, könne es sich bei ihr nicht um einen faktischen Durchschnitt, sondern nur um eine Norm im Sinne eines Rechtes auf Gesundheit, Lebenszeit etc. handeln. Wildt folgert daher: „Die Plausibilität der Position der Marxschen Arbeiterstimme ist nun der Sache nach nicht von irgendeinem 'Wertgesetz' abhängig. Sie läßt sich auch direkt auf ein Grundrecht auf ein unverkürztes Leben und Arbeitsleben gründen.“ (ebd., S.164) Wird hier noch vorsichtig formuliert, es „läßt sich“ eine normative Begründung finden, kommt Wildt einige Sätze später zu dem Ergebnis, der Marxsche Arbeiter habe „explizit“ eine Theorie der „gerechten Arbeitszeit“ vertreten, woraus er die Folgerung zieht: „Auch wenn Marx oft das Gegenteil behauptet hat – an dieser Stelle des *Kapital* vertritt er der Sache nach auch eine Theorie des gerechten Lohns“ (ebd., S.165).

Nun mag es durchaus sein, daß in der Situation des Marxschen Arbeiters eine normative Argumentation naheliegt und in der Geschichte der Arbeiterbewegung wurde in vergleichbaren Situationen auch häufig normativ argumentiert. Die Pointe der Marxschen Argumentation besteht aber gerade darin, daß sie ohne diese normative Grundlage auskommt: der Anspruch des Arbeiters, daß seine Arbeitskraft bei eintägigem Gebrauch nicht so stark vernutzt wird, daß es zu einer Verkürzung ihrer „üblichen Lebensdauer“ kommt, läßt sich allein damit begründen, daß sich der Arbeiter zu seiner Arbeitskraft als einer Ware verhält. Die Normalität, die er einklagt, ist ihre normale physische Lebensdauer, d.h. er will aus dieser Ware (genauso wie der Kapitalist) den maximalen Vorteil ziehen. Der Arbeiter stellt denselben Anspruch wie ein Pferdebesitzer, der ein Pferd für einen Tag vermietet und vom Mieter verlangt, daß er es nicht an einem Tag zuschanden reitet. Auch für diesen Anspruch muß kein Grundrecht auf ein unversehrtes Pferdeleben geltend gemacht werden.

Das zweite von Wildt genannte Beispiel einer normativen Argumentation im *Kapital* bezieht sich auf den „Umschlag der Aneignungsgesetze". Da sich Marx an dieser Stelle explizit mit normativen Vorstellungen auseinandersetzt, ist eine ausführlichere Behandlung angebracht.
Bereits die Marxsche Kapitaltheorie, die eine mit den Gesetzen des Äquivalententausches verträgliche Erklärung der Herkunft des Mehrwerts liefert, impliziert eine fundamentale Kritik an solchen sozialistischen Vorstellungen, die die Aneignung von Mehrarbeit auf seiten des Kapitalisten als einen „ungerechten Tausch" begreifen. Gegenüber solchen Auffassungen betont Marx, daß die Aneignung unbezahlter Mehrarbeit den Gesetzen des Warentausches *nicht* widerspricht. Bei der Betrachtung der Akkumulation, der Verwandlung von Mehrwert in Kapital, zeigt sich nun weiter, daß die früher erfolgte Aneignung unbezahlter Arbeit die weitere Aneignung unbezahlter Arbeit in der Gegenwart ermöglicht: Im Verlauf der Akkumulation wird die Arbeitskraft mit einem Teil ihrer eigenen, vom Kapitalisten nicht bezahlten Mehrarbeit gekauft wird. Marx kommt daher zu dem Schluß:

„*Das Verhältniß des Austausches zwischen Kapitalist und Arbeiter* wird also *nur dem Cirkulationsprozeß angehöriger Schein, bloße Form*, die dem Inhalt selbst fremd ist und ihn nur mystificirt. Der beständige Kauf und Verkauf der Arbeitskraft ist die Form. Der Inhalt ist, daß der Kapitalist einen Theil der bereits vergegenständlichten fremden Arbeit, die er sich unaufhörlich ohne Aequivalent aneignet, stets wieder gegen größeres Quantum lebendiger fremder Arbeit umsetzt." (II.5/472; 23/609)

Marx nimmt hier nicht zurück, daß Kapitalverwertung mit Äquivalententausch vereinbar ist, wie etwa Harvey (1983, S.336f) unterstellt. Er unterscheidet vielmehr die *Form* vom sozialen *Inhalt* und will zeigen, daß dieser Inhalt nicht aus einer Verletzung der Form entspringt, sondern deren Folge ist: Jeder *einzelne* bei der Kapitalverwertung vollzogene Austauschakt gehorcht den Gesetzen des Äquivalententausches, erst als *Ganzes* genommen wird deutlich, daß sich der Kapitalist nicht nur unbezahlte Arbeit aneignet, sondern daß diese unbezahlte Arbeit die Voraussetzung der weiteren Aneignung unbezahlter Arbeit ist.[5] Und es ist genau dieser Sachverhalt, den Marx als „Umschlag der Aneignungsgesetze" bezeichnet.

---

5) Daß es sich dem sozialen Inhalt nach um Ausbeutung aufgrund vergangener Ausbeutung handelt, entspringt einer Art und Weise der Betrachtung, die der Warenproduktion nicht angemessen

Es „schlägt offenbar das auf Waarenproduktion und Waarencirkulation beruhende Gesetz der Aneignung oder Gesetz des Privateigenthums durch seine eigne, innere, unvermeidliche Dialektik in sein direktes Gegentheil um. (...) Ursprünglich erschien uns das Eigenthumsrecht gegründet auf eigne Arbeit. Wenigstens mußte diese Annahme gelten, da sich nur gleichberchtigte Waarenbesitzer gegenüberstehn, das Mittel zur Aneignung fremder Waare aber nur die Veräußerung der eignen Waare, und letztere nur durch Arbeit herstellbar ist. Eigenthum erscheint jetzt auf Seite des Kapitalisten als *das Recht, fremde unbezahlte Arbeit* oder ihr Produkt, auf Seite des Arbeiters als Unmöglichkeit, sich sein eignes Produkt, anzueignen. Die *Scheidung zwischen Eigenthum und Arbeit* wird zur notwendigen Konsequenz eines Gesetzes, das scheinbar von ihrer *Identität* ausging." (II.5/472f; 23/609f)

Marx unterscheidet hier zwei Aneignungsgesetze, ein „ursprüngliches" der Warenproduktion und ein gegenwärtiges der kapitalistischen Produktion. Wildt sieht nun insofern eine normative Argumentation vorliegen, als das erste Aneignungsgesetz bei Marx nicht bloß deskriptiv, sondern auch normativ verstanden werde, es charakterisiere eine „nichtausbeuterische Warenproduktion" (ebd., S.169). Deren „langfristiges Funktionieren" verwandle sie jedoch in eine kapitalistische Warenproduktion, in der ein anderes Aneignungsgesetz herrscht. Insofern das Eigentumsgesetz der Warenproduktion dem kapitalistischen Eigentumsgesetz widerspreche, habe es „antikapitalistische Implikationen" (ebd., S.170).

Wildt interpretiert den von Marx skizzierten „Umschlag der Aneignungsgesetze" demnach als eine historische Entwicklung: eine nicht-ausbeuterische Warenproduktion verwandelt sich in einen ausbeuterischen Kapitalismus und dieser verletzt die Normen dieser ursprünglichen Warenproduktion. Von einer historischen Entwicklung oder einem „langfristigen Funktionieren" ist bei Marx aber nicht die Rede. Er unterscheidet im Text lediglich das zunächst betrachtete „ursprüngliche" Kapital (das nur deshalb ursprünglich ist, weil unsere Betrachtung mit ihm beginnt), von der unmittelbar anschließenden Verwandlung des von diesem Kapital angeeigneten Mehrwerts in zusätzliches Kapital. Allenfalls die Schlußpassage des Abschnitts könnte man in einem historischen Sinn lesen. Dort heißt es:

„Im selben Maß, wie sie [die Warenproduktion, M.H.] nach ihren eignen immanenten Gesetzen sich zur kapitalistischen Produktion fortbildet, in demselben Maß schlagen die Eigenthumsgesetze der Waarenproduktion um in Gesetze der kapitalistischen Aneignung." (II.10/526; 23/613)

Doch hatte Marx unmittelbar vor dieser Bemerkung betont, erst wenn die Arbeitskraft selbst zur Ware wird, „verallgemeinert sich die Waarenproduktion

---

ist: „Allerdings sieht die Sache ganz anders aus, wenn wir die kapitalistische Produktion im ununterbrochenen Fluß ihrer Erneuerung betrachten und statt des einzelnen Kapitalisten und des einzelnen Arbeiters die Gesammtheit, die Kapitalistenklasse und ihr gegenüber die Arbeiterklasse ins Auge fassen. *Damit aber würden wir einen Maßstab anlegen, der der Waarenproduktion total fremd ist.* (...) Soll also die Waarenproduktion oder ein ihr angehöriger Vorgang nach ihren *eignen ökonomischen Gesetzen* beurtheilt werden, so müssen wir jeden Austauschakt für sich betrachten, außerhalb alles Zusammenhangs mit dem Austauschakt, der ihm vorherging, wie mit dem, der ihm nachfolgt. Und da Käufe und Verkäufe nur zwischen einzelnen Individuen abgeschlossen werden, so ist es unzulässig, Beziehungen zwischen ganzen Gesellschaftsklassen darin zu suchen." (II.10/525; 23/612f, Herv. v. mir)

und wird sie typische Produktionsform“ (ebd.). Das heißt aber, eine „nicht-ausbeuterische“, also nicht-kapitalistische Warenproduktion hat als *dominierendes* Produktionsverhältnis nie existiert. Die normative Argumentation, die Wildt bei Marx vorzufinden glaubt, läuft dann aber darauf hinaus, daß den gegenwärtigen Verhältnissen vorgehalten wird, den Normen eines Zustands, der niemals existiert hat, zu widersprechen und eine solche Kritik wird von Marx zur Zielscheibe seines Spottes gemacht. Zu seinem Lieblingsgegner Proudhon merkt er an:

„Man bewundere daher die Pfiffigkeit Proudhon's, der das kapitalistische Eigenthum abschaffen will, indem er ihm gegenüber – die ewigen Eigenthumsgesetze der Waarenproduktion geltend macht!“ (Eb., Fn. 24)

Die eigentliche Pointe des „Umschlags der Aneignungsgesetze“, daß das scheinbar „ursprüngliche“ Eigentumsgesetz reiner Schein ist, kommt im *Urtext* von *Zur Kritik der politischen Ökonomie* deutlicher heraus als im *Kapital.* Dort hatte Marx im Abschnitt *Ware und Geld* noch den Punkt *Erscheinung des Appropriationsgesetzes in der einfachen Zirkulation* vorgesehen (II.2/47-62; Gr 901-918) und ausführlich dargelegt, daß sich in der einfachen Zirkulation Freiheit, Gleichheit und auf Arbeit beruhendes Eigentum ganz natürlich zu realisieren scheinen.[6] Die Personen treten sich nur als Austauschende gegenüber, und als solche sind sie gleich. Der Inhalt ihres Austausches unterliegt nur ihrem freien Willen, sie handeln als freie Person. Um ihre Waren austauschen zu können, müssen sie sich als Eigentümer gegenübertreten, so daß man folgern kann, daß der Aneignung im Tausch eine ursprüngliche Aneignung vorausgegangen sein muß, die außerhalb der Zirkulation liegt und nur auf eigener Arbeit beruhen kann. Da Ware und Geld, so wie sie sich in der einfachen Zirkulation darbieten, die einfachen und ursprünglichen Kategorien zu sein scheinen, *scheint* auch diese Aneignung durch eigene Arbeit Grundlage der bürgerlichen Gesellschaft zu sein und so figuriert sie auch in der gesamten bürgerlichen Sozialphilosophie und Ökonomie von Locke bis Ricardo.

Allerdings ist die einfache Zirkulation von Ware und Geld nur unter der Voraussetzung kapitalistischer Produktion umfassend und kann daher auch nur unter dieser Voraussetzung als einfach und ursprünglich erscheinen. Das bedeutet aber, daß die aus der einfachen Zirkulation abgeleitete Vorstellung eines „ursprünglichen“, jetzt nicht mehr geltenden Aneignungsgesetzes gar nicht auf *vergangenen* Zuständen beruht, sondern eine „aus der *bürgerlichen Gesellschaft selbst entspringende Anschauung*“ ist, deren Realität jedoch in vorbürgerliche Zeiten verlegt wird (II2/49; Gr 904). In den *Theorien über den Mehrwert* heißt es daher auch über das „ursprüngliche Aneignungsgesetz“:

6) Im *Kapital* wird dieser Zusammenhang nur ganz kurz am Ende des vierten Kapitels angesprochen, wo Marx die Zirkulationssphäre als „wahres Eden der angebornen Menschenrechte“ charakterisiert, in der nur „Freiheit, Gleichheit, Eigenthum und Bentham“ herrschen (II.5/128; 23/189ff).

„Dieß Fundamentalgesetz ist eine reine Fiction. Es entspringt aus einem Schein der *Waarencirculation.* (...) In der capitalistischen Production verschwindet dieser Schein, den ihre eigne Oberfläche zeigt. Was aber nicht verschwindet ist die Illusion, daß ursprünglich die Menschen nur als Waarenbesitzer einander gegenübertreten und daher jeder nur Eigenthümer ist, so weit er Arbeiter ist. Dieß 'ursprünglich' ist wie gesagt eine aus dem Schein der capitalistischen Production entspringende Delusion, die historisch nie existirt hat." (II.3.5/1818; 26.3/369)

Die für die bürgerliche Sozialphilosophie fundamentale Legitimation des Eigentums durch eigene Arbeit ist keine klug ausgedachte Rechtfertigungsideologie. Sie ist vielmehr einem *objektiven*, von den bürgerlichen Verhältnissen selbst hervorgebrachten *Schein* geschuldet. Als „Umschlag der Aneignungsgesetze" bezeichnet Marx nicht eine historische Entwicklung mit normativen Konsequenzen, sondern die Destruktion des Scheins der „Natürlichkeit", der dem „ursprünglichen Aneignungsgesetz" seine Legitimation verleiht. Es geht Marx somit gar nicht um eine eigene normative Argumentation, sondern darum, die (strukturelle und nicht etwa historische) *Genese der in der bürgerlichen Gesellschaft als evident betrachteten Normen* aufzuzeigen.

Insofern trifft auch der häufig gegen Marx erhobene Vorwurf, daß er Rechtsnormen rein funktionalistisch betrachte (so z.B. Lohmann 1991) nicht den Kern des Marxschen Arguments. Marx will nicht in erster Linie nachweisen, daß bestimmte Rechts- und Moralvorstellungen für die kapitalistische Produktionsweise funktional sind, vielmehr geht es ihm darum, daß normative Vorstellungen ihre *Evidenz* nur vor dem Hintergrund bestimmter Produktionsverhältnisse erhalten. Zumindest implizit liefert Marx eine Metakritik des neuzeitlichen Moraldiskurses, der zu seiner Begründung nicht mehr auf ein göttliches Gesetz verweist, sondern auf die „Vernunft", die allen Menschen gleichermaßen mögliche „Einsicht" etc. rekurriert. Die Marxschen Argumente zielen darauf ab, daß die scheinbare Offensichtlichkeit von moralischen Maßstäben und Gerechtigkeitsvorstellungen gerade nichts „natürliches" ist, sondern selbst noch ein historisches und gesellschaftliches Produkt darstellt.[7]

Auf den Schein der einfachen Zirkulation berufen sich nun aber nicht nur diejenigen, die sich apologetisch zur bürgerlichen Gesellschaft verhalten, sondern auch ein Teil der Sozialisten. Die Marxsche Kapitaltheorie steht daher in einer doppelten Frontstellung.

Die „Apologeten" (hier hat Marx vor allem „Vulgärökonomen" wie Bastiat und Carey im Auge) lösen die kapitalistische Produktion in die Harmonie der einfachen Zirkulation auf. Indem sie Kapital auf Ware und Geld, auf Kauf und Verkauf reduzieren, sehen sie Freiheit, Gleichheit und Eigentum gewährleistet, indem sie die kapitalistische Produktion mit der nicht-kapitalistischen

---

7) Dies wird aber meistens nur in Nebensätzen angedeutet. So bemerkt Marx bei der Diskussion des Zinses: „Von 'natural justice' (siehe Note a) ist es Unsinn hier zu reden. Die *justice der transactions*, die zwischen den Produktionsagenten vorgehn, beruht darauf, daß ihre transactions aus den Productionsverhältnissen als natürliche Consequenz entspringen." (II.4.1/413; 25/352)

Warenproduktion identifizieren.[8] Ihnen gegenüber weist Marx nach, daß ihre Vorstellungen von Freiheit, Gleichheit und Eigentum aufgrund eigener Arbeit bloßer Schein ist, da die von ihnen unterstellten gesellschaftlichen Verhältnisse nicht existieren und nie existiert haben.

Damit intendiert Marx jedoch keine *immanente* Kritik der bürgerlichen Gesellschaft. Daß es Marx darum gegangen wäre, aufzuzeigen, daß der Kapitalismus seinen eigenen normativen Standards widerspreche, wurde von Habermas (1963, S.114ff) und ausführlich von Lohmann (1986 und 1991) vertreten. Diesen Marx unterstellten Versuch einer immanenten Kritik unternimmt eher Proudhon. Gegen utopische Sozialisten wie Proudhon, die das aus der einfachen Zirkulation abgezogene Ideal gegen seine angebliche Verfälschung in der kapitalistischen Produktion geltend machen wollen, argumentiert Marx, die kapitalistische Produktion sei die durchgeführte Freiheit und Gleichheit der einfachen Zirkulation und nicht etwa deren Entartung,[9] da die einfache Zirkulation mitsamt ihren Vorstellungen von Freiheit, Gleichheit und Eigentum nur auf kapitalistischer Grundlage existiert. Die Utopisten betreiben daher

„das überflüssige Geschäft…, den idealen Ausdruck, das verklärte und von der Wirklichkeit selbst aus sich geworfne reflectirte Lichtbild, selbst wieder verwirklichen zu wollen." (II.2/61; Gr 916)

Diese Kritikfigur, bei der die Ideale der einfachen Zirkulation gegen die kapitalistische Wirklichkeit geltend gemacht werden, beschränkte sich historisch nicht auf die Proudhonisten, sie war auch in der englischen und deutschen Arbeiterbewegung, etwa in der Forderung nach dem „vollen Arbeitsertrag" weit verbreitet. Die Kritik der politischen Ökonomie löst daher nicht nur das wissenschaftliche Problem einer adäquaten Erklärung des Mehrwerts, sie besitzt auch eine unmittelbar *politische* Seite, indem sie eine moralische Kapitalismuskritik sowie sozialistische Auffassungen, die auf einen Sozialismus der kleinen Warenproduktion hinauslaufen, als in dem von der kapitalistischen Produktionsweise selbst hervorgebrachten Schein befangene Vorstellungen nachweist.

---

8) „Es wird in der That behauptet, und durch *Abstraction* von der spezifischen Form der entwickelteren Sphären des gesellschaftlichen Productionsprocesses, der entwickelteren ökonomischen Verhältnisse bewiesen, daß alle ökonomischen Verhältnisse nur andre und andre Namen für immer dieselben Verhältnisse des einfachen Austauschs, Waarenaustauschs, und der ihnen entsprechenden Bestimmungen des Eigenthums, Freiheit und Gleichheit sind." (II.2/61; Gr 917)

9) „Das Tauschwerthsystem und mehr das Geldsystem sind in der That das System der Freiheit und Gleichheit. Die Widersprüche aber, die bei tieferer Entwicklung erscheinen, sind immanente Widersprüche, Verwicklungen dieses Eigenthums, Freiheit und Gleichheit selbst" (II.2/61; Gr 916).

2. Wissenschaft als Kritik

Wenn sich die Kritik der politischen Ökonomie keinem normativen Fundament verdankt, dann bleibt allerdings noch zu präzisieren in welchem emphatischen Sinn bei Marx von Kritik die Rede ist.

Als *Kritik* bezeichnete Marx sein wissenschaftliches Vorhaben bereits 1844 und bereits damals zielte seine Kritik der Nationalökonomie nicht bloß auf einzelne Theorien, sondern auf eine ganze Wissenschaft ab. Das theoretische Feld der Nationalökonomie hatte Marx jedoch noch nicht verlassen. Die Basis seiner Kritik bildete die Feuerbachsche Anthropologie und die auf ihr beruhende Entfremdungstheorie: die gesellschaftliche Wirklichkeit wurde als Entfremdung vom wahren menschlichen Wesen aufgefaßt. Die Nationalökonomie, die das entfremdete Wesen des Menschen für sein wirkliches Wesen nahm, verhielt sich damit affirmativ zur Entfremdung. Marx kritisierte sie als eine Wissenschaft, die selbst der Entfremdung verhaftet ist. *Diese* Kritik beruhte auf einem *normativen* Fundament, einer bestimmten Auffassung vom „wirklichen" menschlichen Wesen. Indem diese Anthropologie in der *Deutschen Ideologie* überwunden wurde, war auch der bisher geübten Kritik an der Nationalökonomie der Boden entzogen. Da aber nicht nur diese spezielle Anthropologie, sondern jede Wesensphilosophie kritisiert wurde, war eine Kritik, die sich einer normativen Grundlage verdankte, nicht mehr möglich. In der *Deutschen Ideologie* lehnt Marx daher auch die Vorstellung des Kommunismus als eines „Ideals" explizit ab (3/35).

Im *Elend der Philosophie*, der ersten Schrift, die sich nach dieser Kritik der Wesensphilosophie explizit mit nationalökonomischen Fragen beschäftigt, wird die Nationalökonomie daher auch nicht mehr als entfremdete Wissenschaft kritisiert. Die fortgeschrittensten nationalökonomischen Theorien, wie etwa die von Ricardo, werden gegen Proudhon als weitgehend adäquate Darstellung der kapitalistischen Wirklichkeit ins Feld geführt. Kritisiert wird lediglich, daß die Ökonomen die ökonomischen Kategorien, die nur für eine bestimmte Epoche gelten, als ewig gültig auffassen.

Als Marx dann Ende der 50er Jahre an die Ausarbeitung seiner bis dahin gewonnenen Ergebnisse geht, bezeichnet er sein ganzes Projekt als „Kritik der politischen Ökonomie". *Kritik* erscheint geradezu als die differentia specifica des eigenen Unternehmens.[10] Diese Kritik hat jetzt aber den Bruch mit dem theoretischen Feld der politischen Ökonomie zur Grundlage. Worum es Marx nun geht, macht bereits die Ankündigung seines geplanten Projekts in einem Brief an Lassalle vom 22.2.1858 deutlich:

---

10) Im Nachwort zur 2.Auflage des *Kapitals* gibt Marx einen kurzen Abriß der Entwicklung der politischen Ökonomie. Seine eigene Stellung in dieser Entwicklung bestimmt er folgendermaßen: „Die eigenthümliche historische Entwicklung der deutschen Gesellschaft schloß hier also jede originelle Fortbildung der 'bürgerlichen' Oekonomie aus, aber nicht deren – Kritik." (II.6/703; 23/22)

„Die Arbeit, um die es sich zunächst handelt, ist *Kritik der ökonomischen Kategorien* oder, if you like, das System der bürgerlichen Ökonomie kritisch dargestellt. Es ist zugleich Darstellung des Systems und durch die Darstellung Kritik desselben." (29/550)

Marx will nicht erst die einzelnen Theorien, sondern bereits die *Kategorien*, die diesen Theorien zugrunde liegen, kritisieren. Seine Kritik zielt, wie schon 1844, auf die Art und Weise wie die politische Ökonomie ihren *Gegenstand* auffaßt. Marx intendiert eine Kritik des wissenschaftlichen „Standpunkts" der politischen Ökonomie. Allerdings hat sich gegenüber 1844 der *Modus* der Kritik entscheidend verändert. Die Metakritik der politischen Ökonomie soll jetzt durch die *Darstellung* der Kategorien erfolgen. Die Darstellung kann aber nur dann zugleich Kritik sein, wenn sich zeigt, daß die kategorialen Formen, die von der politischen Ökonomie als evident vorausgesetzt werden, etwas anderes sind als das, was die politische Ökonomie meint.

In den ökonomischen Schriften von 1844 hatte Marx die nationalökonomischen Kategorien als mehr oder weniger *adäquaten* Ausdruck der ökonomischen Wirklichkeit betrachtet, diese Wirklichkeit galt ihm aber als entfremdete Gestalt des menschlichen Wesens. Jetzt faßt Marx die ökonomischen Kategorien nicht mehr als adäquaten Ausdruck verkehrter Verhältnisse, sondern als *verkehrten* Ausdruck der *wirklichen Verhältnisse* auf.

Allerdings verdankt sich die kategoriale Verkehrung, auf die sich die Marxsche Kritik bezieht, nicht den individuellen Unzulänglichkeiten der Ökonomen, sondern sie ist selbst noch Ausdruck der bürgerlichen Verhältnisse. Da innerhalb der Warenproduktion die gesellschaftlichen Beziehungen der Menschen über Dinge vermittelt sind, *erscheinen* die gesellschaftlichen Verhältnisse der Personen als sachliche Eigenschaften.[11] Insofern das Kategoriensystem der politischen Ökonomie in diesem Schein befangen bleibt, ist es nicht einfach falsch, es ist vielmehr ein System von „verrückten" Formen (II.5/47; 23/90). Der Schein ist keine bloß oberflächliche Täuschung, er ist ein *notwendiges* Resultat des bestimmten gesellschaftlichen Zusammenhangs. Insofern schreibt Marx im *Kapital* über die „Kategorien der bürgerlichen Ökonomie":

„Es sind gesellschaftlich gültige, also objektive Gedankenformen für die Produktionsverhältnisse *dieser historisch bestimmten* gesellschaftlichen Produktionsweise." (II.5/47; 23/90)

Indem Marx die kategorialen Formen der bürgerlichen Ökonomie als *Verkehrungen* entschlüsselt, ist seine *Darstellung* zugleich *Kritik* eines in dieser Verkehrung befangenen Bewußtseins und einer auf diesem Bewußtsein beruhenden Wissenschaft. Eine solche Kritik benötigt keine normative Grundlage. Sie ist aber nur als Bruch mit dem theoretischen Feld der politischen Ökonomie möglich.

---

11) Diese Verkehrung beschränkt sich nicht auf den Warenfetisch, sondern erfaßt alle bürgerlichen Produktionsverhältnisse (vergl. oben den letzten Abschnitt des siebten Kapitels).

Die Kritik der politischen Ökonomie unterscheidet sich als „Kritik durch Darstellung“ somit fundamental von der normativen Kritik der Nationalökonomie, die Marx 1844 konzipierte. Autoren, die auf der Einheit der Marxschen Kritikkonzeption bestehen, müssen die Unterschiede zwischen der Kritik der *Ökonomisch-philosophischen Manuskripte* und der des *Kapitals* zwangsläufig nivellieren. So hebt z.B. Schmied-Kowarzik hervor, daß ohne die in den Frühschriften explizierte „Dialektik der gesellschaftlichen Praxis“ sich das *Kapital* auf eine Sammlung ökonomischer Bewegungsgesetze reduziere, die dann als Weltanschauung akzeptiert oder als Geschichtsobjektivismus kritisiert werden können, den kritischen Gehalt des *Kapital* aber immer schon verfehlen (Schmied-Kowarzik 1981, S.125). Zwar hat Schmied-Kowarzik recht, daß sich eine solche Reduktion ohne Reflexion auf den Modus der Marxschen Kritik einstellt, nur ist der Modus dieser Kritik im *Kapital* ein anderer als in den Frühschriften. Auch Backhaus, der sich mehrfach mit dem metatheoretischen Charakter des Marxschen Kritikbegriffs auseinandergesetzt hat (Backhaus 1984, 1987, 1989), ebnet die Unterschiede zwischen der Kritikkonzeption des jungen und des alten Marx ein, indem er zwar die Bedeutung der Anthropologie Feuerbachs hervorhebt, der auf ihr aufbauenden Kritikkonzeption des jungen Marx aber einerseits normative Momente abspricht und andererseits auch noch beim alten Marx eine anthropologisch begründete Kritik glaubt feststellen zu können. Daher kommt er auch zu dem Ergebnis, daß sich die Unterschiede in erster Linie auf „terminologische“ Fragen reduzieren (Backhaus 1989, S.59). Die Kritik des alten Marx ist aber nicht mehr an das emphatische Menschenbild einer Anthropologie gebunden. Es handelt sich nicht mehr um eine moralische Kritik, die sich dem Vergleich der Wirklichkeit mit irgendeinem Ideal verdankt. Daß die gesellschaftlichen Verhältnisse der Menschen zu gesellschaftlichen Verhältnissen von Dingen geworden sind und als gegenständliche Eigenschaften dieser Dingen erscheinen, ist eine Aussage über die bürgerliche Gesellschaft, der aber keine Vorstellung von einer „wahren“ Vergesellschaftung zugrunde liegt. Der von Marx so genannte „Fetischismus“ ist daher auch nicht mit einer „Entfremdung“ vom menschlichen „Wesen“ zu verwechseln.

Was hier über das Konzept von „Kritik“ im Rahmen der Kritik der politischen Ökonomie ausgeführt wurde, läßt sich in gewisser Weise verallgemeinern. Häufig werden (nach einem bekannten Artikel von Lenin 1913) deutsche idealistische Philosophie, französischer utopischer Sozialismus und englische politische Ökonomie als die drei „Quellen“ des Marxismus bezeichnet. Diese Quellen seien im Marxismus in dialektischem Sinne „aufgehoben“: einerseits überwunden aber auf einer höheren Ebene auch aufbewahrt. Die interessante Frage besteht allerdings darin, in welcher Hinsicht es sich bei der deutschen Philosophie, der englischen Ökonomie und dem französischen Sozialismus um „Quellen“ des Marxismus handelt. Gemeinsam ist diesen drei „Quellen“, daß es sich um theoretische Gestalten bürgerlichen Bewußtseins handelt. Es sind unterschiedliche Formen der Selbstreflexion von bürgerlichem Individuum und bürgerlicher Gesellschaft. Dies gilt nicht nur für die idealistische Philosophie und die politische Ökonomie, die sich affirmativ zur bürgerlichen Gesellschaft verhalten, sondern auch für den utopischen Sozialismus und die englischen Linksricardianer. Denn auch diese Kritiker argumentieren noch von „bürgerlichen" Voraussetzungen aus, insofern sie die Ideale der bürgerlichen Gesellschaft gegen deren schlechte Wirklichkeit einzuklagen versuchen. Diese entwickelten Formen bürgerlichen Denkens werden aber nicht dadurch zu „Quellen" des Marxismus, daß Marx sozusagen mit dem Rasiermesser die positiven Teile herausschneidet und sie dann zu einer eigenen Theorie kombiniert (etwa in der Art, daß er aus der deutschen Philosophie die Dialektik und den Historismus aber ohne Idealismus entnimmt, aus der englischen Politökonomie die Werttheorie, diese aber historisiert und dialektifiziert und beim utopischen Sozialismus das utopische Moment wegläßt und es durch die historisierte Politökonomie als „wissenschaftliche" Grundlage ersetzt). Zu „Quellen" des Marxismus werden diese theoretischen Formen nur dadurch, daß sie als fortgeschrittener theoretischer Ausdruck der bürgerlichen Gesellschaft, der aber immer noch in den von dieser Gesellschaft produzierten Verkehrungen befangen bleibt, den Gegenstand der Marxschen *Kritik* bilden

Von der *wissenschaftlichen* Kritik des „Standpunkts" der Nationalökonomie, der Konstruktion ihres theoretischen Objekts, ist allerdings die *politische* Kritik an den kapitalistischen Verhältnissen zu unterscheiden. Diese politische Kritik ist keineswegs die Voraussetzung der wissenschaftlichen Ergebnisse, sie ist deren Folge. Die Beziehung zwischen wissenschaftlicher und politischer Kritik wird aber auch von Marxisten unter dem Etikett der „Parteilichkeit der Wissenschaft" häufig eher umgekehrt gesehen. Wenn etwa Alfred Schmidt an Althusser kritisiert, bei diesem bleibe „das Interesse an einer besseren Gesellschaft dem theoretischen Prozeß äußerlich" (Schmidt 1969, S.203), er trenne „seine theoretische Konstruktion von der Idee der Weltveränderung" (ebd. S.208), so scheint Schmidt von der Vorstellung auszugehen, die „Idee der Weltveränderung" sei die Grundlage der Marxschen Theorie. Explizit wurde eine solche Auffassung von Haug (1972) vertreten: „Indem sich der Stoff durch die Beziehung auf den Sozialismus perspektivisch anordnet und aufschließt, zeigt sich eine Schlüsselfunktion der sozialistischen Perspektive für die Kritik der politischen Ökonomie" (Haug 1972, S.565f). Daß sich die wissenschaftlichen Ergebnisse erst einer „sozialistischen Perspektive" verdanken, deckt sich allerdings in keiner Weise mit dem Selbstverständnis von Marx, der unmißverständlich erklärte:

> „Einen Menschen aber, der die Wissenschaft einem nicht aus ihr selbst (wie irrthümlich sie immer sein mag), sondern von *aussen*, ihr *fremden, äusserlichen Interesse* entlehnten Standpunkt zu *accomodieren* sucht, nenne ich *'gemein'*." (II.3.3/771; 26.2/112)

Parteilich kann mit den Ergebnissen marxistischer Wissenschaft gearbeitet werden, diese selbst müssen aber „rücksichtslos“ und nicht „rücksichtsvoll“ gewonnen werden (vergl. auch II.3.3/768; 26.2/110). Insofern kann es zwar einen *wissenschaftlichen Sozialismus* aber keine *sozialistische Wissenschaft* geben.

Für eine politische Kritik am Kapitalismus lassen sich die wissenschaftlichen Resultate der Kritik der politischen Ökonomie insofern verwenden, als sie zeigen, daß der kapitalistische Produktionsprozeß, indem er als Verwertungsprozeß organisiert ist, *zwangsläufig* auf Kosten der Arbeiter vonstatten geht:

> „Die Oekonomisirung der gesellschaftlichen Produktionsmittel, erst im Fabriksystem treibhausmäßig gereift, wird in der Hand des Kapitals zugleich zum systematischen Raub an den Lebensbedingungen des Arbeiters während der Arbeit“ (II.5/350; 23/449).

Marx kommt daher zu dem bereits im letzten Kapitel (im Abschnitt über Verelendungstheorie) diskutierten Ergebnis,

> „daß alle Methoden zur Steigerung der gesellschaftlichen Produktivkraft der Arbeit *in der kapitalistischen Form* sich auf Kosten des individuellen Arbeiters entwickeln, daß alle Mittel zur Bereicherung der Produktion in Beherrschungs- und Exploitationsmittel des Producenten umschlagen .... Es folgt daher, daß im Maße wie Kapital accumuliert, die Lage des Arbeiters, *welches immer seine Zahlung*, sich verschlechtert.“ (II.5/520; 23/674f)

Mit diesen Aussagen intendiert Marx keine moralische Kritik am Kapitalismus, es geht ihm nicht um „Gerechtigkeit“ oder um die Verletzung bestimmter Normen, sondern um die Konstatierung eines Sachverhalts: daß die kapitalistische Produktion elementare *Lebensinteressen* der Arbeiter und Arbeiterinnen verletzt.[12] Um dies festzustellen muß kein „Recht auf unversehrtes Leben“ oder Ähnliches postuliert werden. *Wissenschaftlich* will Marx zeigen, daß diese Verletzung der Lebensinteressen untrennbar mit dem kapitalistischen System verbunden ist. Und insofern bei der Arbeiterklasse die Einsicht in diesen Charakter des kapitalistischen Systems wächst, wird sie auch, nicht im Namen einer universellen Gerechtigkeit, sondern des eigenen Interesses zur *politischen* Aktion führen – so jedenfalls die optimistische Hoffnung von Marx.[13]

---

12) Dabei wählt Marx zuweilen recht drastische Begriffe: nicht nur Ausbeutung klingt pejorativ, auch ist davon die Rede, daß sich das Kapital die Arbeit „vampyrmäßig“ einsaugt (II.5/179; 23/247). Allerdings gilt dies (wenn auch viel seltener) umgekehrt: so heißt es der Arbeiter „bestiehlt“ den Kapitalisten, wenn er die vom Kapitalisten gekaufte Arbeitskraft selbst konsumiert (ebd.).

13) Dieser Optimismus drückt sich in der berühmten Passage des Abschnitts *Geschichtliche Tendenz der kapitalistischen Akkumulation* aus, wo davon die Rede ist, daß mit der Entwicklung der kapitalistischen Produktionsweise auch „die Empörung der stets anschwellenden und durch den Mechanismus des kapitalistischen Produktionsprozesses selbst geschulten, vereinten und organisirten Arbeiterklasse“ wächst, so daß schließlich „die *Stunde des kapitalistischen Privateigenthums schlägt. Die Expropriateurs werden expropriirt*“ (II.5/609; 23/790f). Allerdings liefert Marx selbst eine Reihe von Argumenten, die gegen den hier angedeuteten Automatismus sprechen: insbesondere die mit der Lohnform verbundene Mystifikation des Bewußtseins der Arbeiter (vergl. oben den letzten Abschnitt des siebten Kapitels, siehe auch Jungnickel 1993).

3. Werttheorie und Sozialismuskonzeption

Der Sozialismus war für Marx und Engels kein Ideal, das der bürgerlichen Gesellschaft als Alternative gegenübergestellt werden sollte. Eine solche Auffassung bezeichneten sie als „utopischen Sozialismus". Ihr Anspruch war vielmehr, aus den Entwicklungstendenzen der kapitalistischen Gesellschaft den Sozialismus *wissenschaftlich* zu begründen. Die Analyse des Kapitalismus sollte zeigen, daß dessen Widersprüche nur durch eine andere Produktionsweise, die sozialistische, aufgelöst werden können. Die Skizzierung dieser neuen Produktionsweise blieb allerdings äußerst vage. Hier soll nun der Frage nachgegangen werden, inwieweit die von Marx und Engels sehr selten diskutierten Merkmale der sozialistischen Produktionsweise tatsächlich mit der Marxschen Kapitalismusanalyse begründet werden können. In den vorangegangenen Kapiteln wurden bereits ausführlich die Ambivalenzen der Kritik der politischen Ökonomie diskutiert. Es soll nun untersucht werden, wie sich diese Ambivalenzen auf die Sozialismuskonzeption ausgewirkt haben.

Marx und Engels machten keine sehr konkreten Aussagen über die Organisation einer künftigen sozialistischen Gesellschaft. Sie wollten nicht in den Geruch der „Systembastelei" kommen, wie sie von Utopisten und Weltverbesserern betrieben wurde. Da es im folgenden um den Zusammenhang von Sozialismuskonzeption und entwickelter Kapitalismusanalyse geht, können auch nicht die frühen Äußerungen in den *Ökonomisch-philosophischen Manuskripten*, der *Deutschen Ideologie* oder dem *Kommunistischen Manifest* herangezogen werden. Als Quellen bleiben dann im wesentlichen nur die *Kritik des Gothaer Programms* von Marx und der *Anti-Dühring* von Engels übrig.

Der zwischen 1876 und 1878 entstandene *Anti-Dühring* ist eine Kritik an den philosophischen, ökonomischen und politischen Auffassungen von Eugen Dühring, einem Berliner Privatdozenten. Mitte der 70er Jahre waren dessen Theorien in Teilen der deutschen Sozialdemokratie auf große Resonanz gestoßen. Vor allem von Wilhelm Liebknecht wurde daher Engels gedrängt, sich kritisch mit Dühring auseinanderzusetzen. Engels übernahm diese Aufgabe nur widerwillig, weil ihm die Dühringschen Theorien zu wenig Niveau hatten. In dem schließlich entstandenen Werk setzte sich Engels nicht nur polemisch mit Dühring auseinander, er stellte ihm auf zahlreichen Gebieten auch die „marxistischen" Ansichten gegenüber. Aufgrund dieses breiten Themenspektrums galt der *Anti-Dühring* in der Folgezeit als wichtigstes Kompendium des Marxismus. In der wissenschaftlichen Diskussion wurde aber auch mehrfach in Frage gestellt, ob die Ansichten des späten Engels mit denen von Marx tatsächlich in allen Punkten übereinstimmten.[14] Wie sich anhand der Marxschen *Kritik des Gothaer Programms* noch zeigen wird, bestehen zumindest in der

14) Vergl. als Überblick zu diesen Debatten Mehringer/Mergner (1973).

Konzeption des Sozialismus als einer nicht auf Warenproduktion beruhenden Produktionsweise keine wesentlichen Differenzen.

Gegen den utopischen Sozialismus hält Engels im *Anti-Dühring* fest, die Mittel zur Beseitigung der entdeckten Mißstände der Produktionsweise seien „nicht aus dem Kopf zu *erfinden*, sondern... in den vorliegenden materiellen Thatsachen der Produktion zu *entdecken*" (I.27/435; 20/249). Engels versucht daher im Anschluß an die allgemeinen Ausführungen vom Vorwort von *Zur Kritik der politischen Ökonomie* den Widerspruch zwischen Produktivkräften und Produktionsverhältnissen im Kapitalismus als die objektive Grundlage des Sozialismus darzustellen. Die Bourgeoisie, so Engels, habe den Kleinbetrieb des mittelalterlichen Bauern und Handwerkers revolutioniert, sie habe die Produktionsmittel „aus Produktionsmitteln des Einzelnen in gesellschaftliche, nur von einer Gesammtheit von Menschen anwendbare Produktionsmittel" (I.27/436f; 20/250) verwandelt, die private Aneignungsweise aber beibehalten. Dies konstituiert für Engels den Widerspruch zwischen Produktivkräften und Produktionsverhältnissen in der modernen bürgerlichen Gesellschaft:

„Produktion und Produktionsmittel sind wesentlich gesellschaftlich geworden. Aber sie werden unterworfen einer Aneignungsweise, die die Privatproduktion Einzelner zur Voraussetzung hat, wobei also Jeder sein eignes Produkt besitzt und zu Markte bringt. Die Produktionsweise wird dieser Aneignungsweise unterworfen, obwohl sie ihre Voraussetzung aufhebt. In diesem Widerspruch, der der neuen Produktionsweise ihren kapitalistischen Charakter verleiht, liegt die ganze Kollision der Gegenwart bereits im Keim." (I.27/437; 20/252) [15]

Daß sich die Nicht-Produzenten das Produkt (genauer das Mehrprodukt) aneignen, ist kein spezielles Charakteristikum des Kapitalismus, es trifft vielmehr auf jede Klassengesellschaft zu; und „gesellschaftliche Produktion" im Sinne von Engels, also nur von einer Gesamtheit von Menschen anwendbare Produktivkräfte, gab es auch schon in früheren Produktionsweisen (asiatische Produktionsweise, Sklavenhaltergesellschaften). Diese Gesellschaftlichkeit der Produktivkräfte wird zwar vom Kapitalismus in noch nie da gewesenem Ausmaß entwickelt, allerdings wird gerade von jeder Formspezifik abstrahiert, wenn gesagt wird, daß der Widerspruch zwischen gesellschaftlicher Produktion und privater Aneignung dieser Produktionsweise „ihren kapitalistischen Charakter" verleihe. Engels konfrontiert einen bestimmten Aspekt der bürgerlichen Produktivkraftentwicklung mit der *Aneignungsweise*, d.h. der Form des Eigentums. Der kapitalistische Charakter der Produktionsweise liegt aber darin, daß Produktion und Reproduktion der *Verwertung des Werts* subsumiert sind. Der Verwertungszwang setzt Imperative, die sich auch nicht än-

15) Den Widerspruch zwischen gesellschaftlicher Produktion und privater Aneignung sieht Engels noch in anderen Gestalten am Werk: Er „tritt an den Tag als Gegensatz von Proletariat und Bourgeoisie" (I.27/438; 20/253) und er „reproduzirt sich als Gegensatz zwischen der Organisation der Produktion in der einzelnen Fabrik und der Anarchie der Produktion in der ganzen Gesellschaft" (I.27/439; 20/255).

dern, wenn das Produkt z.B. durch den Staat angeeignet wird. Die Produktionsweise verliert erst dann ihren kapitalistischen Charakter, wenn nicht nur die Aneignungsverhältnisse, sondern auch die Formbestimmungen von Produktion und Reproduktion verändert werden.

Seinen „gewaltsamen Ausbruch" (I.27/442; 20/257) soll der Widerspruch zwischen gesellschaftlicher Produktion und privater Aneignung in den ökonomischen Krisen finden. In den Krisen werde deutlich, daß

> „die gesellschaftliche Organisation der Produktion innerhalb der Fabrik... unverträglich geworden ist, mit der neben und über ihr bestehenden Anarchie der Produktion in der Gesellschaft" (I.27/442; 20/258).

Engels sieht die Krisen vorwiegend in der „Anarchie der Produktion" begründet. Ist diese „Anarchie" aber nicht bloß als Synonym für Kapitalismus gemeint, so drückt sie die fehlende ex-ante Koordination der Produktion der Einzelkapitale aus. Bei Marx finden sich zwar disparate Ansätze zur Erklärung der Krisen, in keinem Fall hebt er aber besonders auf diese Marktanarchie ab. Er stellt vielmehr den kapitalistischen Charakter der Produktion – den Zwang zur Verwertung – in den Vordergrund, der zu Überakkumulation und zu Überproduktion führt (vergl. oben das achte Kapitel). Vor allem aber markieren die ökonomischen Krisen für Engels die Grenze der kapitalistischen Produktionsweise. In den Krisen werde

> „die kapitalistische Produktionsweise ihrer eignen Unfähigkeit zur ferneren Verwaltung dieser Produktivkräfte überführt." (I.27/442; 20/258)

Engels begreift die Krisen lediglich negativ, als Ausdruck der „Unfähigkeit" des Kapitals. Zwar findet sich ein solches Verständnis auch bei Marx, doch stellte er auch heraus, daß die Krisen gleichzeitig gewaltsame *Lösungen* der Probleme kapitalistischer Entwicklung sind. Krisen sind zwar mit der Vernichtung von Kapital und der Verarmung vieler Menschen verbunden, doch macht sie das nicht zur Schranke für das Kapital; im Gegenteil, sie verbessern die Verwertungsbedingungen des Kapitals und ermöglichen gerade die enorme Flexibilität und Anpassungsfähigkeit des Kapitalismus.

Da Engels den Widerspruch von Produktivkräften und Produktionsverhältnissen vor allem an der Aneignungsweise festmacht, sieht er in Veränderungen der Eigentumsformen, die bereits im Kapitalismus erfolgen (Aktiengesellschaften, Staatseigentum), erste Anzeichen dafür, daß auch die Bourgeoisie gezwungen ist, den gesellschaftlichen Charakter der Produktivkräfte anzuerkennen.[16] Allerdings sei diese Verwandlung in Staatseigentum nicht die Lö-

---

16) Engels hält aber keineswegs *jede* Verstaatlichung bereits für einen Fortschritt, sondern nur diejenige, die ökonomisch unabweisbar ist (I.27/1109; 29/259, Fn). – Auch Marx betrachtet im Manuskript zum dritten Band des *Kapital* die Aktiengesellschaften als „Aufhebung der capitalistischen Productionsweise innerhalb der capitalistischen Productionsweise", was als ein „sich selbst aufhebender Widerspruch" nur ein „Uebergangspunkt zu einer neuen Form der Productionsweise" sein könnte (II.4.2/503; 25/454).

sung des Konflikts zwischen Produktions- und Aneignungsweise. Diese könne nur darin liegen,

„daß die Gesellschaft offen und ohne Umwege Besitz ergreift von den, jeder andern Leitung außer der ihrigen, entwachsenen Produktivkräften. (...) Damit tritt an die Stelle der gesellschaftlichen Produktionsanarchie eine gesellschaftlich-planmäßige Regelung der Produktion nach den Bedürfnissen der Gesammtheit wie jedes Einzelnen" (I.27/444; 20/260f).

Mit der Besitzergreifung der Produktionsmittel durch die Gesellschaft löst sich für Engels der Widerspruch zwischen dem gesellschaftlichen Charakter der Produktivkräfte und der privaten Aneignungsweise. Allerdings hat „gesellschaftlich" jetzt eine andere Bedeutung erhalten: wurde der gesellschaftliche Charakter der Produktivkräfte anfangs damit begründet, daß nur eine Vielzahl von Menschen (aber keineswegs die ganze Gesellschaft) die neuen Produktivkräfte anwenden kann, meint „gesellschaftlich" jetzt die Gesellschaft als Ganzes. In der ersten Bedeutung von „gesellschaftlich" würde die Auflösung des Widerspruchs nicht darin bestehen, daß die Gesellschaft als Ganzes die Produktionsmittel besitzt, sondern darin, daß jeweils diejenigen, die die Produktivkräfte anwenden, auch genossenschaftlich über sie verfügen, wobei über die Art und Weise der gesamtgesellschaftlichen Koordination dieser Genossenschaften noch nichts ausgesagt wäre.

Indem die Produktionsmittel in den Besitz der Gesellschaft übergehen und diese die Produktion plant, ist die Warenproduktion beseitigt. Die individuell verausgabte Arbeit muß ihren gesellschaftlichen Charakter nicht erst im Austausch ihres Produktes beweisen, vielmehr soll sie von vornherein „direkt gesellschaftliche Arbeit" sein:

„Die in einem Produkt steckende Menge gesellschaftlicher Arbeit braucht dann nicht erst auf einem Umweg festgestellt zu werden; die tägliche Erfahrung zeigt direkt an, wieviel davon im Durchschnitt nöthig ist. Die Gesellschaft kann einfach berechnen, wieviel Arbeitsstunden in einer Dampfmaschine, einem Hektoliter Weizen der letzten Ernte, in hundert Quadratmeter Tuch von bestimmter Qualität stecken. Es kann ihr also nicht einfallen, die in den Produkten niedergelegten Arbeitsquanta, die sie alsdann direkt und absolut kennt, noch fernerhin in einem nur relativen, schwankenden, unzulänglichen früher als Nothbehelf unvermeidlichen Maß, in einem dritten Produkt auszudrücken und nicht in ihrem natürlichen, adäquaten, absoluten Maß, der *Zeit*. (...) Die Gesellschaft schreibt also unter obigen Voraussetzungen den Produkten auch keine Werthe zu. (...) Allerdings wird auch dann die Gesellschaft wissen müssen, wie viel Arbeit jeder Gebrauchsgegenstand zu seiner Herstellung bedarf. Sie wird den Produktionsplan einzurichten haben nach den Produktionsmitteln, wozu besonders auch die Arbeitskräfte gehören. Die Nutzeffekte der verschiednen Gebrauchsgegenstände, abgewogen unter einander und gegenüber den zu ihrer Herstellung nöthigen Arbeitsmengen, werden den Plan schließlich bestimmen. Die Leute machen Alles sehr einfach ab ohne Dazwischenkunft des vielberühmten 'Werths'." (I.27/469; 20/288)

„Gesellschaft" wird hier von Engels zu einem selbstbewußt tätigen Subjekt gemacht, die Gesellschaft kennt, plant, entscheidet. In welchen Organisationsformen sich dies abspielen soll, wird allerdings nicht erörtert. Damit geht Engels auch der Diskussion von Interessenunterschieden zwischen verschiedenen Gruppen von Produzenten, zwischen Produzenten und Konsumenten etc. aus dem Weg. Genausowenig stellt er sich dem Problem, wie der von „der"

Gesellschaft aufgestellte Plan gegenüber den einzelnen Gesellschaftsmitgliedern durchgesetzt werden soll. Auf eine Diskussion der politischen Organisationsform des Sozialismus läßt sich Engels nicht ein. Er begnügt sich mit der Vision, daß mit dem Verschwinden der Klassen auch der Staat abstirbt und daß an die Stelle der Herrschaft über Menschen die Verwaltung von Sachen tritt (I.27/445; 20/262) – ohne zu berücksichtigen, daß gerade aus der Verwaltung von Sachen erneut Herrschaftsverhältnisse entspringen.
Was aber für die hier zur Debatte stehende Beziehung zwischen Kapitalismusanalyse und Sozialismuskonzeption noch entscheidender ist als diese Ausblendung politischer Fragen, sind die stillschweigenden *Voraussetzungen*, die Engels' Vorstellung einer Abschaffung der Warenproduktion zugrunde liegen. Engels geht davon aus, daß die Gesellschaft im Sozialismus die Arbeitsaufwendungen zur Produktion der verschiedenen Güter *kennt* und *deshalb* diese Arbeitsquanta nicht mehr als Wert ausgedrückt werden müssen. Geld als Wertmaß erscheint ihm als bloßer „Notbehelf". Engels geht also implizit von der Vorstellung aus, die aufgewendeten Mengen *konkreter* Arbeit determinieren bereits *vor* dem Austausch die Wertgröße der Produkte. Jede Ware kommt dann bereits mit ihrem fix und fertig bestimmten Wert auf den Markt, wo dieser Wert bloß noch in einer bestimmten Geldsumme realisiert wird. Sind die Arbeitsaufwendungen von vornherein bekannt und geplant, so ist diese Vermittlung durch den Markt offensichtlich überflüssig. Diese Auffassung vom Wert entspricht der substanzialistischen, prämonetären Interpretation der Werttheorie, die im theoretischen Feld der politischen Ökonomie wurzelt. Sie hat jedoch nichts mit der Konzeption einer *monetären* Werttheorie zu tun, die gerade *nicht* davon ausgeht, daß die Werte Eigenschaften *einzelner* Waren sind, die bereits *vor* dem Tausch fertig bestimmt sind.

In der *Kritik des Gothaer Programms* (ähnlich wie der *Anti-Dühring* eine polemische Gelegenheitsschrift, die Marx aus Ärger über den seiner Meinung nach theoretisch rückschrittlichen Entwurf des Parteiprogramm für den Vereinigungsparteitag 1875 verfaßte) vertritt Marx eine ähnliche Position wie Engels im *Anti-Dühring.*[17] Schon im *Kapital* hatte er anhand eines „Vereins freier Menschen" ein abstraktes Modell unmittelbarer Vergesellschaftung diskutiert (II.5/45f; 23/92f). Allerdings stand es dort in einer Reihe verschiedener Modi der Vergesellschaftung, die anschaulich machen sollten, daß die Wertform des Arbeitsprodukts lediglich eine historisch spezifische Form ist.

17) „Innerhalb der genossenschaftlichen, auf Gemeineigentum an den Productionsmitteln gegründeten Gesellschaft tauschen die Producenten ihre Produkte nicht aus; ebensowenig erscheint hier die auf Produkte verwandte Arbeit *als Werth* dieser Produkte, als eine von ihnen besessne sachliche Eigenschaft, da jetzt, im Gegensatz zur kapitalistischen Gesellschaft, die individuellen Arbeiten nicht mehr auf einem Umweg, sondern unmittelbar als Bestandteile der Gesammtarbeit existiren." (I.25/13; 19/19f)

Jetzt wird aber wesentlich, wie diese unmittelbare Vergesellschaftung gedacht wird, wie die Produktion geplant und die Produkte verteilt werden sollen. Über ersteres erfahren wir nichts, außer *daß* die Produktion geplant werden soll. Und die Verteilung, die im *Kapital* „nur zur Parallele mit der Waarenproduktion“ (II.5/45; 23/93) als eine der individuellen Arbeitsleistung proportionale Verteilung gedacht war, wird hier zum Prinzip für

„eine kommunistische Gesellschaft, nicht wie sie sich auf ihrer eignen Grundlage *entwickelt* hat, sondern umgekehrt, wie sie eben aus der kapitalistischen Gesellschaft *hervorgeht*“ (I.25/13; 19/20).

Der einzelne Produzent soll (nach den Abzügen für eine Ausdehnung der Produktion, für gesellschafliche Assekuranzfonds und ähnliches) genau das zurückerhalten, was er der Gesellschaft gegeben hat:

„Was er ihr gegeben hat, ist sein individuelles Arbeitsquantum. (...) Er erhält von der Gesellschaft einen Schein, das er so und so viel Arbeit geliefert (nach Abzug seiner Arbeit für die gemeinschaftlichen Fonds), und zieht mit diesem Schein aus dem gesellschaftlichen Vorrath von Consumtionsmitteln so viel heraus, als gleich viel Arbeit kostet. Dasselbe Quantum Arbeit, das er der Gesellschaft in einer Form gegeben hat, erhält er in der andern zurück.“ (I.25/13f; 19/20) [18]

Auch Marx geht nicht nur davon aus, daß die zur Produktion der einzelnen Güter aufgewendeten Arbeitsmengen *bekannt* sind, sondern daß sie auch *unmittelbar vergleichbar* sind. Marx zieht sogar explizit die Parallele zum Warentausch:

„Es herrscht hier offenbar dasselbe Princip, das den Warenaustausch regelt..., es wird gleich viel Arbeit in einer Form gegen gleich viel Arbeit in einer andern ausgetauscht“ (I.25/14; 19/20)

In dieser Phase soll also nicht die *Äquivalenz* des Warentausches aufgehoben werden, sondern lediglich der Markt als vermittelnde Instanz. Dies impliziert aber, daß Marx den Markt hier, ähnlich wie Engels im *Anti-Dühring* als eine Instanz auffaßt, die die bereits feststehenden Werte der einzelnen Waren bloß nachträglich realisiert. Dies bedeutet, *daß auch Marx, wenn er die Warenproduktion abschaffen will, eine nicht-monetäre Werttheorie unterstellt.*

Im Rahmen der monetären Werttheorie war gerade klar geworden, daß die einzelnen konkreten Arbeiten nicht unmittelbar vergleichbar sind,[19] daß ihre Gleichheit als abstrakte Arbeit eine gesellschaftliche Eigenschaft ist, die nicht einfach vorhanden ist, sondern erst *hergestellt* werden muß. In einer auf Warenproduktion beruhenden Produktionsweise wird diese Gleichheit auf dem Markt vermittels des Geldes hergestellt.[20] Wie diese Gleichheit der individu-

18) Erst in einer „höheren Phase der kommunistischen Gesellschaft“ soll gelten können: „Jeder nach seinen Fähigkeiten, Jedem nach seinen Bedürfnissen!“ (I.25/15; 19/21)

19) Nicht nur weil es sich um heterogene Arbeit handelt, sondern weil auch Produktion und gesellschaftliches Bedürfnis erst auf dem Markt verglichen werden können.

20) Die Neoklassik stellt zwar die Anpassungsleistungen des Marktes heraus und von neoklassischen Ökonomen wird daraus auch gerne ein Argument gegen jede Alternative zur Marktwirtschaft gemacht, wie diese Anpassung aber tatsächlich erfolgt, wird überhaupt nicht thematisiert. Stattdessen wird mit dem Walrasschen Auktionator oder unendlich schnellen Preisanpassungen

ellen Arbeiten in einer nicht auf Warenproduktion beruhenden Produktionsweise hergestellt werden soll, darüber verlieren Marx und Engels kein Wort. Sie sind der Auffassung, daß wenn „die Gesellschaft" die Mengen konkreter Arbeit, die zur Produktion der einzelnen Güter notwendig sind, „kennt", das Problem bereits erledigt sei. Abgesehen davon daß diese vollständige Kenntnis und ihre in kürzester Zeit notwendige Verarbeitung zu einem gesamtgesellschaftlichen Produktionsplan kaum realisierbar sind, wird dieser ideale Plan durch jede Produktivkraftsteigerung wieder über den Haufen geworfen. Mit der Produktivkraftsteigerung ändern sich die zur Produktion des entsprechenden Gutes nötigen Mengen anderer Güter und es ändert sich das Verhältnis von Arbeitsaufwand und Nutzen, das Engels dem Plan zugrunde legen will.

Ausgehend von der monetären Werttheorie kann man zwar die Möglichkeit einer vollständigen gesellschaftlichen Planung nicht ausschließen, es wird aber deutlich, wie ungeheuer die Koordinations- und Anpassungsleistungen sind, die dann in kürzester Zeit vollzogen werden müssen. Geht man dagegen von einer nicht-monetären Werttheorie aus, so werden aufgrund der simplifizierenden Vorstellungen über den Markt auch die Probleme dieser Koordination ausgeblendet.

Wie im sechsten Kapitel gezeigt wurde, blieb Marx in seiner Darstellung der Werttheorie ambivalent. Zwar entwickelte er wesentliche Momente einer monetären Werttheorie, er fiel aber immer wieder auf das bereits überwundene Terrain einer nicht-monetären Werttheorie zurück. Engels dagegen ging stets von einer nicht-monetären Konzeption aus. Insbesondere seine im Nachtrag zum dritten Band des *Kapital* entwickelte Vorstellung einer historischen Phase der „einfachen Warenproduktion" beruht gerade darauf, daß die Produzenten den Arbeitsaufwand zur Produktion der einzelnen Güter kennen und sie deshalb zu ihren Arbeitswerten tauschen (25/907). In der Sozialismuskonzeption geht dann aber nicht nur Engels, sondern auch Marx, implizit von einer nicht-monetären Werttheorie aus. Die monetäre Werttheorie legt eher eine genossenschaftliche Produktion nahe, deren gesamtgesellschaftliche Koordination nicht durch eine (sowohl allwissende als auch zeitlos reagierende) Zentrale hergestellt werden kann, sondern die eigener vermittelnder Medien bedarf, die allerdings gesellschaftlich kontrolliert werden müssen, soll sich nicht wieder die alte Warenproduktion und damit schließlich auch das Kapitalverhältnis wiederherstellen.[21]

Besonders von Engels wurde geltend gemacht, daß die Besitzergreifung der Produktionsmittel durch die Gesellschaft und die Planung der Produktion

---

operiert, die gerade von den Momenten abstrahieren, die einen Markt charakterisieren: daß individuelle Handlungen nicht bewußt koordiniert werden und daß Veränderungen in der realen Zeit stattfinden (vergl. oben das zweite Kapitel).

21) Insofern erscheinen auch Vorstellungen eines „Marktsozialismus", wo statt kapitalistischer Unternehmen selbstverwaltete Genossenschaften am Markt konkurrieren, recht problematisch.

nicht bloß den Übergang zu einer der Produktivkraftentwicklung adäquateren Produktionsweise darstellt, sondern daß es sich dabei um einen entscheidenden Einschnitt in der Menschheitsgeschichte handelt: die Menschen befreien sich vom naturwüchsigen Walten verselbständigter gesellschaftlicher Mächte, sie machen ihre Geschichte erstmals mit Bewußtsein und treten damit endgültig aus dem Tierreich heraus (I.27/446; 20/264). Diese Vorstellung von der Befreiung von einem gegenüber den Einzelnen übermächtig gewordenen gesellschaftlichen Zusammenhang hat wesentlich zur Faszination beigetragen, die von der Idee einer Abschaffung der Warenproduktion ausging. Es wäre allerdings zu erwägen, ob die Befreiung vom blinden Wirken der verselbständigten Vermittlung nicht mehr erfordert als nur die bewußtlos vermittelnde Instanz des Marktes zugunsten einer bewußt planenden Zentrale abzuschaffen, bei der nicht nur unklar ist, ob sie die ihr zugeschriebenen Aufgaben überhaupt erfüllen kann, sondern auch wie sie selbst einer gesellschaftlichen Kontrolle zu unterwerfen ist.

Literaturverzeichnis

I. Schriften von Marx und Engels

Karl Marx, Friedrich Engels: Historisch-kritische Gesamtausgabe, hg. im Auftrag des Marx-Engels (-Lenin)-Instituts, Frankfurt, Berlin, Moskau 1927ff.

Karl Marx, Friedrich Engels: Gesamtausgabe [MEGA], herausgegeben vom Institut für Marxismus-Leninismus beim Zk der KPdSU und vom Institut für Marxismus-Leninsmus beim Zk der SED; seit 1990: herausgegeben von der Internationalen Marx-Engels-Stiftung (Amsterdam), Berlin 1975ff.

Karl Marx, Friedrich Engels: Werke [MEW], herausgegeben vom Institut für Marxismus-Leninismus beim Zk der SED, Berlin 1956ff.

Karl Marx: Grundrisse der Kritik der politischen Oekonomie (Rohentwurf) 1857-58, Photomechanischer Nachdruck der Ausgabe Moskau 1939-41, Berlin 1953.

Neuveröffentlichung des Kapitels I des I.Bandes der „Deutschen Ideologie" von Karl Marx und Friedrich Engels, in: Deutsche Zeitschrift für Philosophie 14.Jg. H.10, Berlin 1966 S.1192-1254.

Karl Marx: (Über Friedrich Lists Buch „Das nationale System der politischen Ökonomie), in: Beiträge zur Geschichte der Arbeiterbewegung, 14.Jg., Heft 3, Berlin 1972, S.423-446.

Marx's Précis of Hegel's Doctrine on Being in the Minor Logic. Hg. Joseph O'Malley, Fred E. Schrader, in: International Review of Social History 24, 1977, S.423-431.

II. Schriften anderer Autoren

Aglietta, Michel (1976): A Theory of Capitalist Regulation. The US Experience, London 1979.

Agnoli, Johannes (1975): Der Staat des Kapitals, in: ders., Überlegungen zum bürgerlichen Staat, Berlin, S.60-111.

Althusser, Louis (1960): Die „philosophischen Manifeste" Feuerbachs, in: Althusser (1965a), S.43-51.

- (1961): Über den jungen Marx, in: ders., Ideologie und ideologische Staatsapparate, Hamburg/Westberlin 1977, S.9-44.
- (1963): Über die materialistische Dialektik, in: Althusser (1965a), S.100-167.
- (1964): Marxismus und Humanismus, in: Althusser (1965a), S.168-195.
- (1965a): Für Marx, Frankfurt/M 1968.
- (1965b): Das Kapital lesen, Reinbek 1972.
- (1969): Vorwort für die Leser des I. Bandes des 'Kapital', in: Ders. (1973), Marxismus und Ideologie, Berlin, S.77-110.
- (1970): Die Bedingungen der wissenschaftlichen Entdeckung von Marx, in: Arenz (1973), S.77-88.
- (1972): Antwort an John Lewis, in: Arenz (1973), S.35-76.
- (1973): Bemerkungen zu einer Kategorie: „Prozeß ohne Subjekt und ohne Ende/ Ziel", in: Arenz (1973), S.89-94.
- (1974): Elemente der Selbstkritik, Westberlin 1975.
- (1977): Marx' Denken im Kapital, in: PROKLA 50, 1983, S.130-147.

Altvater, Elmar (1983): Der Kapitalismus in einer Formkrise. Zum Krisenbegriff in der politischen Ökonomie und ihrer Kritik, in: Aktualisierung Marx'. Argument Sonderband 100, Berlin, S.80-100.

- (1992): Der Preis des Wohlstands oder Umweltplünderung und neue Welt(un)ordnung, Münster.

Altvater, Elmar; Hecker, Rolf; Heinrich, Michael; Schaper-Rinkel, Petra (1999): Kapital.doc Das Kapital (Bd.1) in Schaubildern und Kommentaren, Münster.

Altvater, Elmar; Hoffmann, Jürgen; Schöller, Wolfgang; Semmler, Willi (1974): Entwicklungsphasen und -tendenzen des Kapitalismus in Westdeutschland. Teil 1, in: Probleme des Klassenkampfs 13, S.101-132, Teil 2, in: Probleme des Klassenkampfs 16, S.55-149.

Altvater, Elmar; Hoffmann, Jürgen; Semmler, Willi (1979): Vom Wirtschaftswunder zur Wirtschaftskrise. Ökonomie und Politik in der Bundesrepublik, Berlin.

Altvater, Elmar; Mahnkopf, Birgit (1996): Grenzen der Globalisierung. Ökonomie, Ökologie und Politik in der Weltgesellschaft, Münster.

Anderson, Perry (1978): Über den westlichen Marxismus, Frankfurt/M.

Anonym [Dilke, Charles Wentworth] (1821): The Source and the Remedy of the National Difficulties, London.

Antonowa, Irina K.; Schwarz, Winfried; Tschepurenko, Alexander (1984): Der dritte „Kapital"-Entwurf von 1863-1865, in: Marxistische Studien. Jahrbuch des IMSF 7, Frankfurt/M, S.394-409.

Arbeitsblätter zur Marx-Engels-Forschung, Nr.1-23, Martin Luther Universität Halle-Wittenberg, Sektion Marxismus-Leninismus, Halle (Saale), 1976-1988.

Arenz, Horst u.a. (Hrsg.) (1973): Was ist revolutionärer Marxismus? Kontroverse über Grundfragen marxistischer Theorie zwischen Louis Althusser und John Lewis, Westberlin.

Armstrong, Philip; Glyn, Andrew; Harrison, John (1978): In Defence of Value – A Reply to Ian Steedman, in: Capital & Class 5.

Arndt, Andreas (1985): Karl Marx. Versuch über den Zusammenhang seiner Theorie, Bochum.

Arnon, Arie (1984): Marx's theory of money: the formative years, in: History of Political Economy, vol.16, no.4.

Arrow, Kenneth (1983): Economic Equilibrium, in: ders., Collected Papers, S.107-132.

Arrow, Kenneth J.; Hahn, Frank H. (1971): General Competitive Analysis, San Francisco.

Backhaus, Hans-Georg (1969): Zur Dialektik der Wertform, in: A.Schmidt (Hg.), Beiträge zur marxistischen Erkenntnistheorie, Frankfurt/M, S.128-152.

- (1974): Materialien zur Rekonstruktion der Marxschen Werttheorie 1, in: Gesellschaft. Beiträge zur Marxschen Theorie 1, Frankfurt/M, S.52-77.

- (1975): Materialien zur Rekonstruktion der Marxschen Werttheorie 2, in: Gesellschaft. Beiträge zur Marxschen Theorie 3, Frankfurt/M, S.122-159.

- (1978): Materialien zur Rekonstruktion der Marxschen Werttheorie 3, in: Gesellschaft. Beiträge zur Marxschen Theorie 11, Frankfurt/M, S.16-117.

- (1984): Zur Marxschen „Revolutionierung" und „Kritik" der Ökonomie: die Bestimmung ihres Gegenstandes als Ganzes „verrückter Formen", in: Mehrwert 25, S.7-35.

- (1986): Zum Problem des Geldes als Konstituens oder Apriori der ökonomischen Gegenständlichkeit, in: PROKLA 63, S.23-62.

- (1987): Elementare Mängel in der traditionellen Rezeption der Marxschen Formanalyse, in: Marxistische Studien. Jahrbuch des IMSF 13, Frankfurt/M, S.402-414.

- (1989): Einige Aspekte des Marxschen Kritik-Begriffs im Kontext seiner ökonomisch-philosophischen Theorie, in: Marx-Engels-Forschung heute 1, Neuss, S.48-64.

- (1997): Materialien zur Rekonstruktion der Marxschen Werttheorie 4, in: Backhaus (1997a), S.229-298

- (1997a): Dialektik der Wertform. Untersuchungen zur Marxschen Ökonomiekritik, Freiburg.

- (1998): Über die Notwendigkeit einer Ent-Popularisierung des Marxschen „Kapitals", in: Görg, Christoph; Roth, Roland (Hrsg.), Kein Staat zu machen. Zur Kritik der Sozialwissenschaften, Münster, S.349-371.

Backhaus, Hans-Georg; Reichelt, Helmut (1995): Wie ist der Wertbegriff in der Ökonomie zu konzipieren? Zu Michael Heinrich: „Die Wissenschaft vom Wert", in: Beiträge zur Marx-Engels Forschung Neue Folge 1995. Engels' Druckfassung versus Marx' Manuskripte zum III. Buch des „Kapital", Hamburg, S.60-94.

Bader, Veit-Michael; Berger, Johannes; Ganßmann, Heiner u.a. (1975): Krise und Kapitalismus bei Marx, 2 Bde, Frankfurt/M.

Bailey, Samuel (1825): A Critical Dissertation on the Nature, Measure and Causes of Value, New York 1967.

Baumol, William J. (1974): The Transformation of Values: What Marx Really Meant (An Interpretation) in: Journal of Economic Literature, vol.12, no.1, S.51-62.

Beckenbach, Frank (1987): Zwischen Gleichgewicht und Krise, Frankfurt/M.

Beckenbach, Frank; Krätke, Michael (1978): Zur Kritik der Überakkumulationstheorie, in: Prokla 30, S.43-81.

Becker, Werner (1972a): Dialektik als Ideologie: Hegel und Marx. Eine kritische Betrachtung über Zustandekommen, Sinn und Funktion der dialektischen Methode, in: Zeitschrift für allgemeine Wissenschaftstheorie 3, S.302-328.

- (1972b): Kritik der Marxschen Wertlehre. Die methodische Irrationalität der ökonomischen Basistheorien des 'Kapitals', Hamburg.

- (1975): Zur Kritik der Marxschen Wertlehre und ihrer Dialektik, in: G.Lührs u.a. (Hg.), Kritischer Rationalismus und Sozialdemokratie, Berlin, S.201-211.

Beer, Ursula (1983): Marx auf die Füße gestellt? Zum theoretischen Entwurf von Claudia v. Werlhof, in: PROKLA 50, S.22-37.

Behrens, Diethard (1993): Der kritische Gehalt der Marxschen Wertformanalyse, in: ders. (Hg.), Gesellschaft und Erkenntnis. Zur materialistischen Erkenntnis- und Ökonomiekritik, Freiburg, S.165-190.

- (1995): Ein Kommentar zum MEGA-Band II.4.2, in: Beiträge zur Marx-Engels-Forschung Neue Folge. Engels' Druckfassung versus Marx' Manuskripte zum III. Buch des „Kapital", Hamburg, S.5-26.

Behrens, Diethard; Hafner, Kornelia (1993): Totalität und Kritik, in: ders. (Hg.), Gesellschaft und Erkenntnis. Zur materialistischen Erkenntnis- und Ökonomiekritik, Freiburg, S.89-128.

Beiträge zur Marx-Engels-Forschung Neue Folge Sonderband 1 (1997): David Borisovic Rjazanov und die erste MEGA, Hamburg.

Bekker, Konrad (1940): Marx' philosophische Entwicklung seinVerhältnis zu Hegel, Hamburg 1973.

Benetti, Carlo; Cartelier, Jean (1980): Marchands, salariats et capitalistes, Paris.

Bennholt-Thomsen, Veronika (1981): Subsistenzproduktion und erweiterte Reproduktion. Ein Beitrag zur Produktionsweisendiskussion, in: Gesellschaft. Beiträge zur Marxschen Theorie 14, Frankfurt/M, S.30-51.

Berger, Johannes (1979): Der Grundgedanke der Marxschen Krisentheorie, in: Alternative Wirtschaftspolitik, Argument Sonderband 35, Hamburg, S.120-134.

- (1979): Ist die Marxsche Werttheorie eine Preistheorie? in: Leviathan, Heft 4, S.560-565.

Betz, Karl (1988): „Kapital" und Geldkeynesianismus, in: PROKLA 72, S.93-116.

Bischoff, Joachim; Lieber, Christopf; Otto, Axel (1989): Fetischismus und Entfremdung in der Kritik der politischen Ökonomie, in: Marx-Engels-Forschung heute I, Neuss, S.34-47.

Bischoff, Joachim; Otto, Axel (1987): Resultate des unmittelbaren Produktionsprozesses, in: Marxistische Studien, Jahrbuch des IMSF 12, S.188-199.

- (1993): Ausbeutung, Selbstverrätselung, Regulation. Der 3.Band des 'Kapital', Hamburg.

Blanke, Bernhard; Jürgens, Ulrich; Kastendiek, Hans (1974): Zur neueren marxistischen Diskussion über die Analyse von Form und Funktion des bürgerlichen Staates. Überlegungen zum Verhältnis von Politik und Ökonomie, in: Probleme des Klassenkampfs 14/15, S.51-102.

Blaug, Mark (1958): Ricardian Economics, Yale.

- (1975): Kuhn versus Lakatos, or paradigms versus research programmes in the history of economics, in: History of Political Economy, vol.7, no.4, S.399-433.

- (1985): Economic Theory in Retrospect, 4th ed., Cambridge.

Block, Klaus-Dieter; Hecker, Rolf (1991): Das „Book of the Crisis of 1867“ von Karl Marx, in: Beiträge zur Marx-Engels Forschung Neue Folge 1991. Studien zum Werk von Marx und Engels, Hamburg, S.89-102.

Böhm-Bawerk, Eugen v. (1896): Zum Abschluß des Marxschen Systems, in: F.Eberle (Hg.), Aspekte des Marxschen Systems 1. Zur methodischen Bedeutung des 3.Bandes des „Kapital“. Frankfurt/M 1973, S.25-129.

Bortkiewicz, Ladislaus v. (1906/7): Wertrechnung und Preisrechnung im Marxschen System, Lollar/Gießen 1976.

- (1907): Zur Berichtigung der grundlegenden theoretischen Konstruktion von Marx im dritten Band des „Kapital“, in: Bortkiewicz, Wertrechnung und Preisrechnung im Marxschen System, Lollar/Gießen 1976.

Bowley, Marian (1973): Studies in the History of Economic Thought Before 1870, London.

Braig, Marianne; Lentz, Carola (1983): Wider die Enthistorisierung der Marxschen Werttheorie. Kritische Anmerkungen zur Kategorie „Subsistenzproduktion“, in: PROKLA 50, S.5-21.

Braun, Eberhard (1992): „Aufhebung der Philosophie“. Karl Marx und die Folgen, Stuttgart.

Brentel, Helmut (1986): Widerspruch und Entwicklung bei Marx und Hegel, Studientexte zur Sozialwissenschaft 1, hg. am FB Gesellschaftswissenschaften der J.W.Goethe Universität Frankfurt/M.

- (1988): Soziale Form und ökonomische Kategorie. Zur Aktualität der Marxschen Kritik, Studientexte zur Sozialwissenschaft 6, hg. am FB Gesellschaftswissenschaften der J.W.Goethe Universität Frankfurt/M.

- (1989): Soziale Form und ökonomisches Objekt. Studien zum Gegenstands- und Methodenverständnis der Kritik der politischen Ökonomie, Opladen.

Brinkmann, Heinrich (1975): Die Ware. Zu Fragen der Logik und Methode im „Kapital“. Eine Einführung, Gießen.

Bronfenbrenner, Martin (1965): Das Kapital for the modern man, in: Science & Society, vol. 29, no. 4, S.419-438.

- (1971): The „Structure of Revolutions“ in Economic Thought, in: History of Political Economy, vol. 3, S.136-51.

Bruhn, Hermann; Wölfing, Dirk; Koch, Bernd (1974): Das Geld im Imperialismus, in: Probleme des Klassenkampfs 11/12, S.149-210.

Brunhoff, Suzanne de (1976): Marx on Money, New York.

Bubner, Rüdiger (1973): Logik und Kapital, in: ders., Dialektik und Wissenschaft, Frankfurt/M.

Bucharin, Nikolai (1926): Die politische Ökonomie des Rentners, Wien.

Burchardt, Michael (1977): Die Currency-Banking Kontroverse. Real- und theoriegeschichtlicher Hintergrund des V.Abschnitts im 3.Band des „Kapital“, in: Mehrwert 12, S.167-202.

Burkart, Karl-Josef (1980): Thomas Hodgskins Kritik der politischen Ökonomie. Zum Verhältnis von antikapitalistischer Theorie und Arbeiterklassenbewegung, Hannover.

Burkett, Paul (1991): Some Comments on 'Capital in General and the Structure of Marx's *Capital*', in: Capital & Class 44, Summer, S.49-72.

Campbell, T. D. (1975): Scientific Explanation and Ethical Justification in the „Moral Sentiments“, in: A.S. Skinner, T.Wilson (eds.), Essays on Adam Smith, Oxford, S.68-82.

Cannan, Edwin (1929): A Review of Economic Theory, London.

Carling, Alan (1984): Observations on the Labour Theory of Value, in: Science & Society, vol. 48, no. 4, S.407-418.

Cassel, Gustav (1918): Theoretische Sozialökonomie, Leipzig.

Castoriadis, Cornelius (1975): Wert, Gleichheit, Gerechtigkeit, Politik. Von Marx zu Aristoteles und von Aristoteles zu uns, in: ders., Durchs Labyrinth. Seele, Vernunft, Gesellschaft, Frankfurt 1981, S.221-276.

Clarke, Simon (1982): Marx, Marginalism and Modern Sociology, London.

- (1994): Marx's Theory of Crisis, London.

Claussen, Detlev (1994): Grenzen der Aufklärung. Die gesellschaftliche Genese des modernen Antisemitismus, Frankfurt/M.

Coats, Alfred William (1969): Is there a „Structure of Scientific Revolutions" in Economics?, in: Kyklos 22, S.289-296.

Cohen, G.A. (1981): The Labour Theory of Value and the Concept of Exploitation, in: Steedman (ed.), The Value Controversy, London, S.202-223.

Colletti, Lucio (1969): Mandeville, Rousseau und Smith, in: ders., Marxismus und Dialektik, Frankfurt/M 1977, S.145-173.

Cornu, Auguste (1954ff): Karl Marx und Friedrich Engels. Leben und Werk, 3 Bde, Berlin (DDR).

Cutler, Anthony; Hindess, Barry; Hirst, Paul; Hussain, Athar (1977/78): Marx's „Capital" and Capitalism Today, 2 vols., London.

Debreu, Gérard (1959): Werttheorie. Eine axiomatische Analyse des ökonomischen Gleichgewichts, Berlin 1976.

Della Volpe, Galvano (1973): Für eine materialistische Methodologie, Berlin.

DeVroey, Michel (1981): Value, Production and Exchange, in: Steedman (ed.), The Value Controversy, London, S.173-201.

- (1982): On the Obsolescence of the Marxian Theory of Value: A Critical Review, in: Capital & Class 17, S.34-59.

Diehl, Karl (1905): Sozialwissenschaftliche Erläuterungen zu David Ricardos Grundgesetzen der Volkswirtschaft und Besteuerung, Leipzig.

Dlubek, Rolf (1994): Die Entstehung der zweiten Marx-Engels-Gesamtausgabe im Spannungsfeld von legitimatorischem Auftrag und editorischer Sorgfalt, in: MEGA-Studien 1994/1, S.60-106.

Dmitriev, Vladimir K. (1898): David Ricardos Werttheorie. Versuch einer strengen Analyse, in: B. Schefold (Hg.) Ökonomische Klassik im Umbruch, Frankfurt/M 1986, S.63-136.

Dobb, Maurice (1969): Introduction, in: Karl Marx, A Contribution to the Critique of Political Economy, London, S.5-16.

- (1973): Wert- und Verteilungstheorien seit Adam Smith, Frankfurt/M 1977.

Dobias, Peter (1973): Zur Struktur des Marxschen Systems, in: F.Eberle (Hg.), Aspekte der Marxschen Theorie 1. Zur methodischen Bedeutung des 3.Bandes des „Kapital". Frankfurt/M, S.228-254.

Douglas, Paul Howard (1928): Adam Smith's Theory of Value and Distribution, in: Clark et al., Adam Smith, 1776-1926, Chicago.

Dudek, Peter (1976): Engels und das Problem der Naturdialektik, in: PROKLA 24, S.131-169.

Dumenil, Gerard (1980): De la valeur aux prix de production, Paris.

- (1983): Beyond the Transformation Riddle: A Labor Theory of Value, in: Science & Society, vol.47, no 4, S.427-450.

Dussel-Peters, Enrique (1989): Die Kategorien einer Marxschen Kredittheorie. Eine Übersicht über die Bestimmungen des Kredits im Marxschen Werk, Diplom-Hausarbeit am Fachbereich Politische Wissenschaft der FU Berlin.

Eldred, Michael; Hanlon, Marnie (1981): Reconstructing Value-Form Analysis, in: Capital & Class 13, S.24-60.

Elson, Diane (1979): The Value Theory of Labour, in: D. Elson (ed.), Value. The Representation of Labour in Capitalism, London, S.115-180.

Elster, Jon (1985): Making Sense of Marx, Cambridge

Endemann, Wolfgang (1974): Einleitung, in: Karl Marx, Mathematische Manuskripte, Kronberg Taunus, S.15-49.

Erckenbrecht, Ulrich (1976): Das Geheimnis des Fetischimus. Grundmotive der Marxschen Erkenntniskritik, Frankfurt/M.

Eßbach, Wolfgang (1982): Gegenzüge. Der Materialismus des Selbst und seine Ausgrenzung aus

dem Marxismus – eine Studie über die Kontroverse zwischen Max Stirner und Karl Marx, Frankfurt/M.
Euchner, Walter (1968): Versuch über Mandevilles Bienenfabel, in: Mandeville (1714), S.7-55.
- (1969): Naturrecht und Politik bei John Locke, Frankfurt/M.
Farjoun, Emmanuel; Machover, Moshe (1983): Laws of Chaos. A Probabilistic Approach to Political Economy, London.
Fay, Margret (1986): Der Einfluß von Adam Smith auf Karl Marx' Theorie der Entfremdung, Frankfurt/New York.
Feess-Dörr, Eberhard (1989): Die Redundanz der Mehrwerttheorie. Ein Beitrag zur Kontroverse zwischen Marxisten und Neoricardianern, Marburg.
Fetscher, Iring (1967): Karl Marx und der Marxismus. Von der Philosophie des Proletariats zur proletarischen Weltanschauung, München.
Feuerbach, Ludwig (1841): Das Wesen des Christentums, Stuttgart 1974.
- (1843a): Vorläufige Thesen zur Reform der Philosophie, in: L. Feuerbach, Anthropologischer Materialismus, Ausgewählte Schriften I, hg. v. A.Schmidt, Frankfurt/M 1967, S.82-99.
- (1843b): Grundsätze der Philosophie der Zukunft, in: L. Feuerbach, Anthropologischer Materialismus, Ausgewählte Schriften I, hg. v. A.Schmidt, Frankfurt/M 1967, S.100-157.
Feyerabend, Paul (1983): Wider den Methodenzwang, Frankfurt/M.
Fine, Ben (1985): Banking Capital and the Theory of Interest, in: Science & Society, vol.49, no.4, S.387-413.
Fischer, Anton M. (1978): Der reale Schein und die Theorie des Kapitals bei Karl Marx, Zürich.
Fisher, Irving (1911): The Purchasing Power of Money, New York, 1963.
Fleischer, Helmut (1969): Marxismus und Geschichte, Frankfurt/M.
Foley, Duncan K. (1982): The Value of Money, the Value of Labor Power and the Marxian Transformation Problem in: Review of Radical Political Economics, vol.14, no 2, S.37-46.
Foucault, Michel (1969): Archäologie des Wissens, Frankfurt/Main, 1973.
- (1976): Überwachen und Strafen. Die Geburt des Gefängnisses, Frankfurt/M.
Friedemann, Erich (1983): Zu einigen Problemen der Geldware Gold im gegenwärtigen Kapitalismus,in: Wirtschaftswissenschaft 4, S.559-573.
Friedman, Milton (1956): Die Quantitätstheorie des Geldes: eine Neuformulierung, in: ders., Die optimale Geldmenge und andere Essays, Frankfurt 1976, S.77-99.
Fritsch, Bruno (1954): Die Geld- und Kredittheorie von Karl Marx. Eine Darstellung und kritische Würdigung, Zürich.
Fromm, Erich (1961): Das Menschenbild bei Marx, Frankfurt/M 1963.
Fulda, Hans Friedrich (1975): Thesen zur Dialektik als Darstellungsmethode (im „Kapital" von Marx), in: Hegel Jahrbuch 1974, Köln, S.204-210.
- (1978): Hegels Dialektik als Begriffsbewegung und Darstellungsweise, in: Seminar: Dialektik in der Philosophie Hegels. Hg. u. eingeleitet von R.-P. Horstmann, Frankfurt/M, S.124-173.
Gadamer, Hans-Georg (1960): Wahrheit und Methode. Grundzüge einer philosophischen Hermeneutik, in: ders., Gesammelte Werke Bd.1, Tübingen 1990.
Ganßmann, Heiner (1981): Transformations of physical conditions of production: Steedman's economic metaphysics, in: Economy and Society, vol.10, no.4, S.403-422.
- (1983a): Marx ohne Arbeitswerttheorie? Leviathan, Heft 3, S.394-412.
- (1983b): On Money and Value, unv. Manuskript, Berlin.
- (1988): The Structure of a Marxian Theory of Money, unv. Manuskript, Berlin.
- (1996): Geld und Arbeit. Wirtschaftssoziologische Grundlagen einer Theorie der modernen Gesellschaft, Frankfurt/Main.
Garaudy, Roger (1964): Die Aktualität des Marxschen Denkens, Frankfurt/M 1969.
Garegnani, Pierangelo (1989): Kapital, Einkommensverteilung und effektive Nachfrage. Beiträge zur Renaissance des klassischen Ansatzes in der Politischen Ökonomie, Marburg.

Gerstein, Ira (1976): Production, Circulation and Value, Economy and Society, vol.5, S.243-290.

Giddens, Anthony (1973): Die Klassenstruktur fortgeschrittener Gesellschaften, Frankfurt/M., 1979.

Gillman, Joseph M. (1957): Das Gesetz des tendenziellen Falls der Profitrate, Frankfurt/M. 1969.

Gintis, Herbert; Bowles, Samuel, (1981): Structure and Practice in the Labor Theory of Value, in: Review of Radical Political Economics, vol 12, no.4, S.1-26.

Godelier, Maurice (1966): Rationalität und Irrationalität in der Ökonomie, Frankfurt/M 1972.

Göhler, Gerhard (1980): Die Reduktion der Dialektik durch Marx. Strukturveränderungen der dialektischen Entwicklung in der Kritik der politischen Ökonomie, Stuttgart.

Goldschmidt, Werner (1986): Karl Marx als Kritiker. Von der Kritik der Philosophie über die Kritik der Politik zur Kritik der politischen Ökonomie, in: M.Hahn/H.J.Sandkühler (Hrsg.), Karl Marx. Kritik und positive Wissenschaft, Köln, S.96-126.

- (1987): Bruno Bauer als Gegenstand der Marx-Forschung, in: Internationale Marx Engels Forschung, Marxistische Studien Jahrbuch des IMSF, 12, Frankfurt/M, S.68-81.

Goldschmidt, Werner; Lambrecht, Lars (1983): Von der Philosophie zur reellen Wissenschaft, in: Karl Marx – Philosophie, Wissenschaft, Politik (Dialektik 6), Köln, S.70-87.

Golowina, Galina (1980): Das Projekt der Vieteljahrsschrift von 1845/1846. Zu den ursprünglichen Publikationsplänen der Manuskripte der 'Deutschen Ideologie', in: Marx-Engels-Jahrbuch 3, Berlin (DDR), S.260-274.

Gordon, Donald F. (1965): The Role of the History of Economic Thought in the Understanding of Modern Economic Theory, in: American Economic Review, vol. 55, no.2, S.119-142.

Gossen, Hermann H. (1854): Entwicklung der Gesetze des menschlichen Verkehrs und der daraus fließenden Regeln für menschliches Handeln, Berlin 1927.

Groll, Shalom; Orzech, Ze'ev B. (1987): Technical progress and values in Marx's theory of the decline in the rate of profit: an exegetical approach, in: History of Political Economy 19:4, S.591-613.

- (1989): Stages in the development of a Marxian concept: the compsition of capital, in: History of Political Economy 21:1, S.57-76

Grossmann, Henryk (1929a): Das Akkumulations- und Zusammenbruchsgesetz des kapitalistischen Systems, Leipzig.

- (1929b): Die Änderung des ursprünglichen Aufbauplans des Marxschen „Kapital" und ihre Ursachen, in: Archiv für die Geschichte des Sozialismus und der Arbeiterbewegung, XIV, S.305-338.

- (1932): Die Wert-Preis-Transformation bei Marx und das Krisenproblem, in: Zeitschrift für Sozialforschung, I, S.55-84.

- (1941): Marx, die klassische Nationalökonomie und das Problem der Dynamik, Frankfurt/M 1969.

Gutenberg, Erich (1951): Grundlagen der Betriebswirtschaftslehre, 1.Bd., Die Produktion, Berlin.

Habermas, Jürgen (1963): Naturrecht und Revolution, in: ders., Theorie und Praxis. Sozialphilosophische Studien, Frankfurt/M 1978, S.89-127.

- (1968): Erkenntnis und Interesse. Mit einem neuen Nachwort, Frankfurt/M 1973

Hahn, Frank H. (1982): The Neo-Ricardians, in: Cambridge Journal of Economics, vol.6, no.4, S.353-374.

- (1984): Equilibrium and Macroeconomics, Oxford.

Harcourt, G.C. (1969): Some Cambridge Controversies in the Theory of Capital, in: Journal of Economic Literature, vol. 7, S.369-405.

Harris, Laurence (1976): On interest, credit and capital, in: Economy and Society 5, S.145-177.

Hartmann, Klaus (1968): Marxens „Kapital" in transzendentalphilosophischer Sicht, Bonn.

- (1970): Die Marxsche Theorie. Eine philosophische Untersuchung zu den Hauptschriften, Berlin.

Harvey, Philip (1983): Marx's Theory of the Value of Labor Power: An Assessment, in: Social Research, vol.50, no.2, S.305-344.

Haslinger, Franz; Schneider, Johannes (1983): Die Relevanz der Gleichgewichtstheorie. Gleichgewichtstheorien als Grundlage der ordnungs- und wirtschaftspolitischen Diskussion, in: Ökonomie und Gesellschaft. Jahrbuch 1, Frankfurt/M, S.1-56.

Haug, Wolfgang Fritz (1972): Die Bedeutung von Standpunkt und sozialistischer Perspektive für die Kritik der politischen Ökonomie, in: Das Argument 74, S.561-585.

- (1976): Vorlesungen zur Einführung ins „Kapital“, Köln.

- (1993): Antisemitismus und Rassismus als Bewährungsprobe der Ideologie-Theorie, in: ders., Elemente einer Theorie des Ideologischen, Hamburg, S.209-232.

Hecker, Rolf (1979): Einige Probleme der Wertformanalyse in der Erstausgabe des „Kapitals“ von Karl Marx, in: Arbeitsblätter zur Marx-Engels-Forschung 8, S.76-94.

- (1987): Zur Entwicklung der Werttheorie von der 1. zur 3. Auflage des ersten Bandes des „Kapital“ von Karl Marx (1867-1883), in: Marx-Engels-Jahrbuch 10, Berlin (DDR), S.147-196.

Hegel, Georg Wilhelm Friedrich (1807): Phänomenologie des Geistes, in: G.W.F. Hegel, Werke Bd.3, Frankfurt/M 1986.

- (1812/16): Wissenschaft der Logik, in: G.W.F. Hegel, Werke Bd.5 u. Bd.6, Frankfurt/M 1986.

- (1821): Grundlinien der Philosophie des Rechts, in: G.W.F. Hegel, Werke Bd.7, Frankfurt/M 1986.

- (1823): Enzyklopädie der philosophischen Wissenschaften I, in: G.W.F. Hegel, Werke Bd.8, Frankfurt/M. 1986.

- (1833): Vorlesungen über die Geschichte der Philosophie I, in: G.W.F. Hegel, Werke Bd.18, Frankfurt/M 1986.

Hein, Eckhard (1998): Karl Marx, ein klassischer Ökonom? Zur Bedeutung von Geld und Zins in der Marxschen Ökonomie und den Implikationen für eine Theorie der Kapitalakkumulation, in: PROKLA 110, S.139-162.

Heine, Michael; Herr, Hansjörg (1992): Der esoterische und der exoterische Charakter der Marxschen Geldtheorie – eine Kritik, in: Schikora, Andreas u.a. (Hrsg.), Politische Ökonomie im Wandel. Festschrift für Klaus Peter Kisker, Marburg, S.195-210.

- (1999): Volkswirtschaftslehre. Paradigmenorientierte Einführung in die Mikro- und Makroökonomie, München.

Heinrich, Michael (1986): Hegel, die „Grundrisse“ und das „Kapital“. Ein Nachtrag zur Diskussion um das „Kapital“ in den 70er Jahren, in: PROKLA 65, S.145-160.

- (1988): Was ist die Werttheorie noch wert? Zur neueren Debatte um das Transformationsproblem und die Marxsche Werttheorie, in: PROKLA 72, S.15-38.

- (1989): Capital in General and the Structure of Marx's Capital, in: Capital & Class 38, Summer, S.63-79.

- (1995): Gibt es eine Marxsche Krisentheorie? Die Entwicklung der Semantik von „Krise“ in den verschiedenen Enwürfen zu einer Kritik der politischen Ökonomie, in: Beiträge zur Marx-Engels Forschung Neue Folge 1995. Engels' Druckfassung versus Marx' Manuskripte zum III. Buch des „Kapital“, Hamburg, S.130-150.

- (1996): Geschichtsphilosophie bei Marx, in: Beiträge zur Marx-Engels-Forschung Neue Folge 1996. Geschichte und materialistische Geschichtstheorie bei Marx, Hamburg, S.62-72.

- (1996/97): Engels' Edition of the Third Volume of 'Capital' and Marx's Original Manuscript, in: Science & Society, Vol. 60, No. 4, Winter, S.

- (1997): Stichwort: esoterisch/exoterisch, in: Historisch-Kritisches Wörterbuch des Marxismus, Bd.3, hrsg. v. W.F.Haug, Hamburg.

Helberger, Christof (1974): Marxismus als Methode. Wissenschaftstheoretische Untersuchungen zur Methode der marxistischen politischen Ökonomie, Frankfurt/M.

Henrich, Dieter (1971): Hegel im Kontext, Frankfurt/M 1988.

- (1974): Formen der Negation in Hegels Logik, in: Hegel-Jahrbuch 1974. Hg. von W.R. Beyer, Köln 1975, S.245-256.

Herr, Hansjörg (1986): Geld – Störfaktor oder Systemmerkmal? in: PROKLA 63, S.108-131.

Herwegh, Georg (1843): Einundzwanzig Bogen aus der Schweiz, Leipzig 1989.

Heß, Moses (1845): Die letzten Philosophen, in: Philosophische und sozialistische Schriften 1837-1850. Eine Auswahl, hg u. eingel. von W.Mönke, 2. bearb. Auflage Vaduz 1980, S.379-393.

- (1845): Über das Geldwesen, in: Philosophische und sozialistische Schriften 1837-1850. Eine Auswahl, hg und eingeleitet von W.Mönke, 2. bearb. Auflage Vaduz 1980, S.329-348.

Hicks, J.R., Allen, R.G.D. (1934): A Reconsideration of the theory of value, in: Economica I, S.52-76, S.196-219.

Hilferding, Rudolf (1910): Das Finanzkapital, Frankfurt/M 1968.

- (1911/12): Geld und Ware, Neue Zeit, 30.Jg., Bd.I, S.773-782.

Himmelweit, Susan; Mohun, Simon (1977): Domestic Labour and Capital, in: Cambridge Journal of Economics, vol.1, no.1, S.15-31.

- (1978): The Anomalies of Capital, Capital & Class 6, S.67-105.

- (1981): Real Abstractions and Anomalous Assumptions, in: I.Steedman (ed.), The Value Controversy, London, S.224-265.

Hirsch, Helmut (1968): Karl Marx und die Bittschriften für die Gleichberechtigung der Juden, in: Archiv für Sozialgeschichte VIII, S.229-245.

Hirsch, Joachim (1983): Nach der „Staatsableitung". Bemerkungen zur Reformulierung einer materialistischen Staatstheorie, in: Aktualisierung Marx', Argument Sonderband 100, Berlin, S.158-170.

Hodgskin, Thomas (1825): Labour Defended against the Claims of Capital, London 1964.

- (1827): Popular Political Economy, New York 1966.

Hodgson, Geoff (1980): A Theory of Exploitation without the Labour Theory of Value, in: Science & Society, vol.44, no.3, S.257-273.

Holländer, Heinz (1974): Das Gesetz des tendenziellen Falls der Profitrate. Marxens Begründung und ihre Implikationen, in: Mehrwert 6, S.105-131.

Hollander, Jacob H. (1904): The Development of Ricardo's Theory of Value, in: Quarterly Journal of Economics, vol. XVIII, S.455-91.

Hollander, Samuel (1973): The economics of Adam Smith, Toronto.

- (1975): On the Role of Utility and Demand in 'The Wealth of Nations', in: Skinner, A.S., Wilson T., (eds.), Essays on Adam Smith, Oxford.

- (1979): The economics of David Ricardo, Toronto.

- (1981): Marxian Economics as 'General Equilibrium Theory', in: History of Political Economy, vol.13, no.1, S.121-155.

Holzkamp, Klaus (1974): Die historische Methode des wissenschaftlichen Sozialismus und ihre Verkennung durch J. Bischoff, in: Das Argument 84, S.1-75.

Horkheimer, Max (1933): Materialismus und Metaphysik, in: Zeitschrift für Sozialforschung 2, S.1-33.

Hübner, Kurt (1989): Theorie der Regulation. Eine kritische Rekonstruktion eines neuen Ansatzes der Politischen Ökonomie, Berlin.

Humphries, Jane (1977): Class Struggle and the Persistence of the Working Class Family, in: Cambridge Journal of Economics, vol.1, no.3, S.241-258.

Hunt, E.K. (1977): Value Theory in the writings of the Classical economists, Thomas Hodgskin, and Karl Marx, in: History of Political Economy, vol.9, no.3, S.322-45.

Hunt, E.K. (1980): The Relation of the Ricardian Socialists to Ricardo and Marx, in: Science & Society, vol. 44, no.2, S.177-98.

Hussain, Athar (1979): Misreading Marx's Theory of Value: Marx's Marginal Notes on Wagner, in: D. Elson (ed.), Value. The Representation of Labour in Capitalism, London, S.82-101.

Hutchison, Terence W. (1978): On Revolutions and Progress in Economic Knowledge, Cambridge.

Icker, Christine (1989): Zur Entstehungszeit des List-Manuskripts von Karl Marx, in: Marx-

Engels-Jahrbuch 11, Berlin (DDR), S.213-229.

Itoh, Makato (1976): Die Entwicklung der Krisentheorie bei Marx, in: Prokla 22, S.101-123.

- (1976): A Study of Marx's Theory of Value, in: Itoh, Value and Crisis, London 1980, S.47-79.

- (1980): The Development of Marxian Economics in Japan, in: Itoh, Value and Crisis, London 1980, S.11-46.

- (1988): The Basic Theory of Capitalism. The Forms and Substance of the Capitalist Economy, London.

Jahn Wolfgang, Nietzold Roland (1978): Probleme der Entwicklung der Marxschen politischen Ökonomie im Zeitraum von 1850 bis 1863, in: Marx Engels Jahrbuch 1, Berlin (DDR), S.145-174.

- (1987): Die „Londoner Hefte 1850-1853" in der Entwicklung der politischen Ökonomie von Karl Marx, in: Marxistische Studien. Jahrbuch des IMSF 12, Frankfurt/M, S.152-162.

- (1992): Ist „Das Kapital" ein Torso? Über Sinn und Unsinn einer Rekonstruktion des '6-Bücherplanes' von Karl Marx, in Dialektik 1992/3, S.127-138.

Jahn, Wolfgang; Müller, Manfred (Redaktion) (1983): Der zweite Entwurf des „Kapitals". Analysen, Aspekte, Argumente, Berlin (DDR).

Janoska, Judith; Bondeli, Martin; Kindle Konrad; Hofer, Marc (1994): Das „Methodenkapitel" von Marx. Ein historischer und systematischer Kommentar, Basel.

Jevons, William Stanley (1871): The Theory of Political Economy, Harmondsworth 1970.

Jonas, Friedrich (1964): Das Selbstverständnis der ökonomischen Theorie, Berlin.

Jungnickel, Jürgen (1993): Marx' Auffassung über den 'historischen Beruf' des Proletariats in den vorbereitenden Manuskripten zum 'Kapital', in: Beiträge zur Marx-Engels Forschung Neue Folge 1993, Marx-Engels-Forschung im historischen Spannungsfeld, Hamburg, S.176-185.

Kägi, Paul (1965): Genesis des historischen Materialismus. Karl Marx und die Dynamik der Gesellschaft, Wien.

Kaldor, Nicholas (1973): Die Irrelevanz der Gleichgewichtsökonomie, in: W. Vogt (Hg.), Seminar: Politische Ökonomie. Zur Kritik der herrschenden Nationalökonomie, Frankfurt/M, S.80-102.

Kautsky, Karl (1887): Karl Marx Oekonomische Lehren. Gemeinverständlich dargestellt und erläutert, Stuttgart.

- (1911/12): Gold, Papier und Ware, in: Neue Zeit 30.Jg., Bd.I, S.837-847, 886-893.

Keynes, John Maynard (1930): Vom Gelde, Berlin 1983.

- (1936): Allgemeine Theorie der Beschäftigung, des Zinses und des Geldes, Berlin 1983.

King, J.E. (1979): Marx as an historian of economic thought, in: History of Political Economy, vol.11, no.3, S.382-94.

- (1983): Utopian or Scientific? A reconsideration of the Ricardian Socialists, in: History of Political Economy, vol.15, no.3, S.345-73.

Kittsteiner, Heinz-Dieter (1977): „Logisch" und „historisch". Über Differenzen des Marxschen und des Engslsschen Systems der Wissenschaft (Engels' Rezension „Zur Kritik der politischen Ökonomie"), in: Internationale wissenschaftliche Korrespondenz zur Geschichte der deutschen Arbeiterbewegung, 13.Jg., Heft 1, S.1-47.

- (1980): Naturabsicht und unsichtbare Hand, Frankfurt/M.

Knapp, Georg Friedrich (1905): Staatliche Theorie des Geldes. Dritte Auflage, durchgesehen und vermehrt, München und Leipzig 1921.

Koch, Bernd (1974): Weltgeld und Wertgesetz, in: Mehrwert 7, S.1-169.

Kocyba, Hermann (1979): Widerspruch und Theoriestruktur. Zur Darstellungsmethode im Marxschen „Kapital", Frankfurt/M.

Kolloch, K. (1980): Zur Rolle des Goldes als Geldware und zu seiner Bedeutung in den internationalen Währungsbeziehungen des Kapitalismus und des Sozialismus, in: Wirtschaftswissenschaft 8, S.920-928.

Korsch, Karl (1923): Marxismus und Philosophie, Frankfurt/M 1975.

Kosik, Karel (1960): Die Dialektik des Konkreten. Eine Studie zur Problematik des Menschen und der Welt, Frankfurt/M 1967.

Krahl, Hans-Jürgen (1970): Bemerkungen zum Verhältnis von Kapital und Hegelscher Wesenslogik, in: O.Negt (Hrsg), Aktualität und Folgen der Philosophie Hegels, Frankfurt/M, S. 141-154.

- (1971): Zur Wesenslogik der Marxschen Warenanalyse, in: ders., Konstitution und Klassenkampf, Frankfurt/M, S.31-81.

Krätke, Michael (1995): Stichwort: Bank, in: Historisches Wörterbuch des Marxismus, Bd. 3, hrsg. v. W: F. Haug, Hamburg.

- (1995a): Stichwort: Banknote, in: Historisches Wörterbuch des Marxismus, Bd. 3, hrsg. v. W. F. Haug, Hamburg.

- (1999): Kapitalismus und Krisen. Geschichte und Theorie der zyklischen Krisen in Marx' ökonomischen Studien 1857/58, in: Beiträge zur Marx-Engels-Forschung Neue Folge 1998. Geschichtserkenntnis und kritische Ökonomie, Hamburg, S.5-46.

Kratz, Steffen (1979): Philosophie und Wirklichkeit. Die junghegelianische Problematik einer Verwirklichung der Philosophie und ihre Bedeutung für die Konstituierung der Marxschen Theorie. Dissertation, Bielefeld.

Krause, Ulrich (1977): Die Logik der Wertform, in: Mehrwert 13, S.141-164.

- (1979): Geld und abstrakte Arbeit, Frankfurt/M.

Krüger, Stephan (1986): Allgemeine Theorie der Kapitalakkumulation. Langfristige Entwicklungen und konjunktureller Zyklus, Hamburg.

Kuhn, Thomas S. (1962): Die Struktur wissenschaftlicher Revolutionen, 2.A., Frankfurt/M 1976.

- (1974): Neue Überlegungen zum Begriff des Paradigma, in: ders., Die Entstehung des Neuen, Frankfurt/M 1977, S.389-420.

Künzli, Arnold (1966): Karl Marx. Eine Psychographie, Wien.

Kurz, Robert (1995): Die Himmelfahrt des Geldes. Strukturelle Schranken der Kapitalverwertung, Kasinokapitalismus und globale Finanzkrise, in: Krisis 16/17, S.21-76.

Lakatos, Imre (1970): Falsifikation und die Methodologie wissenschaftliche Forschungsprogramme, in: ders., Philosophische Schriften Bd.1, Braunschweig 1982, S.7-107.

- (1971): Die Geschichte der Wissenschaft und ihre rationalen Rekonstruktionen, in: ders., Philosophische Schriften Bd. 1, Braunschweig, 1982, S.108-148.

Landshut, Siegfried (1932): Karl Marx. Die Frühschriften, Stuttgart 1953.

Lange, Ernst Michael (1978): Wertformanalyse, Geldkritik und die Konstruktion des Fetischismus bei Marx, in: Neue Hefte für Philosophie 13, S.1-46.

Lange, Oskar (1935): Marxsche Ökonomie und moderne Wirtschaftstheorie, in: ders., Ökonomisch-theoretische Studien, Frankfurt/M 1977, S.20-37.

Lapin, Nikolai I. (1968): Der junge Marx, Berlin (DDR) 1974.

Lefèbvre, Henri (1940): Der dialektische Materialismus, Frankfurt/M 1966.

- (1958): Probleme des Marxismus, heute, Frankfurt/M 1965.

Lehmann, Hermann (1977): Grenznutzentheorie. Kritik der theoriegeschichtlichen Grundlagen der heutigen bürgerlichen politischen Ökonomie, Westberlin.

Lenin, W. I. (1909): Materialismus und Empiriokritizismus. Kritische Bemerkungen über eine reaktionäre Philosophie, in: Lenin, Werke Bd.14, Berlin (DDR) 1959ff.

- (1913): Drei Quellen und drei Bestandteile des Marxismus, in: Lenin, Werke Bd. 19, Berlin (DDR) 1959ff, S.3-9.

- (1914/15): Konspekt zu Hegels „Wissenschaft der Logik“, in: Lenin, Werke Bd.38, Berlin (DDR) 1959ff, S.77-229.

- (1917): Der Imperialismus als höchstes Stadium des Kapitalismus, in: Lenin, Werke Bd.22, Berlin (DDR) 1959ff.

Levine, David P. (1977): Economic Studies: Contributions to the Critique of Economic Theory,

London.
- (1978): Economic Theory. Volume I: The elementary relations of economic life, London.
- (1983): Two Options for the Theory of Money, Social Concept, vol.1, no.1, S.20-29.
- (1985): What can we do with Money? Cahiers d'Economie Politique, no 10/11, S.115-130.

Liedman, Sven-Eric (1986): Das Spiel der Gegensätze. Friedrich Engels Philosophie und die Wissenschaften des 19.Jahrhunderts, Frankfurt/M.
- (1996): Die Gesetze der Dialektik, in: Bergmann, Theodor u.a. (Hrsg.), Zwischen Utopie und Kritik. Friedrich Engels – ein 'Klassiker' nach 100 Jahren, Hamburg, S.221-240.
Lietz, Barbara (1987): Die „Ergänzungen und Veränderungen zum ersten Band des 'Kapitals' (Dezember 1871 – Januar 1872)“ von Karl Marx, in: Marxistische Studien. Jahrbuch des IMSF 12, Frankfurt/M, S.214-219.
Lipietz, Alain (1982a): Credit Money. A Condition Permitting Inflationary Crisis, in: Review of Radical Political Economics, vol. 14, no.2, S.49-57.
- (1982b): The So-Called „Transformation Problem“ Revisited, in: Journal of Economic Theory 26, S.59-88.
Lippi, Marco (1976): Value and Naturalism in Marx, London 1980.
Löcherbach, Dieter (1978): Erkenntnisgeschichtliche Kritik an Lenins Abbildtheorie, in: G.Göhler (Hg.), Politische Theorie. Begründungszusammenhänge in der Politikwissenschaft, Stuttgart, S.188-240.
Locke, John (1690): Zwei Abhandlungen über die Regierung. Herausgegeben und eingeleitet von Walter Euchner, Frankfurt/M 1977.
Lohmann, Georg (1986): Zwei Konzeptionen von Gerechtigkeit in Marx' Kapitalismuskritik, in: E.Angehrn, G.Lohmann (Hg.), Ethik und Marx. Moralkritik und normative Grundlagen der Marxschen Theorie, Königstein/Ts., S.174-194.
- (1991): Indifferenz und Gesellschaft. Eine kritische Auseinandersetzung mit Marx, Frankfurt/M.
Longfield, Mountifort (1834): Lectures on Political Economy, Dublin.
Lowenthal, E. (1911): The Ricardian Socialists, Clifton 1972.
Lukács, Georg (1923): Geschichte und Klassenbewußtsein, Darmstadt 1970.
- (1955): Der junge Marx. Seine philosophische Entwicklung 1840-1844, Pfullingen 1965.
Luporini, Cesare (1974): Karl Marx – Kommunismus und Dialektik, Frankfurt/M.
MacCulloch, John Ramsay (1824): The Principles of Political Economy: with a sketch of the Rise and Progress of the Science. Edinburgh, London.
MacLean, Brian (1981): Kozo Uno's „Principles of Political Economy“, in: Science & Society, vol. 45, no.2, S.212-227.
MacPherson, C.B. (1962): Die politische Theorie des Besitzindividualismus. Von Hobbes bis Locke, Frankfurt/M 1980.
Mader, Niels (1986): Philosophie als politischer Prozeß, Köln.
Man, Hendrik de (1932): Der neuentdeckte Marx, in: Der Kampf. Sozialdemokratische Monatsschrift, Bd.25, S.224-229, 267-277.
Mandel, Ernest (1968a): Marxistische Wirtschaftstheorie, Frankfurt/M.
- (1968b): Entstehung und Entwicklung der ökonomischen Lehre von Karl Marx (1843-1863), Frankfurt/M.
- (1972): Der Spätkapitalismus. Versuch einer marxistischen Erklärung, Frankfurt/M.
Mandeville, Bernard (1714): Die Bienenfabel, Frankfurt/M 1980.
Marcuse, Herbert (1932): Neue Quellen zur Grundlegung des Historischen Materialismus, in: ders., Ideen zu einer kritischen Theorie der Gesellschaft, Frankfurt/M 1969, S.7-54.
Marshall, Alfred (1920): Principles of Economics, 8th ed., London 1986.
Marx, Jenny (o.J.): Kurze Umrisse eines bewegten Lebens, in: Mohr und General. Erinnerungen an Marx und Engels, Berlin (DDR) 1964.

Marxhausen, Thomas (1984): Marx' Untersuchung der „Auflösung der Ricardoschen Schule", Arbeitsblätter zur Marx-Engels-Forschung 17, S.5-116.
- (1988): Die Theorie des Fetischismus im dritten Band des „Kapitals", in: Beiträge zur Marx-Engels-Forschung 25, S.209-243.
Marxhausen, Thomas; Schattenberg, Otto (1978): „Klassische bürgerliche politische Ökonomie" und „Vulgärökonomie" – Entstehung, Inhalt und Einsatz der Begriffe im ökonomischen Werk von Marx, in: Arbeitsblätter zur Marx-Engels-Forschung 4, S.4-23.
Masaki, Hachiro (1986): Marxsche Wertformtheorie als notwendige Kombination zweier Methoden, in: Economic Review, no. 21 (Osaka City University), S.19-41.
Mastermann, Margaret (1970): Die Natur eines Paradigmas, in: I.Lakatos, A.Musgrave (Hg.), Kritik und Erkenntnisfortschritt, Braunschweig 1974, S.59-88.
Mattick, Paul (1973): Die Marxsche Arbeitswerttheorie und das Wert-Preis Problem, in: F.Eberle (Hg.), Aspekte der Marxschen Theorie 1. Zur methodischen Bedeutung des 3.Bandes des „Kapital", Frankfurt/M, S.337-362.
- (1974): Krisen und Krisentheorien, in: Mattick, Paul u.a., Krisen und Krisentheorien, Frankfurt/M., S.7-156.
Mauke, Michael (1971): Die Klassentheorie von Marx und Engels, Frankfurt/M.
McLellan, David (1974): Die Junghegelianer und Karl Marx, München.
Medio, Alfredo (1973): Profit und Mehrwert: Schein und Wirklichkeit in der kapitalistischen Produktion, in: F.Eberle (Hg.), Aspekte der Marxschen Theorie 1. Zur methodischen Bedeutung des 3.Bandes des „Kapital", Frankfurt/M, S.277-299.
Meek, Ronald L. (1956): Studies in the Labour Theory of Value, Second Edition, London 1975.
- (1967a): Der Untergang der Ricardoschen Ökonomie in England, in: Meek (1973), S.73-104.
- Ronald L. (1967b): Die ökonomische Methode von Karl Marx, in: Meek (1973), S.126-152.
- (1973): Ökonomie und Ideologie. Studien zur Entwicklung der Wirtschaftstheorie, Frankfurt/M.
Mehringer, Hartmut; Mergner, Gottfried (1973): Debatte um Engels, 2 Bde., Reinbek.
Menger, Carl (1871): Grundsätze der Volkswirtschaftslehre, Wien 1923.
Menzel, Siegfried (1977): Marx über Wissenschaft, Maschinerie und große Industrie in den „Ökonomisch-philosophischen Manuskripten" 1844, Arbeitsblätter zur Marx-Engels-Forschung 3, S.25-39.
Mészáros, István (1970): Marx's Theory of Alienation, 2nd ed. London.
Meyer, Ahlrich (1970): Nachwort, in: Stirner (1845).
Mies, Maria (1988): Patriarchat und Kapital. Frauen in der internationalen Arbeitsteilung, Zürich.
Milios, Janis (1997): Der Marxsche Begriff der asiatischen Produktionsweise und die theoretische Unmöglichkeit einer Geschichtsphilosophie, in: Beiträge zur Marx-Engels Forschung Neue Folge 1997, Marx und Engels Konvergenzen – Divergenzen, Hamburg, S.101-113.
- (1999): Zur Darstellung von Marx' Krisentheorie im dritten Band des *Kapital*, in: Beiträge zur Marx-Engels-Forschung Neue Folge 1998. Geschichtserkenntnis und kritische Ökonomie, Hamburg, S.47-60.
Mill, James (1824): Elements of Political Economy. 2.ed., rev. and corr., London.
Mill, John Stuart (1848): Principles of Political Economy, in: Collected Works of John Stuart Mill, vol. II/III, Toronto 1965.
Mirowski, Philip (1984): Physics and the 'marginalist revolution', Cambridge Journal of Economics, vol.8, S.361-79.
Miskewitsch, Larissa; Ternowski, Michail; Tschepurenko, Alexander; Wygodski, Witali (1982): Zur Periodisierung der Arbeit von Karl Marx am „Kapital" in den Jahren 1863 bis 1867, in: Marx-Engels-Jahrbuch 5, Berlin (DDR), S.294-322.
Miskewitsch, Larissa; Wygodski, Witali (1985): Über die Arbeit von Marx am II. und III. Buch des „Kapitals" in den Jahren 1866 und 1867, in: Marx-Engels-Jahrbuch 8, Berlin (DDR), S.198-212.
Mohl, Alexa (1981): Verelendung und Revolution oder Das Elend es Objektivismus, Frankfurt/M.

Morishima, M., Seton, F. (1961): Aggregation in Leontief Matrices and the Labour Theory of Value, in: Econometrica, vol.29, April, S.203-220.

Morishima, Michio (1973): Marx's Economics: A Dual Theory of Value and Growth, Cambridge.

Morishima, Michio; Catephores, George (1978): Value, Exploitation and Growth. Marx in the light of modern economic theory, London.

Moseley, Fred (1995): Capital in General and Marx's Logical Method: A Response to Heinrich's Critique, in: Capital & Class 56, Summer, S.15-48.

Müller, Klaus (1988): Analytischer Marxismus. Technischer Ausweg aus der theoretischen Krise? in: PROKLA 72, S.39-71.

Müller, Manfred (1978): Auf dem Wege zum 'Kapital', Berlin.

Müller, Manfred; Focke, Wolfgang (1984): Wann entstand das „3.Capitel: Capital und Profit", das in Marx' Manuskript „Zur Kritik der politischen Ökonomie" von 1861 bis 1863 enthalten ist?, in: Beiträge zur Marx-Engels-Forschung 16, S.175-179.

Müller, Wolfgang; Neusüß, Christel (1970): Die Sozialstaatsillusion und der Widerspruch von Lohnarbeit und Kapital, in: Sozialistische Politik 6/7, S.4-67.

Negt, Oskar (1974): Marxismus als Legitimationswissenschaft. Zur Genese der stalinistischen Philosophie, Einleitung in: Nikolai Bucharin, Abram Deborin, Kontroversen über dialektischen und mechanistischen Materialismus, Frankfurt/M.

Neusüß, Christel; Blanke, Bernhard; Altvater, Elmar (1971): Kapitalistischer Weltmarkt und Weltwährungskrise, in: Probleme des Klassenkampfs 1, S.5-116.

O'Brien, Denis Patrick (1975): The Classical Economists, Oxford.

- (1981): Ricardian Economics and the Economics of David Ricardo, in: Oxford Economic Papers 33, S.352-386.

- (1983): Theories of Science: A Test Case, in: A.W.Coats (ed), Methodological Controversy in Economics: Historical Essays in Honor of T.W. Hutchison, London, S.89-124.

Ohmura, Izumi (1984): Über die Entstehungsphasen des „Dritten Capitel. Capital und Profit" und der „Miscellanea": Dezember 1862 oder Dezember 1861, in: Beiträge zur Marx-Engels-Forschung 16, S.180-185.

Okishio, Nobuo (1961): Technische Veränderungen und Profitrate, in: H.G.Nutzinger, E.Wolfstetter (Hg.), Die Marxsche Theorie und ihre Kritik, Bd.2, Frankfurt/M 1974, S.173-191.

- (1963): Ein mathematischer Kommentar zu Marxschen Theoremen, in: H.G. Nutzinger, E.Wolfstetter (Hg.), Die Marxsche Theorie und ihre Kritik, 2 Bde, Frankfurt/M 1974.

Otto, Axel; Bischoff, Joachim u.a. (1984): Grundsätze der Politischen Ökonomie. Der zweite Entwurf des „Kapitals" (MEGA), Hamburg.

Pareto, Vilfredo (1906): Manuel d'économie politique, in: Oeuvres complètes Bd.7, Genf 1966.

Pasinetti, Luigi L. (1988): Vorlesungen zur Theorie der Produktion, Marburg.

Pepperle, Heinz; Pepperle, Ingrid, Hg. (1985): Die Hegelsche Linke, Leipzig.

Petry, Franz (1916): Der soziale Gehalt der Marxschen Werttheorie, Jena.

Petty, William (1662): A Treatise of Taxes and Contributions, in: Economic Writings Bd.1, hg. von C.H.Hull, New York 1963.

Pilling, Geoffrey (1973): Das Wertgesetz bei Ricardo und Marx, in: F.Eberle (Hg.), Aspekte des Marxschen Systems 1. Zur methodischen Bedeutung des 3.Bandes des „Kapital". Frankfurt/M 1973, S.300-336.

Pollock, Friedrich (1928): Zur Marxschen Geldtheorie, in: Archiv für die Geschichte des Sozialismus und der Arbeiterbewegung 13, S.193-209.

Popper, Karl (1934): Logik der Forschung, 8.Auflage, Tübingen 1984.

- (1940): Was ist Dialektik? in: G.Lührs u.a. (Hg.), Kritischer Rationalismus und Sozialdemokratie. Berlin 1975, S.167-199.

- (1945): Die offene Gesellschaft und ihre Feinde, Bern 1958.

- (1957): Das Elend des Historizismus, Tübingen 1965.

Projektgruppe Entwicklung des Marxschen Systems (1973): Das Kapitel vom Geld. Interpretation der verschiedenen Entwürfe, Westberlin.

- (1975): Der 4.Band des „Kapital"? Kommentar zu den „Theorien über den Mehrwert", Westberlin.

Projektgruppe zur Kritik der politischen Ökonomie (1973): Zur Logik des Kapitals. 2.neu bearbeitete Ausgabe, Westberlin.

Quaas, Friedrun (1992): Das Transformationsproblem. Ein theoriehistorischer Beitrag zur Analyse der Quellen und Resultate seiner Diskussion, Marburg.

Rancière, Jacques (1965): Der Begriff der Kritik und die Kritik der politischen Ökonomie von den „Pariser Manuskripten" zum „Kapital", Berlin 1972.

Raphael, D. D. (1975): The Impartial Spectator, in: A.S.Skinner, T.Wilson, (eds.), Essays on Adam Smith, Oxford, S.83-99.

Reichelt, Helmut (1969): Zur Marxschen Werttheorie und deren Interpretation bei Werner Hofmann, in: Sozialistische Politik 2, S.17-25.

- (1970): Zur logischen Struktur des Kapitalbegriffs bei Karl Marx, Frankfurt/M.

- (1975): Zur Entwicklung wesentlicher Kategorien der politischen Ökonomie bei Adam Smith und David Ricardo, in: Buhr u.a., Theoretische Quellen des wissenschaftlichen Sozialismus, Frankfurt/M, S.31-57.

- (1983): Zur Dialektik von Produktivkräften und Produktionsverhältnissen. Versuch einer Rekonstruktion, in: H.Reichelt, R. Zech (Hg.), Karl Marx, Produktivkräfte und Produktionsverhältnisse, Frankfurt/M, S.7-59.

- (1996): Warum hat Marx seine dialektische Methode versteckt? in: Beiträge zur Marx-Engels-Forschung Neue Folge 1996. Geschichte und materialistische Geschichtstheorie bei Marx, Hamburg.

Reuten, Geert (1988): The money expression of value and the credit system: a value-form theoretic outline, in: Capital & Class 35, Summer, S.121-141.

Ricardo, David (1815): Essay on the Influence of a Low Price of Corn on the Profits of Stock, in: The Works and Correspondence of David Ricardo ed. by P.Sraffa, Vol. IV, Cambridge.

- (1817): On the Principles of Political Economy and Taxation, in: The Works and Correspondence of David Ricardo ed. by P.Sraffa, vol.I, Cambridge 1951.

- (1823): Absolute Value and Exchangeable Value, in: The Works and Correspondence of David Ricardo ed. by P.Sraffa, vol.IV, Cambridge.

Riedel, Dieter (1993): „wie Hegel das richtig gesagt hat", in: Beiträge zur Marx-Engels Forschung Neue Folge 1993, Marx-Engels-Forschung im historischen Spannungsfeld, Hamburg, S.122-148.

- (1994): 'Hegel. ... Bedürfniß, Arbeit'. Differenzen im Hegelverständnis von Marx und Engels, in: Beiträge zur Marx-Engels Forschung Neue Folge 1994, Quellen und Grenzen von Marx' Wissenschaftsverständnis, Hamburg, S.5-31.

- (1998): Grenzen der dialektischen Darstellungsform, in: MEGA-Studien 1997/1, S.3-40.

Riese, Hajo (1983): Geldökonomie, Keynes und die Anderen. Kritik der monetären Grundlagen der Orthodoxie, in: Ökonomie und Gesellschaft. Jahrbuch 1, Frankfurt/M, S.103-160.

Ritsert, Jürgen (1988): Der Kampf um das Surplusprodukt. Einführung in den klassischen Klassenbegriff, Frankfurt/M.

Robbins, Lionel (1932): Essay on the Nature and Significance of Economic Science.

Robertson, H.M.; Taylor, W.L. (1957): Adam Smith's Approach to the Theory of Value, in: The Economic Journal, vol.67, June, S.181-198.

Robinson, Joan (1942): Grundprobleme der Marxschen Ökonomie, Marburg 1987.

- (1962): Doktrinen der Wirtschaftswissenschaft, München 1972.

- (1973): Die zweite Krise in der ökonomischen Theorie, in: W. Vogt (Hg.), Seminar: Politische Ökonomie. Zur Kritik der herrschenden Nationalökonomie, Frankfurt/M, S.37-55.

Röd, Wolfgang (1974): Dialektische Philosophie der Neuzeit. Zweiter Band. Von Marx bis zur Gegenwart, München.

Roemer, John E. (1981): Analytical foundations of Marxian economic theory, Cambridge.

Rojas, Raúl (1989): Das unvollendete Projekt. Zur Entstehungsgeschichte von Marx' *Kapital*, Berlin/Hamburg.

Rolshausen, Claus (Hrsg.) (1970): Kapitalismus und Krise. Eine Kontroverse um das Gesetz des tendenziellen Falls der Profitrate, Frankfurt/M.

Rosdolsky, Roman (1968): Zur Entstehungsgeschichte des Marxschen „Kapital". Der Rohentwurf des „Kapital" 1857-1858, Frankfurt/M.

Rosen, Zwi (1983): Moses Hess und Karl Marx. Ein Beitrag zur Entstehung der Marxschen Theorie, Hamburg.

Rowthorn, Bob (1973): Die neoklassische Volkswirtschaftslehre und ihre Kritiker – eine marxistische Beurteilung, in: W.Vogt (Hg.), Seminar: Politische Ökonomie. Zur Kritik der herrschenden Nationalökonomie, Frankfurt/M, S.236-276.

Ruben, Peter (1977): Über Methodologie und Weltanschauung der Kapitallogik, in: Sopo 42, S.40-64.

- (1990): Ende des „rohen Kommunismus". Zur Stalinismus-Kritik, in: Sozialismus, Heft 3.

Rubin, Isaak I. (1924): Studien zur Marxschen Werttheorie, Frankfurt/M 1973.

Rumjanzewa, Nelly (1987): Über die Studien von Marx und Engels während ihres Aufenthalts in Manchester im Juli/August 1845, in: Beiträge zur Marx-Engels-Forschung 22, S.49-58.

Samuelson, Paul (1938): A Note on the Pure Theory of Consumer's Behaviour, in: Economica 5, S.61-71.

- (1967): Marxian Economics as Economics, in: American Economic Review, vol.57, no.2, S.616-623.

- (1971): Zum Verständnis des Marxschen Begriffs „Ausbeutung": ein Überblick über die sogenannte Transformation von Werten in Produktionspreise, in: Nutzinger/Wolfstetter (Hg.), Die Marxsche Theorie und ihre Kritik, Bd.1, Frankfurt/M 1974, S.237-295.

Schabacker, Klaus (1994): Zur Aktualität Sraffas. Kritik der neoklassischen Orthodoxie und die Perspektiven einer monetären Produktionstheorie, in: PROKLA 94, S.143-165.

- (1998): Die moderne ökonomische Theorie und die Kapitaltheorie von Marx, in: PROKLA 111, S.303-330.

Schafmeister, Peter (1990): Umrisse einer Grundlegung historisch-materialistischer Dialektik in der Marxschen „Einleitung" von 1857 und der historisch-materialistische Revolutionsbegriff im Vorwort von 1859, in: Marx-Engels Forschung heute 2, Wuppertal, S.13-51

Schefold, Bertram (Hg.) (1986): Ökonomische Klassik im Umbruch, Frankfurt/M.

Schmidt, Alfred (1962): Der Begriff der Natur in der Lehre von Marx, Frankfurt/M.

- (1967): Zum Erkenntnisbegriff der Kritik der politischen Ökonomie, in: W.Euchner, A.Schmidt (Hg.), Kritik der politischen Ökonomie heute 100 Jahre „Kapital". Referate und Diskussionen vom Frankfurter Colloquium 1967, Frankfurt/M 1972, S.30-43.

- (1969): Der strukturalistische Angriff auf die Geschichte, in: ders. (Hg.), Beiträge zur marxistischen Erkenntnistheorie, Frankfurt/M, S.194-265.

- (1971): Geschichte und Struktur. Fragen einer marxistischen Historik, Frankfurt/M 1978.

- (1973): Emanzipatorische Sinnlichkeit. Ludwig Feuerbachs anthropologischer Materialismus, München.

Schmiede, Rudi (1973): Grundprobleme der Marxschen Akkumulations- und Krisentheorie, Frankfurt/M.

Schmied-Kowarzik, Wolfdietrich (1981): Die Dialektik der gesellschaftlichen Praxis. Zur Genesis und Kernstruktur der Marxschen Theorie, Freiburg.

Schrader, Fred (1980): Restauration und Revolution. Die Vorarbeiten zum „Kapital" von Karl Marx in seinen Studienheften 1850-1858, Hildesheim.

Schuffenhauer, Werner (1972): Feuerbach und der junge Marx, Berlin (DDR).

Schumpeter, Joseph A. (1908): Wesen und Hauptinhalt der theoretischen Nationalökonomie, Ber-

lin 1970.
-. (1911): Theorie der wirtschaftlichen Entwicklung, Berlin 1987-
- (1942): Kapitalismus, Sozialismus und Demokratie, München 1980.
- (1954): Geschichte der ökonomischen Analyse. Nach dem Manuskript herausgegeben von Elizabeth B. Schumpeter, Göttingen 1965.
- (1970): Das Wesen des Geldes. Aus dem Nachlaß herausgegeben und mit einer Einführung versehen von Fritz Karl Mann, Göttingen.
Schwarz, Winfried (1974): Das „Kapital im Allgemeinen" und die „Konkurrenz" im ökonomischen Werk von Karl Marx. Zu Rosdolskys Fehlinterpretation der Gliederung des „Kapital", in: Gesellschaft. Beiträge zur Marxschen Theorie 1, Frankfurt/M., S.222-247.
- (1978): Vom „Rohentwurf" zum „Kapital". Die Strukturgeschichte des Marxschen Hauptwerkes, Berlin.
- (1987): Die Geldform in der 1. und 2. Auflage des „Kapital", in: Marxistische Studien. Jahrbuch des IMSF 12, Frankfurt/M, S.200-213.
Schweier, Thomas Lutz (1996): Geschichtliche Reflexion bei Marx. Thesen zu seinem Geschichtsverständnis, in: Beiträge zur Marx-Engels-Forschung Neue Folge 1996. Geschichte und materialistische Geschichtstheorie bei Marx, Hamburg, S.35-52.
Sekine, Thomas T. (1984): An Uno School Seminar on the Theory of Value, in: Science & Society, vol.48, no.4, S.419-432.
Senior, Nassau W. (1836): An Outline of the Science of Political Economy, New York 1965.
Seton, F. (1957): The Transformation Problem, in: Review of Economic Studies, vol. 24, Juni, S.149-160.
Sève, Lucien (1977): Marxismus und Theorie der Persönlichkeit, Frankfurt/M.
- (1978): Marxistische Analyse der Entfremdung, Frankfurt/M.
Shaikh, Anwar (1978): Eine Einführung in die Geschichte der Krisentheorien, in: PROKLA 30, S.3-42.
Sieferle, Rolf Peter (1979): Die Revolution in der Theorie von Karl Marx, Frankfurt/M.
Silberner, Edmund (1962): Sozialisten zur Judenfrage. Ein Beitrag zur Geschichte des Sozialismus vom Anfang des 19. Jahrhunderts bis 1914, Berlin.
Simmel, Georg (1900): Philosophie des Geldes, Frankfurt/M 1989.
Simon-Schäfer, Roland (1974): Karl Marx – Dialektiker oder Positivist? in: G.Lührs (Hg.), Beiträge zur Theoriediskussion II, Berlin, S.207-229.
- (1977): Analytische Wissenschaftstheorie und Dialektik, in: Erkenntnis 11, S.365-382.
Skredov, Vladimir Petrovic (1997): Über Engels' Historismus in seinem 'Kapital'-Verständnis, in: Beiträge zur Marx-Engels Forschung Neue Folge, Marx und Engels Konvergenzen – Divergenzen, Hamburg, S.114-130.
Smith, Adam (1759): The Theory of Moral Sentiments, in: The Glasgow Edition of the Works and Correspondence of Adam Smith 1, Oxford 1976.
- (1776): An Inquiry into the Nature and Causes of the Wealth of Nations, in: The Glasgow Edition of the Works and Correspondence of Adam Smith 2, Oxford 1976.
Sohn-Rethel, Alfred (1961): Warenform und Denkform, Frankfurt/M. 1978.
- (1970): Geistige und körperliche Arbeit, Frankfurt/M.
Sowell, T. (1967): Marx's Capital after One Hundred Years, in: Canadian Journal of Economics, vol.33, February, S.50-74.
Sozialistische Studiengruppen (Sost) (1979): Gold, Preise, Inflation, Hamburg.
- (1980): Entfremdung und Arbeit. Ökonomisch-philosophische Manuskripte aus dem Jahr 1844. Kommentar, Hamburg.
- (1981): Die Deutsche Ideologie. Kommentar. Hamburg.
Sraffa, Piero (1926): The Laws of Return under Competitive Conditions, in: The Economic Journal, vol.36, S.535-550.

- (1960): Warenproduktion mittels Waren, Frankfurt/M 1976.

Stamatis, Georgios (1977): Die 'spezifisch kapitalistischen' Produktionsmethoden und der tendenzielle Fall der Profitrate, Berlin.

Stanger, Michael (1988): Krisentendenzen der Kapitalakkumulation. Theoretische Kontroversen und empirische Befunde, Berlin.

Stapelfeldt, Gerhard. (1979): Das Problem des Anfangs in der Kritik der politischen Ökonomie, Frankfurt/M.

Steedman, Ian (1975): Positive profits with negative surplus value, in: The Economic Journal, vol.85, S.114-123.

- (1977): Marx after Sraffa, London.

- (1981): Ricardo, Marx, Sraffa in: ders. (ed.), The Value Controversy, London, S.11-19.

- (1982): Marx on Ricardo in: I.Bradley, M.Howard (eds.), Classical and Marxian Political Economy. Essays in Honour of R.L.Meek, London, S.115-156.

Steinvorth, Ulrich (1977): Eine analytische Interpretation der Marxschen Dialektik, Meisenheim.

Stigler, George J. (1958): Ricardo and the 93 Per Cent Labor Theory of Value, American Economic Review, vol.48, June, S.357-367.

- (1960): The Influence of Events and Policies on Economic Theory, American Economic Review, vol.50, May, S.36-45.

- (1976): The Successes and Failures of Professor Smith, in: Journal of Political Economy, vol.64, no.6, S.1199-1213.

Stirner, Max (1845): Der Einzige und sein Eigentum, Stuttgart 1981.

Sweezy, Paul M. (1942): Theorie der kapitalistischen Entwicklung. Eine analytische Studie über die Prinzipien der Marxschen Sozialökonomie, Frankfurt/M 1970.

Taubert, Inge (1978): Probleme der weltanschaulichen Entwicklung von Karl Marx in der Zeit von März 1841 bis März 1843, in: Marx-Engels-Jahrbuch 1, Berlin (DDR), S.205-232

- (1998): Manuskripte und Drucke der „Deutschen Ideologie“ (November 1845 – Juni 1846). Probleme und Ergebnisse, in: MEGA-Studien 1997/2, S.32-48

Taubert, Inge; Pelger, Hans; Grandjonc, Jacques (1998): Die Konstitution von MEGA I/5 „Karl Marx, Friedrich Engels, Moses Heß: Die deutsche Ideologie. Manuskripte und Drucke (November 1845- Juni 1846)“, in: MEGA-Studien 1997/2, S.49-102.

Ternowski, Michail; Tschepurenko, Alexander (1987): „Grundrisse“: Probleme des zweiten und des dritten Bandes des „Kapitals“ und das Schicksal des Begriffs des „Kapitals im Allgemeinen“, in: Marxistische Studien. Jahrbuch des IMSF 12, Frankfurt/Main, S.176-182.

Theunissen, Michael (1975): Krise der Macht. Thesen zur Theorie des dialektischen Widerspruchs, in: Hegel Jahrbuch 1974, Köln, S.318-329.

- (1980): Sein und Schein. Die kritische Funktion der Hegelschen Logik, Frankfurt/M.

Thier, Erich (1957): Das Menschenbild des jungen Marx, Göttingen.

Tschepurenko, Alexander (1988): Die sowjetische Marx-Forschung auf dem Gebiet der Ökonomie: Zwischenbilanz der 70er und 80er Jahre, vervielfältigtes Manuskript eines Vortrags an der FU Berlin vom 21.10.1988.

Tuchscheerer, Walter (1968): Bevor „Das Kapital“ entstand. Die Entstehung der ökonomischen Theorie von Karl Marx, Berlin (DDR).

Tugan-Baranovsky, Michael (1905): Theoretische Grundlagen des Marxismus, Leipzig.

Uno, Kozo (1964): Principles of Political Economy. Theory of a Purely Capitalist Society, Sussex, 1980.

Varga, Eugen (1962): Der Kapitalismus des 20. Jahrhunderts, Berlin.

Vollgraf, Carl-Erich (1997): Kontroversen zum dritten Buch des *Kapital*: Folgen von und Herausforderungen für Edition, in: MEGA Studien 1996/2, S.86-108.

Vollgraf, Carl-Erich, Jungnickel, Jürgen (1995): Marx in Marx' Worten? Zu Engels' Edition des Hauptmanuskripts zum dritten Buch des 'Kapitals', in: MEGA-Studien 1994/2, S.3-55.

Wagner, Hans (1988): Stellung und Inhalt der Theorie von der „Verwandlungdes Profits in Durchschnittsprofit" im dritten Band des „Kapitals". Zur materialistisch-dialektischen Methode von Marx, in: Beiträge zur Marx-Engels-Forschung 25, S.51-86.

Wagner, Hans; Mondelaers, Rudi (1989): Zur Entwicklung von Kredit und Kreditgeld, in: Das Geld im gegenwärtigen Kapitalismus, Berlin (DDR) 1989, S.157-190.

Wagner, Wolf (1976): Verelendungstheorie – die hilflose Kapitalismuskritik, Frankfurt/M.

Walras, Leon (1874): Eléments d'Economie politique pure ou Theorie de la Richesse social, Paris 1926.

- (1881): Mathematische Theorie der Preisbestimmung der wirtschaftlichen Güter, Glashütten i.T. 1972 (Reprint).

Wassina, Ljudmilla (1983): Die Ausarbeitung der Geldtheorie durch Karl Marx in den Londoner Heften (1850-1853), in: Marx-Engels-Jahrbuch 6, Berlin (DDR), S.148-172.

- (1987): Die Manchester-Exzerpthefte von Marx im Sommer 1845, in: Marxistische Studien. Jahrbuch des IMSF 12, S.141-151.

v.Werlhof, Claudia (1978): Frauenarbeit: der blinde Fleck in der Kritik der politischen Ökonomie, in: Beiträge zur feministischen Theorie und Praxis 1, 1978, S.18-32.

- (1983): Der Proletarier ist tot. Es lebe die Hausfrau? in: dies., u.a., Frauen, die letzte Kolonie. Zur Hausfrauisierung der Arbeit, Reinbek 1988, S.113-136.

Wicksell, Knut (1893): Über Wert, Kapital und Rente, Aalen 1969.

v.Wieser, Friedrich (1884): Über den Ursprung und die Hauptgesetze des wirtschaftlichen Wertes, Wien.

Wildt, Andreas (1986): Gerechtigkeit in Marx' „Kapital", in: E.Angehrn, G.Lohmann (Hg.), Ethik und Marx. Moralkritik und normative Grundlagen der Marxschen Theorie, Königstein/Ts., S.149-173.

Winternitz, J. (1948): Value and Prices: A Solution of the So-Called Transformation Problem, in: The Economic Journal, vol. 58, Juni, S.276-280.

Wolf, Dieter (1985): Ware und Geld, Hamburg.

Wolf, Gerald (1985): Entwicklungsphasen der Theorie von der Konstituierung des Proletariats als revolutionäre Klasse bei Karl Marx und Friedrich Engels, Diplom-Hausarbeit am Fachbereich Politische Wissenschaft der FU Berlin.

Wolfstetter, Elmar (1976): Positive profits with negative surplus value: a comment, in: The Economic Journal, vol.86, S.864-868.

Wygodski, Witali S. (1976): Wie 'Das Kapital' entstand, Berlin.

- (1967): Die Geschichte einer großen Entdeckung. Über die Entstehung des Werkes „Das Kapital" von Karl Marx, Berlin (DDR).

Young, Allyn A. (1928): Increasing Returns and Technical Progress, in: The Economic Journal, vol. 38, December, S.527-542.

Zeleny, Jindrich (1962): Die Wissenschaftslogik bei Marx und „Das Kapital", Berlin (DDR) 1968.

Nachwort 2017

Die erste Auflage der „Wissenschaft vom Wert" erschien im Jahre 1991; es handelte sich um meine zwischen 1987 und 1990 entstandene Dissertation. Die Neuauflage von 1999 wurde überarbeitet und erheblich erweitert, so dass der Umfang des Buches um mehr als die Hälfte zunahm. Diese Überarbeitungen dienten zum Teil der Präzisierung meiner Argumentation, zum Teil waren sie der inzwischen erfolgten Veröffentlichung des Marxschen Originalmanuskriptes für das dritte Buch des „Kapitals" geschuldet. In der ersten Auflage der „Wissenschaft vom Wert" hatte ich auf die Behandlung von Themen aus dem dritten Band des „Kapitals" weitgehend verzichtet, da das Marxsche Manuskript noch nicht veröffentlicht war und man noch nicht abschätzen konnte, inwieweit die Engelssche Edition des dritten „Kapital"-Bandes von diesem Manuskript abwich. Nach der Veröffentlichung des Marxschen Originalmanuskriptes in MEGA II.4.2 wurde schnell deutlich, dass es an einer ganzen Reihe von Stellen inhaltlich relevante Unterschiede zwischen Marxschem Manuskript und Engelsscher Druckfassung gab.[1]

Die Thesen meines Buches, vor allem zur monetären Werttheorie, zur Kritik am Gesetz vom tendenziellen Fall der Profitrate und zur Krisentheorie, wurden seither breit diskutiert. Ausführliche kritische Auseinandersetzungen sind u.a. in Wolf (2008), Kurz (2012) und Haug (2013) zu finden. Auch wurden seit der Neuauflage von 1999 in der MEGA weitere, überaus wichtige Materialien publiziert. Zwar steht die Veröffentlichung eines Großteils der Marxschen Exzerpte in der vierten Abteilung der MEGA noch aus, doch wurde 2012 die zweite Abteilung der MEGA („Kapital und Vorarbeiten") abgeschlossen, d.h. es liegen jetzt alle erhaltenen Manuskripte zum zweiten und dritten Buch des „Kapitals" vor.[2] Im Rahmen eines Nachworts ist weder eine ausführliche Auseinandersetzung mit meinen Kritikern noch den neu veröffentlichten Manuskripten von Marx möglich. Im Folgenden sollen nur einige Punkte angesprochen werden, die mir besonders relevant erscheinen.

---

1 Nachdem die Debatte der 1990 Jahre deutlich gemacht hatte, dass Engels bei seinem Bemühen den Marxschen Text lesbarer zu machen, diesen an einer Reihe von Stellen in problematischer Weise zugespitzt hatte (vgl. dazu die Literaturhinweise auf S.162, Fn. 6), machte Krätke (2007) den nicht sehr überzeugenden Versuch, die Bedeutung der Engelsschen Texteingriffe zu bagatellisieren, vgl. kritisch dazu Elbe (2008).

2 Vgl. für eine erste Auswertung der neuen Materialien Heinrich (2013a, 2013b).

Hatte Marx in den 1870er Jahren Zweifel am „Gesetz des tendenziellen Falls der Profitrate"?

Die Kritik am Marxschen „Gesetz vom tendenziellen Fall der Profitrate" stößt nach wie vor auf heftige Abwehr. Besonders an den bei der Diskussion nötigen quantitativen Überlegungen stören sich einige besonders kritische Zeitgenossen. Sie wenden ein, dass so eine Rechnerei doch „positivistisch" sei und dem kritischen Impetus der Werttheorie entgegenstehe. Mit anderen Worten: eine quantitative Aussage (tendenzieller Fall der Profitrate) wird akzeptiert, eine quantitative Diskussion der quantitativen Aussage wird jedoch abgelehnt.

Es wurde aber auch versucht, die quantitative Kritik am „Gesetz" zu widerlegen. Allerdings beruhen diese Widerlegungen bis jetzt auf logischen Fehlern, zuweilen auch auf simplen Rechenfehlern. Bei Henning (2006) wird eine Vielzahl von Rechtfertigungen des Gesetzes zusammengetragen, in meiner Replik (Heinrich 2007) setze ich mich im Einzelnen mit ihnen auseinander. Im englischen Sprachraum sorgte in diesem Zusammenhang mein Aufsatz in Monthly Review (Heinrich 2012) für Diskussionen. Bevor ich zu der im Zwischentitel aufgeworfenen Frage komme, will ich lediglich auf einen Typus von Einwand eingehen, der mir – schriftlich und mündlich – besonders häufig begegnet ist. Interessant ist dieser Einwand, weil er zunächst plausibel erscheint. Es wird aber schnell deutlich, dass er die Voraussetzungen unberücksichtigt lässt, die der Marxschen Formulierung dieses Gesetzes zugrunde liegen.

Marx will zeigen, dass die Tendenz zum Profitratenfall aus der kapitalistischen Steigerung der Produktivkräfte resultiert. Einzelne Kapitalisten steigern durch Einsatz zusätzlicher oder verbesserter Maschinerie die Produktivkraft in ihren Unternehmen, um mit einem Arbeitseinsatz zu produzieren, der unter dem gesellschaftlichen Durchschnitt liegt. Dadurch erzielen die Unternehmen, die mit höherer Produktivkraft produzieren, einen Extramehrwert. Dieser erlaubt den Unternehmen die Verkaufspreise zu senken und trotzdem noch einen höheren Mehrwert als die Konkurrenten zu erzielen. Dadurch werden die übrigen Unternehmen gezwungen, die verbesserte Technik ebenfalls einzuführen. Hat sich aber die Produktivkraftsteigerung verallgemeinert, dann ist der neue, geringere Arbeitseinsatz wertbestimmend – der Wert der produzierten Waren sinkt und der Extramehrwert verschwindet. Dass die allgemeine Profitrate fällt, soll das *Resultat* der Verallgemeinerung der Produktivkraftsteigerung sein: der Extramehrwert verschwindet, es bleibt aber der vermehrte und teure Einsatz von Maschinerie. Der grundsätzliche Einwand dagegen lautet, dass mit steigender Produktivität nicht nur der Maschineneinsatz und damit der Wert von c gewachsen, sondern aufgrund der gesunkenen Warenwerte auch der Wert der Arbeitskraft gesunken ist, so dass die Mehrwertrate steigt. Ob die Profitrate fällt oder steigt hängt davon ab, m/v schneller oder langsamer gewachsen ist als c/v +1 (vgl. die ausführliche Darstellung in Kapitel 8.4).

Vielfach wird nun versucht aufzuzeigen, dass das Steigen der Mehrwertrate den Profitratenfall langfristig nicht aufhalten könne. Dazu werden gerne Beispiele konstruiert, bei denen der Einsatz von konstantem Kapital pro Arbeitskraft beliebig steigt: Nehmen wir an die einzelne Arbeitskraft bildet an einem Arbeitstag einen neuen Wert in Höhe von 2 und die Mehrwertrate betrage 100%, so dass das variable Kapital für diese eine Arbeitskraft gleich 1 ist und der von dieser Arbeitskraft täglich gebildete Mehrwert ebenfalls 1 ist. Außerdem sei das Verhältnis von c zu v gleich 3 zu 1. Dann erhalten wir als Profitrate 1/(3 + 1) = 1/4 oder 25%. Steigt nun das konstante Kapital pro Arbeitskraft von 3 auf 9, dann wird die Profitrate sinken, selbst wenn die Mehrwertrate gegen unendlich gehen würde. Nehmen wir als Extremfall an, der Wert der Arbeitskraft sei Null, so dass der Mehrwert, der täglich von einer Arbeitskraft gebildete wird, mit dem neuen gebildeten Wert zusammen fällt, in unserem Beispiel also 2, dann wäre die Profitrate auf 2/9 = 22,2% gefallen. Da der Wert der Arbeitskraft nicht Null sein kann, müsste die Profitrate noch geringer sein. In der Tat könnte ein derartiges Steigen von c durch keine Steigerung der Mehrwertrate ausgeglichen werden.

Der Denkfehler dieses Einwandes besteht darin, dass angenommen wird, c sei eine unabhängige Größe, die pro Arbeitskraft (oder auch pro Produkteinheit) einen beliebig hohen Wert annehmen kann. Die Steigerung von c hat aber einen Zweck, der diese Steigerung begrenzt: c wird gesteigert, um die Produktivkraft zu erhöhen, bzw. unter kapitalistischen Bedingungen, um die Kosten pro Stück zu reduzieren. Im zweiten Unterabschnitt des 13. Kapitels des ersten „Kapital“-Bandes betont Marx, dass die Zunahme von konstantem Kapital pro Stück geringer sein muss als die eingesparten Lohnkosten pro Stück, sonst würde der Kapitalist keinen Extramehrwert erzielen. Der Zunahme des konstanten Kapitals sind also durch die Einsparung an variablem Kapital Grenzen gesetzt. Im obigen Beispiel mit v=1 wäre im Grenzfall der völligen Einsparung von variablem Kapital lediglich eine Erhöhung des konstanten Kapitals von 3 auf maximal etwas weniger als 4 kostensparend. Würde c tatsächlich von 3 auf 9 steigen, dann würde die Profitrate des betreffenden Unternehmens *sofort* nach der Einführung der neuen Maschinerie fallen. Dieses Unternehmen würde *keinen* Extramehrwert erzielen, es würde zwar die bisherige Mehrwertmasse erhalten, müsste aber erheblich höhere Kosten aufwenden als die anderen Unternehmen. D.h. dieses Unternehmen würde den Zweck, der mit der Einführung der neuen Technik verbunden ist, von vornherein verfehlen. In der Konkurrenz hätte dieses Unternehmen nur Nachteile, für die anderen Unternehmen gäbe es daher auch keinen Druck die neue Technologie einzuführen. Die individuelle Profitrate des Unternehmens, das die neue Technik eingeführt hat, wäre gesunken, die allgemeine Profitrate wäre gleich geblieben. Die Kritik am Gesetz des tendenziellen Falls der Profitrate mit einer beliebig großen Erhöhung des konstanten Kapitals widerlegen zu wollen, ignoriert die Bedingungen, unter denen c überhaupt steigt.

Nun aber zu der in der Überschrift aufgeworfenen Frage. Am Ende meiner Diskussion des „Gesetzes des tendenziellen Falls der Profitrate“, bin ich kurz auf jene Notiz in Marx' Handexemplar des ersten „Kapital"-Bandes eingegangen, die von Engels in die dritte und vierte Auflage aufgenommen wurde und die – wörtlich genommen – genau das Gegenteil jenes „Gesetzes" aussagt (vgl. oben S. 341): Kommt es bei der Akkumulation zu einer „qualitativen Veränderung" (gemeint ist eine Erhöhung der organischen Zusammensetzung), dann steigt die Profitrate. Meine 1999 formulierte Aussage, es sei „äußerst spekulativ", in dieser Note ein Anzeichen für einen Marxschen Sinneswandel zu sehen, „gibt es doch nicht den geringsten Hinweis, aufgrund welcher Einsichten Marx zu der neuen Einschätzung gekommen sei" (ebd.), lässt sich heute nicht mehr aufrecht erhalten. In zwei inzwischen erschienenen MEGA-Bänden finden sich genau solche Hinweise, so dass ich es inzwischen für sehr plausibel halte, dass es tatsächlich zu einem Marxschen Sinneswandel gekommen ist.

Bevor ich zu diesen Texten komme, soll aber noch ein weiterer Umstand erwähnt werden. Das Manuskript zu Buch III des „Kapitals", in dem sich die Erörterungen zum „Gesetz" finden, stammt aus dem Jahr 1865. Nach 1865 hat Marx keinen weiteren Versuch der Darstellung dieses „Gesetzes" unternommen, er hat sich aber auch nicht mehr darauf bezogen. Die einzige Erwähnung findet sich in einem Brief an Engels vom 30. April 1868. In diesem Brief skizziert Marx die Struktur des dritten Buches und schreibt: „III. Tendenz der Profitrate zum Fall im Fortschritt der Gesellschaft. Dies ergibt sich schon aus dem Buch I entwickelten über die Veränderung in der Zusammensetzung des Kapitals mit der Entwicklung der gesellschaftlichen Produktivkraft. Es ist dies einer der größten Triumphe über den pons asini [die Eselsbrücke, M.H.] aller bisherigen Ökonomie." (32/73f.) Weder in seinen Manuskripten noch in den per Brief geführten Diskussionen über Krisen und die Entwicklung des Kapitalismus wird dieses Gesetz danach von Marx je wieder erwähnt. Sollte Marx an diesem „Gesetz" festgehalten haben, wäre es zumindest merkwürdig, dass er sich nie wieder darauf bezogen hat.

Mit Berechnungen der Profitrate beschäftigt sich Marx nach Abschluss der Arbeit am Manuskript des dritten Buches in insgesamt vier weiteren inzwischen veröffentlichten Manuskripten: „Gesetze der Profitrate" (II.4.3/57-77), „Über Mehrwert- und Profitrate, Gesetze der Profitrate, Kostpreis und Umschlag des Kapitals" (II.4.3/78-234), „Rate des Mehrwerths und Profitrate" (II.14/8-18) und „Mehrwertrate und Profitrate mathematisch behandelt" (II.14/19-140). Der Titel des dritten Manuskriptes stammt von Marx, die restlichen Titel sind von den MEGA-Bearbeitern gewählte redaktionelle Titel. Die beiden ersten Manuskripte sind wahrscheinlich irgendwann zwischen Ende 1867 und 1870 entstanden, das dritte Manuskript zwischen 1873 und 1875 und das vierte ist auf das Jahr 1875 datiert. Marx versucht in diesen Manuskripten einen Überblick vor allem über die Beziehung zwischen Veränderungen der Mehrwertrate und Veränderungen der Profitrate zu finden. Und immer wieder laufen seine Resultate darauf hinaus, dass grundsätzlich alles möglich ist. Je nachdem wie sich das konstante Kapital verändert, kann eine fallende Mehrwertrate mit einer steigenden oder mit einer fallenden Profitrate einhergehen und das gleiche ist auch bei einer steigenden Mehrwertrate möglich. Während er in dem zitierten Brief an Engels die „Veränderung in der Zusammensetzung des Kapitals" noch als maßgebliche Ursache des Profitratenfalls angibt, ergibt sich aus seinen Berechnungen, dass man gerade nicht davon ausgehen kann, dass die Bewegung einer einzelnen Größe bereits die Entwicklung der Profitrate bestimmen kann – auch nicht, der Tendenz nach oder auf lange Sicht. Es kommt immer auf das Zusammenspiel mehrerer Faktoren an, aber da zeigte schon der erste Band des „Kapitals", dass sich diese Faktoren in ihrer Wirkung auf die Profitrate gegensätzlich entwickeln: die kapitalistische Produktivkraftsteigerung bringt sowohl eine steigende Kapitalzusammensetzung (profitratensenkend) als auch eine steigende Mehrwertrate (profitratensteigernd) hervor. In diesen vier Manuskripten wird das „Gesetz des tendenziellen Falls der Profitrate" zwar nicht erwähnt, die Folgerung, dass es nicht haltbar ist, drängt sich aber auf. Berücksichtigt man dies, dann ist die von Engels ins „Kapital" aufgenommene Bemerkung aus Marx' Handexemplar keine merkwürdige, isolierte Notiz mehr, sondern das Resultat der Marxschen Abwendung vom „Gesetz des tendenziellen Falls der Profitrate".

Geschichte und Kämpfe

Häufig wurde mir (oder auch gleich der gesamten „neuen Marx-Lektüre") vorgeworfen, den Klassenkampf zu ignorieren und Geschichte aus der Kritik der politischen Ökonomie auszuklammern. Letzteres machte sich vor allem daran fest, dass ich betont hatte, Marx gehe es im „Kapital" nicht um die Nachzeichnung einer historischen Entwicklung der kapitalistischen Produktionsweise, sondern um die Darstellung der kapitalistischen Produktionsweise „in ihrem idealen Durchschnitt".

Die Rede vom „idealen Durchschnitt" benutzte Marx 1865 bei einer Zusammenfassung der Argumentation der drei „Kapital"-Bücher am Ende des Manuskripts von Buch III. Dort formulierte er als seinen eigenen Anspruch, „nur die innere Organisation der capitalistischen Productionsweise, so zusagen in ihrem idealen Durchschnitt darzustellen" (II.4.2/853: 25/839). Auch knapp zwei Jahre später, im Vorwort zur 1. Auflage des ersten Bandes schreibt er, dass bis jetzt England die „klassische Stätte" der kapitalistischen Produktionsweise sei und fährt fort: „Dieß der Grund, warum es zur Hauptillustration meiner theoretischen Entwicklung dient." (II.5/12; 23/12) Dass mit dieser „theoretischen Entwicklung" keine historische Entwicklung gemeint ist, macht er nur wenige Zeilen später deutlich: „An und für sich handelt es sich nicht um den höheren oder niedrigeren Entwicklungsgrad der gesellschaftlichen Antagonismen, welche aus den Naturgesetzen der kapitalistischen Produktion entspringen. Es handelt sich um *diese Gesetze selbst*..." (ebd.) Der zentrale Gegenstand des „Kapitals" wird hier als „theoretische Entwicklung" herausgestellt, mit welcher die Gesetze der kapitalistischen Produktionsweise entschlüsselt werden, denn – so

Marx drei Absätze später – „es ist *der letzte Endzweck dieses Werks, das ökonomische Bewegungsgesetz der modernen Gesellschaft zu enthüllen*" (II.5/13f.; 23/15f. von Marx in der Erstauflage hervorgehoben).

Der zentrale Gegenstand des „Kapitals" ist also nicht die Geschichte des Kapitalismus. Das heißt jedoch nicht, dass Geschichte in der Kritik der politischen Ökonomie überhaupt nicht vorkommen würde. Sie spielt nicht nur eine wichtige Rolle im Marxschen Forschungsprozess, sondern auch in der Darstellung im „Kapital". Allerdings ist darauf zu achten, *welche Rolle* sie spielt, in *welchem Verhältnis* sie zu der von Marx betonten „theoretischen Entwicklung" steht – eine Frage, mit der sich die oben erwähnten Kritiker normalerweise nicht abgeben; dass es im „Kapital" historische Passagen gibt, ist ihnen schon Argument genug.

Diese geschichtlichen Passagen sind nun keineswegs nur „Illustration" der theoretischen Entwicklung, auf die man auch verzichten könnte. Ihre jeweilige Rolle (es ist keineswegs immer die gleiche) erschließt sich erst vor dem Hintergrund der theoretischen Darstellung: es ist die „theoretische Entwicklung", die die Punkte bestimmt, an denen geschichtliche Entwicklungen betrachtet werden *müssen*.

Dies wird im ersten Band des „Kapitals" an der Darstellung der „ursprünglichen Akkumulation" sehr schön deutlich. Diese Geschichte der Herausbildung des Kapitalismus in England steht keineswegs am Anfang des ersten Bandes, sondern an dessen Ende. In Kapitel 4.3 hatte Marx gezeigt, dass der industrielle Kapitalismus die Existenz der doppelt freien Arbeiter und Arbeiterinnen voraussetzt (frei im rechtlichen Sinn, so dass sie ihre Arbeitskraft verkaufen können und frei von Produktions- und Lebensmitteln, so dass sie ihre Arbeitskraft auch tatsächlich verkaufen müssen) und angemerkt, dass diese doppelte Freiheit ein historisches Resultat ist. Näher untersucht wurde es an dieser Stelle aber nicht. Erst *nachdem* der kapitalistische Produktionsprozess zunächst als unmittelbarer (Abschnitte 3 bis 5), dann als wiederholter und erweiterter (Abschnitt 7) untersucht wurde, folgt die Darstellung der ursprünglichen Akkumulation.

Dasselbe Verhältnis von theoretischer Darstellung und historischer Skizze der Herausbildung der jeweiligen Verhältnisse findet sich auch an anderen Stellen der Darstellung. Im dritten Buch geht es erst nach der Darstellung des kommerziellen Kapitals (d.h. des Handelskapitals auf der Basis der kapitalistischen Produktionsweise), um die Geschichte des Kaufmannskapitals und erst nach der Darstellung des zinstragenden Kapitals geht es um die Geschichte des Wucherkapitals. Die Geschichte der Herausbildung ökonomischer Verhältnisse folgt *immer erst nach* der „theoretischen Entwicklung" der jeweiligen Verhältnisse.[3] Dies ist keine willkürliche

3 Und auch die Darstellung dieser ökonomischen Verhältnisse selbst folgt keineswegs dem historischen Ablauf. Dass Handelskapital und zinstragendes Kapital, die historisch ältesten Formen des Kapitals, erst im dritten Buch behandelt werden, liegt am Zusammenhang der ökonomischen Verhältnisse im *entwickelten* Kapitalismus: Handelskapital

Entscheidung von Marx. Schaut man sich diese historischen Abschnitte genauer an, dann wird deutlich, dass sie die Kenntnis der vorangegangenen „theoretischen Entwicklung“ *voraussetzen*: Nur wenn man die fertigen Verhältnisse bereits kennt, kann man ihre Herausbildung überhaupt erkennen.

Wie insbesondere bei der „ursprünglichen Akkumulation“ deutlich wird, ist die Betrachtung der historischen Herausbildung keine bloße Zugabe zur theoretischen Entwicklung. Im 4. Kapitel war gezeigt worden, dass die Kapitalverwertung die Existenz eines bestimmten *Klassenverhältnisses* voraussetzt: eine über Geld und Produktionsmittel verfügende Klasse einerseits und eine Klasse von politisch und rechtlich „freien“ Menschen, die aber über keine Produktions- und Subsistenzmittel verfügen, so dass diese zum (der Form nach) freiwilligen Verkauf ihrer Arbeitskraft *gezwungen* sind. Im 21. Kapitel zeigt Marx, dass der kapitalistische Produktionsprozess nicht nur Waren und Mehrwert hervorbringt, sondern auch dieses Klassenverhältnis. Der Kapitalismus reproduziert also selbst seine eigenen Voraussetzungen – sofern sie einmal existieren. Wie diese Voraussetzungen aber *erstmals* hergestellt werden, muss aus einer spezifischen[4] *vorkapitalistischen* Konstellation erklärt werden. Während in der deutschen Fassung des ersten „Kapital“-Bandes das Kapitel zur „ursprünglichen Akkumulation“ Bestandteil des 7. Abschnitts zum Akkumulationsprozess ist, hat Marx in der französischen Übersetzung der systematischen Bedeutung der ursprünglichen Akkumulation besser Rechnung getragen, indem er sie in einem eigenen, 8. Abschnitt darstellte. Engels hat diese neue Aufteilung für die englische Übersetzung von 1887 übernommen, leider hat er sie für die von ihm besorgte dritte und vierte deutsche Auflage des ersten Bandes, in die er viele Veränderungen der französischen Übersetzung einarbeitete, nicht benutzt.

Wenn heute im Anschluss an Rosa Luxemburgs „Die Akkumulation des Kapitals“ von David Harvey (2005) und anderen davon gesprochen wird, dass die ursprüngliche Akkumulation kein einmaliger sondern ein fortgesetzter Prozess sei, dann wird damit die *systematische* Bedeutung der ursprünglichen Akkumulation verdunkelt. Während die ursprüngliche Akkumulation in der Konzeption von Marx die Herausbildung des dem Kapitalismus vorausgesetzten Klassenverhältnisses *in einer nicht-kapitalistischen (oder jedenfalls nicht vom Kapital beherrschten) Umwelt* zum Gegenstand hat, geht es bei dem, was heute als fortgesetzte ursprüngliche Akkumulation bezeichnet wird, um die kapitalistische Zurichtung eines weitgehend nicht kapitalistischen Bereichs – aber *innerhalb einer bereits existierenden und den Prozess antreibenden kapitalistischen*

---

und zinstragendes Kapital setzen die Existenz einer allgemeinen Profitrate voraus, die deshalb zuerst dargestellt sein muss. Die allgemeine Profitrate setzt aber ihrerseits das Kapital als Einheit von Produktions- und Zirkulationsprozess voraus, eine Einheit, deren Darstellung erst am Ende des zweiten Buches erreicht ist.

4 „Spezifisch“ deshalb weil nicht alle vorkapitalistischen, auch nicht alle feudalen Verhältnisse zu einer „ursprünglichen Akkumulation“ geführt haben.

Umwelt. Das sind zwei völlig verschiedene Sachverhalte, auch wenn sich manche Erscheinungsformen (Enteignung der unmittelbaren Produzenten, direkter Eingriff des Staates) ähneln.

Die Darstellung der Herausbildung kapitalistischer Verhältnisse ist nicht die einzige Art und Weise in der Geschichte im „Kapital" auftritt. Eine berühmte historische Passage im ersten Band ist die Darstellung des Kampfs um die Grenzen des Arbeitstages im 8. Kapitel. Auch hier ist es wiederum die „theoretische Entwicklung", die der historischen Darstellung ihren Platz zuweist und nicht umgekehrt. Zu Beginn des 8. Kapitels stellt Marx heraus, dass auf Grundlage der „Gesetze der Warenproduktion" der Käufer der Arbeitskraft seinen Anspruch auf einen möglichst langen Arbeitstag genauso gut begründen kann wie der Verkäufer der Arbeitskraft seinen Anspruch auf einen möglichst kurzen Arbeitstag. Marx folgert: „Es findet hier also eine *Antinomie* statt, Recht wider Recht, beide gleichmäßig durch das Gesetz des Waarenaustauschs besiegelt. Zwischen gleichen Rechten entscheidet die *Gewalt.* Und so stellt sich in der Geschichte der kapitalistischen Produktion *die Normirung des Arbeitstags* als *Kampf um die Schranken des Arbeitstags dar* – ein Kampf zwischen dem Gesammtkapitalisten, d.h. der *Klasse der Kapitalisten*, und dem Gesammtarbeiter, oder der *Arbeiterklasse.*" (II.5/181; 23/249, Hervorh. von Marx in der Erstausgabe)

Die Geschichte des Kampfes um die Schranken des Arbeitstages ist keineswegs eine Illustration, um die trockene theoretische Darstellung etwas aufzulockern – die Grenzen des Arbeitstages lassen sich im Kapitalismus gar nicht anders als durch den Kampf der Klassen bestimmen, insofern *muss* die theoretische Entwicklung an dieser Stelle durch die historische Darstellung fortgesetzt werden – dass die theoretische Entwicklung hier nicht fortgesetzt werden *kann*, ist wie von Marx demonstriert, ihr eigenes Ergebnis. Es ist wiederum die theoretische Entwicklung, die deutlich macht, dass genau an dieser Stelle eine geschichtliche Darstellung am Platz ist.

Auch hier ist der Inhalt der Darstellung des langen 8. [10.] Kapitels nicht etwa nur Illustration. Es geht dabei um die grundsätzliche Frage von Klassenkampf und staatlichem Eingriff. Um die Begrenzung der Arbeitszeit effektiv durchzusetzen, muss diese Begrenzung zum staatlichen Zwangsgesetz werden. Mit der Begrenzung der täglichen Arbeitszeit werden die Möglichkeiten des Kapitals zur Ausbeutung der Arbeitskraft zwar eingeschränkt – aber nicht etwa als erster Schritt zur Überwindung dieser Ausbeutung, sondern um die Möglichkeit der Ausbeutung langfristig zu sichern: Mit der grenzenlosen Ausbeutung durch das Kapital wurde nicht nur die physische Existenz der Arbeitskraft unterminiert, sondern auch die des Kapitals, das auf die Arbeitskraft angewiesen ist. Die Sicherstellung der kapitalistischen Ausbeutung durch ihre Einschränkung und ihre Regulation kennzeichnet auch den modernen Sozialstaat (vgl. Heinrich 2016, Kapitel 11). Insofern ist die in den Sozialwissenschaften im Anschluss an Esping-Anderson (1990) verbreitete Rede von der „Dekommodifizierung" der Ware Arbeitskraft durch sozialstaatliche Sicherungsmaßnahmen äußerst irreführend: Es geht bei diesen Maßnahmen zwar um die Erhaltung der Arbeitskraft ohne dass sie am Markt verkauft wird, aber die Arbeitskraft soll gerade *als kapitalistisch nutzbare Ware* erhalten werden.

Schließlich treten historische Passagen noch in einem dritten Kontext auf, den man aus der Perspektive der „theoretischen Entwicklung" betrachtet, tatsächlich als „Illustration" bezeichnen kann, ich würde sie aber als *notwendige* und keineswegs überflüssige Illustration charakterisieren: Marx schildert, angefangen mit der langen Fußnote 51 am Ende des 4. Kapitels immer wieder sehr eindringlich die zerstörerischen Auswirkungen der kapitalistischen Produktionsweise auf die Lebensbedingungen der Arbeiterklasse und auch deren Widerstand dagegen. In diesen teilweise reportagenhaften Passagen zeigt sich, dass Marx eben auch ein exzellenter Journalist war. Die konkreten historischen Fälle, die Marx anführt, sind z.T. überholt, sie lassen sich aber ohne Probleme durch aktuelle Fälle ersetzen. Eine über den einzelnen Fall hinausweisende Bedeutung haben diese Beispiele, insofern sie deutlich machen, dass die Mensch und Natur zerstörende Tendenz kapitalistischer Produktion keineswegs eine Kinderkrankheit des Kapitalismus ist, sondern das zwangsläufige Resultat einer Produktionsweise, die auf einem permanenten, systemischen Zwang zur Profitmaximierung beruht.

Den Menschen bleibt nichts anderes übrig als gegen diese zerstörerischen Wirkungen immer wieder anzukämpfen und – sofern ihnen klar wird, dass diese Wirkungen im Kern des kapitalistischen Systems wurzeln – dieses System letzten Endes abzuschaffen. Dieser Gedanke scheint mir auch der rationale Kern jenes 7. Unterabschnitts des 24. Kapitels über die „Geschichtliche Tendenz der kapitalistischen Akkumulation" zu sein, in dem Marx in Anlehnung an den Determinismus des „Kommunistischen Manifests" die kommende Revolution als unausweichliche Konsequenz der kapitalistischen Entwicklung präsentiert.

Allerdings kann diese Erinnerung an das „Manifest" nicht darüber hinweg täuschen, dass im „Kapital" Klasse und Klassenkampf anders aufgefasst wird als dort. Im „Manifest" geht Marx noch vom Klassenbegriff bürgerlicher Historiker aus, wie er in seinem bekannten Brief an Weydemeyer vom 5. März 1852 selbst hervorhebt. Im „Manifest" wird der Klassenbegriff bereits im berühmten ersten Satz („Die Geschichte aller bisherigen Gesellschaft ist die Geschichte von Klassenkämpfen" 4/462) als etwas ganz Selbstverständliches präsentiert, das nicht weiter diskutiert werden muss. Es sind einzig die kämpfenden Klassen in den verschiedenen Gesellschaftsformationen zu identifizieren. Im „Kapital" ist zwar auch schon im ersten Band von Klassen und Klassenkämpfen die Rede, die systematische Entwicklung des Klassenbegriffs ist aber erst als letzter Punkt im dritten Buch vorgesehen, wo die Darstellung nach anderthalb Seiten abbricht. Der Klassenbegriff ist jetzt nichts Selbstverständliches mehr, er setzt vielmehr die ganze Argumentation der drei „Kapital"-Bücher voraus. Das wird verständlich, wenn man sich den enormen Erkenntnisfortschritt klar macht, der zwischen dem „Manifest" und dem „Kapital" liegt. Im „Manifest" sollten sich die kapitalistischen Gesellschaften vor allem dadurch von den vorkapitalistischen unterscheiden, dass die Bourgeoisie „alle feudalen, patriarchalischen, idyllischen Verhältnisse zerstört" (4/464) habe. Die Folge sei: „Alles Ständische und Stehende verdampft, alles Heilige wird entweiht, und die Menschen sind endlich gezwungen ihre Lebensstellung, ihre gegenseitigen Beziehungen mit nüchternen Augen anzusehen." (4/465) Von dieser zunehmenden Klarheit der gesellschaftlichen Verhältnisse versprach sich Marx eine Befeuerung des proletarischen Klassenkampfs. Im „Kapital" dagegen weiß Marx, dass der Kapitalismus keineswegs durchsichtiger ist als die vorhergehenden Gesellschaftsformationen: der Kapitalismus bringt seine eigenen Fetischismen und Mystifikationen hervor. Am Ende des dritten Buches ist daher auch nicht von einer zunehmenden Transparenz der gesellschaftlichen Verhältnisse die Rede. Marx hebt dort unter der Überschrift „Die trinitarische Formel" vielmehr die „verzauberte, verkehrte auf den Kopf gestellte Welt" des kapitalistischen Alltags hervor und spricht von einer „religion of every day's life" (II.4.2/852; 25/838). Diese „verzauberte" und „verkehrte" Welt ist zwar keineswegs ein undurchdringlicher „Verblendungszusammenhang", wie von manchen Autoren behauptet wird, aber die spezifisch kapitalistischen Verkehrungen müssen aufgelöst werden – eine Aufgabe von der Marx im „Manifest" noch keine Ahnung hatte. Auch dass die kapitalistische Produktionsweise nicht mehr auf persönlichen Herrschafts- und Knechtschaftsverhältnissen beruht, sondern auf unpersönlichen, sachlichen, denen auch die herrschende Klasse unterworfen ist, macht deutlich, dass Klasse und Klassenherrschaft im Kapitalismus etwas anderes bedeutet als in vorkapitalistischen Gesellschaften (vgl. dazu Heinrich 2016, Kapitel 10.3). Bereits im Abschnitt über den Warenfetisch machte Marx in einer kurzen Bemerkung deutlich, dass es nicht reicht zu erkennen, dass hinter ökonomischen Kategorien wie „Wert" ein „Verhältnis zwischen Personen" steckt, das Entscheidende ist, dass es sich um ein „unter dinglicher Hülle verstecktes Verhältnis" (II.6/105 Fn 27; 23/88 Fn. 27) handelt.

Literatur

Elbe, Ingo (2008): Die Beharrlichkeit des 'Engelsismus'. Bemerkungen zum „Marx-Engels-Problem", in: *Marx-Engels Jahrbuch 2007*, 92-105.

Esping Andersen, Gösta (1990) *The Three Worlds of Welfare Capitalism*, Princeton: Princeton University Press.

Harvey, David (2005): *Der neue Imperialismus*, VSA: Hamburg.

Haug, Wolfgang Fritz (2013): *Das „Kapital" lesen – aber wie?* Hamburg: Argument.

Heinrich, Michael (2007): Begründungsprobleme. Zur Debatte über das Marxsche „Gesetz des tendenziellen Falls der Profitrate", in: *Marx-Engels Jahrbuch 2006*, 47-80.

Heinrich, Michael (2012): Crisis Theory, the Law of the Tendency of the Profit Rate to Fall, and Marx's Studies in the 1870s, *Monthly Review* vol. 64, no. 11, 15-31.

Heinrich, Michael (2013a): Marx' Ökonomiekritik nach der MEGA. Eine Zwischenbilanz nach dem Abschluss der II. Abteilung, in: *Marx-Engels Jahrbuch 2012/13*, 144-168.

Heinrich, Michael (2013b) Von den kanonischen Texten zu Marx' ungeschriebenem *Kapital*, in: Rahel Jaeggi, Daniel Loick (Hrsg.), *Karl Marx – Perspektiven der Gesellschaftskritik*, Berlin: Akademie Verlag, 123-144.

Heinrich, Michael (2016): *Kritik der politischen Ökonomie. Eine Einführung*, 13. Aufl., Stuttgart: Schmetterling.

Henning, Christoph (2006): Übersetzungsprobleme. Eine wissenschaftstheoretische Plausibilisierung des Marxschen Gesetzes vom tendenziellen Fall der Profitrate, in: *Marx-Engels Jahrbuch 2005*, 63-85.

Krätke, Michael (2007): Das Marx-Engels-Problem: Warum Engels das Marxsche „Kapital" nicht verfälscht hat, in: *Marx-Engels Jahrbuch 2006*, 142-170.

Kurz, Robert (2012): *Geld ohne Wert*, Berlin: Horlemann.

Wolf, Dieter (2008): Zur Methode in Marx' „Kapital" unter besonderer Berücksichtigung ihres logisch-systematischen Charakters. Zum Methodenstreit zwischen Wolfgang Fritz Haug und Michael Heinrich. In: Ingo Elbe, Tobias Reichardt, Dieter Wolf: *Gesellschaftliche Praxis und ihre wissenschaftliche Darstellung. Beiträge zur Kapital-Diskussion.* (Berliner Verein zur Förderung der MEGA, Wissenschaftliche Mitteilungen, Heft 6). Argument: Hamburg.

Information nach der Verordnung zur allgemeinen Produktsicherheit GPSR
Dieses Buch hat weder Beigaben noch ergänzende Funktionen und daher keine Bestandteile oder Eigenschaften, die ein mögliches Risiko für die Gesundheit von Verbraucher:innen (Artikel 9 Absatz 7 Satz 2 der Verordnung) darstellen können.